中國國家圖書館編

國家圖書館藏敦煌遺書

第八十四册　北敦〇六二九九號——北敦〇六三三九號

北京圖書館出版社

圖書在版編目(CIP)數據

國家圖書館藏敦煌遺書·第八十四册/中國國家圖書館編;任繼愈主編.—北京:北京圖書館出版社,2008.3

ISBN 978-7-5013-3236-6

Ⅰ.國…　Ⅱ.①中…②任…　Ⅲ.敦煌學—文獻　Ⅳ.K870.6

中國版本圖書館 CIP 數據核字(2007)第 193371 號

ISBN 978-7-5013-3236-6

9 787501 332366 >

書　　名　國家圖書館藏敦煌遺書·第八十四册
著　　者　中國國家圖書館編　任繼愈主編
責任編輯　徐　蜀　孫　彦
封面設計　李　璀

出　　版　北京圖書館出版社　(100034　北京西城區文津街 7 號)
發　　行　010-66139745　66151313　66175620　66126153
66174391(傳真)　66126156(門市部)
E-mail　cbs@nlc.gov.cn(投稿)　btsfxb@nlc.gov.cn(郵購)
Website　www.nlcpress.com
經　　銷　新華書店
印　　刷　北京文津閣印務有限責任公司

開　　本　八開
印　　張　51.75
版　　次　2008 年 3 月第 1 版第 1 次印刷
印　　數　1-250 册(套)

書　　號　ISBN 978-7-5013-3236-6/K·1463
定　　價　990.00 圓

編輯委員會

主　　編　任繼愈
常務副主編　方廣錩
副　主　編　李際寧　張志清
編委（按姓氏筆畫排列）　王克芬　王姿怡　吳玉梅　胡新英　陳　穎　黄　霞（常務）　程佳羽　劉玉芬

出版委員會

主　任　詹福瑞
副主任　陳　力
委　員（按姓氏筆畫排列）　李　健　姜　紅　郭又陵　徐　蜀　孫　彦

攝製人員（按姓氏筆畫排列）

于向洋　王富生　王遂新　谷韶軍　張　軍　張紅兵　張　陽　曹　宏　郭春紅　楊　勇　嚴　平

原件修整人員（按姓氏筆畫排列）

朱振彬　杜偉生　李　英　胡玉清　胡秀菊　張　平　劉建明

目録

不可得彼我無我亦不可得所以者何此中尚
無一切菩薩摩訶薩行可得何況有彼我
與無我汝若能修如是布施是修布施波羅
蜜多復作是言汝善男子應修布施波羅蜜
多不應觀一切菩薩摩訶薩行若淨若不淨
何以故一切菩薩摩訶薩行一切菩薩摩訶
薩行自性空是一切菩薩摩訶薩行自性即
非自性若非自性即是布施波羅蜜多於此
布施波羅蜜多一切菩薩摩訶薩行不可得
彼淨不淨亦不可得所以者何此中尚無一切
菩薩摩訶薩行可得何況有彼淨與不淨
汝若能修如是布施是修布施波羅蜜多憍
尸迦是善男子善女人等作此等說是爲宣
說真正布施波羅蜜多
復次憍尸迦若善男子善女人等爲發無上
菩提心者宣說布施波羅蜜多作如是言汝
善男子應修布施波羅蜜多不應觀諸佛
無上正等菩提若常若無常何以故諸佛無
上正等菩提諸佛無上正等菩提自性空
是諸佛無上正等菩提自性即非自性若非
自性即是布施波羅蜜多於此布施波羅蜜多
諸佛無上正等菩提不可得彼常無常亦不
可得所以者何此中尚無諸佛無上正等菩提
可得何況有彼常與無常汝若能修如是
布施是修布施波羅蜜多復作是言汝善男
子應修布施波羅蜜多不應觀諸佛無上正等
菩提若樂若苦何以故諸佛無上正等菩提

諸佛無上正等菩提不可得彼常無常亦不
可得所以者何此中尚無諸佛無上正等菩提
可得何況有彼常與無常汝若能修如是
布施是修布施波羅蜜多復作是言汝善男
子應修布施波羅蜜多不應觀諸佛無上正等
菩提若樂若苦何以故諸佛無上正等菩提
諸佛無上正等菩提自性空是諸佛無上正
等菩提自性即非自性若非自性即是布施
波羅蜜多於此布施波羅蜜多諸佛無上正
等菩提不可得彼樂與苦亦不可得所以者
何此中尚無諸佛無上正等菩提可得何況有
彼樂之與苦汝若能修如是布施是修布
施波羅蜜多復作是言汝善男子應修布施
波羅蜜多不應觀諸佛無上正等菩提若
我若無我何以故諸佛無上正等菩提諸佛無
上正等菩提自性空是諸佛無上正等菩提自
性即非自性若非自性即是布施波羅蜜多
於此布施波羅蜜多諸佛無上正等菩提不
可得彼我無我亦不可得所以者何此中尚
無諸佛無上正等菩提可得何況有彼我
與無我汝若能修如是布施是修布施波羅
蜜多復作是言汝善男子應修布施波羅蜜
多不應觀諸佛無上正等菩提若淨若不淨
何以故諸佛無上正等菩提諸佛無上正等
菩提自性空是諸佛無上正等菩提自性
即非自性若非自性即是布施波羅蜜多於

蜜多復作是言汝善男子應修布施波羅蜜
多不應觀諸佛無上正等菩提若淨不淨
何以故諸佛無上正等菩提諸佛無上正等
菩提自性空是諸佛無上正等菩提自性
即非自性若非自性即是布施波羅蜜多於
此布施波羅蜜多諸佛無上正等菩提不可
得彼淨不淨亦不可得所以者何此中尚無
諸佛無上正等菩提可得何況有彼彼與
不淨汝若能修如是布施是修布施波羅蜜
多憍尸迦是善男子善女人等作此等說
是為宣說真正布施波羅蜜多
復次憍尸迦若善男子善女人等為發無上
菩提心者宣說般若波羅蜜多或說靜慮
波羅蜜多或說精進波羅蜜多或說安忍
波羅蜜多或說淨戒波羅蜜多或說布施
波羅蜜多如是言來善男子我當教汝修
學般若乃至布施波羅蜜多汝修學時勿觀
諸法有少可住可超可入可得可證可受持等
所獲功德及可隨喜迴向菩提何以故於此般若
乃至布施波羅蜜多畢竟無有少法可住可超
可入得可證可受持等所獲功德及可隨喜
迴向菩提所以者何以一切法自性皆空都
無所有若無所有即是般若乃至布施
波羅蜜多於此般若乃至布施波羅蜜多
畢竟無少法有入有出有生有滅有斷有常
有一有異有來有去而可得者憍尸迦是善男子

BD06299 號　大般若波羅蜜多經卷一六五　（19–5）

可入得可證可受持等所獲功德及可隨喜
迴向菩提所以者何以一切法自性皆空都
無所有若無所有即是般若乃至布施
波羅蜜多於此般若乃至布施波羅蜜多
畢竟無少法有入有出有生有滅有斷有常
有一有異有來有去而可得者憍尸迦是善男子
善女人等作此等說是為真正般若靜慮精
進安忍淨戒布施波羅蜜多以是故憍尸迦
諸善男子善女人等應於般若波羅蜜多
以無所得而為方便受持讀誦如理思惟當以
種種巧妙文義為他廣說宣示開演顯了
解釋分別義趣令其易解憍尸迦由此緣故
我作是說若善男子善女人等於此般若波羅
蜜多以無所得而為方便受持讀誦如理思惟
復以種種巧妙文義經須臾間為他辯說
宣示開演顯了解釋分別義趣令其易解
所獲福聚甚多於前
復次憍尸迦若善男子善女人等教贍部洲諸
有情類皆令住預流果於意云何是善男子
善女人等由此因緣得福多不天帝釋言
甚多世尊甚多善逝佛言憍尸迦若善男子
善女人等於此般若波羅蜜多以無量門巧妙
文義為他廣說宣示開演顯了解釋分別
義趣令其易解復作是言來善男子汝
當於此甚深般若波羅蜜多至心聽聞受
持讀誦令善通利如理思惟此法門應勤修

BD06299 號　大般若波羅蜜多經卷一六五　（19–6）

善女人等於此般若波羅蜜多以無量門巧妙
文義為他廣說宣示開演顯了解釋分別
義趣令其易解復作是言來善男子汝
當於此甚深般若波羅蜜多至心聽聞受
持讀誦令善通利如理思惟此法門應勤修
學是善男子善女人等所獲功德甚多於前
何以故憍尸迦一切預流及預流果皆是般若
波羅蜜多所流出故復次憍尸迦置贍部洲
諸有情類若善男子善女人等教贍部洲東勝
身洲諸有情類皆令預流果於意云何是
善男子善女人等由此因緣得福多不天帝
釋言甚多世尊甚多善逝佛言憍尸迦若善
男子善女人等於此般若波羅蜜多以無量
門巧妙文義為他廣說宣示開演顯了解釋
分別義趣令其易解復作是言來善男子
汝當於此甚深般若波羅蜜多至心聽聞受
持讀誦令善通利如理思惟隨此法門應勤修
學是善男子善女人等所獲功德甚多於前
何以故憍尸迦一切預流果預流果皆是般
若波羅蜜多所流出故復次憍尸迦置贍
部洲東勝身洲諸有情類若善男子善女人等
教贍部洲東勝身洲西牛貨洲諸有情類皆令
住預流果於意云何是善男子善女人等
由此因緣得福多不天帝釋言甚多世尊甚多
善逝佛言憍尸迦若善男子善女人等於此般
若波羅蜜多以無量門巧妙文義為他廣

BD06299號　大般若波羅蜜多經卷一六五　（19–7）

部洲東勝身洲諸有情類若善男子善女人等
教贍部洲東勝身洲西牛貨洲諸有情類皆令
住預流果於意云何是善男子善女人等
由此因緣得福多不天帝釋言甚多世尊甚多
善逝佛言憍尸迦若善男子善女人等於此般
若波羅蜜多以無量門巧妙文義為他廣
說宣示開演顯了解釋分別義趣令其易
解復作是言來善男子汝當於此甚深般若
波羅蜜多至心聽聞受持讀誦令善通利如
理思惟隨此法門應勤修學是善男子善女
人等所獲功德甚多於前何以故憍尸迦一
切預流及預流果皆是般若波羅蜜多所流
出故復次憍尸迦置贍部洲東勝身洲西牛
貨洲諸有情類若男善子善女人等教贍部
洲東勝身洲西牛貨洲北俱盧洲諸有情類
皆令住預流果於意云何是善男子善女人
等由此因緣得福多不天釋言甚多世尊甚
多善逝佛言憍尸迦若善男子善女人等
於此般若波羅蜜多以無量門巧妙文義為
他廣說宣示開演顯了解釋分別義趣令其
易解復作是言來善男子汝當於此甚深
般若波羅蜜多至心聽聞受持讀誦令善通
利如理思惟隨此法門應勤修學是善男子
善女人等所獲功德甚多於前何以故憍尸
迦一切預流及預流果皆是般若波羅蜜多
所流出故復次憍尸迦置四大洲諸有情類若

BD06299號　大般若波羅蜜多經卷一六五　（19–8）

易解復作是言來善男子汝當於此甚深
般若波羅蜜多至心聽聞受持讀誦令善通
利如理思惟隨此法門應勤修學是善男子
善女人等所獲功德甚多於前何以故憍尸
迦一切預流及預流果皆是般若波羅蜜多
所流出故復次憍尸迦置四大洲諸有情類若
善男子善女人等教小千界諸有情類皆令
住預流果於意云何是善男子善女人等由
此因緣得福多不天帝釋言甚多世尊甚多善
逝佛言憍尸迦若善男子善女人等於此般若
波羅蜜多以無量門巧妙文義為他廣說宣
示開演顯了解釋分別義趣令其易解復作
是言來善男子汝當於此甚深般若波羅蜜
多至心聽聞受持讀誦令善通利如理思惟
隨此法門應勤修學是善男子善女人等所
獲功德甚多於前何以故憍尸迦一切預流及
預流果皆是般若波羅蜜多所流出故
復次憍尸迦置小千界諸有情類若善男子
善女人等教中千界諸有情類皆令住預流
果於意云何是善男子善女人等由此因緣
得福多不天帝釋言甚多世尊甚多善
逝佛言憍尸迦若善男子善女人等於此般若
波羅蜜多以無量門巧妙文義為他廣說
宣示開演顯了解釋分別義趣令其易解復
作是言來善男子汝當於此甚深般若波羅蜜
多至心聽聞受持讀誦令善通利如理思惟隨
此法門應勤修學是善男子善女人等所

BD06299號　大般若波羅蜜多經卷一六五　（19–9）

得福多不天帝釋言甚多世尊甚多善
逝佛言憍尸迦若善男子善女人等於此般若
波羅蜜多以無量門巧妙文義為他廣說
宣示開演顯了解釋分別義趣令其易解復
作是言來善男子汝當於此甚深般若波羅蜜
多至心聽聞受持讀誦令善通利如理思惟隨
此法門應勤修學是善男子善女人等所
獲功德甚多於前何以故憍尸迦一切預流及
預流果皆是般若波羅蜜多所流出故復次
憍尸迦置中千界諸有情類若善男子善女
人等教化三千大千世界諸有情類皆令住
預流果於意云何是善男子善女人等由此
因緣得福多不天帝釋言甚多世尊甚多善
逝佛言憍尸迦若善男子善女人等於此般
若波羅蜜多以無量門巧妙文義為他廣
說宣示開演顯了解釋分別義趣令其易解
復作是言來善男子汝當於此甚深般若波
羅蜜多至心聽聞受持讀誦令善通利如理思
惟隨此法門應勤修學是善男子善女人
等所獲功德甚多於前何以故憍尸迦一切預流
及預流果皆是般若波羅蜜多所流出故復
次憍尸迦置此三千大千世界諸有情類
若善男子善女人等教化十方各如殑伽沙
等世界諸有情類皆令住預流果於意云
何是善男子善女人等由此因緣得福多不天
帝釋言甚多世尊甚多善逝佛言憍尸迦若
善男子善女人等於此般若波羅蜜多以無

BD06299號　大般若波羅蜜多經卷一六五　（19–10）

次憍尸迦置此三千大千世界諸有情類
若善男子善女人等教化十方各如殑伽沙
等世界諸有情類皆令住預流果於意云
何是善男子善女人等由此因緣得福多不天
帝釋言甚多世尊甚多善逝佛言憍尸迦若
善男子善女人等於此般若波羅蜜多以無
量門巧妙文義為他廣說宣示開演顯了解
釋分別義趣令其易解復作是言來善男子
汝當於此甚深般若波羅蜜多至心聽門受
持讀誦令善通利如理思惟隨此法門應勤
脩學是善男子善女人等所獲功德甚多於
前何以故憍尸迦一切預流及預流果皆是般
若波羅蜜多所流出故復次憍尸迦置此十方
各如殑伽沙等世界諸有情類若善男子
善女人等教化十方一切世界諸有情類皆
令住預流果於意云何是善男子善女人
等由此因緣得福多不天帝言甚多世尊
甚多善逝佛言憍尸迦若善男子善女人等
於此般若波羅蜜多以無門巧妙文義為
他廣說宣示開演顯了解釋分別義趣令其
易解復作是言來善男子汝當於此甚深般
若波羅蜜多至心聽聞受持讀誦令善通利
如理思惟隨此法門應勤脩學是善男子善
女人等所獲功德甚多於前何以故憍尸迦一
切預流及預流果皆是般若波羅蜜多所流
出故復次憍尸迦若善男子善女人等教贍
[illegible]

BD06299號　大般若波羅蜜多經卷一六五　（19–11）

若波羅蜜多至心聽聞受持讀誦令善通利
如理思惟隨此法門應勤脩學是善男子善
女人等所獲功德甚多於前何以故憍尸迦一
切預流及預流果皆是般若波羅蜜多所流
出故復次憍尸迦若善男子善女人等教贍
部洲諸有情類皆令住一來果於意云何
是善男子善女人等由此因緣得福多不天
帝釋言甚多世尊甚多善逝佛言憍尸迦若
善男子善女人等於此般若波羅蜜多以無
量門巧妙文義為他廣說宣示開演顯了
解釋分別義趣令其易解復作是言來善男
子汝當於此甚深般若波羅蜜多至心聽門
受持讀誦令善通利如理思惟隨此法門應勤
脩學是善男子善女人等所獲功德甚多於
前何以故憍尸迦一切一來及一來果皆是般
若波羅蜜多所流出故復次憍尸迦置贍部
洲諸有情類若善男子善女人等教贍部
洲東勝身洲諸有情類皆令住一來果於意
云何是善男子善女人等由此因緣得福多
不天帝釋言甚多世尊甚多善逝佛言憍尸
迦若善男子善女人等於此般若波羅蜜多
以無量門巧妙文義為他廣說宣示開演顯
了解釋分別義趣令其易解復作是言來善
男子汝當於此甚深般若波羅蜜多至心聽
聞受持讀誦念善通利如理思惟隨此法門
應勤脩學是善男子善女人等所獲功德甚
多於前何以故憍尸迦一切一來及一來果皆

BD06299號　大般若波羅蜜多經卷一六五　（19–12）

以無量門巧妙文義為他廣說宣示開演顯
了解釋分別義趣令其易解復作是言來善
男子汝當於此甚深般若波羅蜜多至心聽
聞受持讀誦念善通利如理思惟隨此法門
應勤修學是善男子善女人等所獲功德甚
多於前何以故憍尸迦一切一來及一來果皆
是般若波羅蜜多所流出故復次憍尸迦
置瞻部洲東勝身洲諸有情類若善男子善
女人等教瞻部洲東勝身洲西牛貨洲諸有
情類皆令住一來果於意云何是善男子善
女人等由此因緣得福多不天帝釋言甚多世
尊甚多善逝佛言憍尸迦若善男子善女人
等於此般若波羅蜜多以無量門巧妙文義
為他廣說宣示開演顯了解釋分別義趣
令其易解復作是言來善男子汝當於此
甚深般若波羅蜜多至心聽聞受持讀誦令善
通利如理思惟隨此法門應勤修學是善男
子善女人等所獲功德甚多於前何以故憍尸
迦一切一來及一來果皆是般若波羅蜜多
所流出故復次憍尸迦置瞻部洲東勝身
洲西牛貨洲諸有情類若善男子善女人等
教瞻部洲東勝身洲西牛貨洲北俱盧洲諸
有情類皆令住一來果於意云何是善男子
善女人等由此因緣得福多不天帝釋言甚多
世尊甚多善逝佛言憍尸迦若善男子善女
人等於此般若波羅蜜多以無量門巧妙文

BD06299 號　大般若波羅蜜多經卷一六五　（19–13）

教瞻部洲東勝身洲西牛貨洲北俱盧洲諸
有情類皆令住一來果於意云何是善男子
善女人等由此因緣得福多不天帝釋言甚多
世尊甚多善逝佛言憍尸迦若善男子善女
人等於此般若波羅蜜多以無量門巧妙文
義為他廣說宣示開演顯了解釋分別義趣
令其易解復作是言來善男子汝當於此
甚深般若波羅蜜多至心聽聞受持讀誦令
善通利如理思惟隨此法門應勤修學是善
男子善女人等所獲功德甚多於前何以故
憍尸迦一切一來及一來果皆是般若波羅
蜜多所流出故復次憍尸迦置四大洲諸有
情類若善男子善女人等教小千界諸有情
類皆令住一來果於意云何是善男子善女
人等由此因緣得福多不天帝釋言甚多世
尊甚多善逝佛言憍尸迦若善男子善女人
等於此般若波羅蜜多以無量門巧妙文義
為他廣說宣示開演顯了解釋分別義趣令
其易解復作是言來善男子汝當於此甚深
般若波羅蜜多至心聽聞受持讀誦令善通
利如理思惟隨此法門應勤修學是善男子
善女人等所獲功德甚多於前何以故憍尸
迦一切一來及一來果皆是般若波羅蜜多
所流出故復次憍尸迦置小千界諸有情類
若善男子善女人等教中千界諸有情類皆
令住一來果於意云何是善男子善女人等

BD06299 號　大般若波羅蜜多經卷一六五　（19–14）

善女人等所獲功德甚多於前何以故憍尸
迦一切一來果皆是般若波羅蜜多
所流出故復次憍尸迦置小千界諸有情類
若善男子善女人等教中千界諸有情類皆
令住一來果於意云何是善男子善女人等
由此因緣得福多不天帝釋言甚多世尊甚
多善逝佛言憍尸迦若善男子善女人等於
此般若波羅蜜多以無量門巧妙文義為他
廣說宣示開演顯了解釋分別義趣令其易
解復作是言來善男子汝當於此甚深般若
波羅蜜多至心聽聞受持讀誦令善通利如
理思惟隨此法門廣勤修學是善男子善女
人等所獲功德甚多於前何以故憍尸迦一
切一來果皆是般若波羅蜜多所流
出故復次憍尸迦置中千界諸有情類若善男
子善女人等教化三千大千世界諸有情類
皆令住一來果於意云何是善男子善女
人等由此因緣得福多不天帝釋言甚多世
尊甚多善逝佛言憍尸迦若善男子善女人
等於此般若波羅蜜多以無量門巧妙文義
為他廣說宣示開演顯了解釋分別義趣令
其易解復作是言來善男子汝當於此甚深
般若波羅蜜多至心聽聞受持讀誦令善通
利如理思惟隨此法門廣勤修學是善男子
善女人等所獲功德甚多於前何以故憍尸
迦一切一來果皆是般若波羅蜜多

BD06299號　大般若波羅蜜多經卷一六五　（19–15）

其易解復作是言來善男子汝當於此甚深
般若波羅蜜多至心聽聞受持讀誦令善通
利如理思惟隨此法門廣勤修學是善男子
善女人等所獲功德甚多於前何以故憍尸
迦一切一來果皆是般若波羅蜜多
所流出故復次憍尸迦置此三千大千世界諸
有情類若善男子善女人等教化十方各如
殑伽沙等世界諸有情類皆令住一來果
於意云何是善男子善女人等由此因緣得
福多不天帝釋言甚多世尊甚多善逝佛言
憍尸迦若善男子善女人等於此般若波羅蜜
多以無量門巧妙文義為他廣說宣示開演
顯了解釋分別義趣令其易解復作是言來
善男子汝當於此甚深般若波羅蜜多至
心聽聞受持讀誦令善通利如理思惟隨此
法門廣勤修學是善男子善女人等所獲功
德甚多於前何以故憍尸迦一切一來
果皆是般若波羅蜜多所流出故復次憍
尸迦置此十方各殑伽沙等世界諸有情
類若善男子善女人等教化十方一切世界
諸有情類皆令住一來果於意云何是善男
子善女人等由此因緣得福多不天帝釋言
甚多世尊甚多善逝佛言憍尸迦若善男子
善女人等於此般若波羅蜜多以無量門巧
妙文義為他廣說宣示開演顯了解釋分別
義趣令其易解復作是言來善男子汝當

BD06299號　大般若波羅蜜多經卷一六五　（19–16）

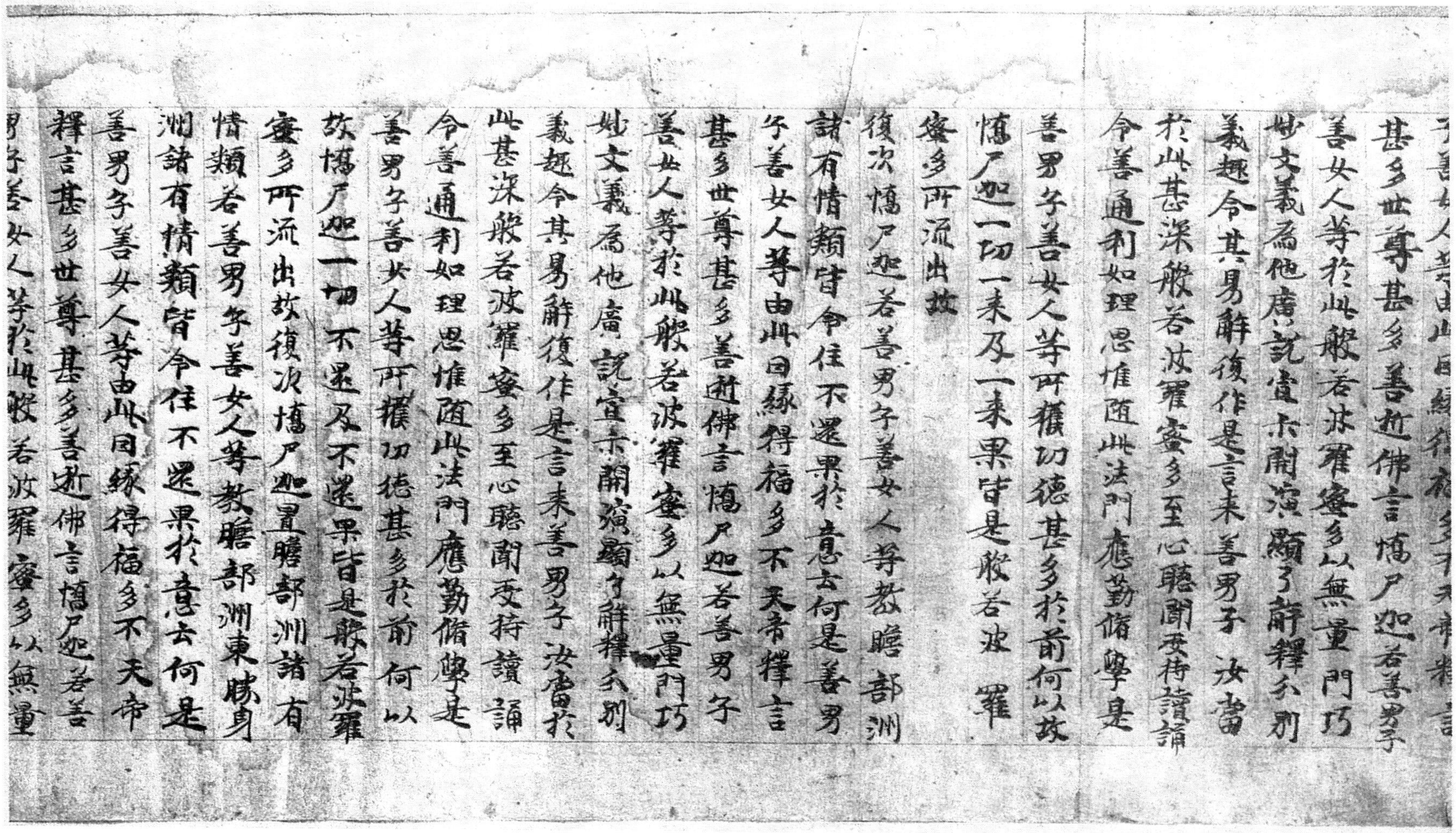

子善女人等由此因緣得福多不天帝釋言
甚多世尊甚多善逝佛言憍尸迦若善男子
善女人等於此般若波羅蜜多以無量門巧
妙文義為他廣說宣示開演顯了解釋分別
義趣令其易解復作是言來善男子汝當
於此甚深般若波羅蜜多至心聽聞受持讀誦
令善通利如理思惟隨此法門應勤脩學是
善男子善女人等所獲功德甚多於前何以故
憍尸迦一切一來及一來果皆是般若波羅
蜜多所流出故
復次憍尸迦若善男子善女人等教贍部洲
諸有情類皆令住不還果於意云何是善男
子善女人等由此因緣得福多不天帝釋言
甚多世尊甚多善逝佛言憍尸迦若善男子
善女人等於此般若波羅蜜多以無量門巧
妙文義為他廣說宣示開演顯了解釋分別
義趣令其易解復作是言來善男子汝當於
此甚深般若波羅蜜多至心聽聞受持讀誦
令善通利如理思惟隨此法門應勤脩學是
善男子善女人等所獲功德甚多於前何以
故憍尸迦一切不還及不還果皆是般若波羅
蜜多所流出故復次憍尸迦置贍部洲諸有
情類若善男子善女人等教贍部洲東勝身
洲諸有情類皆令住不還果於意云何是
善男子善女人等由此因緣得福多不天帝
釋言甚多世尊甚多善逝佛言憍尸迦若善
男子善女人等於此般若波羅蜜多以無量

BD06299 號　大般若波羅蜜多經卷一六五　（19–17）

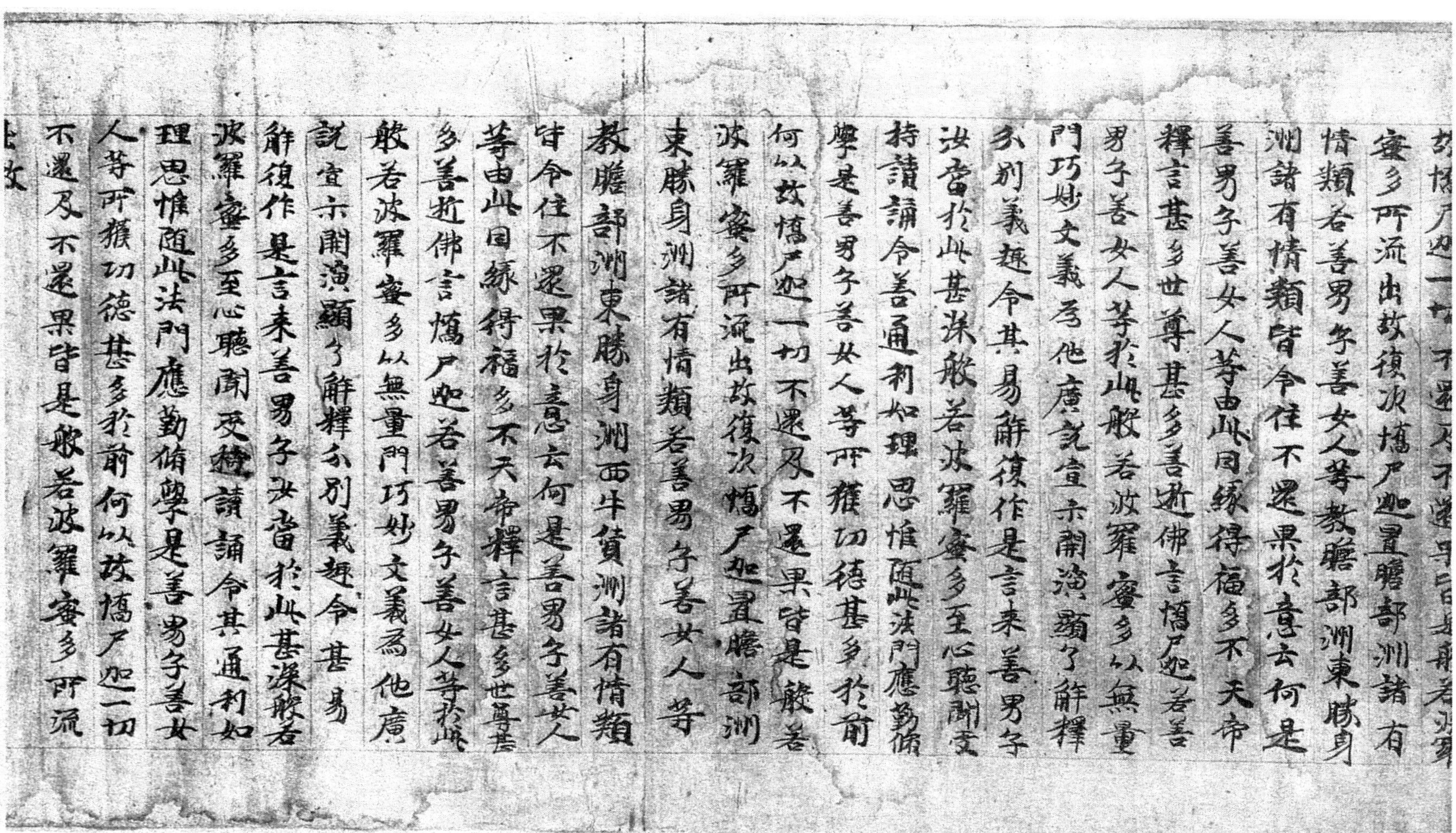

故憍尸迦一切不還及不還果皆是般若波羅
蜜多所流出故復次憍尸迦置贍部洲諸有
情類若善男子善女人等教贍部洲東勝身
洲諸有情類皆令住不還果於意云何是
善男子善女人等由此因緣得福多不天帝
釋言甚多世尊甚多善逝佛言憍尸迦若善
男子善女人等於此般若波羅蜜多以無量
門巧妙文義為他廣說宣示開演顯了解釋
分別義趣令其易解復作是言來善男子
汝當於此甚深般若波羅蜜多至心聽聞受
持讀誦令善通利如理思惟隨此法門應勤脩
學是善男子善女人等所獲功德甚多於前
何以故憍尸迦一切不還及不還果皆是般若
波羅蜜多所流出故復次憍尸迦置贍部洲
東勝身洲諸有情類若善男子善女人等
教贍部洲東勝身洲西牛貨洲諸有情類
皆令住不還果於意云何是善男子善女人
等由此因緣得福多不天帝釋言甚多世尊甚
多善逝佛言憍尸迦若善男子善女人等於此
般若波羅蜜多以無量門巧妙文義為他廣
說宣示開演顯了解釋分別義趣令其易
解復作是言來善男子汝當於此甚深般若
波羅蜜多至心聽聞受持讀誦令其通利如
理思惟隨此法門應勤脩學是善男子善女
人等所獲功德甚多於前何以故憍尸迦一切
不還及不還果皆是般若波羅蜜多所流
出故

BD06299 號　大般若波羅蜜多經卷一六五　（19–18）

何以故憍尸迦一切不還及不還果皆是般若
波羅蜜多所流出故復次憍尸迦置贍部洲
東勝身洲諸有情類若善男子善女人等
教贍部洲東勝身洲西牛貨洲諸有情類
皆令住不還果於意云何是善男子善女人
等由此因緣得福多不天帝釋言甚多世尊甚
多善逝佛言憍尸迦若善男子善女人等於此
般若波羅蜜多以無量門巧妙文義爲他廣
說宣示開演顯了解釋分別義趣令其易
解復作是言來善男子汝當於此甚深般若
波羅蜜多至心聽聞受持讀誦令其通利如
理思惟隨此法門應勤修學是善男子善女
人等所獲功德甚多於前何以故憍尸迦一切
不還及不還果皆是般若波羅蜜多所流
出故

大般若波羅蜜多經卷第一百六十五

BD06299 號　大般若波羅蜜多經卷一六五　（19–19）

合[illegible]
衆生維摩詰言譬如幻師[illegible]
衆生爲若此如智者見水中月如鏡中見其
面像如熱時炎如呼聲響如空中雲如水聚
沫如水上泡如芭蕉堅如電久住如第五大
如第六陰如第七情如十三入如十九界菩
薩觀衆生爲若此如无色界色如焦穀牙如
[illegible]如阿那含入[illegible]
如得忍菩薩貪恚毀禁如佛煩惱習
見色如入滅定出入息如空中鳥[illegible]
兒如化人煩惱如夢所見已寤如滅度者受
身如无烟之火菩薩觀衆生爲若此文殊師
利言若菩薩作是觀者云何行慈維摩詰言
菩薩作是觀已自念我當爲衆生說如斯法
是即真實慈也行寂滅慈无所生故行不熱
慈无煩惱故行等之慈等三世故行无諍慈
无所起故行不二慈內外不合故行不壞慈
畢竟盡故行堅固慈心无毀故行清淨慈諸
法性淨故行无邊慈如虛空故行阿羅漢慈
破結賊故行菩薩慈安衆生故行如來慈得
如相故行佛之慈覺衆生故行自然慈无因
得故行菩提慈等一味故行无比慈斷諸愛
故行大悲慈導以大乘故行无猒慈觀空无

BD06300 號　維摩詰所說經卷中　（17–1）

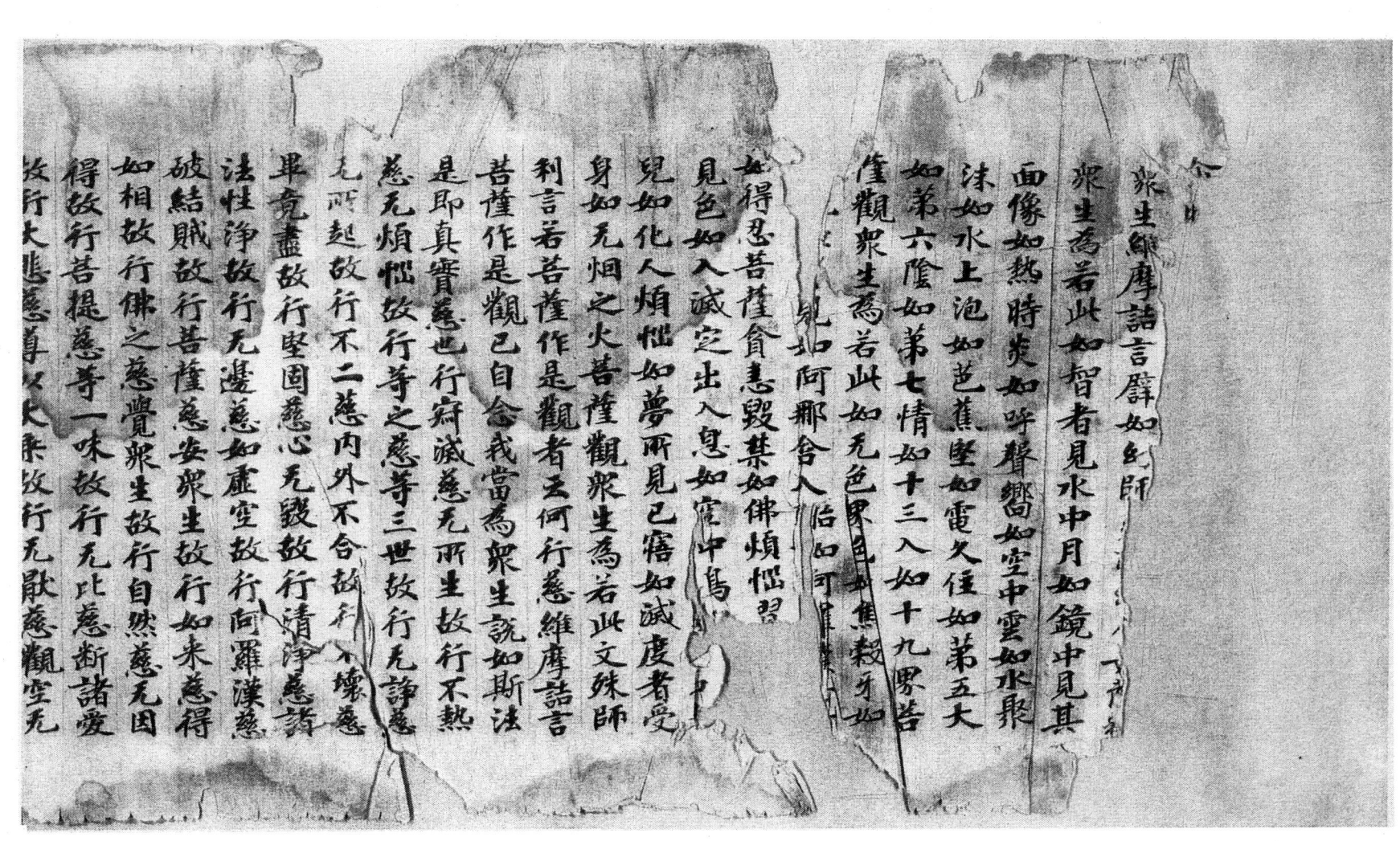

无所起故行不二慈内外不合故行不壞慈
畢竟盡故行堅固慈心无毀故行清淨慈諸
法性淨故行无邊慈如虛空故行阿羅漢慈
破結賊故行菩薩慈安衆生故行如来慈得
如相故行佛之慈覺衆生故行自然慈无因
得故行菩提慈等一味故行无比慈斷諸愛
故行大悲慈導以大乘故行无猒慈觀空无
我故行法施慈无遺惜故行持戒慈化毀禁
故行忍辱慈護彼我故行精進慈荷負衆生
故行禪定慈不受味故行智慧慈无不知時
故行方便慈一切示現故行无隱慈直心清
淨故行深心慈无雜行故行无誑慈不虛假
故行安樂慈令得佛樂故菩薩之慈為若此
文殊師利又問何謂為悲荅曰菩薩所作功
德皆與一切衆生共之何謂為喜荅曰有所
饒益歡喜无悔何謂為捨荅曰所作福祐无
所希望文殊師利又問生死有畏菩薩當何
所依維摩詰言菩薩於生死畏中當依如来
功德之力文殊師利又問菩薩欲依如来功
德之力當於何住荅曰菩薩欲依如来功德
力者當住度脫一切衆生又問欲度衆生當
何所除荅曰欲度衆生除其煩惱又問欲除
煩惱當何所行荅曰當行正念又問云何行
於正念荅曰當行不生不滅又問何法不生
何法不滅荅曰不善不生善法不滅又問善
不善孰為本荅曰身為本又問身孰為本荅
曰欲貪為本又問欲貪孰為本荅曰虛妄分

BD06300號　維摩詰所說經卷中　（17–2）

力者當住度脫一切衆生又問欲度衆生當
何所除荅曰欲度衆生除其煩惱又問欲除
煩惱當何所行荅曰當行正念又問云何行
於正念荅曰當行不生不滅又問何法不生
何法不滅荅曰不善不生善法不滅又問善
不善孰為本荅曰身為本又問身孰為本荅
曰欲貪為本又問欲貪孰為本荅曰虛妄分
別為本又問虛妄分別孰為本荅曰顛倒想
為本又問顛倒想孰為本荅曰无住為本又
問无住孰為本荅曰无住則无本文殊師利
從无住本立一切法
時維摩詰室有一天女見諸大人聞所說法
便現其身即以天華散諸菩薩大弟子上華
至諸菩薩即皆墮落至大弟子便著不墮一
切弟子神力去華不能令去尒時天問舍利
弗何故去華荅曰此華不如法是以去之天
曰勿謂此華為不如法所以者何是華无所
分別仁者自生分別想耳若於佛法出家有
所分別為不如法若无所分別是則如法觀
諸菩薩華不著者已斷一切分別想故譬如
人畏時非人得其便如是弟子畏生死故色
聲香味觸得其便已離畏者一切五欲无能
為也結習未盡華著身耳結習盡者華不著
也舍利弗言天止此室其已久如荅曰我止
此室如耆年解脫舍利弗言止此久耶天曰
耆年解脫亦何如久舍利弗默然不荅天曰
如何耆舊大智而默荅曰解脫者无所言說

BD06300號　維摩詰所說經卷中　（17–3）

為也結習未盡華着身耳結習盡者華不著
也舍利弗言天止此室其已久如荅曰我止
此室如耆年解脫舍利弗言止此久邪天曰
耆年解脫亦何如久舍利弗嘿然不荅天曰
如何耆舊大智而嘿荅曰解脫者无所言說
故吾於是不知所云天曰言說文字皆解脫
相所以者何解脫者不內不外不在兩間文
字亦不內不外不在兩間是故舍利弗无離
文字說解脫也所以者何一切諸法是解脫
相舍利弗言不復以離婬怒癡為解脫乎天
曰佛為增上慢人說離婬怒癡為解脫耳若
无增上慢者佛說婬怒癡性即是解脫舍利
弗言善哉善哉天女汝何所得以何為證辯
乃如是天曰我无得无證故辯如是所以者何
若有得有證者則於佛法為增上慢舍利弗
問天汝於三乘為何志求天曰以聲聞法化
衆生故我為聲聞以因緣法化衆生故我為
辟支佛以大悲化衆生故我為大乘舍利弗
如人入瞻蔔林唯嗅瞻蔔不嗅餘香如是若
入此室但聞佛功德之香不樂聞聲聞辟支
佛功德香也舍利弗其有釋梵四天王諸天
龍鬼神等入此室者聞斯上人講說正法皆
樂佛功德之音發心而出舍利弗吾止此室
十有二年初不聞說聲聞辟支佛法但聞菩
薩大慈大悲不可思議諸佛之法舍利弗此
室常現八未曾有難得之法何等為八此室

BD06300號　維摩詰所說經卷中　（17–4）

佛功德香也舍利弗其有釋梵四天王諸天
龍鬼神等入此室者聞斯上人講說正法皆
樂佛功德之音發心而出舍利弗吾止此室
十有二年初不聞說聲聞辟支佛法但聞菩
薩大慈大悲不可思議諸佛之法舍利弗此
室常現八未曾有難得之法何等為八此室
常以金色光照晝夜无異不以日月所照為
明是為一未曾有難得之法此室入者不為
諸垢之所惱也是為二未曾有難得之法此
室常有釋梵四天王他方菩薩來會不絕是
為三未曾有難得之法此室常說六波羅蜜
不退轉法是為四未曾有難得之法此室常
作天人第一之樂絃出无量法化之聲是為
五未曾有難得之法此室有四大藏衆寶積
滿周窮濟乏求得无盡是為六未曾有難得
之法此室釋迦牟尼佛阿弥陁佛阿閦佛寶
德寶炎寶月寶嚴難勝師子響一切利成如
是等十方无量諸佛是上人念時即皆為來
廣說諸佛祕要法藏說已還去是為七未曾
有難得之法此室一切諸天嚴飾宮殿諸佛
淨土皆於中現是為八未曾有難得之法舍
利弗此室常現八未曾有難得之法誰有見
斯不思議事而復樂於聲聞法乎
舍利弗言汝何以不轉女身天曰我從十二
年來求女人相了不可得當何所轉譬如幻
化作幻女若有人問何以不轉女身是人

BD06300號　維摩詰所說經卷中　（17–5）

利弗此室常現八未曾有難得之法誰有見
斯不思議事而復樂於聲聞法乎
舍利弗言汝何以不轉女身天曰我從十二
年來求女人相了不可得當何所轉譬如幻
師化作幻女若有人問何以不轉女身是人
為正問不舍利弗言不也幻无定相當何所
轉天曰一切諸法亦復如是无有定相云何
乃問不轉女身即時天女以神通力變舍利
弗令如天女天自化身如舍利弗而問言何
以不轉女身舍利弗以天女像而荅言我今
不知何轉而變為女身天曰舍利弗若能轉
此女身則一切女人亦當能轉如舍利弗非
女而現女身一切女人亦復如是雖現女身
而非女也是故佛說一切諸法非男非女即
時天女還攝神力舍利弗身還復如故天問
舍利弗女身色相今何所在舍利弗言女身
色相无在无不在天曰一切諸法亦復如是
无在无不在夫无在无不在者佛所說也
舍利弗問天汝於此沒當生何所天曰佛化
所生吾如彼生曰佛化所生非沒生也天曰
衆生猶然无沒生也舍利弗問天汝久如
得阿耨多羅三藐三菩提天曰如舍利弗
為凡夫我乃當成阿耨多羅三藐三菩提舍
利弗言我作凡夫无有是處天曰我得阿耨
多羅三藐三菩提亦无是處所以者何菩提
无住處是故无有得者舍利弗言今諸佛得
阿耨多羅三藐三菩提已得當得如恒河

BD06300號　維摩詰所說經卷中　（17–6）

衆生猶然无沒生也舍利弗問天汝久如
得阿耨多羅三藐三菩提天曰如舍利弗
為凡夫我乃當成阿耨多羅三藐三菩提舍
利弗言我作凡夫无有是處天曰我得阿耨
多羅三藐三菩提亦无是處所以者何菩提
无住處是故无有得者舍利弗言今諸佛得
阿耨多羅三藐三菩提已得當得如恒河沙
皆謂何乎天曰皆以世俗文字數故說有三
世非謂菩提有去來今天曰舍利弗汝得阿
羅漢道耶曰无所得故而得天曰諸佛菩薩
亦復如是无所得故而得尒時維摩詰語舍
利弗是天女曾已供養九十二億佛已能遊
戲菩薩神通所願具足得无生忍住不退轉
以本願故隨意能現教化衆生
佛道品第八
尒時文殊師利問維摩詰言菩薩云何通達
佛道維摩詰言若菩薩行於非道是為通達
佛道又問云何菩薩行於非道荅曰若菩薩
行五无間而无惱恚至于地獄无諸罪垢至
于畜生无有无明憍慢等過至于餓鬼而具
足功德行色无色界道不以為勝示行貪欲
離諸染著示行瞋恚於諸衆生无有恚礙示
行愚癡而以智慧調伏其心示行慳貪而捨
內外所有不惜身命示行毀禁而安住淨戒
乃至小罪猶懷大懼示行瞋恚而常慈忍示
行懈怠而勤修功德示行亂意而常念定示
行愚癡而通達世間出世間慧示行諂偽而

BD06300號　維摩詰所說經卷中　（17–7）

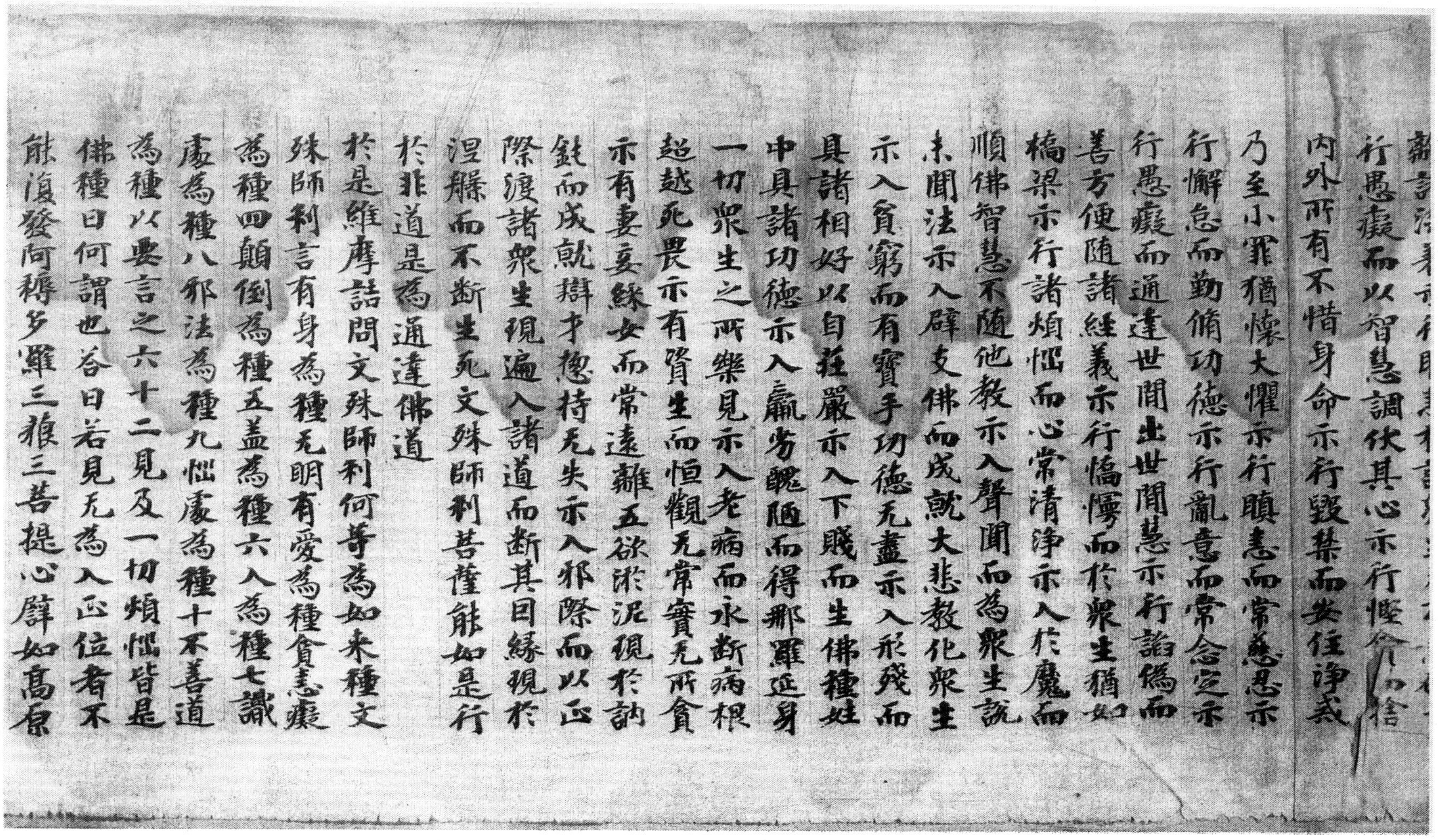
[illegible]
行愚癡而以智慧調伏其心示行慳貪而捨
內外所有不惜身命示行毀禁而安住淨戒
乃至小罪猶懷大懼示行瞋恚而常慈忍示
行懈怠而勤脩功德示行亂意而常念定示
行愚癡而通達世間出世間慧示行諂偽而
善方便隨諸經義示行憍慢而於眾生猶如
橋梁示行諸煩惱而心常清淨示入於魔而
順佛智慧不隨他教示入聲聞而為眾生說
未聞法示入辟支佛而成就大悲教化眾生
示入貧窮而有寶手功德无盡示入形殘而
具諸相好以自莊嚴示入下賤而生佛種姓
中具諸功德示入羸劣醜陋而得那羅延身
一切眾生之所樂見示入老病而永斷病根
超越死畏示有資生而恒觀无常實无所貪
示有妻妾婇女而常遠離五欲淤泥現於訥
鈍而成就辯才摠持无失示入邪際而以正
際渡諸眾生現遍入諸道而斷其因緣現於
涅槃而不斷生死文殊師利菩薩能如是行
於非道是為通達佛道
於是維摩詰問文殊師利何等為如來種文
殊師利言有身為種无明有愛為種貪恚癡
為種四顛倒為種五蓋為種六入為種七識
處為種八邪法為種九惱處為種十不善道
為種以要言之六十二見及一切煩惱皆是
佛種曰何謂也答曰若見无為入正位者不
能復發阿耨多羅三藐三菩提心譬如高原

BD06300號　維摩詰所說經卷中　（17–8）

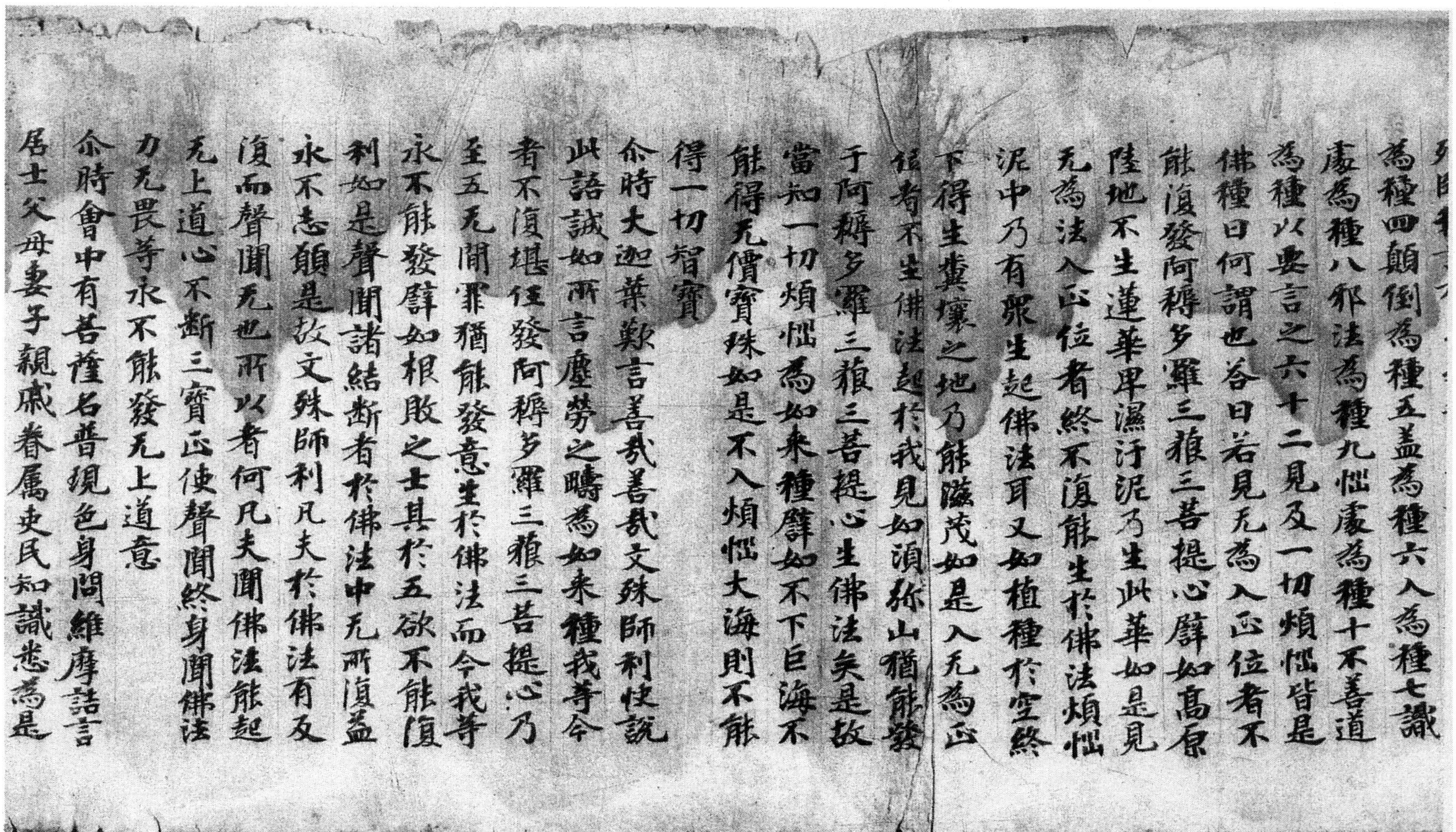
[illegible]
為種四顛倒為種五蓋為種六入為種七識
處為種八邪法為種九惱處為種十不善道
為種以要言之六十二見及一切煩惱皆是
佛種曰何謂也答曰若見无為入正位者不
能復發阿耨多羅三藐三菩提心譬如高原
陸地不生蓮華卑濕汙泥乃生此華如是見
无為法入正位者終不復能生於佛法煩惱
泥中乃有眾生起佛法耳又如植種於空終
不得生糞壤之地乃能滋茂如是入无為正
位者不生佛法起於我見如須彌山猶能發
于阿耨多羅三藐三菩提心生佛法矣是故
當知一切煩惱為如來種譬如不下巨海不
能得无價寶珠如是不入煩惱大海則不能
得一切智寶
尒時大迦葉歎言善哉善哉文殊師利快說
此語誠如所言塵勞之疇為如來種我等今
者不復堪任發阿耨多羅三藐三菩提心乃
至五无間罪猶能發意生於佛法而今我等
永不能發譬如根敗之士其於五欲不能復
利如是聲聞諸結斷者於佛法中无所復益
永不志願是故文殊師利凡夫於佛法有反
復而聲聞无也所以者何凡夫聞佛法能起
无上道心不斷三寶正使聲聞終身聞佛法
力无畏等永不能發无上道意
尒時會中有菩薩名普現色身問維摩詰言
居士父母妻子親戚眷屬吏民知識悉為是

BD06300號　維摩詰所說經卷中　（17–9）

永不志願是故文殊師利凡夫於佛法有反
復而聲聞无也所以者何凡夫聞佛法能起
无上道心不斷三寶正使聲聞終身聞佛法
力无畏等永不能發无上道意
尒時會中有菩薩名普現色身問維摩詰言
居士父母妻子親戚眷屬吏民知識悉為是
誰奴婢僮僕象馬車乘皆何所在於是維摩
詰以偈荅曰
智度菩薩母　方便以為父　一切衆導師　无不由是生
法喜以為妻　慈悲心為女　善心誠實男　畢竟空寂舍
弟子衆塵勞　隨意之所轉　道品善知識　由是成正覺
諸度法等侶　四攝為伎女　歌詠誦法言　以此為音樂
揔持之園苑　无漏法林樹　覺意淨妙華　解脫智慧果
八解之浴池　定水湛然滿　布以七淨華　浴此无垢人
象馬五通馳　大乘以為車　調御以一心　遊於八正路
相具以嚴容　衆好飾其姿　慚愧之上服　深心為華鬘
富有七財寶　教授以滋息　如所說脩行　迴向為大利
四禪為牀坐　從於淨命生　多聞增智慧　以為
甘露法之食　解脫味為漿　淨心以澡浴　戒品為塗香
摧滅煩惱賊　勇健无能踰　降伏四種魔　勝幡建道場
雖知无起滅　示彼故有生　悉現諸國土　如日无不見
供養於十方　无量億如來　諸佛及己身　无有分別想
雖知諸佛國　及與衆生空　而常脩淨土　教化於羣生
諸有衆生類　形聲及威儀　无畏力菩薩　一時能盡現
覺知衆魔事　而示隨其行　以善方便智　隨意皆能現
或示老病死　成就諸羣生　了知如幻化　通達无有礙

BD06300號　維摩詰所說經卷中　（17–10）

供養於十方　无量億如來　諸佛及己身　无有分別想
雖知諸佛國　及與衆生空　而常脩淨土　教化於羣生
諸有衆生類　形聲及威儀　无畏力菩薩　一時能盡現
覺知衆魔事　而示隨其行　以善方便智　隨意皆能現
或示老病死　成就諸羣生　了知如幻化　通達无有礙
或現劫盡燒　天地皆洞然　衆人有常想　照令知无常
无數億衆生　俱來請菩薩　一時到其舍　化令向佛道
經書禁呪術　工巧諸伎藝　盡現行此事　饒益諸羣生
世間衆道法　悉於中出家　因以解人惑　而不墮邪見
或作日月天　梵王世界主　或時作地水　或復作風火
劫中有疾疫　現作諸藥草　若有服之者　除病消衆毒
劫中有飢饉　現身作飲食　先救彼飢渴　却以法語人
劫中有刀兵　為之起慈悲　化彼諸衆生　令住无諍地
若有大戰陣　立之以等力　菩薩現威勢　降伏使和安
一切國土中　諸有地獄處　輙往到于彼　免濟其苦惱
一切國土中　畜生相食噉　皆現生於彼　為之作利益
示受於五欲　亦復現行禪　令魔心憒亂　不能得其便
火中生蓮華　是可謂希有　在欲而行禪　希有亦如是
或現作婬女　引諸好色者　先以欲鉤牽　後令入佛智
或為邑中主　或作商人導　國師及大臣　以祐利衆生
諸有貧窮者　現作无盡藏　因以勸導之　令發菩提心
我心憍慢者　為現大力士　消伏諸貢高　令住佛上道
其有恐懼衆　居前而慰安　先施以无畏　後令發道心
或現離婬欲　為五通仙人　開導諸羣生　令住戒忍慈
見須供事者　現為作僮僕　既悅可其意　乃發以道心
隨彼之所須　得入於佛道　以善方便力　皆能給足之

BD06300號　維摩詰所說經卷中　（17–11）

我心憍慢者　為現大力士　消伏諸貢高　令住佛上道
其有恐懼衆　居前而慰安　先施以无畏　後令發道心
或現離婬欲　為五道仙人　開導諸羣生　令住戒忍慈
見須供事者　現為作僮僕　既悅可其意　乃發以道心
隨彼之所須　得入於佛道　以善方便力　皆能給足之
如是道无量　所行无有崖　智慧无邊際　度脫无數衆
假令一切佛　於无數億劫　讚歎其功德　猶尚不能盡
誰聞如是法　不發菩提心　除彼不肖人　癡冥无智者
入不二法門品第九
尒時維摩詰謂衆菩薩言諸仁者云何菩薩
入不二法門各隨所樂說之會中有菩薩名
法自在說言諸仁者生滅為二法本不生今
則无滅得此无生法忍是為入不二法門
德守菩薩曰我我所為二因有我故便有我
所若无有我則无我所是為入不二法門
不眴菩薩曰受不受為二若法不受則不可
得以不可得故无取无捨无作无行是為入
不二法門
德頂菩薩曰垢淨為二見垢實性則无淨相
順於滅相是為入不二法門
善宿菩薩曰是動是念為二不動則无念无
念即无分別通達此者是為入不二法門
善眼菩薩曰一相无相為二若知一相即是
无相亦不取无相入於平等是為入不二法
門
妙臂菩薩曰菩薩心聲聞心為二觀心相空
如幻化者无菩薩心无聲聞心是為入不二

BD06300號　維摩詰所說經卷中　（17–12）

善宿菩薩曰是動是念為二不動則无念无
念即无分別通達此者是為入不二法門
善眼菩薩曰一相无相為二若知一相即是
无相亦不取无相入於平等是為入不二法
門
妙臂菩薩曰菩薩心聲聞心為二觀心相空
如幻化者无菩薩心无聲聞心是為入不二
法門
弗沙菩薩曰善不善為二若不起善不善入
无相際而通達者是為入不二法門
師子菩薩曰罪福為二若達罪性則與福无
異以金剛慧決了此相无縛无解者是為入
不二法門
師子意菩薩曰有漏无漏為二若得諸法等
則不起漏不漏想不著於相亦不住无相是
為入不二法門
淨解菩薩曰有為无為為二若離一切數則
心如虛空以清淨慧无所礙者是為入不二
法門
那羅延菩薩曰世間出世間為二世間性空
即是出世間於其中不入不出不溢不散是
為入不二法門
善意菩薩曰生死涅槃為二若見生死性則
无生死无縛无解不然不滅如是解者是為
入不二法門
現見菩薩曰盡不盡為二法若究竟盡若不
盡皆是无盡相无盡相即是空空則无有盡

BD06300號　維摩詰所說經卷中　（17–13）

為入不二法門
善意菩薩曰生死涅槃為二若見生死性則
无生死无縛无解不然不滅如是解者是為
入不二法門
現見菩薩曰盡不盡為二法若究竟盡若不
盡皆是无盡相无盡相即是空空則无有盡
不盡相如是入者是為入不二法門
普守菩薩曰我无我為二我尚不可得非我
何可得見我實性者不復起二是為入不二
法門
電天菩薩曰明无明為二无明實性即是明
明亦不可取離一切數於其中平等无二者
即為入不二法門
喜見菩薩曰色色空為二色即是空非色滅
空色性自空如是受想行識識空為二識即
是空非識滅空識性自空於其中而通達者
是為入不二法門
明相菩薩曰四種異空種異為二四種性即
是空種性如前際後際空故中際亦空若能
如是知諸種性者是為入不二法門
妙意菩薩曰眼色為二若知眼性於色不貪
不恚不癡是名寂滅如是耳聲鼻香舌味身
觸意法為二若知意性於法不貪不恚不癡
是名寂滅安住其中是為入不二法門
无盡意菩薩曰布施迴向一切智為二布施
性即是迴向一切智性如是持戒忍辱精進
禪定智慧迴向一切智為二智慧性即是迴

BD06300號　維摩詰所說經卷中　（17–14）

觸意法為二若知意性於法不貪不恚不癡
是名寂滅安住其中是為入不二法門
无盡意菩薩曰布施迴向一切智為二布施
性即是迴向一切智性如是持戒忍辱精進
禪定智慧迴向一切智為二智慧性即是迴
向一切智性於其中入一相者是為入不二
法門
深慧菩薩曰是空是无相是无作為二空即
无相无相即无作若空无相无作則无心意
識於一解脫門即是三解脫門者即為入不
二法門
寂根菩薩曰佛法衆為二佛即是法法即是
衆是三寶皆无為相與虛空等一切法亦尒
能隨此行者是為入不二法門
心无礙菩薩曰身身滅為二身即是身滅所
以者何見身實相者不起見身及見滅身身
與滅身无二无分別於其中不驚不懼者是
為入不二法門
上善菩薩曰身口意善為二是三業皆无作
相身无作相即口无作相口无作相即意无
作相是三業无作相即一切法无作相能如
是隨无作慧者是為入不二法門
福田菩薩曰福行罪行不動行為二三行實
性即是空空則无福行无罪行无不動行於
此三行而不起者是為入不二法門
華嚴菩薩曰從我起二為二見我實相者不
起二法若不住二法則无有識无所識者是

BD06300號　維摩詰所說經卷中　（17–15）

福田菩薩曰福行罪行不動行為二三行實
性即是空空則无福行无罪行无不動行於
此三行而不起者是為入不二法門
華嚴菩薩曰從我起二為二見我實相者不
起二法若不住二法則无有識无所識者是
為入不二法門
德藏菩薩曰有所得相為二若无所得則无
取捨无取捨者是為入不二法門
月上菩薩曰闇與明為二无闇无明則无有
二所以者何如入滅受想定无闇无明一切
法相亦復如是於其中平等入者是為入不
二法門
寶印手菩薩曰樂涅槃不樂世間為二若不
樂涅槃不厭世間則无有二所以者何若有
縛則有解若本无縛其誰求解无縛无解則
无樂厭是為入不二法門
珠頂王菩薩曰正道邪道為二住正道者則
不分別是邪是正離此二者是為入不二法
門
樂實菩薩曰實不實為二實見者尚不見實
何況非實所以者何非肉眼所見慧眼乃能
見而此慧眼无見无不見是為入不二法門
如是諸菩薩各各說已問文殊師利何等是
菩薩入不二法門文殊師利曰如我意者於
一切法无言无說无示无識離諸問荅是為
入不二法門

BD06300號　維摩詰所說經卷中　（17–16）

不分別是邪是正離此二者是為入不二法
門
樂實菩薩曰實不實為二實見者尚不見實
何況非實所以者何非肉眼所見慧眼乃能
見而此慧眼无見无不見是為入不二法門
如是諸菩薩各各說已問文殊師利何等是
菩薩入不二法門文殊師利曰如我意者於
一切法无言无說无示无識離諸問荅是為
入不二法門
於是文殊師利問維摩詰我等各自說已仁
者當說何等是菩薩入不二法門時維摩詰
嘿然无言文殊師利歎曰善哉善哉乃至无
有文字語言是真入不二法門說是入不二
法門時於此衆中五千菩薩皆入不二法門
得无生法忍

維摩詰經卷中

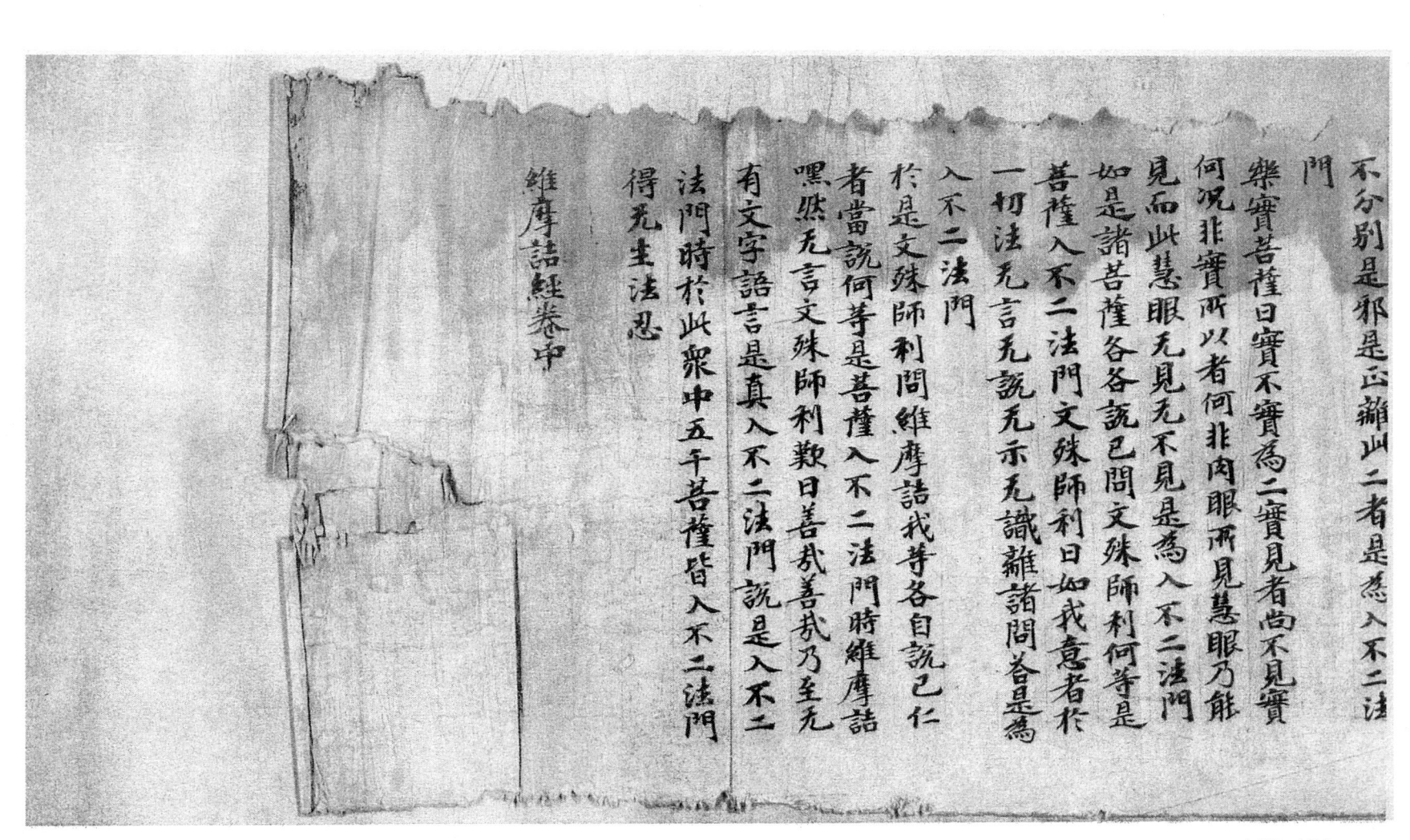

BD06300號　維摩詰所說經卷中　（17–17）

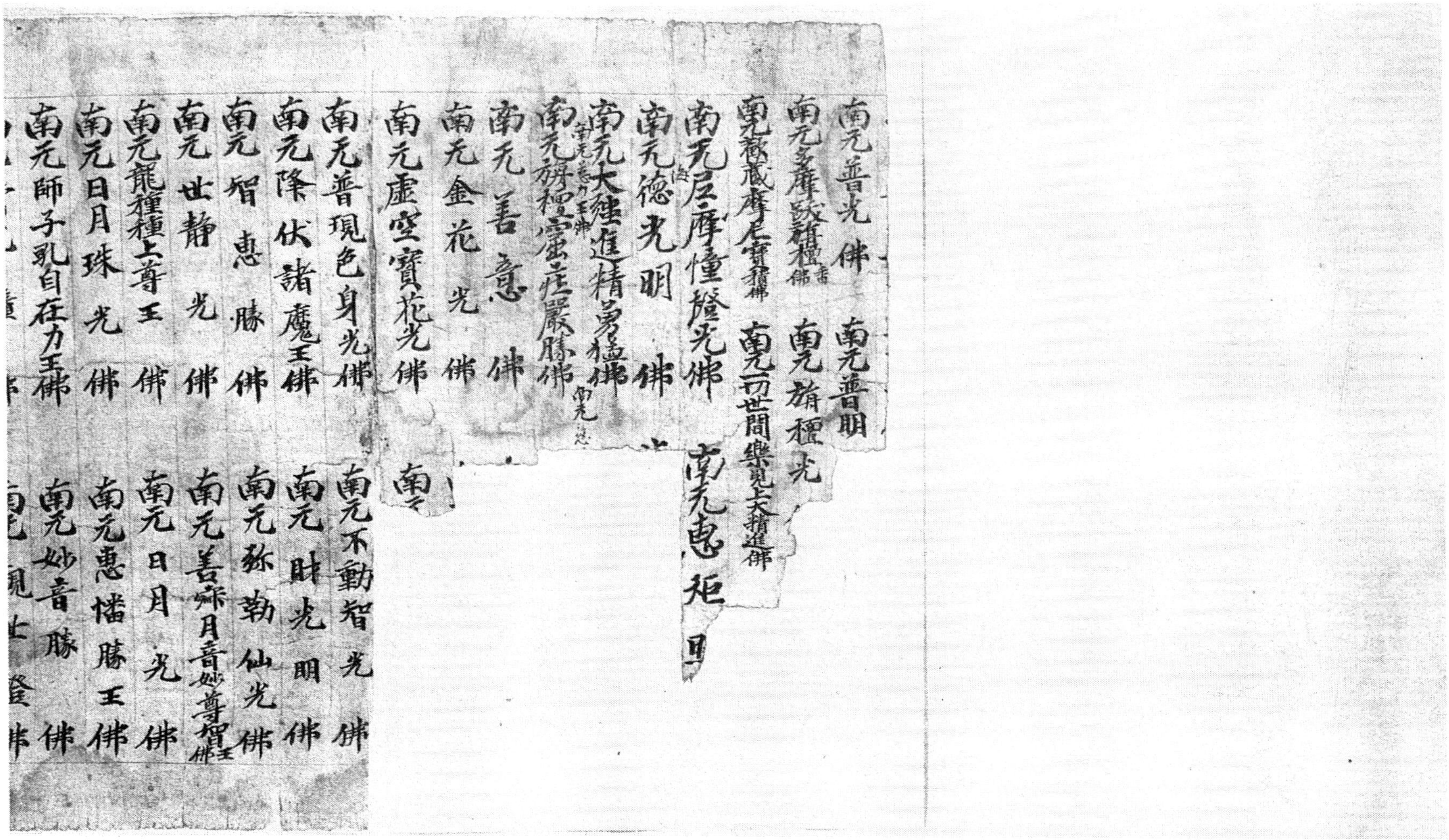
南无普光佛　南无普明
南无多摩羅跋栴檀香佛　南无栴檀光
南无歡藏摩尼寶積佛　南无一切世間樂見上大精進佛
南无摩尼幢燈光佛　南无惠炬□
南无海德光明佛
南无大強精進勇猛佛　南无慈力王佛
南无栴檀窟莊嚴勝佛　南无慈
南无善意佛
南无金花光佛
南无虛空寶花光佛　南无
南无普現色身光佛　南无不動智光佛
南无降伏諸魔王佛　南无財光明佛
南无智惠勝佛　南无弥勒仙光佛
南无世靜光佛　南无善寂月音妙尊智王佛
南无龍種上尊王佛　南无日月光佛
南无日月珠光佛　南无惠幢勝王佛
南无師子吼自在力王佛　南无妙音勝佛
□□□□幢□佛　南□觀世燈佛

BD06301 號　七階佛名經　（4–1）

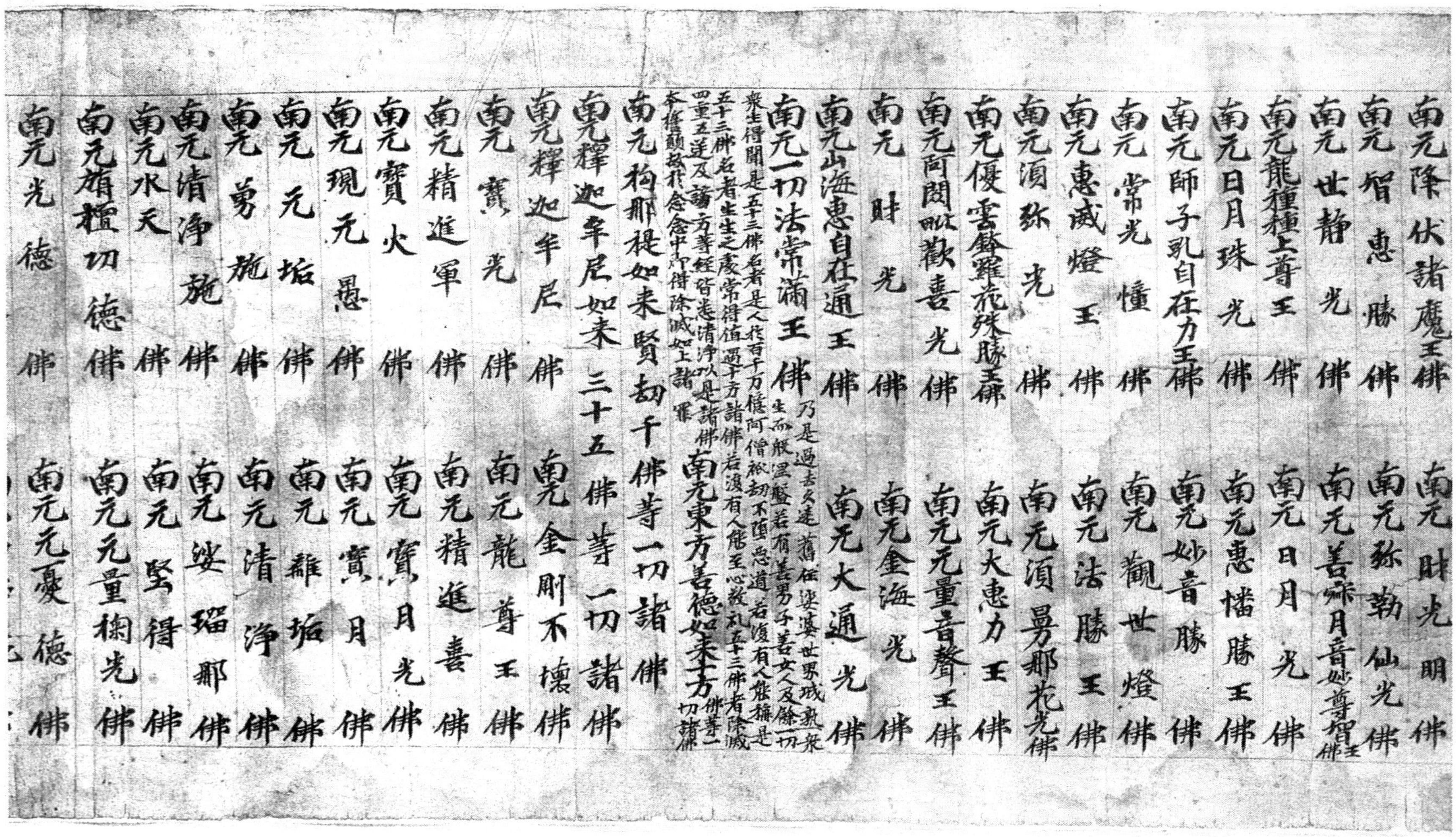
南无降伏諸魔王佛　南无財光明佛
南无智惠勝佛　南无弥勒仙光佛
南无世靜光佛　南无善寂月音妙尊智王佛
南无龍種上尊王佛　南无日月光佛
南无日月珠光佛　南无惠幢勝王佛
南无師子吼自在力王佛　南无妙音勝佛
南无常光幢佛　南无觀世燈佛
南无惠威燈王佛　南无法勝王佛
南无須弥光佛　南无須曼那花光佛
南无優曇鉢羅花殊勝王佛　南无大惠力王佛
南无阿閦毗歡喜光佛　南无无量音聲王佛
南无財光佛　南无金海光佛
南无山海惠自在通王佛　南无大通光佛
南无一切法常滿王佛　乃是過去久遠舊住娑婆世界成熟衆生而般涅槃若有善男子善女人及餘一切衆生得聞是五十三佛名者是人於百千万億阿僧祇劫不墮惡道若復有人能稱是五十三佛名者生生之處常得值遇十方諸佛若復有人能至心敬礼五十三佛者除滅四重五逆及謗方等經皆悉清淨以是諸佛本誓願故於念念中即得除滅如上諸罪
南无東方善德如来十方佛等一切諸佛
南无拘那提如来賢劫千佛等一切諸佛
南无釋迦牟尼如来三十五佛等一切諸佛
南无釋迦牟尼佛　南无金剛不壞佛
南无寶光佛　南无龍尊王佛
南无精進軍佛　南无精進喜佛
南无寶火佛　南无寶月光佛
南无現无愚佛　南无寶月佛
南无无垢佛　南无離垢佛
南无勇施佛　南无清淨佛
南无清淨施佛　南无娑瑠那佛
南无水天佛　南无堅得佛
南无栴檀切德佛　南无无量掬光佛
南无光德佛　南无无憂德佛

BD06301 號　七階佛名經　（4–2）

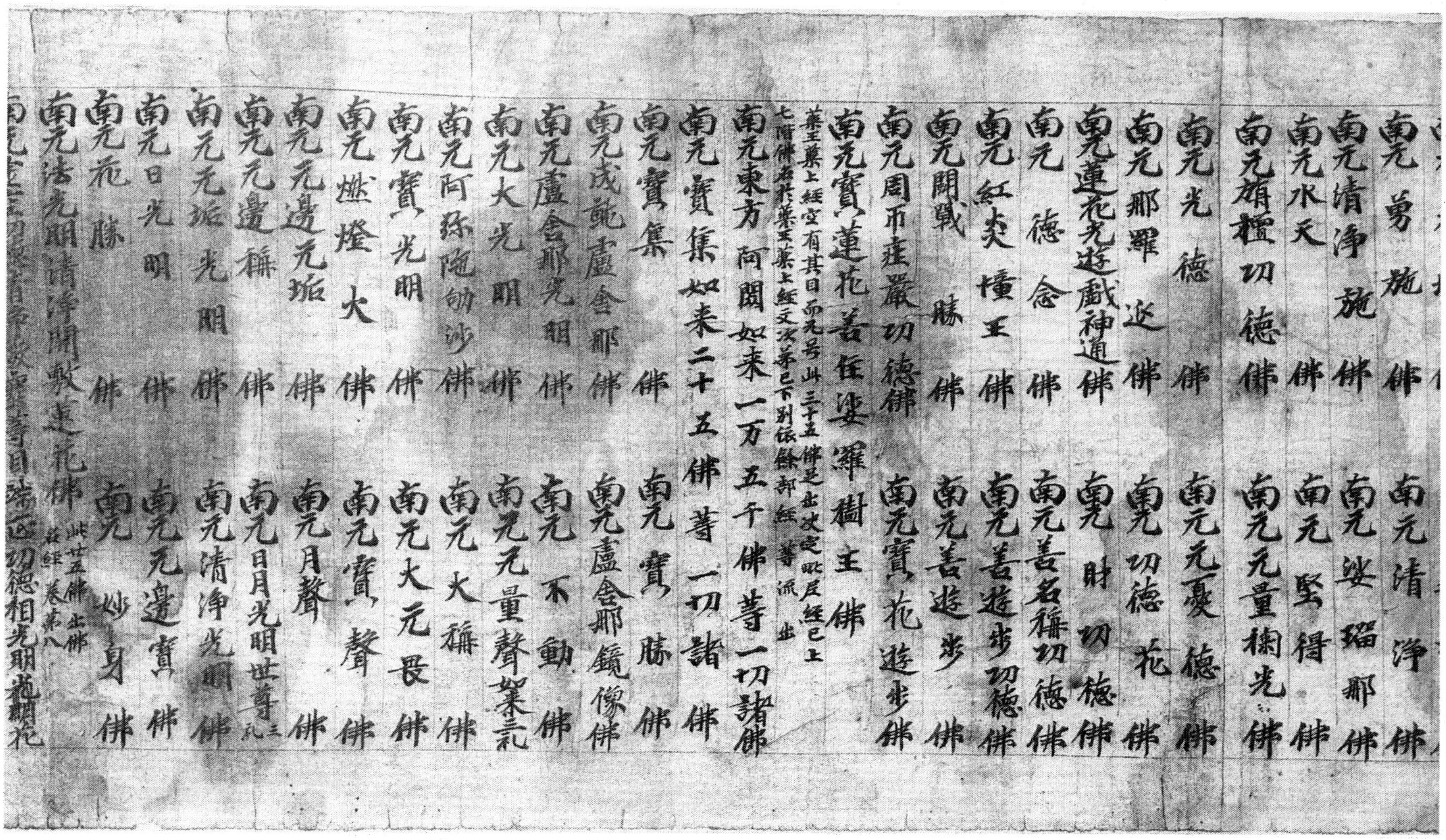

BD06301 號　七階佛名經　（4–3）

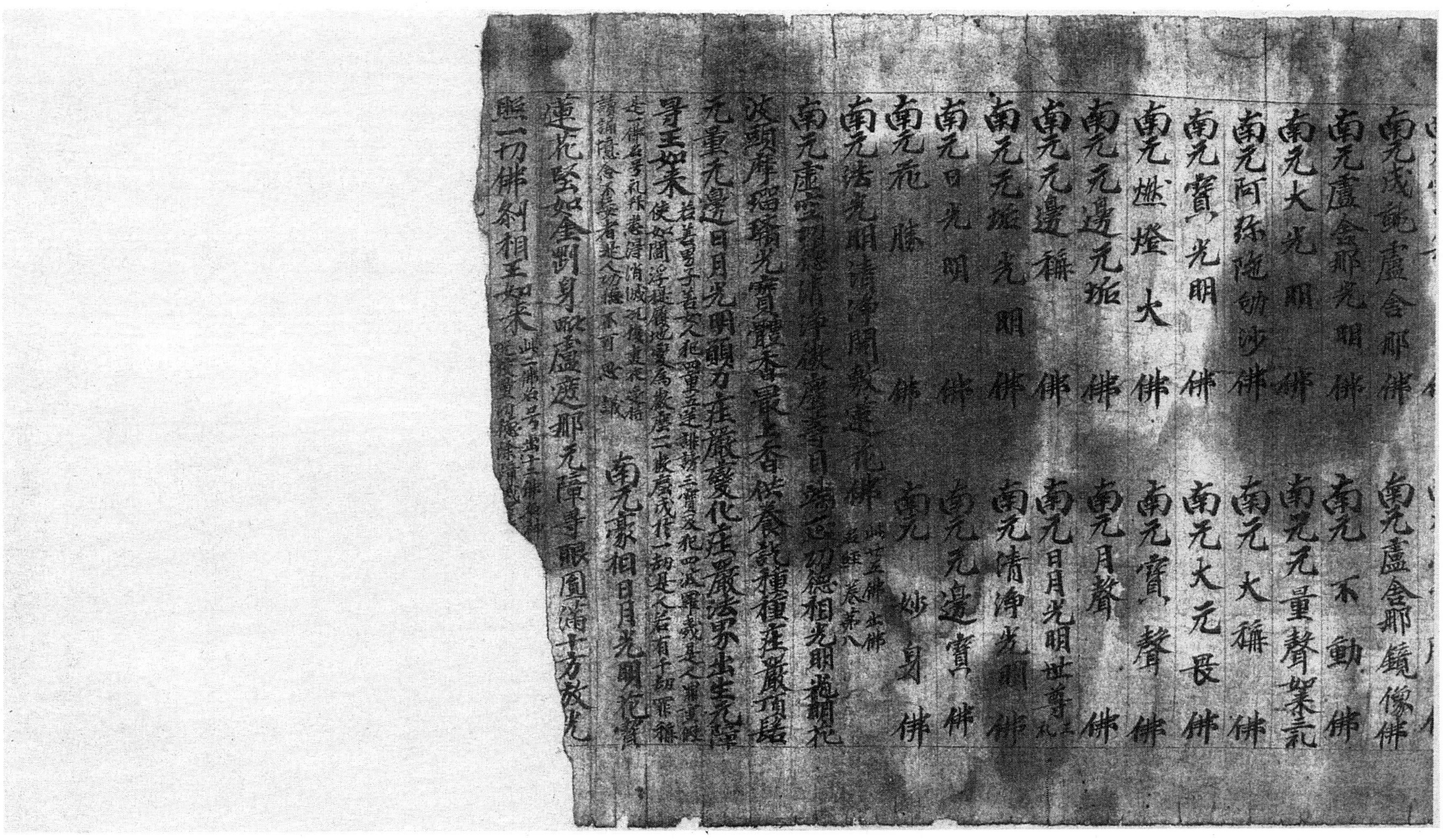

BD06301 號　七階佛名經　（4–4）

俐大揩鉆瞎痤療寓館館

三年五月日程守記

BD06301 號背　題記、雜寫　　（1–1）

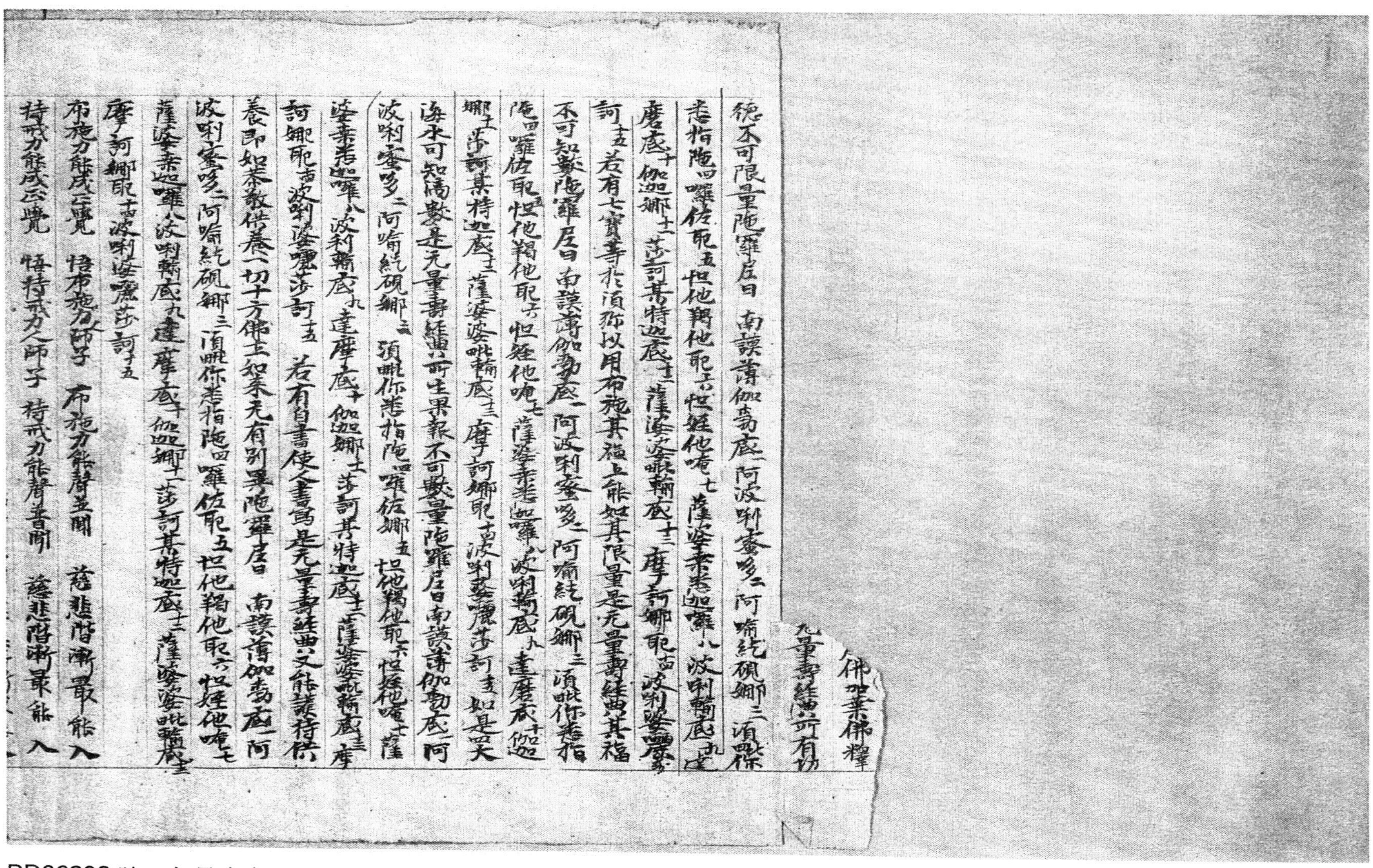

德不可限量陁羅尼曰　南謨薄伽勃底一阿波唎蜜哆二阿喻紇硯娜三須毗你
悉指陁四囉佐耶五怛他羯他耶六怛姪他唵七薩婆桑悉迦囉八波唎輸底九達
摩底十伽伽娜十一莎訶某特迦底十二薩婆婆毗輸底十三摩訶娜耶十四波唎婆嚟莎
訶十五　若有七寶等於須彌以用布施其福上能如其限量是无量壽經㽵其福
不可知數陁羅尼曰　南謨薄伽勃底一阿波唎蜜哆二阿喻紇硯娜三須毗你悉指
陁四囉佐耶五怛他羯他耶六怛姪他唵七薩婆桑悉迦囉八波唎輸底九達摩底十伽
娜十一莎訶某特迦底十二薩婆婆毗輸底十三摩訶娜耶十四波唎婆嚟莎訶十五　如是四大
海水可知滴數是无量壽經㽵所生果報不可數量陁羅尼曰　南謨薄伽勃底一阿
波唎蜜哆二阿喻紇硯娜三須毗你悉指陁四囉佐娜五怛他羯他耶六怛姪他唵七薩
婆桑悉迦囉八波利輸底九達摩底十伽伽娜十一莎訶某特迦底十二薩婆婆毗輸底十三摩
訶娜耶十四波唎婆嚟莎訶十五　若有自書使人書寫是无量壽經典文能護持供
養即如恭敬供養一切十方佛土如來无有別異陁羅尼曰　南謨薄伽勃底一阿
波唎蜜哆二阿喻紇硯娜三須毗你悉指陁四囉佐耶五怛他羯他耶六怛姪他唵七
薩婆桑悉迦囉八波唎輸底九達摩底十伽伽娜十一莎訶某特迦底十二薩婆婆毗輸底十三
摩訶娜耶十四波唎婆嚟莎訶十五
布施力能成正覺　悟布施力師子　布施力能聲普聞　慈悲階漸最能入
持戒力能成正覺　悟持戒力人師子　持戒力能聲普聞　慈悲階漸最能入

佛世業佛釋
无量壽經㽵所有功

BD06302 號　無量壽宗要經　　（2–1）

海水可知滴數是无量壽經典所生果報不可數量陀羅尼曰南謨薄伽勃底一阿
波唎蜜哆二阿喻紇硯娜三須毗你悉指陀四囉佐耶五怛他羯他耶六怛姪他唵七薩
婆桑悉迦囉八波利輸底九達摩底十伽伽娜十一莎訶其特迦底十二薩婆婆毗輸底十三摩
訶娜耶十四波唎婆嚫莎訶十五 若有自書使人書寫是无量壽經典又能護持供
養即如恭敬供養一切十方佛土如來无有別異陀羅尼曰 南謨薄伽勃底一阿
波唎蜜哆二阿喻紇硯娜三須毗你悉指陀四囉佐耶五怛他羯他耶六怛姪他唵七
薩婆桑悉迦囉八波唎輸底九達摩底十伽伽娜十一莎訶其特迦底十二薩婆婆毗輸底十三
摩訶娜耶十四波唎婆嚫莎訶十五
布施力能成正覺 悟布施力師子 布施力能聲普聞 慈悲階漸最能入
持戒力能成正覺 悟持戒力人師子 持戒力能聲普聞 慈悲階漸最能入
忍辱力能成正覺 悟忍辱力人師子 忍辱力能聲普聞 慈悲階漸最能入
精進力能成正覺 悟精進力人師子 精進力能聲普聞 慈悲階漸最能入
禪定力能成正覺 悟禪定力人師子 禪定力能聲普聞 慈悲階漸最能入
智慧力能成正覺 悟智慧力人師子 智慧力能聲普聞 慈悲階漸力能入
介時如來說是經已一切世間天人阿修羅揵闥婆等聞佛所說皆大歡喜信受奉
行
佛說无量壽宗要經

翟文英寫

BD06302 號　無量壽宗要經　　（2–2）

[illegible]所
志求真諦[illegible]　故來至我所
佛子脩智慧　具足於菩提　親近善知識　故來至我所
衆生慈父母　長養諸功德　究竟菩提道　故來至我所
生老病死者　无上良醫王　衆生之釋天　雨甘露法藥
衆生明淨日　普照諸〻世　衆生之白月　功德圓滿故
譬如[illegible]　[illegible]如大海水　未曾有增減

BD06303 號　大方廣佛華嚴經（晉譯五十卷本）卷四九　　（26–1）

志求真諦法　直諦□□□　□□□□□　故來至我所
佛子脩智慧　具足於菩提　親近善知識　故來至我所
衆生慈父母　長養諸功德　究竟菩提道　故來至我所
生老病死者　无上良醫王　衆生之釋天　雨甘露法藥
衆生明淨日　普照諸世間　衆生之淨月　功德圓滿故
譬如須弥　如大海水　未曾有增減
猶如海導師　度脫无量衆　一切无所著　故來至我所
勇健精進力　拯救諸衆生　悉令得安樂　專求善知識
建立正法幢　顯現佛功德　除滅惡道苦　開諸善趣門
能誦諸導師　觀心佛少身　聞持彼聖教　專求慈師
欲具妙智命　究竟諸功德　故來至我所
无比正直心　親近善知識　聞其所說教　皆悉能奉行
因昔无量德　文殊令發心　隨順其教命　專求佛菩提
捨天官家屬　父母諸親戚　世間一切樂　謙苦求知識
如是清淨行　於此命終已　得諸勝妙果　昇入佛法堂
善財心衆生　□老　發大悲心　專求佛菩提
見五道轉輪　衆苦所逼迫　脩智金剛輪　壞散苦趣輪
衆生田荒穢　貪恚耶見刺　為淨脩治故　專求利智犁
衆生處癡闇　盲冥失正路　善財為導師　慧光示正道
忍辱為密鎧　執持慧利劒　乘於三脫門　摧滅煩惱賊
善財勇猛力　普為□□　□滅諸恐怖　令置安隱處
善財為海師　造立大法船　越度尒炎海　令住淨寶洲
善財為一切　法界中淨日　以願智慧光　普照衆生類
善財為覺月　妙法悲圓滿　慈定清涼光　滅諸煩惱熱
善財智海依　直心金剛地　菩薩行漸深　出生妙法寶

BD06303 號　大方廣佛華嚴經（晉譯五十卷本）卷四九　（26–2）

忍辱為密鎧　執持慧利劒　乘於三脫門　摧滅煩惱賊
善財勇猛力　普為□□　□滅諸恐怖　令置安隱處
善財為海師　造立大法船　越度尒炎海　令住淨寶洲
善財為一切　法界中淨日　以願智慧光　普照衆生類
善財為覺月　妙法悲圓滿　慈定清涼光　滅諸煩惱熱
善財智海依　直心金剛地　菩薩行漸深　出生妙法寶
菩提心龍王　昇於□□　興雲雨甘露　長養白淨果
淨信心為炷　慈悲為香油　正念為寶器　然放耀世燈
道心迦羅邏　慈悲為肥疫　菩提分支節　長養如來藏
增益功德藏　清淨智慧藏　懷盛智慧藏　成滿諸願藏
如是大莊嚴　救護諸羣生　一切天人中　難聞難得見
如是智慧樹　根深不可動　勇便為敷茂　饒益諸群生
欲聞一切法　除滅諸疑惑　具足妙功德　專求善知識
摧滅煩惱魔　消滅耶愛垢　悉令得解脫　專求智慧者
安住功德道　究竟滅三塗　開示諸善趣　令具涅槃道
顯現八正路　除滅者耶見　壞裂煩惱網　消竭愛欲海
善財即淨日　普照群萌類　能為調御士　拯濟三有衆
覺悟於一切　永出五欲淫　除滅虛妄想　為開解脫門
分別諸法界　嚴淨如來剎　究竟一切法　善財應歡喜
勇猛脩方便　信心不可壞　積集妙功德　成滿諸大願
不久見諸佛　了達一切法　嚴淨諸佛剎　成就佛菩提
遊□□儀海　究竟諸行海　度脫於一切　无量衆生海
出生諸善根　具足妙功德　與諸佛子等　圓滿解脫法
成滿諸大願　降伏一切魔　具足清淨業　除滅諸煩惱
成就一切智　了達甚深法　除滅諸群生　煩惱衆苦患

BD06303 號　大方廣佛華嚴經（晉譯五十卷本）卷四九　（26–3）

勤修方便 信心不可壞 積集妙功德 成滿諸大願
不久見諸佛 了達一切法 嚴淨諸佛刹 成就佛菩提
隨順威儀海 究竟諸行海 度脫於一切 無量衆生海
出生諸善根 具足妙功德 与諸佛子等 圓滿解脫法
成滿諸大願 降伏一切魔 具足清淨業 除滅諸煩惱
成就一切智 了達甚深法 除滅諸群生 煩惱衆苦患
一切衆生輪 迴流生死輪 爲轉淨法輪 除滅衆苦輪
守護佛種性 淨修法種性 攝取僧種性 了三世種性
成滿大願網 壞散邪見網 斷裂諸愛網 決破衆苦網
成就直心性 具足智慧性 嚴淨世界性 度脫衆生性
善財令一切 無量諸群生 諸佛及菩薩 皆悉大歡喜
善財淨慧光 普照諸世法 一切衆生類 皆見無量佛
照明諸法界 清淨衆生界 遠離於惡道 除滅三有苦
令衆離邪道 顯現諸善道 修習八正道 安立解脫道
普令諸群生 度脫生死海 除滅諸煩惱 安住功德海
消竭煩惱海 令度三有海 諸根悉調伏 不染於世間
爾時菩薩以如是等讚嘆善財諸妙功
德令無量衆生發道心已告善財言善哉善
哉童子乃能發阿耨多羅三藐三菩提心專
求一切佛法饒益一切世間救護一切衆生
善男子汝得善利人身壽命值遇諸佛得見
文殊師利大善知識汝爲法器善根潤澤長
清白法淨勝欲性爲善知識之所捴攝諸佛
護念何以故菩提心者則爲一切諸佛種子
能生一切諸佛法故菩提心者則爲良田長

BD06303 號　大方廣佛華嚴經（晉譯五十卷本）卷四九　（26–4）

善男子汝得善利人身壽命值遇諸佛得見
文殊師利大善知識汝爲法器善根潤澤長
清白法淨勝欲性爲善知識之所捴攝諸佛
護念何以故菩提心者則爲一切諸佛種子
能生一切諸佛法故菩提心者則爲良田長
養衆生白淨法故菩提心者則爲大地能持
一切諸世間故菩提心者則爲淨水洗濯一
切煩惱垢故菩提心者則爲大風一切世間
無鄣㝵故菩提心者則爲盛火能燒一切邪
見受故菩提心者則爲淨日普照一切衆
生故菩提心者則爲明月諸白淨法悉圓
滿故菩提心者則爲淨燈普照一切諸世界
故菩提心者則爲淨眼悉能覩見邪正道故
菩提心者則爲大道皆令得入一切智城故
菩提心者則爲正濟悉令得到出要處故菩
提心者則爲大乘容載一切諸菩薩故菩提
心者則爲門戶令入一切菩薩行故菩提心
者則爲宮殿安住修習三昧法故菩提心者
則爲薗觀於中遊戲受法樂故菩提心者則
爲舍宅一切衆生所歸依故菩提心者則爲
依止因修一切菩薩行故菩提心者則爲守
護能滿菩薩諸大願故菩提心者則爲慈母
增長一切諸菩薩故菩提心者則爲養育守
護一切諸菩薩故菩提心者則爲善知識離

BD06303 號　大方廣佛華嚴經（晉譯五十卷本）卷四九　（26–5）

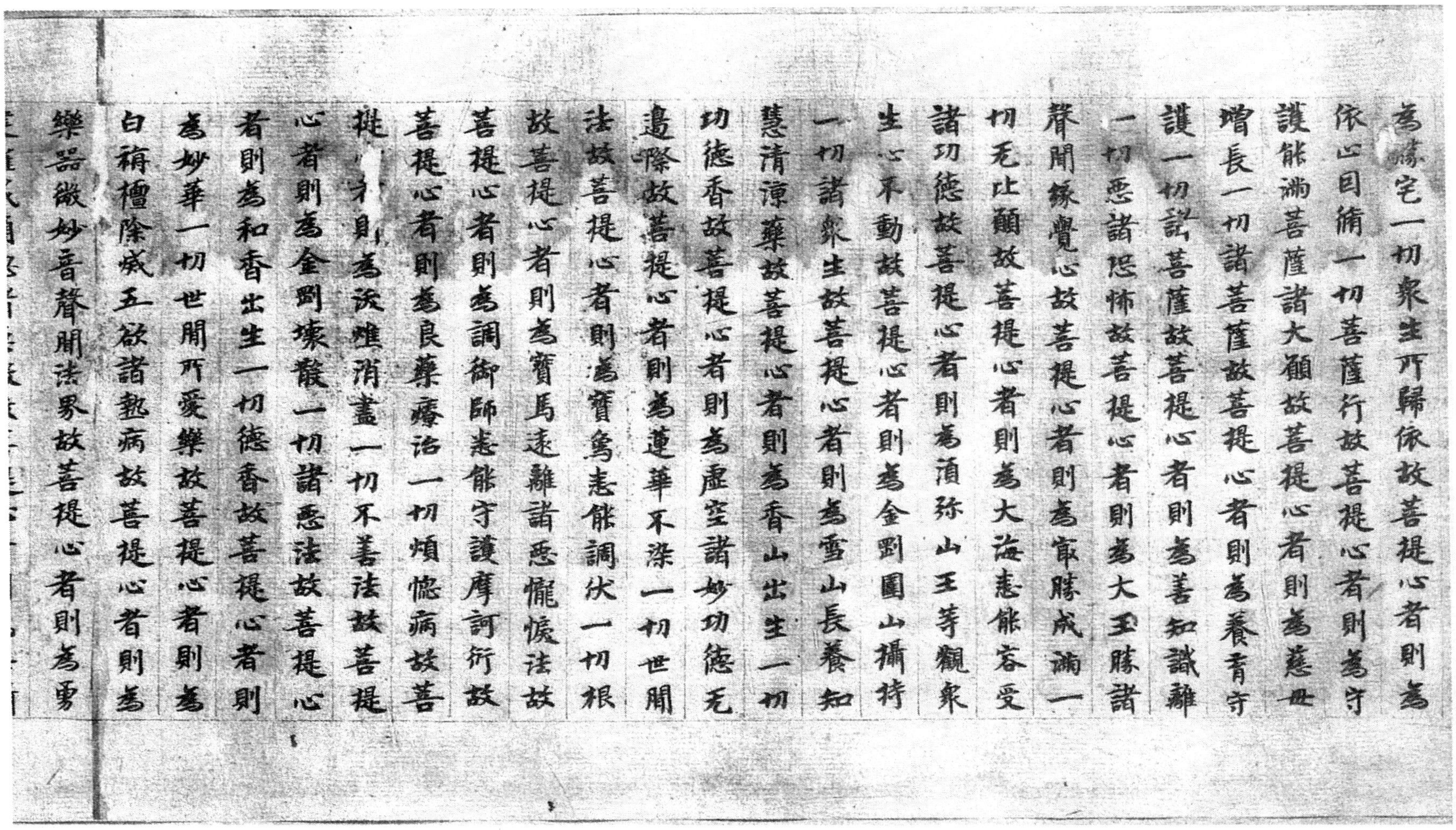
為舍宅一切衆生所歸依故菩提心者則為
依心回循一切菩薩行故菩提心者則為守
護能滿菩薩諸大願故菩提心者則為慈母
增長一切諸菩薩故菩提心者則為養育守
護一切諸菩薩故菩提心者則為善知識離
一切惡諸恐怖故菩提心者則為大王勝諸
聲聞緣覺心故菩提心者則為帝勝成滿一
切无上願故菩提心者則為大海悉能容受
諸功德故菩提心者則為須弥山王等觀衆
生心不動故菩提心者則為金剛圍山攝持
一切諸衆生故菩提心者則為雪山長養知
慧清淨藥故菩提心者則為香山出生一切
功德香故菩提心者則為虛空諸妙功德无
邊際故菩提心者則為蓮華不染一切世間
法故菩提心者則為寶象悉能調伏一切根
故菩提心者則為寶馬遠離諸惡儱悷法故
菩提心者則為調御師悉能守護摩訶衍故
菩提心者則為良藥療治一切煩惱病故菩
提心者則為浣濯消盡一切不善法故菩提
心者則為金剛壞散一切諸惡法故菩提心
者則為和香出生一切德香故菩提心者則
為妙華一切世間所愛樂故菩提心者則為
白栴檀除滅五欲諸熱病故菩提心者則為
樂器微妙音聲聞法界故菩提心者則為勇

BD06303號　大方廣佛華嚴經（晉譯五十卷本）卷四九　（26–6）

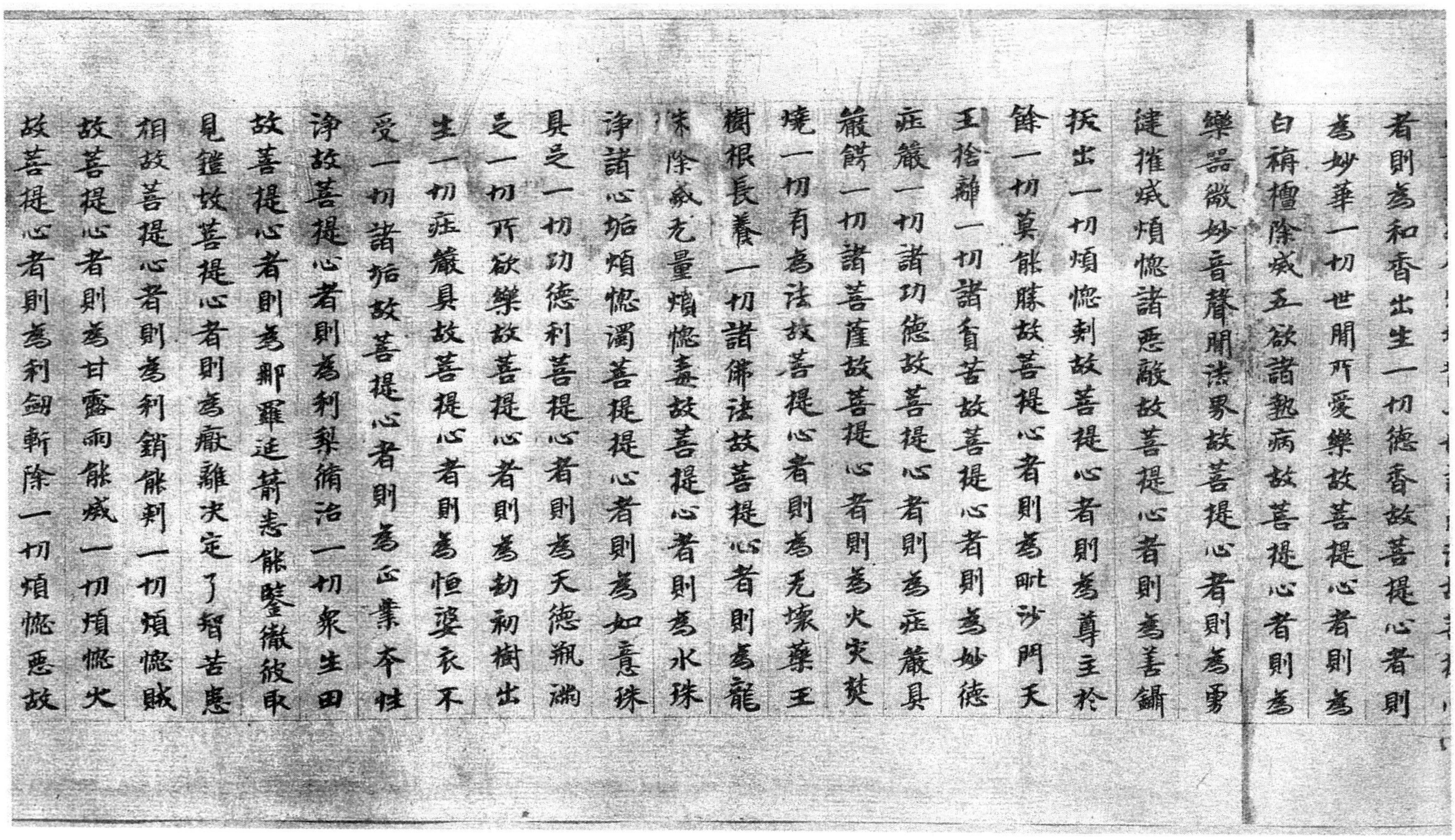
者則為和香出生一切德香故菩提心者則
為妙華一切世間所愛樂故菩提心者則為
白栴檀除滅五欲諸熱病故菩提心者則為
樂器微妙音聲聞法界故菩提心者則為勇
健摧滅煩惱諸惡敵故菩提心者則為善鏰
拔出一切煩惱刺故菩提心者則為尊主於
餘一切莫能勝故菩提心者則為毗沙門天
王捨離一切諸貧苦故菩提心者則為妙德
莊嚴一切諸功德故菩提心者則為莊嚴具
嚴飾一切諸菩薩故菩提心者則為火灾焚
燒一切有為法故菩提心者則為无壞藥王
樹根長養一切諸佛法故菩提心者則為龍
珠除滅无量煩惱毒故菩提心者則為水珠
淨諸心垢煩惱濁菩提提心者則為如意珠
具足一切功德利菩提心者則為天德瓶滿
足一切所欲樂故菩提心者則為劫初樹出
生一切莊嚴具故菩提心者則為恒娑衣不
受一切諸垢故菩提心者則為正業本性
淨故菩提心者則為利犁脩治一切衆生田
故菩提心者則為那羅延箭悉能鑒徹彼取
見鎧故菩提心者則為癥離決定了智苦惠
相故菩提心者則為利鏁能判一切煩惱賊
故菩提心者則為甘露雨能滅一切煩惱火
故菩提心者則為利劒斬除一切煩惱惡故

BD06303號　大方廣佛華嚴經（晉譯五十卷本）卷四九　（26–7）

淨故菩提心者則為利犁犕治一切衆生田
故菩提心者則為那羅延箭悉能鑒徹彼取
見鎧故菩提心者則為癥離決定了智苦患
相故菩提心者則為利銷能判一切煩惱賊
故菩提心者則為甘露雨能滅一切煩惱火
故菩提心者則為利劒斬除一切煩惱惡故
菩提心者則為金椎壞散一切憍慢山故菩
提心者則為利刀斬截七使煩惱鎧故菩提
心者則為勇健幢頂倒一切諸魔幢故菩提
心者則為斷斧斬伐无知諸苦樹故菩提心
者則為器杖防護一切諸艱難故菩提心者
則為善手防護一切諸度身故菩提心者則
為妙足安立一切諸功德故菩提心者則為
眼藥除滅一切无明瞖故菩提心者則為善
拔刺悉能拔出身見刺故菩提心者則為安
隱牀除滅一切生死苦牀故菩提心者則為
善友度脫无量生死難故菩提心者則為善
利遠離一切衰耗法故菩提心者則為天人
師善知菩薩出要道故菩提心者則為寶藏
无量功德不可盡故菩提心者則為涌泉清
泠智慧无窮盡故菩提心者則為淨鏡顯現
一切諸法門故菩提心者則為淨池洗濯一
切諸垢穢故菩提心者則為大河流引諸度
四攝法故菩提心者則為龍王悉能普雨甘
露法故菩提心者則為命根任持菩薩大悲

BD06303 號　大方廣佛華嚴經（晉譯五十卷本）卷四九　（26–8）

无量功德不可盡故菩提心者則為涌泉清
泠智慧无窮盡故菩提心者則為淨鏡顯現
一切諸法門故菩提心者則為淨池洗濯一
切諸垢穢故菩提心者則為大河流引諸度
四攝法故菩提心者則為龍王悉能普雨甘
露法故菩提心者則為命根任持菩薩大悲
法故菩提心者則為甘露能令安住不死法
故菩提心者則為羅網網取一切所應化故
菩提心者則為善羅攝取一切諸衆生故菩
提心者則為鉤餌釣出生死淵居衆生故菩
提心者則為阿伽陁藥除滅一切諸惡患故
菩提心者則為波羅提毗叉藥悉能療治五
欲毒故菩提心者則為大地消滅无量耶想
水故菩提心者則為風輪壞散一切諸鄣盖
故菩提心者則為寶洲出生道品功德寶故
菩提心者則為種性長養一切白淨法故菩
提心者則為居宅納受一切功德寶故菩提
心者則為大城菩薩商人所住處故菩提心
者則為金藥消煩惱垢令清淨故菩提心者
則為香奩具足一切功德味故菩提心者則
為正道令入一切智城故菩提心者則為寶
器容受一切白淨法者菩提心者則為時澤
悉能除滅煩惱塵故菩提心者則為安住出
生菩薩之所住故菩提心者則為壽行不取
聲聞諸解脫故菩提心者則為瑠璃寶其性

BD06303 號　大方廣佛華嚴經（晉譯五十卷本）卷四九　（26–9）

為正道令入一切智城故菩提心者則為寶
器容受一切白淨法者菩提心者則為時澤
悉能除滅煩惱塵故菩提心者則為安住出
生菩薩之所住故菩提心者則為壽行不取
聲聞諸解脫故菩提心者則為瑠璃寶其性
淨妙不受垢故菩提心者則為伊屋羅婆勝
諸聲聞緣覺智故菩提心者則為法鼓覺悟
煩惱長寢眾生故菩提心者則為淨水其性
清淨无垢濁故菩提心者則為閻浮檀金令
有為善如聚墨故菩提心者則為山王超出
一切諸世間故菩提心者則為依歸悉能救
護諸眾生故菩提心者則為寶義遠離一切
虛妄法故菩提心者則為无上寶悉令歡喜
得滿足故菩提心者則為大會隨彼所須令
无脫故菩提心者則為尊長於諸眾生无倫
匹故菩提心者則為寶藏受持一切諸佛法
故菩提心者則為因陁羅網攝諸煩惱阿脩
羅故菩提心者則為毗樓那風振動教化眾
生心故菩提心者則為因陁羅火焚燒一切
煩惱習故菩提心者則為无上塔一切天人
應供養故佛子菩提心者如是无量功德成
就悉与一切諸佛菩薩諸功德等何以故因
菩提心出生一切諸菩薩行三世諸佛成正
覺故善男子譬如有人得自在藥離五恐怖

應供養故佛子菩提心者如是无量功德成
就悉与一切諸佛菩薩諸功德等何以故因
菩提心出生一切諸菩薩行三世諸佛成正
覺故善男子譬如有人得自在藥離五恐怖
何等為五所謂火不能燒水不能漂毒不能
中刀不能傷藏不能害菩薩摩訶薩亦復如
是發菩提心攝薩婆若離五恐怖何等為五
所謂不為欲火所燒諸有漏法所不能漂瞋
恚惡毒所不能中煩惱利刀所不能傷耶覺
觀烟藏不能害善男子譬如有人得解脫藥
終不橫死菩薩摩訶薩亦復如是得菩提心
妙智慧藥生死過患所不能害善男子譬如
有人得龍王藥若有毒虫聞其藥氣即遠
去菩薩摩訶薩亦復如是得菩提心大龍王
藥一切煩惱諸惡毒虫聞其藥氣皆悉散滅
善男子譬如有人得不可壞藥一切怨敵不
得其便菩薩摩訶薩亦復如是得菩提心不
壞法藥一切煩惱諸魔怨敵所不能壞善男
子譬如有人得頻伽陁藥能出毒刺菩薩摩
訶薩亦復如是得菩提心頻伽陁藥能出三
毒諸耶見刺善男子譬如有人得善見藥王
滅一切病菩薩摩訶薩亦復如是得菩提心
善見藥王滅一切眾生諸煩惱病善男子譬
如刪陁那大藥王樹其有眾生在彼樹蔭身
諸惡創皆得除愈菩薩摩訶薩亦復如是得

訶薩亦復如是得菩提心殞伽陁藥能出三
毒諸耶見剌善男子譬如有人得善見藥王
滅一切病菩薩摩訶薩亦復如是得菩提心
善見藥王滅一切衆生諸煩惱病善男子譬
如删陁那大藥王樹其有衆生在彼樹蔭身
諸悪創皆得除愈菩薩摩訶薩亦復如是得
菩提心删陁藥樹其有衆生依蔭此樹一切
煩惱不善業創皆得除愈善男子譬如藥王
樹名无壊根以其力故長養一切閻浮提樹
菩提心樹亦復如是以其力故長養一切學
无學菩薩善根善男子譬如藥草名阿藍婆
若用塗體身得柔澤意離諸悪菩薩摩訶薩
亦復如是得菩提心阿藍婆藥長身口意諸
善行業善男子譬如有人得念力藥有所聞
法終不忘失菩薩摩訶薩亦復如是得菩提
心念力藥者聞持一切佛法不忘善男子譬
如有藥名曰蓮華其有服者住壽一劫菩薩
摩訶薩亦復如是服菩提心蓮華藥者阿僧
祇劫而得自在善男子譬如有人執翳身藥
一切衆生所不能見菩薩摩訶薩亦復如是
得菩提心翳身藥者一切諸魔所不能見善
男子譬如大海有摩尼寶名積衆寶若不至
他方設火災起乃至消滅海水一渧无有是
處菩提之心積衆寶珠亦復如是處於菩薩
直心海中乃至以一善根迴向薩婆若有

祇劫而得自在善男子譬如有人執翳身藥
一切衆生所不能見菩薩摩訶薩亦復如是
得菩提心翳身藥者一切諸魔所不能見善
男子譬如大海有摩尼寶名積衆寶若不至
他方設火災起乃至消滅海水一渧无有是
處菩提之心積衆寶珠亦復如是處於菩薩
直心海中乃至以一善根迴向薩婆若有忘
失者无有是處而薩婆若无所際著不離善
根善男子譬如摩尼名淨光明有人以此瓔
珞身者蔽餘寶光悉如聚墨菩薩摩訶薩亦
復如是以菩提心摩尼寶珠瓔珞其身映蔽
聲聞緣覺心寶善男子譬如水珠置濁水中
水即澄清菩提心珠亦復如是除滅一切煩
惱垢濁善男子譬如有人得住水寶珠瓔珞
其身入深水中而不沒溺菩薩摩訶薩亦復
如是得菩提心住水寶珠入生死海而不沈
沒善男子譬如有人得大龍寶珠注到龍所
龍不為害菩薩摩訶薩亦復如是得菩提心
大龍寶珠入欲界中煩惱悪龍所不能害善
男子譬如帝釋有摩尼寶瓔珞其身於天中
尊菩薩摩訶薩亦復如是著菩提心寶瓔珞
者悉於一切三界中尊善男子譬如有人得
隨意珠除滅一切貧窮困苦菩薩摩訶薩亦
復如是得菩提心隨意寶珠除滅一切耶命
貧苦善男子譬如火珠回日光發能出焰炎

男子譬如帝釋有摩尼寶瓔珞其身於天中
尊菩薩摩訶薩亦復如是著菩提心寶瓔珞
者悉於一切三界中尊善男子譬如有人得
隨意珠除滅一切貧窮困苦菩薩摩訶薩亦
復如是得菩提心隨意寶珠除滅一切邪命
貧苦善男子譬如火珠回日光發能出猛炎
得菩提心明淨火珠亦復如是回大慧光所
感發故出智慧火善男子譬如月珠回月光
發出清涼水得菩提心淨月寶珠亦復如是
因彼迴向善根月光所感發已出生善根諸大
願水善男子譬如龍王著如意寶冠遠離恐
怖菩薩摩訶薩亦復如是著菩提心大悲如
意寶冠遠離一切惡道諸難善男子譬如莊
嚴一切眾生藏摩尼寶悉能成滿一切所願
无所損減得菩提心妙莊嚴藏摩尼寶成滿
菩薩及餘眾生所欲願樂无所損減善男子
譬如轉輪王有摩尼寶普照宮殿滅一切闇
菩薩摩訶薩亦復如是得菩提心摩尼寶者
悉能普照五趣宮殿滅一切闇善男子譬如
有人爲紺色寶光明所觸即同其色菩薩摩
訶薩亦復如是得菩提心紺色寶光觀察諸
法善根迴向同薩婆若色善男子如瑠璃寶
於百千歲處不淨中不爲所染菩提之心淨
瑠璃寶亦復如是於百千萬劫住欲界中不
爲五欲之所染汙其性淨故善男子如離垢

BD06303號　大方廣佛華嚴經（晉譯五十卷本）卷四九　（26–14）

訶薩亦復如是得菩提心紺色寶光觀察諸
法善根迴向同薩婆若色善男子如瑠璃寶
於百千歲處不淨中不爲所染菩提之心淨
瑠璃寶亦復如是於百千萬劫住欲界中不
爲五欲之所染汙其性淨故善男子如離垢
光淨摩尼寶出一切寶菩提之心離垢光寶亦
復如是出生凡夫聲聞緣覺菩薩諸佛功德
珎寶善男子譬如火摩尼寶悉能除滅一切
諸闇菩提心寶亦復如是除滅一切无知闇
冥善男子譬如大海有无價寶商人船車載
之入城餘摩尼寶无与等者菩提之心无價
寶珠亦復如是處生死海菩薩摩訶薩以大
願船載入解脫城聲聞緣覺諸功德寶所不
能及善男子譬如離垢大摩尼寶處閻浮提
能照四万由旬日月宮殿皆悉顯現菩提之
心離垢寶珠亦復如是住於生死照法界空
佛境宮宅悉令顯現善男子譬如摩尼風王
能持日月所照境界所有香華一切品類菩
提之心摩尼風王亦復如是悉能攝持一切
種智所照境界一切天人聲聞緣覺諸佛菩
薩及諸有漏无漏善根善男子譬如海中有
摩尼寶名曰海藏顯現海中諸莊嚴事菩提
之心海藏寶珠亦復如是顯現一切智境諸
莊嚴事善男子譬如閻浮檀金除如意寶
勝一切寶菩提之心閻浮檀金亦復如是除

BD06303號　大方廣佛華嚴經（晉譯五十卷本）卷四九　（26–15）

種智所照境界一切天人聲聞緣覺諸佛菩
薩及諸有漏无漏善根善男子譬如海中有
摩尼寶名曰海藏顯現海中諸莊嚴事菩提
之心海藏寶珠亦復如是顯現一切智境諸
莊嚴事善男子譬如閻浮檀金除如意寶
勝一切寶菩提之心閻浮檀金亦復如是除
一切智勝諸功德善男子譬如有人善能呪
龍於諸龍中而得自在菩薩摩訶薩亦復如
是得菩提心善呪術法於一切煩惱龍而得
自在善男子譬如勇士被執鎧杖一切怨敵
所不能壞菩薩摩訶薩亦復如是被菩提心
大莊嚴具一切煩惱諸魔怨敵所不能壞善
男子譬如憂陁伽娑羅旃檀若燒一銖香氣
普薰小千世界三千大千世界珎寶所不能
及菩提心香亦復如是以妙功德普薰法界
一切聲聞緣覺所不能及善男子譬如白旃
檀以塗其身除諸煩惱熱得清涼藥菩提心
香亦復如是除滅覺觀貪恚癡熱令智慧身
悉得涼樂善男子譬如須弥山衆生品類近
彼山者悉同其色菩提心山亦復如是若有
近者皆得同彼薩婆若色善男子譬如波利
質多樹華香閻浮提中諸波師華薝蔔華等
所不能及菩提心香亦復如是妙功德香聲
聞緣覺无漏戒定智慧解脫解脫知見所不
能及善男子譬如波利質多樹華未開敷時

BD06303 號　大方廣佛華嚴經（晉譯五十卷本）卷四九　（26–16）

彼山者悉同其色菩提心山亦復如是若有
近者皆得同彼薩婆若色善男子譬如波利
質多樹華香閻浮提中諸波師華薝蔔華等
所不能及菩提心香亦復如是妙功德香聲
聞緣覺无漏戒定智慧解脫解脫知見所不
能及善男子譬如波利質多樹華未開敷時
其香普薰閻浮提內一切華香所不能及菩
提心華亦復如是一切天人有漏无漏功德
華香所不能及善男子譬如波利質多樹華
一日薰衣薝蔔華婆師華雖千歲薰所不能
及菩提心華亦復如是一日所薰功德香徹
十方佛所一切聲聞緣覺以无漏心薰諸功
德於百千劫所不能及善男子譬如那利羅
樹根莖枝葉及其華菓悉益衆生菩提心樹
亦復如是因於菩薩大慈悲生從初發心乃
至究竟一切佛法常能饒益一切衆生善男
子譬如一兩阿難婆華變千兩銅以為真金
於彼藥多无所損減菩提心藥亦復如是攝
迴向智除滅一切煩惱業鄣淨一切法同薩
婆若色煩惱惡業不能損減譬如小火隨所
焚燒其炎轉盛菩提心火亦復如是隨所緣
法慧火猛盛譬如一燈然百千燈无所損減
菩提心燈亦復如是悉然三世諸佛慧燈无
所損減譬如明燈入大闇室悉能照除一切
闇冥菩薩心燈亦復如是入心闇室於无量

BD06303 號　大方廣佛華嚴經（晉譯五十卷本）卷四九　（26–17）

變若色煩惱惡業不能損減譬如小火隨所
焚燒其炎轉盛菩提心火亦復如是隨所緣
法慧火猛盛譬如一燈燃百千燈无所損減
菩提心燈亦復如是悉燃三世諸佛慧燈无
所損減譬如明燈入大闇室悉能照除一切
闇冥菩薩心燈亦復如是入心闇室於无量
劫積集癡闇悉能除滅具足菩薩明淨智慧
譬如燈炷隨其精麁光明亦尒若益膏油光
明轉增菩提心炷亦復如是隨其本願出智
慧光普照法界增大悲油敎化衆生淨佛世
界行諸佛事无有窮盡
譬如他化自在天王冠閻浮檀自然天冠欲
界諸天所不能壞菩薩摩訶薩亦復如是冠
菩提心大願天冠聲聞緣覺所不能壞譬如
大師子吼小師子聞皆悉勇健一切禽獸遠
避竄伏佛師子吼諸菩薩等若聞讃歎菩
提心聲長養法身妄見衆生皆伏退散譬如
有人用師子筋以為琴絃音聲旣奏餘絃斷
絕一切如來波羅蜜身出菩提心功德音聲
著樂五欲二乘法者聞悉斷滅譬如牛馬羊
乳合在一器以師子乳投彼器中餘乳消盡
直過无㝵如來師子菩提心乳著无量劫所
積諸業煩惱乳中皆悉消盡不住聲聞緣覺
法中譬如迦毗伽鳥在㲉中時有大勢力餘
鳥非及菩薩摩訶薩亦復如是於生死㲉發

BD06303號　大方廣佛華嚴經（晉譯五十卷本）卷四九　（26–18）

乳合在一器以師子乳投彼器中餘乳消盡
直過无㝵如來師子菩提心乳著无量劫所
積諸業煩惱乳中皆悉消盡不住聲聞緣覺
法中譬如迦毗伽鳥在㲉中時有大勢力餘
鳥非及菩薩摩訶薩亦復如是於生死㲉發
菩提心功德勢力聲聞緣覺所不能及譬如
金翅鳥初始生時其目明淨有大勢力大小
諸鳥所不能及菩薩摩訶薩亦復如是生如
來家發菩提心慧眼明淨有大勢力聲聞緣
覺於百千劫脩習智慧所不能及譬如健士
以那羅延金剛利箭射堅密鎧直過无㝵菩
薩摩訶薩亦復如是以菩提心智慧利箭射
諸耶見煩惱密鎧徹過无㝵譬如摩訶那伽
大力勇士奮威怒時閻浮提人无能壞者菩
薩摩訶薩亦復如是發大慈悲脩菩提心一
切世間諸魔眷屬及煩惱業所不能壞譬如
有人學大伎術雖未究竟諸餘巧能所不能
及菩薩摩訶薩亦復如是學菩提心願雖未
究竟聲聞緣覺諸餘衆生所不能及譬如有
人學善射術先自安立菩薩摩訶薩亦復如
是學一切智地先自安立菩提之心必得一
切佛法譬如幻師先讀幻術然後示現一切
幻事菩薩摩訶薩亦復如是發菩提心然後
顯現一切諸佛菩薩正法譬如幻術非色現
[illegible]

BD06303號　大方廣佛華嚴經（晉譯五十卷本）卷四九　（26–19）

人學射術先自安立菩薩摩訶薩亦復如
是學一切智地先自安立菩提之心必得一
切佛法譬如幻師先讀幻術然後示現一切
幻事菩薩摩訶薩亦復如是發菩提心然後
顯現一切諸佛菩薩正法譬如幻術非色現
色菩提心相亦復如是顯現法界功德莊嚴
譬如有人著閻浮檀金莊嚴之具映蔽一切
悉如聚墨菩薩摩訶薩亦復如是以菩提心
莊嚴之具蔽諸眾生聲聞緣覺所有功德譬
如阿夜揵多鐵此鐵少分悉能毀壞一切餘
鐵諸鉤鏁縛菩提之心亦復如是斷諸邪見
煩惱愛縛譬如疾風隨去无㝵菩提心風亦
復如是隨所行處除諸煩惱悉无鄣㝵不住
聲聞緣覺解脫譬如有人善入大海而不沒
溺摩伽羅魚所不能害菩薩摩訶薩亦復如
是以菩提心入生死海不為生死之所染汙
亦不證實際聲聞緣覺摩伽羅魚所不能害
譬如有人服食甘露一切眾患所不能害菩
薩摩訶薩亦復如是服菩提心甘露法藥不
墮聲聞緣覺之地脩習大悲滿足願行譬如
有人用翳身藥以塗其目自在遊行无能見
者菩薩摩訶薩亦復如是得菩提心滿之大
願自在遊行入魔境界一切眾魔所不能見
譬如有人依恃大王不畏餘人菩薩摩訶薩
亦復如是依菩提心大力法王除滅鄣蓋不

BD06303號　大方廣佛華嚴經（晉譯五十卷本）卷四九　（26–20）

有人用翳身藥以塗其目自在遊行无能見
者菩薩摩訶薩亦復如是得菩提心滿之大
願自在遊行入魔境界一切眾魔所不能見
譬如有人依恃大王不畏餘人菩薩摩訶薩
亦復如是依菩提心大力法王除滅鄣蓋不
畏惡道譬如有人居深水內不畏火焚菩薩
摩訶薩亦復如是居菩提心善根水內聲聞
緣覺解脫之火所不能燒譬如有人依恃猛
將不畏怨敵菩薩摩訶薩亦復如是依菩提
心不畏諸惡譬如釋天執持金剛降伏一切
諸阿脩羅菩薩摩訶薩亦復如是執菩提心
摧滅諸魔及餘外道譬如有人服阿羅婆藥
不瘦不老延壽无窮菩薩摩訶薩亦復如是
服菩提心阿羅婆藥於无量劫在生死中脩
菩薩行无所染著譬如阿羅婆藥初用淨水
菩薩心藥亦復如是一切菩薩所脩行中最
為先首譬如人諸根法中命根為首菩薩摩
訶薩亦復如是諸佛正法菩提之心最為其
首譬如人命根斷故不能利益父母親族菩
薩摩訶薩亦復如是離菩提心不能饒益一
切眾生譬如大海无能壞者菩提心海亦復
如是聲聞緣覺不能沮壞譬如日光諸星宿
光所不能蔽菩提心日亦復如是圓滿大願
智慧日光聲聞緣覺无漏慧光不能蔽譬如

BD06303號　大方廣佛華嚴經（晉譯五十卷本）卷四九　（26–21）

薩摩訶薩亦復如是新發菩提心不[illegible][illegible]盡一
切衆生譬如大海无能壞者菩提心海亦復
如是聲聞緣覺不能沮壞譬如日光諸星宿
光所不能蔽菩提心日亦復如是圓滿大願
智慧日光聲聞緣覺无漏慧光不能蔽譬如
太子初生已為大臣之所尊重菩薩摩訶薩
亦復如是發菩提心已為一切聲聞緣覺所
共尊重脩大悲故譬如王子年雖幼小一切
大臣皆悉敬礼菩薩摩訶薩亦復如是發菩
提心聲聞緣覺皆悉敬礼譬如王子雖未自
在以具成就國王儀相菩薩摩訶薩亦復如
是雖為煩惱業鄣所覆以具成就菩提心相
譬如目瞳見真淨寶謂為不淨菩提心寶亦
復如是无智不信起不淨想譬如呪藥若有
衆生見聞共住一切衆生病皆悉除菩提心
藥亦復如是長養善根攝智慧藥滿之大願
菩薩慧身若有衆生見聞共住脩正念者皆
悉除滅煩惱諸病譬如恒娑相衣不受塵垢
菩提心衣亦復如是不受一切生死塵垢譬
如有人常持甘露專念不散而能分別一切
諸法菩薩摩訶薩亦復如是持菩提心甘露
正法正念不散而能教化一切衆生令具大
願成智慧身譬如犁无有扼則不堪用菩提
之心亦復如是離正直心於如來法无有實
義譬如轉輪王有妙天冠名曰烏藏洗彼冠

BD06303號　大方廣佛華嚴經（晉譯五十卷本）卷四九　　（26–22）

如有人常持甘露專念不散而能分別一切
諸法菩薩摩訶薩亦復如是持菩提心甘露
正法正念不散而能教化一切衆生令具大
願成智慧身譬如犁无有扼則不堪用菩提
之心亦復如是離正直心於如來法无有實
義譬如轉輪王有妙天冠名曰烏藏洗彼冠
時四種兵衆遊行虛空菩提心冠亦復如是
淨諸菩薩一切善根遠離三有如來智慧无
為境界虛空中行譬如金剛從金性生不餘
寶生菩提心寶亦復如是大悲救護衆生性
生不餘善生譬如有樹不從根生而能長養
枝葉華菓菩提心樹亦復如是无所依止而
能長養一切種智通明大願普覆世間譬如
金剛非一切器盡能容
持菩提心寶亦復如是小心慳結无智者器
不能發明諂曲邪見衆生器中不能容持譬
如金剛能壞衆寶菩提之心亦復如是決定
了知一切諸法譬如金剛能壞衆生菩提之
心亦復如是壞散一切諸邪見山譬如金剛
雖破不全一切衆寶猶不能及菩提之心亦
復如是雖小懈怠聲聞緣覺諸功德寶所不
能及譬如破金剛猶能除滅諸貧困苦菩提
之心亦復如是雖復小失威儀趣法猶能除
滅諸貧窮苦譬如小金剛悉能破壞一切諸
物菩提之心亦復如是緣小境界能破一切

BD06303號　大方廣佛華嚴經（晉譯五十卷本）卷四九　　（26–23）

復如是雖小懈怠聲聞緣覺諸功德寶所不
能及譬如破金剛猶能除滅諸貧困苦菩提
之心亦復如是雖復小失威儀猶能除
滅諸貧窮苦譬如小金剛悉能破壞一切諸
物菩提之心亦復如是緣小境界能破一切
无知癡惑譬如金剛非常人所得菩提之
心亦復如是非小心衆生之所能得譬如金
剛无智術者所不能識菩提之心亦復如是
无智衆生所不能識譬如金剛无能消滅善
提之心亦復如是一切諸法不能消盡譬如
金剛器杖一切衆生乃至摩訶那伽不能執
除那羅延力菩提之心亦復如是聲聞緣覺
不能受持除諸菩薩摩訶薩譬如金剛器杖
无不鑒徹非餘器杖之所能爲菩提之心亦
復如是觀察三世教化衆生阿僧祇劫受无
量苦聲聞緣覺所不能及譬如金剛餘不能
持除金剛地菩提之心亦復如是出生菩薩
行願功德聲聞緣覺所不能持除薩婆若正
直心者譬如金剛器中盛水不可燒盡菩提
之心亦復如是安住勝妙迴向善根入生死
趣諸不善法不能消盡譬如金剛能持大地
不令隧沒菩提之心亦復如是提諸菩薩一
切願行不令隧落沒於三界譬如金剛於百
千劫處於水中而不爛壞亦无變異菩提之

BD06303號　大方廣佛華嚴經（晉譯五十卷本）卷四九　（26–24）

直心者譬如金剛器中盛水不可燒盡菩提
之心亦復如是安住勝妙迴向善根入生死
趣諸不善法不能消盡譬如金剛能持大地
不令隧沒菩提之心亦復如是提諸菩薩一
切願行不令隧落沒於三界譬如金剛於百
千劫處於水中而不爛壞亦无變異菩提之
心亦復如是於无量劫處生死中諸煩惱業
不能斷滅亦无損減譬如金剛一切大火不
能燒熱菩提之心亦復如是一切生死貪恚
癡火不能燒熱譬如金剛道場之坐能持菩
薩降伏諸魔成等正覺餘不能持菩提之心
亦復如是能持一切菩薩願行諸波羅蜜諸
忍諸地迴向受記脩菩提道供養諸佛聞法
受行一切諸心所不能持善男子菩提之心
成就如是无量功德若有衆生發菩提心則
具如是无量功德是故善男子汝得善利發
阿耨多羅三藐三菩提心脩菩薩行具是如
是无量功德善男子汝先所問云何菩薩學
菩薩行脩菩薩道者汝今入是明淨莊嚴藏
大樓觀者則能了知覺菩薩行脩菩薩道具
足成就无量功德

大方廣佛華嚴經卷第卌九

BD06303號　大方廣佛華嚴經（晉譯五十卷本）卷四九　（26–25）

菩薩行脩菩薩道者汝令入是明淨莊嚴藏
大樓觀者則能了知覺菩薩行脩菩薩道具
之成就无量功德
大方廣佛華嚴經卷第卌九

BD06303號　大方廣佛華嚴經（晉譯五十卷本）卷四九　（26–26）

雖一地所生一雨所潤而諸草木各有
別迦葉當知如來亦復如是出現於世如大
雲起以大音聲普遍世界天人阿脩羅如彼
大雲遍覆三千大千國土於大眾中而唱是
言我是如來應供正遍知明行足善逝世間
解无上士調御丈夫天人師佛世尊未度者
令度未解者令解未安者令安未涅槃者令
得涅槃今世後世如實知之我是一切知者
一切見者知道者開道者說道者汝等天人
阿脩羅眾皆應到此為聽法故爾時无數千
万億種眾生來至佛所而聽法如來于時觀
是眾生諸根利鈍精進懈怠隨其所堪而為
說法種種无量皆令歡喜快得善利是諸眾
生聞是法已現世安隱後生善處以道受樂
亦得聞法既聞法已離諸障礙於諸法中任
力所能漸得入道如彼大雲雨於一切卉木

BD06304號　妙法蓮華經卷三　（14–1）

是眾生諸根利鈍精進懈怠隨其所堪而為
說法種種无量皆令歡喜快得善利是諸眾
生聞是法已現世安隱後生善處以道受樂
亦得聞法既聞法已離諸障礙於諸法中任
力所能漸得入道如彼大雲雨於一切卉木
叢林及諸藥草如其種性具足蒙潤各得生
長如來說法一相一味所謂解脫相離相滅
相究竟至於一切種智其有眾生聞如來法
若持讀誦如說修行所得功德不自覺知所
以者何唯有如來知此眾生種相體性念何
事思何事修何事云何念云何思云何修以
何法念以何法思以何法修以何法得何法
眾生住於種種之地唯有如來如實見之明
了无礙如彼卉木叢林諸藥草等而不自知
上中下性如來知是一相一味之法所謂解
脫相離相滅相究竟涅槃常寂滅相終歸於
空佛知是已觀眾生心欲而將護之是故不
即為說一切種智汝等迦葉甚為希有能知
如來隨宜說法能信能受所以者何諸佛世
尊隨宜說法難解難知尒時世尊欲重宣此
義而說偈言
破有法王　出現世間　隨眾生欲　種種說法
如來尊重　智慧深遠　久默斯要　不務速說
有智若聞　則能信解　无智疑悔　則為永失
是故迦葉　隨力為說　以種種緣　令得正見

BD06304號　妙法蓮華經卷三　（14–2）

義而說偈言
破有法王　出現世間　隨眾生欲　種種說法
如來尊重　智慧深遠　久默斯要　不務速說
有智若聞　則能信解　无智疑悔　則為永失
是故迦葉　隨力為說　以種種緣　令得正見
迦葉當知　譬如大雲　起於世間　遍覆一切
慧雲含潤　電光晃曜　雷聲遠震　令眾悅豫
日光掩蔽　地上清涼　靉靆垂布　如可承攬
其雨普等　四方俱下　流澍无量　率土充洽
山川險谷　幽邃所生　卉木藥草　大小諸樹
百穀苗稼　甘蔗蒲桃　雨之所潤　无不豐足
乾地普洽　藥木並茂　其雲所出　一味之水
草木叢林　隨分受潤
一切諸樹　上中下等　稱其大小　各得生長
根莖枝葉　華菓光色　一雨所及　皆得鮮澤
如其體相　性分大小　所潤是一　而各滋茂
佛亦如是　出現於世　譬如大雲　普覆一切
既出于世　為諸眾生　分別演說　諸法之實
大聖世尊　於諸天人　一切眾中　而宣是言
我為如來　兩足之尊　出于世間　猶如大雲
充潤一切　枯槁眾生　皆令離苦　得安隱樂
世間之樂　及涅槃樂
諸天人眾　一心善聽　皆應到此　覲无上尊
我為世尊　无能及者　安隱眾生　故現於世

BD06304號　妙法蓮華經卷三　（14–3）

我為如来　雨足之尊　出于世間　猶如大雲
充潤一切　枯槁衆生　皆令離苦　得安隱樂
世間之樂　及涅槃樂
諸天人衆　一心善聽　皆應到此　覲无上尊
我為世尊　无能及者　安隱衆生　故現於世
為大衆說　甘露淨法　其法一味　解脫涅槃
以一妙音　演暢斯義　常為大乘　而作因緣
我觀一切　普皆平等　无有彼此　愛憎之心
我无貪著　亦无限㝵　恒為一切　平等說法
如為一人　衆多亦然
常演說法　曾无他事　去來坐立　終不疲猒
充足世間　如雨普潤　貴賤上下　持戒毀戒
威儀具足　及不具足　正見邪見　利根鈍根
等雨法雨　而不懈惓
一切衆生　聞我法者　隨力所受　住於諸地
或處人天　轉輪聖王　釋梵諸王　是小藥草
知无漏法　能得涅槃　起六神通　及得三明
獨處山林　常行禪定　得緣覺證　是中藥草
求世尊處　我當作佛　行精進定　是上藥草
又諸佛子　專心佛道　常行慈悲　自知作佛
決定无疑　是名小樹　安住神通　轉不退輪
度无量億　百千衆生　如是菩薩　名為大樹
佛平等說　如一味雨　隨衆生性　所受不同
如彼草木　所稟各異　佛以此喻　方便開示

BD06304 號　妙法蓮華經卷三

（14–4）

求世尊處　我當作佛　行精進定　是上藥草
又諸佛子　專心佛道　常行慈悲　自知作佛
決定无疑　是名小樹　安住神通　轉不退輪
度无量億　百千衆生　如是菩薩　名為大樹
佛平等說　如一味雨　隨衆生性　所受不同
如彼草木　所稟各異　佛以此喻　方便開示
種種言辭　演說一法　於佛智慧　如海一渧
我雨法雨　充滿世間　一味之法　隨力修行
如彼叢林　藥草諸樹　隨其大小　漸增茂好
諸佛之法　常以一味　令諸世間　普得具足
漸次修行　皆得道果　聲聞緣覺　處於山林
住㝡後身　聞法得果　是名藥草　各得增長
若諸菩薩　智慧堅固　了達三界　求㝡上乘
是名小樹　而得增長　復有住禪　得神通力
聞諸法空　心大歡喜　放无數光　度諸衆生
是名大樹　而得增長　如是迦葉　佛所說法
譬如大雲　以一味雨　潤於人華　各得成實
迦葉當知　以諸因緣　種種譬喻　開示佛道
是我方便　諸佛亦然　今為汝等　說㝡實事
諸聲聞衆　皆非滅度　汝等所行　是菩薩道
漸漸修學　悉當成佛

妙法蓮華經授記品第六

尒時世尊說是偈已告諸大衆唱如是言我
此弟子摩訶迦葉於未來世當得奉覲三百
萬億諸佛世尊供養恭敬尊重讚嘆廣宣

BD06304 號　妙法蓮華經卷三

（14–5）

是我方便 諸佛亦然 今為汝等 說真實事
諸聲聞衆 皆非滅度 汝等所行 是菩薩道
漸漸脩學 悉當成佛

妙法蓮華經授記品第六

尒時世尊說是偈已告諸大衆唱如是言我
此弟子摩訶迦葉於未來世當得奉覲三百
萬億諸佛世尊供養恭敬尊重讚嘆廣宣
諸佛无量大法於最後身得成為佛名曰光
明如來應供正遍知明行足善逝世間解无
上士調御丈夫天人師佛世尊國名光德劫
名大莊嚴佛壽十二小劫正法住世二十小劫
像法亦住二十小劫國界嚴飾无諸穢惡瓦
礫荊蕀便利不淨其土平正无有高下坑坎
堆阜瑠璃為地寶樹行列黃金為繩以界道側
散諸寶華周遍清淨其國菩薩无量千億
諸聲聞衆亦復无數无有魔事雖有魔及
魔民皆護佛法尒時世尊欲重宣此義而
說偈言
告諸比丘 我以佛眼 見是迦葉 於未來世
過无數劫 當得作佛
而於來世 供養奉覲 三百万億 諸佛世尊
為佛智慧 淨脩梵行 供養最上 二足尊已
脩習一切 无上之慧 於最後身 得成為佛
其土清淨 瑠璃為地 多諸寶樹 行列道側
金繩界道 見者歡喜 常出好香 散衆名華

BD06304號　妙法蓮華經卷三　（14–6）

而於來世 供養奉覲 三百万億 諸佛世尊
為佛智慧 淨脩梵行 供養最上 二足尊已
脩習一切 无上之慧 於最後身 得成為佛
其土清淨 瑠璃為地 多諸寶樹 行列道側
金繩界道 見者歡喜 常出好香 散衆名華
種種奇妙 以為莊嚴 其地平正 无有丘坑
諸菩薩衆 不可稱計 其心調柔 逮大神通
奉持諸佛 大乘經典 諸聲聞衆 无漏後身
法王之子 亦不可計 乃以天眼 不能數知
其佛當壽 十二小劫 正法住世 二十小劫
像法亦住 二十小劫 光明世尊 其事如是
尒時大目揵連須菩提摩訶迦旃延等皆
悉悚慄一心合掌瞻仰世尊目不暫捨即
共同聲而說偈言
大雄猛世尊 諸釋之法王 哀愍我等故 而賜佛音聲
若知我深心 見為授記者 如以甘露灑 除熱得清涼
如從飢國來 忽遇大王饍 心猶懷疑懼 未敢即便食
若復得王教 然後乃敢食 我等亦如是 每惟小乘過
不知當云何 得佛无上慧 雖聞佛音聲 言我等作佛
心尚懷憂懼 如未敢便食 若蒙佛授記 尒乃快安樂
大雄猛世尊 常欲安世間 願賜我等記 如飢須教食
尒時世尊知諸大弟子心之所念告諸比丘
是須菩提於當來世奉覲三百万億那由他
佛供養恭敬尊重讚歎常脩梵行具菩薩
道於最後身得成為佛號曰名相如來應供

BD06304號　妙法蓮華經卷三　（14–7）

心尚懷憂懼　如未敢便食　若蒙佛授記　尒乃快安樂
大雄猛世尊　常欲安世間　願賜我等記　如飢須教食
尒時世尊知諸大弟子心之所念告諸比丘
是須菩提於當來世奉覲三百万億那由他
佛供養恭敬尊重讚歎常脩梵行具菩薩
道於㝡後身得成為佛号曰名相如來應供
正遍知明行足善逝世間解无上士調御丈
夫天人師佛世尊劫名有寶國名寶生其土
平政頗梨為地寶樹莊嚴无諸丘坑沙礫荊
棘便利之穢寶華覆地周遍清淨其土人民
皆處寶臺珎妙樓閣聲聞弟子无量无邊筭
數譬喻所不能知諸菩薩眾无數千万億那
由他佛壽十二小劫正法住世二十小劫像
法亦住二十小劫其佛常處虛空為眾說法
度脫无量菩薩及聲聞眾尒時世尊欲重宣
此義而說偈言
諸比丘眾　今告汝等　皆當一心　聽我所說
我大弟子　須菩提者　當得作佛　号曰名相
當供无數　万億諸佛　隨佛所行　漸具大道
㝡後身得　三十二相　端政殊妙　猶如寶山
其佛國土　嚴淨第一　眾生見者　无不愛樂
佛於其中　度无量眾　其佛法中　多諸菩薩
皆悉利根　轉不退輪　彼國常以　菩薩莊嚴
諸聲聞眾　不可稱數　皆得三明　具六神通
住八解脫　有大威德

其佛國土　嚴淨第一　眾生見者　无不愛樂
佛於其中　度无量眾　其佛法中　多諸菩薩
皆悉利根　轉不退輪　彼國常以　菩薩莊嚴
諸聲聞眾　不可稱數　皆得三明　具六神通
住八解脫　有大威德
其佛說法　現於无量　神通變化　不可思議
諸天人民　數如恒沙　皆共合掌　聽受佛語
其佛當轉　十二小劫　正法住世　二十小劫
像法亦住　二十小劫
尒時世尊復告諸比丘眾我今語汝是大迦
旃延於當來世以諸供具供養奉事八千億
佛恭敬尊重諸佛滅後各起塔廟高千由旬
縱廣正等五百由旬以金銀瑠璃車𤦲馬瑙
真珠玫瑰七寶合成眾華瓔珞塗香末香燒
香繒蓋幢幡供養塔廟過是已後當復供養
二万億佛亦復如是供養是諸佛已具菩薩
道當得作佛号曰閻浮那提金光如來應供
正遍知明行足善逝世間解无上士調御丈
夫天人師佛世尊其土平政頗梨為地寶樹
莊嚴黃金為繩以界道側妙華覆地周遍清
淨見者歡喜无四惡道地獄餓鬼畜生阿脩
羅道多有天人諸聲聞眾及諸菩薩无量
万億莊嚴國佛壽十二小劫正法住世二十
小劫像法亦住二十小劫尒時世尊欲重宣
此義而說偈言

淨見者歡喜无四惡道地獄餓鬼畜生阿脩
羅道多有天人諸聲聞衆及諸菩薩无量
万億莊嚴國佛壽十二小劫正法住世二十
小劫像法亦住二十小劫尒時世尊欲重宣
此義而說偈言
諸比丘衆 皆一心聽 如我所說 真實无異
是迦旃延 當以種種 妙好供具 供養諸佛
諸佛滅後 起七寶塔 亦以華香 供養舍利
其最後身 得佛智慧 成等正覺 國土清淨
度脫无量 万億衆生 皆爲十方 之所供養
佛之光明 无能勝者 其佛號曰 閻浮金光
菩薩聲聞 斷一切有 无量无數 莊嚴其國
尒時世尊復告諸大衆我今語汝是大目揵
連當以種種供具供養八千諸佛恭敬尊重
諸佛滅後各起塔廟高千由旬縱廣正等五
百由旬以金銀瑠璃車𤦲馬瑙真珠玫瑰七寶
合成衆華瓔珞塗香末香燒香繒蓋幢幡
以用供養過是已後當復供養二百万億諸
佛亦復如是當得成佛號曰多摩羅跋栴檀
香如來應供正遍知明行足善逝世間解无
上士調御丈夫天人師佛世尊劫名喜滿國
名意樂其土平正頗梨爲地寶樹莊嚴散
真珠華周遍清淨見者歡喜多諸天人菩薩
聲聞其數无量佛壽二十四小劫正法住世四
十小劫像法亦住四十小劫尒時世尊欲重

香如來應供正遍知明行足善逝世間解无
上士調御丈夫天人師佛世尊劫名喜滿國
名意樂其土平正頗梨爲地寶樹莊嚴散
真珠華周遍清淨見者歡喜多諸天人菩薩
聲聞其數无量佛壽二十四小劫正法住世四
十小劫像法亦住四十小劫尒時世尊欲重
宣此義而說偈言
我此弟子 大目揵連 捨是身已 得見八千
二百万億 諸佛世尊 爲佛道故 供養恭敬
於諸佛所 常脩梵行 於无量劫 奉持佛法
諸佛滅後 起七寶塔 長表金剎 華香伎樂
而以供養 諸佛塔廟 漸漸具足 菩薩道已
於意樂國 而得作佛 號多摩羅 栴檀之香
其佛壽命 二十四劫 常爲天人 演說佛道
聲聞无量 如恒河沙 三明六通 有大威德
菩薩无數 志固精進 於佛智慧 皆不退轉
佛滅度後 正法當住 四十小劫 像法亦尒
我諸弟子 威德具足 其數五百 皆當授記
於未來世 咸得成佛 我及汝等 宿世因緣
吾今當說 汝等善聽

妙法蓮華經化城喻品第七

佛告諸比丘乃往過去无量无邊不可思
議阿僧祇劫尒時有佛名大道智勝如來
應供正遍知明行足善逝世間解无上士調
御丈夫天人師佛世尊其國名好成劫名大相

妙法蓮華經化城喻品第七
佛告諸比丘乃往過去无量无邊不可思
議阿僧祇劫尒時有佛名大通智勝如来
應供正遍知明行足善逝世間解无上士調
御丈夫天人師佛世尊其國名好成劫名大相
諸比丘彼佛滅度已来甚大久遠譬如三千
大千世界所有地種假使有人磨以為墨過
於東方千國土乃下一點大如微塵又過千
國土復下一點如是展轉盡地種墨汝等
意云何是諸國土若筭師若筭師弟子能得
邊際知其數不不也世尊諸比丘是人所經
國土若點不點盡抹為塵一塵一劫彼佛滅
度以来復過是數无量无邊百千万億阿僧
祇劫我以如来知見力故觀彼久遠猶若今
日尒時世尊欲重宣此義而說偈言
我念過去世　无量无邊劫　有佛兩足尊　名大通智勝
如人以力磨　三千大千土　盡此諸地種　皆悉以為墨
過於千國土　乃下一塵點　如是展轉點　盡此諸塵墨
如是諸國土　點與不點等　復盡抹為塵　一塵為一劫
此諸微塵數　其劫復過是　彼佛滅度来　如是无量劫
如来无㝵智　知彼佛滅度　及聲聞菩薩　如見今滅度
諸比丘當知　佛智淨微妙　无漏无所㝵　通達无量劫
佛告諸比丘大通智勝佛壽五百四十万億
那由他劫其佛本坐道場破魔軍已垂得阿

BD06304號　妙法蓮華經卷三　（14–12）

此諸微塵數　其劫復過是　彼佛滅度来　如是无量劫
如来无㝵智　知彼佛滅度　及聲聞菩薩　如見今滅度
諸比丘當知　佛智淨微妙　无漏无所㝵　通達无量劫
佛告諸比丘大通智勝佛壽五百四十万億
那由他劫其佛本坐道場破魔軍已垂得阿
耨多羅三藐三菩提而諸佛法不現在前如
是一小劫乃至十小劫結跏趺坐身心不動
而諸佛法猶不在前尒時忉利諸天先為彼
佛於菩提樹下敷師子座高一由旬佛於此
坐當得阿耨多羅三藐三菩提適坐此座時
諸梵天王雨衆天華面百由旬香風時来吹
去萎華更雨新者如是不絕滿十小劫供養
於佛乃至滅度常雨此華四王諸天為供養
佛常擊天鼓其餘諸天作天伎樂滿十小劫
至于滅度亦復如是諸比丘大通智勝佛過
十小劫諸佛之法乃現在前成阿耨多羅三
藐三菩提其佛未出家時有十六子其第一
者名曰智積諸子各有種種珎異翫好之具
聞父得成阿耨多羅三藐三菩提皆捨所珎
往詣佛所諸母涕泣而隨送之其祖轉輪聖
王與一百大臣及餘百千万億人民皆共圍
遶隨至道場咸欲親近大通智勝如来供
養恭敬尊重讚歎到已頭面礼足遶佛畢
已一心合掌瞻仰世尊以偈頌曰
大威德世尊　為度衆生故　於无量億劫　尒乃得成佛

BD06304號　妙法蓮華經卷三　（14–13）

往詣佛所諸母涕泣而隨送之其祖轉輪聖
王與一百大臣及餘百千万億人民皆共圍
遶隨至道場咸欲親近大通智勝如來供
養恭敬尊重讚歎到已頭面礼足遶佛畢
已一心合掌瞻仰世尊以偈頌曰
大威德世尊　為度衆生故　於无量億劫　尔乃得成佛
諸願已具足　善哉吉无上　世尊甚希有　一坐十小劫
身體及手足　靜然安不動　其心常惔怕　未曾有散亂
究竟永寂滅　安住无漏法　今者見世尊　安隱成佛道
我等得善利　稱慶大歡喜　衆生常苦惱　盲冥无導師
不識苦盡道　不知求解脫　長夜增惡趣　減損諸天衆
從冥入於冥　永不聞佛名　今佛得最上　安隱无漏法
我等及天人　為得最大利　是故咸稽首　歸命无上尊
尔時十六王子偈讚佛已勸請世尊轉於法
輪咸作是言世尊說法多所安隱憐愍饒
益諸天人民重說偈言
世雄无等倫　百福自莊嚴　得无上智慧　願為世間說
度脫於我等　及諸衆生類　為分別顯示　令得是智慧
若我等得佛　衆生亦復然　世尊知衆生　深心之所念
亦知所行道　又知智慧力　欲樂及脩福　宿命所行業

BD06304號　妙法蓮華經卷三　　（14–14）

究盡
一切智慧迦葉譬如三千大千世界
土地所生卉木叢林及諸藥
千名色各異密雲弥布遍覆三千大千
時等澍其澤普洽卉木叢林及諸藥草小
根小莖小枝小葉中根中莖中枝中葉
大根大莖大枝大葉諸樹大小隨上中
下各有所受一雲所雨稱其種性而得生長
華果敷實雖一地所生一雨所潤而諸草木
各有差別迦葉當知如來亦復如是出現於
世如大雲起以大音聲普遍世界天人阿脩羅
如彼大雲遍覆三千大千國土於大衆中而唱是
言我是如來應供正遍知明行足善逝世
間解無上士調御丈夫天人師佛世尊未度者
令度未解者令解未安者令安未涅槃者令
得涅槃今世後世如實知之我是一切知者
一切見者知道者開道者說道者汝等天人
阿脩羅衆皆應到此為聽法故尔時無數千

BD06305號　妙法蓮華經卷三　　（20–1）

言我是如來應供正遍知明行足善逝世
間解無上士調御丈夫天人師佛世尊未度者
令度未解者令解未安者令安未涅槃者令
得涅槃今世後世如實知之我是一切知者
一切見者知道者開道者說道者汝等天人
阿脩羅衆皆應到此為聽法故尒時無數千
萬億種衆生來至佛所而聽法如來于時觀
是衆生諸根利鈍精進懈怠隨其所堪而為
說法種種無量皆令歡喜快得善利是諸衆
生聞是法已現世安隱後生善處以道受樂
亦得聞法既聞法已離諸障礙於諸法中任
力所能漸得入道如彼大雲雨於一切卉木
叢林及諸藥草如其種性具足蒙潤各得
生長如來說法一相一味所謂解脫相離相
滅相究竟至於一切種智其有衆生聞如來
法若持讀誦如說脩行所得功德不自覺知
所以者何唯有如來知此衆生種相體性念
何事思何事脩何事云何念云何思云何脩
以何法念以何法思以何法脩以何法得何
法衆生住於種種之地唯有如來如實見之
明了無礙如彼卉木叢林諸藥草等而不自
知上中下性如來知是一相一味之法所謂解
脫相離相滅相究竟涅槃常寂滅相終歸於
空佛知是已觀衆生心欲而將護之是故不
即為說一切種智汝等迦葉甚為希有能知

BD06305號　妙法蓮華經卷三　（20–2）

法衆生住於種種之地唯有如來如實見之
明了無礙如彼卉木叢林諸藥草等而不自
知上中下性如來知是一相一味之法所謂解
脫相離相滅相究竟涅槃常寂滅相終歸於
空佛知是已觀衆生心欲而將護之是故不
即為說一切種智汝等迦葉甚為希有能知
如來隨宜說法能信能受所以者何諸佛世
尊隨宜說法難解難知尒時世尊欲重宣
此義而說偈言
破有法王　出現世間　隨衆生欲　種種說法
如來尊重　智慧深遠　久嘿斯要　不務速說
有智若聞　則能信解　無智疑悔　則為永失
是故迦葉　隨力為說　以種種緣　令得正見
迦葉當知　譬如大雲　起於世間　遍覆一切
慧雲含潤　電光晃曜　雷聲遠震　令衆悅豫
日光掩蔽　地上清涼　靉靆垂布　如可承攬
其雨普等　四方俱下　流澍無量　率土充洽
山川險谷　幽邃所生　卉木藥草　大小諸樹
百穀苗稼　甘蔗蒲桃　雨之所潤　無不豊足
乾地普洽　藥木並茂　其雲所出　一味之水
草木叢林　隨分受潤　一切諸樹　上中下等
稱其大小　各得生長　根莖枝葉　華菓光色
一雨所及　皆得鮮澤　如其體相　性分大小
所潤是一　而各滋茂　佛亦如是　出現於世
譬如大雲　普覆一切　既出于世　為諸衆生

BD06305號　妙法蓮華經卷三　（20–3）

草木藂林 隨分受潤 一切諸樹 上中下等
稱其大小 各得生長 根莖枝葉 華菓光色
一雨所及 皆得鮮澤 如其體相 性分大小
所潤是一 而各滋茂 佛亦如是 出現於世
譬如大雲 普覆一切 既出于世 為諸衆生
分別演說 諸法之實 大聖世尊 於諸天人
一切衆中 而宣是言 我為如來 兩足之尊
出于世間 猶如大雲 充潤一切 枯槁衆生
皆令離苦 得安隱樂 世間之樂 及涅槃樂
諸天人衆 一心善聽 皆應到此 覲無上尊
我為世尊 無能及者 安隱衆生 故現於世
為大衆說 甘露淨法 其法一味 解脫涅槃
以一妙音 演暢斯義 常為大乘 而作因緣
我觀一切 普皆平等 無有彼此 愛憎之心
我無貪著 亦無限礙 恒為一切 平等說法
如為一人 衆多亦然 常演說法 曾無他事
去來坐立 終不疲猒 充足世間 如雨普潤
貴賤上下 持戒毀戒 威儀具足 及不具足
正見邪見 利根鈍根 等雨法雨 而無懈惓
一切衆生 聞我法者 隨力所受 住於諸地
或處人天 轉輪聖王 釋梵諸王 是小藥草
知無漏法 能得涅槃 起六神通 及得三明
獨處山林 常行禪定 得緣覺證 是中藥草
求世尊處 我當作佛 行精進定 是上藥草
又諸佛子 專心佛道 常行慈悲 自知作佛

BD06305 號　妙法蓮華經卷三　（20–4）

或處人天 轉輪聖王 釋梵諸王 是小藥草
知無漏法 能得涅槃 起六神通 及得三明
獨處山林 常行禪定 得緣覺證 是中藥草
求世尊處 我當作佛 行精進定 是上藥草
又諸佛子 專心佛道 常行慈悲 自知作佛
決定無疑 是名小樹 安住神通 轉不退輪
度無量億 百千衆生 如是菩薩 名為大樹
佛平等說 如一味雨 隨衆生性 所受不同
如彼草木 所稟各異 佛以此喻 方便開示
種種言辭 演說一法 於佛智慧 如海一渧
我雨法雨 充滿世間 一味之法 隨力修行
如彼藂林 藥草諸樹 隨其大小 漸增茂好
諸佛之法 常以一味 令諸世間 普得具足
漸次修行 皆得道果 聲聞緣覺 處於山林
住最後身 聞法得果 是名藥草 各得增長
若諸菩薩 智慧堅固 了達三界 求最上乘
是名小樹 而得增長 復有住禪 得神通力
聞諸法空 心大歡喜 放無數光 度諸衆生
是名大樹 而得增長 如是迦葉 佛所說法
譬如大雲 以一味雨 潤於人華 各得成實
迦葉當知 以諸因緣 種種譬喻 開示佛道
是我方便 諸佛亦然 今為汝等 說最實事
諸聲聞衆 皆非滅度 汝等所行 是菩薩道
漸漸修學 悉當成佛

BD06305 號　妙法蓮華經卷三　（20–5）

譬如大雲　以一味雨　潤於人華　各得成實
迦葉當知　以諸因緣　種種譬喻　開示佛道
是我方便　諸佛亦然　今為汝等　說最實事
諸聲聞衆　皆非滅度　汝等所行　是菩薩道
漸漸脩學　悉當成佛

妙法蓮華經授記品第六

尒時世尊說是偈已，告諸大衆，唱如是言：我
此弟子摩訶迦葉，於未來世當得奉覲三百
万億諸佛世尊，供養恭敬，尊重讚歎，廣宣
諸佛無量大法。於最後身得成為佛，名曰光
明如來、應供、正遍知、明行足、善逝、世間解、無上
士、調御丈夫、天人師、佛、世尊。國名光德，劫名
大莊嚴。佛壽十二小劫，正法住世二十小劫，
像法亦住二十小劫。國界嚴飾，無諸穢惡、瓦
礫荊棘、便利不淨。其土平正，無有高下、坑坎
堆阜。琉璃為地，寶樹行列，黃金為繩，以界道
側，散諸寶華，周遍清淨。其國菩薩無量千
億，諸聲聞衆亦復無數。無有魔事，雖有魔
及魔民，皆護佛法。尒時世尊欲重宣此義而說偈
言：
告諸比丘　我以佛眼　見是迦葉　於未來世
過無數劫　當得作佛　而於來世　供養奉覲
三百万億　諸佛世尊　為佛智慧　淨脩梵行
供養最上　二足尊已　脩習一切　無上之慧
於最後身　得成為佛　其土清淨　琉璃為地
多諸寶樹　行列道側　金繩界道　見者歡喜

過無數劫　當得作佛　而於來世　供養奉覲
三百万億　諸佛世尊　為佛智慧　淨脩梵行
供養最上　二足尊已　脩習一切　無上之慧
於最後身　得成為佛　其土清淨　琉璃為地
多諸寶樹　行列道側　金繩界道　見者歡喜
常出妙香　散衆名華　種種奇妙　以為莊嚴
其地平正　無有丘坑　諸菩薩衆　不可稱計
其心調柔　逮大神通　奉持諸佛　大乘經典
諸聲聞衆　無漏後身　法王之子　亦不可計
乃以天眼　不能數知　其佛當壽　十二小劫
正法住世　二十小劫　像法亦住　二十小劫
光明世尊　其事如是
尒時大目犍連、須菩提、摩訶迦旃延等，皆悉
悚慄，一心合掌，瞻仰世尊，目不暫捨，即共
同聲而說偈言：
大雄猛世尊　諸釋之法王　哀愍我等故　而賜佛音聲
若知我深心　見為授記者　如以甘露灑　除熱得清涼
如從飢國來　忽遇大王饍　心猶懷疑懼　未敢即便食
若復得王教　然後乃敢食　我等亦如是　每惟小乘過
不知當云何　得佛無上慧　雖聞佛音聲　言我等作佛
心尚懷憂懼　如未敢便食　若蒙佛授記　尒乃快安樂
大雄猛世尊　常欲安世間　願賜我等記　如飢須教食
尒時世尊知諸大弟子心之所念，告諸比丘：是
須菩提，於當來世奉覲三百萬億那由他佛，

不知當云何 得佛無上慧 雖聞佛音聲 言我等作佛
心尚懷憂懼 如未敢便食 若蒙佛授記 爾乃快安樂
大雄猛世尊 常欲安世間 願賜我等記 如飢須教食
爾時世尊知諸大弟子心之所念告諸比丘是
須菩提於當來世奉覲三百萬億那由他佛
供養恭敬尊重讚歎常脩梵行具菩薩道
於最後身得成為佛號曰名相如來應供正
遍知明行足善逝世間解無上士調御丈夫天
人師佛世尊劫名有寶國名寶生其土平
正頗梨為地寶樹莊嚴無諸丘坑沙礫荊棘
便利之穢寶華覆地周遍清淨其土人民皆
處寶臺珍妙樓閣聲聞弟子無量無邊筭
數譬喻所不能知諸菩薩眾無數千萬億那由
他佛壽十二小劫正法住世二十小劫像法亦
住二十小劫其佛常處虛空為眾說法度
脫無量菩薩及聲聞眾爾時世尊欲重宣此
義而說偈言
諸比丘眾 今告汝等 皆當一心 聽我所說
我大弟子 須菩提者 當得作佛 號曰名相
當供無數 萬億諸佛 隨佛所行 漸具大道
最後身得 三十二相 端正姝好 猶如寶山
其佛國土 嚴淨第一 眾生見者 無不愛樂
佛於其中 度無量眾 其佛法中 多諸菩薩
皆悉利根 轉不退輪 彼國常以 菩薩莊嚴
諸聲聞眾 不可稱數 皆得三明 具六神通

BD06305 號　妙法蓮華經卷三　（20–8）

當供無數 萬億諸佛 隨佛所行 漸具大道
最後身得 三十二相 端正姝好 猶如寶山
其佛國土 嚴淨第一 眾生見者 無不愛樂
佛於其中 度無量眾 其佛法中 多諸菩薩
皆悉利根 轉不退輪 彼國常以 菩薩莊嚴
諸聲聞眾 不可稱數 皆得三明 具六神通
住八解脫 有大威德 其佛說法 現於無量
神通變化 不可思議 諸天人民 數如恒沙
皆共合掌 聽受佛語 其佛當壽 十二小劫
正法住世 二十小劫 像法亦住 二十小劫
爾時世尊復告諸比丘眾我今語汝是大迦
旃延於當來世以諸供具供養奉事八千億
佛恭敬尊重諸佛滅後各起塔廟高千由
旬縱廣正等五百由旬以金銀琉璃車𤦲馬瑙
真珠玫瑰七寶合成眾華瓔珞塗香末香
燒香繒蓋幢幡供養塔廟過是已後當復
供養二萬億佛亦復如是供養諸佛已具菩
薩道當得作佛號曰閻浮那提金光如來應
供正遍知明行足善逝世間解無上士調御
丈夫天人師佛世尊其土平正頗梨為地寶
樹莊嚴黃金為繩以界道側妙華覆地周
遍清淨見者歡喜無四惡道地獄餓鬼畜生
阿脩羅道多有天人諸聲聞眾及諸菩薩無
量萬億莊嚴其國佛壽十二小劫正法住世二十
小劫像法亦住二十小劫爾時世尊欲重宣
此義而說偈言

BD06305 號　妙法蓮華經卷三　（20–9）

槎莊嚴黄金為繩以界道側妙華覆地周
遍清淨見者歡喜無四惡道地獄餓鬼畜生
阿脩羅道多有天人諸聲聞衆及諸菩薩無
量萬億莊嚴其國佛壽十二小劫正法住世二十
小劫像法亦住二十小劫尒時世尊欲重宣
此義而說偈言
諸比丘衆 皆一心聽 如我所說 真實無異
是迦栴延 當以種種 妙好供具 供養諸佛
諸佛滅後 起七寶塔 亦以華香 供養舍利
其冣後身 得佛智慧 成等正覺 國土清淨
度脫無量 萬億衆生 皆為十方 之所供養
佛之光明 無能勝者 其佛号曰 閻浮金光
菩薩聲聞 斷一切有 無量無數 莊嚴其國
尒時世尊復告大衆我今語汝是大目揵連
當以種種供具供養八千諸佛恭敬尊重
諸佛滅後各起塔廟高千由旬縱廣正等五
百由旬以金銀琉璃車𤦲馬瑙真珠玫瑰七寶
合成衆華瓔珞塗香末香燒香繒蓋幢幡
以用供養過是已後當復供養二百萬億諸
佛亦復如是當得成佛号曰多摩羅跋栴檀
香如來應供正遍知明行足善逝世間解無上
士調御丈夫天人師佛世尊劫名喜滿國名意
樂其土平正頗梨為地寶樹莊嚴散真珠
華周遍清淨見者歡喜多諸天人菩薩聲
聞其數無量佛壽二十四小劫正法住世四十小

BD06305 號　妙法蓮華經卷三　（20–10）

士調御丈夫天人師佛世尊劫名喜滿國名意
樂其土平正頗梨為地寶樹莊嚴散真珠
華周遍清淨見者歡喜多諸天人菩薩聲
聞其數無量佛壽二十四小劫正法住世四十小
劫像法亦住四十小劫尒時世尊欲重宣此
義而說偈言
我此弟子 大目揵連 捨是身已 得見八千
二百萬億 諸佛世尊 為佛道故 供養恭敬
於諸佛所 常脩梵行 於無量劫 奉持佛法
諸佛滅後 起七寶塔 長表金刹 華香伎樂
而以供養 諸佛塔廟 漸漸具足 菩薩道已
於意樂國 而得作佛 号多摩羅 栴檀之香
其佛壽命 二十小劫 常為天人 演說佛道
聲聞無量 如恒河沙 三明六通 有大威德
菩薩無數 志固精進 於佛智慧 皆不退轉
佛滅度後 正法當住 四十小劫 像法亦尒
我諸弟子 威德具足 其數五百 皆當授記
於未來世 咸得成佛 我及汝等 宿世因緣
吾今當說 汝等善聽
妙法蓮華經化城喻品第七
佛告諸比丘乃往過去無量無邊不可思議
阿僧祇劫尒時有佛名大通智勝如來應供
正遍知明行足善逝世間解無上士調御丈
夫天人師佛世尊其國名好成劫名大相諸
比丘彼佛滅度已來甚大久遠譬如三千大

BD06305 號　妙法蓮華經卷三　（20–11）

佛告諸比丘乃往過去無量無邊不可思議
阿僧祇劫尒時有佛名大通智勝如來應供
正遍知明行足善逝世間解無上士調御丈
夫天人師佛世尊其國名好成劫名大相諸
比丘彼佛滅度已來甚大久遠譬如三千大
千世界所有地種假使有人磨以為墨過於
東方千國土乃下一點大如微塵又過千國
土復下一點如是展轉盡地種墨於汝等意
云何是諸國土若筭師若筭師弟子能得邊
際知其數不不也世尊諸比丘是人所經國土
若點不點盡末為塵一塵一劫彼佛滅度
已來復過是數無量無邊百千萬億阿僧祇
劫我以如來知見力故觀彼久遠猶若今日尒
時世尊欲重宣此義而說偈言
我念過去世　無量無邊劫　有佛兩足尊　名大通智勝
如人以力磨　三千大千土　盡此諸地種　皆悉以為墨
過於千國土　乃下一塵點　如是展轉點　盡此諸塵墨
如是諸國土　點與不點等　復盡末為塵　一塵為一劫
此諸微塵數　其劫復過是　彼佛滅度來　如是無量劫
如來無礙智　知彼佛滅度　及聲聞菩薩　如見今滅度
諸比丘當知　佛智淨微妙　無漏無所礙　通達無量劫
佛告諸比丘大通智勝佛壽五百四十萬億
那由他劫其佛本坐道場破魔軍已垂得阿
耨多羅三藐三菩提而諸佛法不現在前如是
一小劫乃至十小劫結跏趺坐身心不動而諸

BD06305 號　妙法蓮華經卷三　（20–12）

如來無礙智　知彼佛滅度　及聲聞菩薩　如見今滅度
諸比丘當知　佛智淨微妙　無漏無所礙　通達無量劫
佛告諸比丘大通智勝佛壽五百四十萬億
那由他劫其佛本坐道場破魔軍已垂得阿
耨多羅三藐三菩提而諸佛法不現在前如是
一小劫乃至十小劫結跏趺坐身心不動而諸
佛法猶不在前尒時忉利諸天先為彼佛
於菩提樹下敷師子座高一由旬佛於此座
當得阿耨多羅三藐三菩提適坐此座時諸
梵天王雨衆天華面百由旬香風時來吹去
萎華更雨新者如是不絕滿十小劫供養
於佛乃至滅度常雨此華四王諸天為供養
佛常擊天鼓其餘諸天作天伎樂滿十小劫
至于滅度亦復如是諸比丘大通智勝佛過
十小劫諸佛之法乃現在前成阿耨多羅三藐
三菩提其佛未出家時有十六子其第一者
名曰智積諸子各有種種珍異玩好之具聞父
得成阿耨多羅三藐三菩提皆捨所珍
往詣佛所諸母涕泣而隨送之其祖轉輪聖
王與一百大臣及餘百千萬億人民皆共圍
繞隨至道場咸欲親近大通智勝如來供養
恭敬尊重讚歎到已頭面礼足繞佛畢一
心合掌瞻仰世尊以偈頌曰
大威德世尊　為度衆生故　於無量億歲　尒乃得成佛
諸願已具足　善哉吉無上　世尊甚希有　一坐十小劫

BD06305 號　妙法蓮華經卷三　（20–13）

繞隨至道場咸欲親近大通智勝如來供養
恭敬尊重讚歎到已頭面礼足繞佛畢一
心合掌瞻仰世尊以偈頌曰
大威德世尊　為度衆生故　於無量億歲　尒乃得成佛
諸願已具足　善哉吉無上　世尊甚希有　一坐十小劫
身體及手足　靜然安不動　其心常惔怕　未曾有散亂
究竟永寂滅　安住無漏法　今者見世尊　安隱成佛道
我等得善利　稱慶大歡喜　衆生常苦惱　盲瞑無導師
不識苦盡道　不知求解脫　長夜增惡趣　減損諸天衆
從瞑入於瞑　永不聞佛名　今佛得最上　安隱無漏法
我等及天人　為得最大利　是故咸稽首　歸命無上尊
尒時十六王子偈讚佛已勸請世尊轉於法
輪咸作是言世尊說法多所安隱憐愍饒益
諸天人民重說偈言
世雄無等倫　百福自莊嚴　得無上智慧　願為世間說
度脫於我等　及諸衆生類　為分別顯示　令得是智慧
若我等得佛　衆生亦復然　世尊知衆生　深心之所念
亦知所行道　又知智慧力　欲樂及脩福　宿命所行業
世尊悉知已　當轉無上輪
佛告諸比丘大通智勝佛得阿耨多羅三藐
三菩提時十方各五百萬億諸佛世界六種
震動其國中間幽瞑之處日月威光所不能
照而大皆明其中衆生各得相見咸作是言
此中云何忽生衆生又其國界諸天宮殿乃
至梵宮六種震動大光普照遍滿世界勝諸天

三菩提時十方各五百萬億諸佛世界六種
震動其國中間幽瞑之處日月威光所不能
照而大皆明其中衆生各得相見咸作是言
此中云何忽生衆生又其國界諸天宮殿乃
至梵宮六種震動大光普照遍滿世界勝諸天
光尒時東方五百萬億諸國土中梵天宮殿
光明照曜倍於常明諸梵天王各作是念今
者宮殿光明昔所未有以何因緣而現此相
是時諸梵天王即各相詣共議此事而彼衆中
有一大梵天王名救一切為諸梵衆而說
偈言
我等諸宮殿　光明昔未有　此是何因緣　宜各共求之
為大德天生　為佛出世間　而此大光明　遍照於十方
尒時五百萬億國土諸梵天王與宮殿俱各
以衣裓盛諸天華共詣西方推尋是相見大
通智勝如來處于道場菩提樹下坐師子座
諸天龍王乹闥婆緊那羅摩睺羅伽人非人
等恭敬圍繞及見十六王子請佛轉法輪即
時諸梵天王頭面礼佛繞百千帀即以天華
而散佛上其所散華如須弥山并以供養佛
菩提樹其菩提樹高十由旬華供養已各以
宮殿奉上彼佛而作是言唯見哀愍饒益我
等所獻宮殿願垂納處時諸梵天王即於佛
前一心同聲以偈頌曰
世尊甚希有　難可得值遇　具無量功德　能救護一切

而散佛上其所散華如須弥山并以供養佛
菩提樹其菩提樹高十由旬華供養已各以
宮殿奉上彼佛而作是言唯見哀愍饒益我
等所獻宮殿願垂納處時諸梵天王即於佛
前一心同聲以偈頌曰
世尊甚希有　難可得值遇　具無量功德　能救護一切
天人之大師　哀愍於世間　十方諸眾生　普皆蒙饒益
我等所從來　五百萬億國　捨深禪定樂　為供養佛故
我等先世福　宮殿甚嚴飾　今以奉世尊　唯願哀納受
尒時諸梵天王偈讚佛已各作是言唯願世
尊轉於法輪度脫眾生開涅槃道時諸梵
天王一心同聲而說偈言
世雄兩足尊　唯願演說法　以大慈悲力　度苦惱眾生
尒時大通智勝如來嘿然許之又諸比丘東南
方五百萬億國土諸大梵王各自見宮殿光
明照曜昔所未有歡喜踊躍生希有心即各
相詣共議此事而彼眾中有一大梵天王名
曰大悲為諸梵眾而說偈言
是事何因緣　而現如此相　我等諸宮殿　光明昔未有
為大德天王　為佛出世間　未曾見此相　當共一心求
過千万億土　尋光共推之　多是佛出世　度脫苦眾生
尒時五百万億諸梵天王與宮殿俱各以衣
裓盛諸天華共詣西北方推尋是相見大通智
勝如來處于道場菩提樹下坐師子座諸

BD06305號　妙法蓮華經卷三　（20–16）

為大德天王　為佛出世間　未曾見此相　當共一心求
過千万億土　尋光共推之　多是佛出世　度脫苦眾生
尒時五百万億諸梵天王與宮殿俱各以衣
裓盛諸天華共詣西北方推尋是相見大通智
勝如來處于道場菩提樹下坐師子座諸
天龍王乾闥婆緊那羅摩睺羅伽人非人等
恭敬圍繞及見十六王子請佛轉法輪時諸
梵天王頭面禮佛繞百千匝即以天華而散
佛上所散之華如須弥山并以供養佛菩提
樹華供養已各以宮殿奉上彼佛而作是言
唯見哀愍饒益我等所獻宮殿願垂納處
尒時諸梵天王即於佛前一心同聲以偈頌曰
聖主天中王　迦陵頻伽聲　哀愍眾生者　我等今敬禮
世尊甚希有　久遠乃一現　一百八十劫　空過無有佛
三惡道充滿　諸天眾減少　今佛出於世　為眾生作眼
世間所歸趣　救護於一切　為眾生之父　哀愍饒益者
我等宿福慶　今得值世尊
尒時諸梵天王偈讚佛已各作是言唯願世
尊哀愍一切轉於法輪度脫眾生時諸梵天
王一心同聲而說偈言
大聖轉法輪　顯示諸法相　度苦惱眾生　令得大歡喜
眾生聞此法　得道若生天　諸惡道減少　忍善者增益
尒時大通智勝如來嘿然許之又諸比丘南
方五百萬億國土諸大梵王各自見宮殿光
明照曜昔所未有歡喜踊躍生希有心即各

BD06305號　妙法蓮華經卷三　（20–17）

衆生聞此法 得道若生天 諸惡道減少 忍善者增益
尒時大通智勝如來嘿然許之又諸比丘南
方五百萬億國土諸大梵王各自見宮殿光
明照曜昔所未有歡喜踊躍生希有心即各
相詣共議此事以何因緣我等宮殿有此光
曜而彼衆中有一大梵天王名曰妙法 為諸
梵衆而說偈言
我等諸宮殿 光明甚威曜 此非無因緣 是相宜求之
過於百千劫 未曾見是相 為大德天王 為佛出世間
尒時五百萬億諸梵天王與宮殿俱各以衣裓
盛諸天華共詣北方推尋是相見大通智
勝如來處于道場菩提樹下坐師子座諸天
龍王乾闥婆緊那羅摩睺羅伽人非人等恭
敬圍繞及見十六王子請佛轉法輪時諸梵
天王頭面禮佛繞百千帀即以天華而散佛
上所散之華如須弥山并以供養佛菩提樹
華供養已各以宮殿奉上彼佛而作是言唯
見哀愍饒益我等所獻宮殿願垂納處尒
時諸梵天王即於佛前一心同聲以偈頌曰
世尊甚難見 破諸煩惱者 過百三十劫 今乃得一見
諸飢渴衆生 以法雨充滿 昔所未曾覩 無量智慧者
如優曇鉢羅 今日乃值遇 我等諸宮殿 蒙光故嚴飾
世尊大慈愍 唯願垂納受
尒時諸梵天王偈讚佛已各作是言唯願世尊

BD06305 號　妙法蓮華經卷三　（20–18）

諸飢渴衆生 以法雨充滿 昔所未曾覩 無量智慧者
如優曇鉢羅 今日乃值遇 我等諸宮殿 蒙光故嚴飾
世尊大慈愍 唯願垂納受
尒時諸梵天王偈讚佛已各作是言唯願世尊
轉於法輪令一切世間諸天魔梵沙門婆羅
門皆獲安隱而得度脫時諸梵天王一心同
聲以偈頌曰
唯願天人尊 轉無上法輪 擊于大法鼓 而吹大法螺
普雨大法雨 度無量衆生 我等咸歸請 當演深遠音
尒時大通智勝如來嘿然許之西南方乃至
下方亦復如是尒時上方五百萬億國土諸大
梵王皆悉自覩所止宮殿光明威曜昔所未有
歡喜踊躍生希有心即各相詣共議此事以
何因緣我等宮殿有斯光明時彼衆中有一
大梵天王名曰尸棄為諸梵衆而說偈言
今以何因緣 我等諸宮殿 威德光明曜 嚴飾未曾有
如是之妙相 昔所未聞見 為大德天王 為佛出世間
尒時五百萬億諸梵天王與宮殿俱各以衣裓
盛諸天華共詣下方推尋是相見大通智勝
如來處于道場菩提樹下坐師子座諸天龍
王乾闥婆緊那羅摩睺羅伽人非人等恭敬
圍繞及見十六王子請佛轉法輪時諸梵天
王頭面禮佛繞百千帀即以天華而散佛上
所散之華如須弥山并以供養佛菩提樹華

BD06305 號　妙法蓮華經卷三　（20–19）

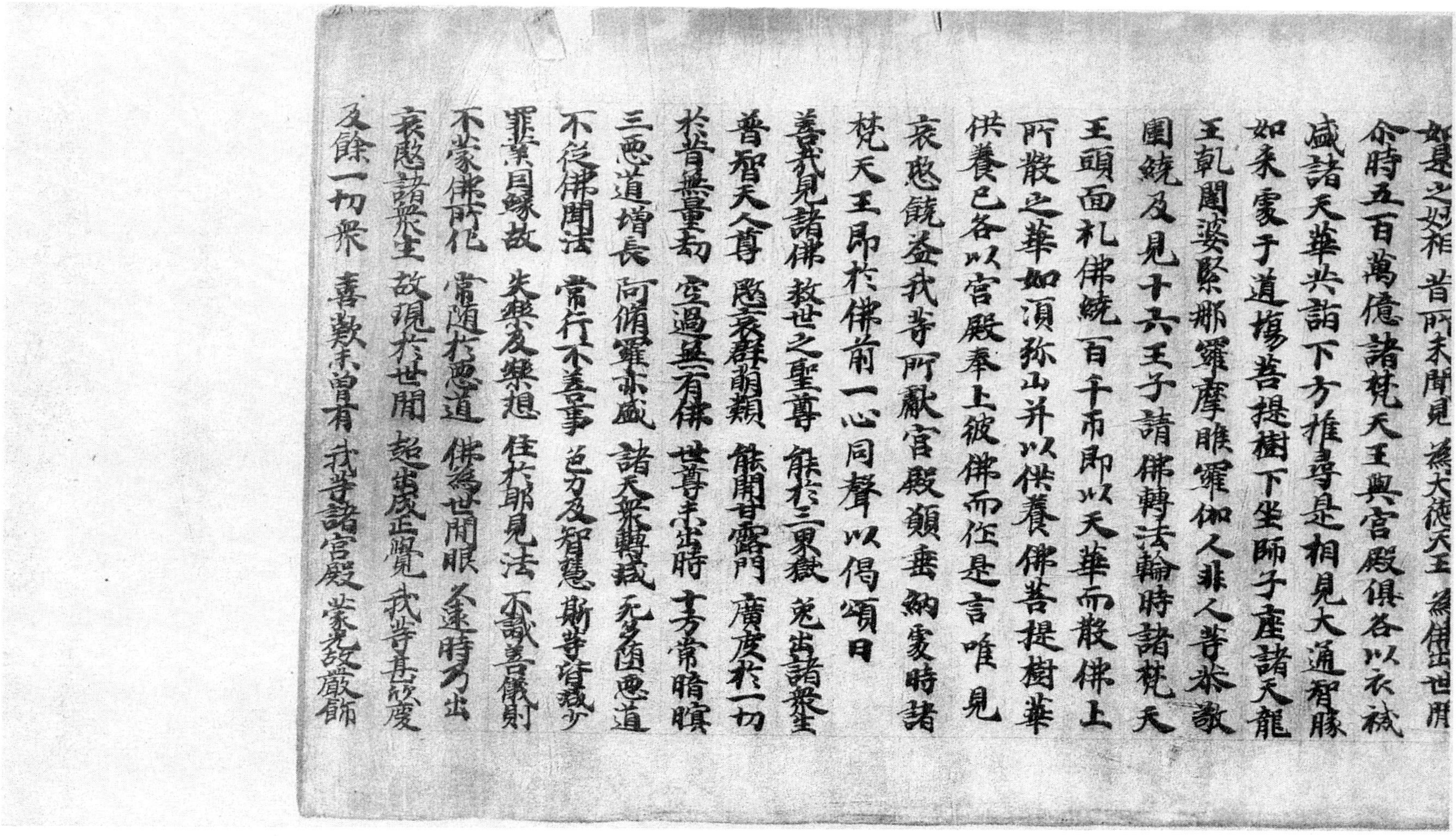

如是之妙相 昔所未聞見 為大德天生 為佛出世間
爾時五百萬億諸梵天王與宮殿俱各以衣裓
盛諸天華共詣下方推尋是相見大通智勝
如來處于道場菩提樹下坐師子座諸天龍
王乾闥婆緊那羅摩睺羅伽人非人等恭敬
圍繞及見十六王子請佛轉法輪時諸梵天
王頭面礼佛繞百千帀即以天華而散佛上
所散之華如須弥山并以供養佛菩提樹華
供養已各以宮殿奉上彼佛而作是言唯見
哀愍饒益我等所獻宮殿願垂納處時諸
梵天王即於佛前一心同聲以偈頌曰
善哉見諸佛 救世之聖尊 能於三界獄 勉出諸衆生
普智天人尊 哀愍群萌類 能開甘露門 廣度於一切
於昔無量劫 空過無有佛 世尊未出時 十方常暗暝
三惡道增長 阿脩羅亦盛 諸天衆轉減 死多墮惡道
不從佛聞法 常行不善事 色力及智慧 斯等皆減少
罪業因緣故 失樂及樂想 住於邪見法 不識善儀則
不蒙佛所化 常墮於惡道 佛為世間眼 久遠時乃出
哀愍諸衆生 故現於世間 超出成正覺 我等甚欣慶
及餘一切衆 喜歎未曾有 我等諸宮殿 蒙光故嚴飾

BD06305 號　妙法蓮華經卷三　（20–20）

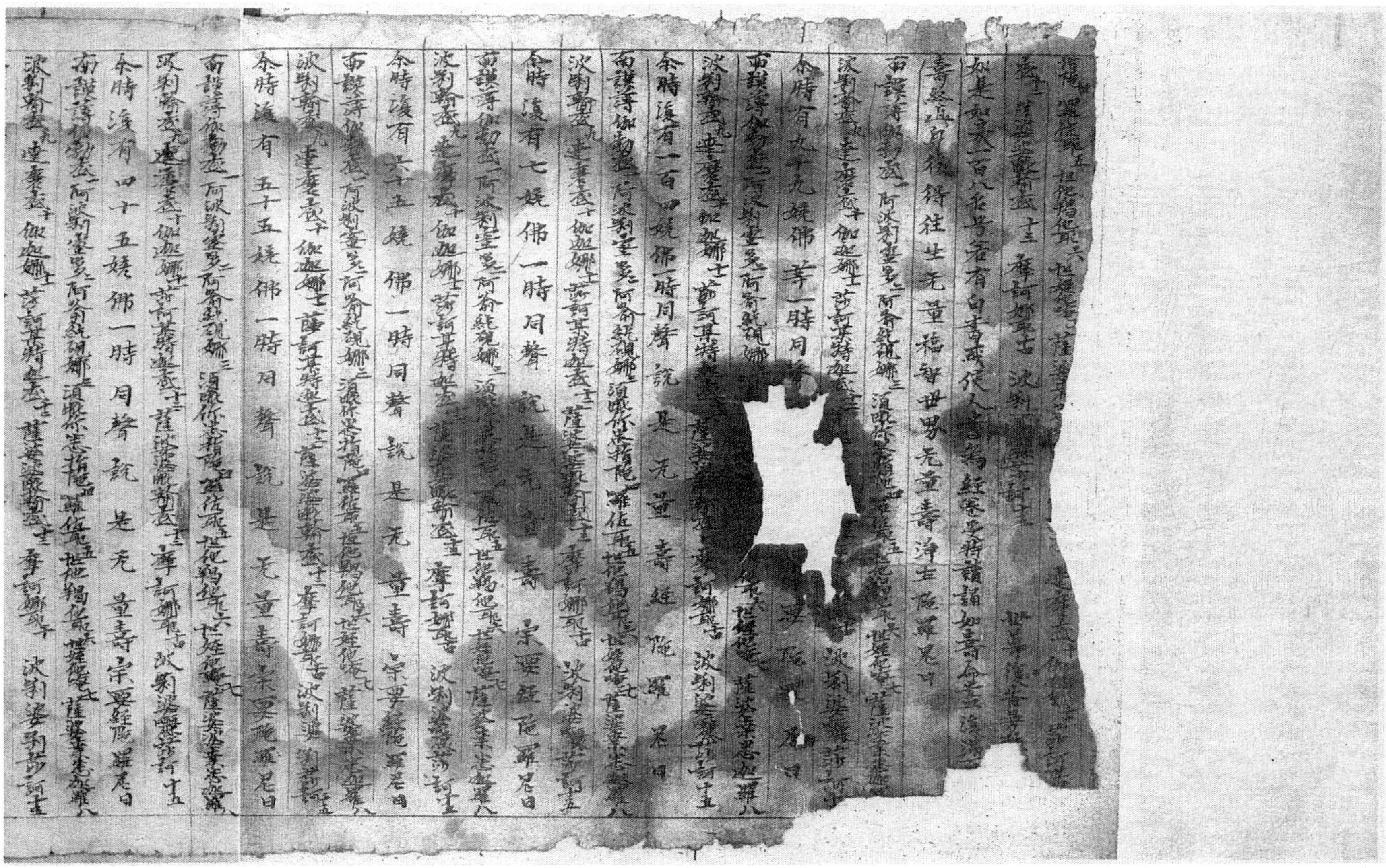

BD06306 號　無量壽宗要經　（5–1）

南謨薄伽勃底一 阿波唎蜜多二 阿喻紇硯那三 須毗你悉指陀四 囉佐耶五 怛他羯他耶六 怛姪他七 薩婆桑悉迦囉八
波唎輸底九 達磨底十 伽伽那十一 莎訶娑特迦底十二 薩婆婆毗輸底十三 摩訶那耶十四 波唎婆囉莎訶十五
尒時復有五十五姟佛一時同聲說是无量壽宗要經陀羅尼曰
南謨薄伽勃底一 阿波唎蜜多二 阿喻紇硯那三 須毗你悉指陀四 囉佐耶五 怛他羯他耶六 怛姪他七 薩婆桑悉迦囉八
波唎輸底九 達磨底十 伽伽那十一 莎訶娑特迦底十二 薩婆婆毗輸底十三 摩訶那耶十四 波唎婆囉莎訶十五
尒時復有四十五姟佛一時同聲說是无量壽宗要經陀羅尼曰
南謨薄伽勃底一 阿波唎蜜多二 阿喻紇硯那三 須毗你悉指陀四 囉佐耶五 怛他羯他耶六 怛姪他七 薩婆桑悉迦囉八
波唎輸底九 達磨底十 伽伽那十一 莎訶娑特迦底十二 薩婆婆毗輸底十三 摩訶那耶十四 波唎婆囉莎訶十五
尒時復有三十六姟佛一時同聲說是无量壽宗要經陀羅尼曰
南謨薄伽勃底一 阿波唎蜜多二 阿喻紇硯那三 須毗你悉指陀四 囉佐耶五 怛他羯他耶六 怛姪他七 薩婆桑悉迦囉八
波唎輸底九 達磨底十 伽伽那十一 莎訶娑特迦底十二 薩婆婆毗輸底十三 摩訶那耶十四 波唎婆囉莎訶十五
尒時復有二十五姟佛一時同聲說是无量壽宗要經陀羅尼曰
南謨薄伽勃底一 阿波唎蜜多二 阿喻紇硯那三 須毗你悉指陀四 囉佐耶五 怛他羯他耶六 怛姪他七 薩婆桑悉迦囉八
波唎輸底九 達磨底十 伽伽那十一 莎訶娑特迦底十二 薩婆婆毗輸底十三 摩訶那耶十四 波唎婆囉莎訶十五
尒時復有恒河沙姟佛一時同聲說是无量壽宗要經陀羅尼曰
南謨薄伽勃底一 阿波唎蜜多二 阿喻紇硯那三 須毗你悉指陀四 囉佐耶五 怛他羯他耶六 怛姪他七 薩婆桑悉迦囉八
波唎輸底九 達磨底十 伽伽那十一 莎訶娑特迦底十二 薩婆婆毗輸底十三 摩訶那耶十四 波唎婆囉莎訶十五
善男子若有自書寫教人書寫是无量壽宗要經如其命盡復得長壽而滿百年陀羅尼曰
南謨薄伽勃底一 阿波唎蜜多二 阿喻紇硯那三 須毗你悉指陀四 囉佐耶五 怛他羯他耶六 怛姪他七 薩婆桑悉迦囉八
波唎輸底九 達磨底十 伽伽那十一 莎訶娑特迦底十二 薩婆婆毗輸底十三 摩訶那耶十四 波唎婆囉莎訶十五
若有自書教人書寫是无量壽宗要經讀誦當得果竟不墮地獄在在所生得宿命智陀羅尼曰
南謨薄伽勃底一 阿波唎蜜多二 阿喻紇硯那三 須毗你悉指陀四 囉佐耶五 怛他羯他耶六 怛姪他七 薩婆桑悉迦囉八
波唎輸底九 達磨底十 伽伽那十一 莎訶娑特迦底十二 薩婆婆毗輸底十三 摩訶那耶十四 波唎婆囉莎訶十五
若有自書教人書寫是无量壽宗要經受持讀誦如同書寫八万四千一切經典陀羅尼曰
南謨薄伽勃底一 阿波唎蜜多二 阿喻紇硯那三 須毗你悉指陀四 囉佐耶五 怛他羯他耶六 怛姪他七 薩婆桑悉迦囉八
波唎輸底九 達磨底十 伽伽那十一 莎訶娑特迦底十二 薩婆婆毗輸底十三 摩訶那耶十四 波唎婆囉莎訶十五
若有自書教人書寫是无量壽宗要經即是書寫八万四千部建立塔廟陀羅尼曰
南謨薄伽勃底一 阿波唎蜜多二 阿喻紇硯那三 須毗你悉指陀四 囉佐耶五 怛他羯他耶六 怛姪他七 薩婆桑悉迦囉八
波唎輸底九 達磨底十 伽伽那十一 莎訶娑特迦底十二 薩婆婆毗輸底十三 摩訶那耶十四 波唎婆囉莎訶十五
若有自書寫教人書寫是无量壽[illegible]

BD06306號　無量壽宗要經　　（5–2）

南謨薄伽勃底一 阿波唎蜜多二 阿喻紇硯那三 須毗你悉指陀四 囉佐耶五 怛他羯他耶六 怛姪他七 薩婆桑悉迦囉八
波唎輸底九 達磨底十 伽伽那十一 莎訶娑特迦底十二 薩婆婆毗輸底十三 摩訶那耶十四 波唎婆囉莎訶十五
若有自書教人書寫是无量壽宗要經即是書寫八万四千部建立塔廟陀羅尼曰
南謨薄伽勃底一 阿波唎蜜多二 阿喻紇硯那三 須毗你悉指陀四 囉佐耶五 怛他羯他耶六 怛姪他七 薩婆桑悉迦囉八
波唎輸底九 達磨底十 伽伽那十一 莎訶娑特迦底十二 薩婆婆毗輸底十三 摩訶那耶十四 波唎婆囉莎訶十五
若有自書寫教人書寫是无量壽[illegible]能消五无間等一切重罪陀羅尼曰
若有自書寫教人書寫是无量壽宗要經受持讀誦若魔魔之眷屬夜
叉羅剎不得其便終无枉死陀羅尼曰 南謨薄伽勃底一 阿波唎蜜多二
阿喻紇硯那三 須毗你悉指陀四 囉佐耶五 怛他羯他耶六 怛姪他七 薩婆桑悉迦囉八 波唎輸底九 達磨
底十 伽伽那十一 莎訶娑特迦底十二 薩婆婆毗輸底十三 摩訶那耶十四 波唎婆囉莎訶十五
若有自書寫教人書寫是无量壽宗要經受持讀誦當命終時有九十九俱胝佛
現其人前蒙千佛授手能遊一切佛剎莫於此經生於疑惑陀羅尼曰
南謨薄伽勃底一 阿波唎蜜多二 阿喻紇硯那三 須毗你悉指陀四 囉佐耶五 怛他羯他耶六 怛姪他七 薩婆桑悉迦囉八
波唎輸底九 達磨底十 伽伽那十一 莎訶娑特迦底十二 薩婆婆毗輸底十三 摩訶那耶十四 波唎婆囉莎訶十五
若有自書寫教人書寫是无量壽宗要經受持讀誦常得四天大王隨其衛護陀羅尼曰
南謨薄伽勃底一 阿波唎蜜多二 阿喻紇硯那三 須毗你悉指陀四 囉佐耶五 怛他羯他耶六 怛姪他七 薩婆桑悉迦囉八
波唎輸底九 達磨底十 伽伽那十一 莎訶娑特迦底十二 薩婆婆毗輸底十三 摩訶那耶十四 波唎婆囉莎訶十五
若有自書教人書寫是无量壽宗要經受持讀誦當得[illegible]陀羅尼曰
南謨薄伽勃底一 阿波唎蜜多二 阿喻紇硯那三 須毗你悉指陀四 囉佐耶五 怛他羯他耶六 怛姪他七 薩婆桑悉迦囉八 波唎
輸底九 達磨底十 伽伽那十一 莎訶娑特迦底十二 薩婆婆毗輸底十三 摩訶那耶十四 波唎婆囉莎訶十五
有方所自書寫使人書寫是无量壽經典之處則為是塔皆應恭敬作礼若是畜
生為鳥獸得聞是經如是等類皆當不久得成一切種智陀羅尼曰
勃底一 阿波唎蜜多二 阿喻紇硯那三 須毗你悉指陀四 囉佐耶五 怛他羯他耶六 怛姪他七 薩婆桑悉迦囉八 波唎輸底九
達磨底十 伽伽那十一 莎訶娑特迦底十二 薩婆婆毗輸底十三 摩訶那耶十四 波唎婆囉莎訶十五
是无量壽經自書寫若使人書畢竟不受女人之身陀羅尼曰
底一 阿波唎蜜多二 阿喻紇硯那三 須毗你悉指陀四 囉佐耶五 怛他羯他耶六 怛姪他七 薩婆桑悉迦囉八
十 伽伽那十一 莎訶娑特迦底十二 薩婆婆毗輸底十三 摩訶那耶十四 波唎婆囉莎訶十五
有能惠施者等於三千大千世界滿中七寶布施陀羅尼曰
二 阿喻紇硯那三 須毗你悉指陀四 囉佐耶五 怛他羯他耶六 怛姪他七 薩婆桑悉迦囉八 波唎
莎訶娑特迦底十二 薩婆婆毗輸底十三 摩訶那耶十四 波唎婆囉莎訶十五
經者則是供養一切諸經等无有異陀羅尼曰

BD06306號　無量壽宗要經　　（5–3）

是无量壽經自書寫若使人書畢竟不受女人之身陁羅尼曰
[illegible]底一 阿波唎蜜多二 阿喻紇硯娜三 須毗你悉指陁四 囉佐耶五 怛他羯他耶六 怛姪他唵七 薩婆桑悉迦羅八
[illegible]十 伽伽娜十一 莎訶某特迦底十二 薩婆婆毗輸底十三 摩訶娜耶十四 波唎婆嚟莎訶十五
[illegible]能惠施者等於三千大千世界滿中七寶布施[illegible]
[illegible]二 阿喻紇硯娜三 須毗你悉指陁四 囉佐耶五 怛姪他唵七 薩婆桑悉迦羅八 波唎
[illegible]莎訶某特迦底十二 薩婆婆毗輸底十三 摩訶娜耶十四 波唎婆嚟莎訶十五
經者則是供養一切諸經等无有異陁羅尼曰
[illegible]蜜多二 阿喻紇硯娜三 須毗你悉指陁四 囉佐耶五 怛他羯他耶六
八 波唎輸底九 達磨底十 伽伽娜十一 莎訶某特迦底十二
[illegible]摩訶娜耶十四 波唎婆嚟莎訶十五
[illegible]佛 毗舍浮佛 俱留孫佛 俱那含牟尼佛 迦葉佛 釋迦牟尼佛
[illegible]寶供養如是七佛其福有限書寫受持是无量壽經典所
獲不可限量陁羅尼曰 南謨薄伽勃底一 阿波唎蜜多二
阿喻紇硯娜三 須毗你悉指陁四 囉佐耶五 怛他羯他耶六 怛姪他唵七 薩婆桑悉迦羅八
波唎輸底九 達磨底十 伽伽娜十一 莎訶某特迦底十二 薩婆婆毗輸底十三 摩訶娜耶十四 波唎婆嚟莎訶十五
若有七寶等於須彌以用布施其福上能知其限量壽經典其福不
可知數陁羅尼曰 南謨薄伽勃底一 阿波唎蜜多二 阿喻紇硯娜三
須毗你悉指陁四 囉佐耶五 怛他羯他耶六 怛姪他唵七 薩婆桑悉迦羅八
九 達磨底十 伽伽娜十一 莎訶某特迦底十二 薩婆婆毗輸底十三 摩訶娜耶十四 波唎婆嚟莎訶十五
如是四大海水可知渧數是无量壽經典所生果報不可數量陁羅尼曰
南謨薄伽勃底一 阿波唎蜜多二 阿喻紇硯娜三 須毗你悉指陁四 囉佐耶五 怛他羯他耶六 怛姪他唵七 薩婆桑悉迦羅八
波唎輸底九 達磨底十 伽伽娜十一 莎訶某特迦底十二 薩婆婆毗輸底十三 摩訶娜耶十四 波唎婆嚟莎訶十五
若有自書使人書寫是无量壽經典又能護持供養即如恭敬供
養一切十方佛土如來无有別異陁羅尼曰
南謨薄伽勃底一 阿波唎蜜多二 阿喻紇硯娜三 須毗你悉指陁四 囉佐耶五 怛他羯他耶六
怛姪他唵七 薩婆桑悉迦羅八 波唎輸底九 達磨底十 伽伽娜十一 莎訶某特迦底十二
薩婆婆毗輸底十三 摩訶娜耶十四 波唎婆嚟莎訶十五
布施力能成正覺 悟布施力人師子 布施力能聲普聞 慈悲階漸最能入
持戒力能成正覺 悟持戒力人師子 持戒力能聲普聞 慈悲階漸最能入
忍辱力能成正覺 悟忍辱力人師子 忍辱力能聲普聞 慈悲階漸最能入

BD06306號　無量壽宗要經　（5–4）

南謨薄伽勃底一 阿波唎蜜多二 阿喻紇硯娜三 須毗你悉指陁四 囉佐耶五 怛他羯他耶六 怛姪他唵七 薩婆桑悉迦羅八
波唎輸底九 達磨底十 伽伽娜十一 莎訶某特迦底十二 薩婆婆毗輸底十三 摩訶娜耶十四 波唎婆嚟莎訶十五
若有自書使人書寫是无量壽經典又能護持供養即如恭敬供
養一切十方佛土如來无有別異陁羅尼曰
南謨薄伽勃底一 阿波唎蜜多二 阿喻紇硯娜三 須毗你悉指陁四 囉佐耶五 怛他羯他耶六
怛姪他唵七 薩婆桑悉迦羅八 波唎輸底九 達磨底十 伽伽娜十一 莎訶某特迦底十二
薩婆婆毗輸底十三 摩訶娜耶十四 波唎婆嚟莎訶十五
布施力能成正覺 悟布施力人師子 布施力能聲普聞 慈悲階漸最能入
持戒力能成正覺 悟持戒力人師子 持戒力能聲普聞 慈悲階漸最能入
忍辱力能成正覺 悟忍辱力人師子 忍辱力能聲普聞 慈悲階漸最能入
精進力能成正覺 悟精進力人師子 精進力能聲普聞 慈悲階漸最能入
禪定力能成正覺 悟禪定力人師子 禪定力能聲普聞 慈悲階漸最能入
智慧力能成正覺 悟智慧力人師子 智慧力能聲普聞 慈悲階漸最能入
尒時如來說是經已一切世間天人阿修羅揵闥婆等聞佛所說皆
大歡喜信受奉行

佛說无量壽宗要經

BD06306號　無量壽宗要經　（5–5）

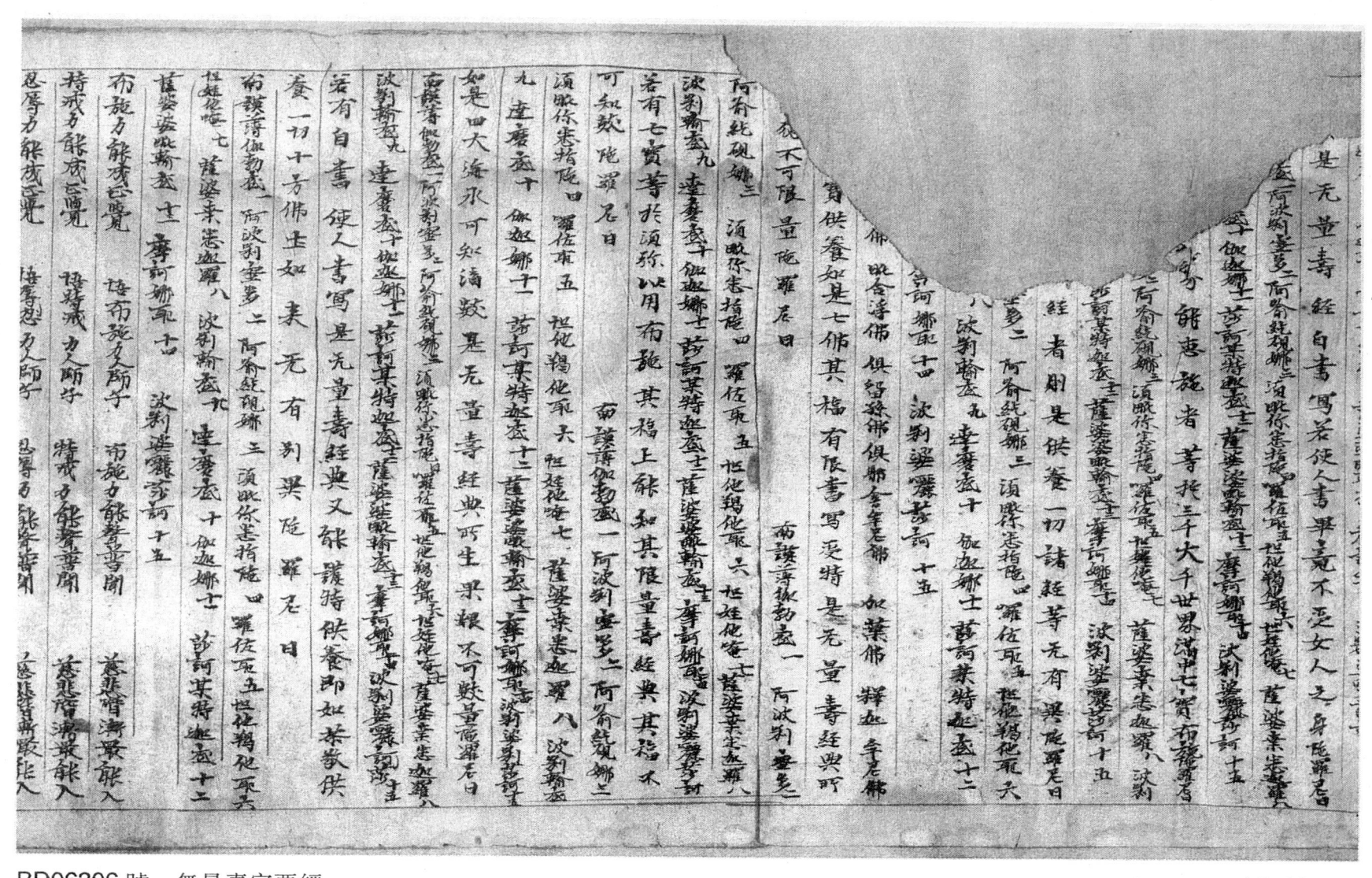

於諸佛世尊　生无上父想　破於憍慢心　說法无障礙
第三法如是　智者應守護　一心安樂行　无量眾所敬
又文殊師利菩薩摩訶薩於後末世法欲
時有持法華經者於在家出家人中生大慈
心於非菩薩人中生大悲心應作是念如是
之人則為大失如來方便隨宜說法不聞不
不問不信不解其人雖不問不信不
得阿耨多羅三藐三菩提時隨在
通力智慧力引之令得住是法
師利是菩薩摩訶薩於如來滅後有
此第四法者說是法時无有過失常為比
丘比丘尼優婆塞優婆夷國王王子大臣人
民婆羅門居士等供養恭敬尊重讚歎虛空
諸天為聽法故亦常隨侍若在聚落城邑空
閑林中有人來欲難問者諸天晝夜常為法
故而衛護之能令聽者皆得歡喜所以者何
此經是一切過去未來現在諸佛神力所護
文殊師利是法華經於无量國中乃至名
得聞何況得見受持讀誦文殊師利

BD06307 號　妙法蓮華經卷五　（11–1）

諸天為聽法故亦常隨侍若在聚落城邑空
閑林中有人來欲難問者諸天晝夜常為法
故而衛護之能令聽者皆得歡喜所以者何
此經是一切過去未來現在諸佛神力所護
文殊師利是法華經於无量國中乃至名
得聞何況得見受持讀誦文殊師利
轉輪聖王欲以威勢降伏諸國而
順其命時轉輪王起種種兵而往
兵眾戰有功者即大歡喜隨功賞
或與田宅聚落城邑或與衣服嚴身之具
或與種種珍寶金銀瑠璃車磲馬瑙珊瑚虎
珀象馬車乘奴婢人民唯髻中明珠不以與
所以者何獨王頂上有此一珠若以與之
必大驚怪文殊師利如來亦復如
之智慧力得法國土王於三界而諸
肯順伏如來賢聖諸將與之共戰其
有心亦歡喜於四眾中為說諸經令其
心悅賜以禪定解脫无漏根力諸法之財又
復賜與涅槃之城言得滅度引導其心令皆
歡喜而不為說是法華經文殊師利如轉輪
眾有大功者心甚歡喜以此難信
在髻中不妄與人而今與之如來亦
三界中為大法王以法教化一切
賢聖軍與五陰魔煩惱魔死魔共戰
有大功勳滅三毒出三界破魔網爾時如來
亦大歡喜此法華經能令眾生至一切智
一切世間多怨難信先所未說而今說之文殊
師利此法華經是諸如來第一之說於諸說

BD06307 號　妙法蓮華經卷五　（11–2）

三界中為大法王以法教化一切
賢聖軍與五陰魔煩惱魔死魔共戰
有大功勳滅三毒出三界破魔網尒時如來
亦大歡喜此法華經能令衆生至一切智一
切世間多怨難信先所未說而今說之文殊
師利此法華經是諸如來第一之說於諸說
甚深末後賜與如彼強力之王久護
乃與之文殊師利此法華經諸佛如
藏於諸經中最在其上長夜守護
說始於今日乃與汝等而敷演之尒
時世尊欲重宣此義而說偈言
常行忍辱　哀愍一切　乃能演說　佛所讚經
後末世時　持此經者　於家出家　及非菩薩
生慈悲　斯等不聞　不信是經　則為大失
道　以諸方便　為說此經　令住其中
力　轉輪之王　兵戰有功　賞賜諸物
乘　嚴身之具　及諸田宅　聚落城邑
或與衣服　種種珍寶　奴婢財物　歡喜賜與
如有勇健　能為難事　王解髻中　明珠賜之
如來亦尒　為諸法王　忍辱大力　智慧寶藏
以大慈悲　如法化世　見一切人　受諸苦惱
解脫　與諸魔戰　為是衆生　說種種法
以　說此諸經　既知衆生　得其力已
為　說是法華　如王解髻　明珠與之
此經為尊　衆經中上　我常守護　不妄開示
今正是時　為汝等說　我滅度後　求佛道者
欲得安隱　演說斯經　應當親近　如是四法

BD06307號　妙法蓮華經卷五　（11–3）

以　說此諸經　既知衆生　得其力已
為　說是法華　如王解髻　明珠與之
此經為尊　衆經中上　我常守護　不妄開示
今正是時　為汝等說　我滅度後　求佛道者
欲得安隱　演說斯經　應當親近　如是四法
讀是經者　常無憂惱　又無病痛　顏色鮮白
生貧窮　卑賤醜陋　衆生樂見　如慕賢聖
子　以為給使　刀杖不加　毒不能害
罵　口則閉塞　遊行無畏　如師子王
慧光明　如日之照　若於夢中　但見妙事
見諸如來　坐師子座　諸比丘衆　圍繞說法
又見龍神　阿脩羅等　數如恒沙　恭敬合掌
自見其身　而為說法　又見諸佛　身相金色
放無量光　照於一切　以梵音聲　演說諸法
四衆　說無上法　見身處中　合掌讚佛
喜　而為供養　得陀羅尼　證不退智
知其心　深入佛道　即為授記　成最正覺
汝善男子　當於來世　得無量智　佛之大道
國土嚴淨　廣大無比　亦有四衆　合掌聽法
又見自身　在山林中　脩習善法　證諸實相
深入禪定　見十方佛
身金色　百福相莊嚴　聞法為人說　常有是好夢
王　捨宮殿眷屬　及上妙五欲　行詣於道場
菩提樹下　而處師子座　求道過七日　得諸佛之智
成無上道已　起而轉法輪　為四衆說法　經千万億劫
說無漏妙法　度無量衆生　後當入涅槃　如烟盡燈滅
若後惡世中　說是第一法　是人得大利　如上諸功德

BD06307號　妙法蓮華經卷五　（11–4）

菩提樹下　而處師子座　求道過七日　得諸佛之智
成无上道已　起而轉法輪　為四衆說法　經千万億劫
說无漏妙法　度无量衆生　後當入涅槃　如烟盡燈滅
若後惡世中　說是第一法　是人得大利　如上諸功德

妙法蓮華經從地踊出品第十五

他方國土諸來菩薩摩訶薩過八恒河
於大衆中起立合掌作礼而白佛言世尊
若聽我等於佛滅後在此娑婆世界勤加精
進護持讀誦書寫供養是經典者當於此土
而廣說之。尒時佛告諸菩薩摩訶薩衆止善
男子不須汝等護持此經所以者何我娑婆
世界自有六万恒河沙等菩薩摩訶薩一一
薩各有六万恒河沙眷屬是諸人等能於
後護持讀誦廣說此經佛說是時娑婆
界三千大千國土地皆震裂而於其中有
无量千万億菩薩摩訶薩同時踊出是諸菩
薩身皆金色三十二相无量光明先盡在此
娑婆世界之下此界虛空中住是諸菩薩聞
釋迦牟尼佛所說音聲從下發來一一菩薩
大衆唱導之首各將六万恒河沙眷屬
万四万三万二万一万恒河沙等眷
屬者況復乃至一恒河沙半恒河沙四分之
一乃至千万億那由他分之一況復千万億
那由他眷屬況復億万眷屬況復千万百万
乃至一万況復一千一百乃至一十況復將
四三二一弟子者況復單己樂遠離行如
无量无邊筭數譬喻所能知是諸

BD06307號　妙法蓮華經卷五　（11–5）

屬者況復乃至一恒河沙半恒河沙四分之
一乃至千万億那由他分之一況復千万億
那由他眷屬況復億万眷屬況復千万百万
乃至一万況復一千一百乃至一十況復將
四三二一弟子者況復單己樂遠離行如
无量无邊筭數譬喻所能知是諸
從地出已各詣虛空七寶妙塔多寶如
來釋迦牟尼佛所到已向二世尊頭面礼足
及至諸寶樹下師子座上佛所亦皆作礼右
繞三帀合掌恭敬以諸菩薩種種讚法而以
讚歎住在一面欣樂瞻仰於二世尊是諸菩
薩從初地踊出以諸菩薩種種讚法而
如是時間經五十小劫是時釋迦牟
尼佛嘿然而坐及諸四衆亦皆嘿然五十小
劫佛神力故令諸大衆謂如半日尒時四衆
亦以佛神力故見諸菩薩遍滿无量百千万
億國土虛空是菩薩衆中有四導師一名上
无邊行三名淨行四名安立行是四
其衆中最為首唱導之師在大衆
各共合掌觀釋迦牟尼佛而問訊言世尊
少病少惱安樂行不所應度者受教易不不
令世尊生疲勞耶尒時四大菩薩而說偈言
世尊安樂　少病少惱　教化衆生　得无疲惓
衆生　受化易不　不令世尊　生疲勞耶
於菩薩大衆中而作是言如是如
善男子如來安樂少病少惱諸衆生等
易可化度无有疲勞所以者何是諸衆生世
世已來常受我化亦於過去諸佛供養尊重

BD06307號　妙法蓮華經卷五　（11–6）

世尊安樂 少病少惱 教化眾生 得无疲惓
眾生 受化易不 不令世尊 生疲勞耶
於菩薩大眾中而作是言如是如
善男子如來安樂少病少惱諸眾生等
易可化度无有疲勞所以者何是諸眾生世
世已來常受我化亦於過去諸佛供養尊重
種諸善根此諸眾生始見我身聞我所說即
信受入如來慧除先脩習學小乘者如是
今亦令得聞是經入於佛慧尒時諸
而說偈言
善哉善哉 大雄世尊 諸眾生等 易可化度
能問諸佛 甚深智慧 聞已信行 我等隨喜
於時世尊讚歎上首諸大菩薩善哉善哉善
子汝等能於如來發隨喜心尒時彌勒菩
千恒河沙諸菩薩眾皆作是念我等
來不見不聞如是大菩薩摩訶薩眾
從地踊出住世尊前合掌供養問訊如來時
彌勒菩薩摩訶薩知八千恒河沙諸菩薩等
心之所念并欲自決所疑合掌向佛以偈問
大眾諸菩薩 昔所未曾見 願兩足尊說
是從何所來 以何因緣集 巨身大神通 智慧叵思議
其志念堅固 有大忍辱力 眾生所樂見 為從何所來
一一諸菩薩 所將諸眷屬 其數无有量 如恒河沙等
或有大菩薩 將六万恒沙 如是諸大眾 一心求佛道
六万恒河沙 俱來供養佛 及護持此經
其數過於是 四万及三万 二万至一万

BD06307號　妙法蓮華經卷五　（11–7）

是從何所來 以何因緣集 巨身大神通 智慧叵思議
其志念堅固 有大忍辱力 眾生所樂見 為從何所來
一一諸菩薩 所將諸眷屬 其數无有量 如恒河沙等
或有大菩薩 將六万恒沙 如是諸大眾 一心求佛道
六万恒河沙 俱來供養佛 及護持此經
其數過於是 四万及三万 二万至一万
一一百等 乃至一恒沙 半及三四分 億万分之一
千万那由他 万億諸弟子 乃至於半億 其數復過上
百万至一万 一千及一百 五十與一十 乃至三二一
單己无眷屬 樂於獨處者 俱來至佛所 其數轉過上
若人行籌數 過於恒沙劫 猶不能盡知
精進菩薩眾 誰為其說法 教化而成就
從誰初發心 稱揚何佛法 受持行誰經 脩習何佛道
如是諸菩薩 神通大智力 四方地震裂 皆從中踊出
世尊我昔來 未曾見是事 願說其所從 國土之名號
未曾見是眾 我於此眾中 乃不識一人
願說其因緣 今此之大會 无量百千億
皆欲知此事 是諸菩薩眾 本末之因緣
无量德世尊 唯願決眾疑
尒時釋迦牟尼佛分身諸佛從无量千万億
他方國土來者在於八方諸寶樹下師子座
趺坐其佛侍者各各見是菩薩大眾
入千世界四方從地踊出住於虛空
各白其佛言世尊此諸无量无邊阿僧祇菩
薩大眾從何所來尒時諸佛各告侍者諸善
男子且待須臾有菩薩摩訶薩名曰彌勒釋迦
之所授記次後作佛已問斯事佛今

BD06307號　妙法蓮華經卷五　（11–8）

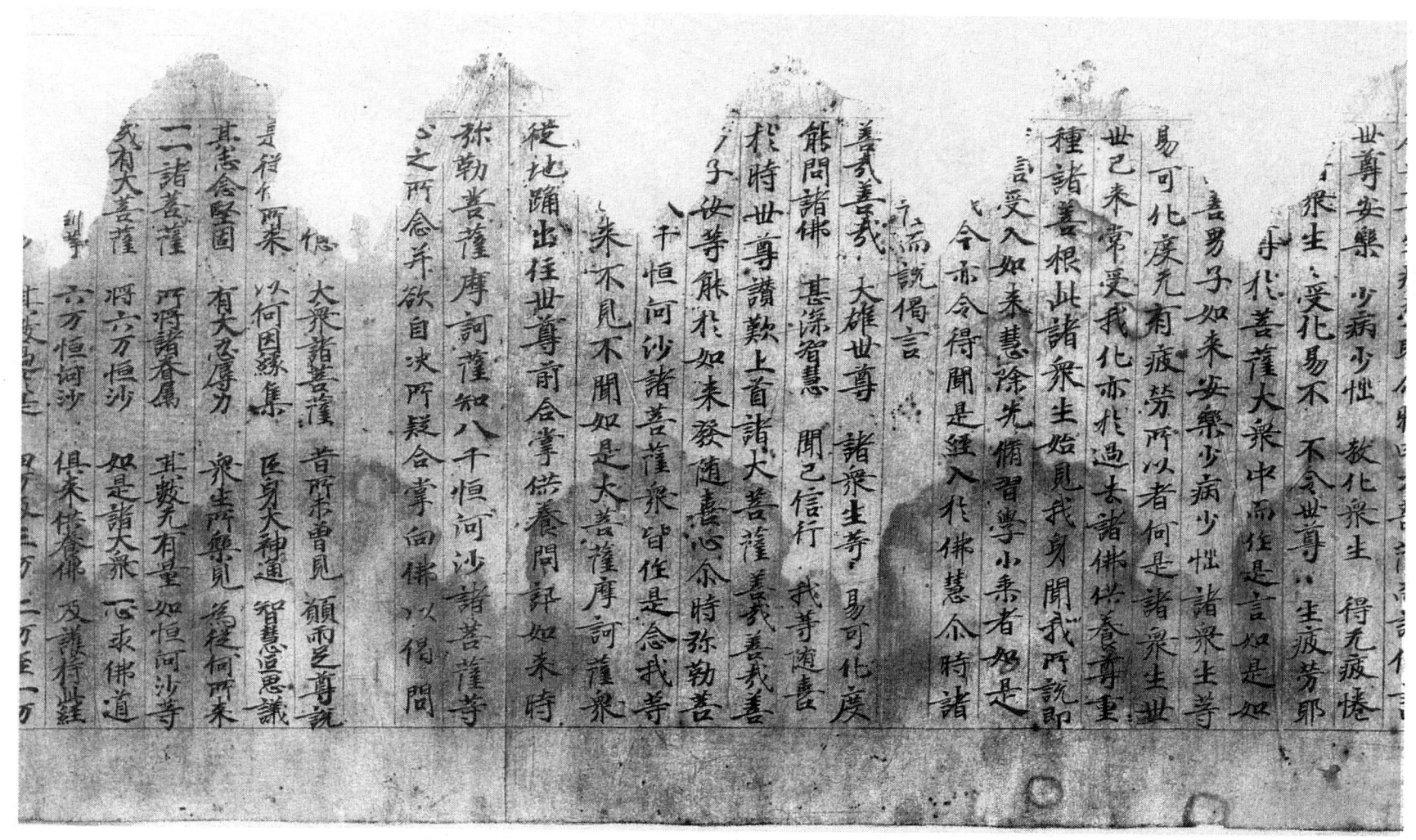

名曰其佛言世尊此諸无量无邊阿僧祇菩
薩大衆從何所來尒時諸佛各告侍者諸善
男子且待須臾有菩薩摩訶薩名曰弥勒釋迦
之所授記次後作佛已問斯事佛今
自當因是得聞尒時釋迦牟尼佛
弥勒菩薩善哉善哉阿逸多乃能問佛如
是大事汝等當共一心被精進鎧發堅固意
如來今欲顯發宣示諸佛智慧諸佛自在神
之力諸佛師子奮迅之力諸佛威猛大勢
世尊欲重宣此義而說偈言
我欲說此事　勿得有疑悔　佛智叵思議
汝今出信力　住於忍善中　昔所未聞法　今皆當得聞
我今安慰汝　勿得懷疑懼　佛无不實語　智慧不可量
所得第一法　甚深叵分別　如是今當說　汝等一心聽
說此偈已告弥勒菩薩我今於此
汝等阿逸多是諸大菩薩摩訶薩
无量无數阿僧祇從地踊出汝等昔所未見
者我於是娑婆世界得阿耨多羅三藐三菩
已教化示導是諸菩薩調伏其心令發道
意此諸菩薩皆於是娑婆世界之下此界虛
於諸經典讀誦通利思惟分別正憶
念阿逸多是諸善男子等不樂在衆多有所
說常樂靜處勤行精進未曾休息亦不依止
人天而住常樂深智无有障礙亦常樂於諸
一心精進求无上慧尒時世尊欲重
汝當知　是諸大菩薩　從无數劫來　脩習佛智慧
我所化

BD06307號　妙法蓮華經卷五　（11–9）

住常樂深智无有障礙亦常樂於諸
一心精進求无上慧尒時世尊欲重
汝當知　是諸大菩薩　從无數劫來　脩習佛智慧
我所化　令發大道心　此等是我子　依止是世界
志樂於靜處　捨大衆憒鬧　不樂多所說
晝夜常精進　為求佛道故
下方空中住　志念力堅固　常勤求智慧
其心无所畏　我於伽耶城　菩提樹下坐
无上法輪　尒乃教化之　令初發道心
得成佛　我今說實語　汝等一心信
訶薩及无數諸菩薩等心
曾有而作是念云何世尊於少
无量无邊阿僧祇諸大菩薩
即白佛言世尊
伽耶城不遠坐
多羅三藐三菩提從是已
云何於此少時大作
教化如是无量大
提世尊此
億劫數不能盡
於无量无邊諸佛
梵行世尊如
人亦指年

BD06307號　妙法蓮華經卷五　（11–10）

如是
提世尊此
億劫數不能盡
於无量无邊諸佛
梵行世尊如
二
人亦指手
諸佛亦如是
等已
佛
人中之寶
得佛道
三狼
事
未曾有
菩薩
罪業
未

BD06307 號　妙法蓮華經卷五　（11–11）

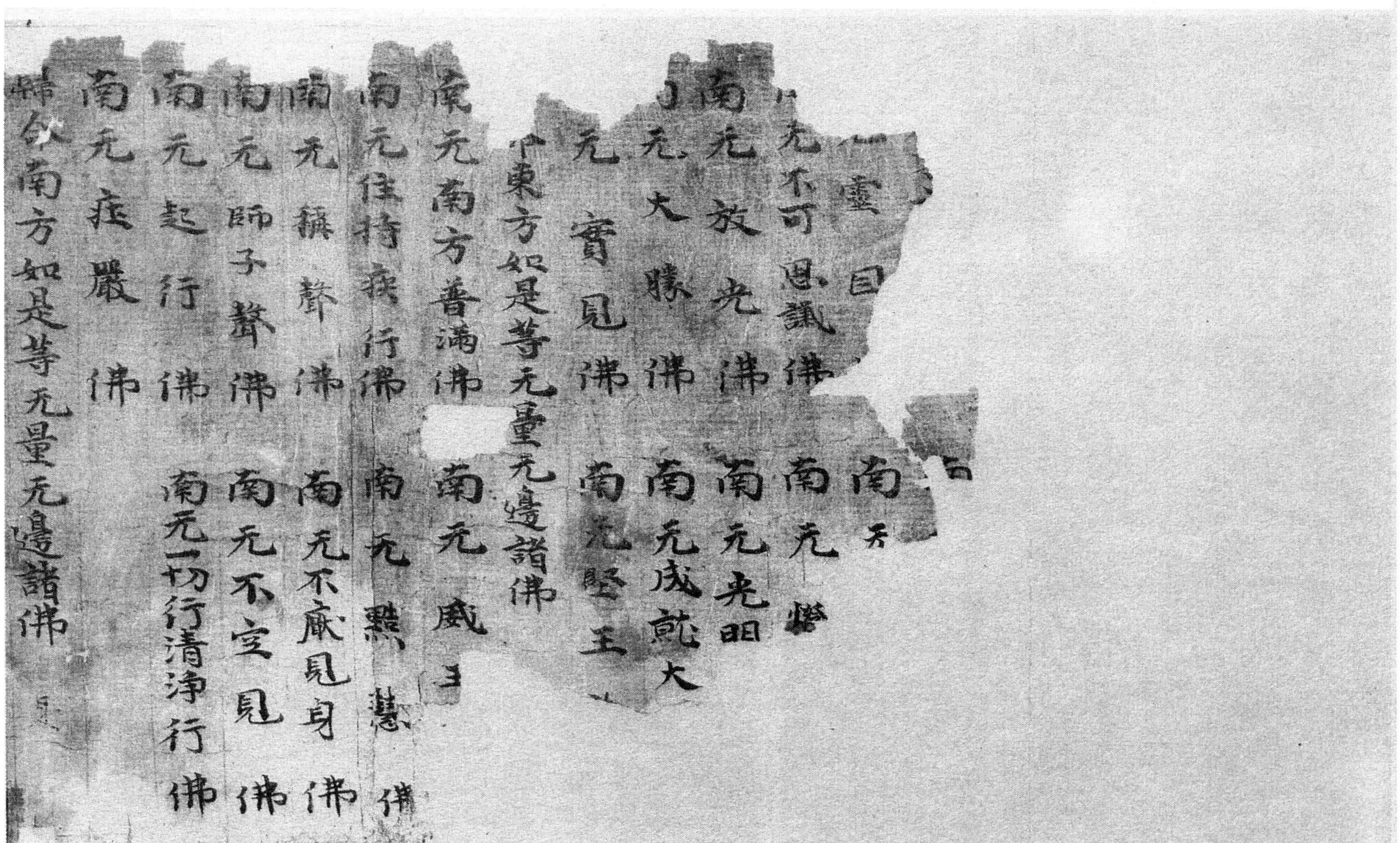
靈　目
南天
无不可思議佛　南无燈
南无放光佛　南无光明
无大勝佛　南无成就大
无寶見佛　南无堅王
東方如是等无量无邊諸佛
南无南方普滿佛　南无威王
南无住持疾行佛　南无黠慧佛
南无稱聲佛　南无不厭見身佛
南无師子聲佛　南无不空見佛
南无起行佛　南无一切行清淨行佛
南无莊嚴佛
歸命南方如是等无量无邊諸佛

BD06308 號　佛名經（十六卷本）卷一　（12–1）

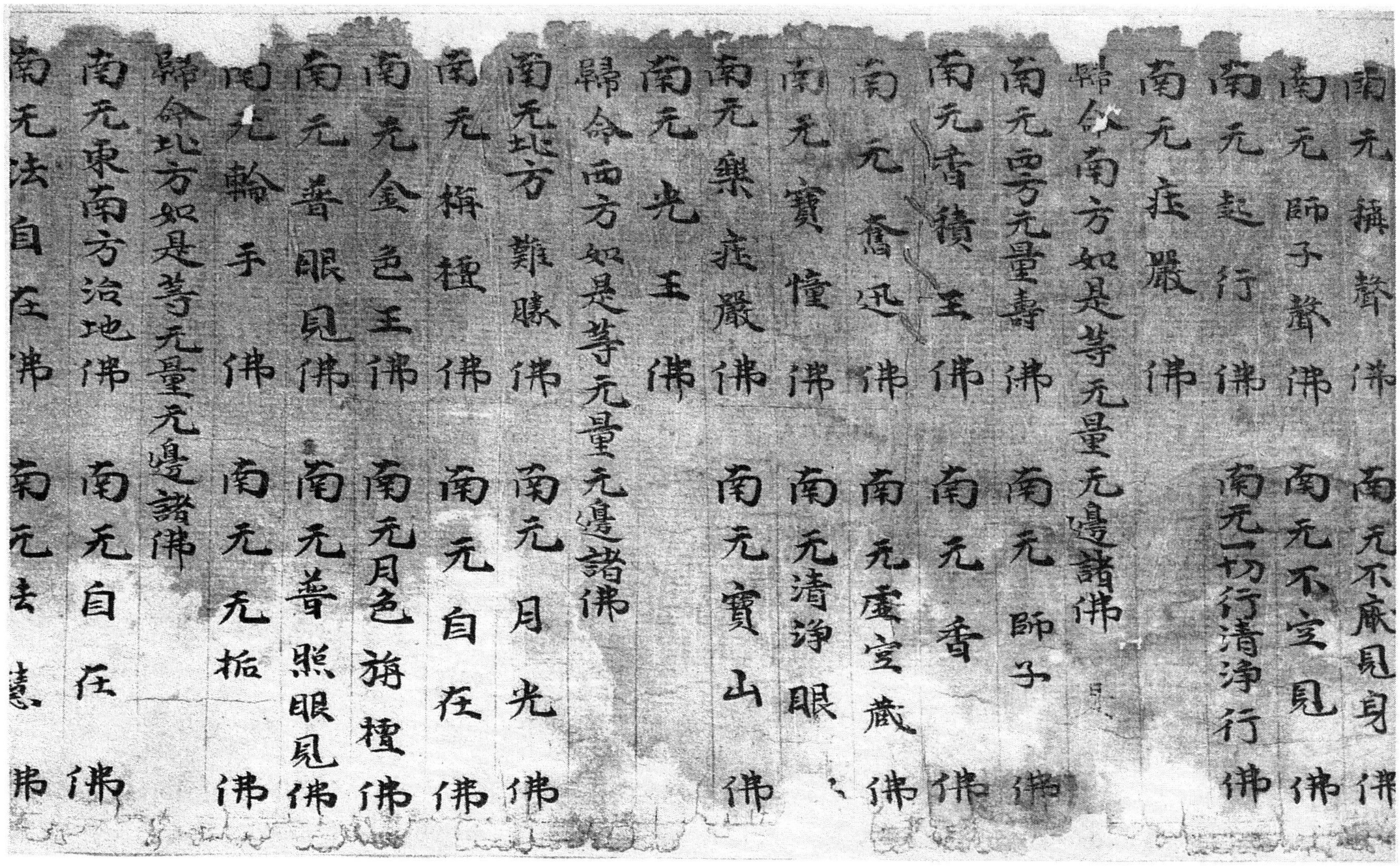
南无稱聲佛　南无不厭見身佛
南无師子聲佛　南无不空見佛
南无起行佛　南无一切行清淨行佛
南无莊嚴佛
歸命南方如是等无量无邊諸佛
南无雲无量壽佛　南无師子佛
南无香積王佛　南无香佛
南无奮迅佛　南无虛空藏佛
南无寶幢佛　南无清淨眼佛
南无樂莊嚴佛　南无寶山佛
南无光王佛
歸命西方如是等无量无邊諸佛
南无北方難勝佛　南无月光佛
南无稱種佛　南无自在佛
南无金色王佛　南无月色旃檀佛
南无普眼見佛　南无普照眼見佛
南无輪手佛　南无无垢佛
歸命北方如是等无量无邊諸佛
南无東南方治地佛　南无自在佛
南无法自在佛　南无法慧佛

BD06308號　佛名經（十六卷本）卷一　（12–2）

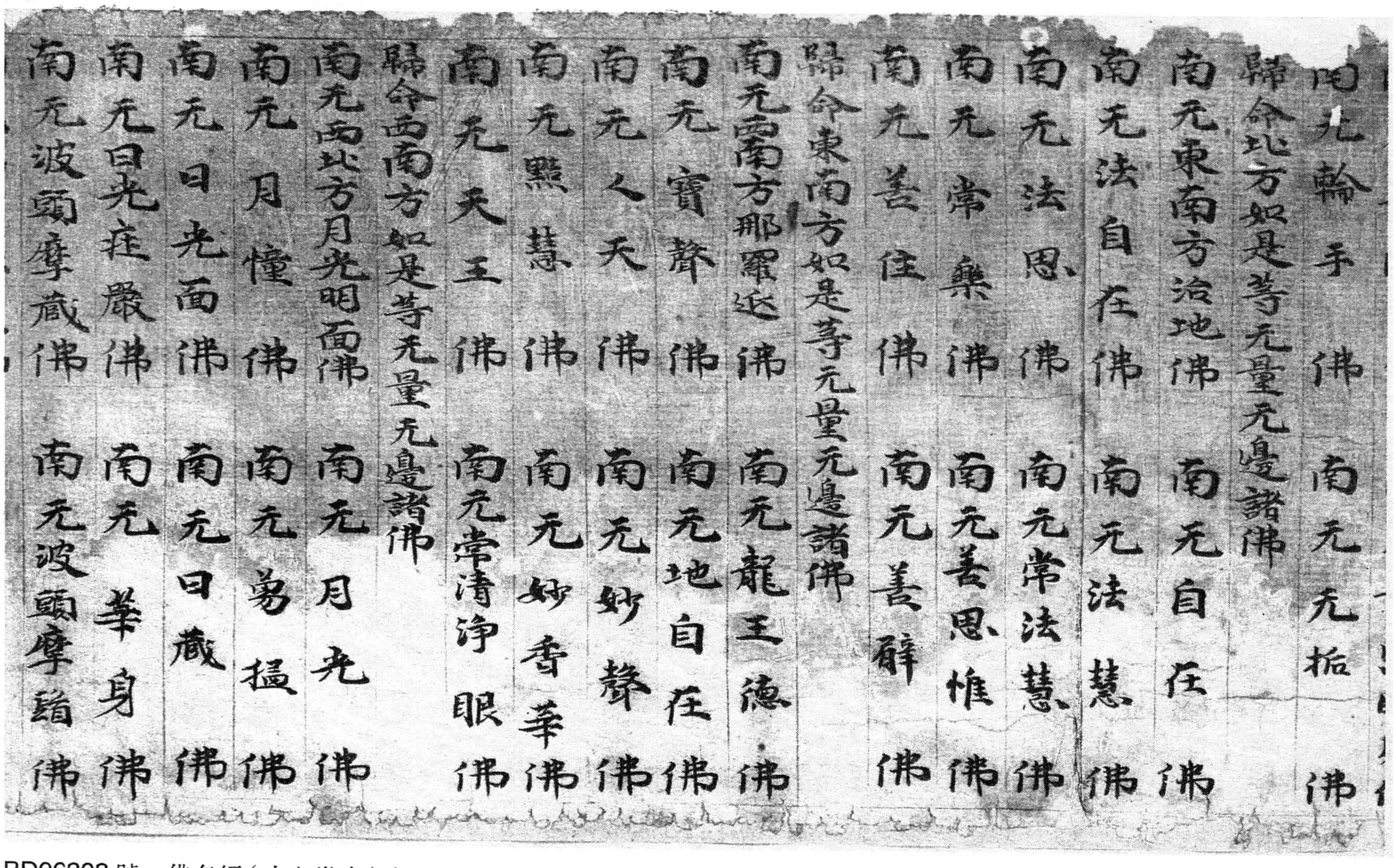
南无輪手佛　南无无垢佛
歸命北方如是等无量无邊諸佛
南无東南方治地佛　南无自在佛
南无法自在佛　南无法慧佛
南无法思佛　南无常法慧佛
南无常樂佛　南无善思惟佛
南无善住佛　南无善辭佛
歸命東南方如是等无量无邊諸佛
南无南方那羅延佛　南无龍王德佛
南无寶聲佛　南无地自在佛
南无人天佛　南无妙聲佛
南无黠慧佛　南无妙香華佛
南无天王佛　南无常清淨眼佛
歸命西南方如是等无量无邊諸佛
南无西北方月光明面佛　南无月光佛
南无月幢佛　南无勇猛佛
南无日光面佛　南无日藏佛
南无日光莊嚴佛　南无華身佛
南无波頭摩藏佛　南无波頭摩蹈佛

BD06308號　佛名經（十六卷本）卷一　（12–3）

南无月憧佛　南无勇猛佛
南无日光面佛　南无日藏佛
南无日光莊嚴佛　南无華身佛
南无波頭摩藏佛　南无波頭摩蹈佛
南无師子聲王佛
歸命西北方如是等无量无邊諸佛
南无東北方寂諸根佛　南无寂滅佛
南无大將佛　南无淨勝佛
南无淨妙聲佛　南无淨天供養佛
南无善化佛　南无化佛
南无善意佛　南无善意住持佛
歸命東北方如是等无量无邊諸佛
南无下方寶行佛　南无疾行佛
南无照慧佛　南无堅固王佛
南无金剛齊佛　南无師子佛
南无奮迅佛
從此以上一百佛

南无如寶住佛　南无成一切德佛
南无一切德得佛　南无善安樂佛

BD06308號　佛名經（十六卷本）卷一　（12–4）

南无奮迅佛
從此以上一百佛

南无如寶住佛　南无成一切德佛
南无一切德得佛　南无善安樂佛
歸命下方如是等无量无邊諸佛
南无上方无量勝佛　南无雲王佛
南无雲一切德佛　南无无量稱名佛
南无聞身王佛　南无大一切德佛
南无大須弥佛　南无降伏魔王佛
歸命上方如是等无量无邊佛
南无未來普賢佛　南无弥勒佛
南无觀世自在佛　南无得大勢至佛
南无虛空藏佛　南无无垢稱佛
南无成就義佛　南无寶聲佛
南无大海佛　南无无盡意佛
歸命未來如是等无量无邊佛
善男子善人受持讀誦是諸佛名現世安樂遠離
諸難及消滅諸罪未來畢竟得阿耨多羅三藐
三菩提

BD06308號　佛名經（十六卷本）卷一　（12–5）

歸命未來如是等无量无邊佛
善男子善女人受持讀誦是諸佛名現世安樂遠離
諸難及消滅諸罪未來畢竟得阿耨多羅三藐
三菩提
南无无垢光佛　南无樂莊嚴思惟佛
南无无垢月幢稱佛　南无華光佛
南无火光佛　南无寶上佛
南无无畏觀佛　南无遠離諸畏驚怖佛
南无師子奮迅力佛　南无金光明王佛
若善男子善女人十日讀誦思惟是佛名必遠離
一切業障
南无一切同名佛　南无日龍奮迅二佛
南无一切同名龍奮迅佛　南无六十功德寶佛
南无一切同名功德寶佛　南无六十二毗留羅佛
南无一切同名毗留羅佛　南无八万四千同名自在幢佛
南无一切同名自在幢佛　南无三百大幢佛
南无一切同名大幢佛　南无五百淨聲王佛
南无一切同名淨聲王佛　南无五百波頭摩王佛
南无一切同名波頭摩王佛　南无五百日聲佛
南无一切同名日聲佛　南无…

BD06308號　佛名經（十六卷本）卷一　（12–6）

南无一切同名毗留羅佛　南无八万四千同名自在幢佛
南无一切同名自在幢佛　南无三百大幢佛
南无一切同名大幢佛　南无五百淨聲王佛
南无一切同名淨聲王佛　南无五百波頭摩王佛
南无一切同名波頭摩王佛　南无五百日聲佛
南无一切同名日聲佛　南无五百樂自在聲佛
南无一切同名樂自在聲佛　南无五百日佛
南无一切同名日佛　南无五百普光佛
南无一切同名普光佛　南无五百波頭摩上王佛
南无一切同名波頭摩上王佛　南无七百法光莊嚴佛
南无一切同名法光莊嚴佛　南无千法莊嚴王佛
南无一切同名法莊嚴王佛　南无千八百稱聲王佛
南无一切同名千八百稱聲佛　南无三万散華佛
南无一切同名散華佛　南无三万三百稱聲王佛
南无一切同名稱聲王佛　南无八万四千阿難陀佛
南无一切同名阿難陀佛　南无八百寂滅佛
南无一切同名寂滅佛　南无五百歡喜佛
南无一切同名歡喜佛　南无五百威德佛
南无一切同名威德佛　南无五百上威德佛
南无一切同名上威德佛　南无五百…

BD06308號　佛名經（十六卷本）卷一　（12–7）

南无一切同名寂滅佛　南无五百歡喜佛
南无一切同名歡喜佛　南无五百威德佛
南无一切同名威德佛　南无五百上威德佛
南无一切同名上威德佛　南无五百日王佛
南无一切同名日王佛　南无千雲雷聲王佛
南无一切同名雲雷聲佛　南无千日熾自在聲佛
南无一切同名日熾自在聲佛
南无千離垢聲自在王佛
南无一切同名離垢聲自在王佛
南无千勢自在聲佛　南无一切同名勢自在聲佛
南无千功德蓋幢安隱自在王佛
南无一切同名功德蓋幢安隱自在王佛
南无千闍浮幢佛　南无一切同名闍浮幢佛
南无千无垢聲自在王佛
南无一切同名无垢聲自在王佛
南无遠離諸怖聲自在王佛
南无一切同名遠離諸怖聲自在王佛
南无二千駒隣佛

從此以上二百佛
南无一切同名駒隣佛

BD06308號　佛名經（十六卷本）卷一　（12–8）

南无一切同名遠離諸怖聲自在王佛

南无二千駒隣佛
從此以上二百佛
南无一切同名駒隣佛
南无二千寶幢佛　南无一切同名寶幢佛
南无八千堅精進佛　南无一切同名堅精進佛
南无八千威德佛　南无一切同名威德佛
南无八千燃燈佛　南无一切同名燃燈佛
南无十千迦葉佛　南无一切同名迦葉佛
南无十千清淨面蓮華香積佛
南无一切同名清淨面蓮華香積佛
南无十千莊嚴王佛　南无一切同名莊嚴王佛
南无十千星宿佛　南无一切同名星宿佛
南无八千娑羅王佛　南无一切同名娑羅王佛
南无万八千娑羅自在王佛
南无一切同名娑羅自在王佛
南无一万八千普護佛　南无一切同名普護佛
南无四万簡莊嚴佛　南无一切同名簡莊嚴佛
南无三千毗盧舍那佛　南无一切同名毗盧舍那佛
南无三千放光佛　南无一切同名放光佛
南无[illegible]佛　南无一切同[illegible]佛

BD06308號　佛名經（十六卷本）卷一　（12–9）

南无一万八千普讃佛　南无一切同名普讃佛
南无四万頭莊嚴佛　南无一切同名頭莊嚴佛
南无三千毗盧舍那佛　南无一切同名毗盧舍那佛
南无三千放光佛　南无一切同名放光佛
南无三千釋迦牟尼佛　南无一切同名釋迦牟尼佛
南无三万日月太白佛　南无一切同名日月太白佛
南无六万波頭摩上王佛
南无一切同名波頭摩上王佛
南无六万能令衆生離諸見佛
南无一切同名能令衆生離諸見佛
南无六十百千万成就義見佛
南无一切同名成就義見佛
南无无量百千万名不可勝佛
南无一切同名不可勝佛
南无二億拘隣佛　南无一切同名拘隣佛
南无三億弗沙佛　南无一切同名弗沙佛
南无六十億大莊嚴佛　南无一切同名大莊嚴佛
南无八十億寶體法決定佛
南无一切同名寶體法決定佛
南无六十億婆羅自在王佛

BD06308號　佛名經（十六卷本）卷一　（12–10）

南无六十億大莊嚴佛　南无一切同名大莊嚴佛
南无八十億寶體法決定佛
南无一切同名寶體法決定佛
南无六十億婆羅自在王佛
南无一切同名婆羅自在王佛
南无十八億寶體決定佛
南无一切同名寶體決定佛
南无十八億日月燈明佛
南无一切同名日月燈明佛
南无百億決定光明佛
南无一切同名決定光明佛
南无二十億日月燈明佛
南无一切同名日月燈明佛
南无二十億妙聲王佛
南无一切同名妙聲王佛
南无二十百億雲自在王佛
南无一切同名雲自在王佛
南无三十億釋迦牟尼佛
南无一切同名釋迦牟尼佛

BD06308號　佛名經（十六卷本）卷一　（12–11）

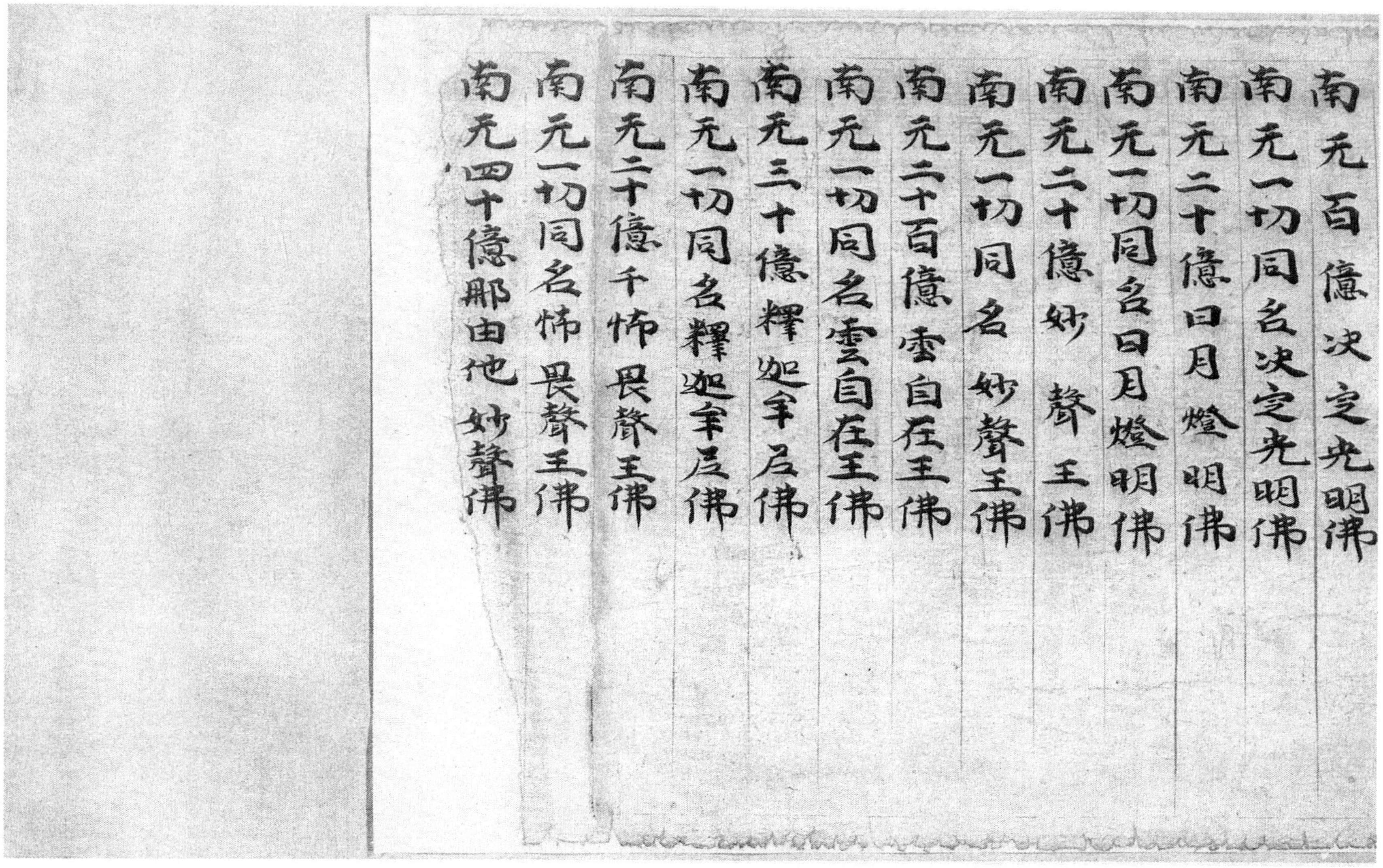
南无百億決定光明佛
南无一切同名決定光明佛
南无二十億日月燈明佛
南无一切同名日月燈明佛
南无二十億妙聲王佛
南无一切同名妙聲王佛
南无二十百億雲自在王佛
南无一切同名雲自在王佛
南无三十億釋迦牟尼佛
南无一切同名釋迦牟尼佛
南无二十億千怖畏聲王佛
南无一切同名怖畏聲王佛
南无四十億那由他妙聲佛

BD06308 號　佛名經（十六卷本）卷一　（12–12）

BD06308 號背　雜寫　（1–1）

忍已能隨順轉不退輪
諸大衆得无所畏功德智
身色像第一捨諸世間所有飾好名稱高遠踰於
須弥深信堅固猶若金剛法寶普照而雨甘露於衆
言音微妙第一深入緣起斷諸邪見有无二邊无
復餘習演法无畏猶師子吼其所講說乃如雷震无
有量已過量集衆法寶如海導師了達法諸
深妙之義善知衆生往來所趣及心所行近无
等等佛自在慧十力无畏十八不共關閉一切諸
惡趣門而生五道以現其身為大醫王善療衆
病應病與藥令得服行无量功德皆成就无
量佛土皆嚴淨其聞見者无不蒙益諸有所
作亦不唐損如是一切功德皆悉具足其名曰等
觀菩薩不等觀菩薩等不等觀菩薩定
自在王菩薩法自在王菩薩法相菩薩光相

BD06309 號　維摩詰所說經卷上　（17–1）

病應病與藥令得服行无量功德皆成就无
量佛土皆嚴淨其聞見者无不蒙益諸有所
作亦不唐損如是一切功德皆悉具足其名曰等
觀菩薩不等觀菩薩等不等觀菩薩定
自在王菩薩法自在王菩薩法相菩薩光相
菩薩光嚴菩薩大嚴菩薩寶積菩薩
寶手菩薩寶印手菩薩常舉手菩薩常
下手菩薩常慘菩薩喜根菩薩喜王菩
辯音菩薩虛空藏菩薩執寶炬菩薩寶勇
菩薩寶見菩薩帝網菩薩明網菩薩无
緣觀菩薩慧積菩薩寶勝菩薩天王菩薩壞
魔菩薩電得菩薩自在王菩薩功德相嚴
師子吼菩薩雷音菩薩山相擊音菩薩
香象菩薩白香象菩薩常精進菩薩不休
息菩薩妙生菩薩華嚴菩薩觀世音菩
薩得大勢菩薩梵網菩薩寶杖菩薩无勝
菩薩嚴土菩薩金髻菩薩珠髻菩薩弥勒
菩文殊利師菩薩如是三万二千人俱
復有万梵天王尸棄等從餘四天下來詣佛
所而聽法復有万二千天帝亦從餘四天下
來在會坐并餘大威力諸天龍神夜叉乾闥
婆阿脩羅迦樓羅緊那羅摩睺羅伽等悉來
會座諸比丘比丘尼優婆塞優婆夷俱來會座彼
時佛與无量百千之衆恭敬圍遶而為說法
譬如須弥山王顯于大海安處衆寶師子之座
蔽於一切諸來大衆尒時毗耶離城有長者子

BD06309 號　維摩詰所說經卷上　（17–2）

[illegible]
婆阿脩羅迦樓羅緊那羅摩睺羅伽等悉来
會座諸比丘尼優婆塞優婆夷俱来會座彼
時佛與无量百千之衆恭敬圍遶而為說法
譬如須弥山王顯于大海安處衆寶師子之座
蔽於一切諸来大衆尒時毗耶離城有長者子
名曰寶積與五百長者子俱持七寶蓋来
詣佛所頭面礼足各以其蓋共供養佛佛之
威神令諸寶蓋合成一蓋遍覆三千大千
世界而此世界廣長之相悉於中現又此三
千大千世界諸須弥山雪山目真隣陁山摩訶
目真隣陁山香山寶山金山黑山鐵山圍大鐵
圍山大海江河川流泉源及日月星辰天宮
龍宮諸尊神宮悉現於寶蓋中又十方諸
佛諸佛說法亦現於寶蓋中尒時一切大衆
覩佛神力歎未曾有合掌礼佛瞻仰尊顏
目不暫捨長者子寶積即於佛前以偈頌曰
目淨脩廣如青蓮　心淨已度諸禪定
久積淨業稱无量　導衆以寂故稽首
既見大聖以神變　普現十方无量土
其中諸佛演說法　於是一切悉見聞
法王法力超群生　常以法財施一切
能善分別諸法相　於第一義而不動
已於諸法得自在　是故稽首此法王
說法不有亦不无　以因緣故諸法生
无我无造无受者　善惡之業亦不亡

其中諸佛演說法　於是一切悉見聞
法王法力超群生　常以法財施一切
能善分別諸法相　於第一義而不動
已於諸法得自在　是故稽首此法王
說法不有亦不无　以因緣故諸法生
无我无造无受者　善惡之業亦不亡
始在佛樹力降魔　得甘露滅覺道成
以无心意无受行　而悉摧伏諸外道
三轉法輪於大千　其輪本来常清淨
天人得道此為證　三寶於是現世間
以斯妙法濟群生　一受不退常寂然
度老病死大醫王　當礼法海德无邊
毀譽不動如須弥　於善不善等以慈
心行平等如虛空　孰聞人寶不敬承
今奉世尊此微蓋　於中現我三千界
諸天龍神所居宮　乾闥婆等及夜叉
悉見世間諸所有　十力哀現是化變
衆覩希有皆歎佛　今我稽首三界尊
大聖法王衆所歸　淨心觀佛靡不欣
各見世尊在其前　斯則神力不共法
佛以一音演說法　衆生隨類各得解
皆謂世尊同其語　斯則神力不共法
佛以一音演說法　衆生各各隨所解
普得受行獲其利　斯則神力不共法
佛以一音演說法　或有恐畏或歡喜
或生猒離或斷疑　斯則神力不共法

佛以一音演說法　衆生隨類各得解
皆謂世尊同其語　斯則神力不共法
佛以一音演說法　衆生各各隨所解
普得受行獲其利　斯則神力不共法
佛以一音演說法　或有恐畏或歡喜
或生猒離或斷疑　斯則神力不共法
稽首十力大精進　稽首已得无所畏
稽首住於不共法　稽首一切大道師
稽首能斷衆結縛　稽首已到於彼岸
稽首能度諸世間　稽首永離生死道
悉知衆生來去相　善於諸法得解脫
不著世間如蓮華　常善入於空寂行
達諸法相无罣㝵　稽首如空无所依
尒時長者子寶積說此偈已白佛言世尊是
五百長者皆已發阿耨多羅三藐三菩提心
願聞得佛國土清淨唯願世尊說諸菩薩淨
土之行佛言善哉寶積乃能為諸菩薩問於
如來淨土之行諦聽諦聽善思念之當為汝說
於是寶積及五百長者子受教而聽佛言
寶積衆生之類是菩薩佛土所以者何菩薩
隨所化衆生而取佛土隨所調伏衆生而取
佛土隨諸衆生應以何國入佛智慧而取佛
土隨諸衆生應以何國起菩薩根而取佛土
所以者何菩薩取於淨國皆為饒益諸衆生
故譬如有人欲於空地造立宮室隨意无㝵
若於虛空終不能成菩薩如是為成就衆生

BD06309 號　維摩詰所說經卷上　（17–5）

佛土隨諸衆生應以何國入佛智慧而取佛
土隨諸衆生應以何國起菩薩根而取佛土
所以者何菩薩取於淨國皆為饒益諸衆生
故譬如有人欲於空地造立宮室隨意无㝵
若於虛空終不能成菩薩如是為成就衆生
故願取佛國願取佛國者非於空也寶積當
知直心是菩薩淨土菩薩成佛時不諂衆生
來生其國深心是菩薩淨土菩薩成佛時具
足功德衆生來生其國發大乘心是菩薩淨
土菩薩成佛時大乘衆生來生其國布施
是菩薩淨土菩薩成佛時一切能捨衆生來生
其國持戒是菩薩淨土菩薩成佛時行十善
道滿願衆生來生其國忍辱是菩薩淨土菩
薩成佛時卅二相莊嚴衆生來生其國精進
是菩薩淨土菩薩成佛時勤脩一切功德衆
生來生其國禪定是菩薩淨土菩薩成佛時攝
心不亂衆生來生其國智慧是菩薩淨土菩薩
成佛時正定衆生來生其國四无量心是菩
薩淨土菩薩成佛時成就慈悲喜捨衆生來生
其國四攝法是菩薩淨土菩薩成佛時解脫
所攝衆生來生其國方便是菩薩淨土菩薩
成佛時於一切法方便无㝵衆生來生其國
卅七道品是菩薩淨土菩薩成佛時念
處正勤神足根力覺道衆生來生其國迴向
心是菩薩淨土菩薩成佛時得一切具足功

BD06309 號　維摩詰所說經卷上　（17–6）

所攝衆生來生其國方便是菩薩淨土菩薩
成佛時於一切法方便无导衆生來生其國
卅七道品是菩薩淨土菩薩成佛時念
處正勤神足根力覺道衆生來生其國迴向
心是菩薩淨土菩薩成佛時得一切具足功
德國土說除八難是菩薩淨土菩薩成佛時
國土无有三惡八難自守戒行不譏彼闕是
菩薩淨土菩薩成佛時國土无有犯禁之名
十善是菩薩淨土菩薩成佛時命不中夭大
富梵行所言誠諦常以軟語眷屬不離善
和諍訟言必饒益不嫉不恚正見衆生來
生其國如是寶積菩薩隨其直心則能發行
隨其發行則得深心隨其深心則意調伏隨意
調伏則如說行隨如說行則能迴向隨其迴向
則有方便隨其方便則成就衆生隨成就衆
生則佛土淨隨佛土淨則說法淨隨說法淨
則智慧淨隨智慧淨則其心淨隨其心淨則
一切功德淨是故寶積若菩薩欲得淨土
當得其心隨其心淨則佛土淨
尒時舍利弗承佛威神作是念若菩薩心淨
則佛土淨者我世尊本為菩薩時意豈不淨
而是佛土不淨若此佛知其念即告之言於意
云何日月豈不淨耶而盲者不見對曰不也
世尊是盲者過非日月咎舍利弗衆生罪
故不見如來佛國嚴淨非如來咎舍利弗我

BD06309號　維摩詰所說經卷上　（17–7）

則佛土淨者我世尊本為菩薩時意豈不淨
而是佛土不淨若此佛知其念即告之言於意
云何日月豈不淨耶而盲者不見對曰不也
世尊是盲者過非日月咎舍利弗衆生罪
故不見如來佛國嚴淨非如來咎舍利弗我
此土淨而汝不見尒時螺髻梵王語舍利弗
勿作是意謂此佛土以為不淨所以者何我
見釋迦文佛土清淨譬如自在天宮舍利
弗言我見此土丘陵坑坎荊棘沙礫土石諸
山穢惡充滿螺髻梵言仁者心有高下不依
佛慧故見此土為不淨耳舍利弗菩薩於
一切衆生悉皆平等深心清淨依佛智慧則
能見此佛土清淨於是佛以足指按地即時三
千大千世界若干百千珍寶嚴飾譬如寶
莊嚴佛无量功德寶莊嚴土一切大衆歎
未曾有而皆自見坐寶蓮華佛告舍利弗汝且
觀是佛土嚴淨舍利弗言唯然世尊本所
不見本所不聞今佛國土嚴淨悉現佛語舍利
弗我佛國土常淨若此為欲度斯下劣人故示
是衆惡不淨土耳譬如諸天共寶器食隨其福
德飯色有異如是舍利弗若人心淨便見此土
功德莊嚴當佛現此國土嚴淨之時寶積所
將五百長者子皆得无生法忍八万四千人
發阿耨多羅三藐三菩提心佛攝神足於
是世界還復如故求聲聞乘三万二千天及人

BD06309號　維摩詰所說經卷上　（17–8）

功德莊嚴當佛現此國土嚴淨之時寶積所
將五百長者子皆得无生法忍八万四千人
發阿耨多羅三藐三菩提心佛攝神足於
是世界還復如故求聲聞乘三万二千天及人
知有為法皆悉无常遠塵離垢得法眼淨八
千比丘不受諸法漏盡解

方便品第二

尒時毗耶離大城中有長者名維摩詰已曾
供養无量諸佛深殖善本得无生忍辯才无
㝵遊戲神通逮諸總持獲无所畏降魔勞
怨入深法門善於智度通達方便大願成就明
了衆生心之所趣又能分別諸根利鈍久於佛
道心已純淑決定大乘諸有所作能善思量
住佛威儀心大如海諸佛咨嗟弟子釋梵世
主所敬欲度人故以善方便居毗耶離資財
无量攝諸貧民奉戒清淨攝諸毀禁以忍調
行攝諸恚怒以大精進攝諸懈怠一心禪定
攝諸亂意以決定慧攝諸无智雖為白衣奉
持沙門清淨律行雖處居家不著三界示
有妻子常脩梵行現有眷屬常樂遠離雖服
寶飾而以相好嚴身雖復飲食而以禪悅為
味若至博弈戲處輒以度人受諸異道不毀
正信雖明世典常樂佛法一切見敬為供養
中最執持正法攝諸長幼一切治生諧偶雖獲
俗利不以喜悅遊諸四衢饒益衆生入治正法救

BD06309號　維摩詰所說經卷上

（17–9）

寶飾而以相好嚴身雖復飲食而以禪悅為
味若至博弈戲處輒以度人受諸異道不毀
正信雖明世典常樂佛法一切見敬為供養
中最執持正法攝諸長幼一切治生諧偶雖獲
俗利不以喜悅遊諸四衢饒益衆生入治正法救
護一切入講論處導以大乘入諸學堂誘開
童矇入諸婬舍示欲之過入諸酒肆能立其
志若在長者長者中尊為說勝法若在居
士居士中尊斷其貪著若在剎利剎利中
尊教以忍辱若在婆羅門婆羅門中尊除其
我慢若在大臣大臣中尊教以正法若在王
子王子中尊示以忠孝若在內官內官中尊
化政宮女若在庶民庶民中尊令興福力若
在梵天梵天中尊誨以勝慧若在帝釋帝
釋中尊示現无常若在護世護世中尊護諸衆生
長者維摩詰以如是等无量方便饒益衆生
其以方便現身有疾以其疾故國王大臣長
者居士婆羅門等及諸王子并餘官屬无
數千人皆往問疾其往者維摩詰因以身
疾廣為說法諸仁者是身无常无強无力无
堅速朽之法不可信也為苦為惱衆病所集
諸仁者如此身明智者所不怙是身如聚沫不
可撮摩是身如泡不得久立是身如炎從渴
愛生是身如芭蕉中无有堅是身如幻從顛
倒起是身如夢為虛妄見是身如影從業緣

BD06309號　維摩詰所說經卷上

（17–10）

堅速朽之法不可信也為苦為惱衆病所集
諸仁者如此身明智者所不怙是身如聚沫不
可撮摩是身如泡不得久立是身如炎從渴
愛生是身如芭蕉中无有堅是身如幻從顛
倒起是身如夢為虛妄見是身如影從業緣
現是身如響屬諸因緣是身如浮雲須臾變
滅是身如電念念不住是身无主為如地是身
无我為如火是身无壽為如風是身无人
為如水是身不實四大為家是身為空離
我我所是身无知如草木瓦礫是身无作風力
所轉是身不淨穢惡充滿是身為虛偽雖假
以澡浴衣食必歸磨滅是身為災百一病惱
是身如丘井為老所逼是身无定為要當
死是身為毒蛇如怨賊如空聚陰界諸入所共
合成諸仁者此可患厭當樂佛身所以者何佛
身者即法身也從无量功德智慧生從戒定慧
解脫解脫知見生從慈悲喜捨生從布施戒善
忍辱柔和勤行精進禪定解脫三昧多聞
智慧諸波羅蜜生從方便生從六通生
從三明生從卅七道品生從止觀生從十力
四无所畏十八不共法生從斷一切不善法集
一切善法生從真實生從不放逸生從如是无
量清淨法生如來身諸仁者欲得佛身斷一切
衆生病者當發阿耨多羅三藐三菩提心如
是長者維摩詰為諸問疾者如應說法令无

BD06309號　維摩詰所說經卷上　（17–11）

四无所畏十八不共法生從斷一
一切善法生從真實生從不放逸生從如是无
量清淨法生如來身諸仁者欲得佛身斷一切
衆生病者當發阿耨多羅三藐三菩提心如
是長者維摩詰為諸問疾者如應說法令无
數千人皆發阿耨多羅三藐三菩提心

弟子品第三

尒時長者維摩詰自念寢疾于牀世尊大慈
寧不垂愍佛知其意即告舍利弗汝行詣維摩
詰問疾舍利弗白佛言世尊我不堪任詣彼問
疾所以者何憶念我昔曾於林中宴坐樹下時
維摩詰來謂我言唯舍利弗不必是坐為宴
坐也夫宴坐者不於三界現身意是為宴坐
不起滅定而現諸威儀是為宴坐不捨道法
而現凡夫事是為宴坐心不住內亦不在外
是為宴坐於諸見不動而脩行三十七品是
為宴坐不斷煩惱而入涅槃是為宴坐若
能如是坐者佛所印可時我世尊聞是語
嘿然而止不能加報故我不任詣彼問疾佛
告大目揵連汝行詣維摩詰問疾目連白佛
言世尊我不堪任詣彼問疾所以者何憶念
我昔入毗耶離大城於里巷中為諸居士說法
時維摩詰來謂我言唯大目連為白衣居士
說法不當如仁者所說夫說法者當知法說
法无衆生離衆生垢故法无有我離我垢故
法无壽命離生死故法无有人前後際斷

BD06309號　維摩詰所說經卷上　（17–12）

我昔入毗耶離大城於里巷中為諸居士說法
時維摩詰来謂我言唯大目連為白衣居士
說法不當如仁者所說夫說法者當如法說
法无衆生離衆生垢故法无有我離我垢故
法无壽命離生死故法无有人前後際斷
故法常寂然滅諸相故法離於相无所緣故
法无名字言語斷故法无有說離覺觀故
法无形相如虛空故法无戲論畢竟空故法无
我所離我所故法无分別離諸識故法无有
比无相待故法不屬因不在緣故法同法性入
諸法故法隨於如无所隨故法住實際諸邊
不動故法无動搖不依六塵故法无去来
常不住故法順空隨无相應无作法離好
醜法无增損法无生滅法无所歸法過眼耳鼻
舌身心法无高下法常住不動法離一切觀行
唯大目連法相如是豈可說乎夫說法有无
說无示其聽法者无聞无得譬如幻士為幻
人說法當建是意而為說法當了衆生
根有利鈍善於知見无所罣导以大悲心
讃于大乘念報佛恩不斷三寶然後說法維
摩詰說是法時八百居士發阿耨多羅三
藐三菩提心我无此辯是故不任詣彼問疾
佛告大迦葉汝行詣維摩詰問疾迦葉白
佛言世尊我不堪任詣彼問疾所以者何
憶念我昔於貧里而行乞時維摩詰来謂

BD06309號　維摩詰所說經卷上　（17–13）

摩詰說是法時八百居士發阿耨多羅三
藐三菩提心我无此辯是故不任詣彼問疾
佛告大迦葉汝行詣維摩詰問疾迦葉白
佛言世尊我不堪任詣彼問疾所以者何
憶念我昔於貧里而行乞時維摩詰来謂
我言唯大迦葉有慈悲心而不能普捨豪富
從貧乞迦葉住平等法應次行乞食為不食
故應行乞食為壞和合相故應取揣食為不受
故應受彼食以空聚想入於聚落所見色與
盲等所聞聲與響等所嗅香與風等所食味
不分別受諸觸如智證知諸法如幻相无自性无
他性本自不然今則无滅迦葉若能不捨八
耶入八解脫以耶相入正法以一食施一切供
養諸佛及衆賢聖然後可食如是食者非
有煩惱非離煩惱非入定意非起定意非住
世間非住涅槃其有施者无大福无小福不
為益不為損是為正入佛道不依聲聞迦葉
若如是食為不空食人之施也時我世尊聞
說是語得未曾有於一切菩薩深起敬心復
作是念斯有家名辯才智慧乃能如是其誰
不發阿耨多羅三藐三菩提心我從是来不
復勸人以聲聞辟支佛行是故不任詣彼問疾
佛告須菩提汝行詣維摩詰問疾須菩提白
佛言世尊我不堪任詣彼問疾所以者何憶
念我昔入其舍從乞食時維摩詰取我鉢盛

BD06309號　維摩詰所說經卷上　（17–14）

不發向耨多羅三藐三菩提心我從是來不
復勸人以聲聞辟支佛行是故不任詣彼問疾
佛告須菩提汝行詣維摩詰問疾須菩提白
佛言世尊我不堪任詣彼問疾所以者何憶
念我昔入其舍從乞食時維摩詰取我鉢盛
滿飯謂我言唯須菩提若能於食等者諸法
亦等諸法等者於食亦等如是行乞乃可取食
若須菩提不斷婬怒癡亦不與俱不壞於身而
隨一相不滅癡愛起於明脫以五逆相而得
解脫亦不解不縛不見四諦非不見諦非得
果非凡夫非離凡夫法非聖人非不聖人雖
成就一切法而離諸法相乃可取食若須菩
提不見佛不聞法彼外道六師富蘭那迦葉
末伽梨拘賒梨子刪闍夜毗羅胝子阿耆多
翅舍欽婆羅迦羅鳩馱迦旃延尼犍陀若提
子等是汝之師因其出家彼師所墮汝亦隨
墮乃可取食若須菩提入諸邪見不到彼岸
住於八難不得无難同煩惱離清淨法汝得
无諍三昧一切眾生亦得是定其施汝者不
名福田供養汝者墮三惡道為與眾魔共一
手作諸勞侶汝與眾魔及諸塵勞等无有異
於一切眾生而有怨心謗諸佛毀於法不
入眾數終不得滅度汝若如是乃可取食時
我世尊聞此茫然不識是何言不知以何荅
便置鉢欲出其舍維摩詰言唯須菩提取鉢
勿懼於意云何如來所作化人若以是事詰寧

BD06309號　維摩詰所說經卷上　（17–15）

於一切眾生而有怨心謗諸佛毀於法不
入眾數終不得滅度汝若如是乃可取食時
我世尊聞此茫然不識是何言不知以何荅
便置鉢欲出其舍維摩詰言唯須菩提取鉢
勿懼於意云何如來所作化人若以是事詰寧
有懼不我言不也維摩詰言一切諸法如
幻化相汝今不應有懼也所以者何一切言
說不離是相至於智者不著文字故无所懼
何以故文字性離无有文字是則解脫解脫
相者則諸法也維摩詰說是法時二百天子
得法眼淨故我不任詣彼問疾
佛告富樓那彌多羅尼子汝行詣維摩詰問
疾富樓那白佛言世尊我不堪任詣彼問疾
所以者何憶念我昔於大林中在一樹下為諸
新學比丘說法時維摩詰來謂我言唯富樓
那先當入定觀此人心然後說法无以穢食置
於寶器當知是比丘心之所念无以琉璃同彼
水精汝不能知眾生根原无得發起以小乘法
彼自无瘡勿傷之也欲行大道莫示小徑无
以大海內於牛跡无以日光等彼螢火富樓
那此比丘久發大乘心中忘此意如何以小
乘法而教導之我觀小乘智慧微淺猶如
盲人不能分別一切眾生根之利鈍時維摩
詰即入三昧令此比丘自識宿命曾於五百
佛所殖眾德本迴向阿耨多羅三藐三菩提即
時豁然還得本心於是諸比丘稽首禮維摩詰足

BD06309號　維摩詰所說經卷上　（17–16）

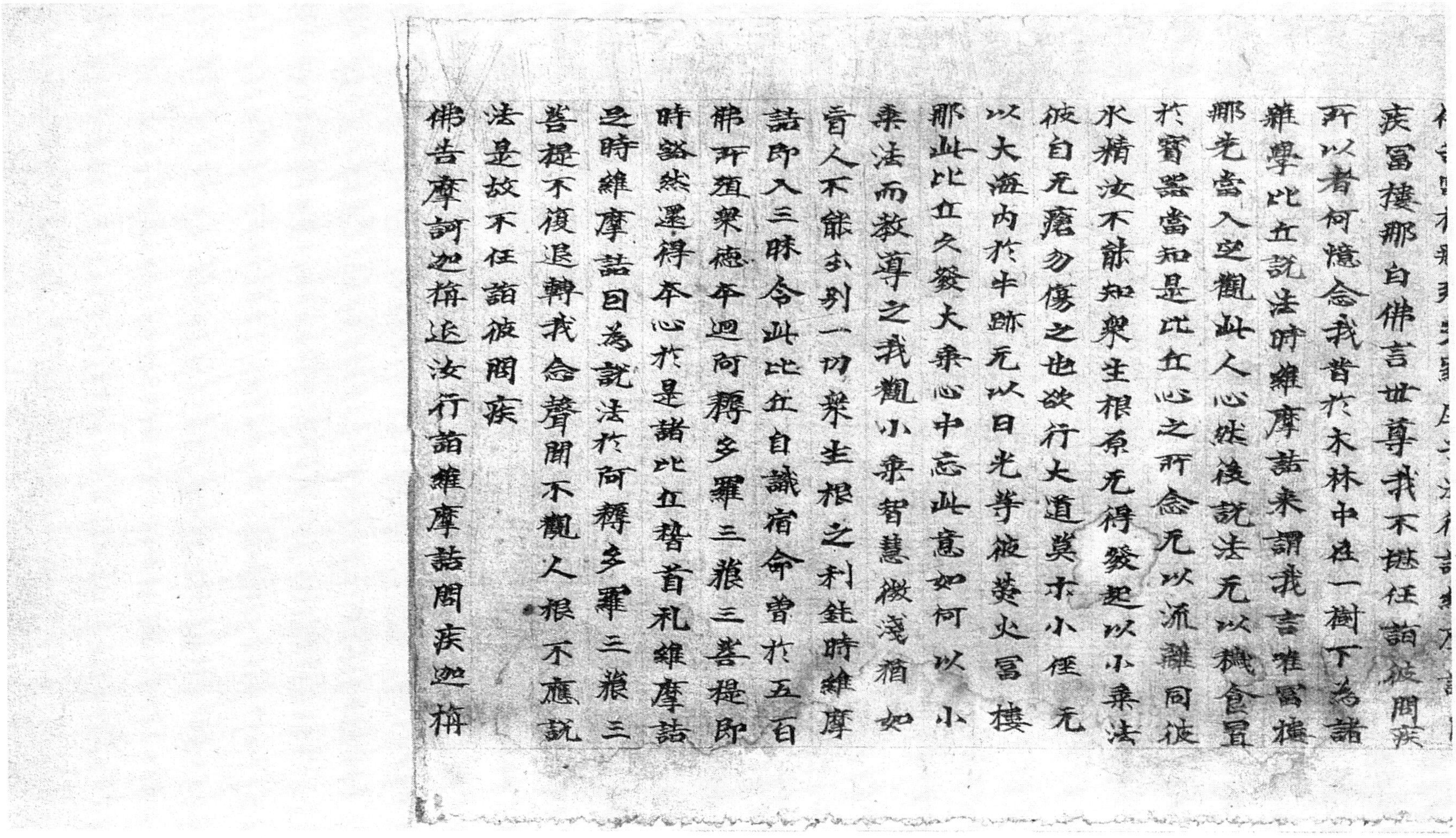
疾富樓那白佛言世尊我不堪任詣彼問疾
所以者何憶念我昔於大林中在一樹下為諸
新學比丘說法時維摩詰來謂我言唯富樓
那先當入定觀此人心然後說法无以穢食置
於寶器當知是比丘心之所念无以流離同彼
水精汝不能知衆生根原无得發起以小乘法
彼自无瘡勿傷之也欲行大道莫示小徑无
以大海內於牛跡无以日光等彼螢火富樓
那此比丘久發大乘心中忘此意如何以小
乘法而教導之我觀小乘智慧微淺猶如
盲人不能分別一切衆生根之利鈍時維摩
詰即入三昧令此比丘自識宿命曾於五百
佛所殖衆德本迴向阿耨多羅三藐三菩提即
時豁然還得本心於是諸比丘稽首礼維摩詰
足時維摩詰因為說法於阿耨多羅三藐三
菩提不復退轉我念聲聞不觀人根不應說
法是故不任詣彼問疾
佛告摩訶迦旃延汝行詣維摩詰問疾迦旃

BD06309 號　維摩詰所說經卷上　（17–17）

儀

BD06309 號背　雜寫　（3–1）

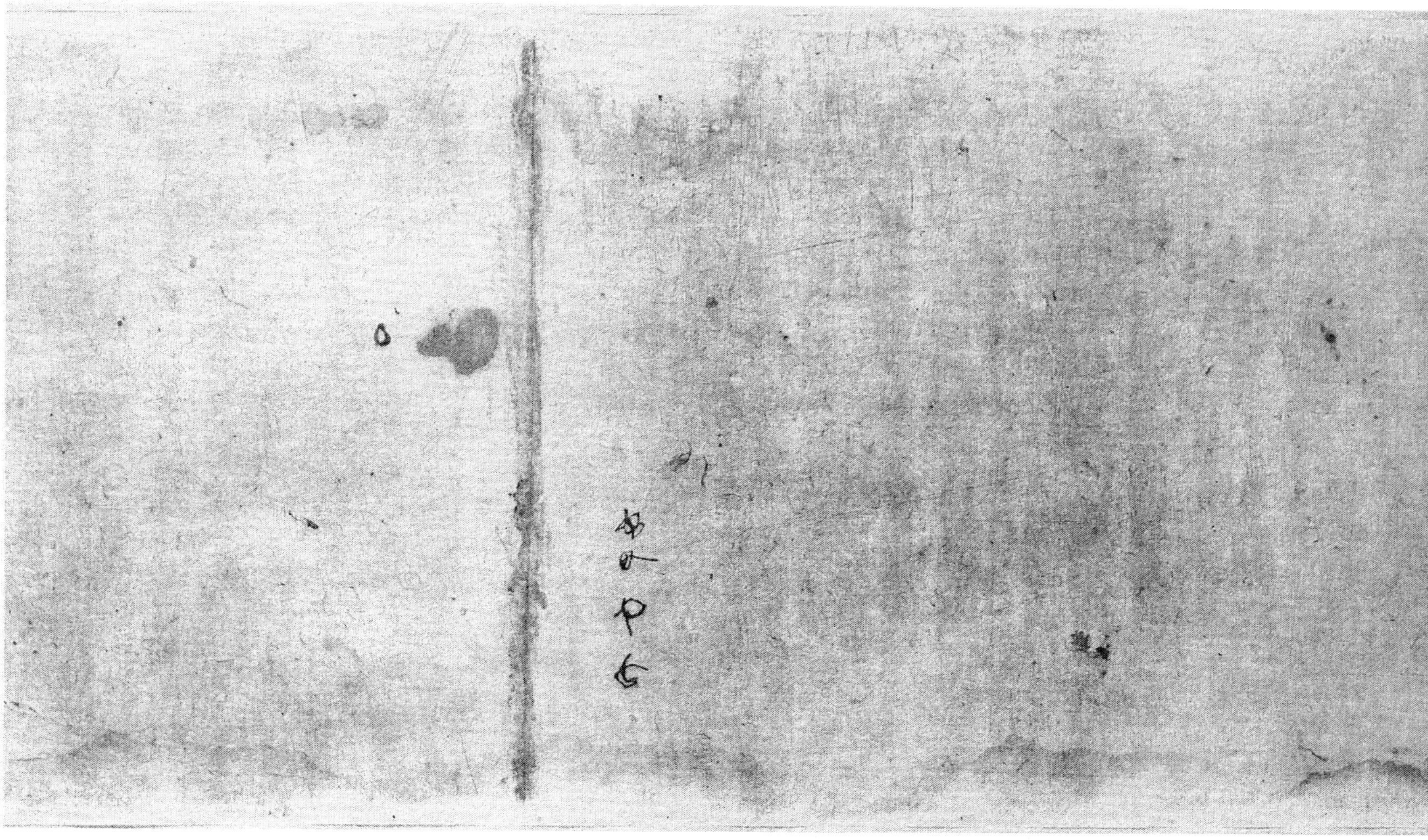

BD06309 號背　雜寫　（3–2）

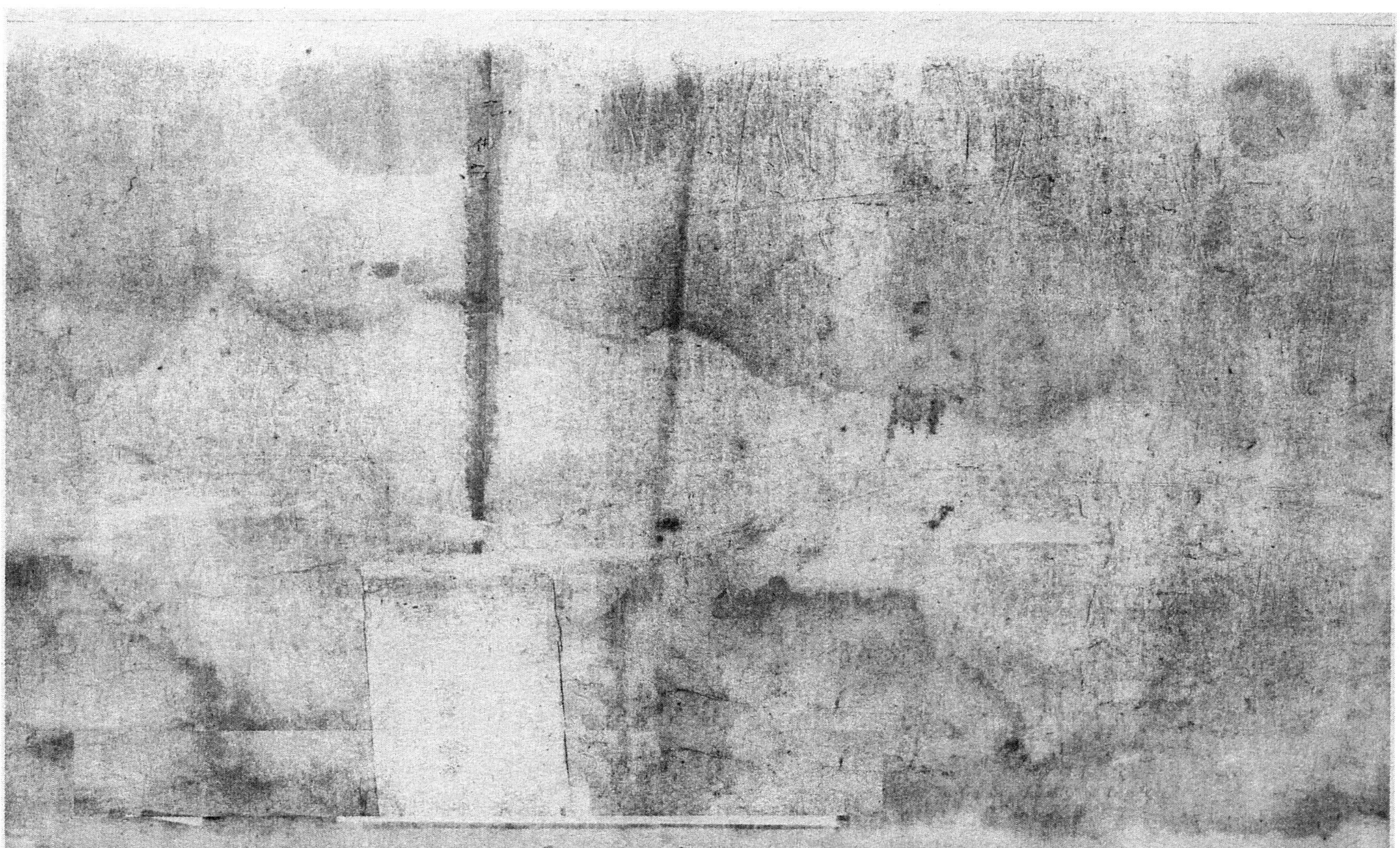

BD06309 號背　雜寫　（3–3）

文說菩薩住一切地而無所住為得此地若一切地悉能演說
而不住於下劣之地為得此地若有能行為盡一切衆生煩惱[illegible]界無盡
雖住無為而行有為於生死中如園觀想不求涅槃為得此地若有志願悉
令圓滿得無我忍成熟衆生為得此地得佛智慧而不於彼無智人所
生瞋恨心為得此地為求法者轉於法輪而於法界亦無差別如是於行
為得此地復次若諸菩薩摧伏魔怨而現作四魔為得此地須菩提言文
殊師利此菩薩行一切世間甚為難信文殊師利言如是如是如汝所說是諸菩
薩行於世間超過世法須菩提言文殊師利當為說此超過世間文殊師利
言夫世間者名為五蘊於於蘊中色聚沫性受水泡性想陽炎性行
芭蕉性識幻性如是當知世間本性聚沫陽炎水泡芭蕉幻化是中無
蘊無蘊名字無衆生無衆生名字無世間超過世間若於五蘊如是
正知名為勝解〻〻正勝解則本來解脫若本來解脫則不著世法
若不著世法則超過世間復次須菩提五蘊本性空若本性空則無
我我所若無我我所是則無二若本無二則無取捨無取捨故則無
所著無所著故則超過世間復次須菩提是五蘊者屬於因緣若
屬因緣則不屬我不屬衆生若不屬我不屬衆生是則無主無主
則無取無取則無諍無諍論者是沙門法如手畫空無有觸礙於行
如是空平等性超過世間復次須菩提五蘊法界同入法界是則無
界若是無界則無地界水火風界無我無衆生無壽命無欲界及

BD06310 號 1　大寶積經卷一〇一　（30–1）

若不著世法則超過世間復次須菩提五蘊本性空若本性空則無
我我所若無我我所是則無二若本無二則無取捨無取捨故則無
所著無所著故則超過世間復次須菩提是五蘊者屬於因緣若
屬因緣則不屬我不屬衆生若不屬我不屬衆生是則無主無主
則無取無取則無諍無諍論者是沙門法如手畫空無有觸礙於行
如是空平等性超過世間復次須菩提五蘊法界同入法界是則無
界若是無界則無地界水火風界無我無衆生無壽命無欲界及
色無色界無有為無為生死涅槃界入是界已則與世間俱而無
所住若無所住則超過世間說此超過世間法時二百比丘不受諸
法漏盡意解各各脫欝多羅僧衣以覆文殊師利作如是言若
不於此法門生信解者彼無所得亦無所證　尒時須菩提告
彼諸比丘言長老汝等少有所得有所證耶諸比丘言若增上慢者則
可說言有得有證無上慢沙門法者無得無證彼於何處生此動念
而自謂言我如是得我如是證若於其中有動念者則是魔業
須菩提言長老如汝所解何得何證作是說乎諸比丘言唯佛世尊
及文殊師利知我所得知我所證大德如我所解若不了知苦相
作是說言苦我應知為增上慢如是集應斷滅應證道應修為
增上慢彼不了知苦集滅道相故作是說言乃至道我已修為增
上慢云何苦相謂無生相如是集滅道相若無生相即是無相無所
得於其中無有少苦可知集可斷滅可證道可修若於此說聖諦義
中不驚不怖不畏者非增上慢若生驚怖為增上慢
尒時世尊讚彼諸比丘言善哉善哉告須菩提此等比丘於迦葉佛法
中曾聞文殊師利演說如是甚深之法此等比丘往昔於行是深法故
今聞隨順速能了知如是次第於我法中聞是深法生信解者一切
當於弥勒法中得入衆數　尒時善德天子白文殊師利言仁者
於此閻浮提中數數說法我等願諸仁者往兜率陁天彼諸天子
亦有久植廣大善根彼若聞法則應解了以著樂故不能來至
佛所聽法而自損減　尒時文殊師利即現神變令善德天子及
一切衆會皆悉自謂入兜率陁天宮見彼園林宮殿樓觀欄楯窻牖
閒錯莊嚴其諸寶臺層級高廣至二十重衆寶網幔天華遍
布異類衆鳥翔集和鳴於虛空中有諸天女散曼陁羅華歌詠
讚歎遊戲娛樂善德天子見是事已白文殊師利言希有文殊云何
我等如是速疾已到兜率陁天宮見此園林及諸天衆文殊師利頗
為說法　尒時長老須菩提告善德言天子汝不離會中而往

BD06310 號 1　大寶積經卷一〇一　（30–2）

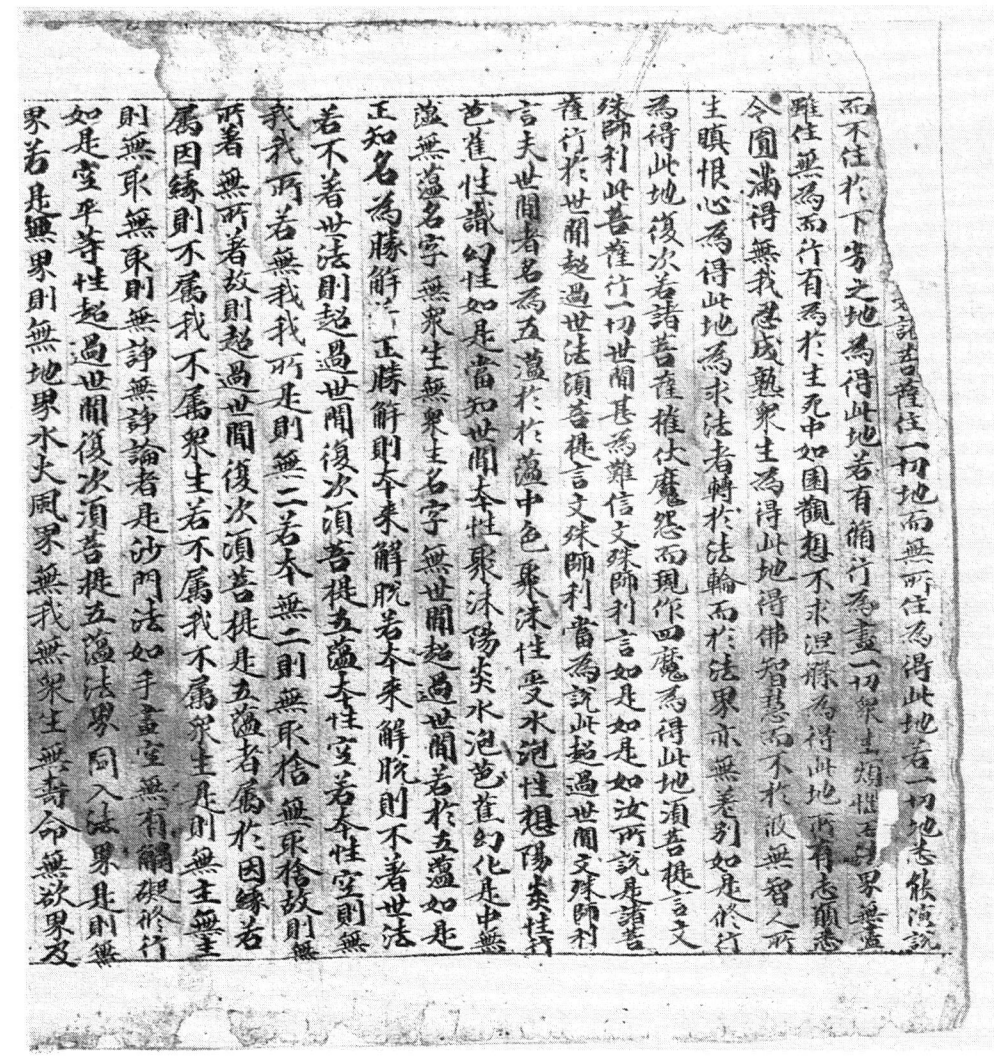

佛所聽法而自稽滅　　尒時文殊師利即現神變令善德天子及
一切衆會皆悉自謂入兜率陁天宮見彼園林宮殿樓觀欄楯窻牖
間錯莊嚴其諸寶臺層級高廣至二十重衆寶綱幔天華遍
布異類衆鳥翔集和鳴於虛空中有諸天女散曼陁羅華歌詠
讚歎遊戲快樂善德天子見是事已白文殊師利言希有文殊云何
我等如是速疾已到兜率陁天宮見此園林及諸天衆文殊師利願
為說法　　尒時長老須菩提告善德言天子汝不離會中而往
餘處是文殊師利神通變化令汝自見入兜率天宮
尒時善德天子白佛言希有世尊文殊師利遊戲三昧神通變化於剎
那中亦現此會悉入兜率天宮佛言天子汝於文殊師利神通變化
豈是見耶如我所知文殊師利若欲以恒河沙等諸佛剎土功德莊
嚴集一佛國悉皆能現或以指端舉恒河沙諸佛剎土過於上方如
恒河沙諸佛土已置於虛空又諸佛剎所有四大海水入一毛孔水性
衆生亦不迫迮而皆自見不離海中所有世界諸須弥山王皆悉置
於芥子之內依須弥住諸天子等而皆自謂在其本宮又諸佛
剎所有五道衆生悉皆安置於其掌中衆妙資具猶如一切樂莊
嚴國咸令得見又諸世界所有大聚悉皆安置一兜羅中復次諸佛
世界所有日月於一毛孔悉能覆蔽隨應所作咸皆作之
尒時惡魔化作比丘白佛言世尊我等欲見文殊師利現前作此神
通變化何用如此虛誕之言一切世間所不能信
尒時世尊告文殊師利言汝當於此衆會亦現神變尒時文殊師利不起
于座入心自在一切法莊嚴三昧于時如佛所說神通變化皆悉亦
現魔與衆會及善德天子一切皆見尒時大衆見此神變歎未曾
有作如是言善哉善哉由佛出現有此正士於世間中開是法門
現諸變尒時惡魔以文殊師利威神力故作如是言希有世尊文
殊師利有此神通令此衆會亦為希有於文殊師利神通變化
而得信解世尊設有如恒河沙等諸魔不能於此信解善男子
善女人而作留難我亦惡魔波旬恒求佛便惱亂衆生我從今往
自立誓願若於此法門流行之處有生信解愛樂受持讀誦演
說於此四面百由旬外不於中過世尊然我眷屬有欲斷滅如
來法故令修行者其心散亂我為降伏說陁羅尼若善男子
善女人於此法門書寫讀誦為人演說諸天魔衆當得善利令
說法者身心悅豫精勤修習無減辯才及陁羅尼承事供給衣
服飲食卧具湯藥令無所乏即說咒曰　　怛姪他一　阿末隸二
毗末隸三　替吟伍四　阿羯栴五　是多設堵嚕六　揩吉鬼杜野伐伍七

善女人而作留難我亦惡魔波旬恒求佛便惱亂衆生我從今往
自立誓願若於此法門流行之處有生信解愛樂受持讀誦演
說於此四面百由旬外不於中過世尊然我眷屬有欲斷滅如
來法故令修行者其心散亂我為降伏說陁羅尼若善男子
善女人於此法門書寫讀誦為人演說諸天魔衆當得善利令
說法者身心悅豫精勤修習無減辯才及陁羅尼承事供給衣
服飲食卧具湯藥令無所乏即說咒曰　　怛姪他一　阿末隸二
毗末隸三　替吟伍四　阿羯栴五　是多設堵嚕六　揩吉鬼杜野伐伍七
部多筏伍伽米隸八　嗡伍九　蘇普伍十　普普細十一　地唎蘇溪十二
悒提十三　可詣十四　米洗礼十五　央矩隸跋隸十六　呼盧忽梨十七　索醯十八
輸忒米提地唎十九　阿那筏伍底底使咤涇廿　吒唎多唎伍廿一　吒唎多賷
伍廿二　肥盧遮都貴伍湯怛囉悖馳那馳路迦廿三　阿耆廿四　跋羅目多嚧
嘀蘇唎娜廿五　　世尊若善男子善女人專精受持此陁羅尼
心不散亂常為諸天龍神夜叉乾闥婆阿脩羅迦樓羅緊那羅摩
睺羅伽等之所守護一切惡鬼無能得便彼魔波旬說此咒時三千
大千世界六種震動尒時世尊告魔波旬善哉善哉汝之辯才當
知皆是文殊師利神通境界於是文殊師利神通力及魔波旬
說咒之時三萬二千天人發阿耨多羅三藐三菩提心時文殊師利還
攝神力令此衆會皆悉自見如本而住尒時文殊師利告善德天子言
善男子汝往兜率陁天遍告天衆我當來彼時善德天子聞是
語已礼世尊足并諸菩薩大德聲聞與其眷屬恭敬圍繞
於衆會前忽然不現須臾已至兜率陁天尒時善德遍告諸
天子言汝等應知文殊師利憐愍汝故欲來至此汝等應當捨
諸欲樂遠離憍慢恭敬尊重隨順聽法尒時善德天子如所應
辦莊嚴道場即便合掌作如是言文殊師利今正是時於是文
殊師利與一萬菩薩五百聲聞及天龍夜叉乾闥婆等前後圍繞
礼佛足已於會中沒現兜率陁天與諸菩薩聲聞大衆於彼道
場隨敷而坐時諸大衆悉聞四天王宮三十三天夜摩兜率及以化
樂他化自在諸天子等摩衆梵衆乃至有頂手相唱言文殊師
利今在兜率陁天方欲說法諸天聞已無數百千皆來集會盡
此欲界天宮所不容受時文殊師利即以神力令彼諸天自見寬
廣不相妨礙尒時善德天子白文殊師利言大衆已集願為說法
文殊師利告善德天子言有四種法菩薩住於不放逸者則能攝
取一切佛法何等為四一者住於戒律而具多聞二者住於禪定而

場隨敷而坐時諸大衆悉聞四天王宮三十三天
衆他化自在諸天子等摩衆梵衆乃至有頂手相唱言文殊師
利今在兜率陀天方欲說法諸天聞已無數百千皆來集會盡
此欲界天宮所不容受時文殊師利即以神力令彼諸天自見宮
廣不相妨礙尒時善德天子白文殊師利言大衆已集願為說法
文殊師利告善德天子言有四種法菩薩住於不放逸者則能攝
取一切佛法何等為四一者住於戒律而具多聞二者住於禪定而
行智慧三者住於神通而起大智四者住於寂靜而常觀察天子
有八種法入於戒律何等為八一者身清淨二者語清淨三者意清淨
四者見清淨五者頭陀功德清淨六者命清淨七者捨離一切詐現
異相以利求利清淨八者不捨一切智心清淨是名八法入於戒律
天子復有八法入於多聞何等為八一者尊重二者下心三者發起精
進四者不失正念五者隨聞受持六者心善觀察七者如聞轉教
八者不自讚毀他是名八法入於多聞天子復有八法入於禪定何等
為八一者寂靜住阿蘭若二者捨離憒鬧三者不染境界四者身心
輕安五者心緣定境六者絕諸聲相七者減食支身八者不取聖
樂是名八法入於禪定天子復有八法入於智慧何等為八一者蘊善
巧二者界善巧三者處善巧四者緣起善巧五者諦善巧六者三
世善巧七者一切乘善巧八者一切佛法善巧是名八法入於智慧
天子復有八法入於神通何等為八一者天眼通見無鄣礙故二者
天耳通聞無鄣礙故三者他心通觀一切衆生心故四者宿命通
憶念前際故五者神足通示現一切神變故六者漏盡通一切衆生
漏故七者不住煩惱不取解脫方便力故八者不依聲聞解脫而入
涅槃是名八法入於神通復有八法能入於智何等為八一者苦
智二者集智三者滅智四者道智五者因智六者緣智七者三
世智八者一切智智是名八種復有八法入於寂靜何等為八一者
内寂靜二者外寂靜三者愛寂靜四者取寂靜五者有寂靜六
者生寂靜七者一切煩惱寂靜八者三界寂靜是名八法復有八法
入於觀察何等為八一者戒二者聞三者禪定四者智慧五者神通六
者智七者寂滅八者不放逸天子是名四法菩薩安住不放逸故
諸佛菩提及菩提分法一切當得是故天子應當依是不放逸住汝
等天子依不放逸則三種樂常不損減何等為三一者天樂二者
禪樂三者涅槃樂復次諸天子依不放逸住者得離三苦何等
為三所謂行苦苦苦壞苦又不放逸者超三種畏何等為三所謂
地獄餓鬼畜生又不放逸者得超三有何等為三所謂欲有色有

BD06310號1　大寶積經卷一〇一

（30–5）

内寂靜二者外寂靜三者愛寂靜四者取寂靜五者有寂靜六
者生寂靜七者一切煩惱寂靜八者三界寂靜是名八法復有八法
入於觀察何等為八一者戒二者聞三者禪定四者智慧五者神通六
者智七者寂滅八者不放逸天子是名四法菩薩安住不放逸故
諸佛菩提及菩提分法一切當得是故天子應當依是不放逸住汝
等天子依不放逸則三種樂常不損減何等為三一者天樂二者
禪樂三者涅槃樂復次諸天子依不放逸住者得離三苦何等
為三所謂行苦苦苦壞苦又不放逸者超三種畏何等為三所謂
地獄餓鬼畜生又不放逸者得超三有何等為三所謂欲有色有
無色有復次諸天子依不放逸住者得離三垢何等為三所謂貪
垢瞋垢癡垢又不放逸於三學處當得圓滿何等為三所謂增
上戒增上心增上慧不放逸者常得親近供養三寶何等為三所謂
佛寶法寶僧寶復次依不放逸住者得離三種波羅蜜鄣何等為
三一者自慳二者於行施人心生憎嫉三者隨順慳人自破戒憎嫉持
戒者隨順破戒人自瞋憎嫉忍辱者隨順瞋恚人自懈怠憎嫉精進
者隨順懈怠人自散亂憎嫉禪定者隨順散亂人自無智慧憎嫉
智慧者隨順無智人汝等諸天子是名依不放逸住者當
得遠離三波羅蜜障復次諸天子依不放逸住者當得三種波羅
蜜伴助何等為三所謂施增長不求果報迴向菩提戒增長不求
生天迴向菩提忍辱增長於一切衆生不生害心迴向菩提精進
增長種諸善根無有厭足迴向菩提禪定增長心不散亂迴向菩
提智慧增長常修善業迴向菩提是名依不放逸住得此波羅蜜
三伴助是故諸天子住不放逸增長一切善法佛所印可復次一切法如
虛空是四正勤應當觀察何等為四所謂諸無作未生不善法為
不生故發起精進法性清淨已生不善法為除滅故發起精進諸法
寂靜未生善法令得生故發起精進一切法無處無行已生善法住
不失故發起精進天子是諸菩薩四正勤佛所印可復次諸天子法性
平等無生無滅依此法性無所得故不作諸惡順法性故勤修衆善如
是修者為無所修復次於一切法不取不捨是名正勤復次諸天子應
觀四念處所謂無身住處無受住處無心住處無法住處無違五處
是名念處復次應觀四如意足一者身心不懈廢修善法故二者為成熟一
切衆生發起精進斷貪欲故三者一切法不可得而證諸佛法故四者心如幻
化法無所依趣過一切諸取著故復次應觀五根一者信根決定安住於諸
法中為上首故二者精進根遍脩諸行成就佛身故三者念根具足諸法
心善調柔無忘失故四者定根遠離攀緣不隨昏睡故五者慧根決

BD06310號1　大寶積經卷一〇一

（30–6）

是修者為無所修復次於一切法不取不捨是名正勤復次諸天子應
觀四念處所謂無身住處無受住處無心住處無法住處無住處無違五處
是名念處復次應觀四如意足一者身心不懈樂修善法故二者為成熟一
切衆生發起精進斷貪欲故三者一切法不可得而證諸佛法故四者心如幻
化法無所依趣過一切諸取著故復次應觀五根一者信根決定安住於諸
法中為上首故二者精進根遍脩諸行成就佛身故三者念根具足諸法
心善調柔無忘失故四者定根遠離擧緣不隨昏睡故五者慧根決
斷諸法正觀現前不隨他故何謂諸力所謂安住如是諸法性中一切煩惱無
能沮壞是名為力住是力故便得勝法如實了知非異非如說名覺分
若於諸法隨順覺了由是道故次第修行通達秘密於法不動說
名聖道是故諸天子應如是修三十七品菩提分法出過諸行無障
礙智慧熾然究竟寂靜云何名為究竟寂靜謂諸法無起亦無所盡無
所盡故則無所作無所作故亦非無作無受無受者無施設是名究竟
寂靜說此法時一萬二千天子於諸法中得法眼淨　尒時善德天
子白文殊師利言菩薩云何修習於道文殊師利言天子若諸菩薩
不捨生死而令衆生入於涅槃不捨愛取而拔出衆生令立聖道是名
菩薩修習於道復次天子修習道者善巧安住清淨性空何以故菩
薩以寂靜心見一切法自性清淨為諸衆生樂著諸見安住隨眠無方
便者演說諸法自性空義所以者何是諸衆生於自性空中而生見故
是故菩薩以無相無願無所作一切法自性不生為諸凡夫久習煩惱生
滅見者於此無生令得信樂而於生滅亦無所動天子是名菩
薩脩習於道復次天子應見菩薩去來之道諸天子言文殊師
利云何菩薩去來之道文殊師利言天子菩薩證菩提而去如
應說法而來得諸禪解脫而去現生欲界中來入於聖道故去
大悲成熟衆生故來得無無生法忍而去忍受衆生故來於所
法出離故去拔出衆生故來擐誓鎧堅固而去誓願無自性而來
三解脫門而去故受生而來菩提道場故去為安立衆生於菩提故來
天子是名諸菩薩去來之道說此菩薩道時五百菩薩得無生法忍
尒時善德天子白文殊師利言我等曾聞有世界名一切功德光明為在
何處何等如來於中說法文殊師利言天子彼一切功德光明世界在
於上方過十二恒河沙佛剎普賢如來於中說法諸天子言我等
願欲見彼世界及彼如來尒時文殊師利即入光明莊嚴三昧以
三昧力放大光明過十二恒河沙佛剎遍照一切功德光明世界
時彼菩薩問此光明從何所來彼佛告言善男子下方過十
二恒河沙佛剎有世界名娑婆彼土有佛名釋迦牟尼如來

BD06310號1　大寶積經卷一〇一　　（30–7）

尒時善德天子白文殊師利言我等曾聞有世界名一切功德光明為在
何處何等如來於中說法文殊師利言天子彼一切功德光明世界在
於上方過十二恒河沙佛剎普賢如來於中說法諸天子言我等
願欲見彼世界及彼如來尒時文殊師利即入光明莊嚴三昧以
三昧力放大光明過十二恒河沙佛剎遍照一切功德光明世界
時彼菩薩問此光明從何所來彼佛告言善男子下方過十
二恒河沙佛剎有世界名娑婆彼土有佛名釋迦牟尼如來
應正等覺在世說法彼有菩薩名文殊師利入光明莊嚴三
昧放大光明遍照十方無量佛剎是其光明來照此會彼
諸菩薩即白普賢如來我等願見釋迦牟尼世尊及文殊師
利菩薩時普賢如來放大光明照十二恒河沙佛剎至娑婆世
界令彼菩薩尒明見此菩薩衆會時彼世尊告諸菩薩誰能
往彼娑婆世界尒時持法炬菩薩摩訶薩白佛言世尊我能
往彼娑婆世界佛言今正是時尒時持法炬菩薩與八十億諸菩薩
俱於彼國沒現兜率陀天放大光明遍照世界時諸天龍夜叉乾
闥婆阿脩羅迦樓羅緊那羅摩睺羅伽釋梵護世諸天子等及
諸聲聞菩薩大衆得未曾有作如是言此諸菩薩遊戲神通甚
為希有尒時衆會因此光明見一切功德光明世界及見普賢如
如來國界莊嚴於一劫中說不能盡當此文殊師利現神變時七
那由他諸天子等發阿耨多羅三藐三菩提心尒時持法炬菩薩白
文殊師利言可共礼覲釋迦如來時文殊師利於彼天子應可度
者皆悉度已與持法炬諸菩薩衆及大聲聞天龍夜叉乾闥
婆等往詣佛所到已頂礼佛足却住一面尒時持法炬菩薩白佛
言世尊普賢如來問訊世尊少病少惱起居輕利安樂行不尒時世
尊告彼諸菩薩言善男子此文殊師利及持法炬正士神通變化
智慧光明成熟衆生奉事諸佛一切菩薩不能知其智慧方便深
入邊際汝善男子應當學此文殊師利及持法炬正士并諸菩薩
所有神通辯才智慧奉事諸佛成熟衆生此諸正士無數劫來從
一佛剎至一佛剎常作佛事若諸衆生入此正士境界當來不復墮於
魔界尒時世尊告長老阿難汝善持此法門不斷三寶種故
尒時持法炬菩薩摩訶薩從此會起與其眷屬還本佛剎佛說此經
已善德天子長老阿難一切世間天龍乾闥婆阿脩羅等聞佛所說皆大
歡喜

大寶積經卷第一百一

BD06310號1　大寶積經卷一〇一　　（30–8）

一佛剎至一佛剎常作佛事若諸衆生入此王士境界當來不復墮於
魔界尒時世尊告長老阿難汝善持此法門不斷三寶種故
尒時持法炬菩薩摩訶薩從此會起與其眷屬還本佛剎佛說此經
已善德天子長老阿難一切世間天龍乹闥婆阿脩羅等聞佛所說皆大
歡喜

大寶積經卷第一百一

大寶積經善住意天子會第卅六之一　三藏笈多譯　卷第一百二

緣起品第一

如是我聞一時婆伽婆住王舍城耆闍崛山中與大比丘衆六萬二千人俱皆是大德具足
神通諸大聲聞而爲上首　尒時復有四萬二千菩薩摩訶薩其名曰文殊師利菩薩
師子幢菩薩彌勒菩薩觀世音菩薩大勢至菩薩大辯聚王菩薩陁羅尼自在王菩薩
善天菩薩須彌頂菩薩須彌幢菩薩不可動菩薩善思菩薩善思義意菩薩善思
惟菩薩思心菩薩勇意菩薩善思菩薩寶髻菩薩山相擊王菩薩寶手菩薩寶意菩薩
寶印手菩薩常舉手菩薩常下手菩薩常精進菩薩度衆生菩薩上精進菩薩如言行
菩薩上願菩薩燈手菩薩心平等菩薩除惡道菩薩除諸臭晴菩薩不捨重擔菩
薩日藏菩薩月藏菩薩金剛步菩薩无邊步菩薩无量步菩薩不動行步菩薩
虛空藏菩薩勝意菩薩益意菩薩增上意菩薩成行菩薩持地菩薩日光菩薩
月幢菩薩光德菩薩明曜菩薩勇步菩薩師子奮迅吼音菩薩无礙辯菩薩相應辯
菩薩捷疾辯菩薩最勝菩薩翳日月光菩薩无攀緣菩薩无著意菩薩常笑菩薩善
根菩薩除諸障蓋菩薩轉女身菩薩摩尼珠菩薩燈明菩薩毗盧遮那菩薩火焰
菩薩衆勝王菩薩深說者菩薩如是等菩薩摩訶薩而爲上首
尒時復有四天大王忉利天王娑婆世界主大梵天王如是等而爲上首與万諸天衆俱復有
善住意天子大自在天子如是等而爲上首與三萬諸天衆俱於菩薩道皆已久
住復有二万阿脩羅王羅睺阿脩羅王須彌阿脩羅王如是等而爲上首亦皆已住於菩薩
道復有六万諸大龍王阿那婆達多龍王勝月龍王如是等而爲上首亦皆已住於菩薩道
并餘无量諸天龍夜叉乹闥婆阿脩羅迦樓羅緊那羅摩睺羅伽億百千衆乃至一切比
丘比丘尼優婆塞優婆夷无量大衆皆來集會　尒時世尊以如是等无量百千大
衆圍繞於說法時文殊師利菩薩摩訶薩即於已室入彼无諍除心三昧寂然不動於是
文殊師利一心安詳從三昧起應時十方无量无邊諸佛世界六種振動時文殊師利起三昧
已作如是念彼无量无邊諸世界中乃有一佛如來應供正遍覺出興於世如優曇華希
復現耳如是諸如來應供正遍覺世間希有出現甚難所可說法盡諸有生寂滅涅槃
不可思量无有分別甚深无礙難解難知欺以諸佛不出世故不可得聞以不聞故

丘比丘尼優婆塞優婆夷无量大衆皆來集會　尒時世尊以如是等无量百千大
衆圍繞於說法時文殊師利菩薩摩訶薩即於已室入彼无諍除心三昧寂然不動於是
文殊師利一心安詳從三昧起應時十方无量无邊諸佛世界六種振動時文殊師利起三昧
已作如是念彼无量无邊諸世界中乃有一佛如來應供正遍覺出興於世如優曇華希
復現耳如是諸如來應供正遍覺世間希有出現甚難所可說法盡諸有生寂滅涅槃
不可思量无有分別甚深无礙難解難知欺以諸佛不出世故不可得聞以不聞故
諸衆生若難可窮盡我今應當諮於如來正遍覺所諮問是義問斯義故今諸衆
生成就善根亦令一切行菩薩者於彼甚深不可思議諸佛法中无復疑惑皆得成滿佛
菩提事然此娑婆世界諸衆生等多有貪欲具足瞋恚成就愚癡斷除白法頓
鈍諂誑无有慙愧我慢貢高遠離諸佛違背法僧令彼衆生得聞如是甚深妙法
根淨智眼　尒時文殊師利復作是念我今應當大集十方諸菩薩衆令皆
得聞如來所說是妙法門證深法忍尒時文殊師利如是念已即入普光无垢莊嚴三昧入
此三昧已放大光明照於東方如恒河沙等諸佛世界普皆柔和潤澤清淨明朗无
垢嚴妙難稱而此光明遍照南西北方四維上下十方世界其間所有一切暗冥幽隱
之處山崖樹林大小諸山目真隣陁山摩訶目真隣陁山鐵圍山大鐵圍山及餘
黑山須弥山大須弥山如是一切光明朗徹无有障礙　尒時十方恒河沙世界
所有諸佛現說法者彼諸弟子各請其佛言世尊何因緣故乃有如是大
瑞光明現於世間世尊我從昔來初未聞見如是光明如是清淨如是嚴妙世
尊此何光明而令我等大喜遍身心得清淨亦令衆生無復貪欲瞋恚
愚癡煩惱衆惡一切不行世尊今此光明誰之所作誰所加持而來現此
彼諸侍者如是請已彼諸世尊嘿然無報當尒之時十方世界一切所有諸
種音聲所謂若天聲若龍聲若夜叉聲若乹闥婆聲若阿脩羅聲
若迦樓羅聲若緊那羅聲若摩睺羅伽聲若人聲若非人聲若鳥
馬聲若諸獸聲如是等聲咸皆止息若風聲若火聲若水聲若天
海波聲若音樂聲若歌讚聲當尒之時如是諸聲以佛力故亦皆止
息一切寂然時彼十方諸佛侍者復請彼佛言世尊唯願大慈憐愍一切
諸天人故安樂一切諸天人故利益一切諸天人故爲我宣說如是光明所從
來處而能普照諸佛國土尒時十方諸佛即以十方恒河沙數世界所有
一切諸如來聲悉同梵音如一如來口業所說其所說事亦無差殊用是
妙聲各皆報告已之侍者當彼諸佛出聲告時一切佛察悉皆振動百千
樂音一時皆作乃至一切天人阿脩羅所有音樂不鼓自鳴又彼樂音衆聲之中
出諸法音所謂無常聲苦聲無我聲空聲無相聲無願聲離欲聲解脫聲
法界聲如如聲實際聲檀波羅蜜聲尸波羅蜜聲羼提波羅蜜聲毗梨
耶波羅蜜聲禪波羅蜜聲般若波羅蜜聲大慈聲大悲聲大喜聲

一切諸如来聲悉同梵音如一如来口業所說其所說事亦無差殊用是
妙聲各皆報告已之侍者當彼諸佛出聲告時一切佛察悉皆振動百千
樂音一時皆作乃至一切天人阿脩羅所有音樂不鼓自鳴又彼樂音衆聲之中
出諸法音所謂無常聲苦聲無我聲空聲無相聲無願聲離欲聲解脫聲
法界聲如如聲實際聲檀波羅蜜尸波羅蜜聲羼提波羅蜜聲毗梨
耶波羅蜜聲禪波羅蜜聲般若波羅蜜聲大慈聲大悲聲大喜聲
大捨聲和合聲利益聲出如是等種種百千諸法之聲又彼種種諸聲
出時無量阿僧祇億那由他百千衆生皆得住於不退轉向耨多羅
三藐三菩提復有成就辟支佛者成聲聞者乃至得成大梵天王天
帝釋轉輪王等　尒時十方諸佛世尊咸各告其侍者弟子言
諸善男子汝今不應請問是事何以故此光明因緣一切聲聞辟支佛等
非其境界我若說者乃至世間天人阿脩羅皆即迷沒是故不應請問
斯事諸佛如来若說如是光明因緣乃是能生成就不可思議諸勝善根
亦緣如是不思議諸勝善根而得出生所謂布施持戒忍辱精進禪定
智慧諸度等行如是諸行即是光明之所出生亦為光明之所成就
是故我等諸佛如来若於一劫若減一劫讃說如是光明功德終不能盡
又以如是慈悲喜捨諸善根力共相熏修令此光明能生徽善時
彼十方諸佛侍者各自殷勤再三啓請白言唯願世尊憐愍一切諸
天人故安樂一切諸天人故利益一切諸天人故成熟菩薩諸善根故為
我等說光明因緣彼諸菩薩如是請已於是十方諸佛世尊復各告其
侍者弟子言諸善男子汝宜諦聽吾為汝說諸侍者言唯然世
尊願樂聽聞尒時彼佛各各告其侍者言善男子有世界名曰娑
婆其土有佛号釋迦牟尼如来應供正遍覺明行足善逝世間解
無上士調御丈夫天人師佛世尊出五濁世彼土衆生多有貪欲瞋
恚愚癡衆惱所逼彼諸衆生無有恭敬不識慚恥都無羞愧所為行業
多諸不善能於如是濁惡察中成就阿耨多羅三藐三菩提然今現在
為衆說法善男子彼世界中釋迦如来有一大弟子菩薩摩訶薩名
文殊師利有大功德具足智慧精進勇猛有大威神能令菩薩咸
得歡喜故能令菩薩具足修行故令諸菩薩增長威力故令諸菩
薩發勤勇猛故能善分別一切法句故能達無礙智慧彼岸故能具
足得無礙辯才故又於諸陁羅尼得自在故已具成滿一切菩薩不思
議功德故令彼菩薩將欲請問釋迦牟尼如来應供正遍覺甚深法
門為諸菩薩善根成就故為行菩薩乘人得滿足彼不思議諸佛法故善
男子又彼文殊師利放斯光明欲令十方世界無量阿僧祇諸菩薩衆大集
[illegible]菩薩得勝法故以是因緣彼文殊師利放大光明照諸佛土尒時十方

BD06310 號 2　大寶積經卷一〇二　（30–11）

得歡喜故能令菩薩具足修行故令諸菩薩增長威力故令諸菩
薩發勤勇猛故能善分別一切法句故能達無礙智慧彼岸故能具
足得無礙辯才故又於諸陁羅尼得自在故已具成滿一切菩薩不思
議功德故令彼菩薩將欲請問釋迦牟尼如来應供正遍覺甚深法
門為諸菩薩善根成就故為行菩薩乘人得滿足彼不思議諸佛法故善
男子又彼文殊師利放斯光明欲令十方世界無量阿僧祇諸菩薩衆大集
故令彼諸菩薩得勝法故以是因緣彼文殊師利放大光明照諸佛土尒時十方
世界諸佛侍者復各請問彼諸佛言世尊彼文殊師利住何三昧放此光
明尒時十方諸佛咸各告其侍者弟子言諸善男子彼文殊師利入
普明無垢莊嚴三昧故放斯光明侍者菩薩復白諸佛言世尊我初未
見如是光明如是清淨如是能令身心歡喜諸佛復告諸菩薩曰彼將不
欲教諸菩薩起修行耶彼將不欲大集諸菩薩衆耶彼將不欲集諸菩
薩宣說如斯妙經典耶　尒時十方無量不可思議恒河沙等諸佛世界一一世界
中有無量阿僧祇諸菩薩衆各自詣彼諸世尊所頂礼佛足礼已即復請白彼
諸佛言世尊誰有是光誰有斯德我等昔来未曾見聞忽覩是光照諸
世界時彼諸佛復告彼諸菩薩衆曰諸善男子彼有世界名曰娑婆其佛号
釋迦牟尼如来應供正遍覺今現說法彼有菩薩名文殊師利具大威德
其為大集一切菩薩摩訶薩衆故放斯光明時彼諸菩薩復白彼諸佛言
世尊我等今者願詣娑婆世界意欲奉見釋迦如来礼拜恭敬供養承
事故諮問義理故并欲見彼文殊師利及餘菩薩摩訶薩故彼諸世尊
即復告彼諸菩薩言諸善男子欲往隨意汝應知時
尒時十方無量阿僧祇不思議不可詳不可稱不可量億那由他百千頻
婆羅菩薩摩訶薩各礼佛足已猶如壯士屈申臂頃各於彼世界沒而来
現此娑婆國土是時十方諸来菩薩摩訶薩衆皆詣世尊釋迦如来應
供正遍覺所其間或有能雨衆香所謂塗香末香及以香鬘来詣
世尊釋迦如来應供正遍覺所或有菩薩雨諸妙華所謂憂鉢羅華鉢
頭摩華拘物頭華分陁利華瞻波迦華波吒利華陁奴迦利華阿地目
多迦華蘇摩那華婆利師迦華曼陁羅華摩訶曼陁羅華波盧沙
華旃陁羅華摩訶旃陁羅華徽妙稱陁羅華斫迦羅華摩訶斫迦羅
華衆妙斫迦羅華雨如是等種種華鬘来詣世尊釋迦如来應供正遍
覺所或有菩薩摩訶薩能出百千上妙諸音来詣世尊釋迦如来應
供正遍覺所復有菩薩摩訶薩能以一音遍滿三千大千世界歌讃佛德来
詣世尊釋迦如来應供正遍覺所以如是等種種莊嚴咸詣世尊釋迦如
應供正遍覺所時彼十方諸来菩薩摩訶薩衆大集於此娑婆世界而
此三千大千世界所有衆生地獄畜生餓鬼苦閻摩界悉皆寂然身心

BD06310 號 2　大寶積經卷一〇二　（30–12）

華旃陀羅華摩訶旃陀羅華[illegible]
華衆妙㪽迦羅華而如是等種種華雨來詣世尊釋迦如來應供正遍
覺所或有菩薩摩訶薩能出百千上妙諸音來詣世尊釋迦如來應
供正遍覺所復有菩薩摩訶薩能以一音遍滿三千大千世界歌讚佛德來
詣世尊釋迦如來應供正遍覺所以如是等種種莊嚴咸詣世尊釋迦如
應供正遍覺所時彼十方諸來菩薩摩訶薩衆大集於此娑婆世界而
此三千大千世界所有衆生地獄畜生餓鬼若閻摩界悉皆寂然身心
安樂無有貪慾瞋恚癡逮離衆毒嫉妬諂誑我慢熱惱一切衆生皆
起慈心具足歡喜何以故以彼十方諸大菩薩威神力故其事若是尒
時十方無量百千億那由他諸大菩薩摩訶薩等咸集世尊釋迦如
來應供正遍覺所到佛所已頭面礼敬右繞三帀住於虛空即入菩薩
隱身三昧入三昧已隨意所生無量百千種種妙色大蓮華座結加
而坐悉皆隱身令不復現尒時尊者摩訶迦葉見彼殊特希有
瑞相大神通事復見彼衆大雨華香亦見彼作無量樂音又復見
彼放大光明又亦見此三千世界諸四天下皆雨妙華積至于膝又復見彼
一切大衆天龍夜叉乾闥婆阿脩羅迦樓羅緊那羅摩睺羅伽人及非人乃至
所有比丘比丘尼優婆塞優婆夷等一切皆悉具足成就金色相身衣是
尊者摩訶迦葉從座而起正持威儀偏袒右肩右膝著地合掌恭
敬以偈讚曰

歡喜當與一切樂　圓滿無垢清淨顏　十力雄猛諸大人
具足金剛百福相　遊於三界人天間　一切無能如佛者　不可思議難測度
唯願除斷我疑心　過那由他百千劫　常行布施攝世間　遠離執著無所依
淨持禁戒無倫比　具足脩忍超世間　一切力中十力最　功德脩滿無過者
唯願永絕我疑心　過百千劫脩衆行　以見衆生受諸苦　勇猛精進終無疲
常生歡喜無有量　頭目髓腦持與人　支葉捨男女及妻妾　財離國城及衆具
唯願除解我疑網　世尊往昔行施時　象馬輦輿不可數　過那由他上衣服
常以歡喜惠世間　世尊常以先心施　如是雜物及衆珍　飲食湯藥并田宅
是故今日我諸問　往昔割身及耳鼻　內心無垢不生瞋　若他諸問如法言
猶能巧說忍辱力　以能通達深空法　心意微妙難稱量　能施他樂功德人
是故今我問無垢　諸漏久盡患悉除　深見衆生沒諸苦　黑暗所覆愚癡者
生於垢濁及我人　憐愍諸有起慈心　過百千劫勤脩行　開發正覺菩提岸
唯願除斷我今疑　善能出入神通門　隱顯自在巧行住　證得無我破我相
毀壞諸法亦非空　佛於世中無染著　真實正行及正思　發妙寂滅離諸垢
唯願為我決此疑　世尊昔日脩行時　施戒忍進無暫癈　禪定智慧亦常脩
利益羣生無有比　諸功德聚難思量　深大如海無窮盡　善能往來亦善住
唯願為我作歸依　往昔無垢脩大慈　怖鴿歸投救不捨　割身割股血滂流
[illegible]

BD06310號2　大寶積經卷一〇二　（30–13）

生於垢濁及我人　憐愍諸有起慈心　過百千劫勤脩行　開發正覺菩提岸
唯願除斷我今疑　善能出入神通門　隱顯自在巧行住　證得無我破我相
毀壞諸法亦非空　佛於世中無染著　真實正行及正思　發妙寂滅離諸垢
唯願為我決此疑　世尊昔日脩行時　施戒忍進無暫癈　禪定智慧亦常脩
利益羣生無有比　諸功德聚難思量　深大如海無窮盡　善能往來亦善住
唯願為我作歸依　往昔無垢脩大慈　怖鴿歸投救不捨　割身割股血滂流
稱肉與鷹而代之　全身上稱謂敵彼　而鴿尚重身猶輕　大明善巧以行慈
唯願為我決疑惑　須弥動搖衆星落　諸天宮殿盡破亡　四大海水一朝枯
阿脩羅宮處天上　假使日輪墜於地　明月處空忽暗冥　諸佛正覺而足尊
所言真誠無有二　尒時尊者摩訶迦葉說偈讚已復白佛言大德世尊
何因緣故世間有是微妙光明復何因緣忽現如是未曾有瑞衆相明了
尒時世尊告大迦葉言迦葉汝今不應諮問是事何以故如是境界非諸
聲聞緣覺所知若我說是光明義者一切世間天人阿脩羅皆當驚疑入
迷沒處是故汝今不應問也時大迦葉復白佛言世尊唯願大慈憐愍
一切諸天人故利益一切諸天人故安樂一切諸天人故說此光明甚深因緣令
我開解尒時世尊告迦葉言汝宜諦聽善思念之吾為汝說大迦葉
言善哉世尊願樂欲聞唯垂敷演時佛復告大迦葉言迦葉今我文殊師
利入彼普明無垢莊嚴三昧三昧力故放斯光明遍照十方過恒沙等
諸佛國土為大集彼無量無邊不可數不可量阿僧祇諸大菩薩
摩訶薩等而來至此娑婆世界彼等皆已頂礼我足右繞三帀處
在空虛高一多羅樹皆各於彼大蓮華座結加而坐
尒時尊者大迦葉復白佛言世尊今有何等菩薩摩訶薩威神
德力而雨如是微妙華香復出如是百千音樂不鼓自鳴佛告大迦
葉言迦葉是為十方諸菩薩等威神力故而雨如是勝妙華香乃至
於上虛空之中無量樂音皆自鳴也迦葉復言世尊我於是中乃
至不見彼一菩薩云何世尊更言十方諸菩薩等迦葉一切聲聞辟支佛
等終不能見彼諸菩薩摩訶薩衆何以故迦葉是中聲聞辟支佛等於大
慈悲非其所住故若能住是慈悲地中斯則能為利益他事則亦能
行布施持戒忍辱精進禪定智慧諸波羅蜜等若已受正位終不能
行此諸菩薩所行之處迦葉斯諸菩薩摩訶薩等一切皆入隱身三昧是
故一切聲聞辟支佛不能見彼諸菩薩等唯除諸佛及大菩薩住斯地者
乃能見耳迦葉初住大乘諸菩薩等尚不能見何況一切聲聞辟支佛而能得見
若得見者無有是處　尒時大迦葉復白佛言世尊菩薩摩訶薩
具足幾法脩何善根積何功德而能入是隱身三昧佛言迦葉菩薩
摩訶薩成就十法即能積是隱身三昧何等為十一者志性和柔深住正

BD06310號2　大寶積經卷一〇二　（30–14）

行此諸菩薩所行之處迦葉斯諸菩薩摩訶薩等一切皆入隱身三昧是
故一切聲聞辟支佛不能見彼諸菩薩住斯地者
乃能見耳迦葉初住大乘諸菩薩等尚不能見何況一切聲聞辟支佛而能得見
若得見者無有是處　　尒時大迦葉復白佛言世尊菩薩摩訶薩
具足幾法循何善根獲何功德而能入是隱身三昧佛言迦葉菩薩
摩訶薩成就十法即能獲是隱身三昧何等為十一者志性和柔深住正
信二者恒不捨離一切衆生三者畢竟成滿大慈悲心四者覺了一切不著
衆相五者雖復思求一切佛法終不妄取六者亦不思想一切聲聞辟支佛
智七者世間所有盡皆能捨乃至身命尚無悕惜豈況餘物而不施
者八者雖行無量生死煩惱而不染著諸有為行九者常修無量布施
持戒忍辱精進禪定智慧而不分別諸波羅蜜十者常生是心我當安
立一切衆生於菩提已然後方當坐佛樹下不取菩提及衆生相迦葉
是為菩薩摩訶薩具足十法便能獲得隱身三昧　　尒時尊者大迦
葉復白佛言希有世尊快說斯事世尊乃能作如是說世尊一切聲聞辟
支佛尚皆未曾一發是心我當安置一切衆生於阿羅漢地況佛法乎佛
言迦葉如是如是是故一切聲聞辟支佛悉無能入菩薩所行隱身三昧
此三昧名尚自不知云何能入若能入者無有是處　　尒時尊者大
迦葉復白佛言世尊我等今者深願見彼諸大菩薩摩訶薩等所以者何
斯諸大士難可會遇佛言迦葉汝宜且住當須待我文殊來者彼諸菩
薩當從定出汝等然後乃見之耳雖迦葉汝亦得是無量百千諸三昧
門今當攝心求彼菩薩摩訶薩等為在何處住何威儀作何事業時
大迦葉蒙聖教已承佛威神及己神通力即入二萬諸三昧門如是思
求彼諸菩薩今在何所住何威儀為行步邪而竟不見為住立邪而
亦不見為倚卧邪而亦不見為端坐邪而亦不見乃至不知以何語言
作何事業來何所從去何所至於是起定前白佛言甚奇世尊
甚奇世尊我已經歷二万定門求諸菩薩竟無所見世尊彼諸菩薩
摩訶薩等尚未證知薩婆若處已得如是微妙三昧何況當證無上菩提
世尊諸善男子善女人其有見聞如斯神變而不疾發阿耨多羅三
藐三菩提心者無有是處世尊能得如是隱身三昧菩薩摩訶薩為欲
度彼一切衆生被精進鎧然終不得離是妙定佛告迦葉如是如是如汝所說
是中一切聲聞辟支佛尚非境界況餘衆生　　尒時尊者舍利弗作
如是念世尊稱我聲聞人中智慧第一我今寧可求諸菩薩今在何所住
何威儀作何事業若得覩見不亦善乎時舍利弗如是念已承佛威
神及自力故即入三万諸三昧門周旋觀察彼諸菩薩今為何所住何
威儀乃至不知如毫氂相　　尒時尊者須菩提作如是念我今亦

BD06310 號 2　大寶積經卷一〇二　　（30–15）

藐三菩提心者無有是處世尊能得如是隱身三昧菩薩摩訶薩為欲
度彼一切衆生被精進鎧然終不得離是妙定佛告迦葉如是如是如汝所說
是中一切聲聞辟支佛尚非境界況餘衆生　　尒時尊者舍利弗作
如是念世尊稱我聲聞人中智慧第一我今寧可求諸菩薩今在何所住
何威儀作何事業若得覩見不亦善乎時舍利弗如是念已承佛威
神及自力故即入三万諸三昧門周旋觀察彼諸菩薩今為何所住何
威儀乃至不知如毫氂相　　尒時尊者須菩提作如是念我今亦
當求諸菩薩為何所在住何威儀造作何事若得覩見者不亦善乎
時須菩提作是念已承佛威神及自力故即入四万諸三昧門周遍推求
彼諸菩薩為何所在住何威儀乃至不見行住坐卧從何所來去何所至
然後出定前至佛所頭面礼足白佛言世尊世尊記我聲聞人中無諍
三昧最為第一是三昧門我亦已得如是世尊我若入定正使有人具
大神力能以百億四天下為一大鼓取須弥山為一大椎於我定時令一大
人住在我前執彼大椎極擊大鼓無暫休廢乃至經劫如是鼓聲尚不
入耳何況亂心能令我出若彼鼓聲能為定患幸我起者永無是處
世尊我今所得無諍三昧知普若是我向經歷四万三昧周遍推求
彼諸菩薩終不能見乃至不覩一人暫是時往來之相如是世尊有
諸菩薩摩訶薩輩念求如是不思議智為一一衆生於恒河沙劫生地
獄中備受衆苦世尊彼求菩薩道故雖經衆苦而不捨離如是甚深不
思議智如是世尊若我今日漏心未盡未得解脫於諸佛法有
所未知者令我當來常在生死更不捨離彼不思議大妙乘也於是
世尊讚須菩提言善哉善哉誠如汝言汝以信故作如斯說令汝此
身不取涅槃者以斯善根於當來世過恒沙劫汝當得作轉輪聖王
正法治世然後乃成阿耨多羅三藐三菩提又須菩提今此三千大千世界
衆生數類寧為多不須菩提言甚多世尊甚多世尊佛言如是如是須
菩提是諸世界所有衆生成就智慧如舍利弗解空第一如須菩提
菩行起倫如大迦葉即令如是諸大聲聞其盡知見彼菩薩若於一劫若
於百劫若於千劫乃至無量恒河沙劫亦不能見者無有是處何
以故須菩提彼菩提彼諸菩薩凡所作非是一切聲聞辟支佛所行境
界是故二乘終不能見說此法時是衆會中八万四千天人皆發阿耨多
羅三藐三菩提心三千世界六種振動尒時文殊師利於己住室如是
思惟今此十方億百千數諸大菩薩皆已集會吾當復召諸天大衆咸令
雲集如是可乎時文殊師利既思惟已即以神力如是化成八万四千億那
由他妙寶蓮華大如車輪純金為莖白銀為葉滕藏羅鋼瑪瑙瑠璃
是諸華中皆有化佛及諸菩薩結加趺坐蓮華臺上身紫金色

BD06310 號 2　大寶積經卷一〇二　　（30–16）

界是故二乘終不能見說此法時是衆會中八万四千天人皆發阿耨多
羅三藐三菩提心三千世界六種振動介時文殊師利於已住室如是
思惟今此十方億百千數諸大菩薩皆已集會吾當復召諸天大衆要令
雲集如是可乎時文殊師利既思惟已即以神力如是化成八万四千億那
由他妙寶蓮華大如車輪純金爲莖白銀爲葉騰藏羅網毗瑠璃寶
是諸華中皆有化佛及諸菩薩結加趺坐蓮華臺上身紫金色
卅二相八十種好威德巍巍光明普照時彼蓮華上昇四天王天卅
三天夜摩天兜率天化樂天他化自在天及諸梵天乃至有頂如是
略說遍此三千大千世界乃至百億須弥百億四天下欲界天宮色界
天宮彼化蓮華無不遍至是諸化象及菩薩衆出大音聲遍告三
千大千世界而說偈言　世尊明慧日　希有出世間　譬如優曇華
難遇復過是　釋師子人雄　今者現於世　班宣深妙法　永拔衆苦源
諸天雖快樂　誰能保長久　任業還三塗　復受衆苦毒　所習諸欲事
貪愛獨增長　三界本無樂　而愚號者之　已獲最上難　所謂諸佛出
愚癡放逸人　爲覺苦不斷　汝等當速求　見佛聞正法　若墜涅槃已
雖悔難可追　魔網深可怖　汝等爲放逸　既被羂羅已　寧有解脫期
獨有求佛法　汝爲衆生資　汝等但速求　三十二妙相　佛能救世間
餘無可依者　世雄甚希有　大慈難思量　無量億數劫　所行不可量
集功德智慧　成就釋師子　闡揚微妙法　甚深難覺知　何處有衆生
及我人壽命　如是破常見　斷已自無餘　放捨一切相　爲衆生說此
宣明真實際　世間絕心行　唯彼空無相　無願亦無作　虛空本無形
不起亦不滅　無來亦無去　智者之所說　無盡無所生　本淨無所有
無相難可見　無思想能說　衆生本無生　云何得言死　寂滅無衆生
衆生住何處　言音爲說法　法不住言音　亦不可文字　世尊如斯說
諸處遍推求　不見風水火　地亦無分別　慧明之所宣　色受及與想
行識同虛空　假言彼五陰　其實無積聚　眼耳鼻舌身　心意等諸根
雖說本性空　空亦不可得　色聲香味觸　及以種種法　斯由分別生
分別體空寂　欲界與色界　及彼無色天　皆說如幻化　虛僞不真實
如是諸世尊　爲衆生說法　欲求出衆苦　速歸大道師
彼諸化佛說此偈時於是三千大千世界咸得聞之有九十六億欲色諸天
遠塵離垢得法眼淨二万天子猒離衆欲三万二千天子皆發阿耨
多羅三藐三菩提心一万菩薩乘諸天子得無生法忍介時彼化如
來所可勸召無量無邊阿僧祇億那由他百千諸天大衆於須臾間

BD06310 號 2　大寶積經卷一〇二　（30–17）

分別體空寂　欲界與色界　及彼無色天　皆說如幻化　虛僞不真實
如是諸世尊　爲衆生說法　欲求出衆苦　速歸大道師
彼諸化佛說此偈時於是三千大千世界咸得聞之有九十六億欲色諸天
遠塵離垢得法眼淨二万天子猒離衆欲三万二千天子皆發阿耨
多羅三藐三菩提心一万菩薩乘諸天子得無生法忍介時彼化如
來所可勸召無量無邊阿僧祇億那由他百千諸天大衆於須臾間
悉皆雲集釋迦如來應供正遍覺所稽首足下右繞三周退住一面
以天華香所謂憂鉢羅華鉢頭摩華拘物頭華分陁利華曼陁羅
華摩訶曼陁羅華及諸瓔珞末香奉散世尊及餘供養復以種
種天妙樂音歌詠稱讚滿彼虛空時大集衆其數甚多難可稱
計周遍充滿此四天下無有空地如一杖頭而不遍者是諸天人具
大威德所散諸華滿四天下積至于膝

大寶積經卷第一百二

大寶積經善住意天子會第三十六之一　隋三藏笈多譯　卷一百三

開實義品第一

介時大集衆中有上首天所謂善住意天子善寂天子慚愧天子與
如是等九十六億諸天子俱一切皆行菩薩之道咸共往詣文殊師利
所至其門外右繞七帀繞七帀已然後雨天曼陁羅華其所雨華
遍覆虛空高十由旬成華網臺形如寶塔時文殊師利持此華臺
供養世尊已即以神力令此三千大千世界一切國土虛空之中華網遍
覆是華光明普照三千大千世界皆大明盛復雨天曼陁羅華介時
文殊師利菩薩摩訶薩閑雅安詳從精舍出更以神力令所居地自然
而有七寶妙座其座巍巍具足莊嚴文殊師利斂容歛服昇此寶
座時善住意天子見文殊師利昇寶座已即以頂禮文殊師利足退
住一面一切諸天亦皆頂禮文殊師利足　介時文殊師利如是思惟誰於
今日堪任與我在世尊前對深法誰爲法器能受如是不思議句甚難
證句無處所句無所著句無戲論句不可得句不可說句甚深句真實
句無礙句不可壞句空句無相句無願句如如句實際句法界句無形貌
句不取句不捨句佛句法句僧句智慧滿足句三界平等句一切法無所
得句一切法無生句師子句勇猛句無句句如斯說已誰聽者乎於是文殊師
利復更思惟今此唯有善住意天子已於過去供養多佛入深法忍具足
辯才當能與我處世尊前共談實義介時文殊師利如是念已即

BD06310 號 2　大寶積經卷一〇二
BD06310 號 3　大寶積經卷一〇三　（30–18）

今日堪任與我在世尊前對深法誰為法器能受如是不思議句甚難
證句無處所句無所著句無戲論句不可得句不可說句甚深句真實
句無礙句不可壞句空句無相句無願句如如句實際句法界句無所貌
句不取句不捨句佛句法句僧句智慧滿足句三界平等句一切法無所
得句一切法無生句師子句勇猛句無句句如斯說已誰聽者乎於是文殊師
利復更思惟今此唯有善住意天子已於過去供養多佛入深法忍具足
辯才當能與我處世尊前共談實義尒時文殊師利如是念已即
語善住天子言天子汝今已得甚深法忍又能具足無礙辯才今當
與我詣世尊所對論如是深妙義乎時善住意天子報文殊師利言
大士我如是說彼若於我無有語言不為演說不存諮問亦無報荅
我如是說彼能於我無聽無聞無讚無誦不受不持不思不念不取
無佛法衆斷滅三乘無生死無涅槃不合不散不起不發不出聲
香除諸文字如是說者我當共談文殊師利語善住意天子言天子
不捨不覺不知不聞我言不為他說所以者何諸佛菩提本無文字無
心離心無有覺悟雖假名說其名亦空善住又言大士今者且為諸
諸天子說斯諸天子於大士說樂欲聽聞文殊師利言天子我終不為
樂聽者說又亦不為聞受者說所以者何凡有聽受則為取著云何取
著所謂我著人著衆生著壽命著士夫著以取著故便有聽受如是
聽受當知彼住三種縛中何謂三縛一見我縛二見衆生縛三見法縛
天子若無如是三種見縛而聽法者當知彼住三種淨中何謂三淨一不
見自身不分別不自思念不證知二不見說者不分別不思念不證
知三不見所說不分別不思念不證知天子是則名為三種淨也天子
若有能作如是聽者是平等聽非不平等　尒時善住意天子
讚文殊師利言善哉善哉快作斯說大士若有能作如是說者當知即
是不退轉說文殊師利言且止天子汝今不應忘想分別菩薩退
轉何以故若使菩薩有退轉者彼終不能成等正覺所以者何
是菩提中無退法故善住復言大士若如是者當於何處有斯
退轉文殊師利言天子當知從貪欲故有退轉從瞋恚故有退轉
從愚癡故有退轉從有愛故有退轉從無明故有退轉乃至從十
二有分生死所生故有退轉從因故有退轉從見故有退轉從名故
有退轉從色故有退轉從欲界故有退轉從色界故有退轉從
無色界故有退轉從聲聞行故有退轉從辟支佛行故有退轉
從分別故有退轉從執著故有退轉從相故有退轉從取相故有
退轉從斷見故有退轉從常見故有退轉從取故有退轉從捨故
有退轉從我想故有退轉從衆生想故有退轉從壽命想故有退

BD06310號3　大寶積經卷一〇三　（30–19）

二有分生死所生故有退轉從因故有退轉從見故有退轉從名故
有退轉從色故有退轉從欲界故有退轉從色界故有退轉從
無色界故有退轉從聲聞行故有退轉從辟支佛行故有退轉
從分別故有退轉從執著故有退轉從相故有退轉從取相故有
退轉從斷見故有退轉從常見故有退轉從取故有退轉從捨故
有退轉從我想故有退轉從衆生想故有退轉從壽命想故有退
轉從士夫想故有退轉從福伽羅想故有退轉從思想故有退轉從
繫縛故有退轉從顛到故有退轉從我見故有退轉從我見為根
本六十二見故有退轉從諸善故有退轉從諸陰故有退轉從諸
入故有退轉從諸界故有退轉從佛想故有退轉從法想故有退
轉從僧想故有退轉如是乃至我當成佛我當說法我度衆生我當
破魔我得智慧從是諸想故有退轉如是天子若能不分別如來十力不
分別四無所畏不分別十八不共法不分別一切根力覺道不分別諸相好
不分別性嚴佛國不分別聲聞不分別菩薩乃至不分別一切分別退轉
者是名不退轉　尒時善住意天子復白文殊師利言大士若如
是者當於何處得不退轉文殊師利言天子當知從通達佛慧故得
不退轉從空故不退轉從無相故不退轉從無願故不退轉從如如故不
退轉從法性故不退轉從實際故不退轉從平等故不退轉善住意言
大士若如是說一切諸分別無分別二俱不異所以者何皆從思惟分別生
故是故得言彼有退轉又問如是轉為有邪為無法乎文殊師利言
非有非无如是退轉善住意言大士若尒何處退轉文殊師利言
若有若無是虛妄取是顛倒取是不如取彼則不取亦非不取以是
義故得言退轉而彼退法不可說有不可說無何以故若有無中有退
轉者彼即為過所以者何若有法退轉則墮常邊無法退轉則墮斷邊
然世尊說不住常中不住斷中非斷非常世尊所說天子若彼於先不真
實想而彼證知則名非斷非常天子是為菩薩退轉法門說是法時十
千天子得無生法忍
　　　文殊神變品第三
尒時善住意天子白文殊師利言大士今可俱行詣如來所奉見頂礼諮受
未聞亦因此時如法問難文殊師利言天子汝莫分別取著如來善住意
言大士如來何在而言莫著文殊師利言即在現前善住意言若如是者我
何不見文殊師利言天子汝今若能一切不見是則名為真見如來善住意言
若現前者云何識我莫取如來文殊師利言天子汝謂今者現前何有善
住意言有虛空界文殊師利言如是天子言如來者即虛空界何以故
諸法平等如虛空故是故虛空即是如來如來即是虛空虛空如來无二无
別天子以是義故若人欲求見如來者當作斯觀如實真際覺了是中

BD06310號3　大寶積經卷一〇三　（30–20）

[illegible]
言大士如來何在而言莫著文殊師利言即在現前善住意言若如是者我
何不見文殊師利言天子汝今若能一切不見是則名為真見如來善住意言
若現前者云何識我莫取如來文殊師利言天子汝謂今者現前何有善
住意言有虛空界文殊師利言如是天子言如來者即虛空界何以故
諸法平等如虛空故是故虛空即是如來 如來即是虛空如來无二无
別天子以是義故若人欲求見如來者當作斯觀如實真際覺了是中
無有一物可分別者 尒時文殊師利菩薩摩訶薩復以神力化作卅二所
重閣寶堂輦軒具足四面正方四角有柱周帀欄楯寶網交絡殊特姝
好高顯巍巍具足莊嚴甚可愛樂諸堂閣內咸有勝牀衆寶所成天衣
覆上其牀各有菩薩坐具卅二大人之相尒時文殊師利普現如是莊嚴
事已遂更與彼蓮華化佛并化菩薩及此寶輦重閣殿堂諸菩薩衆俱往
佛所繞佛七帀并亦圍繞比丘衆已踊在虛空光明普照衆會道場四面而
住尒時文殊師利後善住發怒在前先至佛所善住意天子及更後到白
言大士吾發在前更在後至仁從何路乃至於斯文殊師利言天子假使供
養滿恒河沙諸如來等稽首為礼終不見吾往來進止尒時華臺諸化菩
薩及寶堂中諸菩薩衆同聲說偈讚歎如來 已曾供養過恒沙
不可思議諸世尊 熾然脩行求菩提 是故超出天人上 光明妙色三界雄
牟尼衆相實可椅 為衆宣說甚深法 無有壽命及我人 世尊行施持淨戒
忍辱精進具脩禪 智慧清淨三界表 我礼彼岸衆勝尊 其有發意求菩提
則受天人妙供養 若於深空無疑惑 當知出世大法王 過去諸佛等正覺
現在一切兩足尊 常說如是諸法空 本來無相亦无作 衆生體性不可得
何有生者及死滅 本既無來亦無去 一切諸法如虛空 如彼化人觀衆事
雖復亦現而無真 世尊說法亦如是 斯皆虛誑同幻夢 恒沙世界滿中寶
持以布施一切人 若能脩忍善說空 如是行施超於彼 復於恒沙諸劫中
供養諸佛天人上 奉獻香華及衆具 為求菩提離世間 得聞如是甚深法
無有衆生及命人 當知彼得明淨忍 是為供養十方佛 於無數劫行布施
衣食象馬及衆珍 當知彼非解脫因 以有我人衆生想 歸命喊度人中尊
救濟衆生無量數 諸法皆空本清淨 如是解脫智莊嚴 諸佛出世甚難值
得聞正法生信難 人身難得今已獲 善哉佛法汝順行 已得遠除斯八難
永絕迫窮毒害閑 於諸正法得信行 應當勇猛發精進 若聞法已應正思
不可聞聲即求着 汝等常行阿蘭若 必當速疾成人雄 若善知識及法師
應速遠離諸惡友 汝於衆生平等想 慎勿妄起我人心 常集多聞持禁戒
捐棄舍宅坐林間 腐藥治病莫誅善 亦恒乞食受糞衣 一切有為即无為
等同一相如陽焰 若了實際見真如 疾成無上菩提道 當觀五陰猶如幻
[illegible]入如空舍 世尊常說如斯法 法等於彼莫生著 貪欲瞋恚性自空

[illegible]
得聞正法生信難 人身難得今已獲 善哉佛法汝順行 已得遠除斯八難
永絕迫窮毒害閑 於諸正法得信行 應當勇猛發精進 若聞法已應正思
不可聞聲即求着 汝等常行阿蘭若 必當速疾成人雄 若善知識及法師
應速遠離諸惡友 汝於衆生平等想 慎勿妄起我人心 常集多聞持禁戒
捐棄舍宅坐林間 腐藥治病莫誅善 亦恒乞食受糞衣 一切有為即无為
等同一相如陽焰 若了實際見真如 疾成無上菩提道 當觀五陰猶如幻
內外諸入如空舍 世尊常說如斯法 法等於彼莫生著 貪欲瞋恚性自空
愚癡我慢分別起 彼法已滅今亦無 如是知者得成佛
如是諸化菩薩說是偈時彼會衆中二万二千衆生皆發阿耨多羅三藐三
菩提心五百比丘漏盡意解心得解脫三百比丘尼遠塵離垢得法眼淨七
千優婆塞優婆夷二万五千諸天子亦離塵垢法眼淨三百菩薩得無生
法忍於是三千大千世界大地六種振動所謂動遍動等遍動震遍震
等遍震涌遍涌等遍涌乃至吼起覺等亦復如是
破魔品第四 尒時尊者舍利弗白佛言世尊今此瑞相誰之所
為能令如是三千大千世界大地六種振動又是寶輦殿堂蓮華座上
諸菩薩等放大光明照斯衆會演說如是微妙深法復令如是無量億
數諸天子衆皆來集會復有億數諸菩薩等亦來集也
尒時佛告舍利弗斯乃文殊師利威神之力故現如是如莊嚴事亦
令菩薩諸天雲集所以者何舍利弗是文殊師利與善住意天子將諸
大衆欲來我所諸問如是破散諸魔三昧法門具足成就諸不思議甚深
佛法故時舍利弗復白佛言世尊若如是者何因緣故我覩此衆竟不
見彼文殊師利佛告舍利弗汝宜且待令文殊師利已與一切魔王一切
魔衆一切魔宮作大衰耗所謂神變殊妙莊嚴將至我所汝當自見
於是文殊師利即入破散諸魔三昧三昧力故即時三千大千世界百億
魔宮朽故暗冥若將毀壞其變已現無復威光令一切魔不樂其所
各自見身昏耄羸瘠任杖而行諸天女輩變成老母一切衆魔見是
事故心大憂愁身毛皆竪惶怖思念是何變怪令吾內外不祥若斯
將無死沒時至果報離散邪為是世間將壞劫災事乎彼諸魔衆如是念時
文殊師利復以神力即現百億天子住在魔前告魔衆曰汝勿憂懼此非汝
災亦非劫盡所以者何今此適有住不退轉菩薩大士名文殊師利有大
威神道德超世即時正入破散諸魔三昧法門以彼大士三昧威神其
事若此非有他也諸化天子說是語時一切魔王及諸魔衆聞諸化天
說文殊師利大士名号更增惶恐戰悼不安一切魔宮皆大震動時
諸魔王告天曰唯願仁慈救我危厄諸化天子復語魔言勿怖

將無死沒時至果報難救邪為是世間將壞劫盡事乎彼諸魔衆如是念時
文殊師利復以神力即現百億天子住在魔前告魔衆曰汝勿憂懼此非汝
灾亦非劫盡所以者何今此適有住不退轉菩薩大士名文殊師利有大
威神道德超世即時正入破散諸魔三昧法門以彼大士三昧威神其
事若此非有他也諸化天子說是語時一切魔王及諸魔衆聞諸化天
說文殊師利大士名号更增惶恐戰悼不安一切魔宮皆大震動時
諸魔王荅天曰唯願仁慈救我危厄諸化天子復語魔言勿怖
勿怖汝等今宜速疾往詣釋迦牟尼佛世尊所所以者何彼佛如來
有大慈悲若諸衆生憂怨煎迫但往歸依皆蒙安樂除諸憂苦
時諸化天如是語已即於其處忽然不現尒時魔王及諸魔衆聞
化天教莫不歡欣皆共同心於須臾頃羸弊任杖皆來往於釋迦牟
尼佛前同聲白言大德世尊願見救護願見救護免茲變怪困苦
大厄世尊我等寧受百千万億諸佛名号不願聞彼文殊師利一
菩薩名何以故我即聞文殊師利菩薩名時便大驚怨若喪自身
尒時世尊告諸魔言彼自汝今何忽發如是言所以者何是文殊大士凡
所聞道利益衆生億百千佛昔皆未作今亦不作當亦不作唯此文
殊師利未來現在常為衆生建斯大事衆生執已置解脫中是故
汝等雖復聞彼百千佛名不生苦惱亦無驚怖云何而言我今忽聞
一文殊師利名皆大驚怨時彼魔衆白言世尊我識愍恥此弊老
身加以惶懼發斯言耳世尊我等從今歸依正覺唯願哀愍復我
本形佛告之曰且待須臾文殊師利既來已自除汝恥於是文殊師利
從三昧起遂與無量百千大衆復與無量百千諸大菩薩摩訶薩等及
無量百千諸龍夜叉乾闥婆阿脩羅迦樓羅緊那羅摩睺羅伽等前後
圍繞復作無量百千微妙樂音復雨如是無量妙華所謂憂鉢羅華
鉢頭摩華拘物頭華分陀利華具大莊嚴有大神通威德無極俱來
佛所頭面礼敬右繞三帀退住一面　尒時世尊告文殊師利言文殊師
利汝入如是破散諸魔三昧耶文殊師利白言世尊唯然已入佛言文殊師
利汝從何佛聞是三昧脩幾時而得成滿文殊師利言世尊本未發菩
提心時從佛得聞如是三昧又問文殊師利彼佛世尊名号何等說
是三昧令汝得聞文殊師利白言世尊我憶過去無量無邊不可
思議阿僧祇劫尒時有佛号曇隨羅華香如來應供正遍覺明
行足善逝世間解无上士調御丈夫天人師佛世尊出現世時宣說
如是破散諸魔三昧我於彼時初得聽聞佛告文殊師利如是三昧
云何脩得文殊師利白言世尊若菩薩摩訶薩具足成就廿種法則

提心時從佛得聞如是三昧又問文殊師利彼佛世尊名号何等說
是三昧令汝得聞文殊師利白言世尊我憶過去無量無邊不可
思議阿僧祇劫尒時有佛号曇隨羅華香如來應供正遍覺明
行足善逝世間解无上士調御丈夫天人師佛世尊出現世時宣說
如是破散諸魔三昧我於彼時初得聽聞佛告文殊師利如是三昧
云何脩得文殊師利白言世尊若菩薩摩訶薩具足成就廿種法則
能得是破魔三昧何等廿所謂一者訶毀貪欲破壞貪心二者訶毀瞋恚破
壞瞋心三者訶毀愚癡破壞癡心四者訶毀嫉妬破壞妬心五者訶毀憍慢
破壞慢心六者訶毀諸蓋破壞蓋心七者訶毀熱惱破魔惱心八者訶毀想
念破壞想心九者訶毀諸見破壞見心十者訶毀分別破分別心十一訶毀取
事破壞取心十二訶毀執著破壞執心十三訶毀諸相破壞相心十四訶毀有
法破壞有心十五訶毀常法破壞常心十六訶毀斷法法破壞斷心十七
訶毀諸陰破壞陰心十八訶毀諸入破壞入心十九訶毀諸界破壞界心廿
訶毀三果壞三果心世尊是為菩薩摩訶薩具廿法畢竟成就如是三
昧世尊菩薩摩訶薩復有四法具足脩行得是三昧何等為四一者建立
行清淨調柔二者心性淳直无諸諂曲三者心无攀緣入深法忍四者內
外所有一切能施是為菩薩摩訶薩具足四法成就三昧世尊菩薩
摩訶薩復有四法能得三昧何等為四一者畢竟深信二者成就實
諦三者常樂空閑四者不取諸相是為菩薩具足四法成就三昧復
有四法菩薩成就得是三昧何等為四一者親近善友二者常知止足
三者獨坐思惟四者不樂諠猥是為菩薩具足四法成就三昧復有
四法菩薩成就得是三昧何等為四一者不破壞戒二者不鈌犯戒三者
无所依戒四者不望報戒是為菩薩具足四法成就三昧復有四法菩薩
成就得是三昧何等為四一者捨聲聞心二者離緣覺心三者住菩薩忍
四者不捨衆生是為菩薩具足四法成就三昧復有四法菩薩成就得
是三昧何等為四一者脩空捨我二者無相離相三者无願除願四者
捨諸所有是為菩薩具足四法能得三昧世尊時彼曇隨羅華香
如來應供正遍覺說此破散諸魔法門我從彼佛聞已初脩次復有佛
号一切寶電蔽日月光如來應供正遍覺我時於彼具足成就彼佛世尊
說此門時彼衆會中十千菩薩皆得成就此三昧門　尒時尊者舍利
弗白佛言希有世尊今此文殊師利乃能久遠成就如是降魔三昧三昧
力故能令波旬及諸魔衆皺白老羸形志俱衰一至斯也佛告舍利弗
於意云何汝今言此文殊師利獨是三千大千世界變此衆魔如斯老羸

如來應供正遍覺說此破散諸魔法門我從彼佛聞已初修次復有佛
号一切寶電藏日月光如來應供正遍覺我時於彼具足成就彼佛世尊
說此門時彼衆會中十千菩薩皆得成就此三昧門　尒時尊者舍利
弗白佛言希有世尊今此文殊師利乃能久遠成就如是降魔三昧三昧
力故能令彼旬及諸魔衆皆白老羸形志俱衰一至斯也佛告舍利弗
於意云何汝今言此文殊師利獨是三千大千世界變此衆魔如斯老羸
邪舍利弗汝今不應作如是見所以者何舍利弗今者十方如恒河
沙等諸佛世界所有諸魔一切皆悉如是變壞盡是文殊師利威力所爲
於是世尊告文殊師利言文殊師利汝今當攝汝神力令彼衆魔得復
本形尒時文殊師利受佛教已告諸魔曰衆仁者寶爲厭患此身儀
邪魔報曰唯然大士文殊師利言如是者汝今亦當厭患貪欲勿著三
界諸魔報曰善哉大士敬聞嘉誨豈敢有違唯願少假威神除此憔
苦文殊師利遂攝神力令一切魔復彼天形莊嚴如故尒時文殊師利告諸
魔言波旬汝所有眼何者爲眼何者眼想如是何處是眼著是眼相是眼
攀緣是眼障礙是眼思是眼我是眼依止是眼喜樂是眼戲論是眼我
所是眼讓是眼念是眼取是眼捨是眼分別是眼思量是眼成就是眼生是眼
滅乃至是眼來去如是等法爲汝境界魔業障礙如眼乃至身意亦如
是又如色乃至觸法爲汝境界魔業障礙亦復如是汝等皆應如實
了知復次波旬汝所有眼即爲非眼亦爲無眼爲無眼想無眼著無
眼相無眼攀緣無眼障礙無眼思無眼我無眼依止無眼愛無眼戲論
無眼我所無眼讓無眼念無眼取無眼捨無眼分別無眼思量無眼成
定無眼生無眼滅無眼去無眼來如是等法非汝境界汝於是中不能爲
主无法无力不得自在亦无取著如眼乃至身意亦如是又如色乃至觸
法亦如是汝等皆應如實了知文殊師利說是法時衆中一万魔王波旬皆
發阿耨多羅三藐三菩提心八万四千諸魔眷屬遠塵離垢得法眼淨
　　尒時尊者摩訶迦葉白佛言世尊我等願請
菩薩身行品第五
文殊師利令我觀見彼諸菩薩摩訶薩等所以者何世尊斯諸大士難
可值遇尒時世尊即告文殊師利言汝應當知今此大衆咸皆渴仰思
願觀見十方所有諸來菩薩摩訶薩身今正是時汝應顯現於是文殊
師利蒙佛教已即便告彼法輪菩薩月光菩薩降魔菩薩妙音
菩薩離垢菩薩寂滅菩薩選擇菩薩法王吼菩薩如是等无量菩
薩摩訶薩言諸大士汝等今宜各於宮殿自顯其身分明現汝本
國形狀也文殊師利發斯語已於是諸菩薩衆從三昧起各現本身令
諸大衆一切咸見或有菩薩其身高大若須弥山王或有菩薩身大八万
四千由旬或百千由旬或九十千乃至五十卌卅廿千者或有身

BD06310 號 3　大寶積經卷一〇三

（30–25）

願觀見十方所有諸來菩薩摩訶薩身今正是時汝應顯現於是文殊
師利蒙佛教已即便告彼法輪菩薩月光菩薩降魔菩薩妙音
菩薩離垢菩薩寂滅菩薩選擇菩薩法王吼菩薩如是等无量菩
薩摩訶薩言諸大士汝等今宜各於宮殿自顯其身分明現汝本
國形狀也文殊師利發斯語已於是諸菩薩衆從三昧起各現本身令
諸大衆一切咸見或有菩薩其身高大若須弥山王或有菩薩身大八万
四千由旬或有身大百千由旬或九十千乃至五十卌卅廿千者或有身
大十千由旬乃至或有五千四千三千二千者或有身大一千由旬乃
至或有五百四百三百二百者或有身大一百由旬乃至或有五十
卌卅廿者或有身大十由旬者乃至或有五四三二一由旬者如是乃至
或有菩薩身量大小長短寬狹如此娑婆世界人身无異當尒
之時此三千大千世界大衆充滿无有空處如杖頭許其中所有諸大
菩薩摩訶薩衆一切多是功德巍巍智慧深遠具足威力成就神
通放大光明遍照十方無量百千諸佛世界乃至一切天威德天及諸天
龍夜叉乾闥婆阿修羅迦樓羅緊那羅摩睺羅伽人非人等大小諸王皆
悉充滿　　尒時文殊師利從座而起整理衣服偏袒右髆右膝著地合掌向
佛白言世尊我於今者欲少諮問如來應供正遍覺所有心疑未審世尊見
垂聽不佛告文殊師利如來應供正遍覺恣汝所問當爲汝釋決所疑令汝心喜
文殊師利言唯然世尊願爲宣說我當聽受文殊師利言世尊云何名爲菩薩摩
訶薩言菩薩者義何謂也佛告文殊師利汝問云何爲菩薩菩薩有何義者能
覺了一切法故名爲菩薩摩訶薩也文殊師利彼一切法菩薩覺者所謂言說
文殊師利菩薩云何覺一切法所謂覺眼覺耳覺鼻覺舌覺身覺意文
殊師利云何菩薩覺眼覺耳乃至覺意文殊師利所謂菩薩覺彼眼法本
性空故如是覺耳乃至覺意皆本性空如是
覺已亦不生念我能覺知如是菩薩如是覺眼等已復覺彼色本性自空如是
覺已亦不分別我能覺知如是覺聲乃至覺法皆本性空亦不分別我能
覺知是爲菩薩覺一切法也　　復次文殊師利云何菩薩覺彼五陰所謂菩
薩觀見陰體本性自空如斯覺故觀无相如斯覺故觀无願如斯覺故觀无欲如
斯覺故觀寂靜如斯覺故觀遠離如斯覺故觀无所有如斯覺故觀无實如
斯覺故觀无動如斯覺故觀无生如斯覺故觀无來如斯覺故觀无去如斯覺故
觀无真如斯覺故觀无主如斯覺故觀无證如斯覺故觀无知如斯覺故觀无見如斯
覺故觀无人如斯覺故觀无想如斯覺故觀不可說如斯覺故觀但有名如斯覺
故觀无我如斯覺故觀分別起如斯覺故觀從緣生如斯覺故觀如幻如斯覺故
觀如化如斯覺故觀如夢如斯覺故觀如鏡像如斯覺故觀如響聲如斯覺故觀
如芭蕉如斯覺故觀不久住如斯覺故觀不牢固如斯覺故觀虛妄如斯覺故觀无

BD06310 號 3　大寶積經卷一〇三

（30–26）

觀无真如斯覺故觀无主如斯覺故觀无證如斯覺故觀无知如斯覺故觀无見如斯
覺故觀无人如斯覺故觀无想如斯覺故觀不可說如斯覺故觀但有名如斯覺
故觀无我如斯覺故觀分別起如斯覺故觀從緣生如斯覺故觀如幻如斯覺故
觀如化如斯覺故觀如夢如斯覺故觀如鏡像如斯覺故觀如響聲如斯覺故觀
如芭蕉如斯覺故觀不久住如斯覺故觀不牢固如斯覺故觀虛妄如斯覺故觀无
物如斯覺故是為菩薩覺一切法　復次文殊師利云何菩薩摩訶薩覺貪恚
癡所謂覺彼貪欲因分別起故覺彼瞋恚因分別起故覺彼愚癡因分別起故而
亦覺彼分別空无所有无物无戲論不可說不可證故是為菩薩覺一切法
復次文殊師利云何菩薩摩訶薩覺於三界所謂覺彼欲界无我人故覺彼色
界无所作故覺彼无色界空无有故覺彼三界皆遠離故是為菩薩覺一切法
復次文殊師利菩薩摩訶薩覺眾生行所謂覺是眾生貪欲行故覺是眾生瞋恚
行故覺是眾生愚癡行故覺是眾生等分行故如是覺已如是證知如是為說如是教
化眾生如是令得解脫是為菩薩覺一切法　復次文殊師利云何菩薩摩訶薩
覺一切眾生所謂覺一切眾生但有其名離彼名色无別眾生是故一切眾生即一眾生
即一切眾生如是眾生即非眾生若能如是无分別者是為菩薩摩訶薩覺一切法
又復云何覺一切法能如是覺菩薩道故是為菩薩摩訶薩覺一切法尒時世尊
重明此義以偈頌曰　覺眼及與耳　自體常空寂　不言我能覺　是名為菩薩
觀鼻及與舌　本性无所有　不分別我覺　是名為菩薩　智慧觀察身　亦覺意自然
覺已為他說　是名為菩薩　色聲香味觸　意所樂諸塵　覺知本性空　是名為菩薩
覺色及受想　諸行與識心　一切斯同幻　是名為菩薩　五陰聚如夢　覺彼无一相
不分別我知　是名為菩薩　不生亦不出　无作復无言　如是說唯名　彼名亦非物
覺貪欲瞋恚　斯由分別起　彼分別无體　畢竟終自空　癡亦分別生　分別因緣出
緣此生諸見　諸見不可得　覺察三界空　一切无真實　於彼不可動　故名為菩薩
欲界不成就　皆緣分別起　色有无色有　一切不牢固　眾生之所行　智者悉明了
貪欲與瞋恚　及彼愚癡等　一切諸眾生　即彼一眾生　智者无所覺　不念彼眾生
諸法之所起　悉因顛倒生　覺彼顛倒者　知顛倒真相　智慧甚微妙　不取諸音聲
覺已无所著　故名為菩薩　能捨己肉身　終亦无依止　如是覺真實　乃名為菩薩
至持戒彼岸　亦不念彼戒　覺戒行法如　无生亦无盡　悲心遍眾生　不德眾生相
覺彼眾生際　但以假言宣　勇猛大精進　深心厭有為　見三界空盡　證无上等覺
常入微妙禪　无著无所依　无住无攀緣　智者定如是　能以利智刀　斷除諸見縛
觀察法界性　无對亦无傷　若人真覺了　一切法如實　應時利眾生　乃名為菩薩

大寶積經卷第一百三

BD06310 號 3　大寶積經卷一〇三　　（30–27）

覺彼眾生際　但以假言宣　勇猛大精進　深心厭有為　見三界空盡　證无上等覺
常入微妙禪　无著无所依　无住无攀緣　智者定如是　能以利智刀　斷除諸見縛
觀察法界性　无對亦无傷　若人真覺了　一切法如實　應時利眾生　乃名為菩薩

大寶積經卷第一百三

大寶積經善住意天子會第三十六之三　隋三藏笈多譯　卷一百四

破菩薩相品第六

尒時文殊師利白佛言世尊如佛所說菩薩摩訶薩初發心者以何義故名初
發心佛告文殊師利若有菩薩等觀三界一切想生如是得言最初發心文
殊師利是名菩薩初發心文殊師利復白佛言世尊如我所解佛說義者若
有菩薩貪欲心生是初發心瞋恚心生是初發心愚癡心生是初發心世尊
所說將无謂是為初發心尒時善住意天子問文殊師利言大士若諸菩薩起貪
恚癡名初發心者所有一切具縛凡夫皆即名為發心菩薩所以者何彼諸凡
夫從昔至今常發如是貪恚癡等三毒心故文殊師利語善住意言天子汝
言一切凡夫從昔已來常能發是三毒心者是義不然何以故一切凡夫心力羸劣
不能發起是貪恚癡唯有諸佛世尊及一切阿羅漢辟支佛不退轉地諸菩薩
等乃能發是貪恚癡耳是故凡夫不能得發　善住意言大士仁今何故作如
斯說令此會眾不識不知陷諸疑網可怖畏　尒時文殊師利語善住意言
天子於意云何如彼飛鳥往來空中彼鳥足跡在虛空有發行乎无發行也善住
意言非无發行文殊師利言如是如是天子以是義故我作此說若有能發貪欲
恚癡唯彼諸佛聲聞緣覺不退菩薩乃能發耳天子當知无有依處是
名為發无有取著是名為發既无依處又无取著是即无句斯謂為發是无
分別句斯謂為發是不可生句斯謂為發是不實句斯謂為發是非物句斯
謂為發是不來句斯謂為發是不去句斯謂為發是无生句斯謂為發是无攀
緣句斯謂為發是无證句斯謂為發是不諍句斯謂為發是不思句斯謂為發
是不壞句斯謂為發是无言句斯謂為發是不破句斯謂為發是无字句斯謂
為發是无執句斯謂為發是无住句斯謂為發是不取句斯謂為發是不捨句斯
謂為發是不拔句斯謂為發天子當知是為菩薩初發心也天子發心菩薩若
於一切諸法不愛著不思想不見不知不聞不識不取不捨不生不滅是則
名為真發心也天子是菩薩摩訶薩若能依止如是法界如是平等如是實
際如是方便則彼貪欲瞋恚愚癡等發又若決能如是依止則彼眼耳及意等發
則彼色取乃至識取等發如是則一切諸見發无明有愛發乃至十二因緣有分發

BD06310 號 4　大寶積經卷一〇四　　（30–28）

謂爲發是不拔句斯謂爲發天子當知是爲菩薩初發心也天子發心菩薩若
於一切諸法不愛著不思想不見不知不聞不識不取不捨不生不滅是則
名爲真發心也天子是菩薩摩訶薩若能依止如是法界如是平等如是實
際如是方便則彼貪欲瞋恚愚癡等發又若復能如是依止則彼眼耳及意等發
則彼色取乃至識取等發如是則一切諸見發无明有愛發乃至十二因緣有分發
五欲界事發愛著三界發我見發我所見發我見爲根六十二見發佛想
發法想發僧想發自想發他想發地想發水想發火想發風想發空想發
識想發四顛倒發四識住發五蓋發八邪發九惱發十惡業道發天子當知我
今舉要言之一切分別一切分別處一切諸言一切諸相一切進趣一切希求一切
取着一切思想一切意念一切障礙菩薩皆當發汝應如實知天子以是義
故汝今若能於此諸法不愛着不思想者是則名爲真實發也尒時世尊
讚文殊師利言善哉善哉文殊師利今乃能爲諸菩薩具宣如是初發心義文
殊師利汝於往昔已曾供養无量无邊過恒沙數諸佛世尊能說斯耳
尒時尊者舍利弗白佛言世尊今此文殊師利所說菩薩最初發心及獲无
生法忍先後二事平等无差耶佛告舍利弗如是如是如汝所說舍利弗昔然
燈世尊授我記言摩那婆汝於未來過阿僧祇劫當得成佛号釋迦牟尼如
來應供正遍覺舍利弗我於彼時亦不離此心得无生忍如是舍利弗汝
當知彼一切菩薩初發心義如文殊師利所言无有異也尒時文殊師利白
佛言世尊如我解佛所說義者皆是初發何以故如世尊說一切初發皆是不
發其不發者即是菩薩最初發心說是法時二万三千菩薩證无生忍五千
比丘於諸法中漏盡解脫六十億諸天子遠塵離垢得法眼淨
尒時尊者大迦葉白佛言世尊今此文殊師利乃更爲斯能作難作宣說如是
甚深法門令諸衆生多所利益文殊師利謂迦葉言大德迦葉我不爲難作之
事所以者何一切諸法皆无所作亦復无有已作今作當作唯大迦葉我於諸
法非作不作其義亦尒又大迦葉我於衆生无有度脫亦无繫縛所以者
何一切諸法无所有故迦葉云何於世尊前發如是言能作難作又大迦葉我无
所作慎勿言我能作難作又大迦葉我實不作非獨我不作如來亦不作
辟支佛亦不作阿羅漢亦不作又大迦有何等人能作難作若欲正言能作
難作但彼一切嬰兒凡夫如斯說者是名善說所以者何如諸如來皆悉无有已
得今得當得乃至一切聲聞辟支佛亦无所得唯彼凡夫一切皆得時大迦葉復
白文殊師利言大士一切諸佛不得何等文殊師利言一切諸佛不得我不得福
伽羅不得衆生不得壽命不得士夫不得斷不得常不得諸陰不得諸入
不得諸界不得名色不得欲界不得色界不得无色界不得分別不得
思惟不得念處不得因生不得顛倒不得貪恚癡不得此世不得彼世
不得我不得我所乃至不得一切諸法大迦葉德如是一切諸法次第不得亦復

BD06310 號 4　大寶積經卷一〇四

（30–29）

得今得當得乃至一切聲聞辟支佛亦无所得唯彼凡夫一切皆得時大迦葉復
白文殊師利言大士一切諸佛不得何等文殊師利言一切諸佛不得我不得福
伽羅不得衆生不得壽命不得士夫不得斷不得常不得諸陰不得諸入
不得諸界不得名色不得欲界不得色界不得无色界不得分別不得
思惟不得念處不得因生不得顛倒不得貪恚癡不得此世不得彼世
不得我不得我所乃至不得一切諸法大迦葉德如是一切諸法次第不得亦復
不失不續不解不取不捨不近不遠是故迦葉應當覺了如是法門若諸
佛世尊皆不得者則彼等非法无聞凡夫一切斯得是故凡夫能作難作非諸佛
作非辟支佛作非阿羅漢作是乃名爲凡夫作也迦葉復問作何等也文殊師
利言作斷作常作染著作依止作憶念作取捨乃至作彼一切戲論分別隨順高
下等事是故大德迦葉如是諸法諸佛世尊皆无所作无有已作今作當作唯
彼凡夫能作難作
　　尒時文殊師利復白佛言世尊所言无生忍者云何名爲
无生忍也世尊復以何義而更名爲法无生忍菩薩云何得斯忍法佛告文殊師利
言實无有人於生法中得无生忍所言得者但有語言名字何以故以无生法
不可得故離攀緣故不得法忍得无所得无得无失是故言得无生法忍復次文
殊師利彼无生法忍者所謂一切法无生如是忍故一切法无來如是忍故一切法无
去如是忍故一切法无我如是忍故一切法无主如是忍故一切法无取如是忍故一切
法无所有如是忍故一切法无實如是忍故一切法无等等如是忍故一切无比如是
忍故一切法无染如虛空如是忍故一切无破壞如是忍故一切法无斷如是忍故一切
法无垢如是忍故一切法无淨如是忍故一切法空如是忍故一切法无相如是忍故
一切法離貪恚癡如是忍故一切法如如如是忍故一切法法性如是忍故一切實際
如是忍故如是一切法无分別无相應无憶念无戲論无思惟无作无力羸劣虛
誑如幻如夢如響如影如鏡象如芭蕉如聚沫如水泡如是忍故所可忍者
亦无可忍非法非非法但以名字說斯法耳然彼名字亦不可得本性自離如
是言忍信解樂入无惑无疑无驚无怖无動无沒遍苦身已正受而行不得其身
亦无住處文殊師利是爲菩薩摩訶薩於諸法中得无生忍乃至不行一切想故

BD06310 號 4　大寶積經卷一〇四

（30–30）

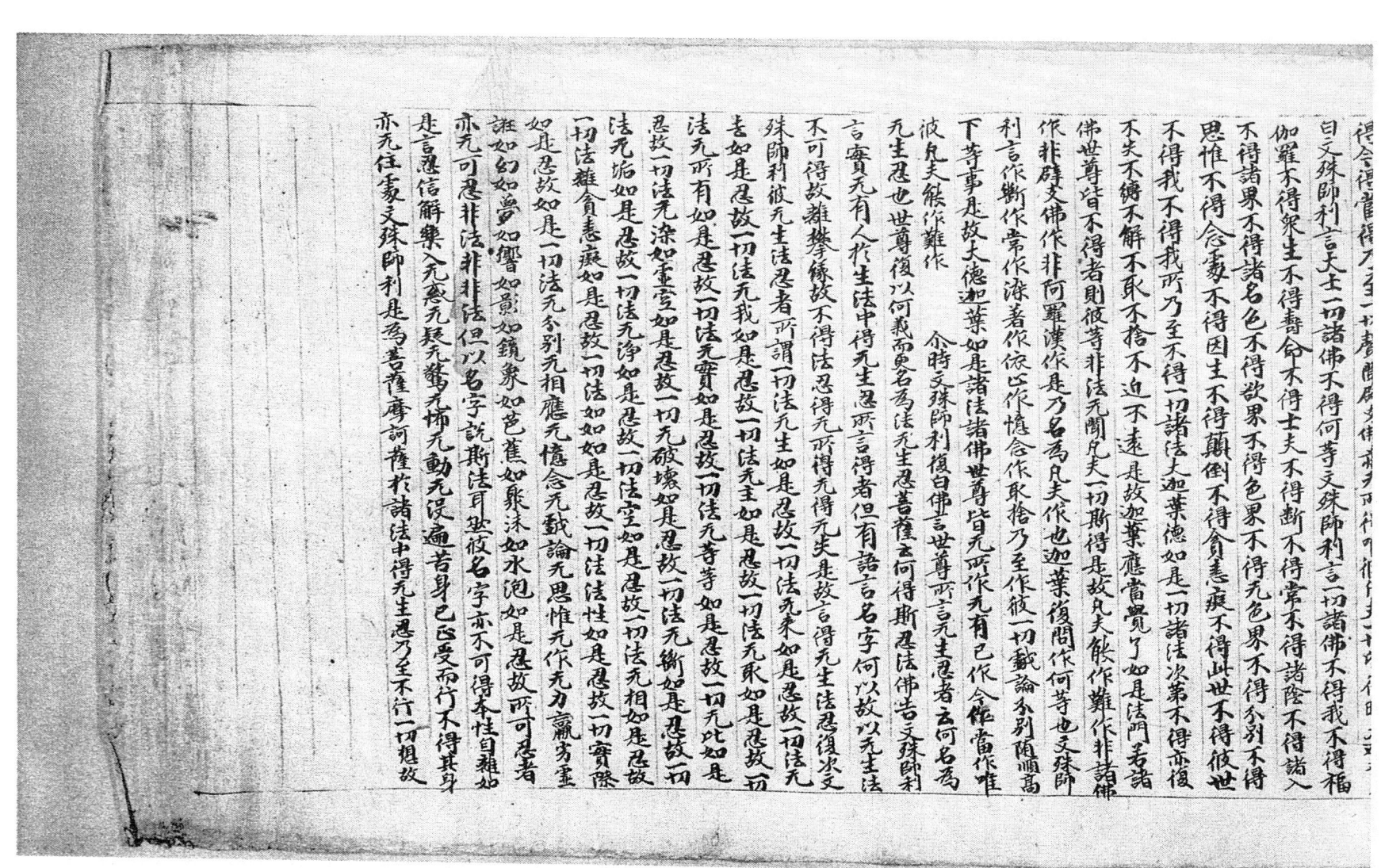

我比丘以无根
於異時若問
聞此事无根說我瞋恚故作是語若比
語者僧伽婆尸沙
若比丘以瞋恚所覆故於異分事中取
羅夷比丘以无根波羅夷法謗欲壞彼比丘淨
行彼於異時若問若不問知是異分事中取片
是比丘自言我瞋恚故作如是語者僧伽婆尸沙
若比丘欲壞和合僧欲方便受壞和合僧法堅持
不捨彼比丘應諫是比丘言大德莫壞和合僧
莫方便壞和合僧莫受破僧法堅持不捨大德
應與僧和合歡喜不諍同一師學如水乳合於
[illegible]

BD06311號　四分律比丘戒本　（6–1）

若比丘欲壞和合僧欲方便受壞和合僧法堅持
不捨彼比丘應諫是比丘言大德莫壞和合僧
莫方便壞和合僧莫受破僧法堅持不捨大德
應與僧和合歡喜不諍同一師學如水乳合於
佛法中有增益安樂住是比丘如是諫時堅持不捨
彼比丘應三諫捨是事故乃至三諫捨者善不
捨者僧伽婆尸沙
若比丘有餘比丘群黨若一若二若三乃至无
數彼比丘語是比丘言大德莫諫此比丘是
法語比丘律語比丘此比丘所說我等心喜樂
此比丘所說我等忍可彼比丘言大德莫作是
說言此比丘是法語比丘律語比丘此比丘所說
我等心喜樂此比丘所說我等忍
可何以故此比丘非法語比丘非律語比丘大德莫欲壞
和合僧汝等當樂欲和合僧大德應與僧和
合歡喜不諍同一師學如水乳合於佛法中有
增益安樂住是比丘如是諫時堅持不捨彼
比丘應三諫捨是事故乃至三諫捨者善不
捨者僧伽婆尸沙
若比丘依聚落若城邑住汙他家行惡行汙他家亦行惡
行亦見亦聞行惡行亦見亦聞諸比丘當語是比丘
言大德汙他家行惡行汙他家亦見亦聞
行惡行亦見亦聞大德汝汙他家行惡行今可
遠此村落去不須住此是比丘語彼比丘作是語大
德諸比丘有愛有恚有怖有癡有如是

BD06311號　四分律比丘戒本　（6–2）

行亦見亦聞行[illegible]
言大德汙他家行惡行汙他家　亦見亦聞
行惡行亦見亦聞大德汝汙他家行惡行今可
遠此村落去不須住此是比丘語彼比丘作是（語）大
德諸比丘有愛有恚有怖有癡有如是
同罪比丘有駈者有不駈者諸比丘報言大
德莫作是語有愛有恚有怖有癡（語）有如是
同罪比丘有駈者有不駈者而以故諸比丘
不愛語不恚語不怖語不癡語諸大德
汙他家行惡行汙他家亦見亦聞行惡行
亦見亦聞是比丘如是諫時堅持不捨彼比丘
應三諫捨此事故乃至三諫捨者善　不捨
者僧伽婆尸沙
若比丘惡性不受人語於戒法中諸比丘如法諫
已自身不受諫語言諸大德莫向我說若好
若惡我亦不向諸大德說若好若惡諸大德（且）
止莫諫我彼比丘諫是比丘言大德莫自身
不受諫語大德自身當受諫語大德如法
諫諸比丘諸比丘亦如法諫大德如是佛弟
子衆得增益展轉相諫展轉相教展轉懺
悔是比丘如是諫時堅持不捨彼比丘應三諫
捨是事故乃至三諫捨者善若不捨者僧伽
婆尸沙
諸大德我已說十三僧伽婆尸沙法九初犯罪
四乃至三諫若比丘犯一一法知而覆藏應彊與

BD06311號　四分律比丘戒本

（6–3）

悔是比丘如是諫時堅持不捨彼比丘應三諫
捨是事故乃至三諫捨者善若不捨者僧伽
婆尸沙
諸大德我已說十三僧伽婆尸沙法九初犯罪
四乃至三諫若比丘犯一一法知而覆藏應彊與
行波利婆沙行波利婆沙竟增上與六日六夜
行摩那埵行摩那埵已（餘有出罪法）應廿僧中出是比丘
罪若少一人不滿二十衆出是比丘罪是比丘罪不
得除諸比丘亦可呵此是時今問諸大德是中
清淨不　如是三說
諸大德是中清淨嘿然故是事如是持
諸大德此二不定法半月半月戒經中來
若比丘與女人獨在屏處覆處（鄣處）可作婬處坐
說非法語有住信優婆私於三法中一一法說
若波羅夷若僧伽婆尸沙若波逸提是坐
比丘自言我犯是罪於三法中應一一治若波
羅夷若僧伽婆尸沙若波逸提如住信優婆
私所說應如法治是比丘是名不定法
若比丘共女人在露（現）處不可作婬處坐作麁惡
語說婬欲事有住信優婆夷於二法中一一法說
若僧伽婆尸沙若波逸提坐是比丘自言我
犯是事於二法中應一一（法）治若僧伽婆尸沙若
波逸提如住信優婆夷所說應如法治是比丘
是名不定法
諸大德我已說二不定法今問諸大德是中清

BD06311號　四分律比丘戒本

（6–4）

波逸提如住信優婆夷所說應如法治是比丘
是名不定法
諸大德我已說二不定法今問諸大德是中清
淨不 如是二說
諸大德是中清淨嘿然故是事如是持
諸大德是三十尼薩耆波逸提法半月半月說
經中來
若比丘衣已竟迦絺那衣已出畜長衣過十日
不淨施得畜若過者尼薩耆波夜提
若比丘衣已竟迦絺那衣已出比丘三衣中離
一一衣異處宿除僧羯磨尼薩耆波逸提
若比丘衣已竟迦絺那衣已出若比丘得非時
衣欲須便受受已疾疾成衣若足者善若不
足者得畜逕一月爲滿足故若過者畜尼薩
耆波逸提
若比丘從非親里比丘尼乞衣除貿易尼薩
耆波逸提
若比丘令非親里比丘尼浣染故衣若染若打
尼薩耆波逸提
若比丘從非親里居士若居士婦乞衣除餘
時尼薩耆波夜提餘時者若比丘奪衣失衣
燒衣漂衣此是謂餘時
若比丘奪衣失衣燒衣漂衣是非親里居士
若居士婦自恣請多與衣是比丘當知足受

BD06311號　四分律比丘戒本　（6–5）

不淨施得畜若過者尼薩耆波夜提
若比丘衣已竟迦絺那衣已出比丘三衣中離
一一衣異處宿除僧羯磨尼薩耆波逸提
若比丘衣已竟迦絺那衣已出若比丘得非時
衣欲須便受受已疾疾成衣若足者善若不
足者得畜逕一月爲滿足故若過者畜尼薩
耆波逸提
若比丘從非親里比丘尼乞衣除貿易尼薩
耆波逸提
若比丘令非親里比丘尼浣染故衣若染若打
尼薩耆波逸提
若比丘從非親里居士若居士婦乞衣除餘
時尼薩耆波夜提餘時者若比丘奪衣失衣
燒衣漂衣此是謂餘時
若比丘奪衣失衣燒衣漂衣是非親里居士
若居士婦自恣請多與衣是比丘當知足受

BD06311號　四分律比丘戒本　（6–6）

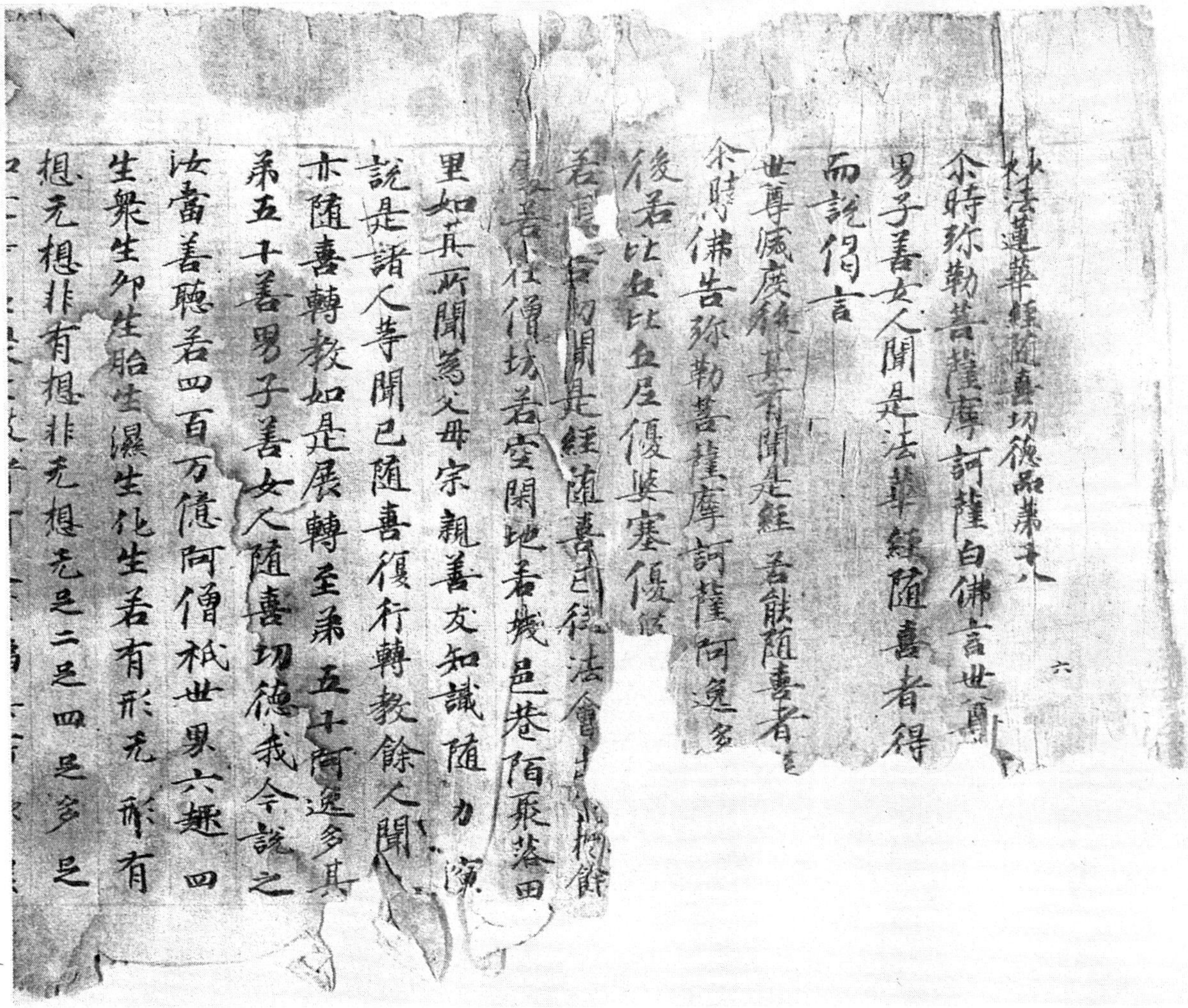
妙法蓮華經隨喜功德品第十八　六
尒時彌勒菩薩摩訶薩白佛言世尊
男子善女人聞是法華經隨喜者得
而說偈言
世尊滅度後　其有聞是經　若能隨喜者　爲
尒時佛告彌勒菩薩摩訶薩阿逸多
後若比丘比丘尼優婆塞優婆
若長若幼聞是經隨喜已從法會出至於餘
處若在僧坊若空閑地若城邑巷陌聚落田
里如其所聞爲父母宗親善友知識隨力演
說是諸人等聞已隨喜復行轉教餘人聞
亦隨喜轉教如是展轉至第五十阿逸多其
第五十善男子善女人隨喜功德我今說之
汝當善聽若四百万億阿僧祇世界六趣四
生衆生卵生胎生濕生化生若有形无形有
想无想非有想非无想无足二足四足多足

BD06312 號　妙法蓮華經卷六　(19–1)

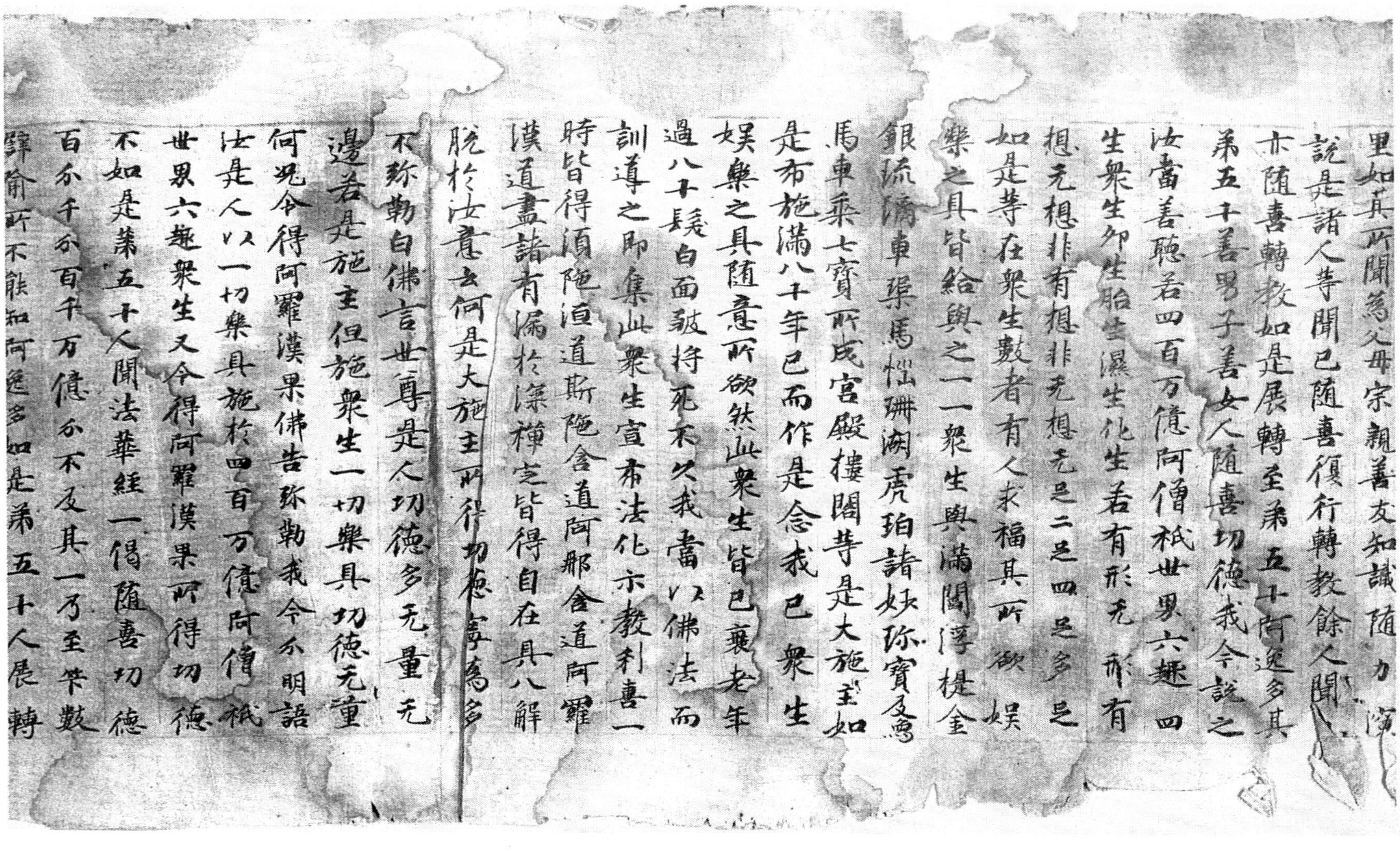
里如其所聞爲父母宗親善友知識隨力演
說是諸人等聞已隨喜復行轉教餘人聞
亦隨喜轉教如是展轉至第五十阿逸多其
第五十善男子善女人隨喜功德我今說之
汝當善聽若四百万億阿僧祇世界六趣四
生衆生卵生胎生濕生化生若有形无形有
想无想非有想非无想无足二足四足多足
如是等在衆生數者有人求福隨其所欲娛
樂之具皆給與之一一衆生與滿閻浮提金
銀琉璃車𤦲馬瑙珊瑚虎珀諸妙珍寶及象
馬車乘七寶所成宮殿樓閣等是大施主如
是布施滿八十年已而作是念我已施衆生
娛樂之具隨意所欲然此衆生皆已衰老年
過八十髮白面皺將死不久我當以佛法而
訓導之即集此衆生宣布法化示教利喜一
時皆得須陁洹道斯陁含道阿那含道阿羅
漢道盡諸有漏於深禪定皆得自在具八解
脫於汝意云何是大施主所得功德寧爲多
不彌勒白佛言世尊是人功德甚多无量无
邊若是施主但施衆生一切樂具功德无量
何况令得阿羅漢果佛告彌勒我今分明語
汝是人以一切樂具施於四百万億阿僧祇
世界六趣衆生又令得阿羅漢果所得功德
不如是第五十人聞法華經一偈隨喜功德
百分千分百千万億分不及其一乃至筭數
譬喻所不能知阿逸多如是第五十人展轉

BD06312 號　妙法蓮華經卷六　(19–2)

汝是人以一切樂具施於四百万億阿僧祇
世界六趣衆生又令得阿羅漢果所得功德
不如是第五十人聞法華經一偈隨喜功德
百分千分百千万億分不及其一乃至筭數
譬喻所不能知阿逸多如是第五十人展轉
聞法華經隨喜功德尚无量无邊阿僧祇何
況最初於會中聞而隨喜者其福復勝无量
无邊阿僧祇不可得比又阿逸多若人為是
經故往詣僧坊若坐若立須臾聽受緣是功
德轉身所生得好上妙象馬車乘珎寶輦轝
及乘天宮若復有人於講法坐更有人來
勸令坐聽若分座令坐是人功德轉身得帝
釋坐處若梵王坐處若轉輪聖王所坐之處
阿逸多若復有人語餘人言有經名法華可
共往聽即受其教乃至須臾間聞是人功德
轉身得與陁羅尼菩薩共生一處利根智慧
百千万世終不瘖瘂口氣不臭舌常无病口
亦无病齒不垢黑不黃不踈亦不缺落不差
不曲脣不下垂亦不褰縮不麁澁不瘡胗亦
不缺壞亦不喎斜不厚不大亦不黧黑无諸
可惡鼻不匾㔸亦不曲戾面色不黑亦不狹
長亦不窊曲无有一切不可喜相脣舌牙齒
悉皆嚴好鼻脩高直面貌圓滿眉高而長額
廣平正人相具足世世所生見佛聞法信受
教誨阿逸多汝且觀是勸於一人令往聽法

BD06312號　妙法蓮華經卷六　（19–3）

可惡鼻不匾㔸亦不曲戾面色不黑亦不狹
長亦不窊曲无有一切不可喜相脣舌牙齒
悉皆嚴好鼻脩高直面貌圓滿眉高而長額
廣平正人相具足世世所生見佛聞法信受
教誨阿逸多汝且觀是勸於一人令往聽法
功德如此何況一心聽說讀誦而於大衆為
人分別如說脩行尒時世尊欲重宣此義而
說偈言
若人於法會　得聞是經典　乃至於一偈　隨喜為他說
如是展轉教　至于第五十　最後人獲福　今當分別之
如有大施主　供給无量衆　具滿八十歲　隨意之所欲
見彼衰老相　髮白而面皺　齒踈形枯竭　念其死不久
我今應當教　令得於道果　即為方便說　涅槃真實法
世皆不牢固　如水沫泡焰　汝等咸應當　疾生猒離心
諸人聞是法　皆得阿羅漢　具足六神通　三明八解脫
最後第五十　聞一偈隨喜　是人福勝彼　不可為譬喻
如是展轉聞　其福尚无量　何況於法會　初聞隨喜者
若有勸一人　將引聽法華　言此經深妙　千万劫難遇
即受教往聽　乃至須臾聞　斯人之福報　今當分別說
世世无口患　齒不踈黃黑　脣不厚褰缺　无有可惡相
舌不乾黑短　鼻高脩且直　額廣而平正　面目悉端嚴
為人所喜見　口氣无臭穢　優鉢華之香　常從其口出
若故詣僧坊　欲聽法華經　須臾聞歡喜　今當說其福
後生天人中　得妙象馬車　珎寶之輦轝　及乘天宮殿
若於講法處　勸人坐聽經　是福因緣得　釋梵轉輪座

BD06312號　妙法蓮華經卷六　（19–4）

舌不乾黑短　鼻高脩且直　額廣而平正　面目悉端嚴
為人所喜見　口氣无臭穢　優鉢華之香　常從其口出
若故詣僧坊　欲聽法華經　須臾聞歡喜　今當說其福
後生天人中　得妙象馬車　珎寶之輦轝　及乘天宮殿
若於講法處　勸人坐聽經　是福因緣得　釋梵轉輪座
何況一心聽　解說其義趣　如說而脩行　其福不可限
妙法蓮華經法師功德品第十九
尒時佛告常精進菩薩摩訶薩　若善男子
善女人受持是法華經　若讀若誦若解說若
書寫　是人當得八百眼功德　千二百耳功德　八
百鼻功德　千二百舌功德　八百身功德　千二
百意功德　以是功德　莊嚴六根　皆令清淨　是
善男子善女人　父母所生清淨肉眼　見於三
千大千世界　內外所有山林河海　下至阿鼻
地獄　上至有頂　亦見其中一切眾生　及業因
緣果報生處　悉見悉知　尒時世尊　欲重宣此
義而說偈言
若於大眾中　以无所畏心　說是法華經　汝聽其功德
是人得八百　功德殊勝眼　以是莊嚴故　其目甚清淨
父母所生眼　悉見三千界　內外弥樓山　須弥及鐵圍
并諸餘山林　大海江河水　下至阿鼻獄　上至有頂處
其中諸生　一切皆悉見　雖未得天眼　肉眼力如是
復次常精進　若善男子善女人　受持此經　若
讀若誦若解說若書寫　得千二百耳功德　以
是清淨耳　聞三千大千世界　下至阿鼻地獄

并諸餘山林　大海江河水　下至阿鼻獄　上至有頂處
其中諸生　一切皆悉見　雖未得天眼　肉眼力如是
復次常精進　若善男子善女人　受持此經　若
讀若誦若解說若書寫　得千二百耳功德　以
是清淨耳　聞三千大千世界　下至阿鼻地獄
上至有頂　其中內外種種語言音聲　象聲馬
聲牛聲車聲　啼哭聲　愁歎聲　螺聲　鼓聲　鍾
聲鈴聲　咲聲　語聲　男聲　女聲　童子聲　童女聲
法聲非法聲　苦聲樂聲　凡夫聲　聖人聲　喜聲　不
喜聲　天聲　龍聲　夜叉聲　乾闥婆聲　阿脩羅聲
迦樓羅聲　緊那羅聲　摩睺羅伽聲　火聲　水聲
風聲　地獄聲　畜生聲　餓鬼聲　比丘聲　比丘尼
聲　聲聞聲　辟支佛聲　菩薩聲　佛聲　以要言之
三千大千世界中　一切內外所有諸聲　雖未
得天耳　以父母所生清淨常耳　皆悉聞知　如
是分別種種音聲　而不壞耳根　尒時世尊　欲
重宣此義而說偈言
父母所生耳　清淨无濁穢　以此常耳聞　三千世界聲
象馬車牛聲　鍾鈴螺鼓聲　琴瑟箜篌聲　簫笛之音聲
清淨好歌聲　聽之而不著　无數種人聲　聞悉能解了
又聞諸天聲　微妙之歌音　及聞男女聲　童男童女聲
山川嶮谷中　迦陵頻伽聲　命命等諸鳥　悉聞其音聲
地獄眾苦痛　種種楚毒聲　餓鬼飢渴逼　求索飲食聲
諸阿脩羅等　居在大海邊　自共語言時　出于大音聲
如是說法者　安住於此間　遙聞是眾聲　而不壞耳根

又聞諸天聲 微妙之歌音 及聞男女聲 童男童女聲
山川險谷中 迦陵頻伽聲 命命等諸鳥 悉聞其音聲
地獄眾苦痛 種種楚毒聲 餓鬼飢渴逼 求索飲食聲
諸阿脩羅等 居在大海邊 自共語言時 出于大音聲
如是說法者 安住於此間 遙聞是眾聲 而不壞耳根
十方世界中 禽獸鳴相呼 其說法之人 於此悉聞之
其諸梵天上 光音及遍淨 乃至有頂天 言語之音聲
法師住於此 悉皆得聞之 一切比丘眾 及諸比丘尼
若讀誦經典 若為他人說 法師住於此 悉皆得聞之
復有諸菩薩 讀誦於經典 若為他人說 撰集解其義
如是諸音聲 悉皆得聞之 諸佛大聖尊 教化眾生者
於諸大眾中 演說微妙法 持此法華者 悉皆得聞之
三千大千界 內外諸音聲 下至阿鼻獄 上至有頂天
皆聞其音聲 而不壞耳根 其耳聰利故 悉能分別知
持是法華者 雖未得天耳 但用所生耳 功德已如是
復次常精進若善男子善女人受持是經若
讀若誦若解說若書寫成就八百鼻功德以
是清淨鼻根聞於三千大千世界上下內外
種種諸香須曼那華香闍提華香末利華香
瞻蔔華香波羅羅華香赤蓮華香青蓮華
香白蓮華香華樹香菓樹香栴檀香沉水香多摩
羅跋香多伽羅香及千万種和香若末若
丸若塗香持是經者於此間住悉能分別又
復別知眾生之香象香馬香牛羊等香男香
女香童子香童女香及草木叢林香若近

BD06312 號　妙法蓮華經卷六　（19–7）

香白蓮華香華樹香菓樹香栴檀香沉水香多摩
羅跋香多伽羅香及千万種和香若末若
丸若塗香持是經者於此間住悉能分別又
復別知眾生之香象香馬香牛羊等香男香
女香童子香童女香及草木叢林香若近
若遠所有諸香悉皆得聞分別不錯持是經者
雖住於此亦聞天上諸天之香波利質多羅
拘鞞陁羅樹香及曼陁羅華香摩訶曼陁羅
華香曼殊沙華香摩訶曼殊沙華香栴檀
沉水種種末香諸雜華香如是等天香和合所
出之香无不聞知又聞諸天身香釋提桓因
在勝殿上五欲娛樂嬉戲時香若在妙法堂
上為忉利諸天說法時香若於諸園遊戲時
香及餘天等男女身香皆悉遙聞如是展轉
乃至梵世上至有頂諸天身香亦皆聞之并
聞諸天所燒之香及聲聞香辟支佛香菩薩
香諸佛身香亦皆遙聞知其所在雖聞此香
然於鼻根不壞不錯若欲分別為他人說憶
念不謬尒時世尊欲重宣此義而說偈言
是人鼻清淨 於此世界中 若香若臭物 種種悉聞知
須曼那闍提 多摩羅栴檀 沉水及桂香 種種華菓香
及知眾生香 男子女人香 說法者遠住 聞香知所在
大勢轉輪王 小轉輪及子 群臣諸宮人 聞香知所在
身所著珎寶 及地中寶藏 轉輪王寶女 聞香知所在
諸人嚴身具 衣服及瓔珞 種種所塗香 聞則知其身

BD06312 號　妙法蓮華經卷六　（19–8）

須曼那闍提　多摩羅栴檀　沉水及桂香　種種華菓香
及知衆生香　男子女人香　說法者遠住　聞香知所在
大勢轉輪王　小轉輪及子　羣臣諸宮人　聞香知所在
身所著珎寶　及地中寶藏　轉輪王寶女　聞香知所在
諸人嚴身具　衣服及瓔珞　種種所塗香　聞則知其身
諸天若行坐　遊戲及神變　持是法華者　聞香悉能知
諸樹華菓實　及蘇油香氣　持經者住此　悉知其所在
諸山深嶮處　栴檀樹華敷　衆生在中者　聞香皆能知
鐵圍山大海　地中諸衆生　持經者聞香　悉知其所在
阿脩羅男女　及其諸眷屬　鬪諍遊戲時　聞香皆能知
曠野險隘處　師子象虎狼　野牛水牛等　聞香知所在
若有懷妊者　未辯其男女　无根及非人　聞香悉能知
以聞香力故　知其初懷妊　成就不成就　安樂產福子
以聞香力故　知男女所念　染欲癡恚心　亦知脩善者
地中衆伏藏　金銀諸珎寶　銅器之所盛　聞香悉能知
種種諸瓔珞　无能識其價　聞香知貴賤　出處及所在
天上諸華等　曼陁曼殊沙　波利質多樹　聞香悉能知
天上諸宮殿　上中下差別　衆寶華莊嚴　聞香悉能知
天園林勝殿　諸觀妙法堂　在中而娛樂　聞香悉能知
諸天若聽法　或受五欲時　來往行卧坐　聞香悉能知
天女所著衣　好華香莊嚴　周旋遊戲時　聞香悉能知
如是展轉上　乃至於梵世　入禪出禪者　聞香悉能知
光音遍淨天　乃至于有頂　初生及退沒　聞香悉能知
諸比丘衆等　於法常精進　若坐若經行　及讀誦經法
或在林樹下　專精而坐禪　持經者聞香　悉知其所在

BD06312 號　妙法蓮華經卷六　（19–9）

諸天若聽法　或受五欲時　來往行卧坐　聞香悉能知
天女所著衣　好華香莊嚴　周旋遊戲時　聞香悉能知
如是展轉上　乃至於梵世　入禪出禪者　聞香悉能知
光音遍淨天　乃至于有頂　初生及退沒　聞香悉能知
諸比丘衆等　於法常精進　若坐若經行　及讀誦經法
或在林樹下　專精而坐禪　持經者聞香　悉知其所在
菩薩志堅固　坐禪若讀誦　或為人說法　聞香悉能知
在在方世尊　一切所恭敬　愍衆而說法　聞香悉能知
衆生在佛前　聞經皆歡喜　如法而脩行　聞香悉能知
雖未得菩薩　无漏法生鼻　而是持經者　先得此鼻相
復次常精進若善男子善女人受持是經若
讀若誦若解說若書寫得千二百舌功德若
好若醜若美不美及諸苦澀物在其舌根皆
變成上味如天甘露无不美者若以舌根於
大衆中有所演說出深妙聲能入其心皆令
歡喜快樂又諸天子天女釋梵諸天聞是深
妙音聲有所演說言論次第皆悉來聽及諸
龍龍女夜叉夜叉女乾闥婆乾闥婆女阿脩
羅阿脩羅女迦樓羅迦樓羅女緊那羅緊那羅
女摩睺羅伽摩睺羅伽女為聽法故皆來親
近恭敬供養及比丘比丘尼優婆塞優婆
夷國王王子羣臣眷屬小轉輪王大轉輪王
七寶千子內外眷屬乘其宮殿俱來聽法以
是菩薩善說法故婆羅門居士國內人民盡
其形壽隨侍供養又諸聲聞辟支佛菩薩諸

BD06312 號　妙法蓮華經卷六　（19–10）

近恭敬供養及比丘比丘尼優婆塞優婆
夷國王王子羣臣眷屬小轉輪王大轉輪王
七寶千子內外眷屬乘其宮殿俱來聽法以
是菩薩善說法故婆羅門居士國內人民盡
其形壽隨侍供養又諸聲聞辟支佛菩薩諸
佛常樂見之是人所在方面諸佛皆向其處
說法能受持一切佛法又能出於深妙法
音尒時世尊欲重宣此義而說偈言
是人舌根淨　終不受惡味　其有所食噉　悉皆成甘露
以深淨妙音　於大眾說法　以諸因緣喻　引導眾生心
聞者皆歡喜　設諸上供養　諸天龍夜叉　及阿脩羅等
皆以恭敬心　而共來聽法　是說法之人　若欲以妙音
遍滿三千界　隨意即能至　大小轉輪王　及千子眷屬
合掌恭敬心　常來聽受法　諸天龍夜叉　羅剎毗舍闍
亦以歡喜心　常樂來供養　梵天王魔王　自在大自在
如是諸天眾　常來至其所　諸佛及弟子　聞其說法音
常念而守護　或時為現身
復次常精進若善男子善女人受持是經若
讀若誦若解說若書寫得八百身功德得清
淨身如淨瑠璃眾生憙見其身淨故三千大
千世界眾生生時死時上下好醜生善處惡
處悉於中現及鐵圍山大鐵圍山弥樓山摩
訶弥樓山等諸山及其中眾生悉於中現下
至阿鼻地獄上至有頂所有及眾生悉於中
現若聲聞辟支佛菩薩諸佛說法皆於身

BD06312號　妙法蓮華經卷六　（19–11）

千世界眾生生時死時上下好醜生善處惡
處悉於中現及鐵圍山大鐵圍山弥樓山摩
訶弥樓山等諸山及其中眾生悉於中現下
至阿鼻地獄上至有頂所有及眾生悉於中
現若聲聞辟支佛菩薩諸佛說法皆於身
中現其色像尒時世尊欲重宣此義而說偈言
若持法華者　其身甚清淨　如彼淨瑠璃　眾生皆憙見
又如淨明鏡　悉見諸色像　菩薩於淨身　皆見世所有
唯獨自明了　餘人所不見　三千世界中　一切諸群萌
天人阿脩羅　地獄鬼畜生　如是諸色像　皆於身中現
諸天等宮殿　乃至於有頂　鐵圍及弥樓　摩訶弥樓山
諸大海水等　皆於身中現　諸佛及聲聞　佛子菩薩等
若獨若在眾　說法悉皆現　雖未得无漏　法性之妙身
以清淨常體　一切於中現
復次常精進若善男子善女人如來滅後受
持是經若讀若誦若解說若書寫得千二百
意功德以是清淨意根乃至聞一偈一句通達
无量无邊之義解是義已能演說一句一
偈至於一月四月乃至一歲諸所說法隨其
義趣皆與實相不相違背若說俗間經書治
世語言資生業等皆順正法三千大千世界
六趣眾生心之所行心所動作心所戲論皆
悉知之雖未得无漏智慧而其意根清淨
如此是人有所思惟籌量言說皆是佛法无
不真實亦是先佛經中所說尒時世尊欲重

BD06312號　妙法蓮華經卷六　（19–12）

義趣皆與實相不相違背若說俗間經書治
世語言資生業等皆順正法三千大千世界
六趣衆生心之所行心所動作心所戲論皆
悉知之雖未得无漏智慧而其意根清淨
如此是人有所思惟籌量言說皆是佛法无
不真實亦是先佛經中所說尒時世尊欲重
宣此義而說偈言
是人意清淨　明利无穢濁　以此妙意根　知上中下法
乃至聞一偈　通達无量義　次第如法說　月四月至歲
是世界內外　一切諸衆生　若天龍及人　夜叉鬼神等
其在六趣中　所念若干種　持法華之報　一時皆悉知
十方无數佛　百福莊嚴相　為衆生說法　悉聞能受持
思惟无量義　說法亦无量　終始不忘錯　以持法華故
悉知諸法相　隨義識次第　達名字語言　如所知演說
此人有所說　皆是先佛法　以演此法故　於衆无所畏
持法華經者　意根淨若斯　雖未得无漏　先有如是相
是人持此經　安住希有地　為一切衆生　歡喜而愛敬
能以千万種　善巧之語言　分別而說法　持法華經故
妙法蓮華經常不輕菩薩品第二十
尒時佛告得大勢菩薩摩訶薩汝今當知若
比丘比丘尼優婆塞優婆夷持法華經者若
有惡口罵詈誹謗獲大罪報如前所說其所
得功德如向所說眼耳鼻舌身意清淨得大
勢乃往古昔過无量无邊不可思議阿僧祇
劫有佛名威音王如來應供正遍知明行足

BD06312 號　妙法蓮華經卷六　（19–13）

比丘比丘尼優婆塞優婆夷持法華經者若
有惡口罵詈誹謗獲大罪報如前所說其所
得功德如向所說眼耳鼻舌身意清淨得大
勢乃往古昔過无量无邊不可思議阿僧祇
劫有佛名威音王如來應供正遍知明行足
善逝世間解无上士調御丈夫天人師佛世
尊劫名離衰國名大成其威音王佛於彼世
中為天人阿脩羅說法為求聲聞者說應四
諦法度生老病死究竟涅槃為求辟支佛者
說應十二因緣法為諸菩薩因阿耨多羅三
藐三菩提說應六波羅蜜法究竟佛慧得
大勢是威音王佛壽四十万億那由他恒河
沙劫正法住世劫數如一閻浮提微塵像法
住世劫數如四天下微塵其佛饒益衆生已然
後滅度正法像法滅盡之後於此國土復有
佛出亦号威音王如來應供正遍知明行足
善逝世間解无上士調御丈夫天人師佛世
尊如是次第有二万億佛皆同一号最初威
音王如來既已滅度正法滅後於像法中增
上慢比丘有大勢力尒時有一菩薩比丘名
常不輕得大勢以何因緣名常不輕是比丘
凡有所見若比丘比丘尼優婆塞優婆夷皆
悉礼拜讚歎而作是言我深敬汝等不敢輕
慢所以者何汝等皆行菩薩道當得作佛而
是比丘不專讀誦經典但行礼拜乃至遠見

BD06312 號　妙法蓮華經卷六　（19–14）

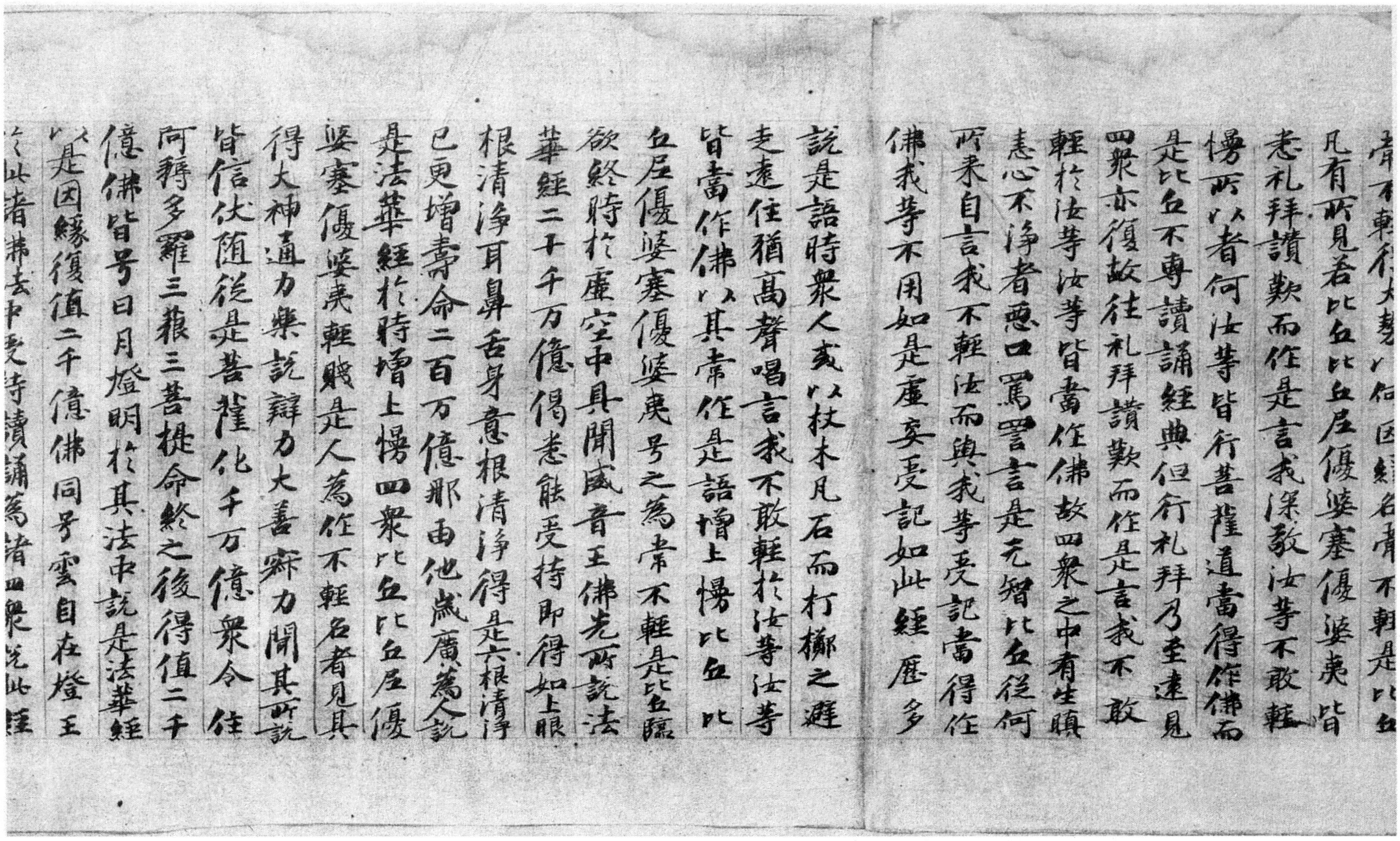

常不輕得大勢以何因緣名常不輕是比丘
凡有所見若比丘比丘尼優婆塞優婆夷皆
悉礼拜讚歎而作是言我深敬汝等不敢輕
慢所以者何汝等皆行菩薩道當得作佛而
是比丘不專讀誦經典但行礼拜乃至遠見
四衆亦復故往礼拜讚歎而作是言我不敢
輕於汝等汝等皆當作佛故四衆之中有生瞋
恚心不淨者惡口罵詈言是无智比丘從何
所來自言我不輕汝而與我等受記當得作
佛我等不用如是虛妄受記如此經歷多
說是語時衆人或以杖木瓦石而打擲之避
走遠住猶高聲唱言我不敢輕於汝等汝等
皆當作佛以其常作是語增上慢比丘比
丘尼優婆塞優婆夷号之為常不輕是比丘臨
欲終時於虛空中具聞威音王佛先所說法
華經二十千万億偈悉能受持即得如上眼
根清淨耳鼻舌身意根清淨得是六根清淨
已更增壽命二百万億那由他歲廣為人說
是法華經於時增上慢四衆比丘比丘尼優
婆塞優婆夷輕賤是人為作不輕名者見其
得大神通力樂說辯力大善寂力聞其所說
皆信伏隨從是菩薩化千万億衆令住
阿耨多羅三藐三菩提命終之後得值二千
億佛皆号日月燈明於其法中說是法華經
以是因緣復值二千億佛同号雲自在燈王
於此諸佛法中受持讀誦為諸四衆說此經

BD06312 號　妙法蓮華經卷六　（19–15）

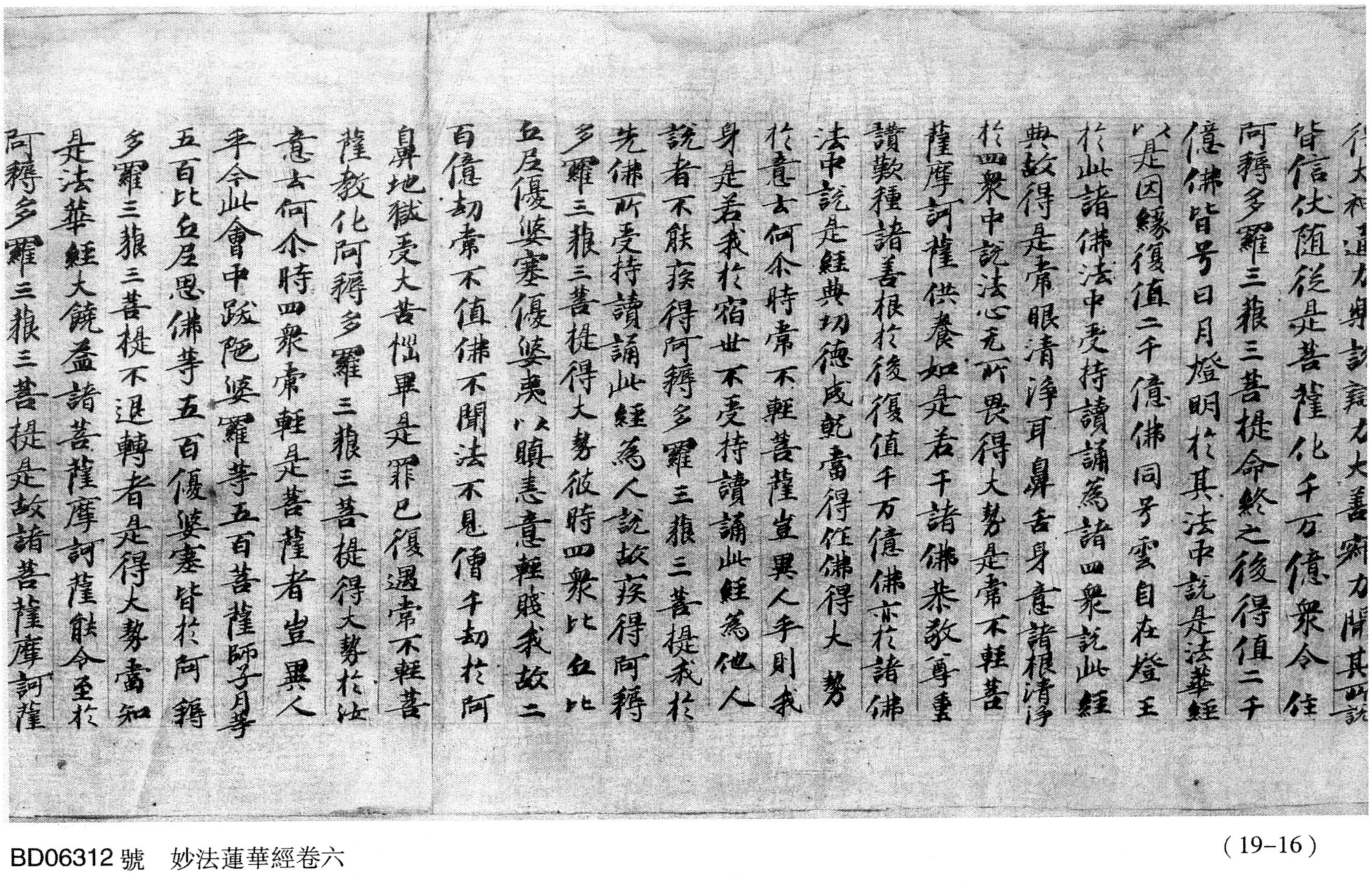

得大神通力樂說辯力大善寂力聞其所說
皆信伏隨從是菩薩化千万億衆令住
阿耨多羅三藐三菩提命終之後得值二千
億佛皆号日月燈明於其法中說是法華經
以是因緣復值二千億佛同号雲自在燈王
於此諸佛法中受持讀誦為諸四衆說此經
典故得是常眼清淨耳鼻舌身意諸根清淨
於四衆中說法心无所畏得大勢是常不輕菩
薩摩訶薩供養如是若干諸佛恭敬尊重
讚歎種諸善根於後復值千万億佛亦於諸佛
法中說是經典功德成就當得作佛得大勢
於意云何尒時常不輕菩薩豈異人乎則我
身是若我於宿世不受持讀誦此經為他人
說者不能疾得阿耨多羅三藐三菩提我於
先佛所受持讀誦此經為人說故疾得阿耨
多羅三藐三菩提得大勢彼時四衆比丘比
丘尼優婆塞優婆夷以瞋恚意輕賤我故二
百億劫常不值佛不聞法不見僧千劫於阿
鼻地獄受大苦惱畢是罪已復遇常不輕菩
薩教化阿耨多羅三藐三菩提得大勢於汝
意云何尒時四衆常輕是菩薩者豈異人
乎今此會中跋陀婆羅等五百菩薩師子月等
五百比丘尼思佛等五百優婆塞皆於阿耨
多羅三藐三菩提不退轉者是得大勢當知
是法華經大饒益諸菩薩摩訶薩能令至於
阿耨多羅三藐三菩提是故諸菩薩摩訶薩

BD06312 號　妙法蓮華經卷六　（19–16）

手令此會中跋陁婆羅等五百菩薩師子月等
五百比丘尼思佛等五百優婆塞皆於阿耨
多羅三藐三菩提不退轉者是得大勢當知
是法華經大饒益諸菩薩摩訶薩能令至於
阿耨多羅三藐三菩提是故諸菩薩摩訶薩
於如來滅後常應受持讀誦解說書寫是經
尒時世尊欲重宣此義而說偈言
過去有佛　号威音王　神智无量　將導一切
天人龍神　所共供養　是佛滅後　法欲盡時
有一菩薩　名常不輕　時諸四衆　計著於法
不輕菩薩　往到其所　而語之言　我不輕汝
汝等行道　皆當作佛　諸人聞已　輕毀罵詈
不輕菩薩　能忍受之　其罪畢已　臨命終時
得聞此經　六根清淨　神通力故　增益壽命
復為諸人　廣說是經　諸著法衆　皆蒙菩薩
教化成就　令住佛道　不輕命終　值无數佛
說是經故　得无量福　漸具功德　疾成佛道
彼時不輕　則我身是　時四部衆　著法之者
聞不輕言　汝當作佛　以是因緣　值无數佛
此會菩薩　五百之衆　并及四部　清信士女
今於我前　聽法者是　我於前世　勸是諸人
聽受斯經　第一之法　開示教人　令住涅槃
世世受持　如是經典　億億万劫　至不可議
時乃得聞　是法華經　億億万劫　至不可議
諸佛世尊　時說是經　是故行者　於佛滅後

BD06312號　妙法蓮華經卷六

（19–17）

聽受斯經　第一之法　開示教人　令住涅槃
世世受持　如是經典　億億万劫　至不可議
時乃得聞　是法華經　億億万劫　至不可議
諸佛世尊　時說是經　是故行者　於佛滅後
聞如是經　勿生疑惑　應當一心　廣說此經
世世值佛　疾成佛道
妙法蓮華經如來神力品第二十一
尒時千世界微塵等菩薩摩訶薩從地踊出
者皆於佛前一心合掌瞻仰尊顏而白佛言
世尊我等於佛滅後世尊分身所在國土滅
度之處當廣說此經所以者何我等亦自欲
得是真淨大法受持讀誦解說書寫而供養
之尒時世尊於文殊師利等无量百千万億
舊住娑婆世界菩薩摩訶薩及諸比丘比丘
尼優婆塞優婆夷天龍夜叉乾闥婆阿脩羅
迦樓羅緊那羅摩睺羅伽人非人等一切衆
前現大神力出廣長舌上至梵世一切毛孔
放於无量无數色光皆悉遍照十方世界衆
寶樹下師子座上諸佛亦復如是出廣長舌
放无量光釋迦牟尼佛及寶樹下諸佛現神
力時滿百千歲然後還攝舌相一時謦欬俱
共彈指是二音聲遍至十方諸佛世界地皆
六種震動其中衆生天龍夜叉乾闥婆阿脩
羅迦樓羅緊那羅摩睺羅伽人非人等以佛
神力故皆見此娑婆世界无量无邊百千萬

BD06312號　妙法蓮華經卷六

（19–18）

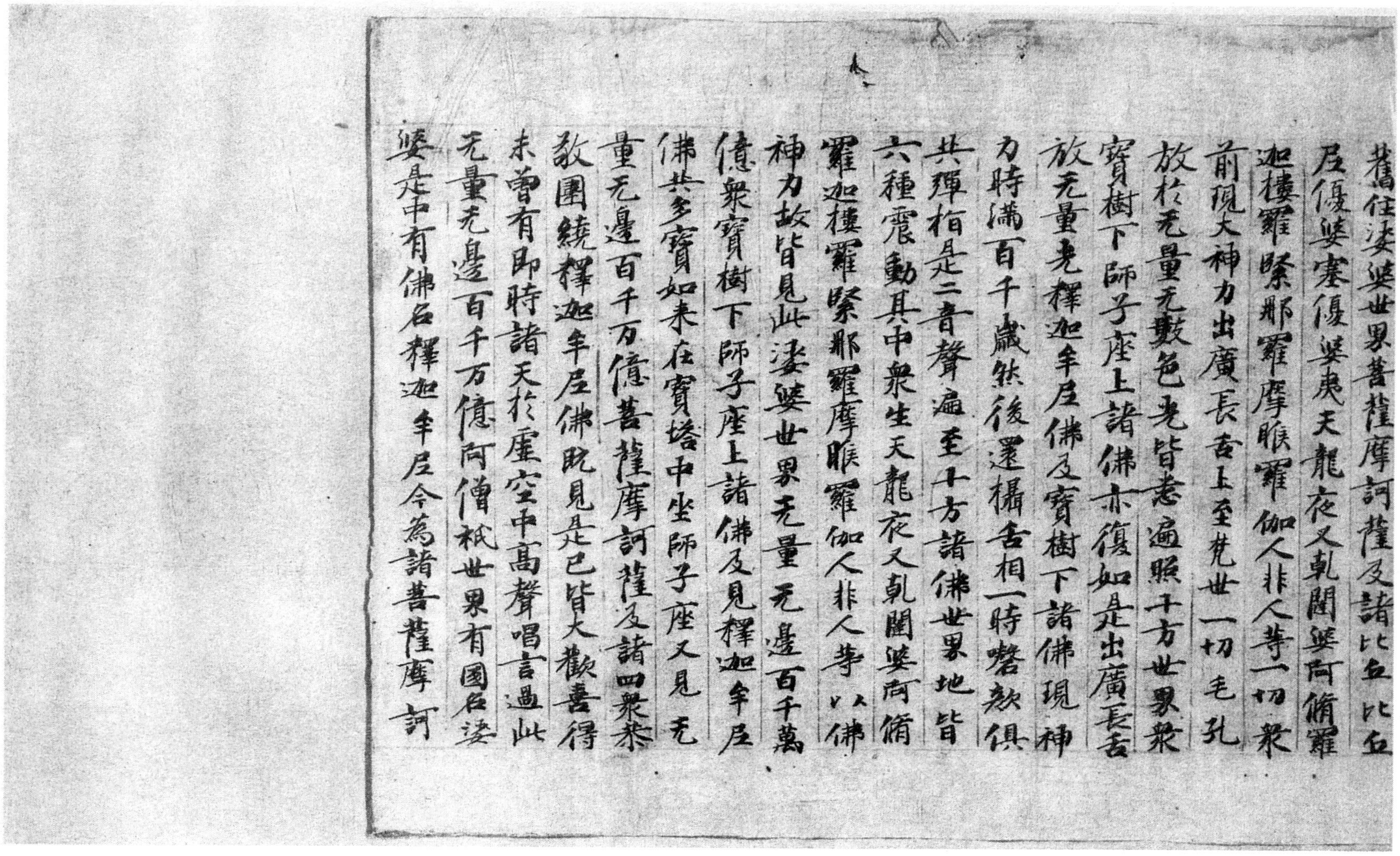

舊住娑婆世界菩薩摩訶薩及諸比丘比丘
尼優婆塞優婆夷天龍夜叉乾闥婆阿脩羅
迦樓羅緊那羅摩睺羅伽人非人等一切衆
前現大神力出廣長舌上至梵世一切毛孔
放於无量无數色光皆悉遍照十方世界衆
寶樹下師子座上諸佛亦復如是出廣長舌
放无量光釋迦牟尼佛及寶樹下諸佛現神
力時滿百千歲然後還攝舌相一時謦欬俱
共彈指是二音聲遍至十方諸佛世界地皆
六種震動其中衆生天龍夜叉乾闥婆阿脩
羅迦樓羅緊那羅摩睺羅伽人非人等以佛
神力故皆見此娑婆世界无量无邊百千萬
億衆寶樹下師子座上諸佛及見釋迦牟尼
佛共多寶如來在寶塔中坐師子座又見无
量无邊百千万億菩薩摩訶薩及諸四衆恭
敬圍繞釋迦牟尼佛既見是已皆大歡喜得
未曾有即時諸天於虛空中高聲唱言過此
无量无邊百千万億阿僧祇世界有國名娑
婆是中有佛名釋迦牟尼今為諸菩薩摩訶

BD06312 號　妙法蓮華經卷六　（19–19）

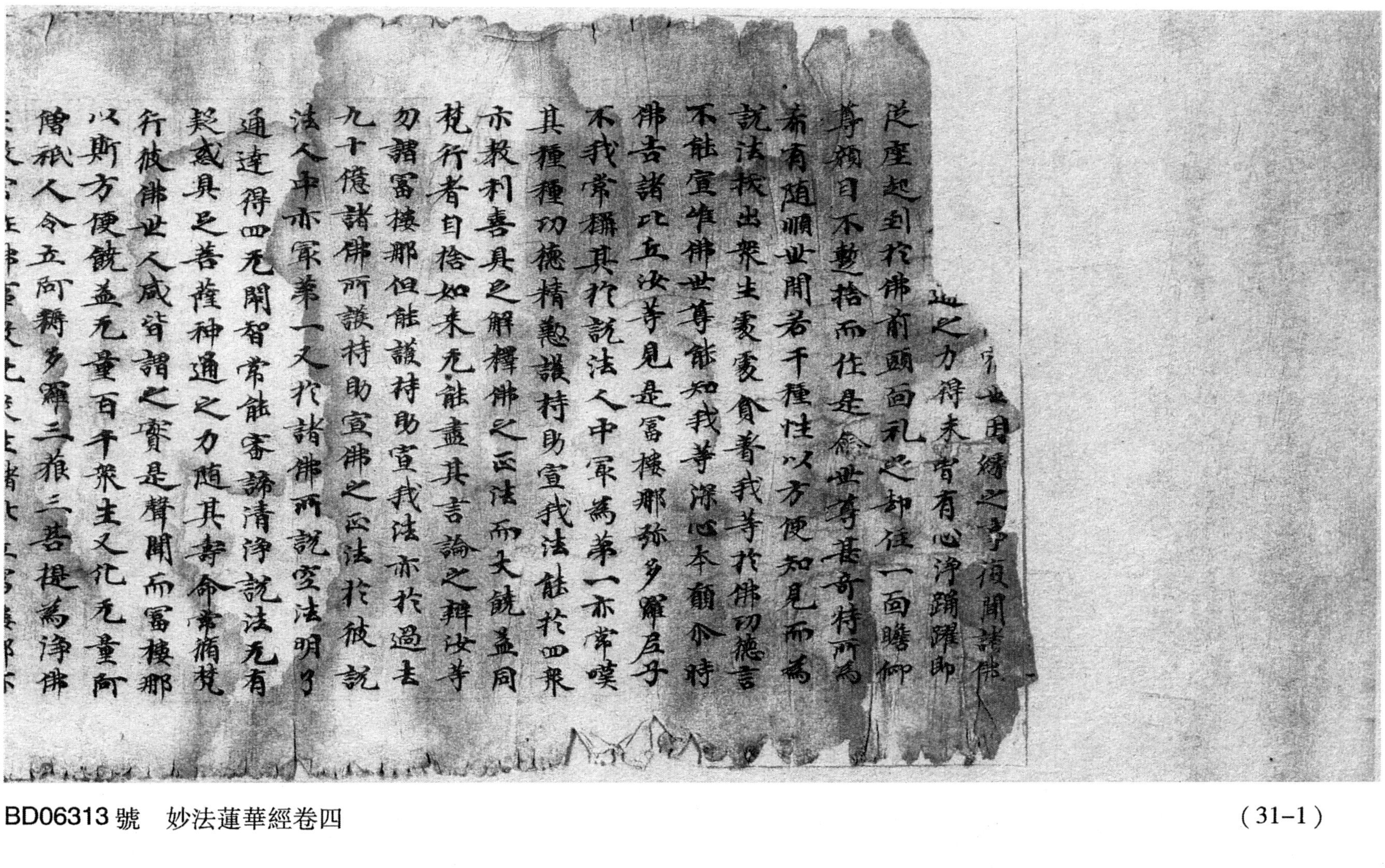

宿世因緣之事復聞諸佛
之力得未曾有心淨踊躍即
從座起到於佛前頭面礼足却住一面瞻仰
尊顏目不暫捨而作是念世尊甚奇特所為
希有隨順世間若干種性以方便知見而為
說法拔出衆生處處貪著我等於佛功德言
不能宣唯佛世尊能知我等深心本願尒時
佛告諸比丘汝等見是富樓那彌多羅尼子
不我常稱其於說法人中最為第一亦常歎
其種種功德精懃護持助宣我法能於四衆
示教利喜具足解釋佛之正法而大饒益同
梵行者自捨如來无能盡其言論之辯汝等
勿謂富樓那但能護持助宣我法亦於過去
九十億諸佛所護持助宣佛之正法於彼說
法人中亦最第一又於諸佛所說空法明了
通達得四无礙智常能審諦清淨說法无有
疑惑具足菩薩神通之力隨其壽命常脩梵
行彼佛世人咸皆謂之實是聲聞而富樓那
以斯方便饒益无量百千衆生又化无量阿
僧祇人令立阿耨多羅三藐三菩提為淨佛
土故常作佛事教化衆生諸比

BD06313 號　妙法蓮華經卷四　（31–1）

法人中亦冣第一又於諸佛所說空法明了
通達得四无閡智常能審諦清淨說法无有
疑惑具足菩薩神通之力隨其壽命常脩梵
行彼佛世人咸皆謂之實是聲聞而富樓那
以斯方便饒益无量百千衆生又化无量阿
僧祇人令立阿耨多羅三藐三菩提為淨佛
土故常作佛事教化衆生諸比丘富樓那亦
於七佛說法人中而得第一今於我所說法
人中亦為第一於賢劫中當來諸佛說法人
中亦復第一而皆護持助宣佛法亦於未來
護持助宣无量无邊諸佛之法教化饒益无
量衆生令立阿耨多羅三藐三菩提為淨佛
土故常懃精進教化衆生漸漸具足菩薩之
道過无量阿僧祇劫當於此土得阿耨多羅
三藐三菩提号曰法明如來應供正遍知明行
足善逝世間解无上士調御丈夫天人師佛
世尊其佛以恒河沙等三千大千世界為
一佛土七寶為地地平如掌无有山陵谿澗
溝壑七寶臺觀充滿其中諸天宮殿近處虛
空人天交接兩得相見无諸惡道亦无女人
一切衆生皆以化生无有婬欲得大神通身
出光明飛行自在志念堅固精進智慧普皆
金色三十二相而自莊嚴其國衆生常以二
食一者法喜食二者禪悅食有无量阿僧祇
千万億那由他諸菩薩衆得大神通四无閡
智善能教化衆生之類其聲聞衆筭數校計
所不能知皆得具足六通三明及八解脫其

BD06313號　妙法蓮華經卷四　（31–2）

出光明飛行自在志念堅固精進智慧普皆
金色三十二相而自莊嚴其國衆生常以二
食一者法喜食二者禪悅食有无量阿僧祇
千万億那由他諸菩薩衆得大神通四无閡
智善能教化衆生之類其聲聞衆筭數校計
所不能知皆得具足六通三明及八解脫其
佛國土有如是等无量功德莊嚴成就劫名
寶明國名善淨其佛壽命无量阿僧祇劫法
住甚久佛滅度後起七寶塔遍滿其國尒時
世尊欲重宣此義而說偈言
諸比丘諦聽　佛子所行道　善學方便故　不可得思議
知衆樂小法　而畏於大智　是故諸菩薩　作聲聞緣覺
以无數方便　化諸衆生類　自說是聲聞　去佛道甚遠
度脫无量衆　皆悉得成就　雖小欲懈怠　漸當令作佛
內秘菩薩行　外現是聲聞　少欲猒生死　實自淨佛土
示衆有三毒　又現邪見相　我弟子如是　方便度衆生
若我具足說　種種現化事　衆生聞是者　心則懷疑惑
今此富樓那　於昔千億佛　懃脩所行道　宣護諸佛法
為求无上慧　而於諸佛所　現居弟子上　多聞有智慧
所說无所畏　能令衆歡喜　未曾有疲惓　而以助佛道
已度大神通　具四无閡慧　知衆根利鈍　常說清淨法
演暢如是義　教諸千億衆　令住大乘法　而自淨佛土
未來亦供養　无量无數佛　護助宣正法　亦自淨佛土
常以諸方便　說法无所畏　度不可計衆　成就一切智
供養諸如來　護持法寶藏　其後得成佛　号名曰法明
其國名善淨　七寶所合成　劫名為寶明　菩薩衆甚多
其數无量億　皆度大神通　威德力具足　充滿其國土

BD06313號　妙法蓮華經卷四　（31–3）

未來亦供養　无量无數佛　護助宣正法　亦自淨佛土
常以諸方便　說法无所畏　度不可計衆　成就一切智
供養諸如來　護持法寶藏　其後得成佛　号名曰法明
其國名善淨　七寶所合成　劫名爲寶明　菩薩衆甚多
其數无量億　皆度大神通　威德力具足　充滿其國土
聲聞亦无數　三明八解脫　得四无閡智　以是等爲僧
其國諸衆生　婬欲皆已斷　純一變化生　具相莊嚴身
法喜禪悅食　更无餘食想　无有諸女人　亦无諸惡道
富樓那比丘　功德悉成滿　當得斯淨土　賢聖衆甚多
如是无量事　我今但略說
尒時千二百阿羅漢心自在者作是念我等
歡喜得未曾有若世尊各見授記如餘大弟
子者不亦快乎佛知此等心之所念告摩訶
迦葉是千二百阿羅漢我今當現前次第與
授阿耨多羅三藐三菩提記於此衆中我大
弟子憍陳如比丘當供養六万二千億佛然
後得成爲佛号曰普明如來應供正遍知明
行足善逝世間解无上士調御丈夫天人師
佛世尊其五百阿羅漢優樓頻螺迦葉伽耶
迦葉那提迦葉迦留陁夷優陁夷阿㝹樓䭾
離波多劫賓那薄拘羅周陁莎伽陁等皆當
得阿耨多羅三藐三菩提盡同一号名曰普
明尒時世尊欲重宣此義而說偈言
憍陳如比丘　當見无量佛　過阿僧祇劫　乃成等正覺
常放大光明　具足諸神通　名聞遍十方　一切之所敬
常說无上道　故号爲普明　其國土清淨　菩薩皆勇猛
咸昇妙樓閣　遊諸十方國　以无上供具　奉獻於諸佛

BD06313號　妙法蓮華經卷四　（31–4）

明尒時世尊欲重宣此義而說偈言
憍陳如比丘　當見无量佛　過阿僧祇劫　乃成等正覺
常放大光明　具足諸神通　名聞遍十方　一切之所敬
常說无上道　故号爲普明　其國土清淨　菩薩皆勇猛
咸昇妙樓閣　遊諸十方國　以无上供具　奉獻於諸佛
作是供養已　心懷大歡喜　須臾還本國　有如是神力
佛壽六万劫　正法住倍壽　像法復倍是　法滅天人憂
其五百比丘　次第當作佛　同号曰普明　轉次而授記
我滅度之後　某甲當作佛　其所化世間　亦如我今日
國土之嚴淨　及諸神力通　菩薩聲聞衆　正法及像法
壽命劫多少　皆如上所說
迦葉汝已知　五百自在者　餘諸聲聞衆　亦當復如是
其不在此會　汝當爲宣說
尒時五百阿羅漢於佛前得受記已歡喜踊
躍即從座起到於佛前頭面礼足悔過自責
世尊我等常作是念自謂已得究竟滅度今
乃知之如无智者所以者何我等應得如來
智慧而便自以小智爲足世尊譬如有人至
親友家醉酒而臥是時親友官事當行以无
價寶珠繫其衣裏與之而去其人醉臥都不
覺知起已遊行到於他國爲衣食故懃力求
索甚大艱難若少有所得便以爲足於後親
友會遇見之而作是言咄哉丈夫何爲衣食
乃至如是我昔欲令汝得安樂五欲自恣於
某年日月以无價寶珠繫汝衣裏今故現在
而汝不知勤苦憂惱以求自活甚爲癡也汝
今可以此寶貿易所須常可如意无所乏短

BD06313號　妙法蓮華經卷四　（31–5）

友會遇見之而作是言咄哉丈夫何為衣食
乃至如是我昔欲令汝得安樂五欲自恣於
某年日月以无價寶珠繫汝衣裏今故現在
而汝不知勤苦憂惱以求自活甚為癡也汝
今可以此寶貿易所須常可如意无所乏短
佛亦如是為菩薩時教化我等令發一切智
心而尋廢忘不知不覺既得阿羅漢道自謂
滅度資生艱難得少為足一切智願猶在不
失今者世尊覺悟我等作如是言諸比丘汝
等所得非究竟滅我久令汝等種佛善根以
方便故示涅槃相而汝謂為實得滅度世尊
我今乃知實是菩薩得授阿耨多羅三藐三
菩提記以是因緣甚大歡喜得未曾有尒時
阿若憍陳如等欲重宣此義而說偈言
我等聞无上　安隱授記聲　歡喜未曾有　禮无量智佛
今於世尊前　自悔諸過咎　於无量佛寶　得少涅槃分
如无智愚人　便自以為足
譬如貧窮人　往至親友家　其家甚大富　具設諸餚饍
以无價寶珠　繫著內衣裏　嘿與而捨去　時臥不覺知
是人既已起　遊行詣他國　求衣食自濟　資生甚艱難
得少便為足　更不願好者　不覺內衣裏　有无價寶珠
與珠之親友　後見此貧人　苦切責之已　示以所繫珠
貧人見此珠　其心大歡喜　富有諸財物　五欲而自恣
我等亦如是　世尊於長夜　常愍見教化　令種无上願
我等无智故　不覺亦不知　得少涅槃分　自足不求餘
今佛覺悟我　言非實滅度　得佛无上慧　尒乃為真滅
我今從佛聞　授記莊嚴事　及轉次受決　身心遍歡喜

得少便為足　更不願好者　不覺內衣裏　有无價寶珠
與珠之親友　後見此貧人　苦切責之已　示以所繫珠
貧人見此珠　其心大歡喜　富有諸財物　五欲而自恣
我等亦如是　世尊於長夜　常愍見教化　令種无上願
我等无智故　不覺亦不知　得少涅槃分　自足不求餘
今佛覺悟我　言非實滅度　得佛无上慧　尒乃為真滅
我今從佛聞　授記莊嚴事　及轉次受決　身心遍歡喜

妙法蓮華經授學无學人記品第九

尒時阿難羅睺羅而作是念我等每自思惟
設得授記不亦快乎即從座起到於佛前頭
面禮足俱白佛言世尊我等於此亦應有分
唯有如來我等所歸又我等為一切世間天
人阿脩羅所見知識阿難常為侍者護持法
藏羅睺羅是佛之子若佛見授阿耨多羅三
藐三菩提記者我願既滿眾望亦足尒時學
无學聲聞弟子二千人皆從座起偏袒右肩到
於佛前一心合掌瞻仰世尊如阿難羅睺羅
所願住立一面尒時佛告阿難汝於來世
當得作佛号山海慧自在通王如來應供正
遍知明行足善逝世間解无上士調御丈夫
天人師佛世尊當供養六十二億諸佛護持
法藏然後得阿耨多羅三藐三菩提教化二
十千万億恒河沙諸菩薩等令成阿耨多羅
三藐三菩提國名常立勝幡其土清淨瑠璃
為地劫名妙音遍滿其佛壽命无量千万億
阿僧祇劫若人於千万億无量阿僧祇劫中
筭數校計不能得知正法住世倍於壽命像

千千万億恒河沙諸菩薩等令成阿耨多羅
三藐三菩提國名常立勝幡其土清淨瑠璃
為地劫名妙音遍滿其佛壽命无量千万億
阿僧祇劫若人於千万億无量阿僧祇劫中
筭數校計不能得知正法住世倍於壽命像
法住世復倍正法阿難是山海慧自在通王
佛為十方无量千万億恒河沙等諸佛如來
所共讚歎稱其功德尒時世尊欲重宣此義
而說偈言
我今僧中說　阿難持法者　當供養諸佛　然後成正覺
号曰山海慧　自在通王佛　其國土清淨　名常立勝幡
教化諸菩薩　其數如恒沙　佛有大威德　名聞滿十方
壽命无有量　以愍衆生故　正法倍壽命　像法復倍是
如恒河沙等　无數諸衆生　於此佛法中　種佛道因緣
尒時會中新發意菩薩八千人咸作是念我
等尚不聞諸大菩薩得如是記有何因緣而
諸聲聞得如是決尒時世尊知諸菩薩心之
所念而告之曰諸善男子我與阿難等於空
王佛所同時發阿耨多羅三藐三菩提心阿
難常樂多聞我常懃精進是故我已得成阿
耨多羅三藐三菩提而阿難護持我法亦護
將來諸佛法藏教化成就諸菩薩衆其本願
如是故獲斯記阿難面於佛前自聞授記及
國土莊嚴所願具足心大歡喜得未曾有即
時憶念過去无量千万億諸佛法藏通達
无閡如今所聞亦識本願尒時阿難而說偈
言

將來諸佛法藏教化成就諸菩薩衆其本願
如是故獲斯記阿難面於佛前自聞授記及
國土莊嚴所願具足心大歡喜得未曾有即
時憶念過去无量千万億諸佛法藏通達
无閡如今所聞亦識本願尒時阿難而說偈
言
世尊甚希有　令我念過去　无量諸佛法　如今日所聞
我今无復疑　安住於佛道　方便為侍者　護持諸佛法
尒時佛告羅睺羅汝於來世當得作佛号蹈
七寶華如來應供正遍知明行足善逝世間
解无上士調御丈夫天人師佛世尊當供養
十世界微塵等數諸佛如來常為諸佛而作
長子猶如今也是蹈七寶華佛國土莊嚴壽
命劫數所化弟子正法像法亦如山海慧自
在通王如來无異亦為此佛而作長子過是
已後當得阿耨多羅三藐三菩提尒時世尊
欲重宣此義而說偈言
我為太子時　羅睺為長子　我今成佛道　受法為法子
於未來世中　見无量億佛　皆為其長子　一心求佛道
羅睺羅密行　唯我能知之　現為我長子　以示諸衆生
无量億千万　功德不可數　安住於佛法　以求无上道
尒時世尊見學无學二千人其意柔軟寂然
清淨一心觀佛佛告阿難汝見是學无學二
千人不唯然已見阿難是諸人等當供養五
十世界微塵數諸佛如來恭敬尊重護持法
藏末後同時於十方國各得成佛皆同一号
名曰寶相如來應供正遍知明行足善逝世

无量億千万　功德不可數　安住於佛法　以求无上道
尒時世尊見學无學二千人其意柔軟寂然
清淨一心觀佛佛告阿難汝見是學无學二
千人不唯然已見阿難是諸人等當供養五
十世界微塵數諸佛如來恭敬尊重護持法
藏末後同時於十方國各得成佛皆同一号
名曰寶相如來應供正遍知明行足善逝世
間解无上士調御丈夫天人師佛世尊壽命
一劫國土莊嚴聲聞菩薩正法像法皆悉同
等尒時世尊欲重宣此義而說偈言
是二千聲聞　今於我前住　悉皆與授記　未來當成佛
所供養諸佛　如上說塵數　護持其法藏　後當成正覺
各於十方國　悉同一名号　俱時坐道場　以證无上慧
皆名為寶相　國土及弟子　正法與像法　悉等无有異
咸以諸神通　度十方衆生　名聞普周遍　漸入於涅槃
尒時學无學二千人聞佛授記歡喜踊躍而
說偈言
世尊慧燈明　我聞授記音　心歡喜充滿　如甘露見灌
妙法蓮華經法師品第十
尒時世尊因藥王菩薩告八万大士藥王汝
見是大衆中无量諸天龍王夜叉乾闥婆阿
脩羅迦樓羅緊那羅摩睺羅伽人與非人及
比丘比丘尼優婆塞優婆夷求聲聞者求辟
支佛者求佛道者如是等類咸於佛前聞妙
法華經一偈一句乃至一念隨喜者我皆與
授記當得阿耨多羅三藐三菩提佛告藥王
又如來滅度之後若有人聞妙法華經乃至

見是大衆中无量諸天龍王夜叉乾闥婆阿
脩羅迦樓羅緊那羅摩睺羅伽人與非人及
比丘比丘尼優婆塞優婆夷求聲聞者求辟
支佛者求佛道者如是等類咸於佛前聞妙
法華經一偈一句乃至一念隨喜者我皆與
授記當得阿耨多羅三藐三菩提佛告藥王
又如來滅度之後若有人聞妙法華經乃至
一偈一句一念隨喜者我亦與授阿耨多羅
三藐三菩提記若復有人受持讀誦解說書
寫妙法華經乃至一偈於此經卷敬視如佛
種種供養華香瓔珞末香塗香燒香繒蓋幢
幡衣服伎樂乃至合掌恭敬藥王當知是諸
人等已曾供養十万億佛於諸佛所成就大
願愍衆生故生此人間藥王若有人問何等
衆生於未來世當得作佛應示是諸人等於
未來世必得作佛何以故若善男子善女人
於法華經乃至一句受持讀誦解說書寫種
種供養經卷華香瓔珞末香塗香燒香繒蓋
幢幡衣服伎樂合掌恭敬是人一切世間所
應瞻奉應以如來供養而供養之當知此人
是大菩薩成就阿耨多羅三藐三菩提哀愍
衆生願生此間廣演分別妙法華經何況盡
能受持種種供養者藥王當知是人自捨清
淨業報於我滅度後愍衆生故生於惡世廣
演此經若是善男子善女人我滅度後能竊
為一人說法華經乃至一句當知是人則如
來使如來所遣行如來事何況於大衆中廣

衆生願生此間廣演分別妙法華經何況盡
能受持種種供養者藥王當知是人自捨清
淨業報於我滅度後愍衆生故生於惡世廣
演此經若是善男子善女人我滅度後能竊
爲一人說法華經乃至一句當知是人則如
來使如來所遣行如來事何況於大衆中廣
爲人說藥王若有惡人以不善心於一劫中
現於佛前常毀罵佛其罪尚輕若人以一惡
言毀呰在家出家讀誦法華經者其罪甚重
藥王其有讀誦法華經者當知是人以佛莊
嚴而自莊嚴則爲如來肩所荷擔其所至方
應隨向禮一心合掌恭敬供養尊重讚歎華
香瓔珞末香塗香燒香繒蓋幢幡衣服餚饌
作諸伎樂人中上供而供養之應持天寶而
以散之天上寶聚應以奉獻所以者何是人
歡喜說法須臾聞之即得究竟阿耨多羅三
藐三菩提故尒時世尊欲重宣此義而說偈
言
若欲住佛道　成就自然智　當常勤供養　受持法華者
其有欲疾得　一切種智慧　當受持是經　并供養持者
若有能受持　妙法華經者　當知佛所使　愍念諸衆生
諸有能受持　妙法華經者　捨於清淨土　愍衆故生此
當知如是人　自在所欲生　能於此惡世　廣說无上法
應以天華香　及天寶衣服　天上妙寶聚　供養說法者
吾滅後惡世　能持是經者　當合掌禮敬　如供養世尊
上饌衆甘美　及種種衣服　供養是佛子　冀得須臾聞
若能於後世　受持是經者　我遣在人中　行於如來事

當知如是人　自在所欲生　能於此惡世　廣說无上法
應以天華香　及天寶衣服　天上妙寶聚　供養說法者
吾滅後惡世　能持是經者　當合掌禮敬　如供養世尊
上饌衆甘美　及種種衣服　供養是佛子　冀得須臾聞
若能於後世　受持是經者　我遣在人中　行於如來事
若於一劫中　常懷不善心　作色而罵佛　獲无量重罪
其有讀誦持　是法華經者　須臾加惡言　其罪復過彼
有人求佛道　而於一劫中　合掌在我前　以无數偈讚
由是讚佛故　得无量功德　歎美持經者　其福復過彼
於八十億劫　以最妙色聲　及與香味觸　供養持經者
如是供養已　若得須臾聞　則應自欣慶　我今獲大利
藥王今告汝　我所說諸經　而於此經中　法華最第一
尒時佛復告藥王菩薩摩訶薩我所說經典
无量千万億已說今說當說而於其中此法
華經最爲難信難解藥王此經是諸佛秘要
藏不可分布妄授與人諸佛世尊之所守護
從昔已來未曾顯說而此經者如來現在猶
多怨嫉況滅度後藥王當知如來滅後其能
書持讀誦供養爲他人說者如來則爲以衣
覆之又爲他方現在諸佛之所護念是人有
大信力及志願力諸善根力當知是人與如
來共宿則爲如來手摩其頭藥王在在處處
若說若讀若誦若書若經卷所住之處皆應
起七寶塔極令高廣嚴飾不須復安舍利所
以者何此中已有如來全身此塔應以一切
華香瓔珞繒蓋幢幡伎樂歌頌供養恭敬尊
重讚歎若有人得見此塔禮拜供養當知是

大信力及志願力諸善根力當知是人與如
來共宿則為如來手摩其頭藥王在在處處
若說若讀若誦若書若經卷所住之處皆應
起七寶塔極令高廣嚴飾不須復安舍利所
以者何此中已有如來全身此塔應以一切
華香瓔珞繒蓋幢幡伎樂歌頌供養恭敬尊
重讚歎若有人得見此塔禮拜供養當知是
等皆近阿耨多羅三藐三菩提藥王多有人
在家出家行菩薩道若不能得見聞讀誦書
持供養是法華經者當知是人未善行菩薩
道若有得聞是經典者乃能善行菩薩之道
其有衆生求佛道者若見若聞是法華經聞
已信解受持者當知是人得近阿耨多羅三
藐三菩提藥王譬如有人渴乏須水於彼高
原穿鑿求之猶見乾土知水尚遠施功不已
轉見濕土遂漸至泥其心決定知水必近菩
薩亦復如是若未聞未解未能修習是法華
經當知是人去阿耨多羅三藐三菩提尚遠
若得聞解思惟修習必知得近阿耨多羅三
藐三菩提所以者何一切菩薩阿耨多羅三
藐三菩提皆屬此經此經開方便門示真實
相是法華經藏深固幽遠无人能到今佛教
化成就菩薩而為開示藥王若有菩薩聞是
法華經驚疑怖畏當知是為新發意菩薩若
聲聞人聞是經驚疑怖畏當知是為增上慢
者藥王若有善男子善女人如來滅後欲為
四衆說是法華經者云何應說是善男子善

化成就菩薩而為開示藥王若有菩薩聞是
法華經驚疑怖畏當知是為新發意菩薩若
聲聞人聞是經驚疑怖畏當知是為增上慢
者藥王若有善男子善女人如來滅後欲為
四衆說是法華經者云何應說是善男子善
女人入如來室著如來衣坐如來座爾乃應
為四衆廣說斯經如來室者一切衆生中大
慈悲心是如來衣者柔和忍辱心是如來座
者一切法空是安住是中然後以不懈怠心
為諸菩薩及四衆廣說是法華經藥王我於
餘國遣化人為其集聽法衆亦遣化比丘比
丘尼優婆塞優婆夷聽其說法是諸化人聞
法信受隨順不逆若說法者在空閑處我時
廣遣天龍鬼神乾闥婆阿修羅等聽其說法
我雖在異國時時令說法者得見我身若於
此經忘失句逗我還為說令得具足爾時世尊
欲重宣此義而說偈言
欲捨諸懈怠　應當聽此經　是經難得聞　信受者亦難
如人渴須水　穿鑿於高原　猶見乾燥土　知去水尚遠
漸見濕土泥　決定知近水
藥王汝當知　如是諸人等　不聞法華經　去佛智甚遠
若聞是深經　決了聲聞法　是諸經之王　聞已諦思惟
當知此人等　近於佛智慧　若人說此經　應入如來室
著於如來衣　而坐如來座　處衆无所畏　廣為分別說
大慈悲為室　柔和忍辱衣　諸法空為座　處此為說法
若說此經時　有人惡口罵　加刀杖瓦石　念佛故應忍
我千万億土　現淨堅固身　於无量億劫　為衆生說法

若聞是深經　決了聲聞法　是諸經之王　聞已諦思惟
當知此人等　近於佛智慧　若人說此經　應入如來室
著於如來衣　而坐如來座　處衆无所畏　廣為分別說
大慈悲為室　柔和忍辱衣　諸法空為座　處此為說法
若說此經時　有人惡口罵　加刀杖瓦石　念佛故應忍
我千万億土　現淨堅固身　於无量億劫　為衆生說法
若我滅度後　能說此經者　我遣化四衆　比丘比丘尼
及清信士女　供養於法師　引導諸衆生　集之令聽法
若人欲加惡　刀杖及瓦石　則遣變化人　為之作衛護
若說法之人　獨在空閑處　寂寞无人聲　讀誦此經典
我尒時為現　清淨光明身　若忘失章句　為說令通利
若人具是德　或為四衆說　空處讀誦經　皆得見我身
若人在空閑　我遣天龍王　夜叉鬼神等　為作聽法衆
是人樂說法　分別无罣閡　諸佛護念故　能令大衆喜
若親近法師　速得菩薩道　隨順是師學　得見恒沙佛

妙法蓮華經見寶塔品第十一

尒時佛前有七寶塔高五百由旬縱廣二百
五十由旬從地踊出住在空中種種寶物而莊
校之五千欄楯龕室千万无數幢幡以為
嚴餙垂寶瓔珞寶鈴万億而懸其上四面皆
出多摩羅跋栴檀之香充遍世界其諸幡蓋
以金銀瑠璃車𤦲馬瑙真珠玫瑰七寶合成
高至四天王宮三十三天雨天曼陁羅華供
養寶塔餘諸天龍夜叉乾闥婆阿脩羅迦樓
羅緊那羅摩睺羅伽人非人等千万億衆以
一切華香瓔珞幡蓋伎樂供養寶塔恭敬尊
重讚歎尒時寶塔中出大音聲歎言善哉善

以金銀瑠璃車𤦲馬瑙真珠玫瑰七寶合成
高至四天王宮三十三天雨天曼陁羅華供
養寶塔餘諸天龍夜叉乾闥婆阿脩羅迦樓
羅緊那羅摩睺羅伽人非人等千万億衆以
一切華香瓔珞幡蓋伎樂供養寶塔恭敬尊
重讚歎尒時寶塔中出大音聲歎言善哉善
哉釋迦牟尼世尊能以平等大慧教菩薩法
佛所護念妙法華經為大衆說如是如是釋
迦牟尼世尊如所說者皆是真實尒時四衆
見大寶塔住在空中又聞塔中所出音聲皆
得法喜怪未曾有從座而起恭敬合掌却住
一面尒時有菩薩摩訶薩名大樂說知一切
世間天人阿脩羅等心之所疑而白佛言世
尊以何因緣有此寶塔從地踊出又於其中
發是音聲尒時佛告大樂說菩薩此寶塔中
有如來全身乃往過去東方无量千万億阿僧
祇世界國名寶淨彼中有佛号曰多寶其佛
行菩薩道時作大誓願若我成佛滅度之後
於十方國土有說法華經處我之塔廟為聽
是經故踊現其前為作證明讚言善哉彼佛
成道已臨滅度時於天人大衆中告諸比丘
我滅度後欲供養我全身者應起一大塔其
佛以神通願力十方世界在在處處若有說
法華經者彼之寶塔皆踊出其前全身在於
塔中讚言善哉善哉大樂說今多寶如來塔
聞說法華經故從地踊出讚言善哉善哉是
時大樂說菩薩以如來神力故白佛言世尊

佛以神通願力十方世界在在處處若有說
法華經者彼之寶塔皆踊出其前全身在於
塔中讚言善哉善哉大樂說今多寶如來塔
聞說法華經故從地踊出讚言善哉善哉是
時大樂說菩薩以如來神力故白佛言世尊
我等願欲見此佛身佛告大樂說菩薩摩訶
薩是多寶佛有深重願若我寶塔為聽法華
經故出於諸佛前時其有欲以我身示四衆
者彼佛分身諸佛在於十方世界說法盡還
集一處然後我身乃出現耳大樂說我分身
諸佛在於十方世界說法者今應當集大樂
說白佛言世尊我等亦願欲見世尊分身諸
佛禮拜供養尒時佛放白毫一光即見東方
五百万億那由他恒河沙等國土諸佛彼諸
國土皆以頗梨為地寶樹寶衣以為莊嚴无
數千万億菩薩充滿其中遍張寶幔寶網羅
上彼國諸佛以大妙音而說諸法及見无量
万億菩薩遍滿諸國為衆說法南西北方四
維上下白毫相光所照之處亦復如是
尒時十方諸佛各告衆菩薩言善男子我今
應往娑婆世界釋迦牟佛所并供養多寶
如來寶塔時娑婆世界即變清淨瑠璃為地
寶樹莊嚴黃金為繩以界八道无諸聚落村
營城邑大海江河山川林藪燒大寶香曼陀
羅華遍布其地以寶網幔羅覆其上懸諸寶
鈴唯留此會衆移諸天人置於他土是時諸
佛各將一大菩薩以為侍者至娑婆世界各

寶樹莊嚴黃金為繩以界八道无諸聚落村
營城邑大海江河山川林藪燒大寶香曼陀
羅華遍布其地以寶網幔羅覆其上懸諸寶
鈴唯留此會衆移諸天人置於他土是時諸
佛各將一大菩薩以為侍者至娑婆世界各
到寶樹下一一寶樹高五百由旬枝葉華菓
次第莊嚴諸寶樹下皆有師子之座高五由
旬亦以大寶而校飾之尒時諸佛各於此座
結加趺坐如是展轉遍滿三千大千世界而
於釋迦牟尼佛一方所分之身猶故未盡時
釋迦牟尼佛欲容受所分身諸佛故八方各
更變二百万億那由他國皆令清淨无有地
獄餓鬼畜生及阿脩羅又移諸天人置於他
土所化之國亦以瑠璃為地寶樹莊嚴樹高
五百由旬枝葉華菓次第嚴飾樹下皆有寶
師子座高五由旬種種諸寶以為莊校亦无
大海江河及目真隣陀山摩訶目真隣陀山
鐵圍山大鐵圍山須弥山等諸山王通為一
佛國土寶地平正寶交露幔遍覆其上懸諸
幡蓋燒大寶香諸天寶華遍布其地釋迦牟
尼佛為諸佛當來坐故復於八方各變二百
万億那由他國皆令清淨无有地獄餓鬼畜
生及阿脩羅又移諸天人置於他土所化之
國亦以瑠璃為地寶樹莊嚴樹高五百由旬
枝葉華菓次第莊嚴樹下皆有寶師子座高
五由旬亦以大寶而校飾之亦无大海江河

万億那由他國皆令清淨无有地獄餓鬼畜
生及阿脩羅又移諸天人置於他土所化之
國亦以瑠璃為地寶樹莊嚴樹高五百由旬
枝葉華菓次第莊嚴樹下皆有寶師子座高
五由旬亦以大寶而挍飾之亦无大海江河
及目真隣陁山摩訶目真隣陁山鐵圍山大
鐵圍山須弥山等諸山王通為一佛國土寶
地平正寶交露幔遍覆其上懸諸幡蓋燒大
寶香諸天寶華遍布其地尒時東方釋迦牟
尼所分之身百千万億那由他恒河沙等國
土中諸佛各各說法來集於此如是次第十
方諸佛皆悉來集坐於八方尒時一一方四
百万億那由他國土諸佛如來遍滿其中是
時諸佛各在寶樹下坐師子座皆遣侍者問
訊釋迦牟尼佛各齎寶華滿掬而告之言善
男子汝往詣耆闍崛山釋迦牟尼佛所如我
辭曰少病少惱氣力安樂及菩薩聲聞衆悉
安隱不以此寶華散佛供養而作是言彼某
甲佛與欲開此寶塔諸佛遣使亦復如是尒
時釋迦牟尼佛見所分身佛悉已來集各各
坐於師子之座皆聞諸佛與欲同開寶塔即
從座起住虛空中一切四衆起立合掌一心
觀佛於是釋迦牟尼佛以右指開七寶塔戶
出大音聲如却關鑰開大城門即時一切衆
會皆見多寶如來於寶塔中坐師子座全身
不散如入禪定又聞其言善哉善哉釋迦牟
尼佛快說是法華經我為聽是經故而來至

BD06313號　妙法蓮華經卷四　　(31–20)

觀佛於是釋迦牟尼佛以右指開七寶塔戶
出大音聲如却關鑰開大城門即時一切衆
會皆見多寶如來於寶塔中坐師子座全身
不散如入禪定又聞其言善哉善哉釋迦牟
尼佛快說是法華經我為聽是經故而來至
此尒時四衆等見過去无量千万億劫滅度
佛說如是言歎未曾有以天寶華聚散多寶
佛及釋迦牟尼佛上尒時多寶佛於寶塔中
分半座與釋迦牟尼佛而作是言釋迦牟尼
佛可就此座即時釋迦牟尼佛入其塔中坐
其半座結加趺坐尒時大衆見二如來在七
寶塔中師子座上結加趺坐各作是念佛坐
高遠唯願如來以神通力令我等輩俱處虛
空即時釋迦牟尼佛以神通力接諸大衆皆
在虛空以大音聲普告四衆誰能於此娑婆
國土廣說妙法華經今正是時如來不久當
入涅槃佛欲以此妙法華經付囑有在尒時
世尊欲重宣此義而說偈言

聖主世尊　雖久滅度　在寶塔中　尚為法來
諸人云何　不懃為法
此佛滅度　无央數劫　處處聽法　以難遇故
彼佛本願　我滅度後　在在所往　常為聽法
又我分身　无量諸佛　如恒沙等　來欲聽法
及見滅度　多寶如來　各捨妙土　及弟子衆
天人龍神　諸供養事　令法久住　故來至此
為坐諸佛　以神通力　移无量衆　令國清淨
諸佛各各　詣寶樹下　如清淨池　蓮華莊嚴

BD06313號　妙法蓮華經卷四　　(31–21)

又我分身　无量諸佛　如恒沙等　來欲聽法
及見滅度　多寶如來　各捨妙土　及弟子衆
天人龍神　諸供養事　令法久住　故來至此
為坐諸佛　以神通力　移无量衆　令國清淨
諸佛各各　詣寶樹下　如清淨池　蓮華莊嚴
其寶樹下　諸師子座　佛坐其上　光明嚴飾
如夜闇中　然大炬火　身出妙香　遍十方國
衆生蒙薰　喜不自勝　譬如大風　吹小樹枝
以是方便　令法久住　告諸大衆　我滅度後
誰能護持　讀誦斯經　今於佛前　自說誓言
其多寶佛　雖久滅度　以大誓願　而師子吼
多寶如來　及與我身　所集化佛　當知此意
諸佛子等　誰能護法　當發大願　令得久住
其有能護　此經法者　則為供養　我及多寶
此多寶佛　處於寶塔　常遊十方　為是經故
亦復供養　諸來化佛　莊嚴光飾　諸世界者
若說此經　則為見我　多寶如來　及諸化佛
諸善男子　各諦思惟　此為難事　宜發大願
諸餘經典　數如恒沙　雖說此等　未足為難
若接須弥　擲置他方　无數佛土　亦未為難
若以足指　動大千界　遠擲他國　亦未為難
若立有頂　為衆演說　无量餘經　亦未為難
若佛滅度　於惡世中　能說此經　是則為難
假使有人　手把虛空　而以遊行　亦未為難
於我滅後　若自書持　若使人書　是則為難
若以大地　置足甲上　昇於梵天　亦未為難
佛滅度後　於惡世中　暫讀此經　是則為難
假使劫燒　擔負乾草　入中不燒　亦未為難

BD06313號　妙法蓮華經卷四　（31–22）

若立有頂　為衆演說　无量餘經　亦未為難
若佛滅度　於惡世中　能說此經　是則為難
假使有人　手把虛空　而以遊行　亦未為難
於我滅後　若自書持　若使人書　是則為難
若以大地　置足甲上　昇於梵天　亦未為難
佛滅度後　於惡世中　暫讀此經　是則為難
假使劫燒　擔負乾草　入中不燒　亦未為難
我滅度後　若持此經　為一人說　是則為難
若持八万　四千法藏　十二部經　為人演說
令諸聽者　得六神通　雖能如是　亦未為難
於我滅後　聽受此經　問其義趣　是則為難
若人說法　令千万億　无量无數　恒沙衆生
得阿羅漢　具六神通　雖有是益　亦未為難
於我滅後　若能奉持　如斯經典　是則為難
我為佛道　於无量土　從始至今　廣說諸經
而在其中　此經第一　若有能持　則持佛身
諸善男子　於我滅後　誰能受持　讀誦此經
今於佛前　自說誓言
此經難持　若暫持者　我則歡喜　諸佛亦然
如是之人　諸佛所歎　是則勇猛　是則精進
是名持戒　行頭陀者　則為疾得　无上佛道
能於來世　讀持此經　是真佛子　住淳善地
佛滅度後　能解其義　是諸天人　世間之眼
於恐畏世　能須臾說　一切天人　皆應供養

妙法蓮華經提婆達多品第十二

尒時佛告諸菩薩及天人四衆　吾於過去无
量劫中求法華經无有懈惓於多劫中常作

BD06313號　妙法蓮華經卷四　（31–23）

佛滅度後　能解其義　是諸天人　世間之眼
於恐畏世　能須臾說　一切天人　皆應供養
妙法蓮華經提婆達多品第十二
尒時佛告諸菩薩及天人四衆吾於過去无
量劫中求法華經无有懈惓於多劫中常作
國王發願求於无上菩提心不退轉為欲滿
足六波羅蜜勤行布施心无悋惜象馬七珎
國城妻子奴婢僕從頭目髓腦身肉手足不
惜軀命時世人民壽命无量為於法故捐捨
國位委政太子擊皷宣令四方求法誰能為
我說大乘者吾當終身供給走使時有仙人
來白王言我有大乘名妙法華若不違我當
為宣說王聞仙言歡喜踊躍即隨仙人供給
所須採菓汲水拾薪設食乃至以身而為床
座身心无惓于時奉事經於千歲為於法故
精勤給侍令无所乏尒時世尊欲重宣此義
而說偈言
我念過去劫　為求大法故　雖作世國王　不貪五欲樂
槌鍾告四方　誰有大法者　若為我解脫　身當為奴僕
時有阿私仙　來白於大王　我有微妙法　世間所希有
若能脩行者　吾當為汝說　時王聞仙言　心生大喜悅
即便隨仙人　供給於所須　採薪及菓蓏　隨時恭敬與
情存妙法故　身心无懈惓　普為諸衆生　勤求於大法
亦不為己身　及以五欲樂　故為大國王　勤求獲此法
遂致得成佛　今故為汝說
佛告諸比丘尒時王者則我身是時仙人者
今提婆達多是由提婆達多善知識故令我

BD06313號　妙法蓮華經卷四　（31–24）

情存妙法故　身心无懈惓　普為諸衆生　勤求於大法
亦不為己身　及以五欲樂　故為大國王　勤求獲此法
遂致得成佛　今故為汝說
佛告諸比丘尒時王者則我身是時仙人者
今提婆達多是由提婆達多善知識故令我
具足六波羅蜜慈悲喜捨三十二相八十種
好紫磨金色十力四无所畏四攝法十八不
共神通道力成等正覺廣度衆生皆因提婆
達多善知識故告諸四衆提婆達多却後過
无量劫當得成佛号曰天王如來應供正遍
知明行足善逝世間解无上士調御丈夫天
人師佛世尊世界名天道時天王佛住世二
十中劫廣為衆生說於妙法恒河沙衆生得
阿羅漢果无量衆生發緣覺心恒河沙衆生
發无上道心得无生忍至不退轉時天王佛
般涅槃後正法住世二十中劫全身舍利起
七寶塔高六十由旬縱廣四十由旬諸天人
民悉以雜華末香燒香塗香衣服瓔珞幢幡
寶蓋伎樂歌頌礼拜供養七寶妙塔无量衆
生得阿羅漢无量衆生悟辟支佛不可思議
衆生發菩提心至不退轉佛告諸比丘未來
世中若有善男子善女人聞妙法華經提婆
達多品淨心信敬不生疑惑者不墮地獄餓
鬼畜生生十方佛前所生之處常聞此經若
生人天中受勝妙樂若在佛前蓮華化生於
時下方多寶世尊所從菩薩名曰智積白多

BD06313號　妙法蓮華經卷四　（31–25）

達多品淨心信敬不生疑惑者不墮地獄餓
鬼畜生生十方佛前所生之處常聞此經若
生人天中受勝妙樂若在佛前蓮華化生於
時下方多寶世尊所從菩薩名曰智積白多
寶佛當還本土釋迦牟尼佛告智積曰善男
子且待須臾此有菩薩名文殊師利可與相
見論說妙法可還本土尒時文殊師利坐千
葉蓮華大如車輪俱來菩薩亦坐寶華從於
大海娑竭龍宮自然踊出住虛空中詣靈鷲
山從蓮華下至於佛所頭面敬礼二世尊足
脩敬已畢往智積所共相慰問却坐一面智
積菩薩問文殊師利仁往龍宮所化眾生其
數幾何文殊師利言其數无量不可稱計非
口所宣非心所測且待須臾自當有證所言
未竟无數菩薩坐寶蓮華從海踊出詣靈鷲
山住在虛空此諸菩薩皆是文殊師利之所
化度具菩薩行皆共論說六波羅蜜本聲聞
人在虛空中說聲聞行今皆脩行大乘空義
文殊師利謂智積曰於海教化其事如是尒
時智積菩薩以偈讚曰
大智德勇健　化度无量眾　今此諸大會　及我皆已見
演暢實相義　開闡一乘法　廣度諸眾生　令速成菩提
文殊師利言我於海中唯常宣說妙法華經智
積問文殊師利言此經甚深微妙諸經中寶
世所希有頗有眾生懃加精進脩行此經速
得佛不文殊師利言有娑竭羅龍王女年始
八歲智慧利根善知眾生諸根行業得陀

積問文殊師利言此經甚深微妙諸經中寶
世所希有頗有眾生懃加精進脩行此經速
得佛不文殊師利言有娑竭羅龍王女年始
八歲智慧利根善知眾生諸根行業得陀
羅尼諸佛所說甚深秘藏悉能受持深入禪
定了達諸法於剎那頃發菩提心得不退轉
辯才无礙慈念眾生猶如赤子功德具足心
念口演微妙廣大慈悲仁讓志意和雅能至
菩提智積菩薩言我見釋迦如來於无量劫
難行苦行積功累德求菩薩道未曾止息觀
三千大千世界乃至无有如芥子許非是菩
薩捨身命處為眾生故然後乃得成菩提道
不信此女於須臾頃便成正覺言論未訖時
龍王女忽現於前頭面礼敬却住一面以偈
讚曰
深達罪福相　遍照於十方　微妙淨法身　具相三十二
以八十種好　用莊嚴法身　天人所戴仰　龍神咸恭敬
一切眾生類　无不宗奉者　又聞成菩提　唯佛當證知
我闡大乘教　度脫苦眾生
時舍利弗語龍女言汝謂不久得无上道是
事難信所以者何女身垢穢非是法器云何
能得无上菩提佛道懸曠經无量劫懃苦積
行具脩諸度然後乃成又女人身猶有五障
一者不得作梵天王二者帝釋三者魔王四
者轉輪聖王五者佛身云何女身速得成佛
尒時龍女有一寶珠價直三千大千世界持

能得无上菩提佛道懸曠經无量劫勤苦積
行具脩諸度然後乃成又女人身猶有五障
一者不得作梵天王二者帝釋三者魔王四
者轉輪聖王五者佛身云何女身速得成佛
尒時龍女有一寶珠價直三千大千世界持
以上佛佛即受之龍女謂智積菩薩尊者舍
利弗言我獻寶珠世尊納受是事疾不荅言
甚疾女言以汝神力觀我成佛復速於此當
時衆會皆見龍女忽然之間變成男子具菩
薩行即往南方无垢世界坐寶蓮華成等正
覺三十二相八十種好普為十方一切衆生
演說妙法尒時娑婆世界菩薩聲聞天龍八
部人與非人皆遥見彼龍女成佛普為時會
人天說法心大歡喜悉遥敬礼无量衆生聞
法解悟得不退轉无量衆生得受道記无垢
世界六反震動娑婆世界三千衆生住不退
地三千衆生發菩提心而得受記智積菩薩
及舍利弗一切衆會嘿然信受

妙法蓮華經勸持品第十三

尒時藥王菩薩摩訶薩及大樂說菩薩摩訶
薩與二万菩薩眷屬俱皆於佛前作是誓言
唯願世尊不以為慮我等於佛滅後當奉持
讀誦說此經典後惡世衆生善根轉少多增
上慢貪利供養增不善根遠離解脫雖難可
教化我等當起大忍力讀誦此經持說書寫
種種供養不惜身命尒時衆中五百阿羅漢
得受記者白佛言世尊我等亦自誓願於異

唯願世尊不以為慮我等於佛滅後當奉持
讀誦說此經典後惡世衆生善根轉少多增
上慢貪利供養增不善根遠離解脫雖難可
教化我等當起大忍力讀誦此經持說書寫
種種供養不惜身命尒時衆中五百阿羅漢
得受記者白佛言世尊我等亦自誓願於異
國土廣說此經復有學无學八千人得受記
者從座而起合掌向佛作是誓言世尊我等
亦當於他國土廣說此經所以者何是娑婆
國中人多弊惡懷增上慢功德淺薄瞋濁諂
曲心不實故尒時佛姨母摩訶波闍波提比
丘尼與學无學比丘尼六千人俱從座而起
一心合掌瞻仰尊顏目不暫捨於時世尊告
憍曇弥何故憂色而視如來汝心將无謂我
不說汝名授阿耨多羅三藐三菩提記耶憍
曇弥我先惣說一切聲聞皆已授記今汝欲
知記者將來之世當於六万八千億諸佛法
中為大法師及六千學无學比丘尼俱為法
師汝如是漸漸具菩薩道當得作佛号一切
衆生憙見如來應供正遍知明行足善逝世
間解无上士調御丈夫天人師佛世尊憍曇
弥是一切衆生憙見佛及六千菩薩轉次授
記得阿耨多羅三藐三菩提尒時羅睺羅母
耶輸陁羅比丘尼作是念世尊於授記中獨
不說我名佛告耶輸陁羅汝於來世百万億
諸佛法中脩菩薩行為大法師漸具佛道於
善國中當得作佛号具足千万光明如來應

栴是一切衆生憙見佛及六千菩薩轉次授
記得阿耨多羅三藐三菩提尒時羅睺羅母
耶輸陀羅比丘尼作是念世尊於授記中獨
不說我名佛告耶輸陀羅汝於來世百千万億
諸佛法中脩菩薩行爲大法師漸具佛道於
善國中當得作佛号具足千万光明如來應
供正遍知明行足善逝世間解无上士調御
丈夫天人師佛世尊佛壽无量阿僧祇劫尒
時摩訶波闍波提比丘尼及耶輸陀羅比丘
尼并其眷屬皆大歡喜得未曾有即於佛前
而說偈言
世尊導師　安隱天人　我等聞記　心安具足
諸比丘尼說是偈已白佛言世尊我等亦能
於他方國土廣宣此經尒時世尊視八十万
億那由他諸菩薩摩訶薩是諸菩薩皆是阿
惟越致轉不退法輪得諸陀羅尼即從座起
至於佛前一心合掌而作是念若世尊告勅
我等持說此經者當如佛教廣宣斯法復作
是念佛今嘿然不見告勅我當云何時諸菩
薩敬順佛意并欲自滿本願便於佛前作師
子吼而發誓言世尊我等於如來滅後周旋
往反十方世界能令衆生書寫此經受持讀
誦解說其義如法脩行正憶念皆是佛之威
力唯願世尊在於他方遙見守護即時諸菩
薩俱同發聲而說偈言
唯願不爲慮　於佛滅度後　恐怖惡世中　我等當廣說
有諸无智人　惡口罵詈等　及加刀杖者　我等皆當忍

BD06313號　妙法蓮華經卷四　（31-30）

誦解說其義如法脩行正憶念皆是佛之威
力唯願世尊在於他方遙見守護即時諸菩
薩俱同發聲而說偈言
唯願不爲慮　於佛滅度後　恐怖惡世中　我等當廣說
有諸无智人　惡口罵詈等　及加刀杖者　我等皆當忍
惡世中比丘　邪智心諂曲　未得謂爲得　我慢心充滿
或有阿練若　納衣在空閑　自謂行真道　輕賤人間者
貪著利養故　與白衣說法　爲世所恭敬　如六通羅漢
是人懷惡心　常念世俗事　假名阿練若　好出我等過
而作如是言　此諸比丘等　爲貪利養故　說外道論議
自作此經典　誑惑世間人　爲求名聞故　分別於是經
常在大衆中　欲毀我等故　向國王大臣　婆羅門居士
及餘比丘衆　誹謗說我惡　謂是邪見人　說外道論議
我等敬佛故　悉忍是諸惡　爲斯所輕言　汝等皆是佛
如此輕慢言　皆當忍受之　濁劫惡世中　多有諸恐怖
惡鬼入其身　罵詈毀辱我　我等敬信佛　當著忍辱鎧
爲說是經故　忍此諸難事　我不愛身命　但惜无上道
我等於來世　護持佛所囑　世尊自當知　濁世惡比丘
不知佛方便　隨宜所說法　惡口而顰蹙　數數見擯出
遠離於塔寺　如是等衆惡　念佛告勅故　皆當忍是事
諸聚落城邑　其有求法者　我皆到其所　說佛所囑法
我是世尊使　處衆无所畏　我當善說法　願佛安隱住
我於世尊前　諸來十方佛　發如是誓言　佛自知我心

妙法蓮華經卷第四

BD06313號　妙法蓮華經卷四　（31-31）

然幻世諦如幻如化假因依緣有純故是故略教於一與然
無違若世諦門如幻如化何故說此法耶雖然為諸外道五種見故所
謂無執常有我不能作者故佛為說從有因所生從種無常因所生從
執常我因所生從能成因所生從無作者因所生門也　此即是故名為因
緣之法此三結也　經世尊略說因緣之相至不顛倒性等作如是說此四引證也
言彼緣生果如來出現若不出現法性常住者從因生果之法不假諸佛出現
於世及般涅槃此法亦故也　言法性者是因緣性故　言法住性者因緣之法
本自住法定性者依本因故言與因緣相應性者無有一法不假因緣而能生長
言真如性者若證此法了真如故　言無錯謬性者稽顛倒故　言無變
異性者稽邪由故　言真實性者無虛誑故　言實際性者是聖諦故
言虛妄性者非顛倒横計言不顛倒性者是正智境界故　有師解云前
文釋後如理應思此明從種種無常因所生門文三　初標次擧後釋　經此因緣
法其二種而得生起此初標也　經云何為二　此二擧也　經所謂因相應緣相應
是善也　言因相應者此是取因不共有故　言緣相應者此是明因不是共
有故　經彼復有二謂外及內　此第三從無我因所生門也　言彼者次是與
因緣相應法也　謂諸凡愚執內諸入以為其我於外諸入執為我所攝此義
一故說二種內外因緣因無我因緣生故　第二此明釋　文二初
外後內　初復有二一因相應二緣相應　經此中何者是外因緣因相應
生應如是觀外因緣法因相應義　此初因相應也　文二一從能成因所生
門二從無作者所生門　初又分三一問二答三證成　經此中何者是外因緣法
因相應此問也　經所謂從種生芽至從花生實此答也　為釋種等
諸法各為因故此明顯其從一切不生一切能成之法各各別故　經若有種芽
即不生至如是有花實亦得生此成也　此明是其能成義也　三明從無
作者自所生門文四一明因無作者二果無作者三雖無作而成其果四結

一故說二種內外因緣因一无我因緣生故
外後內 初後有二 一因相應 二緣相應 經此中何者是外因緣因相應 文二 初
至應如是觀外因緣法因相應義 此初因相應也 文二 一從能成因所生
門 從无作者所生門 初又分三 一開 二答 三證成 經此中何者是外因緣法
因相應 此開也 經所謂從種生芽至從花生實 此答也 為釋種等
諸法各各因故 此明顯其從一切不生一切 能成之法各各別故 經若有種芽
即不生至如是有花實亦得生 此成也 此明是其能成義也 三明從无
作者自所生門 文四 一明因无作者 二果无作者 三雖无作而成其果 四結
經彼種亦不作念我能生芽至實亦不作念我從花生 此二明因无作
者及果无作者也 此明顯其唯有因而无作者 若諸作者 其是因者為
奇諸法无有相違不饒益故 經雖然有種故而芽得生 如是有花
故實即成就 此三明雖无作者而成其果也 經文可見 若不明也
經應如是觀外因緣法因相應義 此四結也 結文可見 次明第二
緣相應 文三 初從能成緣所生門 次從无作者緣所生門 後廣惠見初
分七門 一開 二答 三徵 四答列數 五結 六明業用 七明證成 經應云何觀外因
緣法 此初開也 經謂六界和合故 此二答也 經以何六界和合 經所
謂地水風火空時界等和合外因緣法而得生起 此四答列數也 六界體義 如下經
文 經應如是觀外因緣法緣相應義 此五結也 經地界者能持於種 至時則能
變種子 此六明業用也 言地界堅鞕為性 水界者濕潤為性 火界者溫燥為性
風界者謂種等動為性 空界者無礙為性 此復有二 謂明及闇 言時者
謂內地等四大而遠之也 經若无此衆緣種則不能而生於芽 若具足地界无不具足
如是乃至水火風空時等无不具足 一切和合種子滅時而芽得生 此七證成也 經文可見
爾從无作者緣所生門 文六 一六緣无作者 二因无作者 三果无作者 四雖无作者而
成其果 五證成 六結 經此中地界不是作念我能任持種子 至時不作是念我能
變於種子 此初明六緣无作者 經種子亦不作是念我能生芽 此二因无作者
也 經芽亦不作是念我今從此衆緣而生 此三明果无作者 經雖然有此衆緣
而種滅時芽則得生 如是有花之時實即得生 此四雖无作者而成其果也 經彼
芽亦非自作 至種滅之時而芽得生 此五證成也 言非自作者 諸法自性 若有若无
不爲自因无所施爲不能成故 言亦非他作者 无有作而先起意而造作故 此則顯
其一切諸法无有我也 言非自他俱作者 自性及餘不造作故 言非自作在者
爲諸法因常自在等 時時而生 與理相違 因具足故 言亦非時變者 有諸法假
因緣有不待時故 言非自性生者 非是數論所計法故 此即簡除不同因也 言亦

而種滅時芽則得生 如是有花之時實即得生 此四雖无作者而成其果也 經彼
芽亦非自作至種滅之時而芽得生 此五證成也 言非自作者諸法自性 若有若无
不為自因无所施為不能成故 言亦非他作者无有作而先紀意而遣作故此則顯
其一切諸法无有我也 言非自他俱作者自性及餘不遣作故 言非自作在者
為諸法因常自在等時時而生与理相違具足故 言亦非時變者諸法假
因緣有不待時故 言非自性生者非是數論所計法故 此即斷除不同因也 言亦
非无因而成者諸法假因緣故此捨无因見也 經是故應如是觀外因緣法緣相
應義 此六結也 二明遮惡見 文五 一標 二問 三答 四解釋 五總結 經應以五種觀
外因緣法 此初標也 經何等為五 此二問 經不常不斷不移從小因而生大果
与彼相似 此三答也 經云何不常至是故与彼相似 此四解釋也 文五 一明不常
二明不斷 三明不移 四明小果而生大 五相似 初文分三 一問 二答 三結 經云何為
不常 此初問也 經為芽与種各別異故彼芽非種非種壞時而芽得生亦非
不滅而芽得生種壞之時而芽得生 此二答也 若是常者此是因此是果不可說
經是故不常 此結也 二明不斷 文三 初問 次答 後結 經云何不斷 此初問 經非過
去壞而於芽至如秤高下而芽得生 此二答也 因果相續无有斷絕故名不
斷 經文可見 經是故不斷 此三結也 三明不移 文三 初問 次答 後結 經云
何不移 此初問也 經芽与種別芽非種故 此二答也 經因与種別故名不移
經是故種別 三明結 經小因生大 文三 初問 次答 後結 經云何小因而生大
果 此初問也 經從小種子而生大果 此二答也 如拘律陀摘等因雖微小菓
甚大 故從小因而生大果也 經是故從於小因而生大果 此三結 五明相似 文三 初問
次答 後結 經云何与彼相似 此問也 經如所植種生彼果故 此二答也 如稻種子即生
彼果不為餘故為果与因不顛倒故次顯業用无有失也 有二種法而失業用 一尋
求 二顛倒生果 經是故与彼相似 經是以五種觀外因緣之法 此總結也 結文奇
見 明外因緣竟 若二次明內因緣法 文分為二 一因相應 二緣相應 初復分
三 一從種種无常所生門 二從成因所生門 三從无作者而生門 經如是內因緣
法至以二謂因相應緣相應 此明初從種種无常因所生門 初標 次問 後答 經如是內
因緣法亦以二種而得生起 此初標也 經云何為二 此問也 經所謂因相應緣相應
此二答也 二明從成因所生門 文三 初問 次答 後證成 經何者是內因緣法因
相應義 此初問也 經所謂始從无明緣行乃至緣老死 此二答也 經若无明不生
行亦不有乃至有生故老死得有 此三證成也 三明從无作者因所生門 文四 一因无作者
二果无作者 三雖无作者而成其果 四結 經无明亦不作是念我能生行 老死亦
不作念 此一三明因无作者 及果无作者也 經文可見 經雖然有无明故
行乃得生 如是有生故老死得有 此三雖无作而成其果也 經是故應如是觀內

因緣法亦無二種所得生起 此初標也 經云何為二 此問也 經所謂因相應緣相應
此三答也 二明從能成因所生門 文三 初問 次答 後證成 經何者是內因緣法因
相應義 此初問也 經所謂始從無明緣行乃至生緣老死 此二答也 經若無明不生
行亦不有 乃至有生故老死得有 此三證成也 三明從無作者因所生門 文四 一因無作者
二果無作者 三雖無作者而成其果 四結 經無明亦不作是念我能生行 老死亦
不作念 此三明因無作者及果無作及因無作者也 經文可見 經雖然有無明故
行乃得生 如是有生故老死得有 此三雖無作而成其果也 經是故應如是觀內
因法因相應義 此是結也 第二此明因緣相應義 文八 一從種子無常因所生門
二從能成因所生門 三從無作者緣所生門 四辨體 五釋名 六續定 七離二邊
八乘因 初門分五 一問 二答 三徵 四答列數 五結 經應云何觀內因緣法緣相
應事 此初問也 經為六界和合故 此二答也 經以何界和合 此三徵也 經所謂
地水火風空識界等和合故 此四答列數也 經應如是觀內因緣法緣相應
事 此五結也 二明從能成緣所生門 文三 初問 次答亦指 後證成 經何者是內因
緣法地界之相 此初問也 經為此身中作堅硬者名為地界 至能成就此身名
色芽者名為識界 此二答亦指也 文分為六 一明地界 二水界 三火界 四風界 五空
界 六識界 經謂此身中作堅硬者名為地界 此明地界也 經為令此身
而聚集者名為水界 為此身中無水界者而散失故 經能消身所食飲
嚼噉者名為火界也 此三明火界也 言食者謂諸正食 言飲者所謂諸漿等
言嚼者謂即是正食 言噉者謂諸助食 若無火界不能變故 經謂身
中作內外出入息者名為風界 此明風界也 經文可見 經為此身中作虛通者名
為空界 此五明空界也 若無空界為一合故 經五識身相應及有漏意識猶
如束蘆能成就此身名色芽者名之為識界也 此六名識界也 言五識者為
眼等五識 言相應者與彼五識相應法也 言有漏意識者為有一分無漏故
言束蘆者此即顯其緣生之法獨不立也 經若無此眾緣身則不生 一切和
合身即得生 此三證成也 經文可見 三明從無作者緣所生門 文四 一明六無作
者也 二果無作者 三雖無作者而成其果 證成 經彼地界亦不作是念我能而
作身中堅硬之事 至識亦作念是我能成就此身名色之芽 此初明六緣無作者也
經自顯也 經身亦不作念我從此眾緣而生 此二果無作者也 經雖然有此眾緣之時
身即得生 此三雖無作者而成其果也 經彼地界亦作是念我至非我所 亦非餘等
此證成也 何故地等諸界不作念是我等為身中堅硬等事耶 為信其見故言彼地
界亦非是我 言我者執我所名之為我 為諸界等性非是我 離我故名即彼我而於諸
趣數受生故名為眾生 地等諸界離趣生故非眾生也 為有我故盡形壽受生名之為命 諸法
[illegible]

經自顯也　經身亦不作念我從此衆緣而生此三果无作者也　經雖然有此衆緣之時
身即得生　此三雖无作者而成其果也　經彼地界亦作是念我非我所亦非餘等
此證成也　何故地等諸界不作念是我等爲身中堅硬等事耶　爲信此見故言彼地
界亦非是我言我者執我所名之爲我爲諸界等性非是我離[我]博故爲即彼我而於諸
趣數受生故名爲衆生地等諸界離趣生故非衆生也爲有我故盡形[壽]受生名之爲命諸法
剎那故非命者也於諸趣中而能生故名之爲生離生作者故非生者也　言儒童者從作者
生故　地等諸界離作者故非儒童也　執有能爲故名作者從業生故非作者也　言非
男非女非黃門者男等諸相約地界等攢計立故言非我所者爲離攢計我之所故
言亦非餘等者爲无大自在等造作性故自餘經文同上可釋　四明弁解文十七始
從弁无明解義至明惱之文自相　第一釋无明解文三初問次答後結　經何者是无明
此初問也　經於此六界起於一想至及餘種種无知　此二答也　言六界者謂地界水火風
空識界於六界差別起无異想者名爲一想總聚成身執一見者名爲合想剎那遷
變執爲常存名爲常想本无今有執自然生名堅牢想起已還无執過去名不壞想
於三八苦起安樂者名安樂想衆生命生者義如前解爲有我故能生諸趣養育執有
士夫有大力勇於内動轉名士夫　言人者亦云數能往諸趣數受人天等身
故名數取　言及餘種種无知者爲取知見者覺者等故也　經此是无明　此三結也
二明於行文二一釋二結　經有无明故於諸境界起貪瞋癡於諸境界起貪瞋
癡者此初釋也從貪瞋癡起三行故　經此是无明緣行　此二結也　三明其識文二
一解二結　經而於諸事能了別也者此初解也言諸事者謂色聲等　經名之
爲識　此二結也　四明名色文二初釋後結　經與識俱生四取蘊者　此初解也
經此是名色　此結也　五明六入　經依名色諸根名爲六入若无名色六入无因故　六明
觸　經三和合名之爲觸　言三和合者謂根境識也　七明受　經覺受觸者名
之爲受從觸有受故也　八明愛　經於受貪著名愛　九明取　經增長愛者
名之爲取　十明有　經從取而生能生業者名之爲有　言能生業者名近因故
十一明生　經而從彼因而生之蘊　言彼因者即近因也　十二明老死　經生已蘊成熟
者名之爲老老已蘊滅壞者名之爲死熟即是老壞即是死故　十三明愁
經臨終之時内具貪著及熱惱者名之爲愁　言貪著者謂男女妻子等
十四明嘆　經從愁而生諸言辭名之爲嘆　十五明苦　經悟身識受苦者名之爲苦
言五識者謂眼等五識也此顯身苦　十六明憂　經作意意識受諸苦者名之
爲憂　言作意識者六識也此顯心苦　十七明惱　經具如是等及隨煩惱者名之爲
惱　言等者爲主内侍及責求剎求惱身心故　言隨煩惱者謂忿恨等　第五釋名
文分十七始從无明終至其惱　經文自明　言大者无有始故言黑闇者覆真性故

者名〻為老。老已蘊滅壞名〻為死。動即是老，壞即是死故。　十三明愁
經臨終之時内具貪著及熱惱者名〻為愁　言貪著者謂男女妻子等
十四明嘆　經從愁而生諸言辭名〻為嘆　十五明苦　經悟身識受苦者名〻為苦
言五識者謂眼等五識也　此顯身苦　十六明憂　經作意意識受諸苦者名〻
為憂　言作意識者六識也　此顯心苦　十七明惱　經具如是等及隨煩惱者名〻為
惱　言等者爲呈内侍及賣汞利示惱身心故　言隨煩惱者謂忿恨等　第五釋名
文分十七　始從无明終至其惱　經文自明　言大者无有始故　言黑闇者覆真性故
言造作者造後有故　言了別者了諸境故　言相依者爲識与四蘊而相依故
是故經去識依四支謂隨色識及隨受想行識也　言爲生門者爲与二識爲生門故
言受者爲受先業果熟故　言渴者爲愛貪著後有故也　言取者爲取後有
故彼復有四謂愛取見取禁戒取我見也　言生後有者從有而生故　餘文可見
第六明續支門　文分十二　始從續无明支至續老死支　經文自顯　言不了真〻性者
為不了人法二无我性故　言顛倒无知者　雖是知性爲顛倒知故　言有无明故能
成三行者　為无愚攬執有我貪現樂故而作罪行　貪後樂故而循福行　爲求
不苦不樂修不動行　不故為諸罪行從无明起名无明緣者　与理无違　福及不動
從无貪等善根而生　何故名无明緣耶　无明有二　一迷因果　二迷真性　福及不動
從迷性真而有故也　言福行者是欲界業　言罪行者是三塗業　与福行相違
故名罪行　言不動行者上二界業　若准義論何者行緣識　從於福行而生福行
識　從於罪行而生罪行識　從於不動行而生不動行識者　皆是行緣識合有皆
經略列義　思〻名色等支　他皆效言　能成事者謂見等聞事　言六聚觸者
謂眼等六聚觸也　言深愛耽著者　爲与下中上　中上愛隨類而釋　言好色者謂
意所樂　言安樂者謂与自相應　言願樂者於未來好色生貪著也　七明離邊
經是故彼因緣十二支法互相爲因互相爲緣至而无斷絶　言互相爲因互相爲緣者
為有衆多相似因及不相似因故　此遮常見及自在等横計因也　言非常者爲生
滅故　言非无常者刹那相續故　言非有爲者无有我人而先起意能作造故　言
非无爲者猶如幻化各假因緣和合作故　言非无因无緣者各假定因及衆緣故　言非
有受又斷无作者故　言非盡法者因果相續自不盡故　言非壞法者若緣和合能生果
故　言非滅法者无不相應緣因不滅故　言无始者生死无際故　言无斷絶者因壞果生无間
斷故　言如果流者如大海是彼岸故　此門義斷除增益及損減謗斷常見也　八明束因
文分十二　一標　二問　三答列數　四作會　五解釋　六四法无作者　七雖无作者而成其果　八果无作者
无證成　十雖現有多業一時不受其果　十一遮惡見　經雖然此因十二支法互相爲因互相
為緣至有其四支能攝十二因緣之法　此初標也　若緣生之法如果流水而无斷絶者　捨何
等因得無耶　示彼因故說束因門也　餘文同上所釋　經云何爲四　此是問也　經所謂无明愛業
識　此是三答列數也　緣起初支无明愛取二法具是貪性以束爲一名說爲愛　言業者行及有也

非无為者猶如幻化名假因緣和合作故　言非无因无緣者名假之因及衆緣故　言非
有爲又亦无作者故　言非盡法者因果相續自不盡故　言非壞法者若緣和合能生果
故　言非滅法者无不相應緣因不滅故　言无始者生死无際故　言无斷絶者因壞果生无間
斷故　言如果流者如大海是彼岸故此門義斷除增益及損減謗斷常者見也　八明東因
文分十一　一標　二問　三答列數　四作會　五解釋　六四法无作者　七雖无作者而成其果　八果无作者
无從成　十雖現有多業一時不受其果　十一遮惡見　經雖然此因十二支法互相爲因互相
為緣至有其四支能攝十二因緣之法　此初標也　若緣生之法如果流水而无斷絶者捨何
等因得無耶示彼因故說東因門也　餘文同上所釋　經云何爲四　此二問也　經所謂无明愛業
識　此三答列數也　緣起初支无明愛取二法具是貪性　業東為一名說為愛　言業者行及有也
經識者以種子性為因業者以田性為因无明及愛以煩惱為因　此四明作會也　言識以種子
性為因者煩惱及業以薰之識能為後有名色芽因故也　言業以田性為因者此業能
於種子之識而造作故　言无明及愛以煩惱性為因者雖有其業若无煩惱不受後有故
經此中業及煩惱能生種子之識至若无此衆緣種子之識而不能成就　此五解釋也　言
業及煩惱能生種子識者若无此二不成後有名色芽故　言業則能作種子識田依習氣種
子之識而能生故　言愛則能潤種子識者為有我愛捨苦取樂潤生故也　言无明能殖種子
識者為顛倒无知而能生於不善處故　經彼亦不作念我今能作種識田至彼種子識
亦不作念我今從此衆緣而生　此六明四无作者也　經文可見　經雖然種子之識依彼業
田及愛所潤无明沓熏壞而生之處入於母胎能生名色之芽　此七雖无作者而成其果
經彼名色芽亦非自作至亦非无因而生此八明果无作者　經文如上所釋　經雖然父母和合
時及餘衆和合之時至則能成就數受種子之識名色之芽　此九明從成也　言无我法者
无自在等諸作者故　言无我者是无我性故无我也　言无我所者无有我人先起意念故
自此已上明人无我也　言猶如虚空者自性空故若如是者何故此名因緣法耶　故言彼諸緣法
因及衆緣无不足具　譬幻化雖无性相因及衆緣无不具足故而現有生時亦如是与理
无違　此顯法无我也　十明雖現有多業一時不受其報文分為四　一明現業　二明生業　三明
後業　四明不定業　初有分二　一喻　二合　經如眼識生時至乃至諸餘根等隨類知之　此初
也　文分八　一標　二問　三答　四作會　五能成　六因无作者　七果无作者　八雖无作者而成就其果　經如
眼識生時若具五緣則得生

尒時佛告文殊師利汝行詣維摩詰問疾文
殊師利白佛言彼上人者難為詶對深達
實相善說法要辯才无滯智慧无㝵一切
菩薩法式悉知諸佛秘藏无不得入降伏衆魔
遊戲神通其慧方便皆已得度雖然當承佛聖
旨詣彼問疾於是衆中諸菩薩大弟子釋梵四
天王咸作是念今二大士文殊師利維摩詰共談
必說妙法即時八千菩薩五百聲聞百千天人
皆欲隨從於是文殊師利與諸菩薩大弟子衆
及諸天人恭敬圍遶入毗耶離大城尒時長者維
摩詰心念今文殊師利與大衆俱來即以神力空
其室內除去所有及諸侍者唯置一床以疾而
卧文殊師利既入其舍見其室空无諸所有
獨寢一床時維摩詰言善來文殊師利不來
相而來不見相而見文殊師利言如是居士若來
已更不來若去已更不去所以者何來者无所
從來去者无所至所可見者更不可見且置
是事居士是疾寧可忍不療治有損不至增
乎世尊慇懃致問无量居士是疾何所因起其
生久如當云何滅維摩詰言從癡有愛則我

BD06315 號　維摩詰所說經卷中　（26–1）

相而來不見相而見文殊師利言如是居士若來
已更不來若去已更不去所以者何來者无所
從來去者无所至所可見者更不可見且置
是事居士是疾寧可忍不療治有損不至增
乎世尊慇懃致問无量居士是疾何所因起其
生久如當云何滅維摩詰言從癡有愛則我
病生以一切衆生病是故我病若一切衆生得
不病者則我病滅所以者何菩薩為衆生故
入生死有生死則有病若衆生得離病者則菩
薩无復病譬如長者唯有一子其子得病父母
亦病若子病愈父母亦愈菩薩如是於諸衆生愛
之若子衆生病則菩薩病衆生病愈菩薩亦
愈又言是病何所因起菩薩病者以大悲起文殊師
利言居士此室何以空无侍者維摩詰言諸佛
國土亦復皆空又問何以為空答曰以空空又問
空何用空答曰以无分別空故空又問空可分
別耶答曰分別亦空又問空當於何求答曰當於
六十二見中求又問六十二見當於何求答曰當
於諸佛解脫中求又問諸佛解脫當於何求答
曰當於一切衆生心行中求又仁所問何无侍
者一切衆魔及諸外道皆吾侍也所以者何
衆魔者樂生死菩薩於生死而不捨外道者
樂諸見菩薩於諸見而不動
文殊師利言居士所病為何等相維摩詰言我
病无形不可見又問此病身合耶心合耶答

BD06315 號　維摩詰所說經卷中　（26–2）

者一切衆魔及諸外道皆吾侍也所以者何
衆魔者樂生死菩薩於生死而不捨外道者
樂諸見菩薩於諸見而不動
文殊師利言居士所病為何等相維摩詰言我
病无形不可見又問此病身合耶心合耶荅
曰非身合身相離故亦非心合心如幻故又
問地大水大火大風大於此四大何大之病
荅曰是病非地大亦不離地大水火風大亦
復如是而衆生病從四大起以其有病是故
我病尒時文殊師利問維摩詰言菩薩應
云何慰喻有疾菩薩維摩詰言說身无常
不說厭離於身說身有苦不說樂於涅槃說
身无我而說教導衆生說身空寂不說畢竟
寂滅說悔先罪而不說入於過去以已之疾愍
於彼疾當識宿世无數劫苦當念饒益一切
衆生憶所脩福念於淨命勿生憂惱常起
精進當作醫王療治衆病菩薩應如是慰
喻有疾菩薩令其歡喜
文殊師利言居士有疾菩薩云何調伏其心
維摩詰言有疾菩薩應作是念今我此病皆
從前世妄想顛倒諸煩惱生无有實法誰受
病者所以者何四大合故假名為身四大无
主身亦无我又此病起皆由著我是故於我
不應生著既知病本即除我想及衆生想當
起法相應作是念但以衆法合成此身起唯

BD06315 號　維摩詰所說經卷中　　（26–3）

從前世妄想顛倒諸煩惱生无有實法誰受
病者所以者何四大合故假名為身四大无
主身亦无我又此病起皆由著我是故於我
不應生著既知病本即除我想及衆生想當
起法相應作是念但以衆法合成此身起唯
法起滅唯法滅又此法者各不相知起時不
言我起滅時不言我滅彼有疾菩薩為滅法
想當作是念此法想者亦是顛倒顛倒者是
即大患我應離之云何為離離我我所云何
離我我所謂離二法云何離二法謂不念內
外諸法行於平等云何平等謂我等涅槃等
所以者何我及涅槃此二皆空以何為空但
以名字故空如此二法无決定性得是平等
无有餘病唯有空病空病亦空是有疾菩
薩以无所受而受諸受未具佛法亦不滅受而
取證也設身有苦念惡趣衆生起大悲心我
既調伏亦當調伏一切衆生但除其病而不
除法為斷病本而教導之何謂病本謂有攀
緣從有攀緣則有病本何所攀緣謂之三界
云何斷攀緣以无所得若无所得則无攀緣
何謂无所得謂離二見何謂二見謂內見外見
是无所得文殊師利是為有疾菩薩調伏其
心為斷老病死苦是菩薩菩提若不如是已
所脩治為无惠利譬如勝怨乃可為勇如是
兼除老病死者菩薩之謂也彼有疾菩薩

BD06315 號　維摩詰所說經卷中　　（26–4）

何謂无所得謂離二見何謂二見謂內見外見
是无所得文殊師利是為有疾菩薩調伏其
心為斷老病死苦是菩薩菩提若不如是已
所脩治為无恵利譬如勝怨乃可為勇如是
兼除老病死者菩薩之謂也彼有疾菩薩
復應作是念如我此病非真非有衆生病亦非
真非有作是觀時於諸衆生若起愛見大悲
即應捨離所以者何菩薩断除客塵煩惱而
起大悲愛見悲者則於生死有疲厭心若能
離此无有疲厭在在所生不為愛見之所覆
也所生无縛能為衆生說法解縛如佛所說
若自有縛能解彼縛无有是處若自无縛能
解彼縛斯有是處是故菩薩不應起縛何謂
縛何謂解貪著禪味是菩薩縛以方便生是
菩薩解又无方便慧縛有方便慧解无慧方
便縛有慧方便解何謂无方便慧縛謂菩薩
以愛見心莊嚴佛土成就衆生於空无相无作
法中而自調伏是名无方便慧縛何謂有
方便慧解謂不以愛見心莊嚴佛土成就衆
生於空无相无作法中以自調伏而不疲厭
是名有方便慧解何謂无慧方便縛謂菩薩
住貪欲瞋恚耶見等諸煩惱而殖衆德本是
名无慧方便縛何謂有慧方便解謂離諸貪
欲瞋恚耶見等諸煩惱而殖衆德本迴向阿
耨多羅三藐三菩提是名有慧方便解

是名有方便慧解何謂无慧方便縛謂菩薩
住貪欲瞋恚耶見等諸煩惱而殖衆德本是
名无慧方便縛何謂有慧方便解謂離諸貪
欲瞋恚耶見等諸煩惱而殖衆德本迴向阿
耨多羅三藐三菩提是名有慧方便解
文殊師利彼有疾菩薩應如是觀諸法又復
觀身无常苦空非我是名為慧雖身有疾常
在生死饒益一切而不厭惓是名方便有復
觀身身不離病病不離身是病是身非新非
故是名為慧設身有疾而不永滅是名方便
文殊師利有疾菩薩應如是調伏其心不住
其中亦復不住不調伏心所以者何若住不
調伏心是愚人法若住調伏心是聲聞法是
故菩薩不當住於調伏不調伏心離此二法
是菩薩行在於生死不為汙行住於涅槃不
永滅度是菩薩行非凡夫行非賢聖行是菩
薩行非垢行非淨行是菩薩行雖過魔行而
現降衆魔是菩薩行求一切知无非時求是
菩薩行雖觀諸法不生而不入正位是菩薩
行雖觀十二緣起而入諸耶見是菩薩行雖
攝一切衆生而不愛著是菩薩行雖樂遠離
而不依身心盡是菩薩行雖行三界而不壞
法性是菩薩行雖行於空而殖衆德本是菩
薩行雖行无相而度衆生是菩薩行雖行无
作而現受身是菩薩行雖行无起而起一切

攝一切衆生而不愛著是菩薩行雖樂遠離
而不依身心盡是菩薩行雖行三界而不壞
法性是菩薩行雖行於空而殖衆德本是菩
薩行雖行无相而度衆生是菩薩行雖行无
作而現受身是菩薩行雖行无起而起一切
善行是菩薩行雖行六波羅蜜而遍知衆生
心心數法是菩薩行雖行六通而不盡漏是
菩薩行雖行四无量心而不貪著生於梵世
是菩薩行雖行禪定解脫三昧而不隨禪生
是菩薩行雖行四念處而不永離身受心法
是菩薩行雖行四正勤而不捨身心精進是
菩薩行雖行四如意足而得自在神通是菩
薩行雖行五根而分別衆生諸根利鈍是菩
薩行雖行五力而樂求佛十力是菩薩行雖
行七覺分而分別佛之智慧是菩薩行雖行
八正道而樂行无量佛道是菩薩行雖行止
觀助道之法而不畢竟墮於寂滅是菩薩行
雖行諸法不生不滅而以相好莊嚴其身是
菩薩行雖現聲聞辟支佛威儀而不捨佛法
是菩薩行雖隨諸法究竟淨相而隨所應為
現其身是菩薩行雖觀諸佛國土永寂如空
而現種種清淨佛土是菩薩行雖得佛道轉
于法輪入於涅槃而不捨於菩薩之道是菩
薩行說是語時文殊師利所將大衆其中八
千天子皆發阿耨多羅三藐三菩提心
不思議品第六

BD06315 號　維摩詰所說經卷中　（26–7）

而現種種清淨佛土是菩薩行雖得佛道轉
于法輪入於涅槃而不捨於菩薩之道是菩
薩行說是語時文殊師利所將大衆其中八
千天子皆發阿耨多羅三藐三菩提心
不思議品第六
尒時舍利弗見此室中无有牀座作是念斯
諸菩薩大弟子衆當於何坐長者維摩詰知
其意語舍利弗言云何仁者為法來耶求牀
座耶舍利弗言我為法來非為牀座維摩詰
言唯舍利弗夫求法者不貪軀命何況牀座
夫求法者非有色受想行識之求非有界入
之求非有欲色无色之求唯舍利弗夫求法
者不著佛求不著法求不著衆求夫求法者
无見苦求无斷集求无造盡證脩道之求所
以者何法无戲論若言我當見苦斷集證滅
脩道是則戲論非求法也唯舍利弗法名寂
滅若行生滅是求生滅非求法也法名无染
若染於法乃至涅槃是則染著非求法也法
无行處若行於法是則行處非求法也法无
取捨若取捨法是則取捨非求法也法无處
所若著處所是則著處非求法也法名无相
若隨相識是則求相非求法也法不可住若
住於法是則住法非求法也法不可見聞覺
知若行見聞覺知是則見聞覺知非求法也
法名无為若行有為是求有為非求法也是

BD06315 號　維摩詰所說經卷中　（26–8）

所著處所是則著處非求法也法名无相
若隨相識是則求相非求法也法不可住若
住於法是則住法非求法也法不可見聞覺
知若行見聞覺知是則見聞覺知非求法也
法名无為若行有為是求有為非求法也是
故舍利弗若求法者於一切法應无所求說
是語時五百天子於諸法中得法眼淨
尒時長者維摩詰問文殊師利仁者遊於无
量千万億阿僧祇國何等佛土有好上妙功德
成就師子之座文殊師利言居士東方度
卅六恒河沙國有世界名須弥相其佛号須
弥燈王今現在彼佛身長八万四千由旬其
師子座高八万四千由旬嚴飾第一於是長
者維摩詰現神通力即時彼佛遣三万二千
師子之座高廣嚴好来入維摩詰室諸菩薩大
弟子釋梵四天王等昔所未見其室廣博悉
苞容三万二千師子座无所妨礙於毗耶離
城及閻浮提四天下亦不迫迮悉見如故尒
時維摩詰語文殊師利就師子座與諸菩薩
上人俱坐當自立身如彼坐像其得神通菩
薩即自變身為四万二千由旬坐師子座諸
新發意菩薩及大弟子皆不能昇尒時維摩
詰語舍利弗就師子座舍利弗言居士此座
高廣吾不能昇維摩詰言唯舍利弗為須弥
燈王如来作礼乃可得坐於是新發意菩薩
及大弟子即為須弥燈王如来作礼便得坐

BD06315 號　維摩詰所說經卷中　（26–9）

新發意菩薩及大弟子皆不能昇尒時維摩
詰語舍利弗就師子座舍利弗言居士此座
高廣吾不能昇維摩詰言唯舍利弗為須弥
燈王如来作礼乃可得坐於是新發意菩薩
及大弟子即為須弥燈王如来作礼便得坐
師子坐舍利弗言居士未曾有也如是小室
乃容受此高廣之座於毗耶離城无所妨礙
又於閻浮提聚落城邑及四天下諸天龍王
鬼神宮殿亦不迫迮維摩詰言唯舍利弗諸
佛菩薩有解脫名不可思議若菩薩住是解
脫者以須弥之高廣内芥子中无所增減須
弥山王本相如故而四天王忉利諸天不覺
不知己之所入唯應度者乃見須弥入芥子
中是名不可思議解脫法門又以四大海水
入一毛孔不嬈魚鼈黿鼉水性之屬而彼大
海本相如故諸龍鬼神阿脩羅等不覺不知
己之所入於此衆生亦无所嬈又舍利弗住不
可思議解脫菩薩斷取三千大千世界如
陶家輪著右掌中擲過恒河沙世界之外其
中衆生不覺不知己之所往又復還置本處
都不使人有往来想而此世界本相如故又
舍利弗或有衆生樂久住世而可度者菩薩
即演七日以為一劫令彼衆生謂之一劫或
有衆生不樂久住而可度者菩薩即促一劫
以為七日令彼衆生謂之七日又舍利弗住

BD06315 號　維摩詰所說經卷中　（26–10）

都不使人有往来想而此世界本相如故又
舍利弗或有衆生樂久住世而可度者菩薩
即演七日以為一劫令彼衆生謂之一劫或
有衆生不樂久住而可度者菩薩即促一劫
以為七日令彼衆生謂之七日又舍利弗住
不可思議解脱菩薩以一切佛土嚴飾之事
集在一國示於衆生又菩薩以一佛土衆生
置之右掌飛到十方遍示一切而不動本處
又舍利弗十方衆生供養諸佛之具菩薩於
一毛孔皆令得見又十方國土所有日月星
宿於一毛孔普使見之又舍利弗十方世界
所有諸風菩薩悉能吸著口中而身无損外
諸樹木亦不摧折又十方世界劫盡燒時以
一切火内於腹中火事如故而不為害又於
下方過恒河沙等諸佛世界取一佛土舉著
上方過恒河沙无數世界如持針鋒舉一棗
葉而无所嬈又舍利弗住於不可思議解脱
菩薩能以神通現作佛身或現辟支佛身或
現聲聞身或現帝釋身或現梵王身或現世
主身或現轉轉王身又十方世界所有衆聲上
中下音皆能變之令作佛聲演出无常苦空
无我之音及十方諸佛所説種種之法皆於
其中普令得聞舍利弗我今略説菩薩不可
思議解脱之力若廣説者窮劫不盡是時迦
葉聞説菩薩不可思議解脱法門歎未曾有
謂舍利弗譬如有人於盲者前現衆色象非

BD06315 號　維摩詰所説經卷中　（26–11）

无我之音及十方諸佛所説種種之法皆於
其中普令得聞舍利弗我今略説菩薩不可
思議解脱之力若廣説者窮劫不盡是時迦
葉聞説菩薩不可思議解脱法門歎未曾有
謂舍利弗譬如有人於盲者前現衆色像非
彼所見一切聲聞聞是不可思議解脱法門
不能解了為若此也智者聞是其誰不發阿
耨多羅三藐三菩提心我等何為永絶其根
於此大乘已如敗種一切聲聞聞是不可思
議解脱法門皆應號泣聲震三千大千世界
一切菩薩應大喜慶頂受此法若有菩薩信
解不可思議解脱門者一切魔衆无如之何
大迦葉説是語時三万二千天子皆發阿耨
多羅三藐三菩提心
尒時維摩詰語大迦葉仁者十方无量阿僧祇
世界中作魔王者多是住不可思議解脱菩
薩以方便力教化衆生現作魔王又迦葉
十方无量菩薩或有人從乞手足耳鼻頭目
髓腦血肉皮骨聚落城邑妻子奴婢象馬車
乘金銀瑠璃車𤦲馬瑙珊瑚虎珀真珠珂貝
衣服飲食如此乞者多是住不可思議解脱
菩薩以方便力而往試之令其堅固所以者
何住不可思議解脱菩薩有威德力故行逼
迫示諸衆生如是難事凡夫下劣无有力勢

BD06315 號　維摩詰所説經卷中　（26–12）

衣服飲食如此乞者多是住不可思議解脫
菩薩以方便力而往試之令其堅固所以者
何住不可思議解脫菩薩有威德力故行逼
迫示諸衆生如是難事凡夫下劣无有力勢
不能如是逼迫菩薩譬如龍象蹴蹹非驢所
堪是名住不可思議解脫菩薩智慧方便之門

觀衆生品第七

尒時文殊師利問維摩詰言菩薩云何觀於
衆生維摩詰言譬如幻師見所幻人菩薩觀
衆生為若此如智者見水中月如鏡中見其
面像如熱時焰如呼聲響如空中雲如水中聚
沫如水上泡如芭蕉堅如電久住如第五大
如第六陰如第七情如十三入如十九界菩
薩觀衆生為若此如无色界色如燋穀牙如
須陁洹身見如阿那含入胎如阿羅漢三毒
如得忍菩薩貪恚毀禁如佛煩惱習如盲者
見色如入滅盡定出入息如空中鳥跡如石
女兒如化人煩惱如夢中所見已悟如滅度者
受身如无烟之火菩薩觀衆生為若此也
文殊師利言若菩薩作是觀者云何行慈維
摩詰言菩薩作是觀已自念我當為衆生說
如斯法是即真實慈也行寂滅慈无所生故
行不熱慈无煩惱故行等之慈等三世故行
无諍慈无所起故行不二慈內外不合故行
不壞慈畢竟盡故行堅固慈心无毀故行清

摩詰言菩薩作是觀已自念我當為衆生說
如斯法是即真實慈也行寂滅慈无所生故
行不熱慈无煩惱故行等之慈等三世故行
无諍慈无所起故行不二慈內外不合故行
不壞慈畢竟盡故行堅固慈心无毀故行清
淨慈諸法性淨故行无邊慈如虛空故行阿
羅漢慈破結賊故行菩薩慈安衆生故行如
來慈得如相故行佛之慈覺衆生故行自然
慈无因得故行菩提慈等一味故行无等慈
斷諸愛故行大悲慈導以大乘故行无厭慈
觀空无我故行法施慈无遺惜故行持戒慈
化毀禁故行忍辱慈護彼我故行精進慈荷
負衆生故行禪定慈不受味故行智慧慈无
不知時故行方便慈一切示現故行无隱慈
直心清淨故行深心慈无雜行故行无誑慈
不虛假故行安樂慈令得佛樂故菩薩之慈
為若此也
文殊師利又問何謂為悲答曰菩薩所在功
德皆與一切衆生共之何謂為喜答曰有所
饒益歡喜无悔何謂為捨答曰所作福祐无
所希望文殊師利又問生死有畏菩薩當何
所依維摩詰言菩薩於生死畏中當依如來
功德之力文殊師利又問菩薩欲依如來功德
之力當於何住答曰菩薩欲依如來功德
力者當住度脫一切衆生又問欲度衆生當

所依維摩詰言菩薩於生死畏中當依如來
功德之力文殊師利又問菩薩欲依如來功德
之力當於何住答曰菩薩欲依如來功德
力者當住度脫一切衆生又問欲度衆生當
何所除答曰欲度衆生除其煩惱又問欲除
煩惱當何所行答曰當行正念又問云何行
於正念答曰當行不生不滅又問何法不生
何法不滅答曰不善不生善法不滅又問善
不善孰為本答曰身為本又問身孰為本答
曰欲貪為本又問欲貪孰為本答曰虛妄分
別為本又問虛妄分別孰為本答曰顛倒想
為本又問顛倒想孰為本答曰无住為本又
問无住孰為本答曰无住則无本文殊師利
從无住本立一切法
時維摩詰室有一天女見諸大人聞所說法
便現其身即以天華散諸菩薩大弟子上華
至諸菩薩即皆墮落至大弟子便著不墮一
切弟子神力去華不能令去尒時天問舍利
弗何故去華答曰此華不如法是以去之天
曰勿謂此華為不如法所以者何是華无為
分別仁者自生分別想耳若於佛法出家有
所分別為不如法若无分別是則如法觀諸
菩薩華不著者以斷一切分別想故譬如人
畏時非人得其便如是弟子畏生死故色聲
香味觸得其便已離畏者一切五欲无能為

所分別為不如法若无分別是則如法觀諸
菩薩華不著者以斷一切分別想故譬如人
畏時非人得其便如是弟子畏生死故色聲
香味觸得其便已離畏者一切五欲无能為
也結習未盡華著身耳結習盡者華不著也
舍利弗言天止此室其已久如答曰我止此
室如耆年解脫舍利弗言止此久耶天曰耆
年解脫亦何如久舍利弗默然不答天曰如
何耆舊大智而默答曰解脫者无所言說故
吾於是不知所云天曰言說文字皆解脫相
所以者何解脫者不內不外不在兩間文字
亦不內不外不在兩間是故舍利弗无離文
字說解脫也所以者何一切諸法皆是解脫
相舍利弗言不復以離婬怒癡為解脫乎天
曰佛為增上慢人說離婬怒癡為解脫耳若
无增上慢者佛說婬怒癡性即是解脫舍利
弗言善哉善哉天女汝何所得以何為證辯
乃如是天曰无得无證故辯如是所以者何
若有得有證者則於佛法為增上慢
舍利弗問天汝於三乘為何志求天曰以聲
聞法化衆生故我為聲聞以因緣法化衆生
故我為辟支佛以大悲化衆生故我為大乘
舍利弗如人入瞻蔔林唯嗅瞻蔔不嗅餘香
如是若入此室但聞佛法功德之香不樂聲
聞辟支佛功德香也舍利弗其有釋梵四天

舍利弗問天汝於三乘爲何志求天曰以聲
聞法化衆生故我爲聲聞以因緣法化衆生
故我爲辟支佛以大悲化衆生故我爲大乘
舍利弗如人入瞻蔔林唯齅瞻蔔不齅餘香
如是若入此室但聞佛法功德之香不樂聲
聞辟支佛功德香也舍利弗其有釋梵四天
王諸天龍鬼神等入此室者聞斯上人講說
正法皆樂佛功德之香發心而出舍利弗吾
止此室十有二年初不聞說聲聞辟支佛法
但聞菩薩大慈大悲不可思議諸佛之法舍
利弗此室常現八未曾有難得之法何等爲
八此室常以金色光照晝夜无異不以日月
所照爲明是爲一未曾有難得之法此室入
者不爲諸垢之所惱是爲二未曾有難得
之法此室常有釋梵四天王他方菩薩來會
不絕是爲三未曾有難得之法此室常說六
波羅蜜不退轉法是爲四未曾有難得之法
此室常作天人第一之樂弦出无量法化之
聲是爲五未曾有難得之法此室有四大藏
衆寶積滿周窮濟乏求得无盡是爲六未曾
有難得之法此室釋迦牟尼佛阿弥陁佛阿
閦佛寶德寶焰寶月寶嚴難勝師子響一切
利成如是等十方无量諸佛是上人時即皆
爲來廣說諸佛秘要法藏說已還去是爲
七未曾有難得之法此室一切諸天嚴飾宮

閦佛寶德寶焰寶月寶嚴難勝師子響一切
利成如是等十方无量諸佛是上人時即皆
爲來廣說諸佛秘要法藏說已還去是爲
七未曾有難得之法此室一切諸天嚴飾宮
殿諸佛淨土皆於中現是爲八未曾有難得
之法舍利弗此室常現八味曾有難得之法
誰有見斯不思議事而復樂於聲聞法乎
舍利弗言汝何以不轉女身天曰我從十二
年來求女人相了不可得當何所轉譬如幻
師化作幻女若有人問何以不轉女身是人
爲正問不舍利弗言不也幻无定相當何所
轉天曰一切諸法亦復如是无有定相云何
乃問不轉女身即時天女以神通力變舍利
弗令如天女天自化身如舍利弗而問言何
以不轉女身舍利弗以天女像而答言我今
不知何轉而變爲女身天曰舍利弗若能轉
此女身則一切女人亦當能轉如舍利弗非
女而現女身一切女人亦復如是雖現女身
而非女也是故佛說一切諸法非男非女即
時天女還攝神力舍利弗身還復如故天問
舍利弗女身色相今何所在舍利弗言女身
色相无作无不在天曰一切諸法亦復如是
无在无不在夫无在无不在者佛所說也舍
利弗問天汝於此沒當生何所天曰佛化所
生吾如彼生曰佛化所生非沒生也天曰衆

舍利弗女身色相今何所在舍利弗言女身
色相无作无不在天曰一切諸法亦復如是
无在无不在夫无在无不在者佛所説也舍
利弗問天汝於此沒當生何所天曰佛化所
生吾如彼生曰佛化所生非沒生也天曰衆
生猶然无沒生也舍利弗問天汝久如當得
阿耨多羅三藐三菩提天曰如舍利弗還為
凡夫我乃當成阿耨多羅三藐三菩提舍利
弗言我作凡夫无有是處天曰我得阿耨多
羅三藐三菩提亦无是處所以者何菩提无
住處是故无有得者舍利弗言今諸佛得阿
耨多羅三藐三菩提已得當得如恒河沙皆
何謂乎天曰皆以世俗文字數故説有三世
非謂菩提有去來今天曰舍利弗汝得阿羅
漢道耶曰无所得故而得天曰諸佛菩薩亦
復如是无所得故而得尒時維摩詰語舍利
弗是天女曾已供養九十二億佛已能遊戲
菩薩神通所願具足得无生忍住不退轉以
本願故隨意能現教化衆生

佛道品第八

尒時文殊師利問維摩詰言菩薩云何通達
佛道維摩詰言若菩薩行於非道是為通達
佛又問云何菩薩行於非道荅曰若菩薩
行五无間而无惱恚至于地獄无諸罪垢至
于畜生无有无明憍慢等過至于餓鬼而具

BD06315號　維摩詰所説經卷中　（26–19）

佛道品第八

尒時文殊師利問維摩詰言菩薩云何通達
佛道維摩詰言若菩薩行於非道是為通達
佛又問云何菩薩行於非道荅曰若菩薩
行五无間而无惱恚至于地獄无諸罪垢至
于畜生无有无明憍慢等過至于餓鬼而具
足功德行无色界不以為勝亦行貪欲離
諸染著亦行瞋恚於諸衆生无有恚礙亦行
愚癡而以智慧調伏其心亦行慳貪而捨內
外所有不惜身命亦行毀禁而安住淨戒乃
至小罪猶懷大懼亦行瞋恚而常慈忍亦行
懈怠而勤脩功德亦行乱意而常念定亦行
愚癡而通達世間出世間慧亦行諂僞而善
方便隨諸經義亦行憍慢而於衆生猶如橋
梁亦行諸煩惱而心常清淨亦入於魔而順
佛智慧不隨他教亦入聲聞而為衆生説未
聞法亦入辟支佛而成就大悲教化衆生亦
入貧窮而有寶手功德无盡亦入形殘而具
諸相好以自莊嚴亦入下賤而生佛種姓中
具諸功德亦入羸劣醜陋而得那羅延身一
切衆生之所樂見亦入老病而永斷病根超
越死畏亦有資生而恒觀无常實无所貪亦
有妻妾婇女而常遠離五欲於泥現於訥鈍
而成就辯才揔持无失亦入耶濟而以正濟
度諸衆生現遍入諸道而斷其因緣現於涅
槃而不斷生死文殊師利菩薩能如是行於

BD06315號　維摩詰所説經卷中　（26–20）

切衆生之所樂見亦入老病而永斷病根超
越死畏亦有資生而恒觀无常實无所貪亦
有妻妾婇女而常遠離五欲於泥現於訥鈍
而成就辯才揔持无失亦入耶濟而以正濟
度諸衆生現遍入諸道而斷其因緣現於涅
槃而不斷生死文殊師利菩薩能如是行於
非道是為通達佛道
於是維摩詰問文殊師利何等為如來種文
殊師利言有身為種无明有愛為種貪恚癡
為種四顛倒為種五蓋為種六入為種七識
處為種八耶法為種九惱處為種十不善道
為種以要言之六十二見及一切煩惱皆是
佛種曰何謂也答曰若見无為入正位者不
能復發阿耨多羅三藐三菩提心譬如高原
陸地不生蓮華卑濕淤泥乃生此華如是見
无為法入正位者終不復能生於佛法煩惱
泥中乃有衆生起佛法耳又如殖種於空終
不得生糞壤之地乃能滋茂如是入无為正
位者不生佛法起於我見如須弥山猶能發
于阿耨多羅三藐三菩提心生佛法矣是故
當知一切煩惱為如來種譬如不入巨海不
則能得无價寶珠如是不入煩惱大海則不
能生一切智寶之心
尒時大迦葉歎言善哉善哉文殊師利快說
此語誠如所言塵勞之疇為如來種我等今

BD06315號　維摩詰所說經卷中　（26–21）

當知一切煩惱為如來種譬如不入巨海不
則能得无價寶珠如是不入煩惱大海則不
能生一切智寶之心
尒時大迦葉歎言善哉善哉文殊師利快說
此語誠如所言塵勞之疇為如來種我等今
者不復堪任發阿耨多羅三藐三菩提心乃
至五无間罪猶能發意生於佛法而今我等
永不能發譬如根敗之士其於五欲不能復
利如是聲聞諸結斷者於佛法中无所復益
永不志願是故文殊師利凡夫於佛法有反
復而聲聞无也所以者何凡夫聞佛法能起
无上道心不斷三寶正使聲聞終身聞佛法
力无畏等永不能發无上道意尒時會中有
菩薩名普現色身問維摩詰言居士父母妻
子親戚眷屬吏民知識悉為是誰奴婢僮僕
象馬車乘皆何所在於是維摩詰以偈答曰
智度菩薩母　方便以為父　一切衆導師　无不由是生
法喜以為妻　慈悲心為女　善心誠實男　畢竟空寂舍
弟子衆塵勞　隨意之所轉　道品善知識　由是成正覺
諸度法等侶　四攝為妓女　歌詠誦法言　以此為音樂
揔持之園苑　无漏法林樹　覺意淨妙華　解脫智慧果
八解之浴池　定水湛然滿　布以七淨華　浴此无垢人
象馬五通馳　大乘以為車　調御以一心　遊於八正路
相具以嚴容　衆好飾其姿　慚愧之上服　深心為華鬘
富有七財寶　教授以滋息　如所說脩行　迴向為大利

BD06315號　維摩詰所說經卷中　（26–22）

揔持之園菀　无漏法林樹　覺意淨妙華　解脫智慧果
八解之浴池　定水湛然滿　布以七淨華　浴此无垢人
象馬五通馳　大乘以為車　調御以一心　遊於八正路
相具以嚴容　衆好飾其姿　慚愧之上服　深心為華鬘
富有七財寶　教授以滋息　如所說脩行　迴向為大利
四禪為床座　從於淨命生　多聞增智慧　以為自覺音
甘露法之食　解脫味為漿　淨心以澡浴　戒品為塗香
摧滅煩惱賊　勇健无能踰　降伏四種魔　勝幡建道場
雖知无起滅　示彼故有生　悉現諸國土　如日无不現
供養於十方　无量億如來　諸佛及己身　无有分別想
雖知諸佛國　及與衆生空　而常脩淨土　教化諸群生
諸有衆生類　形聲及威儀　无畏力菩薩　一時能盡現
覺知衆魔事　而示隨其行　以善方便智　隨意皆能現
或示老病死　成就諸群生　了知如幻化　通達无有礙
或現劫盡燒　天地皆洞然　衆人有常想　照令知无常
无數億衆生　俱來請菩薩　一時到其舍　化令向佛道
經書禁呪術　工巧諸伎藝　盡現行此事　饒益諸群生
世間衆道法　悉於中出家　因以解人惑　而不墮耶見
或作日月天　梵王世界主　或時作地水　或復作風火
劫中有疾疫　現作諸藥草　若有服之者　除病消衆毒
劫中有飢饉　現身作飲食　先救彼飢渴　却以法語人
劫中有刀兵　為之起慈悲　化彼諸衆生　令住无諍地
若有大戰陣　立之以等力　菩薩現威世　降伏使和安
一切國土中　諸有地獄處　輒往到于彼　免濟諸苦惱
一切國土中　畜生相食噉　皆現生於彼　為之作利益

BD06315號　維摩詰所說經卷中　（26–23）

劫中有飢饉　現身作飲食　先救彼飢渴　却以法語人
劫中有刀兵　為之起慈悲　化彼諸衆生　令住无諍地
若有大戰陣　立之以等力　菩薩現威世　降伏使和安
一切國土中　諸有地獄處　輒往到于彼　免濟諸苦惱
一切國土中　畜生相食噉　皆現生於彼　為之作利益
示受於五欲　亦復現行禪　令魔心憒亂　不能得其便
火中生蓮華　是可謂希有　在欲而行禪　希有亦如是
或現作婬女　引諸好色者　先以欲鉤牽　後令入佛智
或為邑中主　或作商人導　國師及大臣　以祐利衆生
諸有貧窮者　現作无盡藏　因以勸導之　令發菩提心
我心憍慢者　為現大力士　消伏諸貢高　令住佛上道
其有恐懼者　居前而安慰　先施以无畏　後令發道心
或現離婬欲　為五通仙人　開導諸群生　令住戒忍慈
見須供事者　現為作僮僕　既悅可其意　乃發以道心
隨彼之所須　得入於佛道　以善方便力　皆能給足之
如是道无量　所行无有崖　智慧无邊際　度脫无數衆
假令一切佛　於无數億劫　讚歎其功德　猶尚不能盡
誰聞如是法　不發菩提心　除彼不肖人　癡冥无智者
入不二法門品第九
尒時維摩詰謂衆菩薩言　諸仁者云何菩薩
入不二法門　各隨所樂說之　會中有菩薩名
法自在　說言　諸仁者　生滅為二　法本不生　今
則无滅　得此无生法忍　是為入不二法門
德首菩薩曰　我我所為二　因有我故便有我
所　若无有我　則无我所　是為入不二法門

BD06315號　維摩詰所說經卷中　（26–24）

入不二法門各隨所樂說之會中有菩薩名
法自在說言諸人者生滅為二法本不生今
則无滅得此无生法忍是為入不二法門
德首菩薩曰我我所為二因有我故便有我
所若无有我則无我所是為入不二法門
不瞬菩薩曰受不受為二若法不受則不可
得以不可得故无取无捨无作无行是為入
不二法門
德頂菩薩曰垢淨為二見垢實性則无淨相
順於滅相是為入不二法門
善宿菩薩曰是動是念為二不動則无念无
念則无分別通達此者是為入不二法門
善眼菩薩曰一相无相為二若知一相即是
无相亦不取无相入於平等是為入不二法門
妙臂菩薩曰菩薩心聲聞心為二觀心相空
如幻化者无菩薩心无聲聞心是為入不二
法門
弗沙菩薩曰善不善為二若不起善不善入
无相際而通達者是為入不二法門
師子菩薩曰罪福為二若達罪性則與福无
異以金剛慧決了此相无縛无解者是為入
不二法門
師子意菩薩曰有漏无漏為二若得諸法等
則不起漏不漏想不著於相亦不住无相是
為入不二法門
淨解菩薩曰有為无為為二若離一切數則

BD06315號　維摩詰所說經卷中　（26–25）

異以金剛慧決了此相无縛无解者是為入
不二法門
師子意菩薩曰有漏无漏為二若得諸法等
則不起漏不漏想不著於相亦不住无相是
為入不二法門
淨解菩薩曰有為无為為二若離一切數則
心如虛空以清淨慧无所礙者是為入不二
法門
那羅延菩薩曰世間出世間為二世間性空即
是出世間於其中不入不出不溢不散是為
入不二法門
善意菩薩曰生死涅槃為二若見生死性則
无生死无縛无解不然不滅如是解者是為
入不二法門
現見菩薩曰盡不盡為二法若究竟盡若不
盡皆是无盡相无盡相即是空空則无有盡
不盡相如是入者是為入不二法門
普首菩薩曰我无我為二我尚不可得非我
何可得見我實性者不復起二是為入不二
法門
電天菩薩曰明无明為二无明實性即是明
亦不可取離一切數於其中平等无二者

BD06315號　維摩詰所說經卷中　（26–26）

復次須菩提隨所有處說是法門乃[illegible]句
偈等當知此處一切世間天人阿脩羅皆應
供養如佛塔廟何況有人盡能受持讀誦此
經須菩提當知是人成就最上第一希有之
法若是經典所在之處則爲有佛若尊重似
佛尒時須菩提白佛言世尊當何名此法門
我等云何奉持佛告須菩提是法門名爲金
剛般若波羅蜜以是名字汝當奉持何以故
須菩提佛說般若波羅蜜則非般若波羅蜜
須菩提於意云何如來有所說法不須菩提
言世尊如來无所說法須菩提於意云何三千
大千世界所有微塵是爲多不須菩提言彼
微塵甚多世尊須菩提是諸微塵如來說非
微塵是名微塵如來說世界非世界是名世
界佛言須菩提於意云何可以卅二大人相
見如來不須菩提言不也世尊何以故如來
說卅二大人相即是非相是名卅二大人相

BD06316號　金剛般若波羅蜜經（菩提留支本）　（14–1）

大千世界所有微塵是爲多不須菩提言彼
微塵甚多世尊須菩提是諸微塵如來說非
微塵是名微塵如來說世界非世界是名世
界佛言須菩提於意云何可以卅二大人相
見如來不須菩提言不也世尊何以故如來
說卅二大人相即是非相是名卅二大人相
佛言須菩提若有善男子善女人以恒河沙
等身命布施若復有人於此法門中乃至受
持四句偈等爲他人說其福甚多无量阿僧
秖尒時須菩提聞說是經深解義趣涕淚悲
泣捫淚而白佛言希有婆伽婆希有脩伽陁佛
說如是甚深法門我從昔來所得慧眼未曾
得聞如是法門何以故須菩提佛說般若波
羅蜜即非般若波羅蜜世尊若復有人得聞
是經信心清淨則生實相當知是人成就第
一希有功德世尊是實相者則是非相是故
如來說名實相世尊我今得聞如是法門信
解受持不足爲難若當來世其有衆生得聞
是法門信解受持是人則爲第一希有何以
故此人无我相人相衆生相壽者相何以故
我相即是非相人相衆生相壽者相即是非
相何以故離一切諸相則名諸佛佛告須菩
提如是如是若復有人得聞是經不驚不怖
不畏當知是人甚爲希有何以故須菩提如
來說第一波羅蜜非第一波羅蜜如來說第

BD06316號　金剛般若波羅蜜經（菩提留支本）　（14–2）

故此人无我相人相衆生相壽者相何以故
我相即是非相人相衆生相壽者相即是非
相何以故離一切諸相則名諸佛佛告須菩
提如是如是若復有人得聞是經不驚不怖
不畏當知是人甚爲希有何以故須菩提如
来說第一波羅蜜非第一波羅蜜如来說第
一波羅蜜者彼无量諸佛亦說波羅蜜
是名第一波羅蜜
須菩提如来說忍辱波羅蜜即非忍辱波羅
蜜何以故須菩提如我昔爲歌利王割截身
體我於尒時无我相无衆生相无人相无壽
者相无相亦非无相何以故須菩提我於往
昔節節支觧時若有我相衆生相人相壽者
相應生瞋恨須菩提又念過去於五百世作
忍辱仙人於尒所世无我相无衆生相无人
相无壽者相是故須菩提菩薩應離一切相
發阿耨多羅三藐三菩提心何以故若心有
住則爲非住不應住色生心不應住聲香味
觸法生心應生无所住心是故佛說菩薩心
不住色布施須菩提菩薩爲利益一切衆生
應如是布施須菩提言世尊一切衆生相即
是非相何以故如来說一切衆生即非衆生
須菩提如来是真語者實語者如語者不異
語者須菩提如来所得法所說法无實无妄
語

應如是布施須菩提言世尊一切衆生相即
是非相何以故如来說一切衆生即非衆生
須菩提如来是真語者實語者如語者不異
語者須菩提如来所得法所說法无實无妄
語
須菩提譬如有人入闇則无所見若菩薩心
住於事而行布施亦復如是須菩提譬如人
有目夜分已盡日光明照見種種色若菩薩
不住於事行於布施亦復如是
復次須菩提若有善男子善女人能於此法
門受持讀誦脩行則爲如来以佛智慧悉知
是人悉見是人悉覺是人皆得成就无量无
邊功德聚須菩提若有善男子善女人初日
分以恒河沙等身布施中日分復以恒河沙
等身布施後日分復以恒河沙等身布施如
是捨恒河沙等无量身如是百千万億那由
他劫以身布施若復有人聞此法門信心不
謗其福勝彼无量阿僧祇何況書寫受持讀
誦脩行爲人廣說
須菩提以要言之是經有不可思議不可稱
量无邊功德此法門如来爲發大乘者說爲
發最上乘者說若有人能受持讀誦脩行此
經廣爲人說如来悉知是人悉見是人皆成
就不可思議不可稱无有邊无量功德聚如
是人等則爲荷擔如来阿耨多羅三藐三菩

量无邊功德此法門如来爲發大乘者說爲
發最上乘者說若有人能受持讀誦脩行此
經廣爲人說如来悉知是人悉見是人皆成
就不可思議不可稱无有邊无量功德衆如
是人等則爲荷檐如来阿耨多羅三藐三菩
提何以故須菩提若樂小法者則於此經不
能受持讀誦脩行爲人解說若有我見衆生
見人見壽者見於此法門能受持讀誦脩行
爲人解說者无有是處須菩提在在處處若
有此經一切世間天人阿脩羅所應供養當
知此處則爲是塔皆應恭敬作礼圍遶以諸
華香而散其處復次須菩提若善男子善女
人受持讀誦此經爲人輕賤何以故是人先世
罪業應墮惡道以今世人輕賤故先世罪業
則爲消滅當得阿耨多羅三藐三菩提須菩
提我念過去无量阿僧祇阿僧祇劫於然燈
佛前得值八十四億那由他百千万諸佛我
皆親承供養无空過者須菩提如是无量諸
佛我皆親承供養无空過者若復有人於後
世末世能受持讀誦脩行此經所得功德我
所供養諸佛功德於彼百分不及一千万億
分乃至筭數譬喻所不能及須菩提若有善
男子善女人於後世末世有受持讀誦脩行
此經所得功德若我具說者或有人聞心則

BD06316號　金剛般若波羅蜜經（菩提留支本）　（14-5）

世末世能受持讀誦脩行此經所得功德我
所供養諸佛功德於彼百分不及一千万億
分乃至筭數譬喻所不能及須菩提若有善
男子善女人於後世末世有受持讀誦脩行
此經所得功德若我具說者或有人聞心則
狂亂疑惑不信須菩提當知是法門不可思
議果報亦不可思議
尒時須菩提白佛言世尊云何菩薩發阿耨
多羅三藐三菩提心云何住云何脩行云何
降伏其心佛告須菩提菩薩發阿耨多羅三
藐三菩提心者當生如是心我應滅度一切
衆生令入无餘涅槃界如是滅度一切衆生
已而无一衆生實滅度者何以故須菩提若
菩薩有衆生相人相壽者相則非菩薩何以
故須菩提實无有法名爲菩薩發阿耨多羅
三藐三菩提心者
須菩提於意云何如来於然燈佛所有法得
阿耨多羅三藐三菩提不須菩提白佛言不
也世尊如我解佛所說義佛於然燈佛所无
有法得阿耨多羅三藐三菩提佛言如是如
是須菩提實无有法如来於然燈佛所得阿
耨多羅三藐三菩提若有法如来得阿耨多
羅三藐三菩提者然燈佛則不與我受記汝
於来世當得作佛号釋迦牟尼以實无有法
得阿耨多羅三藐三菩提是故然燈佛與我

BD06316號　金剛般若波羅蜜經（菩提留支本）　（14-6）

也世尊如我解佛所說義佛於然燈佛所无
有法得阿耨多羅三藐三菩提佛言如是如
是須菩提實无有法如来於然燈佛所得阿
耨多羅三藐三菩提若有法如来得阿耨多
羅三藐三菩提者然燈佛則不與我受記汝
於来世當得作佛号釋迦牟尼以實无有法
得阿耨多羅三藐三菩提是故然燈佛與我
受記作如是言摩那婆汝於来世當得作佛
号釋迦牟尼何以故須菩提言如来者即實
真如須菩提若有人言如来得阿耨多羅三
藐三菩提者是人不實語須菩提實无有法
佛得阿耨多羅三藐三菩提須菩提如来所
得阿耨多羅三藐三菩提於是中不實不妄
語是故如来說一切法皆是佛法須菩提所
言一切法一切法者即非一切法是故名一
切法
須菩提譬如有人其身妙大須菩提言世尊
如来說人身妙大則非大身是故如来說名
大身
佛言須菩提菩薩亦如是若作是言我當滅
度无量衆生則非菩薩佛言須菩提於意云
何頗有實法名為菩薩須菩提言不也世尊
實无有法名為菩薩是故佛說一切法无衆
生无人无壽者須菩提若菩薩作是言我莊

BD06316號　金剛般若波羅蜜經（菩提留支本）

（14-7）

佛言須菩提菩薩亦如是若作是言我當滅
度无量衆生則非菩薩佛言須菩提於意云
何頗有實法名為菩薩須菩提言不也世尊
實无有法名為菩薩是故佛說一切法无衆
生无人无壽者須菩提若菩薩作是言我莊
嚴佛國土是不名菩薩何以故如来說莊嚴
佛土莊嚴佛土者即非莊嚴是名莊嚴佛國
土須菩提若菩薩通達无我无我法者如
来說名真是菩薩菩薩
須菩提於意云何如来有肉眼不須菩提言
如是世尊如来有肉眼佛言須菩提於意云
何如来有天眼不須菩提言如是世尊如来
有天眼佛言須菩提於意云何如来有慧眼
不須菩提言如是世尊如来有慧眼佛言須
菩提於意云何如来有法眼不須菩提言如
是世尊如来有法眼佛言須菩提於意云何
如来有佛眼不須菩提言如是世尊如来有
佛眼佛言須菩提於意云何如恒河中所有
沙佛說是沙不須菩提言如是世尊如来說
是沙佛言須菩提於意云何如一恒河中所
有沙有如是等恒河是諸恒河所有沙數佛
世界如是世界寧為多不須菩提言彼世界
甚多世尊佛言須菩提尒所世界中所有衆
生若干種心住如来悉知何以故如来說諸

BD06316號　金剛般若波羅蜜經（菩提留支本）

（14-8）

有沙有如是等恒河是諸恒河所有沙數佛
世界如是世界寧爲多不須菩提言彼世界
甚多世尊佛言須菩提尒所世界中所有衆
生若干種心住如來悉知何以故如來說諸
心住皆爲非心住是名爲心住何以故須菩
提過去心不可得現在心不可得未來心不
可得須菩提於意云何若有人以滿三千大
千世界七寶持用布施是善男子善女人以
是因緣得福多不須菩提言如是世尊此人
以是因緣得福甚多佛言如是須菩提
彼善男子善女人以是因緣得福德多須
菩提若福德聚有實如來則不說福德聚福
德聚
須菩提於意云何佛可以具足色身見不須
菩提言不也世尊如來不應以色身見何以
故如來說具足色身即非具足色身是故如
來說名具足色身佛言須菩提於意云何如
來可以具足諸相見不須菩提言不也世尊
如來不應以具足諸相見何以故如來說諸
相具足即非具足是故如來說名諸相具足
佛言須菩提於意云何汝謂如來作是念我
當有所說法耶須菩提莫作是念何以故若
人言如來有所說法則爲謗佛不能解我所
說故何以故須菩提如來說法說法者无法

BD06316號　金剛般若波羅蜜經（菩提留支本）　（14–9）

相具足即非具足是故如來說名諸相具足
佛言須菩提於意云何汝謂如來作是念我
當有所說法耶須菩提莫作是念何以故若
人言如來有所說法則爲謗佛不能解我所
說故何以故須菩提如來說法說法者无法
可說是名說法
尒時慧命須菩提白佛言世尊頗有衆生於
未來世聞說是法生信心不佛言須菩提彼
非衆生非不衆生何以故須菩提衆生衆生
者如來說非衆生是名衆生
佛言須菩提於意云何如來得阿耨多羅三
藐三菩提耶須菩提言不也世尊世尊无有
少法如來得阿耨多羅三藐三菩提佛言如
是如是須菩提我於阿耨多羅三藐三菩提
乃至无有少法可得是名阿耨多羅三藐三
菩提復次須菩提是法平等无有高下是名
阿耨多羅三藐三菩提以无衆生无人无壽
者得平等阿耨多羅三藐三菩提一切善法
得阿耨多羅三藐三菩提須菩提所言善法
善法者如來說非善法是名善法
須菩提三千大千世界中所有諸須弥山王如
是等七寶聚有人持用布施若人以此般
若波羅蜜經乃至四句偈等受持讀誦爲他

BD06316號　金剛般若波羅蜜經（菩提留支本）　（14–10）

得阿耨多羅三藐三菩提須菩提所言善法
善法者如来説非善法是名善法
須菩提三千大千世界中所有諸須弥山王如
是等七寳聚有人持用布施若人以此般
若波羅蜜經乃至四句偈等受持讀誦為他
人説於前福德百分不及一千分不及一百
千万分不及一歌羅分不及一數分不及一
優波尼沙陁分不及一乃至筭數譬喻所不
能及
須菩提於意云何汝謂如来作是念我度衆
生耶須菩提莫作是念何以故實无有衆
生如来度者佛言須菩提若有實衆生如
来度者如来則有我人衆生壽者相須菩提如
来説有我者則非有我而毛道凡夫生者以
為有我須菩提毛道凡夫生者如来説名非
生是故言毛道凡夫生
須菩提於意云何可以相成就得見如来不
須菩提言如我解如来所説義不以相成就
得見如来佛言如是如是須菩提不以相成
就得見如来佛言須菩提若以相成相觀如
来者轉輪聖王應是如来是故非以相成就
得見如来
尒時世尊而説偈言
若以色見我　以音聲求我　是人行耶道　不能見如来
彼如来妙體　即法身諸佛　法體不可見　彼識不能知

BD06316 號　金剛般若波羅蜜經（菩提留支本）　（14－11）

来者轉輪聖王應是如来是故非以相成就
得見如来
尒時世尊而説偈言
若以色見我　以音聲求我　是人行耶道　不能見如来
彼如来妙體　即法身諸佛　法體不可見　彼識不能知
須菩提於意云何如来可以相成就得阿耨
多羅三藐三菩提須菩提莫作是念如来以
相成就得阿耨多羅三藐三菩提須菩提汝
若作是念菩薩發阿耨多羅三藐三菩提心
者説諸法斷滅相須菩提莫作是念菩薩發
阿耨多羅三藐三菩提心説諸法斷滅相須
菩提菩薩發阿耨多羅三藐三菩提心者於
法不説斷滅相若善男子善女人以滿恒河
沙等世間七寳持用布施若有菩薩知一切
法无我得无生法忍此功德勝前所得福德
須菩提以諸菩薩不取福德故須菩提白佛
言世尊菩薩不取福德佛言須菩提菩薩受
福德不取福德是故菩薩取福德
須菩提若有人言如来若去若来若住若坐
若臥是人不解我所説義何以故如来者无
所至去无所従来故名如来
須菩提若善男子善女人以三千大千世界
微塵復以尒許微塵世界碎為微塵阿僧祇
須菩提於意云何是微塵衆寧為多不須菩

BD06316 號　金剛般若波羅蜜經（菩提留支本）　（14－12）

若聞是人不解我所說義何以故如來者无
所至去无所從来故名如来
須菩提若善男子善女人以三千大千世界
微塵復以尒許微塵世界碎爲微塵阿僧祇
須菩提於意云何是微塵衆寧爲多不須菩
提言彼微塵衆甚多世尊何以故若是微塵
衆實有者佛則不說是微塵衆何以故佛說
微塵衆則非微塵衆是故佛說微塵衆世尊
如来所說三千大千世界則非世界是故佛
說三千大千世界何以故若世界實有者則
是一合相如来說一合相則非一合相是故
佛說一合相佛言須菩提一合相者則是不
可說但凡夫之人貪著其事何以故須菩提
若人如是言佛說我見人見衆生見壽者見
須菩提於意云何是人所說爲正語不須菩
提言不也世尊何以故世尊如来說我見人
見衆生見壽者見即非我見人見衆生見壽
者見是名我見人見衆生見壽者見須菩提
菩薩發阿耨多羅三藐三菩提心者於一切
法應如是知如是見如是信如是不住法相
何以故須菩提所言法相法相者如来說即
非法相是名法相須菩提若有菩薩摩訶薩
以滿无量阿僧祇世界七寶持用布施若有
善男子善女人發菩薩心者於此般若波羅

BD06316 號　金剛般若波羅蜜經（菩提留支本）　（14–13）

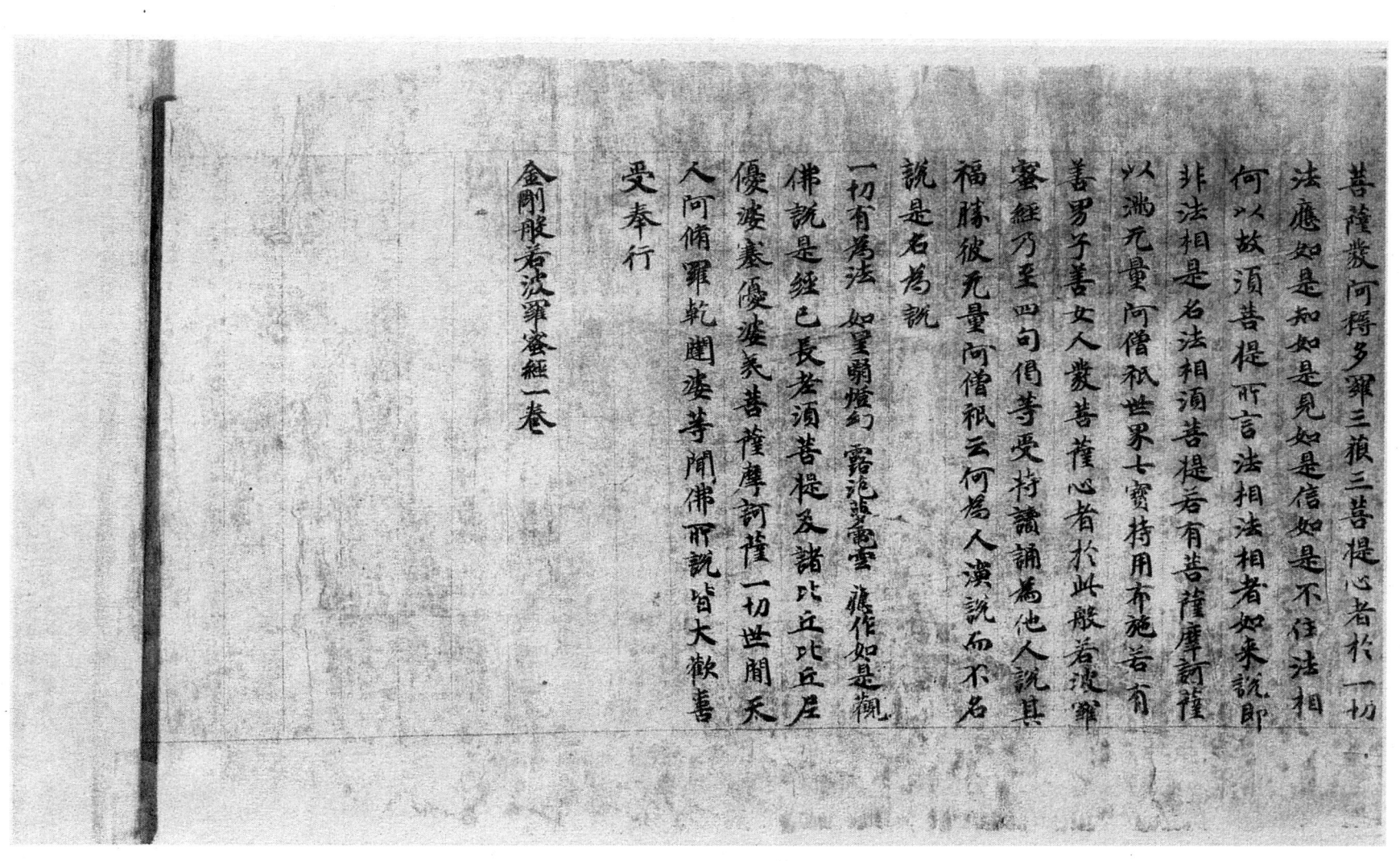

菩薩發阿耨多羅三藐三菩提心者於一切
法應如是知如是見如是信如是不住法相
何以故須菩提所言法相法相者如来說即
非法相是名法相須菩提若有菩薩摩訶薩
以滿无量阿僧祇世界七寶持用布施若有
善男子善女人發菩薩心者於此般若波羅
蜜經乃至四句偈等受持讀誦爲他人說其
福勝彼无量阿僧祇云何爲人演說而不名
說是名爲說
一切有爲法　如星翳燈幻　露泡夢電雲　應作如是觀
佛說是經已長老須菩提及諸比丘比丘尼
優婆塞優婆夷菩薩摩訶薩一切世間天
人阿脩羅乾闥婆等聞佛所說皆大歡喜
受奉行

金剛般若波羅蜜經一卷

BD06316 號　金剛般若波羅蜜經（菩提留支本）　（14–14）

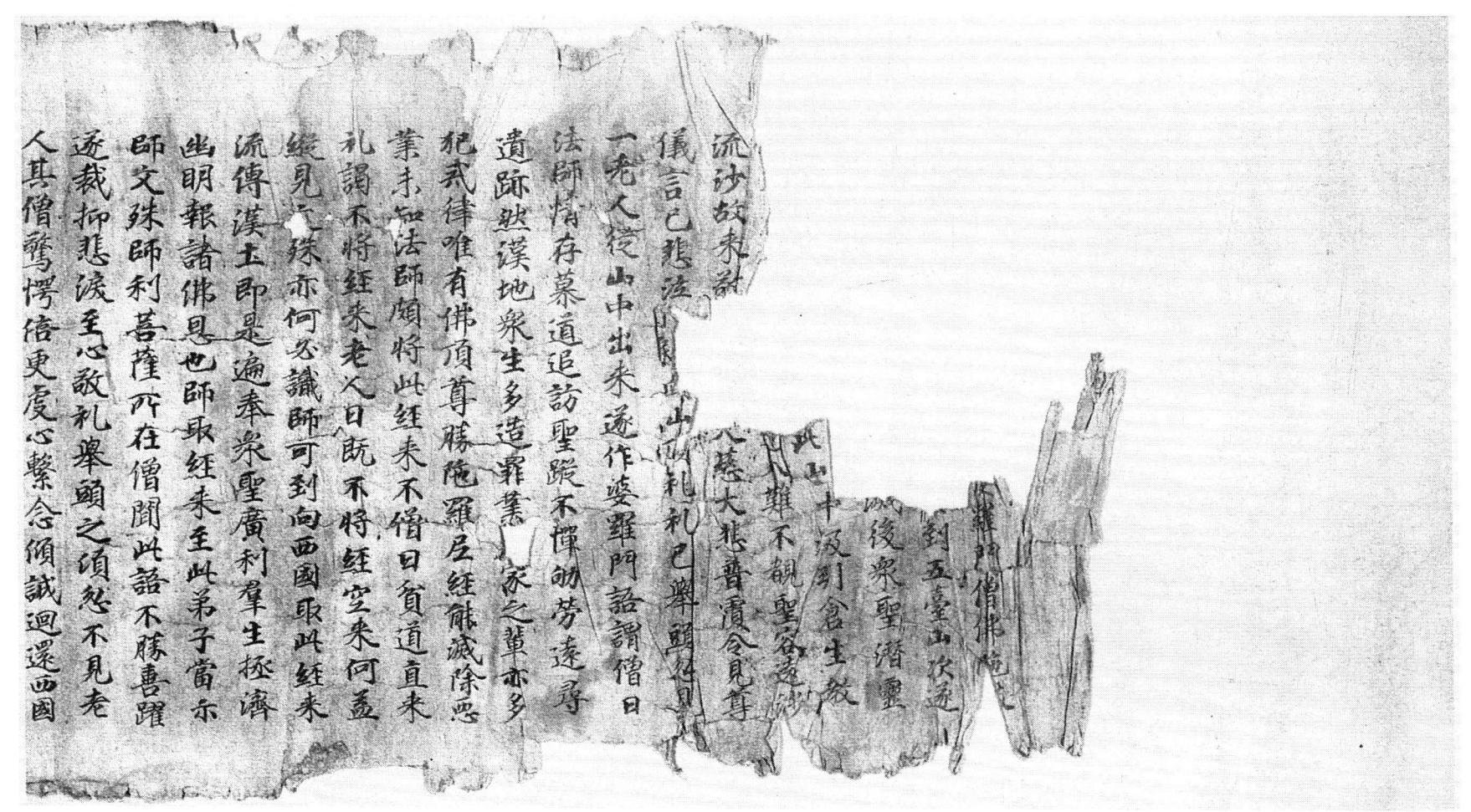

羅門僧佛陀
到五臺山次遂
後衆聖潛靈
此山中汲引含生敎
難不覩聖容遠
八慈大悲普濟令見尊
儀言已悲泣[illegible]禮禮已舉頭忽見
一老人從山中出来遂作婆羅門語謂僧曰
法師情存慕道追訪聖蹤不憚劬勞遠尋
遺跡然漢地衆生多造罪業出家之輩亦多
犯戒律唯有佛頂尊勝陁羅尼經能滅除惡
業未知法師頗将此經来不僧曰貧道直来
礼謁不将經来老人曰既不将經空来何益
縱見文殊亦何必識師可到向西國取此經来
流傳漢土即是遍奉衆聖廣利羣生拯濟
幽明報諸佛恩也師取經来至此弟子當示
師文殊師利菩薩所在僧聞此語不勝喜躍
遂裁抑悲淚至心敬礼舉頭之頃忽不見老
人其僧驚愕倍更虔心繫念傾誠迴還西國

BD06317 號 1　佛頂尊勝陀羅尼經（佛陀波利本）序　（12–1）

縱見文殊亦何必識師可到向西國取此經来
流傳漢土即是遍奉衆聖廣利羣生拯濟
幽明報諸佛恩也師取經来至此弟子當示
師文殊師利菩薩所在僧聞此語不勝喜躍
遂裁抑悲淚至心敬礼舉頭之頃忽不見老
人其僧驚愕倍更虔心繫念傾誠迴還西國
取佛頂尊勝陁羅尼經至永淳二年迴至西
京具以上事聞奏大帝遂将其本入内請
日照三藏法師及勑司賓寺典客令杜行顗
等共譯此經施僧絹三十疋其經本禁在内
不出其僧悲泣奏曰貧道捐軀委命遠取經
来情望普濟羣生救諸苦難不以財寶爲念
不以名利關懷請還經本流行庶望含靈同益
帝遂留翻得之經還僧梵本其僧得梵本将
向西明寺訪得善梵語僧順貞奏共翻譯帝
隨其請僧遂對諸大德共貞翻譯譯訖還僧
梵本向五臺山入山於今不出今前後所翻兩
本並流行於代小小語有不同者幸勿怪焉至
垂拱三年定覺寺主僧志静因停在神都魏
國東寺親見日照三藏法師問其逗留一如上
說志静遂就三藏法師諮受神呪法師於是
口宣梵音經二七日句句授具足梵音一无
差失仍更取舊翻本勘校所有脫錯悉皆改
定其呪初注云最後别翻者是也其呪句稍
異於杜令翻者其新呪改定不錯并注其音
義後有學者幸詳此焉至永昌元年八月於
大敬愛寺見西明寺上座澄法師問其逗留
亦如前說其翻經僧順貞見在住西明寺此

BD06317 號 1　佛頂尊勝陀羅尼經（佛陀波利本）序　（12–2）

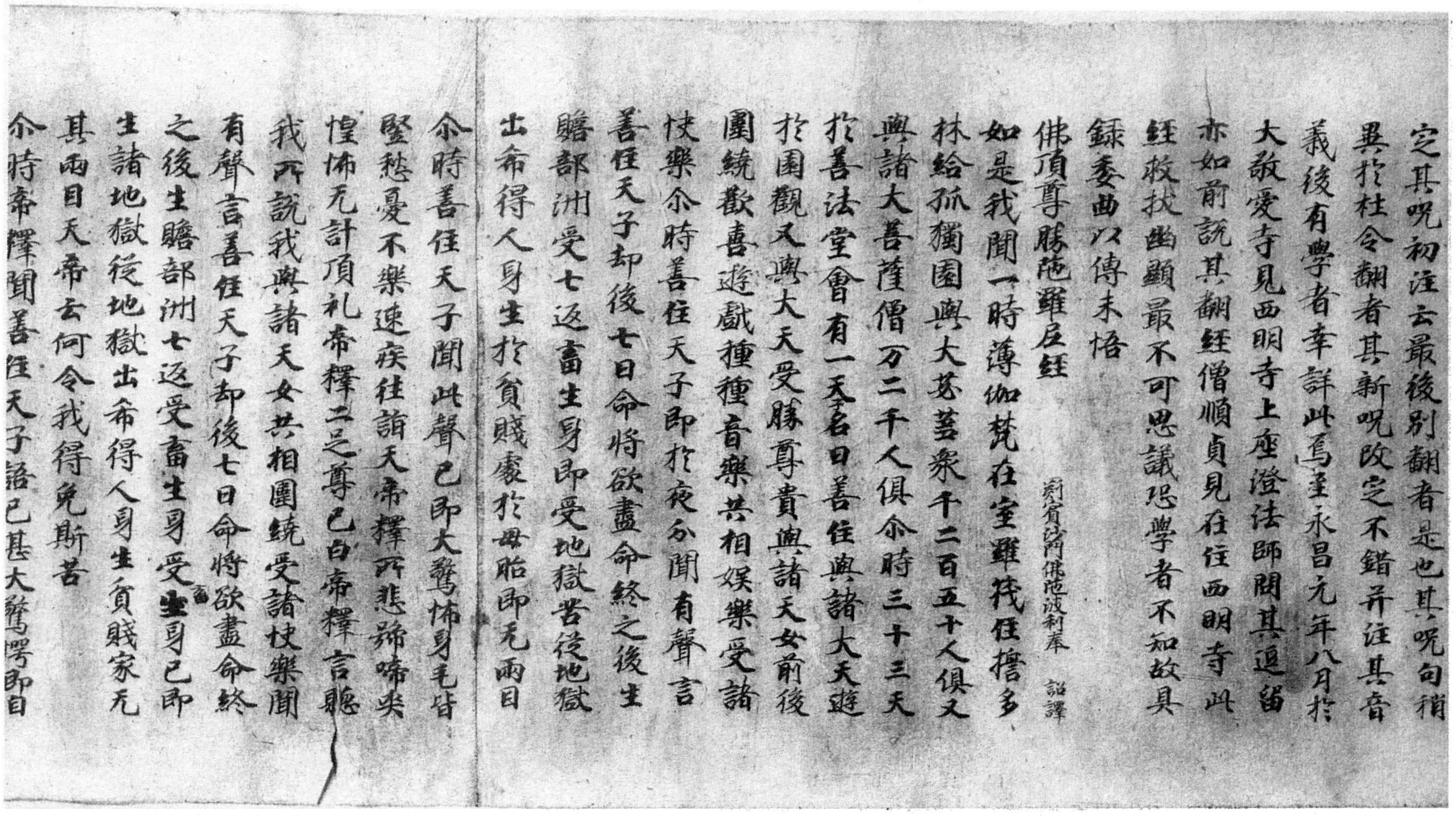
定其呪初注云最後別翻者是也其呪句稍
異於杜令翻者其新呪改定不錯并注其音
義後有學者幸詳此焉至永昌元年八月於
大敬愛寺見西明寺上座澄法師問其逗留
亦如前說其翻經僧順貞見在西明寺此
經救拔幽顯最不可思議恐學者不知故具
錄委曲以傳未悟
佛頂尊勝陁羅尼經　罽賓沙門佛陁波利奉　詔譯
如是我聞一時薄伽梵在室羅筏住誓多
林給孤獨園與大苾蒭衆千二百五十人俱又
與諸大菩薩僧万二千人俱尒時三十三天
於善法堂會有一天子名曰善住與諸大天遊
於園觀又與大天受勝尊貴與諸天女前後
圍繞歡喜遊戲種種音樂共相娛樂受諸
快樂尒時善住天子即於夜分聞有聲言
善住天子却後七日命將欲盡命終之後生
贍部洲受七返畜生身即受地獄苦從地獄
出希得人身生於貧賤處於母胎即无兩目
尒時善住天子聞此聲已即大驚怖身毛皆
豎愁憂不樂速疾往詣天帝釋所悲啼號哭
惶怖无計頂礼帝釋二足尊已白帝釋言聽
我所說我與諸天女共相圍繞受諸快樂聞
有聲言善住天子却後七日命將欲盡命終
之後生贍部洲七返受畜生身受畜生身已即
生諸地獄從地獄出希得人身生貧賤家无
其兩目天帝云何令我得免斯苦
尒時帝釋聞善住天子語已甚大驚愕即自

BD06317 號 1　佛頂尊勝陀羅尼經（佛陀波利本）序　　（12–3）
BD06317 號 2　佛頂尊勝陀羅尼經（佛陀波利本）

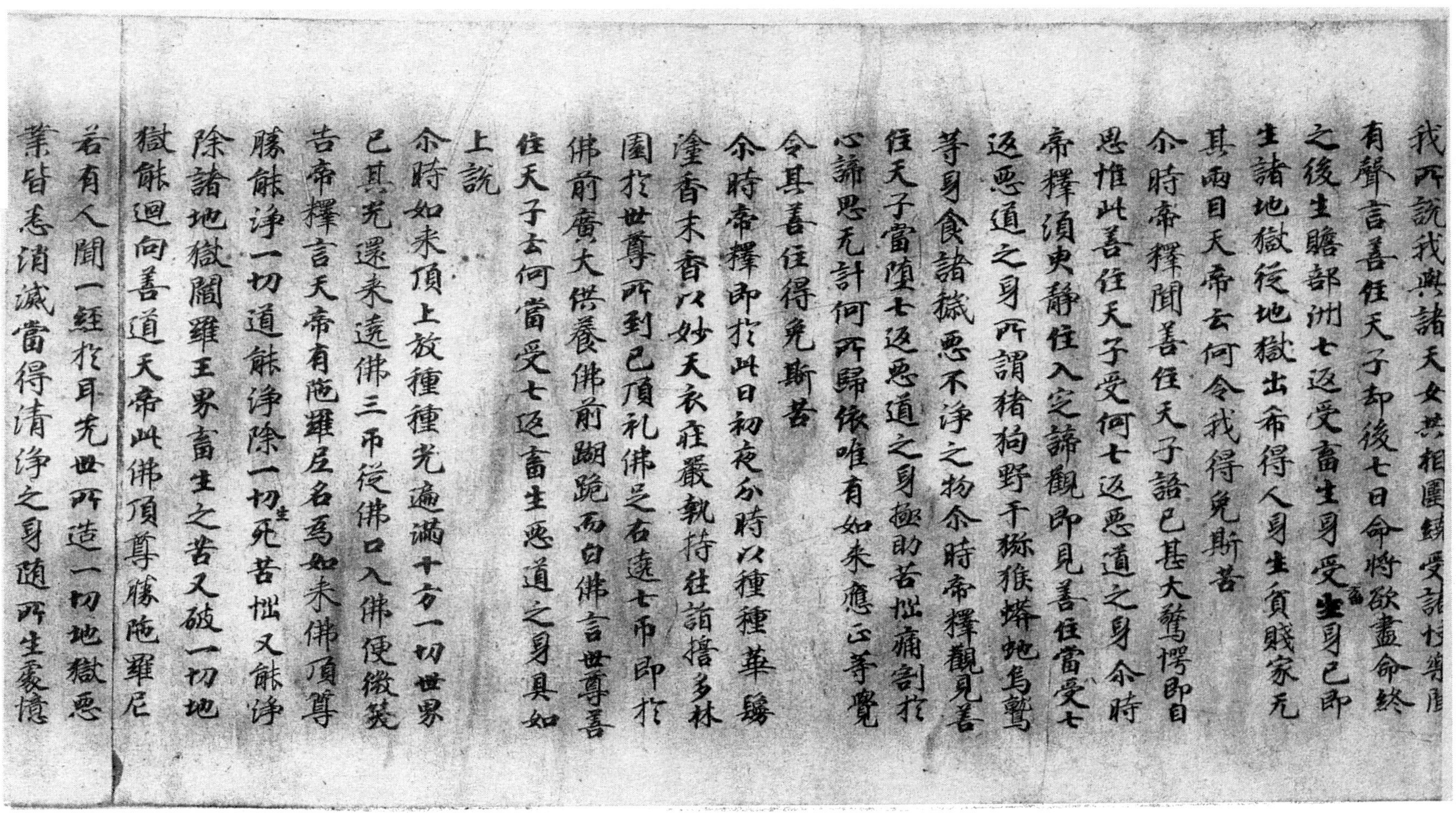
我所說我與諸天女共相圍繞受諸快樂聞
有聲言善住天子却後七日命將欲盡命終
之後生贍部洲七返受畜生身受畜生身已即
生諸地獄從地獄出希得人身生貧賤家无
其兩目天帝云何令我得免斯苦
尒時帝釋聞善住天子語已甚大驚愕即自
思惟此善住天子受何七返惡道之身尒時
帝釋須臾靜住入定諦觀即見善住當受七
返惡道之身所謂豬狗野干獼猴蟒蛇烏鷲
等身食諸穢惡不淨之物尒時帝釋觀見善
住天子當墮七返惡道之身極助苦惱痛割於
心諦思无計何所歸依唯有如來應正等覺
令其善住得免斯苦
尒時帝釋即於此日初夜分時以種種華鬘
塗香末香以妙天衣莊嚴執持往詣誓多林
園於世尊所到已頂礼佛足右遶七帀即於
佛前廣大供養佛前胡跪而白佛言世尊善
住天子云何當受七返畜生惡道之身具如
上說
尒時如來頂上放種種光遍滿十方一切世界
已其光還來遶佛三帀從佛口入佛便微笑
告帝釋言天帝有陁羅尼名為如來佛頂尊
勝能淨一切道能淨除一切生死苦惱又能淨
除諸地獄閻羅王界畜生之苦又破一切地
獄能迴向善道天帝此佛頂尊勝陁羅尼
若有人聞一經於耳先世所造一切地獄惡
業皆悉消滅當得清淨之身隨所生處憶

BD06317 號 2　佛頂尊勝陀羅尼經（佛陀波利本）　　（12–4）

勝能淨一切道能淨除一切生死苦惱又能淨
除諸地獄閻羅王界畜生之苦又破一切地
獄能迴向善道天帝此佛頂尊勝陀羅尼
若有人聞一經於耳先世所造一切地獄惡
業皆悉消滅當得清淨之身隨所生處憶
持不忘從一佛剎至一佛剎從一天界至一天
界遍歷三十三天所生之處憶持不忘天帝
若人命欲將終須臾憶念此陀羅尼還得
增壽得身口意淨身无苦痛隨其福利隨
處安隱一切如來之所觀視一切天神恒常
侍衛爲人所敬惡鄣消滅一切菩薩同心覆
護天帝若人能須臾讀誦此陀羅尼者此人
所有一切地獄畜生閻羅王界餓鬼之苦破壞
消滅无有遺餘諸佛剎土及諸天宮一切菩
薩所住之門无有鄣礙隨意遊入
尒時帝釋白佛言世尊唯願如來爲衆生
說增益壽命之法尒時世尊知帝釋意心之
所念樂聞佛說是陀羅尼法即說呪曰
那謨薄伽跋帝(一) 啼(入聲)囇路迦(稽耶反) 鉢囉底
毗失瑟吒(長聲)耶(余何反下同)(二) 勃陀(長聲)耶薄伽跋底(三) 怛
姪他(四) 唵(五) 毗(長聲)輸馱耶娑摩三滿多嚩(文何)
(及下准此)婆娑(六) 娑撥囉拏揭底伽訶那娑婆(長聲)
嚩秫(輸律反下同)地(七) 阿鼻詵(去聲)者蘇揭多伐折
那(八) 阿嚧嘌多毗曬罽(九)(平聲) 阿(上聲)訶囉阿訶
囉(十)(下同) 阿瑜散陀(長聲)囉尼(十一) 輸馱耶輸馱耶
(十二) 伽伽那毗秫提(十三) 烏瑟尼沙毗逝耶秫提

BD06317 號 2　佛頂尊勝陀羅尼經（佛陀波利本）　（12–5）

毗失瑟吒(長聲)耶(余何反下同)(二) 勃陀(長聲)耶薄伽跋底(三) 怛
姪他(四) 唵(五) 毗(長聲)輸馱耶娑摩三滿多嚩(文何)
(及下准此)婆娑(六) 娑撥囉拏揭底伽訶那娑婆(長聲)
嚩秫(輸律反下同)地(七) 阿鼻詵(去聲)者蘇揭多伐折
那(八) 阿嚧嘌多毗曬罽(九)(平聲) 阿(上聲)訶囉阿訶
囉(十)(下同) 阿瑜散陀(長聲)囉尼(十一) 輸馱耶輸馱耶
(十二) 伽伽那毗秫提(十三) 烏瑟尼沙毗逝耶秫提
(十四) 娑訶娑囉喝囉濕弭珊珠地帝(十五) 薩婆怛
他揭多地瑟吒(長聲)那遏地瑟恥帝慕姪囇(十六)
扙折囉迦(長聲)耶僧訶多那秫提(十七) 薩婆囉拏
毗秫提(十八) 鉢囉底祢代怛耶阿(上聲)瑜秫提(十九)
薩末耶遏地瑟恥帝(二十) 末祢末祢(廿一) 怛闥
多部多俱胝鉢唎秫提(廿二) 毗薩普吒勃地
秫提(廿三) 社耶社耶(余何反下同)(二十四) 毗社耶毗社耶(廿五)
薩末囉薩末囉勃陀遏地瑟恥多秫提(廿六)
跋折梨跋折囉揭鞞(廿七) 跋折藍婆伐都(廿八) 摩
摩(某甲受持者自稱名) 薩婆薩埵喝迦(長聲)耶毗秫提(廿九) 薩
婆揭底鉢唎秫提(卅) 薩婆怛他揭多三摩濕
婆娑遏地瑟恥帝(卅一) 勃陀(地耶反) 勃陀(上同) 蒲馱耶
蒲馱耶 三滿多鉢唎秫提(卅二) 薩婆怛他揭多
地瑟吒(長聲)那遏地瑟恥帝(卅三) 莎婆(長聲)訶
佛告帝釋言此呪名淨除一切惡道佛頂尊
勝陀羅尼能除一切罪業等鄣能破一切穢
惡道苦天帝此陀羅尼八十八殑伽沙俱胝百
千諸佛同共宣說隨喜受持大如來智印
印之爲破一切衆生穢惡道義故爲一切地
獄畜生閻羅王界衆生[illegible]

BD06317 號 2　佛頂尊勝陀羅尼經（佛陀波利本）　（12–6）

佛告帝釋言此呪名淨除一切惡道佛頂尊
勝陁羅尼能除一切罪業等鄣能破一切穢
惡道苦天帝此陁羅尼八十八殑伽沙俱胝百
千諸佛同共宣說隨喜受持大如來智印
印之為破一切衆生穢惡道義故為一切地
獄畜生閻羅王界衆生得解脫故臨急苦難
墮生死海中衆生得解脫故短命薄福无
救護衆生樂造雜染惡業衆生故說又陁
羅尼於贍部洲住持力故能令地獄惡道衆
生種種流轉生死薄福衆生不信善惡業失
正道衆生等得解脫義故
佛告天帝我說此陁羅尼付囑於汝汝當授
与善住天子復當受持讀誦思惟愛樂憶念
供養於贍部洲一切衆生廣為宣說此陁羅
尼亦為一切諸天子故說此陁羅尼印付囑
於汝天帝汝當善持守護勿令忘失
天帝若人須臾得聞此陁羅尼千劫已來積
造惡業重鄣應受種種流轉生死地獄餓鬼
畜生閻羅王界阿脩羅身夜叉羅剎鬼神布
單那羯吒布單那阿波娑摩囉蚊蝱龜狗蟒
蛇一切諸鳥及諸猛獸一切蠢動含靈乃至
蟻子之身更不重受即得轉生諸佛如來一
生補處菩薩同會處生或得大姓婆羅門家
生或得大剎利種家生或得豪貴最勝家生天
帝此人得如上貴處生者皆由聞此陁羅尼故
轉所生處皆得清淨天帝乃至得到菩提道
場最勝之處皆由讚嘆此陁羅尼功德如是天

BD06317 號 2　佛頂尊勝陀羅尼經（佛陀波利本）　（12–7）

生補處菩薩同會處生或得大姓婆羅門家
生或得大剎利種家生或得豪貴最勝家生天
帝此人得如上貴處生者皆由聞此陁羅尼故
轉所生處皆得清淨天帝乃至得到菩提道
場最勝之處皆由讚嘆此陁羅尼功德如是天
帝此陁羅尼名吉祥能淨一切惡道此佛頂
尊勝陁羅尼猶如日藏摩尼之寶淨无瑕穢
淨等虛空光焰照徹无不周遍若諸衆生持
此陁羅尼亦復如是亦如閻浮檀金明淨柔
軟令人喜見不為穢惡之所染著天帝若
有衆生持此陁羅尼亦復如是乘斯善淨
得生善道天帝此陁羅尼所在之處若能
書寫流通受持讀誦聽聞供養能如是者
一切惡道皆得清淨一切地獄苦悉皆消滅
佛告天帝若人能書寫此陁羅尼安高幢上
或安高山或安樓上乃至安置窣堵波中天
帝若有苾芻苾芻尼優婆塞優婆夷族姓
男族姓女於幢等上或見或与相近其影映
身或風吹陁羅尼上幢等上塵落在身上天
帝彼諸衆生所有罪業應墮惡道地獄畜生
閻羅王界餓鬼阿脩羅身惡道之苦皆悉不
受亦不為罪垢染汙天帝此等衆生為一切諸
佛之所授記皆得不退轉於阿耨多羅三藐
三菩提
天帝何況更以多諸供具華鬘塗香末香幢
幡蓋等衣服瓔珞作諸莊嚴於四衢道造窣
堵波安置陁羅尼合掌恭敬旋遶行道歸命

BD06317 號 2　佛頂尊勝陀羅尼經（佛陀波利本）　（12–8）

佛之所授記皆得不退轉於阿耨多羅三藐
三菩提
天帝何況更以多諸供具華鬘塗香末香幢
幡蓋等衣服瓔珞作諸莊嚴於四衢道造窣
堵波安置陁羅尼合掌恭敬旋遶行道歸命
礼拜天帝彼人能如是供養者名摩訶薩埵
真是佛子持法棟梁又是如来全身舍利窣
堵波塔
尒時閻摩羅法王於時夜分来詣佛所到已
以種種天衣妙華塗香莊嚴供養佛已遶佛
七帀頂礼佛之而作是言我聞如来演說讚
持大力陁羅尼者我常隨逐守護不令持者
墮於地獄以彼隨順如来言教而護念之
尒時護世四天王遶佛三帀白佛言世尊唯
願如来為我廣說持陁羅尼法尒時佛告
四天王汝今諦聽我當為汝宣說受持此陁
羅尼法亦為短命諸衆生說當先洗浴着
新淨衣白月圓滿十五日時持齋誦此陁羅
尼滿其千遍令短命衆生還得增壽永離
病苦一切業鄣悉皆消滅一切地獄苦亦得解
脫諸飛鳥畜生含靈之類聞此陁羅尼一經
於耳盡此一身更不復受
佛言若遇大惡病聞此陁羅尼即得永離一
切諸病亦得消滅應墮惡道亦得除斷即得
往生寂樂世界從此身已後更不受胞胎之身
所生之處蓮華化生一切生處憶持不忘常識
宿命

切諸病亦得消滅應墮惡道亦得除斷即得
往生寂樂世界從此身已後更不受胞胎之身
所生之處蓮華化生一切生處憶持不忘常識
宿命
佛言若人先造一切極重罪業遂即命終乘
斯惡業應墮地獄或墮畜生閻羅王界或墮
餓鬼乃至墮大阿鼻地獄或生水中或生禽
獸異類之身取其亡者隨身分骨以土一把
誦此陁羅尼二十一遍散亡者骨上即得生天
佛言若人能日日誦此陁羅尼二十一遍應消
一切世間廣大供養捨身往生極樂世界若
常誦念得大涅槃復增壽命受勝妙樂捨
此身已即得往生種種微妙諸佛剎土常与
諸佛俱會一處一切如来恒為演說微妙之
義一切世尊即授其記身光照曜一切剎土
佛言若誦此陁羅尼法於其佛前先取淨土
作壇隨其大小方四角作以種種華散於壇
上燒衆名香右膝著地胡跪心常念佛作慕
陁羅尼印屈其頭指以大母指押合掌當其
心上誦此陁羅尼一百八遍訖於其壇中如雲王
雨華能遍供養八十八俱胝殑伽沙那庾多百
千諸佛彼佛世尊咸共讚言善哉希有真是
佛子即得无鄣㝵智三昧得大菩提心莊嚴
三昧持此陁羅尼法應如是佛言天帝我以
此方便一切衆生應墮地獄道令得解脫一
切惡道亦得清淨復令持者增益壽命天
帝汝去將我陁羅尼授与善住天子滿其七
日汝与善住俱来見我

雨華能遍供養八十八俱胝殑伽沙那庾多百
千諸佛彼佛世尊咸共讚言善哉希有真是
佛子即得无鄣礙智三昧得大菩提心莊嚴
三昧持此陁羅尼法應如是佛言天帝我以
此方便一切衆生應墮地獄道令得解脫一
切惡道亦得清淨復令持者增益壽命天
帝汝去將我陁羅尼授与善住天子滿其七
日汝与善住俱來見我
尒時天帝於世尊所受此陁羅尼法奉持還
於本天授与善住天子尒時善住天子受此
陁羅尼已滿六日六夜依法受持一切願滿
應受一切惡道等苦即得解脫住菩提道
增壽无量甚大歡喜高聲歎言希有如來希
有妙法希有明驗甚為難得令我解脫
尒時帝釋至第七日与善住天子將諸天衆
嚴持華鬘塗香末香寶幢幡蓋天衣瓔珞
微妙莊嚴往詣佛所設大供養以妙天衣及諸
瓔珞供養世尊遶百千帀於佛前立踊躍歡
喜而坐聽法
尒時世尊舒金色臂摩善住天子頂而為說
法授菩提記佛言此經名淨一切惡道佛頂
尊勝陁羅尼汝當受持尒時大衆聞法歡
喜信受奉行

佛頂尊勝陁羅尼經

BD06317號2　佛頂尊勝陀羅尼經（佛陀波利本）　（12–11）

增壽无量甚大歡喜高聲歎言希有如來希
有妙法希有明驗甚為難得令我解脫
尒時帝釋至第七日与善住天子將諸天衆
嚴持華鬘塗香末香寶幢幡蓋天衣瓔珞
微妙莊嚴往詣佛所設大供養以妙天衣及諸
瓔珞供養世尊遶百千帀於佛前立踊躍歡
喜而坐聽法
尒時世尊舒金色臂摩善住天子頂而為說
法授菩提記佛言此經名淨一切惡道佛頂
尊勝陁羅尼汝當受持尒時大衆聞法歡
喜信受奉行

佛頂尊勝陁羅尼經

BD06317號2　佛頂尊勝陀羅尼經（佛陀波利本）　（12–12）

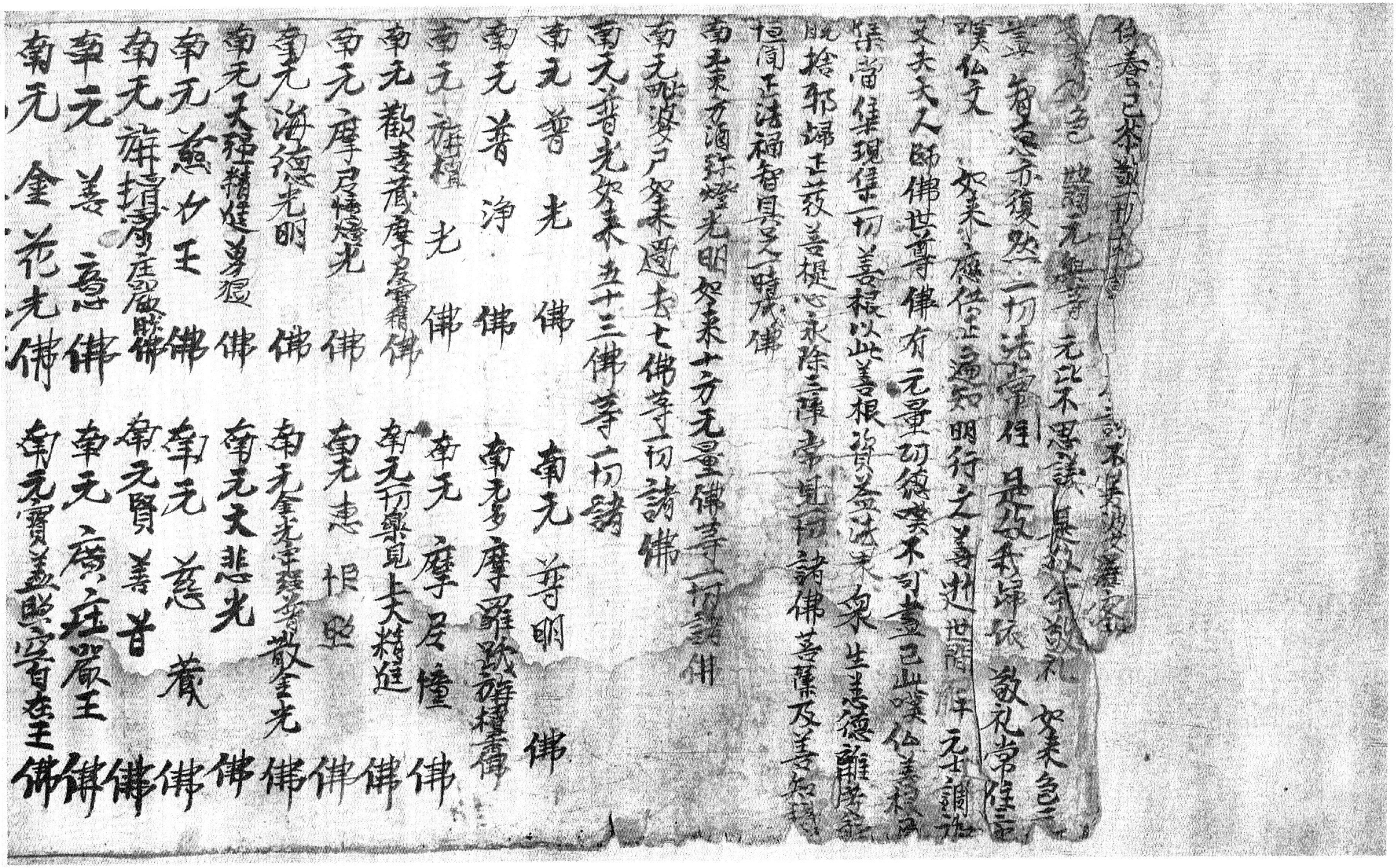

智慧亦復然 一切法常住 是故我歸依 敬礼常住三宝
嘆仏文 如来應供正遍知明行足善逝世間解无上調御
丈夫天人師佛世尊 佛有无量功德 讚不可盡 已此嘆仏善根
集當集現集一切善根 以此善根資益法界衆生 悉德離苦
脫 捨邪歸正 發菩提心 永除三障 常見一切諸佛菩薩及善知識
恒聞正法 福智具足 一時成佛
南无東方須彌燈光明如来十方无量佛等一切諸佛
南无毗婆尸如来過去七佛等一切諸佛
南无普光如来五十三佛等一切諸佛
南无普光佛 南无普明佛
南无普淨佛 南无多摩羅跋旃檀香佛
南无旃檀光佛 南无摩尼幢佛
南无歡喜藏摩尼寶積佛 南无一切世間樂見上大精進佛
南无摩尼幢燈光佛 南无慧炬照佛
南无海德光明佛 南无金剛牢強普散金光佛
南无大強精進勇猛佛 南无大悲光佛
南无慈力王佛 南无慈藏佛
南无旃檀窟莊嚴勝佛 南无賢善首佛
南无善意佛 南无廣莊嚴王佛
南无金花光佛 南无寶蓋照空自在王佛

BD06318號1　七階佛名經

(13–1)

南无海德光明佛　南无金光寶蓋散金光佛
南无大精進勇猛佛　南无大悲光佛
南无旃檀窟莊嚴勝佛　南无慈藏佛
南无慈力王佛　南无賢善首佛
南无善意佛　南无廣莊嚴王佛
南无金花光佛　南无寶蓋照空自在王佛
南无虛空寶花光佛　南无琉璃莊嚴王佛
南无普現色身光佛　南无不動智光佛
南无降伏諸魔王佛　南无財光明佛
南无智慧勝佛　南无彌勒仙光佛
南无世靜光佛　南无善寂月音妙尊智王佛
南无龍種上尊王佛　南无日月光佛
南无日月珠光佛　南无慧幢勝王佛
南无師子吼自在力王佛　南无妙音勝佛
南无常光幢佛　南无觀世燈佛
南无慧威燈王佛　南无法勝王佛
南无須彌光佛　南无須曼那花光佛
南无優曇鉢羅花殊勝王佛　南无大慧力王佛
南无阿閦毗歡喜光佛　南无無量音聲王佛
南无財光佛　南无金海光佛
南无山海慧自在通王佛　南无大通光佛
南无一切法常滿王佛　乃是過去久遠舊住娑婆世界成熟
衆生而般涅槃。若有善男子善女人及餘一切衆生得聞是五
十三佛名者，是人於百千萬億阿僧祇劫不墮惡道。若復有人能稱
是五十三佛名者，生生之處常得值遇十方諸佛。若復有人能至心敬禮五
十三佛者，除滅四重五逆及謗方等，皆悉清淨。以是佛本誓願故，於念念中
即得除滅如上諸罪。　南无東方善得如來十方无佛等一切諸佛

BD06318 號 1　七階佛名經　（13–2）

南无一切法常滿王佛　乃是過去久遠舊住娑婆世界成熟
衆生而般涅槃若有善男子善女人及餘一切衆生得聞是五
十三佛名者是人於百千万億阿僧祇劫不墮惡道若復有人能稱
是五十三佛名生生之處常得值遇十方諸佛若復有人能至心敬禮五
十三佛者除滅四重五逆及謗方等經皆悉清淨以是佛本誓願故於念念中
即得除滅如上諸罪　南无東方善德如来十方无佛等一切諸佛
南无拘那提如来賢劫千佛等一切諸佛
南无釋迦牟尼如来三十五佛等一切諸佛
南无釋迦牟尼佛　南无金剛不壞佛
南无寶光佛　南无龍尊王佛
南无精進軍佛　南无精進喜佛
南无寶火佛　南无寶月光佛
南无現无愚佛　南无寶月佛
南无无垢佛　南无離垢佛
南无勇施佛　南无清淨佛
南无清淨施佛　南无娑留那佛
南无水天佛　南无堅德佛
南无栴檀功德佛　南无无量掬光佛
南无光德佛　南无无憂德佛
南无那羅延佛　南无功德華佛
南无蓮花光遊戲神通佛　南无財功德佛
南无德念佛　南无善名稱功德佛
南无紅炎幢王佛　南无善遊步功德佛
南无鬪戰勝佛　南无善遊步佛
南无周匝莊嚴功德佛　南无寶花遊步佛
南无寶蓮花善住娑羅樹王佛　藥王藥上虛空有提

南无德念佛　南无善名稱功德佛
南无紅焰幢王佛　南无善遊步功德佛
南无鬪戰勝佛　南无善遊步佛
南无周帀莊嚴功德佛　南无寶華遊步佛
南无寶蓮花善住娑羅樹王佛　藥王藥上虛空有提
目而无名号此三十五佛出決定毗尼經已上七階佛依藥王藥上二文
次第已下別依餘部經等疏出
南无東方阿閦如來一万五千佛等一切諸佛
南无寶集如來二十五佛等一切諸佛
南无寶集佛　南无寶勝佛
南无成就盧舍那佛　南无盧舍那鏡像佛
南无盧舍那光明佛　南无不動佛
南无大光明佛　南无无量聲如來三說
南无阿弥陀如來佛　南无大稱佛
南无寶光明佛　南无得大无畏佛
南无然燈火佛　南无寶聲佛
南无无邊无垢佛　南无月聲佛
南无无邊稱佛　南无日月光明世尊三說
南无垢光明佛　南无清淨光明佛
南无可光明佛　南无无邊寶佛
南无華勝佛　南无妙身佛
南无法光明清淨開敷蓮華佛　此等三十五佛名經等出
南无虛空功德清淨微塵等目端正功德相光明花波頭摩瑠璃光寶
體香最上香供養訖種種莊嚴頂髻无量无邊日月光明願力莊
嚴變化莊嚴法界出生无障导王如來　若善男子善女人犯四重五逆謗
諸三寶及犯四波羅夷是人罪重假使閻浮提變為微塵一一塵成一劫是

BD06318 號 1　七階佛名經　（13-4）

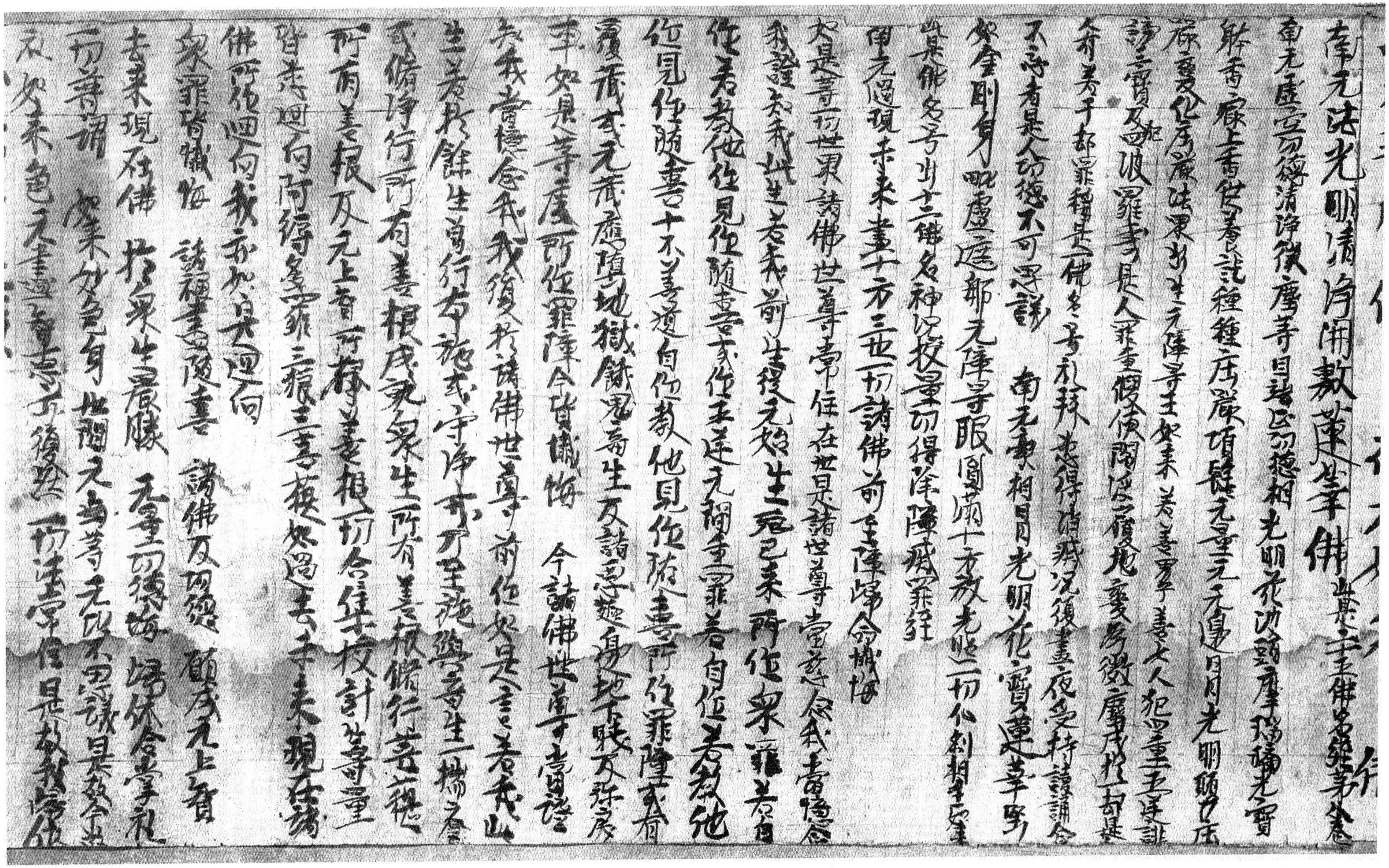

BD06318 號 1　七階佛名經

(13–5)

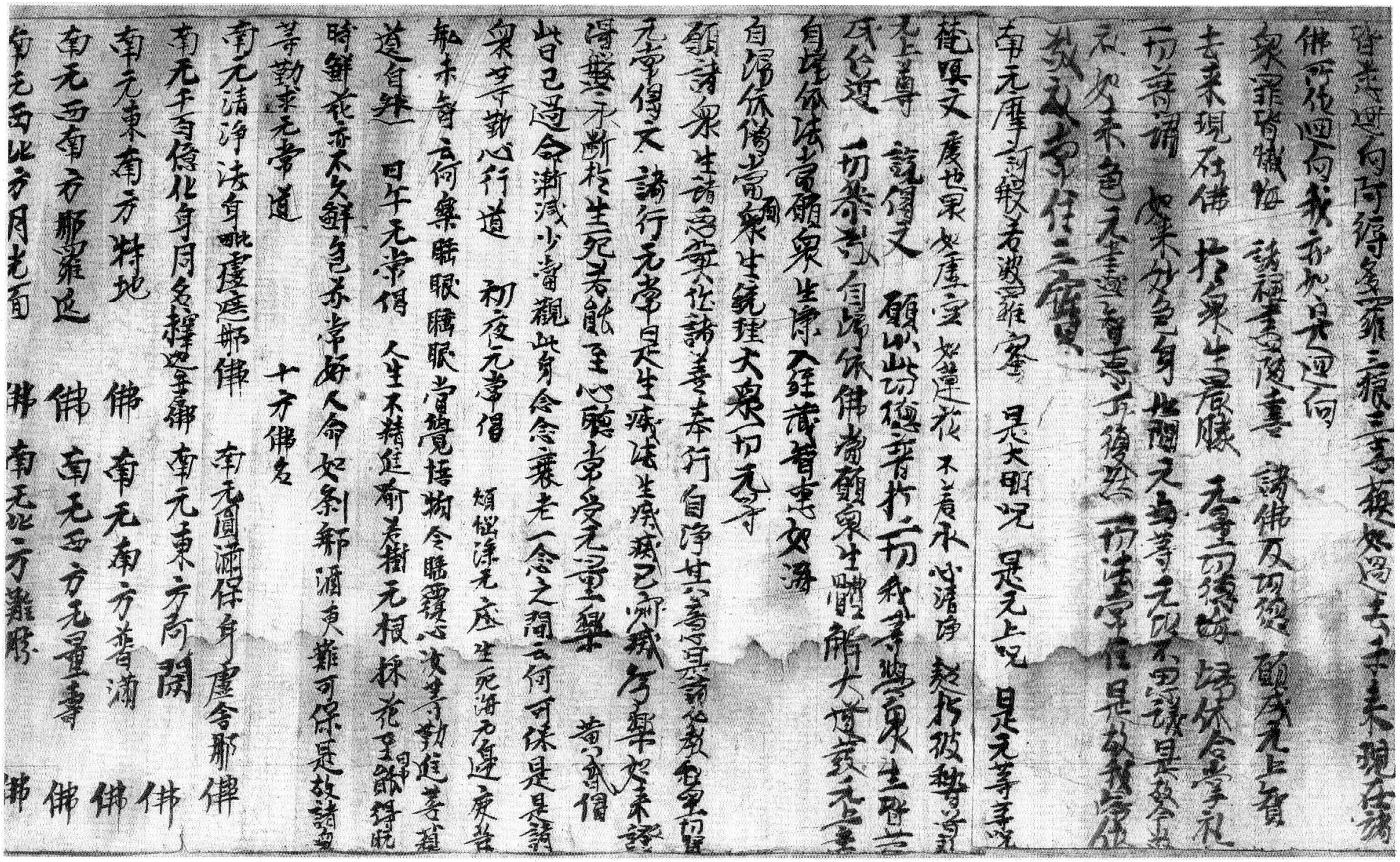

BD06318號1　七階佛名經　　（13–6）

□□□无常道
南无清淨法身毗盧遮那佛　十方佛名
南无千百億化身同名釋迦牟尼佛　南无圓滿報身盧舍那佛
南无東南方特地佛　南无東方阿閦佛
南无西南方那羅延佛　南无南方普滿佛
南无西北方月光面佛　南无西方无量壽佛
南无東北方寶根佛　南无北方難勝佛
南无下方寶行佛　南无上方无量勝佛
懺悔文　南无當來下生彌勒尊佛
唯願十方諸天慈尊諦知證念我今懺悔不復更造願
我及一切衆生速得除滅无量劫來十惡四重五逆誹謗
三寶一闡提罪復應思惟如是罪性但從虛妄顛倒心起
无有定實亦可得者本性空寂願我及一切衆生速
達心本起永滅罪根懺悔已歸命禮三寶　衆罪皆懺悔
諸福盡隨喜及諸佛功德願成无上智去來現在佛
諸衆生最勝无量功德海歸依合掌禮　至心發願衆等生生值諸佛
世世恒聞解脫音弘誓平等度衆生畢竟速成无上道發願已
歸命禮三寶　寅朝禮懺文　敬礼毗盧遮那佛
敬礼盧舍那佛　敬礼釋迦牟尼佛
敬礼東方善得佛　敬礼東南方无憂得佛
敬礼南方旃檀德佛　敬礼西南方寶勝佛
敬礼西方无量明佛　敬礼西北方花德佛
敬礼北方相得佛　敬礼東北方三乘行佛
敬礼上方廣衆得佛　敬礼下方明德佛
敬礼當來下生彌勒尊佛　敬礼過去未來三世諸佛
敬礼舍利形像无量寶塔佛　敬礼十二部尊經甚深法藏佛
敬礼諸大菩薩摩訶薩衆　敬礼聲聞緣覺一切賢聖
為天龍八部諸善神王敬礼常住三寶

敬礼北方相德佛　　　敬礼東北方三乘行佛
敬礼上方廣衆得佛　　　敬礼下方明德佛
敬礼當來下生彌勒尊佛　　　敬礼過去未來三世諸佛
敬礼舍利形像无量寶塔　佛　　　敬礼十二部尊經甚深法藏
敬礼諸大菩薩摩訶薩衆　　　敬礼聲聞緣覺一切賢聖
為天龍八部諸善神王敬礼常住三寶
為國皇帝聖化无窮敬礼常住三寶
為過現諸師恒為道首敬礼常住三寶
為太子諸王福延万葉敬礼常住三寶
為師僧父母及善知識敬礼常住三寶
為文武百官恒居祿位敬礼常住三寶
為十方施主六度圓滿敬礼常住三寶
為受苦衆生願皆離苦敬礼常住三寶
為國土安寧法輪常轉敬礼常住三寶
為法界有情礼仏懺悔　至心懺悔
十方无量仏所知无不盡我今悉對前發露悔諸惡三三合九
種從三煩惱起今身若前身有罪皆懺悔於三惡道中若
應受業報願得今身上不入惡道受懺悔已歸命礼三寶
至心勸請十方一切仏見在成道者我請轉法輪安樂諸衆
生十方一切仏若欲捨受命我今頭面礼勸請令久住勸請已
歸命礼三寶　至心隨喜所有布施福持戒脩禪從身口
意生去來今所有習學三乘人成就一乘者无量人福衆
等皆隨喜已歸命礼三寶
至心迴向我所作福業一切皆和合為度衆生故迴向仏道
罪應如是懺勸請隨喜福迴向於菩提迴向已歸命礼三寶
至心發願願諸衆生等悉發菩提心常思念十方一切
仏復願諸衆生永破諸煩惱了了見仏性由如妙德等夜

等皆隨喜〻〻已 歸命禮三寶
至心迴向 我所作福業 一切皆和合 爲度群生故 迴向佛道
罪應如是懺 勸請隨喜福 迴向於菩提 迴向已 歸命禮三寶
至心發願 願諸衆生等 悉發菩提心 常思念十方一切
佛 復願諸衆生 永破諸煩惱 了了見佛性 由如妙德等 發
願已 歸命禮三寶 白衆等聽說寅朝清淨偈 欲求寂滅
樂 當學沙門法 衣食支身命 精麁隨衆等 諸衆等
今日寅朝清淨 各記六念 第一念佛 願得佛身 第二念法
法輪常轉 第三念僧 頭陀苦行 第四念施 心心不斷 第五念
戒 戒根全具 第六念天 大般涅槃 入堂偈 持戒清淨如滿月
身口皎潔无瑕穢 清淨合和无爲諍 今方可得同布薩
行香偈 八功德水淨諸塵 灌掌去垢心无染 奉持禁戒无缺
犯 一切衆生亦如是 浴籌偈 羅漢聖僧集 凡夫衆和合
香湯沐淨籌 布薩度衆生 行籌偈 香水薰沐淨諸垢
法身具足五分充 波若圓照解脫滿 群生同會法界融
受籌偈 金剛无㝵解脫籌 難逢難遇如今得
我今歡喜頂戴受 一切衆生亦如是 還籌偈
具足清淨受此籌 堅持禁戒无缺犯 一切衆生亦如是
清淨偈 清淨如滿月 清淨度布薩 身口業清淨
今乃同布薩 行香偈 戒香定香惠香解脫香
解脫知見香 光明雲臺遍法界 供養十方一切佛
見聞普薰證寂滅 說戒竟偈 諸佛出世第一快 聞法
奉行歡喜快 衆生離苦安樂快 大衆和合寂滅快
各念誦經中清淨妙偈 清淨如滿月 清淨度布薩 身口業
今乃同布薩 衆僧和合樂 和合不淨竟 和合明有法
常得對佛道 歡和合衆僧 一切受天樂
七階佛名一卷 一切普誦

奉行歡喜快 衆生誦經安樂快 大衆和合心歡快
念誦經中清淨妙句 清淨如滿月 清淨庭布薩 身口業
今乃月布薩 衆僧和合樂 和合不諍競 和合明有法
常得數修道 能和合衆僧 亦受天樂
茶皆仏名一卷一切普誦

五臺山讚文

仏子道場屈請暫時間 至心聽讚五臺山 毒龍有
峯為大海 文殊鎮壓不能翻 仏子 大周東北
有五臺山 其山高廣共天連 東臺望見
㧾羅國 西臺還見給孤薗 仏子 大聖文殊鎮
五臺 盡是龍重上如來 師子壹現三年界五百
毒龍心騰擢 仏子 東臺岌岌嚴清高四方
迴力莫思勞東望海水如觀長風波飲瞋水
飄飄 仏子 飄飄海水無邊畔 新羅王子泛舟
來不思白骨離鄉遠 萬里持心礼五臺 仏子
南臺窟里甚可增 里以多少羅漢僧 吉祥
聖鳥時時現 夜夜飛來點聖燈 仏子 聖燈
炎炎繞前行照了西山遍地明 此山多繞靈屋
鳥子 五臺什四禪靠靠 仏子 南臺南切靈鏡寺
靈鏡寺里聖金剛 一万菩薩聲嘆聖 恁不驚自
號名 仏子 俤光奇不思議 馬惱有珠清靈羅
解脫和尚瘦度結家跌 坐小了仏子清涼寺
主半山崖千重樓閣万重開 文殊菩薩常常嘆
耳差禹中化出來 仏子 東臺嵯峨甚踏識

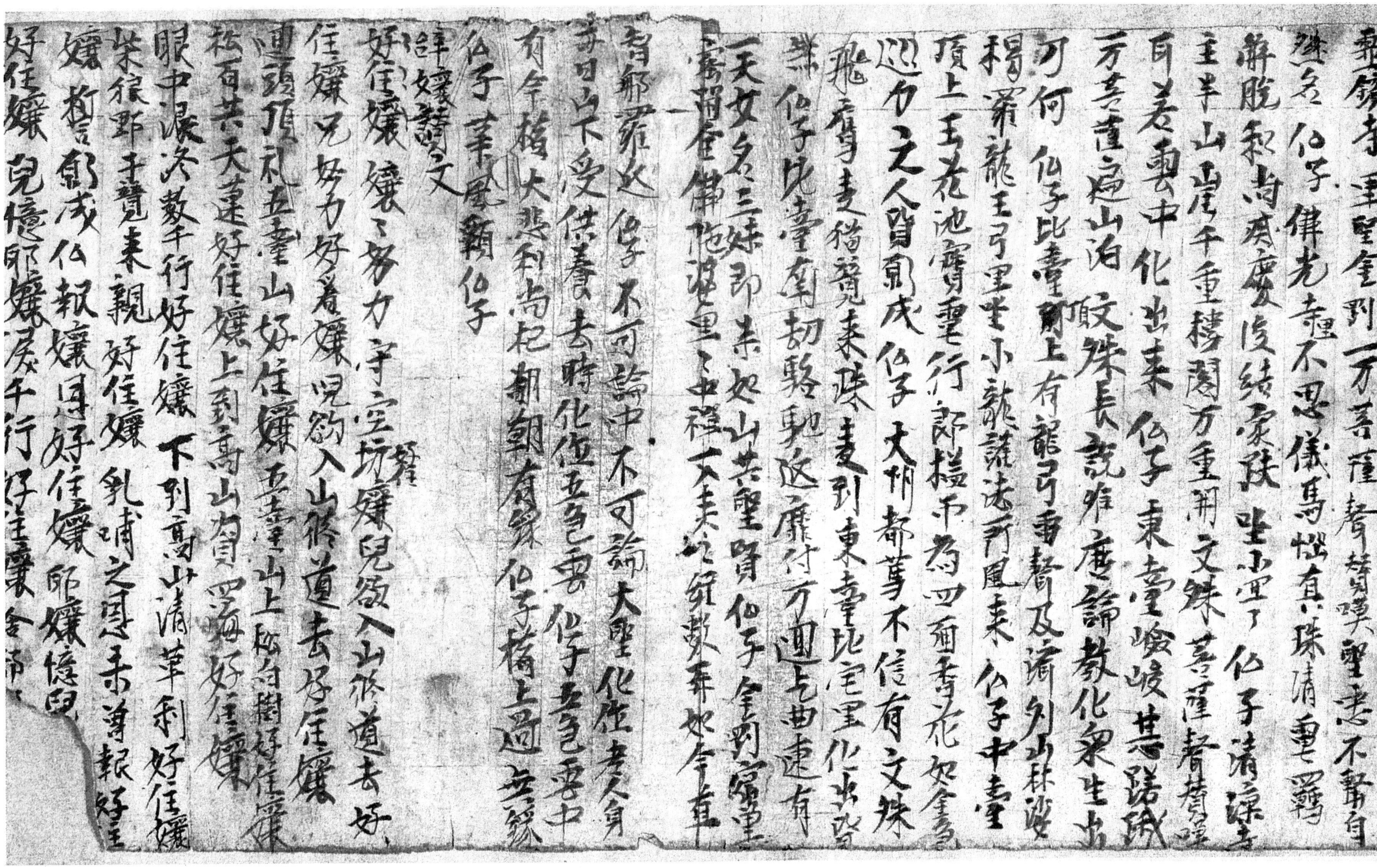

（13–11）

BD06318 號 2　五臺山讚文

BD06318 號 3　辭娘讚文

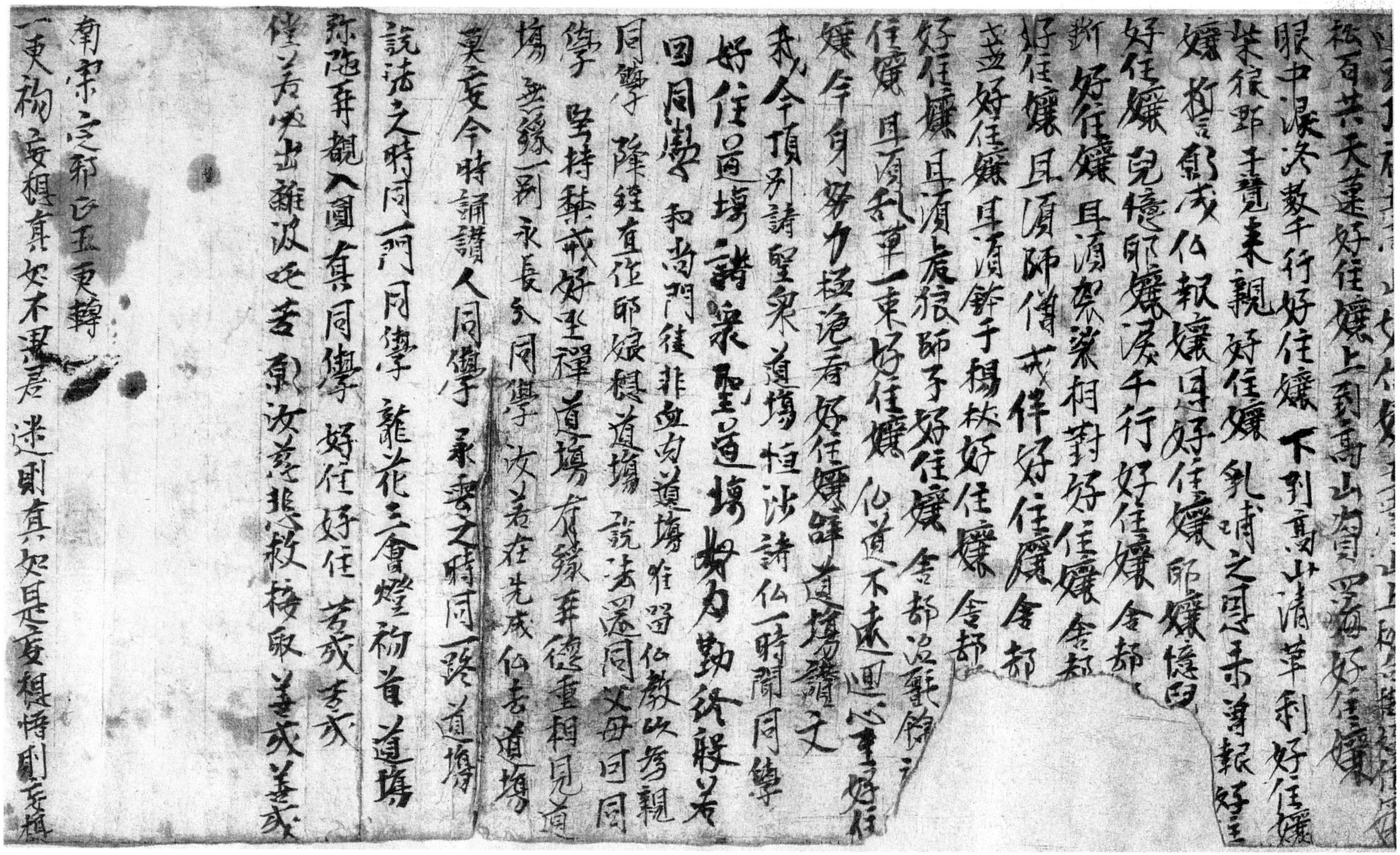

BD06318 號 3　辭娘讚文
BD06318 號 4　辭道場讚

（13–12）

南宗定邪正五更轉

一更初妄想真如不異居 迷則真如是妄想 悟則妄想
是真如 念不起更無餘 見本性等虛空 有作有求非
解脫 無作無求是功夫 二更催 大圓寶鏡鎮安臺
衆生不了攀緣斷 障蔽心不開 本自淨沒塵埃 無
染著絕輪迴 諸行無常是生滅 但觀實相見如來
三更侵 如來智慧本幽深 唯佛與佛乃能見 聲
聞緣覺不知音 處山谷住禪林 入空定便凝心 一坐
還同八万劫 只為擔麻不重金 四更蘭 法身
性不勞尋 尋則住心便作意 作意還同妄想團
放四體莫攢玩 任本性自公禪 忽不思即無念 無
念無思是涅槃 五更分 菩提無住復無根 過去
捨身求不得 吾師普示不妄恩 施法藥大乘
門 去障膜豁浮雲 頓與衆生開佛眼 皆令見
性免沉輪

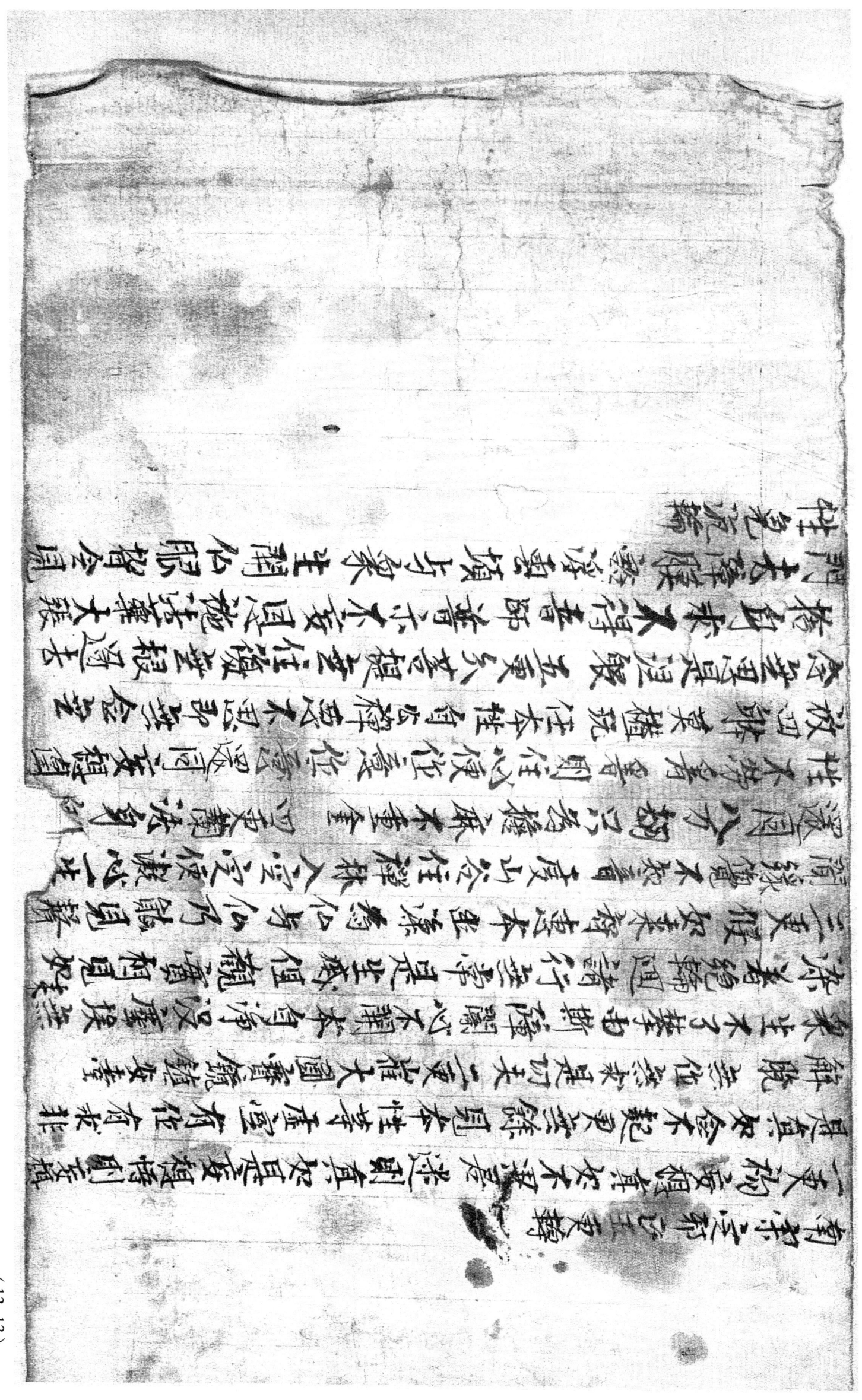

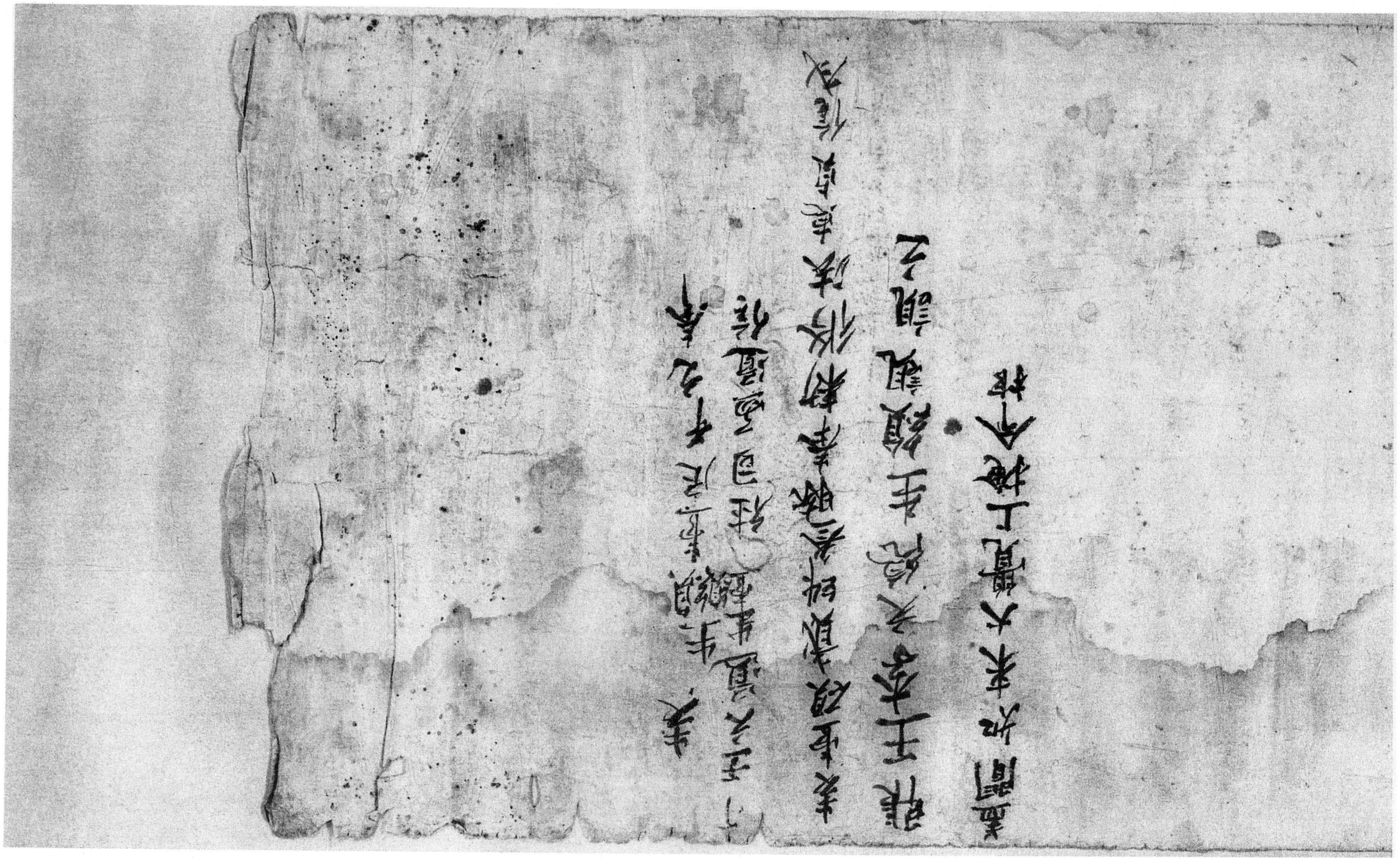

BD06318號背　雜寫

（1–1）

□觀世音菩
□□菩薩寶杖菩薩无勝菩薩嚴土菩
薩金髻菩薩珠髻菩薩弥勒菩薩文殊師利
法王子菩薩如是等三万二千人
尒時毗耶離城有長者子名曰寶積與五百
長者子俱持七寶蓋来詣佛所頭面礼足各
以其蓋共供養佛佛之威神令諸寶蓋合成
一蓋遍覆三千大千世界而此世界廣長之相
悉於中現又此三千大千世界諸須弥山雪
山目真隣陁山摩訶目真隣陁山香山寶山
金山黑山鐵圍山大鐵圍山大海江河川流泉
源及日月星辰天宮龍宮諸尊神宮悉現
於寶蓋中又十方諸佛諸佛說法亦現於寶
蓋中尒時一切大衆覩佛神力嘆未曾有
合掌礼佛瞻仰尊顏目不暫捨長者子
寶積即於佛前以偈頌曰
目淨脩廣如青蓮　心淨已度諸禪定
久積淨業稱无量　尊衆以寂故稽首

BD06319 號　維摩詰所說經卷上　（28–1）

蓋中尒時一切大衆覩佛神力嘆未曾有
合掌礼佛瞻仰尊顏目不暫捨長者子
寶積即於佛前以偈頌曰
目淨脩廣如青蓮　心淨已度諸禪定
久積淨業稱无量　尊衆以寂故稽首
既見大聖以神變　普現十方无量土
其中諸佛演說法　於是一切悉見聞
法王法力超群生　常以法財施一切
能善分別諸法相　於第一義而不動
已於諸法得自在　是故稽首此法王
說法不有亦不无　以因緣故諸法生
无我无造无受者　善惡之業亦不亡
始在佛樹力降魔　得甘露滅覺道成
以无心意无受行　而悉摧伏諸外道
三轉法輪於大千　其輪本来常清淨
天人得道此為證　三寶於是現世間
以斯妙法濟群生　一受不退常寂然
度老病死大醫王　當礼法海德无邊
毀譽不動如須弥　於善不善等以慈
心行平等如虛空　孰聞人寶不敬承
今奉世尊此微蓋　於中現我三千界
諸天龍神所居宮　乾闥婆等及夜叉
悉見世間諸所有　十力哀現是變化
衆覩希有皆嘆佛　今我稽首三界尊
大聖法王衆所歸　淨心觀佛靡不欣

BD06319 號　維摩詰所說經卷上　（28–2）

諸天龍神所居宮　乾闥婆等及夜叉
悉見世間諸所有　十力哀現是變化
衆覩希有皆嘆佛　今我稽首三界尊
大聖法王衆所歸　淨心觀佛靡不欣
各見世尊在其前　斯則神力不共法
佛以一音演說法　衆生隨類各得解
皆謂世尊同其語　斯則神力不共法
佛以一音演說法　衆生各各隨所解
普得受行獲其利　斯則神力不共法
佛以一音演說法　或有恐畏或歡喜
或生厭離或斷疑　斯則神力不共法
稽首十力大精進　稽首已得无所畏
稽首住於不共法　稽首一切大導師
稽首能斷衆結縛　稽首已到於彼岸
稽首能度諸世間　稽首永離生死道
悉知衆生來去相　善於諸法得解脫
不著世間如蓮華　常善入於空寂行
達諸法相无罣礙　稽首如空无所依
尒時長者子寶積說此偈已白佛言世尊
是五百長者子皆已發阿耨多羅三藐三
菩提心願聞得佛國土清淨唯願世尊說
諸菩薩淨土之行佛言善哉寶積乃能為
諸菩薩問於如來淨土之行諦聽諦聽善思
念之當為汝說於是寶積及五百長者子受
教而聽佛言寶積衆生之類是菩薩佛土所

BD06319號　維摩詰所說經卷上　（28–3）

菩提心願聞得佛國土清淨唯願世尊說
諸菩薩淨土之行佛言善哉寶積乃能為
諸菩薩問於如來淨土之行諦聽諦聽善思
念之當為汝說於是寶積及五百長者子受
教而聽佛言寶積衆生之類是菩薩佛土所
以者何菩薩隨所化衆生而取佛土隨所調伏
衆生而取佛土隨諸衆生應以何國入佛智慧
而取佛土隨諸衆生應以何國起菩薩根而
取佛土所以者何菩薩取於淨國皆為饒益
諸衆生故譬如有人欲於空地造立宮室隨
意无礙若於虛空終不能成菩薩如是為成
就衆生故願取佛國願取佛國者非於空也寶
積當知直心是菩薩淨土菩薩成佛時不
諂衆生來生其國深心是菩薩淨土菩薩成
佛時具足功德衆生來生其國大乘心是菩
薩淨土菩薩成佛時大乘衆生來生其國
布施是菩薩淨土菩薩成佛時一切能捨衆
生來生其國持戒是菩薩淨土菩薩成佛時
行十善道滿願衆生來生其國忍辱是菩
薩淨土菩薩成佛時卅二相莊嚴衆生來生
其國精進是菩薩淨土菩薩成佛時懃脩一
切功德衆生來生其國禪定是菩薩淨土菩
薩成佛時攝心不亂衆生來生其國智慧是
菩薩淨土菩薩成佛時正定衆生來生其國四
无量心是菩薩淨土菩薩成佛時成就慈悲喜

BD06319號　維摩詰所說經卷上　（28–4）

其國精進是菩薩淨土菩薩成佛時懃脩一
切功德衆生來生其國禪定是菩薩淨土菩
薩成佛時攝心不亂衆生來生其國智慧是
菩薩淨土菩薩成佛時正定衆生來生其國四
无量心是菩薩淨土菩薩成佛時成就慈悲喜
捨衆生來生其國四攝法是菩薩淨土菩薩
成佛時解脫所攝衆生來生其國方便是菩
薩淨土菩薩成佛時於一切法方便无礙衆
生來生其國卅七道品是菩薩淨土菩薩成
佛時念處正懃神足根力覺道衆生來生其
國迴向心是菩薩淨土菩薩成佛時得一切具
足功德國土說除八難是菩薩淨土菩薩成
佛時國土无有三惡八難自守戒行不譏彼闕
是菩薩淨土菩薩成佛時國土无有犯禁之
名十善道是菩薩淨土菩薩成佛時命不中
夭大富梵行所言誠諦常以濡語眷屬不離
善和諍訟言必饒益不嫉不恚正見衆生來
生其國如是寶積菩薩隨其直心則能發行
隨其發行則得深心隨其深心則意調伏隨
意調伏則如說行隨如說行則能迴向隨其迴
向則有方便隨其方便則成就衆生隨成就
衆生則佛土淨隨佛土淨則說法淨隨說法
淨則智慧淨隨智慧淨則其心淨隨其心淨
則一切功德淨是故寶積若菩薩欲得淨土

BD06319 號　維摩詰所說經卷上　（28–5）

向則有方便隨其方便則成就衆生隨成就
衆生則佛土淨隨佛土淨則說法淨隨說法
淨則智慧淨隨智慧淨則其心淨隨其心淨
則一切功德淨是故寶積若菩薩欲得淨土
當淨其心隨其心淨則佛土淨
尒時舍利弗承佛威神作是念若菩薩心淨
則佛土淨者我世尊本為菩薩時意豈不淨
而是佛土不淨若此佛知其念即告之言於意
云何日月豈不淨耶而盲者不見對曰不也世
尊是盲者過非日月咎舍利弗衆生罪故不
見如來佛國嚴淨非如來咎舍利弗我見此土
清淨而汝不見尒時螺髻梵王語舍利弗勿作
是意謂此佛土以為不淨所以者何我見釋迦
牟尼佛土清淨譬如自在天宫舍利弗言我見
此土丘陵坑坎荊蕀沙礫土石諸山穢惡充滿
螺髻梵言仁者心有高下不依佛慧故見此
土為不淨耳舍利弗菩薩於一切衆生悉皆
平等深心清淨依佛智慧則能見此佛土清
淨於是佛以足指案地即時三千大千世界
若干百千珎寶嚴飾譬如寶莊嚴佛无量
功德寶莊嚴土一切大衆嘆未曾有而皆自
見坐寶蓮華佛告舍利弗汝且觀是佛土嚴
淨舍利弗言唯然世尊本所不見本所不聞
今佛國土嚴淨悉見佛語舍利弗我佛國土

BD06319 號　維摩詰所說經卷上　（28–6）

若干百千珎寶嚴飾譬如寶莊嚴佛无量
功德寶莊嚴土一切大衆嘆未曾有而皆自
見坐寶蓮華佛告舍利弗汝且觀是佛土嚴
淨舍利弗言唯然世尊本所不見本所不聞
今佛國土嚴淨悉見佛語舍利弗我佛國土
常淨若此為欲度斯下劣人故示是衆惡不
淨土耳譬如諸天共寶器食隨其福德飯色
有異如是舍利弗若人心淨便見此土功德莊
嚴當佛現此國土嚴淨之時寶積所將五百
長者子皆得无生法忍八万四千人發阿耨
多羅三藐三菩提心佛攝神足於是世界還
復如故求聲聞乘三万二千天及人知有為
法皆悉无常遠塵離垢得法眼淨八千比丘
不受諸法漏盡意解

方便品第二

尒時毗耶離大城中有長者維摩詰已曾供
養无量諸佛深殖善本得无生忍辯才无
礙遊戲神通逮諸揔持獲无所畏降魔勞怨
入深法門善於智度通達方便大願成就明了
衆生心之所趣又能分別諸根利鈍久於佛道
心已淳淑決定大乘諸有所作能善思量住
佛威儀心大如海諸佛咨嗟弟子釋梵世主
所敬欲度人故以善方便居毗耶離資財无
量攝諸貧民奉戒清淨攝諸毀禁以忍調
行攝諸恚怒以大精進攝諸懈怠一心禪寂
攝諸亂意以決定慧攝諸……

BD06319號　維摩詰所說經卷上　（28–7）

心已淳淑決定大乘諸有所作能善思量住
佛威儀心大如海諸佛咨嗟弟子釋梵世主
所敬欲度人故以善方便居毗耶離資財无
量攝諸貧民奉戒清淨攝諸毀禁以忍調
行攝諸恚怒以大精進攝諸懈怠一心禪寂
攝諸亂意以決定慧攝諸无智雖為白衣
奉持沙門清淨律行雖處居家不著三界示
有妻子常脩梵行現有眷屬常樂遠離雖服
寶飾而以相好嚴身雖復飲食而以禪悅為
味若至博弈戲處輙以度人受諸異道不毀
正信雖明世典常樂佛法一切見敬為供養中
最執持正法攝諸長幼一切治生諧偶雖獲
俗利不以喜悅遊諸四衢饒益衆生入治政
法救護一切入講論處導以大乘入諸學堂
誘開童蒙入諸婬舍示欲之過入諸酒肆能
立其志若在長者長者中尊為說勝法若在
居士居士中尊斷其貪著若在剎利剎利中
尊教以忍辱若在婆羅門婆羅門中尊除其
我慢若在大臣大臣中尊教以正法若在王
子王子中尊示以忠孝若在內官內官中尊
化政宮女若在庶民庶民中尊令興福力若
在梵天梵天中尊誨以勝慧若在帝釋帝釋
中尊示現无常若在護世護世中尊護諸衆
生長者維摩詰以如是等无量方便饒益衆
生其以方便現身有疾以其疾故國王大臣長

BD06319號　維摩詰所說經卷上　（28–8）

在梵天梵天中尊誨以勝慧若在帝釋帝釋
中尊示現无常若在護世護世中尊護諸衆
生長者維摩詰以如是等无量方便饒益衆
生其以方便現身有疾以其疾故國王大臣長
者居士婆羅門等及諸王子并餘官屬无數
千人皆往問疾其往者維摩詰因以身疾廣
為說法諸仁者是身无常无强无力无堅速
朽之法不可信也為苦為惱衆病所集諸仁者
如此身明智者所不怙是身如聚沫不可撮
摩是身如泡不得久立是身如炎從渴愛生
是身如芭蕉中无有堅是身如幻從顛倒
起是身如夢為虛妄見是身如影從業緣現
是身如響屬諸因緣是身如浮雲須臾變滅
是身如電念念不住是身无主為如地是身
无我為如火是身无壽為如風是身无人為
如水是身不實四大為家是身為空離我我
所是身无知如草木瓦礫是身无作風力所
轉是身不淨穢惡充滿是身為虛僞雖假以
澡浴衣食必歸磨滅是身為災百一病惱是
身如丘井為老所逼是身无定為要當死是
身如毒虵如怨賊如空聚陰界諸入所共合
成諸仁者此可患厭當樂佛身所以者何佛
身者即法身也從无量功德智慧生從戒定慧
解脫解脫知見生從慈悲喜捨生從布施持
戒忍辱柔和懃行精進禪定解脫三昧多聞智

BD06319號　維摩詰所說經卷上

（28–9）

身如毒虵如怨賊如空聚陰界諸入所共合
成諸仁者此可患厭當樂佛身所以者何佛
身者即法身也從无量功德智慧生從戒定慧
解脫解脫知見生從慈悲喜捨生從布施持
戒忍辱柔和懃行精進禪定解脫三昧多聞智
慧諸波羅蜜生從方便生從六通生從三明生
從卅七道品生從止觀生從十力四无所畏十八
不共法生從斷一切不善法集一切善法生從
真實生從不放逸生從如是无量清淨法生
如來身諸仁者欲得佛身斷一切衆生病者
當發阿耨多羅三藐三菩提心如是長者
維摩詰為諸問疾者如應說法令无數千人
皆發阿耨多羅三藐三菩提心

弟子品第三

尒時長者維摩詰自念寢疾于牀世尊大慈
寧不垂愍佛知其意即告舍利弗汝行詣維
摩詰問疾舍利弗白佛言世尊我不堪任詣
彼問疾所以者何憶念我昔曾於林中宴坐
樹下時維摩詰來謂我言唯舍利弗不必是
坐為宴坐也夫宴坐者不於三界現身意是
為宴坐不起滅定而現諸威儀是為宴坐不
捨道法而現凡夫事是為宴坐心不住內亦
不住外是為宴坐於諸見不動而脩行三十七
品是為宴坐不斷煩惱而入涅槃是為宴坐

BD06319號　維摩詰所說經卷上

（28–10）

坐為宴坐也夫宴坐者不於三界現身意是
為宴坐不起滅定而現諸威儀是為宴坐不
捨道法而現凡夫事是為宴坐心不住內亦
不住外是為宴坐於諸見不動而脩行三十七
品是為宴坐不斷煩惱而入涅槃是為宴坐
若能如是坐者佛所印可時我世尊聞是語嘿
然而止不能加報故我不任詣彼問疾
佛告大目揵連汝行詣維摩詰問疾目連白佛
言世尊我不堪任詣彼問疾所以者何憶念我
昔入毗耶離大城於里巷中為諸居士說法時
維摩詰來謂我言唯大目連為白衣居士說
法不當如仁者所說夫說法者當如法說法无
衆生離衆生垢故法无有我離我垢故法无壽
命離生死故法无有人前後際斷故法常寂然
滅諸相故法離於相无所緣故法无名字言語
斷故法无有說離覺觀故法无形相如虛空故
法无戲論畢竟空故法无我所離我所故法无
分別離諸識故法无有比无相待故法不屬因
不在緣故法同法性入諸法故法隨於如无所隨
故法住實際諸邊不動故法无動搖不依六塵故
法无去來常不住故法順空隨无相應无作法離
好醜法无增損法无生滅法无所歸法過眼耳鼻
舌身心法无高下法常住不動法離一切觀
行唯大目連法相如是豈可說乎夫說法者
无說无示其聽法者无聞无得譬如幻士

好醜法无增損法无生滅法无所歸法過眼耳鼻
舌身心法无高下法常住不動法離一切觀
行唯大目連法相如是豈可說乎夫說法者
无說无示其聽法者无聞无得譬如幻士
為幻人說法當建是意而為說法當了衆生
根有利鈍善於知見无所罣导以大悲心讚于
大乘念報佛恩不斷三寶然後說法維摩詰
說是法時八百居士發阿耨多羅三藐三菩提
心我无此辯是故不任詣彼問疾
佛告大迦葉汝行詣維摩詰問疾迦葉白佛
言世尊我不堪任詣彼問疾所以者何憶念我
昔於貧里而行乞食時維摩詰來謂我言唯
大迦葉有慈悲心而不能普捨豪富從貧乞
迦葉住平等法應次行乞食為不食故應行
乞食為壞和合相故應取揣食為不受故應
受彼食以空聚想入於聚落所見色與盲等
所聞聲與響等所嗅香與風等所食味不分
別受諸觸如智證知諸法如幻相无自性无他
性本自不然今則无滅迦葉若能不捨八耶
入八解脫以耶相入正法以一食施一切供養諸
佛及衆賢聖然後可食如是食者非有
煩惱非離煩惱非入定意非起定意非住
世間非住涅槃其有施者无大福无小福不
為益不為損是為正入佛道不依聲聞迦葉

入八解脫以邪相入正法以一食施一切供養諸
佛及衆賢聖然後可食如是食者非有
煩惱非離煩惱非入定意非起定意非住
世間非住涅槃其有施者无大福无小福不
為益不為損是為正入佛道不依聲聞迦葉
若如是食為不空食人之施也時我世尊聞
說是語得未曾有即於一切菩薩深起敬心
復作是念斯有家名辯才智慧乃能如是其
誰不發阿耨多羅三藐三菩提心我從是來不
復勸人以聲聞辟支佛行是故不任詣彼問疾
佛告須菩提汝行詣維摩詰問疾須菩提白
佛言世尊我不堪任詣彼問疾所以者何憶念
我昔入其舍從乞食時維摩詰取我鉢盛滿
飯謂我言唯須菩提若能於食等者諸法
亦等諸法等者於食亦等如是行乞乃可取食
若須菩提不斷婬怒癡亦不與俱不壞於身
而隨一相不滅癡愛起於明脫以五逆相而
得解脫亦不解不縛不見四諦非不見諦非
得果非不得果非凡夫非離凡夫法非聖人
非不聖人雖成就一切法而離諸法相乃可取
食若須菩提不見佛不聞法彼外道六師富
蘭那迦葉末迦梨拘賒梨子刪闍夜毗羅胝
子阿耆多翅舍欽婆羅迦羅鳩馱迦旃延尼
揵陀若提子等是汝之師因其出家彼師所
墮汝亦隨墮乃可取食若須菩提入諸邪見不

食若須菩提不見佛不聞法彼外道六師富
蘭那迦葉末迦梨拘賒梨子刪闍夜毗羅胝
子阿耆多翅舍欽婆羅迦羅鳩馱迦旃延尼
揵陀若提子等是汝之師因其出家彼師所
墮汝亦隨墮乃可取食若須菩提入諸邪見不
到彼岸住於八難不得无難同於煩惱離清淨
法汝得无諍三昧一切衆生亦得是定其施汝
者不名福田供養汝者墮三惡道為與衆魔
共一手作諸勞侶汝與衆魔及諸塵勞等
无有異於一切衆生而有怨心謗諸佛毀於
法不入衆數終不得滅度汝若如是乃可取
食時我世尊聞此茫然不識是何言不知以
何答便置鉢欲出其舍維摩詰言唯須菩提
取鉢勿懼於意云何如來所作化人若以是事
詰寧有懼不我言不也維摩詰言一切諸法
如幻化相汝今不應有所懼也所以者何一切
言說不離是相至於智者不著文字故无
所懼何以故文字性離无有文字是則解
脫解脫相者則諸法也維摩詰說是法時二百
天子得法眼淨故我不任詣彼問疾
佛告富樓那彌多羅尼子汝行詣維摩詰問
疾富樓那白佛言世尊我不堪任詣彼問疾
所以者何憶念我昔於大林中在一樹下為
諸新學比丘說法時維摩詰來謂我言唯富
樓那[illegible]

佛告富樓那弥多羅尼子汝行詣維摩詰問
疾富樓那白佛言世尊我不堪任詣彼問疾
所以者何憶念我昔於大林中在一樹下為
諸新學比丘說法時維摩詰来謂我言唯富
樓那先當入定觀此人心然後說法无以穢
食置於寶器當知是比丘心之所念无以琉
璃同彼水精汝不能知衆生根源无得發起
以小乘法彼自无創勿傷之也欲行大道莫示
小徑无以大海内於牛跡无以日光等彼螢
火富樓那此比丘久發大乘心中忘此意如
何以小乘法而教導之我觀小乘智慧微淺
猶如盲人不能分別一切衆生根之利鈍時
維摩詰即入三昧令此比丘自識宿命曾於
五百佛所殖衆德本迴向阿耨多羅三藐
三菩提即時豁然還得本心於是諸比丘稽
首礼維摩詰足時維摩詰因為說法於阿耨
多羅三藐三菩提不復退轉我念聲聞不觀
人根不應說法是故不任詣彼問疾
佛告摩訶迦旃延汝行詣維摩詰問疾迦旃
延白佛言世尊我不堪任詣彼問疾所以者
何憶念昔者佛為諸比丘略說法要我即於
後敷演其義謂无常義苦義空義无我義
寂滅義時維摩詰来謂我言唯迦旃延无以生
滅心行說實相法迦旃延諸法畢竟不生不滅
是无常義五受陰通達空无所起是苦義諸

BD06319 號　維摩詰所說經卷上　（28–15）

何憶念昔者佛為諸比丘略說法要我即於
後敷演其義謂无常義苦義空義无我義
寂滅義時維摩詰来謂我言唯迦旃延无以生
滅心行說實相法迦旃延諸法畢竟不生不滅
是无常義五受陰通達空无所起是苦義諸
法究竟无所有是空義於我无我而不二是
无我義法本不然今則无滅是寂滅義說是
法時彼諸比丘心得解脫故我不任詣彼問疾
佛告阿那律汝行詣維摩詰問疾阿那律白
佛言世尊我不堪任詣彼問疾所以者何憶
念我昔於一處經行時有梵王名曰嚴淨與
万梵俱放淨光明来詣我所稽首作礼問我
言幾何阿那律天眼所見我即答言仁者吾
見此釋迦牟尼佛土三千大千世界如觀掌中
阿摩勒菓時維摩詰来謂我言唯阿那律天
眼為作相耶无作相耶假使作相則與外道五
通等若无作相即是无為不應有見世尊我
時嘿然彼諸梵等聞其言得未曾有即為作
礼而問曰世孰有真天眼者維摩詰言有佛
世尊得真天眼常在三昧悉見諸佛國土不以
二相於是嚴淨梵王及其眷屬五百梵天皆
發阿耨多羅三藐三菩提心礼維摩詰足已
忽然不現故我不任詣彼問疾
佛告優波離汝行詣維摩詰問疾優波離白
佛言世尊我不堪任詣彼問疾所以者何憶

BD06319 號　維摩詰所說經卷上　（28–16）

世尊得真天眼常在三昧悉見諸佛國土不以
二相於是嚴淨梵王及其眷屬五百梵天皆
發阿耨多羅三藐三菩提心礼維摩詰足已
忽然不現故我不任詣彼問疾
佛告優波離汝行詣維摩詰問疾優波離白
佛言世尊我不堪任詣彼問疾所以者何憶
念昔者有二比丘犯律行以為耻不敢問佛
来問我言唯優波離我等犯律誠以為耻不
敢問佛願解疑悔得免斯咎我即為其如法
解說時維摩詰来謂我言唯優波離无重增
此二比丘罪當直除滅勿擾其心所以者何彼
罪性不在内不在外不在中間如佛所說心
垢故衆生垢心淨故衆生淨心亦不在内不
在外不在中間如其心然罪垢亦然諸法亦
然不出於如如優波離以心相得解脫時糸
寧有垢不我言不也維摩詰言一切衆生心
相无垢亦復如是唯優波離妄想是垢无妄
想是淨顛倒是垢无顛倒是淨取我是垢不
取我是淨優波離一切法生滅不住如幻
如電諸法不相待乃至一念不住諸法皆妄
見如夢如炎如水中月如鏡中像以妄想生其
知此者是名奉律其知此者是名善解於是
二比丘言上智哉是優波離所不能及持律之
上而不能說我答言自捨如来未有聲聞及
菩薩能制其樂說之辯其智慧明達為若此

BD06319 號　維摩詰所說經卷上　（28–17）

見如夢如炎如水中月如鏡中像以妄想生其
知此者是名奉律其知此者是名善解於是
二比丘言上智哉是優波離所不能及持律之
上而不能說我答言自捨如来未有聲聞及
菩薩能制其樂說之辯其智慧明達為若此
也時二比丘疑悔即除發阿耨多羅三藐三菩
提心作是言令一切衆生皆得是辯故我不
任詣彼問疾
佛告羅睺羅汝行詣維摩詰問疾羅睺羅白
佛言世尊我不堪任詣彼問疾所以者何憶念
昔時毗耶離諸長者子来詣我所稽首作礼
問我言唯羅睺羅汝佛之子捨轉輪王位出
家為道其出家者有何等利我即如法為
說出家功德之利時維摩詰来謂我言唯羅
睺羅不應說出家功德之利所以者何无利
无功德是為出家有為法者可說有利有
功德夫出家者為无為法无為法中无利无
功德羅睺羅出家者无彼无此亦无中間離六
十二見處於涅槃智者所受聖所行處降伏
衆魔度五道淨五眼得五力立五根不惱於
彼離衆雜惡摧諸外道超越假名出淤泥无
繫著无我所无所受无擾乱内懷喜護彼意
隨禪定離衆過若能如是是真出家於是維
摩詰語諸長者子汝等於正法中宜共出家
所以者何佛世難值諸長者子言居士我聞

BD06319 號　維摩詰所說經卷上　（28–18）

繫著无我所无所受无擾亂內懷喜護彼意
隨禪定離衆過若能如是是真出家於是維
摩詰語諸長者子汝等於正法中宜共出家
所以者何佛世難值諸長者子言居士我聞
佛言父母不聽不得出家維摩詰言然汝等
便發阿耨多羅三藐三菩提心是即出家是
即具足尒時卅二長者子皆發阿耨多羅三
藐三菩提心故我不任詣彼問疾
佛告阿難汝行詣維摩詰問疾阿難白佛言
世尊我不堪任詣彼問疾所以者何憶念昔
時世尊身小有疾當用牛乳我即持鉢詣大
婆羅門家門下立時維摩詰來謂我言唯
阿難何為晨朝持鉢住此我言居士世尊身
小有疾當用牛乳故來至此維摩詰言止止
阿難莫作是語如來身者金剛之體諸惡已斷
衆善普會當有何疾當有何惱嘿往阿難勿
謗如來莫使異人聞此麤言无令大威德諸
天及他方淨土諸來菩薩得聞斯語阿難
轉輪聖王以少福故尚得无病豈況如來无量
福會普勝者哉行矣阿難勿使我等受斯
恥也外道梵志若聞此語當作是念何名
為師自疾不能救而能救諸疾人可密速去
勿使人聞當知阿難諸如來身即是法身非
思欲身佛為世尊過於三界佛身无漏諸漏

福會普勝者哉行矣阿難勿使我等受斯
恥也外道梵志若聞此語當作是念何名
為師自疾不能救而能救諸疾人可密速去
勿使人聞當知阿難諸如來身即是法身非
思欲身佛為世尊過於三界佛身无漏諸漏
已盡佛身无為不墮諸數如此之身當有何
病時我世尊實懷慚愧得无近佛而謬聽
耶即聞空中聲曰阿難如居士言但為佛出
五濁惡世現行斯法度脫衆生行矣阿難取
乳勿慚世尊維摩詰智慧辯才為若此也是
故不任詣彼問疾如是五百大弟子各各向佛
說其本緣稱述維摩詰所言皆曰不任詣彼
問疾

菩薩品第四

於是佛告彌勒菩薩汝行詣維摩詰問疾彌
勒白佛言世尊我不堪任詣彼問疾所以者何
何憶念我昔為兜率天王及其眷屬說不退
轉地之行時維摩詰來謂我言彌勒世尊授
仁者記一生當得阿耨多羅三藐三菩提為用
何生得受記乎過去耶未來耶現在耶若
過去生過去生已滅若未來生未來生未至
若現在生現在生无住如佛所說比丘汝今即
時亦生亦老亦滅若以无生得受記者无生
即是正位於正位中亦无受記亦无得阿耨
多羅三藐三菩提云何彌勒受一生記乎為

若現在生現在生无住如佛所説比丘汝今即
時亦生亦老亦滅若以无生得受記者无生
即是正位於正位中亦无受記亦无得阿耨
多羅三藐三菩提云何弥勒受一生記乎為
從如生得受記耶為從如滅得受記耶若以
如生得受記者如无有生若以如滅得受記
者如无有滅一切衆生皆如也一切法亦如也衆
賢聖亦如也至於弥勒亦如也若弥勒得受
記者一切衆生亦應受記所以者何夫如
者不二不異若弥勒得阿耨多羅三藐三菩
提者一切衆生皆亦應得所以者何一切衆生即
菩提相若弥勒得滅度者一切衆生亦當
滅度所以者何諸佛知一切衆生畢竟寂滅
即涅槃相不復更滅是故弥勒无以此法誘
諸天子實无發阿耨多羅三藐三菩提心
者亦无退者弥勒當令此諸天子捨於分
別菩提之見所以者何菩提者不可以身
得不可以心得寂滅是菩提滅諸相故不觀
是菩提離諸緣故不行是菩提无憶念故斷
是菩提捨諸見故離是菩提離諸妄想故障
是菩提鄣諸願故不入是菩提无貪著故順
是菩提順於如故住是菩提住法性故至是
菩提至實際故不二是菩提離意法故等
是菩提等虛空故无為是菩提无生住滅故

BD06319 號　維摩詰所説經卷上

（28–21）

是菩提鄣諸願故不入是菩提无貪著故順
是菩提順於如故住是菩提住法性故至是
菩提至實際故不二是菩提離意法故等
是菩提等虛空故无為是菩提无生住滅故
智是菩提了衆生心行故不會是菩提諸入
不會故不合是菩提離煩惱習故无處是菩
提无形色故假名是菩提名字空故如化是菩
提无取捨故无亂是菩提常自靜故善寂是
菩提性清淨故无取是菩提離攀緣故无異
是菩提諸法等故无比是菩提不可喻故微
妙是菩提諸法難知故世尊維摩詰説是法
時二百天子得无生法忍故我不任詣彼問疾
佛告光嚴童子汝行詣維摩詰問疾光嚴白
佛言世尊我不堪任詣彼問疾所以者何憶念
我昔出毗耶離大城時維摩詰方入城我即為
作礼而問言居士從何所來答我言吾從道
場來我問道場者何所是答曰直心是道場
无虛假故發行是道場能辦事故深心是
道場增益功德故菩提心是道場无錯謬故
布施是道場不望報故持戒是道場得願具
足故忍辱是道場於諸衆生心无㝵故精
進是道場不懈怠故禪定是道場心調柔故
智慧是道場現見諸法故慈是道場等心衆生
故悲是道場忍疲苦故喜是道場悅樂法故

BD06319 號　維摩詰所説經卷上

（28–22）

已故忍辱是道場於諸衆生心无㝵故精
進是道場不懈怠故禪定是道場心調柔故
智慧是道場現見諸法故慈是道場等心衆生
故悲是道場忍疲苦故喜是道場悅樂法故
捨是道場憎愛斷故神通是道場成就六通故
解脫是道場能背捨故方便是道場教化
衆生故四攝法是道場攝衆生故多聞是道
場如聞行故伏心是道場正觀諸法故三十七
品是道場捨有為法故諦是道場不誑世間
故緣起是道場无明乃至老死皆无盡故諸
煩惱是道場知如實故衆生是道場知无我
故一切法是道場知諸法空故降魔是道場
不傾動故三界是道場无所趣故師子吼是道
場无所畏故力无畏不共法是道場无諸過
故三明是道場无餘㝵故一念知一切法是道
場成就一切智故如是善男子菩薩若應諸
波羅蜜教化衆生諸有所作舉足下足當
知皆從道場來住於佛法矣說是法時五百
天人皆發阿耨多羅三藐三菩提心故我不
任詣彼問疾
佛告持世菩薩汝行詣維摩詰問疾持世白
佛言世尊我不堪任詣彼問疾所以者何憶念
我昔住於靜室時魔波旬從万二千天女狀
如帝釋鼓樂絃歌來詣我所與其眷屬稽

佛告持世菩薩汝行詣維摩詰問疾持世白
佛言世尊我不堪任詣彼問疾所以者何憶念
我昔住於靜室時魔波旬從万二千天女狀
如帝釋鼓樂絃歌來詣我所與其眷屬稽
首我足合掌恭敬於一面立我意謂是帝釋
而語之言善來憍尸迦雖福應有不當自恣
當觀五欲无常以求善本於身命財而修堅
法即語我言正士受是万二千天女可備掃灑
我言憍尸迦无以此非法之物要我沙門釋子
此非我宜所言未訖時維摩詰來謂我言非
帝釋也是為魔來嬈固汝耳即語魔言是
諸女等可以與我如我應受魔即驚懼念
維摩詰將无惱我欲隱形去而不能隱盡其
神力亦不得去即聞空中聲曰波旬以女與
之乃可得去魔以畏故俛仰而與尒時維摩詰
語諸女言魔以汝等與我今汝等皆當發阿
耨多羅三藐三菩提心即隨所應而為說法
令發道意復言汝等已發道意有法樂可
以自娛不應復樂五欲樂也天女即問何謂
法樂答言樂常信佛樂欲聽法樂供養衆
樂離五欲樂觀五陰如怨賊樂觀四大如毒
虵樂觀內入如空聚樂隨護道意樂饒益
衆生樂供養師長樂廣行施樂堅持戒樂
忍辱柔和樂勤集善根樂禪定不亂樂離
垢明慧樂廣菩提心樂降伏衆魔樂斷諸煩

學離五欲樂觀五陰如怨賊樂觀四大如毒
虵樂觀內入如空聚樂隨護道意樂饒益
衆生樂供養師長樂廣行施樂堅持戒樂
忍辱柔和樂懃集善根樂禪定不亂樂離
垢明慧樂廣菩提心樂降伏衆魔樂斷諸煩
惱樂淨佛國土樂成就相好故脩諸功德樂莊
嚴道場樂聞深法不畏樂三脫門不樂非
時樂近同學不樂於非同學中心无恚㝵樂將
護惡知識樂近善知識樂心喜清淨樂脩无量
道品之法是為菩薩法樂於是波旬告諸女
言我欲與汝俱還天宮諸女言以我等與此
居士有法樂我等甚樂不復樂於五欲樂也
魔言居士可捨此女一切所有施於彼者是為
菩薩維摩詰言我以捨矣汝便將去令一
切衆生得法願具足於是諸女問維摩詰
我等云何止於魔宮維摩詰言諸姊有法
門名无盡燈汝等當學无盡燈者譬如一
燈然百千燈暝者皆明明終不盡如是諸姊
夫一菩薩開導百千衆生令發阿耨多羅三藐
三菩提心於其道意亦不滅盡隨所說法而
自增益一切善法是名无盡燈也汝等雖住魔
宮以是无盡燈令无數天子天女皆發阿耨
多羅三藐三菩提心者為報佛恩亦大饒
益一切衆生尒時天女頭面礼維摩詰足隨
魔還宮忽然不見世尊維摩詰有如是自

BD06319號　維摩詰所說經卷上　（28–25）

自增益一切善法是名无盡燈也汝等雖住魔
宮以是无盡燈令无數天子天女皆發阿耨
多羅三藐三菩提心者為報佛恩亦大饒
益一切衆生尒時天女頭面礼維摩詰足隨
魔還宮忽然不見世尊維摩詰有如是自
在神力智慧辯才故我不任詣彼問疾
佛告長者子善德汝行詣維摩詰問疾善德
白佛言世尊我不堪任詣彼問疾所以者何
憶念我昔自於父舍施大施會供養一切沙門
婆羅門及諸外道貧窮下賤孤獨乞人期滿
七日時維摩詰来入會中謂我言長者子夫
大施會不當如汝所設當為法施之會何用是
財施會為我言居士何謂法施之會法施會
者无前无後一時供養一切衆生是名法施之
會何謂也謂以菩提起於慈心以救衆生起
大悲心以持正法起於喜心以攝智慧行
於捨心以攝慳貪起檀波羅蜜以化犯戒起
尸波羅蜜以无我法起羼提波羅蜜以離
身心相起毗梨耶波羅蜜以菩提相起禪波
羅蜜以一切智起般若波羅蜜教化衆生而
起於空不捨有為法而起无相示現受生
而起无作護持正法起方便力以度衆生起
四攝法以事敬一切起除慢法於身命財起
三堅法於六念中起思念法於六和敬起質
直心正行善法起於淨命心淨歡喜起近賢

BD06319號　維摩詰所說經卷上　（28–26）

起於空不捨有為法而起无相示現受生
而起无作護持正法起方便力以度衆生起
四攝法以事敬一切起除慢法於身命財起
三堅法於六念中起思念法於六和敬起質
直心正行善法起於淨命心淨歡喜起近賢
聖不憎惡人起調伏心以出家法起於深心以
如說行起於多聞以无諍法起空閑處起向佛
慧起於宴坐解衆生縛起脩行地以具相好
及淨佛土起福德業知一切衆生心念如應說
法起於智業知一切法不取不捨入一相門
起於慧業斷一切煩惱一切鄣身一切不善法起
一切善業以得一切智慧一切善法起於一切助
佛道法如是善男子是為法施之會若菩薩
住是法施之會者為大施主亦為一切世間福
田世尊維摩詰說是法時婆羅門衆中二百
人皆發阿耨多羅三藐三菩提心我時心得
清淨嘆未曾有稽首禮維摩詰足即解瓔
珞價直百千以上之不肯取我言居士願必納
受隨意所與維摩詰乃受瓔珞分作二分持
一分施此會中一最下乞人持一分奉彼難勝
如來一切衆會皆見光明國土難勝如來又
見珠瓔在彼佛上變成四柱寶臺四面嚴飾
不相鄣蔽時維摩詰現神變已作是言若
施主等心施一最下乞人猶如如來福田之相
无所分別等于大悲不求果報是則名曰

BD06319號　維摩詰所說經卷上　（28–27）

受隨意所與維摩詰乃受瓔珞分作二分持
一分施此會中一最下乞人持一分奉彼難勝
如來一切衆會皆見光明國土難勝如來又
見珠瓔在彼佛上變成四柱寶臺四面嚴飾
不相鄣蔽時維摩詰現神變已作是言若
施主等心施一最下乞人猶如如來福田之相
无所分別等于大悲不求果報是則名曰
具足法施城中一最下乞人見是神力聞
其所說皆發阿耨多羅三藐三菩提心故
我不任詣彼問疾如是諸菩薩各各向佛說其
本緣稱述維摩詰所言皆曰不任詣彼問疾

維摩詰經卷上

BD06319號　維摩詰所說經卷上　（28–28）

大雲遍覆三千大千國土於大
言我是如來應供正遍知明行足善逝世間
解无上士調御丈夫天人師佛世尊未度者
令度未解者令解未安者令安未涅槃者令
得涅槃今世後世如實知之我是一切智者
一切見者知道者開道者說道者汝等天人
阿脩羅衆皆應到此為聽法故尒時无數千
万億種衆生來至佛所而聽法如來于時觀
是衆生諸根利鈍精進懈怠隨其所堪而為
說法種種无量皆令歡喜快得善利是諸衆
生聞是法已現世安隱後生善處以道受樂
亦得聞法既聞法已離諸鄣閡於諸法中任
力所能漸得入道如彼大雲雨於一切卉木
叢林及諸藥草如其種性具足蒙潤各得生
長如來說法一相一味所謂解脫相離相滅
相究竟至於一切種智其有衆生聞如來法
若持讀誦如說脩行所得功德不自覺知所
以者何唯有如來知此衆生種相體性念何
事思何事脩何事云何念云何思云何脩以
何法念以何法思以何法脩以何法得何法

BD06320號　妙法蓮華經（異卷）卷三　（33–1）

叢林及諸藥草如其種性具足蒙潤各得生
長如來說法一相一味所謂解脫相離相滅
相究竟至於一切種智其有衆生聞如來法
若持讀誦如說脩行所得功德不自覺知所
以者何唯有如來知此衆生種相體性念何
事思何事脩何事云何念云何思云何脩以
何法念以何法思以何法脩以何法得何法
衆生住於種種之地唯有如來如實見之明
了无閡如彼卉木叢林諸藥草等而不自知
上中下性如來知是一相一味之法所謂解
脫相離相滅相究竟涅槃常寂滅相終歸於
空佛知是已觀衆生心欲而將護之是故不
即為說一切種智汝等迦葉甚為希有能知
如來隨宜說法能信能受所以者何諸佛世
尊隨宜說法難解難知尒時世尊欲重宣此
義而說偈言
破有法王　出現世間　隨衆生欲　種種說法
如來尊重　智慧深遠　久嘿斯要　不務速說
有智若聞　則能信解　无智疑悔　則為永失
是故迦葉　隨力為說　以種種緣　令得正見
迦葉當知　譬如大雲　起於世間　遍覆一切
惠雲含潤　電光晃曜　雷聲遠震　令衆悅豫
日光掩蔽　地上清涼　靉靆垂布　如可承攬
其雨普等　四方俱下　流澍无量　率土充洽
山川險谷　幽邃所生　卉木藥草　大小諸樹
百穀苗稼　甘蔗蒲桃　雨之所潤　无不豐足
乾地普洽　藥木並茂

BD06320號　妙法蓮華經（異卷）卷三　（33–2）

日光掩蔽　地上清涼　靉靆垂布　如可承攬
其雨普等　四方俱下　流澍无量　率土充洽
山川險谷　幽邃所生　卉木藥草　大小諸樹
百穀苗稼　甘蔗蒲桃　雨之所潤　无不豊足
乾地普洽　藥木並茂
其雲所出　一味之水　草木叢林　隨分受潤
一切諸樹　上中下等　稱其大小　各得生長
根莖枝葉　華菓光色　一雨所及　皆得鮮澤
如其體相　性分大小　所潤是一　而各滋茂
佛亦如是　出現於世　譬如大雲　普覆一切
既出于世　為諸衆生　分別演說　諸法之實
大聖世尊　於諸天人　一切衆中　而宣是言
我為如來　兩足之尊　出于世間　猶如大雲
充潤一切　枯槁衆生　皆令離苦　得安隱樂
世間之樂　及涅槃樂
諸天人衆　一心善聽　皆應到此　覲无上尊
我為世尊　无能及者　安隱衆生　故現於世
為大衆說　甘露淨法　其法一味　解脫涅槃
以一妙音　演暢斯義　常為大乘　而作因緣
我觀一切　普皆平等　无有彼此　愛憎之心
我无貪著　亦无限閡　恒為一切　平等說法
如為一人　衆多亦然
常演說法　曾无他事　去來坐立　終不疲猒
充足世間　如雨普潤
貴賤上下　持戒毀戒　威儀具足　及不具足
正見耶見　利根鈍根　等雨法雨　而无懈惓
一切衆生　聞我法者　隨力所受　住於諸地

BD06320 號　妙法蓮華經（異卷）卷三　（33–3）

常演說法　曾无他事　去來坐立　終不疲猒
充足世間　如雨普潤
貴賤上下　持戒毀戒　威儀具足　及不具足
正見耶見　利根鈍根　等雨法雨　而无懈惓
一切衆生　聞我法者　隨力所受　住於諸地
或處人天　轉輪聖王　釋梵諸王　是小藥草
知无漏法　能得涅槃　起六神通　及得三明
獨處山林　常行禪定　得緣覺證　是中藥草
求世尊處　我當作佛　行精進定　是上藥草
又諸佛子　專心佛道　常行慈悲　自知作佛
決定无疑　是名小樹
安住神通　轉不退輪　度无量億　百千衆生
如是菩薩　名為大樹
佛平等說　如一味雨　隨衆生性　所受不同
如彼草木　所稟各異
佛以此喻　方便開示　種種言辭　演說一法
於佛智慧　如海一渧
我雨法雨　充滿世間　一味之法　隨力脩行
如彼叢林　藥草諸樹　隨其大小　漸增茂好
諸佛之法　常以一味　令諸世間　普得具足
漸次脩行　皆得道果
聲聞緣覺　處於山林　住最後身　聞法得果
是名藥草　各得增長
若諸菩薩　智慧堅固　了達三界　求最上乘
是名小樹　而得增長
復有住禪　得神通力　聞諸法空　心大歡喜

BD06320 號　妙法蓮華經（異卷）卷三　（33–4）

聲聞緣覺　處於山林　住冣後身　聞法得果
是名藥草　各得增長
若諸菩薩　智慧堅固　了達三界　求冣上乘
是名小樹　而得增長
復有住禪　得神通力　聞諸法空　心大歡喜
放无數光　度諸衆生　是名大樹　而得增長
如是迦葉　佛所說法　譬如大雲　以一味雨
潤於人華　各得成實
迦葉當知　以諸因緣　種種譬喻　開示佛道
是我方便　諸佛亦然
今為汝等　說冣實事　諸聲聞衆　皆非滅度
汝等所行　是菩薩道　漸漸脩學　悉當成佛

妙法蓮華經授記品第六

尒時世尊說是偈已告諸大衆唱如是言我
此弟子摩訶迦葉於未來世當得奉覲三百
万億諸佛世尊供養恭敬尊重讚嘆廣宣
諸佛无量大法於冣後身得成為佛名曰光
明如來應供正遍知明行足善逝世間解无上
士調御丈夫天人師佛世尊國名光德劫名
大莊嚴佛壽十二小劫正法住世二十小劫像
法亦住二十小劫國界嚴飾无諸穢惡凡
礫荊棘便利不淨其土平正无有高下坑坎
堆阜瑠璃為地寶樹行列黃金為繩以界道
側散諸寶華周遍清淨其國菩薩无量千億
諸聲聞衆亦復无數无有魔事雖有魔及魔
民皆護佛法尒時世尊欲重宣此義而說偈

BD06320號　妙法蓮華經（異卷）卷三

（33–5）

礫荊棘便利不淨其土平正无有高下坑坎
堆阜瑠璃為地寶樹行列黃金為繩以界道
側散諸寶華周遍清淨其國菩薩无量千億
諸聲聞衆亦復无數无有魔事雖有魔及魔
民皆護佛法尒時世尊欲重宣此義而說偈
言
告諸比丘　我以佛眼　見是迦葉　於未來世
過无數劫　當得作佛
而於來世　供養奉覲　三百万億　諸佛世尊
為佛智慧　淨脩梵行
供養冣上　二足尊已　脩集一切　无上之慧
於冣後身　得成為佛
其土清淨　瑠璃為地　多諸寶樹　行列道側
金繩界道　見者歡喜　常出好香　散衆名華
種種奇妙　以為莊嚴　其地平正　无有丘坑
諸菩薩衆　不可稱計　其心調柔　逮大神通
奉持諸佛　大乘經典
諸聲聞衆　无漏後身　法王之子　亦不可計
乃以天眼　不能數知
其佛當壽　十二小劫　正法住世　二十小劫
像法亦住　二十小劫　光明世尊　其事如是
尒時大目揵連須菩提摩訶迦旃延等皆悉
悚慄一心合掌瞻仰世尊目不暫捨即共同
聲而說偈言
大雄猛世尊　諸釋之法王　哀愍我等故　而賜佛音聲
若知我深心　見為授記者　如以甘露灑　除熱得清涼

BD06320號　妙法蓮華經（異卷）卷三

（33–6）

像法亦住　二十小劫　光明世尊　其事如是
尒時大目揵連須菩提摩訶迦旃延等皆悉
悚慄一心合掌瞻仰世尊目不暫捨即共同
聲而說偈言
大雄猛世尊　諸釋之法王　哀愍我等故　而賜佛音聲
若知我深心　見爲授記者　如以甘露灑　除熱得清涼
如從飢國來　忽遇大王饍　心猶懷疑懼　未敢即便食
若復得王教　然後乃敢食
我等亦如是　每惟小乘過　不知當云何　得佛无上慧
雖聞佛音聲　言我等作佛　心尚懷憂懼　如未敢便食
若蒙佛授記　尒乃快安樂
大雄猛世尊　常欲安世間　願賜我等記　如飢須教食
尒時世尊知諸大弟子心之所念告諸比丘
是須菩提於當來世奉覲三百万億那由他
佛供養恭敬尊重讚歎常脩梵行具菩薩道
於最後身得成爲佛号曰名相如來應供正
遍知明行足善逝世間解无上士調御丈夫
天人師佛世尊劫名有寶國名寶生其土平
正頗梨爲地寶樹莊嚴无諸丘坑砂礫荊棘
便利之穢寶華覆地周遍清淨其土人民皆
處寶臺珎妙樓閣聲聞弟子无量无邊筭數
譬喻所不能知諸菩薩衆无數千万億那由
他佛壽十二小劫正法住世二十小劫像法亦
住二十小劫其佛常處虛空爲衆說法度
脫无量菩薩及聲聞衆尒時世尊欲重宣此
義而說偈言
諸比丘衆　今告汝等　皆當一心　聽我所說

BD06320號　妙法蓮華經（異卷）卷三　（33-7）

譬喻所不能知諸菩薩衆无數千万億那由
他佛壽十二小劫正法住世二十小劫像法亦
住二十小劫其佛常處虛空爲衆說法度
脫无量菩薩及聲聞衆尒時世尊欲重宣此
義而說偈言
諸比丘衆　今告汝等　皆當一心　聽我所說
我大弟子　須菩提者　當得作佛　号曰名相
當供无數　万億諸佛　隨佛所行　漸具大道
最後身得　三十二相　端正殊妙　猶如寶山
其佛國土　嚴淨第一　衆生見者　无不愛樂
佛於其中　度无量衆
其佛法中　多諸菩薩　皆悉利根　轉不退輪
彼國常以　菩薩莊嚴
諸聲聞衆　不可稱數　皆得三明　具六神通
住八解脫　有大威德
其佛說法　現於无量　神通變化　不可思議
諸天人民　數如恒沙　皆共合掌　聽受佛語
其佛當壽　十二小劫　正法住世　二十小劫
像法亦住　二十小劫
尒時世尊復告諸比丘衆我今語汝是大迦
旃延於當來世以諸供具供養奉事八千億
佛恭敬尊重諸佛滅後各起塔廟高千由旬
縱廣正等五百由旬以金銀琉璃車𤦲馬瑙
真珠玫瑰七寶合成衆華瓔珞塗香末香燒
香繒蓋幢幡供養塔廟過是已後當復供養
二万億佛亦復如是供養是諸佛已具菩薩
道當得作佛号曰閻浮那提金光如來應共

BD06320號　妙法蓮華經（異卷）卷三　（33-8）

旃延於當來世以諸供具供養奉事八千億
佛恭敬尊重諸佛滅後各起塔廟高千由旬
縱廣正等五百由旬以金銀瑠璃車𤦲馬瑙
真珠玫瑰七寶合成衆華瓔珞塗香末香燒
香繒蓋幢幡供養塔廟過是已後當復供養
二万億佛亦復如是供養是諸佛已具菩薩
道當得作佛号曰閻浮那提金光如來應供
正遍知明行足善逝世間解无上士調御丈
夫天人師佛世尊其土平正頗梨為地寶樹
莊嚴黄金為繩以界道側妙華覆地周遍清
淨見者歡喜无四惡道地獄餓鬼畜生阿脩
羅道多有天人諸聲聞衆及諸菩薩无量万
億莊嚴其國佛壽十二小劫正法住世二十
小劫像法亦住二十小劫尒時世尊欲重宣
此義而說偈言
諸比丘衆　皆一心聽　如我所說　真實无異
是迦旃延　當以種種　妙好供具　供養諸佛
諸佛滅後　起七寶塔　亦以華香　供養舍利
其㝡後身　得佛智慧　成等正覺　國土清淨
度脫无量　万億衆生　皆為十方　之所供養
佛之光明　无能勝者　其佛号曰　閻浮金光
菩薩聲聞　斷一切有　无量无數　莊嚴其國
尒時世尊復告大衆我今語汝是大目揵連
當以種種供具供養八千諸佛恭敬尊重讃佛
滅後各起塔廟高千由旬縱廣正等五百由
旬以金銀瑠璃車𤦲馬瑙真珠玫瑰七寶合
成衆華瓔珞塗香末香燒香繒蓋幢幡以

BD06320號　妙法蓮華經（異卷）卷三

（33–9）

菩薩聲聞　斷一切有　无量无數　莊嚴其國
尒時世尊復告大衆我今語汝是大目揵連
當以種種供具供養八千諸佛恭敬尊重讃佛
滅後各起塔廟高千由旬縱廣正等五百由
旬以金銀瑠璃車𤦲馬瑙真珠玫瑰七寶合
成衆華瓔珞塗香末香燒香繒蓋幢幡以
用供養過是已後當復供養二百万億諸佛亦
復如是當得成佛号曰多摩羅䟦栴檀香
如來應供正遍知明行足善逝世間解无上
士調御丈夫天人師佛世尊劫名喜滿國名
意樂其土平正頗梨為地寶樹莊嚴散真珠
華周遍清淨見者歡喜多諸天人菩薩聲聞
其數无量佛壽二十四小劫正法住世四十
小劫像法亦住四十小劫尒時世尊欲重宣
此義而說偈言
我此弟子　大目揵連　捨是身已　得見八千
二百萬億　諸佛世尊　為佛道故　供養恭敬
於諸佛所　常脩梵行
於无量劫　奉持佛法　諸佛滅後　起七寶塔
長表金刹　華香伎樂　而以供養　諸佛塔廟
漸漸具足　菩薩道已　於意樂國　而得作佛
号多摩羅　栴檀之香
其佛壽命　二十四劫　常為天人　演說佛道
聲聞无量　如恒河沙　三明六通　有大威德
菩薩无數　志固精進　於佛智慧　皆不退轉
佛滅度後　正法當住　四十小劫　像法亦尒
我諸弟子　威德具足　其數五百　皆當授記

BD06320號　妙法蓮華經（異卷）卷三

（33–10）

号多摩羅 栴檀之香
其佛壽命 二十四劫 常為天人 演說佛道
聲聞无量 如恒河沙 三明六通 有大威德
菩薩无數 志固精進 於佛智慧 皆不退轉
佛滅度後 正法當住 四十小劫 像法亦尒
我諸弟子 威德具足 其數五百 皆當授記
於未來世 咸得成佛
我及汝等 宿世因緣 吾今當說 汝等善聽

妙法蓮華經化城喻品第七

佛告諸比丘乃往過去无量无邊不可思議阿僧祇劫尒時有佛名曰大通智勝如來應供正遍知明行足善逝世間解无上士調御丈夫天人師佛世尊其國名好成劫名大相諸比丘彼佛滅度已來甚大久遠譬如三千大千世界所有地種假使有人磨以為墨過於東方千國土乃下一點大如微塵又過千國土復下一點如是展轉盡地種墨於汝等意云何是諸國土若筭師若筭師弟子能得邊際知其數不不也世尊諸比丘是人所經國土若點不點盡末為塵一塵一劫彼佛滅度已來復過是數无量无邊百千万億阿僧祇劫我以如來知見力故觀彼久遠猶若今日尒時世尊欲重宣此義而說偈言

我念過去世 无量无邊劫 有佛兩足尊 名大通智勝
如人以力磨 三千大千土 盡此諸地種 皆悉以為墨
過於千國土 乃下一塵點 如是展轉點 盡此諸塵墨
如是諸國土 點與不點等 復盡末為塵 一塵為一劫

BD06320號　妙法蓮華經（異卷）卷三　（33-11）

已來復過是數无量无邊百千万億阿僧祇劫我以如來知見力故觀彼久遠猶若今日尒時世尊欲重宣此義而說偈言

我念過去世 无量无邊劫 有佛兩足尊 名大通智勝
如人以力磨 三千大千土 盡此諸地種 皆悉以為墨
過於千國土 乃下一塵點 如是展轉點 盡此諸塵墨
如是諸國土 點與不點等 復盡末為塵 一塵為一劫
此諸微塵數 其劫復過是 彼佛滅度來 如是无量劫
如來无閡智 知彼佛滅度 及聲聞菩薩 如見今滅度
諸比丘當知 佛智淨微妙 无漏无所閡 通達无量劫

佛告諸比丘大通智勝佛壽五百四十万億那由他劫其佛本坐道場破魔軍已垂得阿耨多羅三藐三菩提而諸佛法不現在前如是一小劫乃至十小劫結加趺坐身心不動而諸佛法猶不在前尒時忉利諸天先為彼佛於菩提樹下敷師子座高一由旬佛於此坐當得阿耨多羅三藐三菩提適坐此座時諸梵天王雨眾天華面百由旬香風時來吹去萎華更雨新者如是不絕滿十小劫供養於佛乃至滅度常雨此華四王諸天為供養佛常擊天鼓其餘諸天作天伎樂滿十小劫至於滅度亦復如是諸比丘大通智勝佛過十小劫諸佛之法乃現在前成阿耨多羅三藐三菩提

其佛未出家時有十六子其第一者名曰智積諸子各有種種珍異翫好之具聞父得成阿耨多羅三藐三菩提皆捨所珍往詣佛所

BD06320號　妙法蓮華經（異卷）卷三　（33-12）

至於滅度亦復如是諸比丘大通智勝佛過
十小劫諸佛之法乃現在前成阿耨多羅三
藐三菩提
其佛未出家時有十六子其第一者名曰智
積諸子各有種種珎異翫好之具聞父得成
阿耨多羅三藐三菩提皆捨所珎往詣佛所
諸母涕泣而隨送之其祖轉輪聖王與一百
大臣及餘百千万億人民皆共圍繞隨至道
場咸欲親近大通智勝如來供養恭敬尊重
讃歎到已頭面礼足繞佛畢已一心合掌瞻
仰世尊以偈頌曰
大威德世尊　為度衆生故　於无量億劫　尒乃得成佛
諸願已具足　善哉吉无上
世尊甚希有　一坐十小劫　身體及手足　靜然安不動
其心常惔怕　未曾有散亂　究竟永寂滅　安住无漏法
今者見世尊　安隱成佛道　我等得善利　稱慶大歡喜
衆生常苦惱　盲瞑无導師　不識苦盡道　不知求解脫
長夜增惡趣　減損諸天衆　從瞑入於瞑　永不聞佛名
今佛得最上　安隱无漏道　我等及天人　為得最大利
是故咸稽首　歸命无上尊
尒時十六王子偈讃佛已勸請世尊轉於法
輪咸作是言世尊說法多所安隱憐愍饒益
諸天人民重說偈言
世雄无等倫　百福自莊嚴　得无上智慧　願為世間說
度脫於我等　及諸衆生類　為分別顯示　令得是智慧
若我等得佛　衆生亦復然
世尊知衆生　深心之所念　亦知所行道　又知智慧力

輪咸作是言世尊說法多所安隱憐愍饒益
諸天人民重說偈言
世雄无等倫　百福自莊嚴　得无上智慧　願為世間說
度脫於我等　及諸衆生類　為分別顯示　令得是智慧
若我等得佛　衆生亦復然
世尊知衆生　深心之所念　亦知所行道　又知智慧力
欲樂及脩福　宿命所行業　世尊悉知已　當轉无上輪
佛告諸比丘大通智勝佛得阿耨多羅三藐
三菩提時十方各五百万億諸佛世界六種
震動其國中間幽瞑之處日月威光所不能
照而皆大明其中衆生各得相見咸作是言
此中云何忽生衆生又其國界諸天宮殿乃
至梵宮六種震動大光普照遍滿世界勝諸
天光
尒時東方五百万億諸國土中梵天宮殿光
明照耀倍於常明諸梵天王各作是念今者
宮殿光明昔所未有以何因緣而現此相是
時諸梵天王即各相詣共議此事而彼衆中
有一大梵天王名救一切為諸梵衆而說偈
言
我等諸宮殿　光明昔未有　此是何因緣　宜各共求之
為大德天王　為佛出世間　而此大光明　遍照於十方
尒時五百万億國土諸梵天王與宮殿俱各
以衣裓盛諸天華共詣西方推尋是相見大
通智勝如來處于道場菩提樹下坐師子座
諸天龍王乾闥婆緊那羅摩睺羅伽人非人
等恭敬圍繞及見十六王子請佛轉法輪即

尒時五百万億國土諸梵天王與宮殿俱各
以衣裓盛諸天華共詣西方推尋是相見大
通智勝如来處于道場菩提樹下坐師子座
諸天龍王乾闥婆緊那羅摩睺羅伽人非人
等恭敬圍繞及見十六王子請佛轉法輪即
時諸梵天王頭面礼佛繞百千迊即以天華
而散佛上其所散華如須弥山并以供養佛
菩提樹其菩提樹高十由旬華供養已各以
宮殿奉上彼佛而作是言唯見哀愍饒益我
等所獻宮殿願垂納處時諸梵天王即於佛
前一心同聲以偈頌曰
世尊甚希有　難可得值遇　具无量功德　能救護一切
天人之大師　哀愍於世間　十方諸衆生　普皆蒙饒益
我等所從来　五百万億國　捨深禪定樂　為供養佛故
我等宿世福　宮殿甚嚴飾　今以奉世尊　唯願哀納受
尒時諸梵天王偈讚佛已各作是言唯願世
尊轉於法輪度脫衆生開涅槃道時諸梵天
王一心同聲而說偈言
世雄兩足尊　唯願演說法　以大慈悲力　度苦惱衆生
尒時大通智勝如来嘿然許之
又諸比丘東南方五百万億國土諸大梵王
各自見宮殿光明照耀昔所未有歡喜踊躍
生希有心即各相詣共議此事而彼衆中有
一大梵天王名曰大悲為諸梵衆而說偈言
是事何因緣　而現如此相　我等諸宮殿　光明昔未有
為大德天生　為佛出世間　未曾見此相　當共一心求

各自見宮殿光明照耀昔所未有歡喜踊躍
生希有心即各相詣共議此事而彼衆中有
一大梵天王名曰大悲為諸梵衆而說偈言
是事何因緣　而現如此相　我等諸宮殿　光明昔未有
為大德天生　為佛出世間　未曾見此相　當共一心求
過千万億土　尋光共推之　多是佛出世　度脫苦衆生
尒時五百万億諸梵天王與宮殿俱各以衣
裓盛諸天華共詣西北方推尋是相見大通
智勝如来處于道場菩提樹下師子座上諸
天龍王乾闥婆緊那羅摩睺羅伽人非人等
恭敬圍繞及見十六王子請佛轉法輪時諸
梵天王頭面礼佛遶百千迊即以天華而散
佛上所散之華如須弥山并以供養佛菩提
樹華供養已各以宮殿奉上彼佛而作是言
唯見哀愍饒益我等所獻宮殿願垂納處尒時
諸梵天王即於佛前一心同聲以偈頌曰
聖主天中天　迦陵頻伽聲　哀愍衆生者　我等今敬礼
世尊甚希有　久遠乃一現　一百八十劫　空過无有佛
三惡道充滿　諸天衆減少　今佛出於世　為衆生作眼
世間所歸趣　救護於一切　為衆生之父　哀愍饒益者
我等宿福慶　今得值世尊
尒時諸梵天王偈讚佛已各作是言唯願世
尊哀愍一切轉於法輪度脫衆生時諸梵天
王一心同聲而說偈言
大聖轉法輪　顯示諸法相　度苦惱衆生　令得大歡喜
衆生聞是法　得道若生天　諸惡道減少　忍善者增益
尒時大通智勝如来嘿然許之

尒時諸梵天王偈讚佛已各作是言唯願世
尊愍哀一切轉於法輪度脫衆生時諸梵天
王一心同聲而說偈言
大聖轉法輪　顯示諸法相　度苦惱衆生　令得大歡喜
衆生聞是法　得道若生天　諸惡道減少　忍善者增益
尒時大通智勝如來默然許之
又諸比丘南方五百万億國土諸大梵王各
自見宮殿光明照耀昔所未有歡喜踊躍生
希有心即各相詣共議此事以何因緣我等
宮殿有此光耀而彼衆中有一大梵天王名
曰妙法爲諸梵衆而說偈言
我等諸宮殿　光明甚威耀　此非无因緣　是相宜求之
過於百千劫　未曾見是相　爲大德天生　爲佛出世間
尒時五百万億諸梵天王與宮殿俱各以衣
裓盛諸天華共詣北方推尋是相見大通智
勝如來處于道場菩提樹下坐師子座諸天龍
王乾闥婆緊那羅摩睺羅伽人非人等恭敬
圍遶及見十六王子請佛轉法輪時諸梵
天王頭面礼佛遶百千匝即以天華而散佛
上所散之華如須弥山并以供養佛菩提樹
華供養已各以宮殿奉上彼佛而作是言唯
見哀愍饒益我等所獻宮殿願垂納處尒時
諸梵天王即於佛前一心同聲以偈頌曰
世尊甚難見　破諸煩惱者　過百三十劫　今乃得一見
諸飢渴衆生　以法雨充滿　昔所未曾覩　无量智慧者
如優曇波羅　今日乃值遇
故嚴飾　世尊大慈愍　唯願垂納受

見哀愍饒益我等所獻宮殿願垂納處尒時
諸梵天王即於佛前一心同聲以偈頌曰
世尊甚難見　破諸煩惱者　過百三十劫　今乃得一見
諸飢渴衆生　以法雨充滿　昔所未曾覩　无量智慧者
如優曇波羅　今日乃值遇
我等諸宮殿　蒙光故嚴飾　世尊大慈愍　唯願垂納受
尒時諸梵天王偈讚佛已各作是言唯願世
尊轉於法輪令一切世間諸天魔梵沙門婆
羅門皆獲安隱而得度脫時諸梵天王一心
同聲以偈頌曰
唯願天人尊　轉无上法輪　擊于大法鼓　而吹大法螺
普雨大法雨　度无量衆生　我等咸歸請　當演深遠音
尒時大通智勝如來默然許之西南方乃至
下方亦復如是
尒時上方五百万億國土諸大梵王皆悉自
覩所止宮殿光明威耀昔所未有歡喜踊躍
生希有心即各相詣共議此事以何因緣我
等宮殿有斯光明而彼衆中有一大梵天王
名曰尸棄爲諸梵衆而說偈言
今以何因緣　我等諸宮殿　威德光明曜　嚴飾未曾有
如是之妙相　昔所不聞見　爲大德天生　爲佛出世間
尒時五百万億諸梵天王與宮殿俱各以衣
裓盛諸天華共詣下方推尋是相見大通智
勝如來處于道場菩提樹下坐師子座諸天
龍王乾闥婆緊那羅摩睺羅伽人非人等恭
敬圍遶及見十六王子請佛轉法輪時諸梵
天王頭面礼佛遶　即以天華而散佛

熾盛諸天華共詣下方推尋是相見大通智
勝如来處于道場菩提樹下坐師子座諸天
龍王乾闥婆緊那羅摩睺羅伽人非人等恭
敬圍繞及見十六王子請佛轉法輪時諸梵
天王頭面礼佛繞百千匝即以天華而散佛
上所散之華如須弥山并以供養佛菩提樹
華供養已各以宮殿奉上彼佛而作是言唯
見哀愍饒益我等所獻宮殿願垂納處尒時
諸梵天王即於佛前一心同聲以偈頌曰
善哉見諸佛　救世之聖尊　能於三界獄　勉出諸衆生
普智天人尊　哀愍群萌類　能開甘露門　廣度於一切
於昔无量劫　空過无有佛　世尊未出時　十方常闇暝
三惡道增長　阿脩羅亦盛　諸天衆轉減　死多墮惡道
不從佛聞法　常行不善事　色力及智慧　斯等皆減少
罪業因緣故　失樂及樂想　住於邪見法　不識善儀則
不蒙佛所化　常墮於惡道　佛為世間眼　久遠時乃出
哀愍諸衆生　故現於世間　超出成正覺　我等甚欣慶
及餘一切衆　喜歎未曾有　我等諸宮殿　蒙光故嚴飾
今以奉世尊　唯垂哀納受　願以此功德　普及於一切
我等與衆生　皆共成佛道
尒時五百万億諸梵天王偈讚佛已各白佛
言唯願世尊轉於法輪多所安隱多所度脫
時諸梵天王而說偈言
世尊轉法輪　擊甘露法鼓　度苦惱衆生　開示涅槃道
唯願受我請　以大微妙音　哀愍而敷演　无量劫集法
尒時大通智勝如来受十方諸梵天王及十

BD06320號　妙法蓮華經（異卷）卷三　（33–19）

言唯願世尊轉於法輪多所安隱多所度脫
時諸梵天王而說偈言
世尊轉法輪　擊甘露法鼓　度苦惱衆生　開示涅槃道
唯願受我請　以大微妙音　哀愍而敷演　无量劫集法
尒時大通智勝如来受十方諸梵天王及十
六王子請即時三轉十二行法輪若沙門婆
羅門若天魔梵及餘世間所不能轉謂是苦
是苦集是苦滅是苦滅道及廣說十二因緣
法无明緣行行緣識識緣名色名色緣六入
六入緣觸觸緣受受緣愛愛緣取取緣有有
緣生生緣老死憂悲苦惱无明滅則行滅行
滅則識滅識滅則名色滅名色滅則六入滅
六入滅觸滅觸滅則受滅受滅則愛滅愛
滅則取滅取滅則有滅有滅則生滅生滅則
老死憂悲苦惱滅佛於天人大衆之中說是
法時六百万億那由他人以不受一切法故
而於諸漏心得解脫皆得深妙禪定三明六
通具八解脫第二第三第四說法時千万億
恒河沙那由他等衆生亦以不受一切法故
而於諸漏心得解脫從是已後諸聲聞衆无
量无邊不可稱數尒時十六王子皆以童子
出家而為沙弥諸根通利智慧明了已曾供
養百千万億諸佛淨脩梵行求阿耨多羅三
藐三菩提俱白佛言世尊是諸无量千万億
大德聲聞皆已成就世尊亦當為我等說阿
耨多羅三藐三菩提法我等聞已皆共脩學
世尊我等志願如来知見深心所念佛自證

BD06320號　妙法蓮華經（異卷）卷三　（33–20）

出家而為沙弥諸根通利智慧明了已曾供
養百千万億諸佛淨脩梵行求阿耨多羅三
藐三菩提俱白佛言世尊是諸无量千万億
大德聲聞皆已成就世尊亦當為我等說阿
耨多羅三藐三菩提法我等聞已皆共脩學
世尊我等志願如來知見深心所念佛自證
知尒時轉輪聖王所將衆中八万億人見十六
王子出家亦求出家王即聽許尒時彼佛
受沙弥請過二万劫已乃於四衆之中說是
大乘經名妙法蓮華教菩薩法佛所護念說
是經已十六沙弥為阿耨多羅三藐三菩提
故皆共受持諷誦通利說是經時十六菩薩
沙弥皆悉信受聲聞衆中亦有信解其餘衆
生千万億種皆生疑惑佛說是經於八千劫
未曾休癈說此經已即入靜室住於禪定八
万四千劫是時十六菩薩沙弥知佛入室寂
然禪定各昇法座亦於八万四千劫為四部
衆廣說分別妙法華經一一皆度六百万億
那由他恒河沙等衆生示教利喜令發阿耨
多羅三藐三菩提心大通智勝佛過八万四
千劫已從三昧起往詣法座安詳而坐普告
大衆是十六菩薩沙弥甚為希有諸根通利
智慧明了已曾供養无量千万億數諸佛於
諸佛所常脩梵行受持佛智開示衆生令入
其中汝等皆當數數親近而供養之所以者
何若聲聞辟支佛及諸菩薩能信是十六菩
薩所說經法受持不毀者是人皆當得阿耨

BD06320 號　妙法蓮華經（異卷）卷三　（33–21）

大衆是十六菩薩沙弥甚為希有諸根通利
智慧明了已曾供養无量千万億數諸佛於
諸佛所常脩梵行受持佛智開示衆生令入
其中汝等皆當數數親近而供養之所以者
何若聲聞辟支佛及諸菩薩能信是十六菩
薩所說經法受持不毀者是人皆當得阿耨
多羅三藐三菩提如來之慧佛告諸比丘是
十六菩薩常樂說是妙法蓮華經一一菩薩
所化六百万億那由他恒河沙等衆生世世
所生與菩薩俱從其聞法悉皆信解以此因
緣得值四万億諸佛世尊于今不盡諸比丘
我今語汝彼佛弟子十六沙弥今皆得阿耨
多羅三藐三菩提於十方國土現在說法有
无量百千万億菩薩聲聞以為眷屬其二沙
弥東方作佛一名阿閦在歡喜國二名須弥
頂東方二佛一名師子音二名師子相南方
二佛一名虛空住二名常滅西南方二佛一
名帝相二名梵相西方二佛一名阿弥陁二
名度一切世間苦惱西北方二佛一名多摩
羅跋旃檀香神通二名須弥相北方二佛
一名雲自在二名雲自在王東北方佛名懷
一切世間怖畏第十六我釋迦牟尼佛於娑
婆國土成阿耨多羅三藐三菩提諸比丘我
等為沙弥時各各教化无量百千万億恒河
沙等衆生從我聞法為阿耨多羅三藐三菩
提此諸衆生于今有住聲聞地者我常教化
阿耨多羅三藐三菩提是諸人等應以是法

BD06320 號　妙法蓮華經（異卷）卷三　（33–22）

婆國土成阿耨多羅三藐三菩提諸比丘我
等為沙弥時各各教化无量百千万億恒河
沙等衆生從我聞法為阿耨多羅三藐三菩
提此諸衆生于今有住聲聞地者我常教化
阿耨多羅三藐三菩提是諸人等應以是法
漸入佛道所以者何如来智慧難信難解尒
時所化无量恒河沙等衆生者汝等諸比丘
及我滅度後未來世中聲聞弟子是也我滅
度後復有弟子不聞是經不知不覺菩薩所
行自於所得功德生滅度想當入涅槃我於
餘國作佛更有異名是人雖生滅度之想入
於涅槃而於彼土求佛智慧得聞是經唯以
佛乘而得滅度更无餘乘除諸如来方便說
法諸比丘若如来自知涅槃時到衆又清淨
信解堅固了達空法深入禪定便集諸菩薩
及聲聞衆為說是經世間无有二乘而得滅
度唯一佛乘得滅度耳比丘當知如来方便
深入衆生之性知其志樂小法深著五欲為
是等故說於涅槃是人若聞則便信受譬如
五百由旬險難惡道曠絕无人怖畏之處若
有多衆欲過此道至珎寶處有一導師聰慧
明達善知險道通塞之相將導衆人欲過此
難所將人衆中路懈退白導師言我等疲極
而復怖畏不能復進前路猶遠今欲退還導
師多諸方便而作是念此等可愍云何捨大
珎寶而欲退還作是念已以方便力於險道
中過三百由旬化作一城告衆人言汝等勿

BD06320 號　妙法蓮華經(異卷)卷三　(33–23)

難所將人衆中路懈退白導師言我等疲極
而復怖畏不能復進前路猶遠今欲退還導
師多諸方便而作是念此等可愍云何捨大
珎寶而欲退還作是念已以方便力於險道
中過三百由旬化作一城告衆人言汝等勿
怖莫得退還今是大城可於中止隨意所作
若入是城快得安隱若能前至寶所亦可得
去是時疲極之衆心大歡喜嘆未曾有我等
今者免斯惡道快得安隱於是衆人前入化
城生已度想生安隱想尒時導師知此人衆
既得止息无復疲惓即滅化城語衆人言汝
等去來寶處在近向者大城我所化作為止
息耳諸比丘如来亦復如是今為汝等作大
導師知諸生死煩惱惡道險難長遠應去應
度若衆生但聞一佛乘者則不欲見佛不欲
親近便作是念佛道長遠久受懃苦乃可得
成佛知是心怯弱下劣以方便力而於中道
為止息故說二涅槃若衆生住於二地如来
尒時即便為說汝等所作未辦汝所住地近
於佛慧當觀察籌量所得涅槃非真實也
但是如来方便之力於一佛乘分別說三如
彼導師為止息故化作大城既知息已而告
之言寶處在近此城非實我化作耳尒時世
尊欲重宣此義而說偈言
大通智勝佛　十劫坐道場　佛法不現前　不得成佛道
諸天神龍王　阿脩羅衆等　常雨於天華　以供養彼佛
諸天擊天鼓　并作衆伎樂　香風吹萎華　更雨新好者

BD06320 號　妙法蓮華經(異卷)卷三　(33–24)

之言實處在近此城非實我化作耳尒時世
尊欲重宣此義而說偈言
大通智勝佛　十劫坐道場　佛法不現前　不得成佛道
諸天神龍王　阿脩羅衆等　常雨於天華　以供養彼佛
諸天擊天鼓　并作衆伎樂　香風吹萎華　更雨新好者
過十小劫已　乃得成佛道　諸天及世人　心則懷踊躍
彼佛十六子　皆與其眷屬　千万億圍繞　俱行至佛所
頭面礼佛足　而請轉法輪　聖師子法雨　充我及一切
世尊甚難值　久遠時一見　為覺悟群生　震動於一切
東方諸世界　五百万億國　梵宮殿光耀　昔所未曾有
諸梵見此相　尋來至佛所　散華以供養　并奉上宮殿
請佛轉法輪　以偈而讚嘆　佛知時未至　受請嘿然坐
三方及四維　上下亦復尒　散華奉宮殿　請佛轉法輪
世尊甚難值　願以大慈悲　廣開甘露門　轉无上法輪
无量慧世尊　受彼衆人請　為宣種種法　四諦十二緣
无明至老死　皆從生緣有　如是衆過患　汝等應當知
宣暢是法時　六百万億姟　得盡諸苦際　皆成阿羅漢
第二說法時　千万恒沙衆　於諸法不受　亦得阿羅漢
從是後得道　其數无有量　万億劫筭數　不能得其邊
時十六王子　出家作沙弥　皆共請彼佛　演說大乘法
我等及營從　皆當成佛道　願得如世尊　慧眼第一淨
佛知童子心　宿世之所行　以无量因緣　種種諸譬喻
說六波羅蜜　及諸神通事　分別真實法　菩薩所行道
說是法華經　如恒河沙偈　彼佛說經已　靜室入禪定
一心一處坐　八万四千劫
是諸沙弥等　知佛禪未出　為无量億衆　說佛无上慧

BD06320號　妙法蓮華經（異卷）卷三

(33-25)

佛知童子心　宿世之所行　以无量因緣　種種諸譬喻
說六波羅蜜　及諸神通事　分別真實法　菩薩所行道
說是法華經　如恒河沙偈　彼佛說經已　靜室入禪定
一心一處坐　八万四千劫
是諸沙弥等　知佛禪未出　為无量億衆　說佛无上慧
各各坐法座　說是大乘經　於佛宴寂後　宣揚助法化
一一沙弥等　所度諸衆生　有六百万億　恒河沙等衆
彼佛滅度後　是諸聞法者　在在諸佛土　常與師俱生
是十六沙弥　具足行佛道　今現在十方　各得成正覺
尒時聞法者　各在諸佛所　其有住聲聞　漸教以佛道
我在十六數　曾亦為汝說　是故以方便　引汝趣佛慧
以是本因緣　今說法華經　令汝入佛道　慎勿懷驚懼
譬如險惡道　迥絕多毒獸　又復无水草　人所怖畏處
无數千万衆　欲過此險道　其路甚曠遠　經五百由旬
時有一道師　強識有智慧　明了心決定　在險濟衆難
衆人皆疲惓　而白導師言　我等今頓乏　於此欲退還
道師作是念　此輩甚可愍　如何欲退還　而失大珍寶
尋時思方便　當設神通力　化作大城郭　莊嚴諸舍宅
周迊有園林　渠流及浴池　重門高樓閣　男女皆充滿
即作是化已　慰衆言勿懼　汝等入此城　各可隨所樂
諸人既入城　心皆大歡喜　皆生安隱想　自謂已得度
道師知息已　集衆而告言　汝等當前進　此是化城耳
我見汝疲極　中道欲退還　故以方便力　權化作此城
汝今懃精進　當共至寶所
我亦復如是　為一切導師　見諸求道者　中路而懈廢
不能度生死　煩惱諸險道　故以方便力　為息說涅槃
言汝等苦滅　所作皆已辦　既知到涅槃　皆得阿羅漢

BD06320號　妙法蓮華經（異卷）卷三

(33-26)

我見汝疲極　中道欲退還　故以方便力　權化作此城
汝今懃精進　當共至寶所
我亦復如是　為一切道師　見諸求道者　中路而懈廢
不能度生死　煩惱諸險道　故以方便力　為息說涅槃
言汝等苦滅　所作皆已辦　既知到涅槃　皆得阿羅漢
尒乃集大眾　為說真實法　諸佛方便力　分別說三乘
唯有一佛乘　息處故說二
今為汝說實　汝所得非滅　為佛一切智　當發大精進
汝證一切智　十力等佛法　具三十二相　乃是真實滅
諸佛之道師　為息說涅槃　既知是息已　引入於佛慧
妙法蓮華經五百弟子受記品第八
尒時富樓那彌多羅尼子從佛聞是智慧方
便隨宜說法又聞授諸大弟子阿耨多羅三
藐三菩提記復聞宿世因緣之事復聞諸佛
有大自在神通之力得未曾有心淨踊躍即
從座起到於佛前頭面礼足却住一面瞻仰
尊顏目不暫捨而作是念世尊甚奇特所為
希有隨順世間若干種性以方便知見而為
說法拔出眾生處處貪著我等於佛功德言
不能宣唯佛世尊能知我等深心本願尒時
佛告諸比丘汝等見是富樓那彌多羅尼子
不我常稱其於說法人中最為第一亦常歎
其種種功德精勤護持助宣我法能於四眾
示教利喜具足解釋佛之正法而大饒益同
梵行者自捨如來无能盡其言論之辯汝等
勿謂富樓那但能護持助宣我法亦於過去
九十億諸佛所護持助宣佛之正法於彼說

其種種功德精勤護持助宣我法能於四眾
示教利喜具足解釋佛之正法而大饒益同
梵行者自捨如來无能盡其言論之辯汝等
勿謂富樓那但能護持助宣我法亦於過去
九十億諸佛所護持助宣佛之正法於彼說
法人中亦最第一又於諸佛所說空法明了
通達得四无礙智常能審諦清淨說法无有
疑惑具足菩薩神通之力隨其壽命常脩梵
行彼佛世人咸皆謂之實是聲聞而富樓那
以斯方便饒益无量百千眾生又化无量阿
僧祇人令立阿耨多羅三藐三菩提為淨佛
土故常作佛事教化眾生諸比丘富樓那亦
於七佛說法人中而得第一今於我所說法
人中亦為第一於賢劫中當來諸佛說法人
中亦復第一而皆護持助宣佛法亦於未來
護持助宣无量无邊諸佛之法教化饒益无
量眾生令立阿耨多羅三藐三菩提為淨佛
土故常勤精進教化眾生漸漸具足菩薩之
道過无量阿僧祇劫當於此土得阿耨多羅
三藐三菩提號曰法明如來應供正遍知明
行足善逝世間解无上士調御丈夫天人師
佛世尊其佛以恒河沙等三千大千世界為
一佛土七寶為地地平如掌无有山陵溪澗
溝壑七寶臺觀充滿其中諸天宮殿近處虛
空人天交接兩得相見无諸惡道亦无女人
一切眾生皆以化生无有婬欲得大神通身

佛世尊其佛以恒河沙等三千大千世界為
一佛土七寶為地地平如掌无有山陵溪澗
溝壑七寶臺觀充滿其中諸天宮殿近處虛
空人天交接兩得相見无諸惡道亦无女人
一切衆生皆以化生无有婬欲得大神通身
出光明飛行自在志念堅固精進智慧普皆
金色三十二相而自莊嚴其國衆生常以二
食一者法喜食二者禪悅食有无量阿僧祇
千万億那由他諸菩薩衆得大神通四无礙
智善能教化衆生之類其聲聞衆筭數校計
所不能知皆得具足六通三明及八解脫其佛
國土有如是等无量功德莊嚴成就劫名寶
明國名善淨其佛壽命无量阿僧祇劫法
住甚久佛滅度後起十寶塔遍滿其國尒時
世尊欲重宣此義而說偈言
諸比丘諦聽 佛子所行道 善學方便故 不可得思議
知衆樂小法 而畏於大智 是故諸菩薩 作聲聞緣覺
以无數方便 化諸衆生類 自說是聲聞 去佛道甚遠
度脫无量衆 皆悉得成就 雖小欲懈怠 漸當令作佛
內祕菩薩行 外現是聲聞 少欲厭生死 實自淨佛土
示衆有三毒 又現邪見相 我弟子如是 方便度衆生
若我具足說 種種現化事 衆生聞是者 心則懷疑惑
今此富樓那 於昔千億佛 勤脩所行道 宣護諸佛法
為求无上慧 而於諸佛所 現居弟子上 多聞有智慧
所說无所畏 能令衆歡喜 未曾有疲惓 而以助佛事
已度大神通 具四无礙智 知衆根利鈍 常說清淨法
演暢如是義 教諸千億衆 令住大乘法 而自淨佛土

BD06320 號　妙法蓮華經（異卷）卷三　（33–29）

今此富樓那 於昔千億佛 勤脩所行道 宣護諸佛法
為求无上慧 而於諸佛所 現居弟子上 多聞有智慧
所說无所畏 能令衆歡喜 未曾有疲惓 而以助佛事
已度大神通 具四无礙智 知衆根利鈍 常說清淨法
演暢如是義 教諸千億衆 令住大乘法 而自淨佛土
未來亦供養 无量无數佛 護助宣正法 亦自淨佛土
常以諸方便 說法无所畏 度不可計衆 成就一切智
供養諸如來 護持法寶藏 其後得成佛 号名曰法明
其國名善淨 七寶所合成 劫名為寶明 菩薩衆甚多
其數无量億 皆度大神通 威德力具足 充滿其國土
聲聞亦无數 三明八解脫 得四无礙智 以是等為僧
其國諸衆生 婬欲皆已斷 純一變化生 具相莊嚴身
法喜禪悅食 更无餘食想 无有諸女人 亦无諸惡道
富樓那比丘 功德悉成滿 當得斯淨土 賢聖衆甚多
如是无量事 我今但略說
尒時千二百阿羅漢心自在者作是念我等歡
喜得未曾有若世尊各見授記如餘大弟
子者不亦快乎佛知此等心之所念告摩訶
迦葉是千二百阿羅漢我今當現前次第與
受阿耨多羅三藐三菩提記於此衆中我大
弟子憍陳如比丘當供養六万二千億佛然
後得成為佛号曰普明如來應供正遍知明
行足善逝世間解无上士調御丈夫天人師
佛世尊其五百阿羅漢優樓頻螺迦葉伽耶
迦葉那提迦葉迦留陀夷優陀夷阿㝹樓䭾
離波多劫賓那薄拘羅周陀莎伽陀等皆當
得阿耨多羅三藐三菩提盡同一号名曰普

BD06320 號　妙法蓮華經（異卷）卷三　（33–30）

行足善逝世間解无上士調御丈夫天人師
佛世尊其五百阿羅漢優樓頻螺迦葉伽耶
迦葉那提迦葉迦留陁夷優陁夷阿㝹樓馱
離波多劫賓那薄拘羅周陁莎伽陁等皆當
得阿耨多羅三藐三菩提盡同一号名曰普
明尒時世尊欲重宣此義而說偈言
憍陳如比丘　當見无量佛　過阿僧祇劫　乃成等正覺
常放大光明　具足諸神通　名聞遍十方　一切之所敬
常說无上道　故号為普明　其國土清淨　菩薩皆勇猛
咸昇妙樓閣　遊諸十方國　以无上供具　奉獻於諸佛
作是供養已　心懷大歡喜　須臾還本國　有如是神力
佛壽六万劫　正法住倍壽　像法復倍是　法滅天人憂
其五百比丘　次第當作佛　同号曰普明　轉次而授記
我滅度之後　某甲當作佛　其所化世間　亦如我今日
國土之嚴淨　及諸神通力　菩薩聲聞衆　正法及像法
壽命劫多少　皆如上所說
迦葉汝已知　五百自在者　餘諸聲聞衆　亦當復如是
其不在此會　汝當為宣說
尒時五百阿羅漢於佛前得受記已歡喜踊
躍即從座起到於佛前頭面礼足悔過自責
世尊我等常作是念自謂已得究竟滅度今
乃知之如无智者所以者何我等應得如來智
慧而便自以小智為足世尊譬如有人至親
友家醉酒而卧是時親友官事當行以无
價寶珠繫其衣裏與之而去其人醉卧都不
覺知起已遊行到於他國為衣食故勤力求
索甚大艱難若少有所得便以為足於後親

BD06320號　妙法蓮華經（異卷）卷三　（33–31）

慧而便自以小智為足世尊譬如有人至親
友家醉酒而卧是時親友官事當行以无
價寶珠繫其衣裏與之而去其人醉卧都不
覺知起已遊行到於他國為衣食故勤力求
索甚大艱難若少有所得便以為足於後親
友會遇見之而作是言咄哉丈夫何為衣食
乃至如是我昔欲令汝得安樂五欲自恣於
某年日月以无價寶珠繫汝衣裏今故現在
而汝不知勤苦憂惱以求自活甚為癡也汝
今可以此寶貿易所須常可如意无所乏短
佛亦如是為菩薩時教化我等令發一切智
心而尋廢忘不知不覺既得阿羅漢道自謂
滅度資生艱難得少為足一切智願猶在不
失今者世尊覺悟我等作如是言諸比丘汝
等所得非究竟滅我久令汝等種佛善根以
方便故示涅槃相而汝謂為實得滅度世尊
我今乃知實是菩薩得受阿耨多羅三藐三
菩提記以是因緣甚大歡喜得未曾有尒時
阿若憍陳如等欲重宣此義而說偈言
我等聞无上　安隱授記聲　歡喜未曾有　礼无量智佛
今於世尊前　自悔諸過咎　於无量佛寶　得少涅槃分
如无智愚人　便自以為足
譬如貧窮人　往至親友家　其家甚大富　具設諸餚饍
以无價寶珠　繫著內衣裏　嘿與而捨去　時卧不覺知
是人既已起　遊行詣他國　求衣食自濟　資生甚艱難
得少便為足　更不願好者　不覺內衣裏　有无價寶珠

BD06320號　妙法蓮華經（異卷）卷三　（33–32）

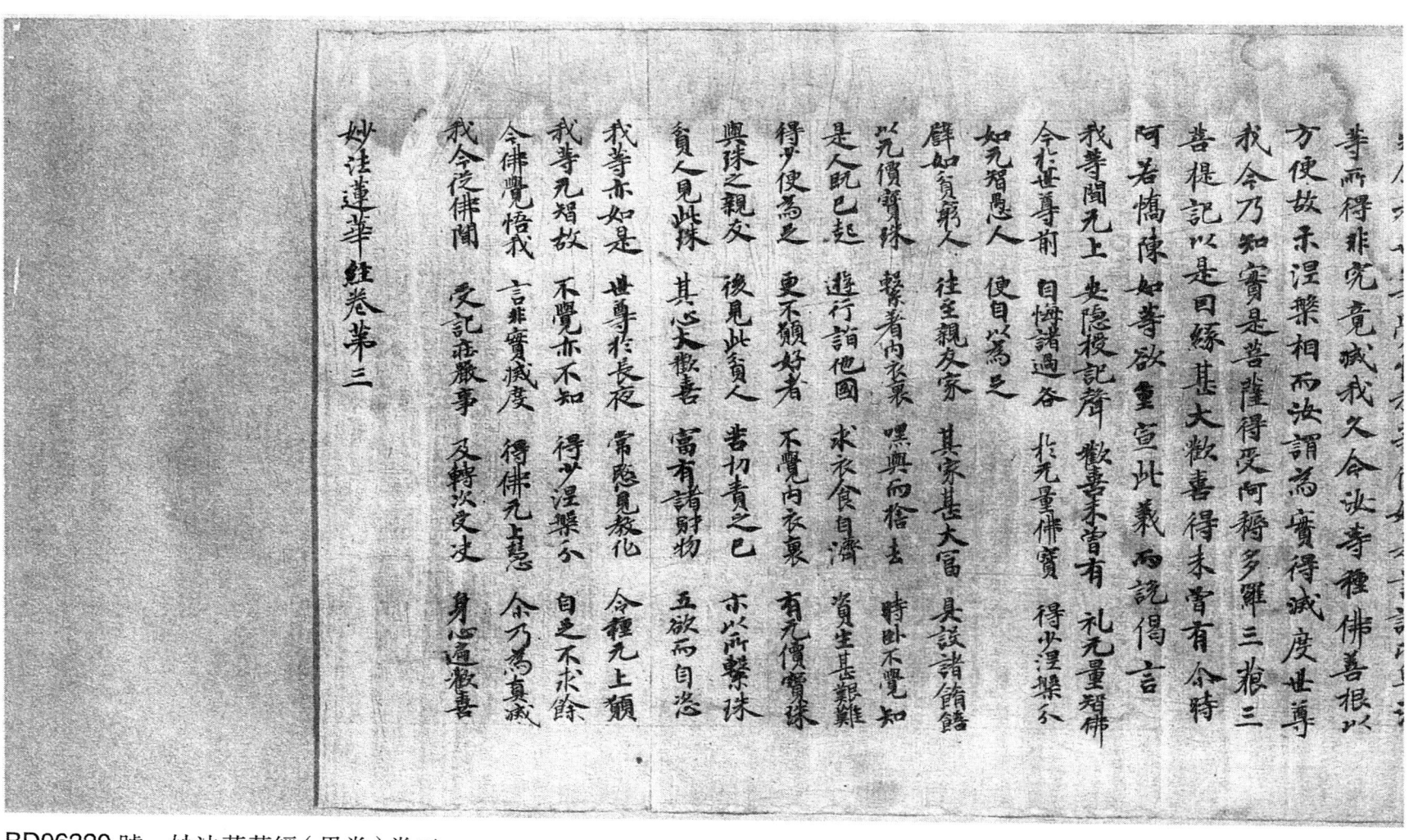

等所得非究竟滅我久令汝等種佛善根以
方便故示涅槃相而汝謂為實得滅度世尊
我今乃知實是菩薩得受阿耨多羅三藐三
菩提記以是因緣甚大歡喜得未曾有尒時
阿若憍陳如等欲重宣此義而說偈言

我等聞无上　安隱授記聲　歡喜未曾有　礼无量智佛
今於世尊前　自悔諸過咎　於无量佛寶　得少涅槃分
如无智愚人　便自以為足
譬如貧窮人　往至親友家　其家甚大富　具設諸餚饍
以无價寶珠　繫著內衣裏　嘿與而捨去　時臥不覺知
是人既已起　遊行詣他國　求衣食自濟　資生甚艱難
得少便為足　更不願好者　不覺內衣裏　有无價寶珠
與珠之親友　後見此貧人　苦切責之已　示以所繫珠
貧人見此珠　其心大歡喜　富有諸財物　五欲而自恣
我等亦如是　世尊於長夜　常愍見教化　令種无上願
我等无智故　不覺亦不知　得少涅槃分　自足不求餘
今佛覺悟我　言非實滅度　得佛无上慧　尒乃為真滅
我今從佛聞　受記莊嚴事　及轉次受決　身心遍歡喜

妙法蓮華經卷第三

BD06320號　妙法蓮華經（異卷）卷三

（33–33）

[illegible]

佛放大人相肉髻光明及放
眉間白毫相光遍照東方百八万億那由他
恒河沙等諸佛世界過是數已有世界名淨
光莊嚴其國有佛号淨華宿王智如來應供
正遍知明行足善逝世間解无上士調御丈
夫天人師佛世尊為无量无邊菩薩大眾恭
敬圍繞而為說法釋迦牟尼佛白毫光明遍
照其國尒時一切淨光莊嚴國中有菩薩名
曰妙音久已殖眾德本供養親近无量百
千万億諸佛而悉成就甚深智慧得妙幢
相三昧法華三昧淨德三昧宿王戲三昧无
緣三昧智印三昧解一切眾生語言三昧集
一切功德三昧清淨三昧神通遊戲三昧慧
炬三昧莊嚴王三昧淨光明三昧淨藏三昧
不共三昧日旋三昧得如是等百千万億恒
河沙等諸大三昧釋迦牟尼佛光照其身即
白淨華宿王智佛言世尊我當往詣娑婆世
界禮拜親近供養釋迦牟尼佛及見文殊師

BD06321號　妙法蓮華經卷七

（27–1）

緣三昧智印三昧解一切衆生語言三昧集
一切功徳三昧清淨三昧神通遊戲三昧慧
炬三昧莊嚴王三昧淨光明三昧淨藏三昧
不共三昧日旋三昧得如是等百千万億恒
河沙等諸大三昧釋迦牟尼佛光照其身即
白淨華宿王智佛言世尊我當往詣娑婆世
界礼拜親近供養釋迦牟尼佛及見文殊師
利法王子菩薩藥王菩薩勇施菩薩宿王華
菩薩上行意菩薩莊嚴王菩薩藥上菩薩
尒時淨華宿王智佛告妙音菩薩汝莫輕彼
國生下劣想善男子彼娑婆世界高下不平
土石諸山穢惡充滿佛身卑小諸菩薩衆其
形亦小而汝身四万二千由旬我身六百八十
万由旬汝身第一端正百千万福光明殊妙是
故汝往莫輕彼國若佛菩薩及國土生下劣
想妙音菩薩白其佛言世尊我今詣娑婆
世界皆是如來之力如來神通遊戲如來
功徳智慧莊嚴於是妙音菩薩不起于座
身不動搖而入三昧以三昧力於耆闍崛
山去法座不遠化作八万四千衆寶蓮華閻
浮檀金為莖白銀為葉金剛為鬚甄叔迦寶以
為其臺尒時文殊師利法王子見是蓮華而
白佛言世尊是何因緣先現此瑞有若千千
万蓮華閻浮檀金為莖白銀為葉金剛為鬚
甄叔迦寶以為其臺

BD06321號　妙法蓮華經卷七　（27–2）

為其臺尒時文殊師利法王子見是蓮華而
白佛言世尊是何因緣先現此瑞有若千千
万蓮華閻浮檀金為莖白銀為葉金剛為鬚
甄叔迦寶以為其臺
尒時釋迦牟尼佛告文殊師利是妙音菩薩
摩訶薩欲從淨華宿王智佛國與八万四千
菩薩圍繞而來至此娑婆世界供養親近
礼拜於我亦欲供養聽法華經文殊師利
白佛言世尊是菩薩種何善本脩何功徳
而能有是大神通力行何三昧願為我等說
是三昧名字我等亦欲勤脩行之行此三昧乃
能見是菩薩色相大小威儀進止唯願世尊
以神通力彼菩薩來令我得見尒時釋迦牟
尼佛告文殊師利此久滅度多寶如來當為
汝等而現其相時多寶佛告彼菩薩善男子
來文殊師利法王子欲見汝身
于時妙音菩薩於彼國沒與八万四千菩薩
俱共發來所經諸國六種震動皆悉雨於七寶
蓮華百千天樂不鼓自鳴是菩薩目如廣大
青蓮華葉政使和合百千万月其面貌端
正復過於此身真金色无量百千功徳莊嚴
威徳熾盛光明照耀諸相具足如那羅延堅固
之身入七寶臺上昇虛空去地七多羅樹諸
菩薩衆恭敬圍遶而來詣此娑婆世界耆闍
崛山到已下七寶臺以價直百千瓔珞持至

BD06321號　妙法蓮華經卷七　（27–3）

威德熾盛光明照曜諸相具足如那羅延堅固
之身入七寶臺上昇虛空去地七多羅樹諸
菩薩衆恭敬圍遶而來詣此娑婆世界耆闍
崛山到已下七寶臺以價直百千瓔珞持至
釋迦牟尼佛所頭面礼足奉上瓔珞而白佛
言世尊淨華宿王智佛問訊世尊少病少惱
起居輕利安樂行不四大調和不世事可忍
不衆生易度不无多貪欲瞋恚愚癡嫉妬慳
慢不无不孝父母不敬沙門耶見不善心不
攝五情不世尊衆生能降伏諸魔怨不久滅
度多寶如来在七寶塔中来聽法不又問
訊多寶如来安隱少惱堪忍久住不世尊我
今欲見多寶佛身唯願世尊示我令見尒時
釋迦牟尼佛語多寶佛是妙音菩薩欲得
相見時多寶佛告妙音言善哉善哉汝能爲
供養釋迦牟尼佛及聽法華經并見文殊師
利等故来至此尒時華德菩薩白佛言世尊
是妙音菩薩種何善根脩何功德有是神力
佛告華德菩薩過去有佛名雲雷音王多陁
阿伽度阿羅呵三藐三佛陁國名現一切世間
劫名喜見妙音菩薩於万二千歲以十万種伎
樂供養雲雷音王佛并奉上八万四千七寶鉢
以是因緣果報今生淨華宿王智佛所有是
神力華德於汝意云何尒時雲雷音王佛所
妙音菩薩伎樂供養奉上寶器者豈異人

BD06321號　妙法蓮華經卷七

（27–4）

劫名喜見妙音菩薩於万二千歲以十万種伎
樂供養雲雷音王佛并奉上八万四千七寶鉢
以是因緣果報今生淨華宿王智佛所有是
神力華德於汝意云何尒時雲雷音王佛所
妙音菩薩伎樂供養奉上寶器者豈異人
乎今此妙音菩薩摩訶薩是華德是妙音菩
薩已曾供養親近无量諸佛久殖德本又值
恒河沙等百千万億那由他佛華德汝但見
妙音菩薩其身在此而是菩薩現種種身
處處爲諸衆生説是經典或現梵王身或現
帝釋身或現自在天身或現大自在天身或
現天大將軍身或現毗沙門天王身或現轉輪
聖王身或現諸小王身或現長者身或現居
士身或現宰官身或現婆羅門身或現比丘
丘尼優婆塞優婆夷身或現長者居士婦女身
或現宰官婦女身或現婆羅門婦女身或現童
男童女身或現天龍夜叉乾闥婆阿脩羅迦樓
羅緊那羅摩睺羅伽人非人等身而説是經諸
有地獄餓鬼畜生及衆難處皆能救濟乃至
於王後宮變爲女身而説是經華德是妙音
菩薩能救護娑婆世界諸衆生者是妙音
菩薩如是種種變化現身在此娑婆國土爲
諸衆生説是經典於神通變化智慧无所
損減是菩薩以若干智慧明照娑婆世界
令一切衆生各得所知於十方恒河沙世界中
亦復如是若應以聲聞形得度者現聲聞

BD06321號　妙法蓮華經卷七

（27–5）

菩薩如是種種變化現身在此娑婆國土為
諸衆生說是經典於神通變化智慧无所
損減是菩薩以若干智慧明照娑婆世界
令一切衆生各得所知於十方恒河沙世界中
亦復如是若應以聲聞形得度者現聲聞
形而為說法應以辟支佛形得度者現辟支
佛形而為說法應以菩薩形得度者現菩薩
形而為說法應以佛形得度者即現佛形而
為說法如是種種隨所應度而為現形乃至
應以滅度而得度者示現滅度華德妙音菩
薩摩訶薩成就大神通智慧之力其事如是
尒時華德菩薩白佛言世尊是妙音菩薩深
種善根世尊是菩薩住何三昧而能如是在
所變現度脫衆生佛告華德菩薩善男子其
三昧名現一切色身妙音菩薩住是三昧中
能如是饒益无量衆生說是妙音菩薩品時
與妙音菩薩俱來者八万四千人皆得現一
切色身三昧此娑婆世界无量菩薩亦得是三
昧及陁羅尼尒時妙音菩薩摩訶薩供養
釋迦牟尼佛及多寶佛塔已還歸本土所經
諸國六種震動雨寶蓮華作百千万億種種
伎樂既到本國與八万四千菩薩圍繞至淨
華宿王智佛所白佛言世尊我到娑婆世界
饒益衆生見釋迦牟尼佛及見多寶佛塔
礼拜供養又見文殊師利法王子菩薩及見

BD06321號　妙法蓮華經卷七　　（27–6）

諸國六種震動雨寶蓮華作百千万億種種
伎樂既到本國與八万四千菩薩圍繞至淨
華宿王智佛所白佛言世尊我到娑婆世界
饒益衆生見釋迦牟尼佛及見多寶佛塔
礼拜供養又見文殊師利法王子菩薩及見
藥王菩薩得勤精進力菩薩勇施菩薩等
亦令是八万四千菩薩得現一切色身三昧說
是妙音菩薩來往品時四万二千天子得无生
法忍華德菩薩得法華三昧
妙法蓮華經觀世音菩薩普門品第二十五
尒時无盡意菩薩即從坐起偏袒右肩合掌
向佛而作是言世尊觀世音菩薩以何因緣
名觀世音佛告无盡意菩薩善男子若有无
量百千万億衆生受諸苦惱聞是觀世音菩
薩一心稱名觀世音菩薩即時觀其音聲皆
得解脫
若有持是觀世音菩薩名者設入大火火不
能燒由是菩薩威神力故若為大水所漂稱
其名号即得淺處若有百千万億衆生為
求金銀琉璃車𤦲馬瑙珊瑚虎珀真珠等寶
入於大海假使黑風吹其船舫飄墮羅剎鬼
國其中若有乃至一人稱觀世音菩薩名者
是諸人等皆得解脫羅剎之難以是因緣名
觀世音
若復有人臨當被害稱觀世音菩薩名者彼

BD06321號　妙法蓮華經卷七　　（27–7）

入於大海假使黑風吹其船舫飄墮羅剎鬼
國其中若有乃至一人稱觀世音菩薩名者
是諸人等皆得解脫羅剎之難以是因緣名
觀世音
若復有人臨當被害稱觀世音菩薩名者彼
所執刀杖尋段段壞而得解脫若三千大千
國土滿中夜叉羅剎欲來惱人聞其稱觀世
音菩薩名者是諸惡鬼尚不能以惡眼視之
況復加害
設復有人若有罪若无罪杻械枷鎖檢繫其
身稱觀世音菩薩名者皆悉斷壞即得解脫
若三千大千國土滿中怨賊有一商主將諸
商人齎持重寶經過險路其中一人作是唱
言諸善男子勿得恐怖汝等應當一心稱觀
世音菩薩名号是菩薩能以无畏施於衆
生汝等若稱名者於此怨賊當得解脫衆商
人聞俱發聲言南无觀世音菩薩稱其名故
即得解脫无盡意觀世音菩薩摩訶薩威
神之力巍巍如是
若有衆生多於婬欲常念恭敬觀世音菩
薩便得離欲若多瞋恚常念恭敬觀世音
菩薩便得離瞋若多愚癡常念恭敬觀世音菩
薩便得離癡无盡意觀世音菩薩有如是等
大威神力多所饒益是故衆生常應心念
若有女人設欲求男礼拜供養觀世音菩薩

BD06321號　妙法蓮華經卷七　（27-8）

薩便得離欲若多瞋恚常念恭敬觀世音
菩薩便得離瞋若多愚癡常念恭敬觀世音菩
薩便得離癡无盡意觀世音菩薩有如是等
大威神力多所饒益是故衆生常應心念
若有女人設欲求男礼拜供養觀世音菩薩
便生福德智慧之男設欲求女便生端正有
相之女宿殖德本衆人愛敬无盡意觀世音
菩薩有如是力若有衆生恭敬礼拜觀世音
菩薩福不唐捐是故衆生皆應受持觀世音
菩薩名号
无盡意若有人受持六十二億恒河沙菩薩
名字復盡形供養飲食衣服卧具醫藥於汝
意云何是善男子善女人功德多不无盡意
言甚多世尊佛言若復有人受持觀世音菩薩
名号乃至一時礼拜供養是二人福正等无異
於百千万億劫不可窮盡无盡意受持觀
世音菩薩名号得如是无量无邊福德之利
无盡意菩薩白佛言世尊觀世音菩薩云何
遊此娑婆世界云何而爲衆生說法方便之
力其事云何佛告无盡意菩薩善男子若
有國土衆生應以佛身得度者觀世音菩薩
即現佛身而爲說法應以辟支佛身得度者
即現辟支佛身而爲說法應以聲聞身得度
者即現聲聞身而爲說法應以梵王身得度者
即現梵王身而爲說法應以帝釋身得度者

BD06321號　妙法蓮華經卷七　（27-9）

有國土衆生應以佛身得度者觀世音菩薩
即現佛身而為說法應以辟支佛身得度者
即現辟支佛身而為說法應以聲聞身得度
者即現聲聞身而為說法應以梵王身得度者
即現梵王身而為說法應以帝釋身得度者
即現帝釋身而為說法應以自在天身得度
者即現自在天身而為說法應以大自在天身
得度者即現大自在天身而為說法應以天大
將軍身得度者即現天大將軍身而為說法
應以毗沙門身得度者即現毗沙門身而為
說法應以小王身得度者即現小王身而為
說法應以長者身得度者即現長者身而
為說法應以居士身得度者即現居士身
而為說法應以宰官身得度者即現宰官身
而為說法應以婆羅門身得度者即現婆羅
門身而為說法應以比丘比丘尼優婆塞優婆
夷身得度者即現比丘比丘尼優婆塞優婆
夷身而為說法應以長者居士宰官婆羅門
婦女身得度者即現婦女身而為說法應以
童男童女身得度者即現童男童女身而
為說法應以天龍夜叉乾闥婆阿脩羅迦樓
羅緊那羅摩睺羅伽人非人等身得度者即
皆現之而為說法應以執金剛神得度者即
現執金剛神而為說法无盡意是觀世音菩
薩成就如是功德以種種形遊諸國土度脫
衆生是故汝等應當一心供養觀世音菩薩

BD06321 號　妙法蓮華經卷七　（27–10）

為說法應以天龍夜叉乾闥婆阿脩羅迦樓
羅緊那羅摩睺羅伽人非人等身得度者即
皆現之而為說法應以執金剛神得度者即
現執金剛神而為說法无盡意是觀世音菩
薩成就如是功德以種種形遊諸國土度脫
衆生是故汝等應當一心供養觀世音菩薩
是觀世音菩薩摩訶薩於怖畏急難之中能施
无畏是故此娑婆世界皆号之為施无畏者
无盡意菩薩白佛言世尊我今當供養觀世
音菩薩即解頸衆寶珠瓔珞價直百千兩金
而以與之作是言仁者受此法施珎寶瓔珞
時觀世音菩薩不肯受之无盡意復白觀世
音菩薩言仁者愍我等故受此瓔珞尒時佛
告觀世音菩薩當愍此无盡意菩薩及四衆
天龍夜叉乾闥婆阿脩羅迦樓羅緊那羅摩
睺羅伽人非人等故受是瓔珞即時觀世音
菩薩愍諸四衆及於天龍人非人等受其瓔
珞分作二分一分奉釋迦牟尼佛一分奉多
寶佛塔无盡意觀世音菩薩有如是自在
神力遊於娑婆世界尒時无盡意菩薩以
偈問曰
世尊妙相具　我今重問彼　佛子何因緣　名為觀世音
具足妙相尊　偈答无盡意　汝聽觀音行　善應諸方所
弘誓深如海　歷劫不思議　侍多千億佛　發大清淨願
我為汝略說　聞名及見身　心念不空過　能滅諸有苦
假使興害意　推落大火坑　[illegible]

BD06321 號　妙法蓮華經卷七　（27–11）

世尊妙相具　我今重問彼　佛子何因緣　名爲觀世音
具足妙相尊　偈荅无盡意　汝聽觀音行　善應諸方所
弘誓深如海　歷劫不思議　侍多千億佛　發大清淨願
我爲汝略說　聞名及見身　心念不空過　能滅諸有苦
假使興害意　推落大火坑　念彼觀音力　火坑變成池
或漂流巨海　龍魚諸鬼難　念彼觀音力　波浪不能沒
或在須彌峯　爲人所推墮　念彼觀音力　如日虛空住
或被惡人逐　墮落金剛山　念彼觀音力　不能損一毛
或值怨賊遶　各執刀加害　念彼觀音力　咸即起慈心
或遭王難苦　臨刑欲受終　念彼觀音力　刀尋段段壞
或囚禁枷鎖　手足被杻械　念彼觀音力　釋然得解脫
呪詛諸毒藥　所欲害身者　念彼觀音力　還著於本人
或遇惡羅剎　毒龍諸鬼難　念彼觀音力　時悉不敢害
若惡獸圍遶　利牙爪可怖　念彼觀音力　疾走无邊方
蚖蛇及蝮蝎　氣毒煙火然　念彼觀音力　尋聲自迴去
雲雷鼓掣電　降雹澍大雨　念彼觀音力　應時得消散
衆生被困厄　无量苦逼身　觀音妙智力　能救世間苦
具足神通力　廣脩智方便　十方諸國土　无剎不現身
種種諸惡趣　地獄鬼畜生　生老病死苦　以漸悉令滅
真觀清淨觀　廣大智慧觀　悲觀及慈觀　常願常瞻仰
无垢清淨光　慧日破諸闇　能伏災風火　普明照世間
悲體戒雷震　慈意妙大雲　澍甘露法雨　滅除煩惱焰
諍訟經官處　怖畏軍陣中　念彼觀音力　衆怨悉退散
妙音觀世音　梵音海潮音　勝彼世間音　是故須常念
念念勿生疑　觀世音淨聖　於苦惱死厄　能爲作依怙
具一切功德　慈眼視衆生　福聚海无量　是故應頂禮

无垢清淨光　慧日破諸闇　能伏災風火　普明照世間
悲體戒雷震　慈意妙大雲　澍甘露法雨　滅除煩惱焰
諍訟經官處　怖畏軍陣中　念彼觀音力　衆怨悉退散
妙音觀世音　梵音海潮音　勝彼世間音　是故須常念
念念勿生疑　觀世音淨聖　於苦惱死厄　能爲作依怙
具一切功德　慈眼視衆生　福聚海无量　是故應頂禮
尒時持地菩薩即從座起前白佛言世尊若有衆生聞是觀世音菩薩品自在之業普門示現神通力者當知是人功德不少佛說是普門品時衆中八万四千衆生皆發无等等阿耨多羅三藐三菩提心

妙法蓮華經陁羅尼品第廿六

尒時藥王菩薩即從座起偏袒右肩合掌向佛而白佛言世尊若善男子善女人有能受持法華經者若讀誦通利若書寫經卷得幾所福佛告藥王若有善男子善女人供養八百万億那由他恒河沙等諸佛於汝意云何其所得福寧爲多不甚多世尊佛言若善男子善女人能於是經乃至受持一四句偈讀誦解義如說脩行功德甚多尒時藥王菩薩白佛言世尊我今當與說法者陁羅尼呪以守護之即說呪曰

安尒一　曼尒二　摩祢三　摩摩祢四　旨隸五
遮梨苐六　賖咩（羊鳴音）七　賖履（因雉反）多瑋八　羶（輸千反）
帝九　目帝十　目多履十一　娑履十二　阿瑋娑履十三
桑履十四　娑履十五　叉裔十六　阿叉裔十七　阿耆膩十八

守護之即說呪曰
安尒一 曼尒二 摩祢三 摩摩祢四 旨棃五
遮梨第六 賖咩羊鳴音七 賖履月雉反 多瑋八 羶輸干反
帝九 目帝十 目多履十一 娑履十二 阿瑋娑履十三
桑履十四 娑履十五 叉裔十六 阿叉裔十七 阿耆膩十八
羶帝十九 賖履二十 陁羅尼廿一 阿盧伽婆娑蘊奈反
簸蔗毗叉膩廿二 祢毗剃廿三 阿便哆都餓反 邏祢履
剃廿四 阿亶哆波隸輸地途賣反廿五 漚究隸廿六 牟究隸
廿七 阿羅隸廿八 波羅隸廿九 首迦差初几反三十 阿三磨
三履卅一 佛馱毗吉利袠帝卅二 達磨波利差猜
離反 帝卅三 僧伽涅瞿沙祢卅四 婆舍婆舍輸地卅五
曼哆邏卅六 曼哆邏叉夜多卅七 郵樓哆卅八 郵樓
哆憍舍略卅九 惡叉邏四十 惡叉冶多冶四十一 阿婆
盧四十二 阿摩若荏蔗反 那多夜四十三
世尊是陁羅尼神呪六十二億恒河沙等諸
佛所說若有侵毀此法師者則為侵毀是諸
佛已時釋迦牟尼佛讚藥王菩薩言善哉
善哉藥王汝愍念擁護此法師故說是陁羅尼
於諸衆生多所饒益尒時勇施菩薩白佛言
世尊我亦為擁護讀誦受持法華經者說陁
羅尼若此法師得是陁羅尼若夜叉若羅剎
若富單那若吉蔗若鳩槃荼若餓鬼等伺求
其短无能得便即於佛前而說呪曰
痤蹉螺反 隸一 摩訶痤隸二 郁枳三 目枳四 阿
隸五 阿羅婆第六 涅隸第七 涅隸多婆第八

BD06321 號　妙法蓮華經卷七　　（27–14）

羅尼若此法師得是陁羅尼若夜叉若羅剎
若富單那若吉蔗若鳩槃荼若餓鬼等伺求
其短无能得便即於佛前而說呪曰
痤蹉螺反 隸一 摩訶痤隸二 郁枳三 目枳四 阿
隸五 阿羅婆第六 涅隸第七 涅隸多婆第八
伊緻猪履反 柅九 韋緻柅十 旨緻柅十一 涅隸墀
柅十二 涅犁墀婆底十三
世尊是陁羅尼神呪恒河沙等諸佛所說亦
皆隨喜若有侵毀此法師者則為侵毀是諸
佛已尒時毗沙門天王護世者白佛言世尊
我亦為愍念衆生擁護此法師故說是陁羅
尼即說呪曰
阿梨一 那梨二 㝹那梨三 阿那盧四 那履五
拘那履六
世尊以是神呪擁護法師我亦自當擁護持
是經者令百由旬內无諸衰患尒時持國天
王在此會中與千万億那由他乾闥婆衆恭
敬圍繞前詣佛所合掌白佛言世尊我亦以
陁羅尼神呪擁護持法華經者即說呪曰
阿伽祢一 伽祢二 瞿利三 乾陁利四 栴陁利五
摩蹬耆六 常求利七 浮樓莎柅八 頞底九
世尊是陁羅尼神呪四十二億諸佛所說若
有侵毀此法師者則為侵毀是諸佛已尒時
有羅剎女等一名藍婆二名毗藍婆三名曲
齒四名華齒五名黑齒六名多髮七名无猒

BD06321 號　妙法蓮華經卷七　　（27–15）

世尊是陁羅尼神呪四十二億諸佛所說若
有侵毀此法師者則為侵毀是諸佛已尒時
有羅剎女等一名藍婆二名毗藍婆三名曲
齒四名華齒五名黑齒六名多髮七名无猒
足八名持瓔珞九名睪帝十名奪一切衆生
精氣是十羅剎女與鬼子母并其子及眷屬
俱詣佛所同聲白佛言世尊我等亦欲擁護
讀誦受持法華經者除其衰患若有伺求法
師短者令不得便即於佛前而說呪曰
伊提履一伊提泯二伊提履三阿提履四伊
提履五泥履六泥履七泥履八泥履九泥履十
樓醯十一樓醯十二樓醯十三樓醯十四多醯十五多
醯十六多醯十七兜醯十八㝹醯十九
寧上我頭上莫惱於法師若夜叉若羅剎若
餓鬼若富單那若吉蔗若毗陁羅若揵馱若
烏摩勒伽若阿跋摩羅若夜叉吉蔗若人吉
蔗若熱病若一日若二日若三日若四日若
至七日若常熱病若男形若女形若童男形
若童女形乃至夢中亦復莫惱即於佛前而
說偈言
若不順我呪　惱亂說法者　頭破作七分　如阿梨樹枝
如殺父母罪　亦如壓油殃　斗秤欺誑人　調達破僧罪
犯此法師者　當獲如是殃
諸羅剎女說此偈已白佛言世尊我等亦當
身自擁護受持讀誦脩行是經者令得安隱

如殺父母罪　亦如壓油殃　斗秤欺誑人　調達破僧罪
犯此法師者　當獲如是殃
諸羅剎女說此偈已白佛言世尊我等亦當
身自擁護受持讀誦脩行是經者令得安隱
離諸衰患消衆毒藥佛告諸羅剎女善哉善
哉汝等但能擁護受持法華名者福不可量
何況擁護具足受持供養經卷華香瓔珞末
香塗香燒香幡蓋伎樂然種種燈蘇燈油燈
諸香油燈蘇摩那華油燈瞻蔔華油燈婆師
迦華油燈優鉢羅華油燈如是等百千種供
養者睪帝汝等及眷屬應當擁護如是法師
說是陁羅尼品時六万八千人得无生法忍

妙法蓮華經妙莊嚴王本事品第二十七

尒時佛告諸大衆乃往古世過无量无邊不
可思議阿僧祇劫有佛名雲雷音宿王華智
多陁阿伽度阿羅呵三藐三佛陁國名光明
莊嚴劫名喜見彼佛法中有王名妙莊嚴其
王夫人名曰淨德有二子一名淨藏二名淨
眼是二子有大神力福德智慧久脩菩薩所
行之道所謂檀波羅蜜尸羅波羅蜜羼提波
羅蜜毗梨耶波羅蜜禪波羅蜜般若波羅蜜
方便波羅蜜慈悲喜捨乃至三十七品助道
法皆悉明了通達又得菩薩淨三昧日星宿
三昧淨光三昧淨色三昧淨照明三昧長莊
嚴三昧大威德藏三昧於此三昧亦悉通達

羅蜜毗梨耶波羅蜜禪波羅蜜般若波羅蜜
方便波羅蜜慈悲喜捨乃至三十七品助道
法皆悉明了通達又得菩薩淨三昧日星宿
三昧淨光三昧淨色三昧淨照明三昧長莊
嚴三昧大威德藏三昧於此三昧亦悉通達
尒時彼佛欲引導妙莊嚴王及愍念衆生故說
是法華經時淨藏淨眼二子到其母所合十
指爪掌白言願母往詣雲雷音宿王華智佛
所我等亦當侍從親近供養礼拜所以者何
此佛於一切天人衆中說法華經宜應聽受
母告子言汝父信受外道深著婆羅門法汝
等應往白父與共俱去淨藏淨眼合十爪指
掌白母我等是法王子而生邪見家母告
子言汝等當憂念汝父爲現神變若得見者
心必清淨或聽我等往至佛所於是二子念
其父故踊在虛空高七多羅樹現種種變
於虛空中行住坐卧身上出水身下出火身
下出水身上出火或現大身滿虛空中而復
現小小復現大於空中滅忽然在地入地如
水履水如地現如是等種種神變令其父王
心淨信解時父見子神力如是心大歡喜得
未曾有合掌向子言汝等師爲是誰誰之弟
子二子白言大王彼雲雷音宿王華智佛今
在七寶菩提樹下法座上坐於一切世間天
人衆中廣說法華經是我等師我是弟子父
語子言我今亦欲見汝等師可共俱往於是

BD06321號　妙法蓮華經卷七　（27–18）

未曾有合掌向子言汝等師爲是誰誰之弟
子二子白言大王彼雲雷音宿王華智佛今
在七寶菩提樹下法座上坐於一切世間天
人衆中廣說法華經是我等師我是弟子父
語子言我今亦欲見汝等師可共俱往於是
二子從空中下到其母所合掌白母父王今
已信解堪任發阿耨多羅三藐三菩提心我
等爲父已作佛事願母見聽於彼佛所出家
脩道尒時二子欲重宣其意以偈白母
願母放我等　出家作沙門　諸佛甚難值　我等隨佛學
如優曇波羅　值佛復難是　脫諸難亦難　願聽我出家
母即告言聽汝出家所以者何佛難值故於
是二子白父母言善哉父母願時往詣雲雷
音宿王華智佛所親近供養所以者何佛難
得值如優曇波羅華又如一眼之龜值浮木
孔而我等宿福深厚生值佛法是故父母當
聽我等令得出家所以者何諸佛難值時亦
難遇彼時妙莊嚴王後宮八万四千人皆悉
堪任受持是法華經淨眼菩薩於法華三昧
久已通達淨藏菩薩已於无量百千万億劫
通達離諸惡趣三昧欲令一切衆生離諸惡
趣故其王夫人得諸佛集三昧能知諸佛秘
密之藏二子如是以方便力善化其父令心
信解好樂佛法於是妙莊嚴王與群臣眷屬
俱淨德夫人與後宮婇女眷屬俱其王二子

BD06321號　妙法蓮華經卷七　（27–19）

[illegible]
趣故其王夫人得諸佛智三昧能知諸佛秘
密之藏二子如是以方便力善化其父令心
信解好樂佛法於是妙莊嚴王與羣臣眷屬
俱淨德夫人與後宮采女眷屬俱其王二子
與四万二千人俱一時共詣佛所到已頭面
礼足遶佛三帀却住一面尒時彼佛為王說
法示教利喜王大歡悅尒時妙莊嚴王及其
夫人解頸真珠瓔珞價直百千以散佛上於
虛空中化成四柱寶臺臺中有大寶床敷百
千万天衣其上有佛結跏趺坐放大光明尒
時妙莊嚴王作是念佛身希有端嚴殊特成
就第一微妙之色時雲雷音宿王華智佛告
四衆言汝等見是妙莊嚴王於我前合掌立
不此王於我法中作比丘精勤脩習助佛道
法當得作佛号娑羅樹王國名大光劫名大
高王其娑羅樹王佛有无量菩薩衆及无量
聲聞其國平正功德如是其王即時以國付
弟與夫人二子并諸眷屬於佛法中出家脩
道王出家已於八万四千歲常勤精進脩行
妙法華經過是已後得一切淨功德莊嚴三
昧即升虛空高七多羅樹而白佛言世尊此
我二子已作佛事以神通變化轉我邪心令
得安住於佛法中得見世尊此二子者是我
善知識為欲發起宿世善根饒益我故來生
我家尒時雲雷音宿王華智佛告妙莊嚴王

BD06321 號　妙法蓮華經卷七　(27–20)

昧即升虛空高七多羅樹而白佛言世尊此
我二子已作佛事以神通變化轉我邪心令
得安住於佛法中得見世尊此二子者是我
善知識為欲發起宿世善根饒益我故來生
我家尒時雲雷音宿王華智佛告妙莊嚴王
言如是如是如汝所言若善男子善女人種
善根故世世得善知識其善知識能作佛事
示教利喜令入阿耨多羅三藐三菩提大王
當知善知識者是大因緣所謂化導令得見
佛發阿耨多羅三藐三菩提心大王汝見此
二子不此二子已曾供養六十五百千万億
那由他恒河沙諸佛親近恭敬於諸佛所受
持法華經愍念邪見衆生令住正見妙莊
嚴王即從虛空中下而白佛言世尊如來甚
希有以功德智慧故頂上肉髻光明顯照其
眼長廣而紺青色眉間豪相白如珂月齒白
齊密常有光明脣色赤好如頻婆果尒時妙莊
嚴王讚歎佛如是等无量百千万億功德已
於如來前一心合掌復白佛言世尊未曾有
也如來之法具足成就不可思議微妙功德
教戒所行安隱快善我從今日不復自隨心
行不生邪見憍慢瞋恚諸惡之心說是語已
礼佛而出佛告大衆於意云何妙莊嚴王豈
異人乎今華德菩薩是其淨德夫人今佛前
光照莊嚴相菩薩是哀愍妙莊嚴王及諸眷
屬故於彼中生其二子者今藥王菩薩藥上

BD06321 號　妙法蓮華經卷七　(27–21)

行不生耶見憍慢瞋恚諸惡之心說是語已
礼佛而出佛告大衆於意云何妙莊嚴王豈
異人乎今華德菩薩是其淨德夫人今佛前
光照莊嚴相菩薩是哀愍妙莊嚴王及諸眷
屬故於彼中生其二子者今藥王菩薩藥上
菩薩是是藥王藥上菩薩成就如此諸大功
德已於无量百千万億諸佛所植衆德本成
就不可思議諸善功德若有人識是二菩薩
名字者一切世間諸天人民亦應礼拜佛說
是妙莊嚴王本事品時八万四千人遠塵離
垢於諸法中得法眼淨

妙法蓮華經普賢菩薩勸發品第二十八

尒時普賢菩薩以自在神通力威德名聞與大
菩薩无量无邊不可稱數從東方來所經諸
國普皆震動雨寶蓮華作无量百千万億種
種伎樂又與无數諸天龍夜叉乾闥婆阿脩
羅迦樓羅緊那羅摩睺羅伽人非人等大衆
圍繞各現威德神通之力到娑婆世界耆闍
崛山中頭面礼釋迦牟尼佛右繞七帀白佛
言世尊我於寶威德上王佛國遙聞此娑婆
世界說法華經與无量无邊百千万億諸菩
薩衆共來聽受唯願世尊當為說之若善男
子善女人於如來滅後云何能得是法華經
佛告普賢菩薩若善男子善女人成就四法
於如來滅後當得是法華經一者為諸佛護

BD06321號　妙法蓮華經卷七　（27–22）

世界說法華經與无量无邊百千万億諸菩
薩衆共來聽受唯願世尊當為說之若善男
子善女人於如來滅後云何能得是法華經
佛告普賢菩薩若善男子善女人成就四法
於如來滅後當得是法華經一者為諸佛護
念二者植衆德本三者入正定聚四者發救
一切衆生之心善男子善女人如是成就四
法於如來滅後必得是經尒時普賢菩薩白
佛言世尊於後五百歲濁惡世中其有受持
是經典者我當守護除其衰患令得安隱使
无伺求得其便者若魔若魔子若魔女若
魔民若為魔所著者若夜叉若羅剎若鳩槃
茶若毗舍闍若吉蔗若冨單那若韋陀羅等
諸惱人者皆不得便是人若行若立讀誦此經
我尒時乘六牙白象王與大菩薩衆俱詣其
所而自現身供養守護安慰其心亦為供養
法華經故是人若坐思惟此經尒時我復乘
白象王現其人前其人若於法華經有所忘
失一句一偈我當教之與共讀誦還令通利
尒時受持讀誦法華經者得見我身甚大歡
喜轉復精進以見我故即得三昧及陀羅尼
名為旋陀羅尼百千万億旋陀羅尼法音方
便陀羅尼得如是等陀羅尼世尊若後世後
五百歲濁惡世中比丘比丘尼優婆塞優婆
夷求索者受持者讀誦者書寫者欲脩習
是法華經於三七日中應一心精進滿三七日

BD06321號　妙法蓮華經卷七　（27–23）

便陁羅尼得如是等陁羅尼世尊若後世後
五百歲濁惡世中比丘比丘尼優婆塞優婆
夷求索者受持者讀誦者書寫者欲脩習
是法華經於三七日中應一心精進滿三七日
已我當六牙白象與无量菩薩而自圍繞
以一切衆生所喜見身現其人前而爲說法
示教利喜亦復與其陁羅尼呪得是陁羅尼
故无有非人能破壞者亦不爲女人之所惑
亂我身亦自常護是人唯願世尊聽我說此
陁羅尼即於佛前而說呪曰
阿檀地途賣反一檀陁婆地二檀陁婆帝三檀陁
鳩舍隸四檀陁脩陁隸五脩陁隸六脩陁羅
婆底七佛馱波羶禰八薩婆陁羅尼阿婆多
尼九薩婆婆沙阿婆多尼十脩阿婆多尼十一
僧伽婆履叉尼十二僧伽涅伽陁尼十三阿僧祇
十四僧伽波伽地十五帝隸阿惰僧伽兜略盧遮反
阿羅帝波羅帝十六薩婆僧伽三摩地伽蘭地
十七薩婆達磨脩波利剎帝十八薩婆薩埵樓馱
憍舍略阿㝹伽地十九辛阿毗吉利地帝二十
世尊若有菩薩得聞是陁羅尼者當知普賢
神通之力若法華經行閻浮提有受持者應
作此念皆是普賢威神之力若有受持讀誦
正憶念解其義趣如說脩行當知是人行普
賢行於无量无邊諸佛所深種善根爲諸如
來手摩其頭若但書寫是人命終當生忉利

神通之力若法華經行閻浮提有受持者應
作此念皆是普賢威神之力若有受持讀誦
正憶念解其義趣如說脩行當知是人行普
賢行於无量无邊諸佛所深種善根爲諸如
來手摩其頭若但書寫是人命終當生忉利
天上是時八万四千天女作衆伎樂而來迎
之其人即著七寶冠於采女中娛樂快樂何
況受持讀誦正憶念解其義趣如說脩行若
有人受持讀誦解其義趣是人命終爲千佛
授手令不恐怖不墮惡趣即往兜率天上弥
勒菩薩所弥勒菩薩有三十二相大菩薩衆
所共圍繞有百千万億天女眷屬而於中生
有如是等功德利益是故智者應當一心自
書若使人書受持讀誦正憶念如說脩行世
尊我今以神通力故守護是經於如來滅後閻
浮提內廣令流布使不斷絶尒時釋迦牟尼
佛讚言善哉善哉普賢汝能護助是經令多
所衆生安樂利益汝已成就不可思議功德
深大慈悲從久遠來發阿耨多羅三藐三菩
提意而能作是神通之願守護是經我當以
神通力守護能受持普賢菩薩名者普賢
若有受持讀誦正憶念脩習書寫是法華經
者當知是人則見釋迦牟尼佛如從佛口聞此
經典當知是人供養釋迦牟尼佛當知是人
佛讚善哉當知是人爲釋迦牟尼佛手摩其
頭當知是人爲釋迦牟尼佛衣之所覆如是

若有受持讀誦正憶念脩習書寫是法華經
者當知是人則見釋迦牟尼佛如從佛口聞此
經典當知是人供養釋迦牟尼佛當知是人
佛讚善哉當知是人為釋迦牟尼佛手摩其
頭當知是人為釋迦牟尼佛衣之所覆如是
之人不復貪著世樂不好外道經書手筆亦
復不喜親近其人及諸惡者若屠兒若畜猪
羊雞狗若獵師若衒賣女色是人心意質直
有正憶念有福德力是人不為三毒所惱亦
不為嫉妬我慢邪慢增上慢所惱是人少欲
知足能脩普賢之行普賢若如來滅後後五
百歲若有人見受持讀誦法華經者應作是
念此人不久當詣道場破諸魔眾得阿耨多
羅三藐三菩提轉法輪擊法鼓吹法螺雨法
雨當坐天人大眾中師子法座上普賢若於
後世受持讀誦是經典者是人不復貪著衣
服卧具飲食資生之物所願不虛亦於現世得
其福報若有人輕毀之言汝狂人耳空作是
行終无所獲如是罪報當世世无眼若有
供養讚歎之者當於今世得現果報若復見
受持是經者出其過惡若實若不實此人現
世得白癩病若輕笑之者當世世牙齒疏缺
醜脣平鼻手脚繚戾眼目角睞身體臭穢惡
瘡膿血水腹短氣諸惡重病是故普賢若見
受持是經典者當起遠迎當如敬佛說是普

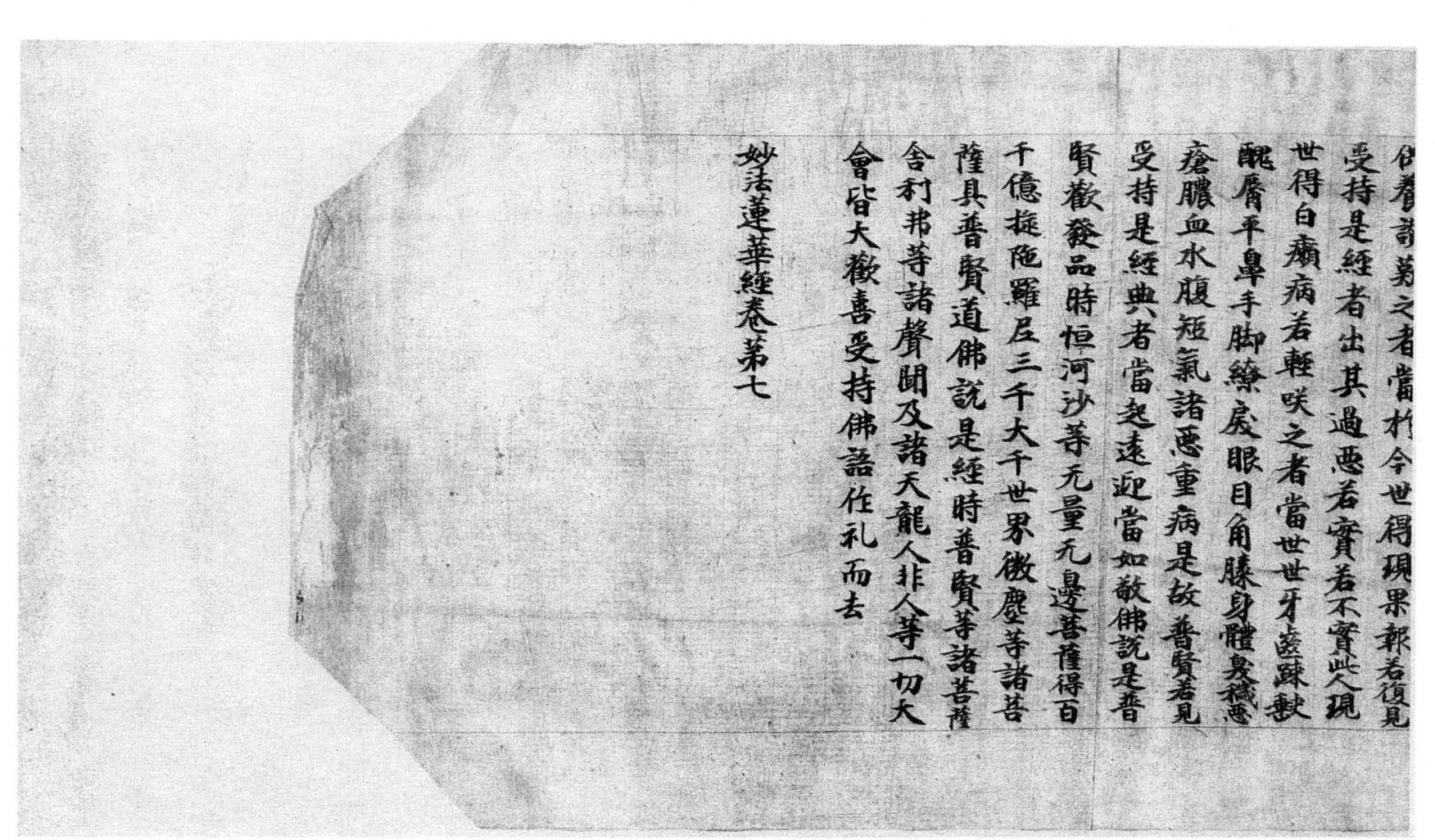

BD06321號　妙法蓮華經卷七　（27–26）

供養讚歎之者當於今世得現果報若復見
受持是經者出其過惡若實若不實此人現
世得白癩病若輕笑之者當世世牙齒疏缺
醜脣平鼻手脚繚戾眼目角睞身體臭穢惡
瘡膿血水腹短氣諸惡重病是故普賢若見
受持是經典者當起遠迎當如敬佛說是普
賢勸發品時恒河沙等无量无邊菩薩得百
千億旋陁羅尼三千大千世界微塵等諸菩
薩具普賢道佛說是經時普賢等諸菩薩
舍利弗等諸聲聞及諸天龍人非人等一切大
會皆大歡喜受持佛語作禮而去

妙法蓮華經卷第七

BD06321號　妙法蓮華經卷七　（27–27）

南无无畏佛　南无師子幢佛
南无帝釋幢佛　南无火幢佛
南无善眼佛　南无莊嚴王佛
南无放光明光佛　南无无邊光佛
南无妙光佛　南无普讃增上佛
南无雲自在佛　南无自在憶佛
南无日燈佛　南无軍佛
南无善生佛　南无无邊不可思議功德佛
南无普眼佛　南无波頭摩上佛
南无妙去佛　南无月起佛
南无燈佛　南无不猒足身佛
南无弥留幢佛　南无寶幢佛
南无大炎聚佛　南无自在幢佛
南无寶大佛　南无栴檀香佛
南无不定光明波頭摩敷身佛
南无无邊稱功德光明佛
從此以上六千六百佛十二部經一切賢聖

BD06322號　佛名經（十六卷本）卷八　（29–1）

南无弥留幢佛　南无寶幢佛
南无大炎聚佛　南无自在幢佛
南无寶大佛　南无栴檀香佛
南无不定光明波頭摩敷身佛
南无无邊稱功德光明佛
從此以上六千六百佛十二部經一切賢聖
南无奮迅色佛　南无无量光明佛
南无快光明波頭摩敷身佛
南无出須弥山頭波摩王佛
南无星宿劫二万同名光作佛
南无二万同名盧舍那佛
南无二万同名釋迦牟尼佛
南无同名帝釋日太白星宿无量百
千万不可數佛
南无无垢光明佛　南无功德寶光明佛
南无精進力成就佛　南无清淨光佛
南无解脫一切縛佛　南无波頭摩藏勝佛
南无得无障导力解脫佛
南无不怯弱十方稱香佛
南无盧舍那光明佛　南无寶聚佛
南无法幢懸佛　南无破一切闇曀佛
南无普光明莊嚴照作佛　南无光明作佛
南无大炎佛　南无无邊行功德佛
南无法功德雲燃燈佛　南无然燈炬王佛

BD06322號　佛名經（十六卷本）卷八　（29–2）

南无法幢懸佛　南无破一切闇瞳佛
南无普光明莊嚴照作佛　南无光明作佛
南无大炎佛　南无无邊行功德佛
南无法功德雲燃燈佛　南无然燈炬王佛
南无破一切衆生暗勝佛　南无妙見佛
南无妙勝佛　南无妙聞佛
南无山峯佛　南无金聖佛
南无飲甘露佛　南无无量光明佛
南无難頭佛　南无无邊毗尼勝王佛
南无電照光明羅網佛　南无成就无量功德佛
南无量樂說境界佛　南无智勝放光明佛
南无降伏電日月作光佛
南无普句素摩勝奮迅功德積佛
南无功德王光佛　南无善月佛
南无光莊嚴王佛　南无賒捨施難頭佛
南无福德光佛　南无普光上勝山王佛
南无善住摩尼山王佛　南无斷一切煩惱佛
南无釋迦牟尼佛　南无破碎金剛堅固佛
南无寶燄佛　南无龍自在王佛
南无勇猛仙佛　南无寶月佛
南无離垢佛　南无无垢佛
南无勇猛得佛　南无淨佛
南无梵得佛　南无婆樓那佛

BD06322號　佛名經（十六卷本）卷八　（29–3）

[illegible]
南无勇猛仙佛　南无寶月佛
南无離垢佛　南无无垢佛
南无勇猛得佛　南无淨佛
南无梵得佛　南无婆樓那佛
南无婆樓那天佛　南无賢勝佛
南无旃檀勝佛　南无力士佛
南无歡喜威德勝佛　南无光明勝佛
南无无憂勝佛　南无句素摩勝佛
南无波頭摩樹提奮迅通佛
南无財勝佛　南无念勝佛
南无善說名勝佛　南无因陀羅難頭幢佛
南无步勝佛　南无善覺步勝佛
南无善步去佛　南无普照莊嚴勝佛
南无寶華步佛
南无寶波頭摩善住山自在王佛
南无光明幢火衆生莊嚴光王佛
南无妙平等法界智起聲佛
南无廣福德藏普光明照佛
南无普照大應羅網盧舍那佛
南无盧舍那華眼電光佛
南无最勝大師子意佛
南无到法界勝光盧舍那王佛
南无常无垢功德遍至稱佛

BD06322號　佛名經（十六卷本）卷八　（29–4）

南无盧舍那華明電光佛
南无最勝大師子意佛
南无到法界勝光盧舍那王佛
南无常无垢切德遍　至稱佛
南无日華勝王佛　南无法自在智幢佛
南无廣善无垢威德梵聲佛
南无根本勝善道師佛
南无智力佛　南无弥樓威德佛
南无顛清淨月光佛
從此以上六千七百佛十二部經一切賢聖
南无法海顛出聲光佛
南无寶切德相莊嚴作光佛
南无妙聲地主天佛　南无勝進術去佛
南无見衆生歡喜佛
南无不動深光明盧舍集慧佛
南无普放光明不可思議王佛
南无不等妙切德威德佛
南无速光明梵眼佛　南无解勝精進日光明佛
南无普法身覺慧佛　南无普門照一切衆生前見佛
南无迦那迦无垢光明日炎雲佛
南无曰陁羅光明髮幢佛
南无一切地處无垢月佛
南无覺雷空平等相佛
南无十方廣應雲幢佛

BD06322號　佛名經（十六卷本）卷八　（29–5）

南无迦那迦无垢光明日炎雲佛
南无曰陁羅光明髮幢佛
南无一切地處无垢月佛
南无覺雷空平等相佛
南无十方廣應雲幢佛
南无平等不平等盧舍那佛
南无害心悲解脫空王佛
南无成就一切義須弥佛
南无不空步照見佛　南无妙吼勝佛
南无第一自在通王佛
南无不可思議切德盧舍那妙月佛
南无可信力幢佛　南无法界樹聲智慧佛
南无波頭摩光長善解佛
南无不退切德海光佛
南无普生妙一切智速佛
南无師子光无量力智佛
南无見一切法清淨勝智佛
南无速離一切憂惱佛
南无自在妙威德佛　南无金華大光佛
南无觀法界奮迅佛　南无然樹衆那羅王佛
南无然香燈佛　南无應王佛
南无如来切德普門見佛
南无一切法普奮迅王佛
南无廣化自在佛

BD06322號　佛名經（十六卷本）卷八　（29–6）

南无自在妙滿德佛　南无金華火光佛
南无觀法界奮迅佛　南无然樹衆那羅王佛
南无然香燈佛　南无應王佛
南无如來切德普門見佛
南无一切法普奮迅王佛
南无廣化自在佛
南无法界解脫光明不可思議意佛
南无如來无垢光佛
次礼十二部尊經大藏法輪
南无惟羅菩薩經　南无五十校計經
南无為身无反復經　南无惟留經
南无五陰事經　南无雜阿含丹章經
南无慧明經　南无五母子經
南无發意決疑經　南无慧上菩薩經
南无慧上菩薩經　南无五福施經
南无五十緣身行經　南无墮落憂塞經
南无賢者手力法行經　南无五蓋疑失行經
南无菩相經　南无賢首夫人經
南无五百偈經　南无坏喻經
南无內藏大方等經　南无五觀經
南无淨行經　南无內藏百品經
南无佛併父弟調達經　南无仁賢幻士經
南无難提迦羅越經　南无如是有諸比丘經
次礼十方諸大菩薩

BD06322號　佛名經（十六卷本）卷八　（29–7）

南无內藏大方等經　南无五觀經
南无淨行經　南无內藏百品經
南无佛併父弟調達經　南无仁賢幻士經
南无難提迦羅越經　南无如是有諸比丘經
次礼十方諸大菩薩
南无普賢菩薩　南无文殊師利菩薩
南无无垢稱菩薩　南无地藏菩薩
南无虛空藏菩薩　南无觀世音菩薩
南无大勢至菩薩　南无香象菩薩
南无大香烏菩薩　南无藥王菩薩
南无藥上菩薩　南无金剛藏菩薩
南无解脫月菩薩　南无弥勒菩薩
南无奮迅菩薩　南无无所發菩薩
南无陁羅尼自在王菩薩
南无歸命如是等无量无邊菩薩
南无東方九十億百千万同名梵息菩薩
南无南方九十億百千万同名不隣陁羅菩薩
南无西方九十九億百千同名大功德菩薩
南无北方九十九億百千万同名大藥王菩薩
從此以上六千八百佛十二部經一切賢聖
歸命如是等十方世界无量无邊諸大菩薩
次礼聲聞緣覺一切賢聖
南无毗耶離辟支佛　南无俱薩羅辟支佛
南无婆藪陁羅辟支佛　南无无毒淨心辟支佛

BD06322號　佛名經（十六卷本）卷八　（29–8）

從此以上六千八百佛十二部經一切賢聖
歸命如是等十方世界无量无邊諸大菩薩
次礼聲聞緣覺一切賢聖
南无毗耶離辟支佛　南无俱薩羅辟支佛
南无婆藪陁羅辟支佛　南无无毒淨心辟支佛
南无寶无垢辟支佛　南无福德辟支佛
南无黑辟支佛　南无唯黑辟支佛
南无直福德辟支佛　南无識辟支佛
歸命如是等十方无量无邊辟支佛
礼三寶已次復懺悔
夫論懺悔者本是改往脩來滅惡興善
人生居世誰能无過學人失念尚起煩惱
羅漢結習動身口業豈況凡夫而當无過
但智者先覺便能改悔愚者覆藏遂使
滋漫所以積習長夜曉悟无期若能慚愧
發露懺悔者豈唯正是滅罪而已亦復
增長无量功德樹立如來涅槃妙果若
欲行此法者先當外肅形儀瞻奉尊
像内起敬意緣於想法懇切至到生二
種心何等為二一者自念我此形命難
可常保一朝散壞不知此身何時可復
若復不值諸佛賢聖忽遭逢惡友造
衆罪業復應墮落深坑嶮趣二者自

BD06322號　佛名經（十六卷本）卷八　（29–9）

像内起敬意緣於想法懇切至到生二
種心何等為二一者自念我此形命難
可常保一朝散壞不知此身何時可復
若復不值諸佛賢聖忽遭逢惡友造
衆罪業復應墮落深坑嶮趣二者自
念我此生中雖得值遇如來正法為佛
弟子弟子之法紹繼聖種淨身口意善
法自居而今我等公自作惡而復覆藏
言他不知謂彼不見隱匿在心慠然无
愧此實天下愚惑之甚即今現有十方
諸佛諸天地菩薩諸大神仙何曾不以
清淨天眼見於我等所作罪惡又復幽
顯靈祇注記罪福纖豪无差夫論作罪
之人命終之後牛頭獄卒錄其精神在閻
羅所辯竅是非當尒之時一切怨對皆來
證據各言汝先屠戮我身炮煑蒸炙或言
汝先剝奪於我一切財寶離我眷屬我於
今者始得汝便于時現前證據可得敢諱
唯應甘心分受宿殃如經所明地獄之中
不枉治人若其平素所作衆罪心自忘失
者是其生時造惡之處一切諸相皆現在
前各言汝昔在於我邊作如是罪今何得
諱是為作罪无藏隱處於是閻魔羅
王切齒呵責將付地獄歷劫窮年求出

BD06322號　佛名經（十六卷本）卷八　（29–10）

不枉治人若其平素所作衆罪心自忘失
者是其生時造惡之處一切諸相皆現在
前各言汝昔在於我邊作如是罪今何得
諱是為作罪无藏隱處於是閻魔羅
王切齒呵責将付地獄歷劫窮年求出
莫由此事不遠不關他人正是我身自作
自受雖父子至親一旦對至无代受者衆
等相與及其形休體无衆疾各自努力与性
命竟大怖至時悔无所及是故弟子至心
歸依於佛
南无東方破疑淨光佛　南无南方无優切德佛
南无西方華嚴神通佛　南无北方月殿清淨佛
南无東南方破一切闇佛
南无西南方大衰觀衆生佛
南无西北方香氣放光明佛
南无東北方无量切德海佛
南无下方断一切疑佛　南无上方離一切憂佛
如是十方盡虛空界一切三寶
弟子等從无始以来至於今日積聚无明
障蔽心目隨煩惱性造三業罪或耽染愛
着起於貪欲煩惱或復瞋恚忿恨懷害
煩惱或惛憒瞪瞢不了煩惱或我慢自
高軽慠煩惱疑或正猶豫煩惱誹謗无
因果耶見煩惱不識緣假着我煩惱迷

BD06322號　佛名經（十六卷本）卷八　（29–11）

障蔽心目隨煩惱性造三業罪或耽染愛
着起於貪欲煩惱或復瞋恚忿恨懷害
煩惱或惛憒瞪瞢不了煩惱或我慢自
高軽慠煩惱疑或正猶豫煩惱誹謗无
因果耶見煩惱不識緣假着我煩惱迷
於三世執斷常煩惱明押惡法起見取煩
惱擀稟邪師造戒取煩惱乃至一等四執
横計煩惱今至誠皆悉懺悔
又復无始以来至于今日守惜堅着起
慳悋煩惱不攝六情奢誕煩惱心行弊
惡不忍煩惱急惰緩縱不勤煩惱情慮
躁動覺觀煩惱觸境迷或无知觧煩惱
隨世八風生彼我煩惱諂曲面譽不直心
煩惱横強難觸不調和煩惱易忿難悅
多含恨煩惱嫉妬繫剌佷戾煩惱凶險暴
害諂毒煩惱乖背二諦執相煩惱於苦
集滅道生顛倒煩惱隨從生死十二因
緣流轉煩惱乃至无始无明住地恒沙
煩惱起四住地攝於三界苦果煩惱如是
諸煩惱无量无邊惱亂賢聖六道四生
今日發露向十方佛尊法聖衆皆悉懺悔
願弟子等承是懺悔貪瞋癡等一切煩惱
生生世世折憍慢幢竭愛欲水滅瞋恚

BD06322號　佛名經（十六卷本）卷八　（29–12）

諸煩惱无量无邊惱亂賢聖六道四生
今日發露向十方佛尊法聖衆皆悉懺悔
願弟子等承是懺悔貪瞋癡等一切煩惱
生生世世折憍慢幢竭愛欲水滅瞋恚
火破愚癡暗拔斷疑根裂諸見網深識
三界猶如牢獄四大毒蛇五陰怨賊六入空
聚愛詐親善修八聖道斷无明源正向
涅槃不休不息卅七品心心相應十波羅
蜜常現在前 礼一拜
南无盧舍那世間輪勝聲佛
南无波頭摩勝无邊眼佛　南无一切智行境界慧佛
南无善樂成佛　南无虛空无垢智月佛
南无廣疛妙聲佛
南无福德海厚雲相華佛
南无能作善勝雲佛　南无勝聲吼幢佛
南无觀眼奮迅佛　南无无盡金剛佛
南无普眼日藏照佛　南无一切吼聲佛
南无无量智數佛　南无一切福德彌樓上佛
南无根日威德佛　南无滿光明身光佛
南无地第一相華佛　南无雲无畏見佛
南无平等言語難顯佛　南无寶然燈王佛
南无堅精進奮迅成就義心佛
南无普照觀彌佛　南无慈光明稱勝佛

BD06322號　佛名經（十六卷本）卷八　（29-13）

南无地第一相華佛　南无雲无畏見佛
南无平等言語難顯佛　南无寶然燈王佛
南无堅精進奮迅成就義心佛
南无普照觀稱佛　南无慈光明稱勝佛
南无福德稱上勝佛　南无念一切衆生稱勝佛
南无須彌步稱佛　南无畢慚愧稱上勝佛
南无教化一切世間佛　南无離一切憂佛
南无離一切難佛　南无離一切世間佛
南无能轉台佛　南无轉女佛
南无轉男女降伏佛　南无佛華勝上王佛
南无不空說名佛　南无善慧法通王佛
南无十方廣功德稱天盡樂佛
南无愛大智見不空聞名佛
南无无量力智勝佛　南无成就梵功德佛
南无音烏佛　南无金剛密迹佛
南无善轉成就義佛　南无盧舍那化勝威德佛
南无常功德然燈去慧佛
南无到諸疑彼岸月佛
南无到法界无量聲慧佛　南无然燈勝光明佛
南无法界日光明佛
南无无邊无中功德海轉法輪聲佛
南无日不可思議智見佛
南无寶勝光明威德王佛

BD06322號　佛名經（十六卷本）卷八　（29-14）

南无到法界无量壽慧佛　南无然燈勝光明佛
南无法界日光明佛
南无无邊无中功德海轉法輪聲佛
南无日不可思議智見佛
南无寶勝光明威德王佛
南无无盡功德妙莊嚴佛
南无不可量力普吼佛
南无普眼滿足然燈佛
南无勝功德炬佛　南无大龍聲佛
南无波頭摩師子坐奮迅齊佛
南无智聚覺光佛　南无住持地善威德王佛
南无善住法然燈王佛　南无不空見生善作佛
南无放身炎幢佛　南无清淨眾生行佛
南无一切德雲普光明佛　南无敷華相月智佛
南无第一光明金遮燎佛
南无觀一切法海无差別光明佛
南无化日佛　南无寶蓋勝盧舍那佛
南无善思惟佛　南无精進勝堅慧佛
南无敷華心波頭摩佛　南无清淨眼佛
從此以上六千九佛十二部經一切賢聖
南无月光自在佛　南无无盡海寶幢佛
南无金剛波頭摩勝佛　南无廣俱蘇摩作佛
南无人自在幢佛　南无一切智輪照盧舍那佛

從此以上六千九佛十二部經一切賢聖
南无月光自在佛　南无无盡海寶幢佛
南无金剛波頭摩勝佛　南无廣俱蘇摩作佛
南无人自在幢佛　南无一切智輪照盧舍那佛
南无龍稱无量功德佛　南无寶功德踏光佛
南无一切力莊嚴慧佛　南无寶須弥山佛
南无一切行光明勝佛　南无一切波羅蜜海佛
南无寶炎面門幢佛　南无成就一切願光明佛
南无廣得一切法齊佛　南无光明羅網勝佛
南无寶山幢佛　南无无邊中智海義佛
南无清淨一切義功德幢佛
南无一切通首王佛
南无无障导一切法界盧舍那佛
南无勝三昧精進慧佛
南无无导法界然燈佛
南无无导法界須弥幢勝王佛
南无菩提分俱蘇摩作王佛
南无得世間功德大海佛
南无寶師子力佛　南无普智海王佛
南无波頭摩善化幢佛
南无无盡光明普門聲佛
南无普功德雲勝威德佛
南无勝慧海佛　南无智月華雲佛
南无香光威德佛　南无普門見无障导清淨佛

南无波頭摩善化幢佛
南无无盡光明普門聲佛
南无普切德雲勝威德佛
南无勝慧海佛　南无智月華雲佛
南无害光威德佛　南无普門見无障㝵清淨佛
南无不可降伏法自在慧佛
南无波頭摩光明敷王佛
南无大精進善智慧佛
南无堅王幢佛　南无不可降伏妙威德佛
南无精進德佛　南无一切德勝心王佛
南无善成就无量切德王佛
南无斷諸疑廣善眼佛
南无妙切德勝慧佛
南无過諸光明勝明佛　南无須弥山然燈佛
南无无盡化善雲佛　南无无量光明化王佛
南无日智梵行佛　南无師子眼炎雲佛
南无大海天炎門佛　南无覺佛
南无智勝佛　南无无量味大聖佛
南无无垢速雲聞佛　南无滿法界盧舍那佛
南无金色華佛　南无大切德華敷无垢佛
南无照勝威德王佛　南无不住眼无垢佛
南无无导庄嚴佛　南无轉燈輪幢佛
南无法智差別佛　南无法界輪佛

南无照勝威德王佛　南无不住眼无垢佛
南无无导庄嚴佛　南无轉燈輪幢佛
南无法智差別佛　南无法界輪佛
南无一切佛　南无寶勝王佛
南无无邊光明輪幢佛
南无著智幢佛　南无師子佛
南无月智佛　南无照佛
南无常放普光明舌切德海王佛
南无无邊光明法界庄嚴王佛
南无長辟佛　南无高佛
南无无垢地平等光明世界普照十方光
明聲吼虛空盧舍那佛
南无清淨華池庄嚴世界普門見妙
光明佛
南无无邊切德住持世界无邊切德普光佛
南无弥留勝然燈世界普光明虛空境像佛
南无一切妙聲善愛聞世界喜樂見華大佛
南无妙聲庄嚴世界寶須弥山燈佛
南无一切寶色庄嚴光明照世界善化法界聲
幢佛
南无香藏金剛庄嚴世界金剛光明雷聲
吼佛
南无炎聲世界不可降伏力月佛

幢佛
南无香藏金剛莊嚴世界金剛光明雷聲
吼佛
南无炎聲世界不可降伏力月佛
南无寶波頭摩閒錯莊嚴无垢世界法
城慧吼聲佛
南无能興樂世界十方世界廣稱名智
燈佛
南无手无垢善无垢羅網世界師子光明
滿足切德大海佛
南无妙華幢照世界大智數華光明佛
南无无量莊嚴閒錯世界高智種種佛光
明佛
南无无邊莊嚴世界普滿法界幢眼佛
南无寶蓋普光莊嚴世界妙慧上首佛
南无賾王世界作月光明幢佛
南无无垢藏莊嚴世界善覺梵威德佛
南无寶光明身世界一佛種力虛空然燈佛
南无寶道瓔珞成就世界一切諸波羅蜜
相大海威德佛
南无輪塵普蓋世界斷一切著喜作佛
南无寶賾妙幢世界大稱廣切吼照佛
南无不可思議莊嚴普莊嚴光明世界
无差別智光明切德海佛

BD06322 號　佛名經（十六卷本）卷八　（29–19）

南无輪塵普蓋世界斷一切著喜作佛
南无寶賾妙幢世界大稱廣切吼照佛
南无不可思議莊嚴普莊嚴光明世界
无差別智光明切德海佛
南无无盡光明擇幢世界无邊法界无
垢光明佛
從此以上七千佛　十二部經一切賢聖
南无放寶炎華世界清淨鏡像佛
南无威德炎藏世界无障㝵奮迅光明吼佛
南无寶輪平等光莊嚴世界普寶光明佛
南无旃檀樹賾幢世界清淨一切念无疑光明佛
南无佛國土色輪善脩莊嚴世界廣喜見
光明智慧佛
南无微細光明莊嚴照世界法界奮迅善觀佛
南无无邊色形相世界无障㝵智成就佛
南无普炎雲火然世界不退轉法輪吼佛
南无種種寶莊嚴清淨輪世界清淨色相
威德佛
南无究竟善脩世界无障㝵日眼佛
南无善作堅固金剛坐成就世界過法界
智身光明佛
南无十方莊嚴无障㝵世界寶廣炬佛
南无差別色光明世界普光明華雲王佛

BD06322 號　佛名經（十六卷本）卷八　（29–20）

南无究竟善作世界无障导日眼佛
南无善作堅固金剛坐成就世界過法界
智身光明佛
南无十方庄嚴无障导世界寶廣炬佛
南无差別色光明世界普光明華雲王佛
南无寶門種種幢世界普見妙切德光明佛
南无摩尼頂作賾光明世界普十方聲雲佛
南无自在摩尼金剛藏世界智勝須弥王佛
南无摩尼衣坐成就勝世界放光明切德寶
庄嚴佛
南无華憂波羅庄嚴世界普知幢聲王佛
南无寶庄嚴種種藏世界一切法无畏然燈佛
南无香勝无垢光明世界普喜速勝王佛
南无日幢樂藏世界普門智盧舍那吼佛
南无香庄嚴快藏世界无量切德光明佛
南无寶師子大光明世界法界雹光明佛
南无相快照世界无障导切德稱解脫光王佛
南无切德成就光明照世界清淨眼无垢然燈佛
南无種種香花勝庄嚴世界師子光明勝光佛
南无寶庄嚴平等光明世界廣光明 智勝幢
佛
南无種種光明賾快世界金光明无量力日
成就佛
南无放光句素摩沉淪世界香光明喜力

BD06322號 佛名經（十六卷本）卷八

（29–21）

南无寶庄嚴平等光明世界廣光明 智勝幢
佛
南无種種光明賾快世界金光明无量力日
成就佛
南无放光句素摩沉淪世界香光明喜力
堅固佛
南无光明清淨種種作世界光明力堅固佛
南无光明清淨種種作世界普光明火自在
幢佛
南无句素弥多炎輪庄嚴世界喜海疾切
德稱自在王佛
南无地成就威德世界廣稱 智海幢佛
南无放聲吼世界相光明月佛
南无金剛幢世界一切法海勝王佛
南无无量切德庄嚴世界无量衆生切德
法住佛
南无光明照世界梵自在勝佛
南无生无垢光明世界妙法界勝吼佛
南无種種光明照然燈世界不可嬿力
普光明幢佛
南无照平等光明世界无垢切德日眼佛
南无寶作庄嚴藏世界无障导智普
照十方佛
南无[illegible]勝行幢佛

BD06322號 佛名經（十六卷本）卷八

（29–22）

普光明幢佛
南无照平等光明世界无垢功德日眼佛
南无寶作莊嚴藏世界无障㝵智普
照十方佛
南无无塵世界无量勝行幢佛
南无清淨光明世界法界虛空平等光明
照佛
南无寶藏波浪勝成就世界功德相雲勝
威德佛
南无宮殿莊嚴幢世界盧舍那勝頂光明佛
南无寶勝藏世界一切法无邊海慧佛
南无善化香勝世界相法化普光佛
南无快地色光世界眷屬盧舍那佛
南无善作數世界法行善无盡慧佛
南无勝福德威德輪世界无垢清淨普
光明佛
南无摩尼寶波頭摩莊嚴世界清淨眼花
勝佛
南无奕地成就世界无量力成就慧佛
次礼十二部尊經大藏法輪
南无維摩詰解經　南无旃陁調伏經
南无佛說道比丘經　南无本起經
南无旃檀經　南无佛寶三昧經

BD06322號　佛名經（十六卷本）卷八　（29-23）

次礼十二部尊經大藏法輪
南无維摩詰解經　南无旃陁調伏經
南无佛說道比丘經　南无本起經
南无旃檀經　南无佛寶三昧經
南无丹卅三相經　南无目連遊諸國經
南无佛在拘薩國經　南无理家難經
南无佛在憂隨國經　南无欲從本相有經
南无文殊師利淨律經　南无佛誨過經
南无需耳經　南无分陁利經
南无大忍辱經　南无佛說摩登伽經
南无自在三菩薩經　南无分別六情奚蓋經
南无佛說法通王經　南无智心經
南无八德經　南无大道地經
南无城喻經　南无八十種好經
南无大弥寶積惟日經　南无觀豫經
次礼十方諸大菩薩
南无善意菩薩　南无善眼菩薩
南无世間菩薩　南无尸毗王菩薩
南无一切勝菩薩　南无知大地菩薩
南无大藥菩薩　南无鳩舍菩薩
南无阿離念弥菩薩　南无頂生菩薩
南无善見菩薩　南无鬱多羅菩薩
南无薩和檀菩薩　南无長壽王菩薩

BD06322號　佛名經（十六卷本）卷八　（29-24）

南无大藥菩薩　南无鳩舍菩薩
南无阿離念弥菩薩　南无須生菩薩
南无善見菩薩　南无欝多羅菩薩
南无薩和檀菩薩　南无長壽王菩薩
南无羼提菩薩　南无韋藍菩薩
南无睒菩薩　南无月蓋菩薩
從此以上七千一百佛十二部經一切賢聖
南无明首菩薩　南无法首菩薩
南无成利菩薩　南无弥勒菩薩
南无復有金剛藏菩薩　南无金剛首菩薩
南无无垢藏菩薩　南无无垢稱菩薩
南无除疑菩薩　南无无垢德菩薩
南无網明菩薩　南无无量明菩薩
次礼聲聞緣覺一切賢聖
南无香辟支佛　南无有香辟支佛
南无見人飛騰辟支佛　南无可波羅辟支佛
南无秦摩利辟支佛　南无月淨辟支佛
南无善智辟支佛　南无脩陀羅辟支佛
南无善法辟支佛　南无應求辟支佛
南无諂求辟支佛　南无大勢辟支佛
歸命如是等十方盡虛空界諸大辟支佛
衆等相與即今身心寂靜无諂无障正
是生善滅惡之時復應各起四種觀行
以為滅罪作前方便何等為四一者觀於因

BD06322號　佛名經（十六卷本）卷八

（29-25）

南无諂求辟支佛　南无大勢辟支佛
歸命如是等十方盡虛空界諸大辟支佛
衆等相與即今身心寂靜无諂无障正
是生善滅惡之時復應各起四種觀行
以為滅罪作前方便何等為四一者觀於因
緣二者觀於果報三者觀我自身四者
觀如來身
苐一觀因緣者知我此罪藉以无明不
善思惟无正觀力不識其過遠離善友
諸佛菩薩隨逐魔道行邪嶮逕如魚吞
鉤不知其患如蚕作爾自縈自縛如蛾
赴火自燒自爛以是因緣不能自出
苐二觀於果報者所有諸惡不善之業
三世流轉苦果无窮沉溺无邊巨夜大海
為諸煩惱羅剎所食未來生死冥然无
崖設使報得轉輪聖王王四天下飛行自在七
寶具足命終之後不拔惡趣四空果報三
界尊極福盡還作牛領中虫況復其餘
无福德者而復懈怠不勤懺悔此亦辟
如抱石沉淵求出良難
苐三觀我自身雖有正因靈覺之性而為
煩惱黑暗蘩林之所覆蔽无了因力不能
得我今應當發起勝心破裂无明顛倒

BD06322號　佛名經（十六卷本）卷八

（29-26）

如抱石沉淵拔出良難
苐三觀我自身雖有正因靈覺之性而爲
煩惱黑暗蘩林之所覆蔽无了因力不能
得我今應當發起勝心破裂无明顛倒
重障斷滅生死虚僞苦因顯發如來大明
覺慧建立无上涅槃妙果
苐四觀如來身无爲寂照離四句絶百
非衆智具足湛然常住雖復方便入於滅
度慈悲救接未曾暫捨生如是心可謂滅罪
之良津除障之要行是故弟子今日至到
稽首歸依於佛
南无東方勝藏珠光佛　南无南方寶積示現佛
南无西方法界智燈佛　南无北方軍勝降伏佛
南无東南方龍自在王佛
南无西南方轉一切生死佛
南无西北方无邊自在佛
南无東北方无邊功德月佛
南无下方滿智神通佛　南无上方一切勝王佛
如是等十方盡虚空界一切三寶
弟子等无始以來至於今日長養煩惱
日深日厚日滋日茂覆蓋慧眼令无所
見斷障衆善不得相續起障不得見佛
不聞正法不值聖僧煩惱起障不見過去
未來一切世間善惡業行之煩惱障受人天

BD06322號　佛名經（十六卷本）卷八　（29-27）

弟子等无始以來至於今日長養煩惱
日深日厚日滋日茂覆蓋慧眼令无所
見斷障衆善不得相續起障不得見佛
不聞正法不值聖僧煩惱起障不見過去
未來一切世間善惡業行之煩惱障受人天
尊貴之煩惱障生色无色界禪定福樂之
煩惱障不得自在神通飛騰隱顯遍至
十方諸佛淨土聽法之煩惱障學安那般
那數息不淨觀諸煩惱障學慈悲喜捨因
緣煩惱障學七方便三觀義煩惱障學
四念處煖頂忍煩惱障學聞思脩苐一法
煩惱障學空平等中道解煩惱障學八正
道示相之煩惱障學七覺枝不示相煩惱
障學於道品因緣觀煩惱障學八解脱
九空之煩惱障學於十智三三昧煩惱障
學三明六通四无㝵煩惱障學六度四等
煩惱障學四攝法廣化之煩惱障學大乘
心四弘誓願煩惱障學十迴向十願之煩惱
障學初地二地三地四地明解之煩惱障
五地六地七地諸知見煩惱障學八地九地
十地雙照之煩惱障如是乃至障學佛果
百万阿僧祇諸行上煩惱如是行障无量
无邊弟子今日至到稽顙向十方佛尊法

BD06322號　佛名經（十六卷本）卷八　（29-28）

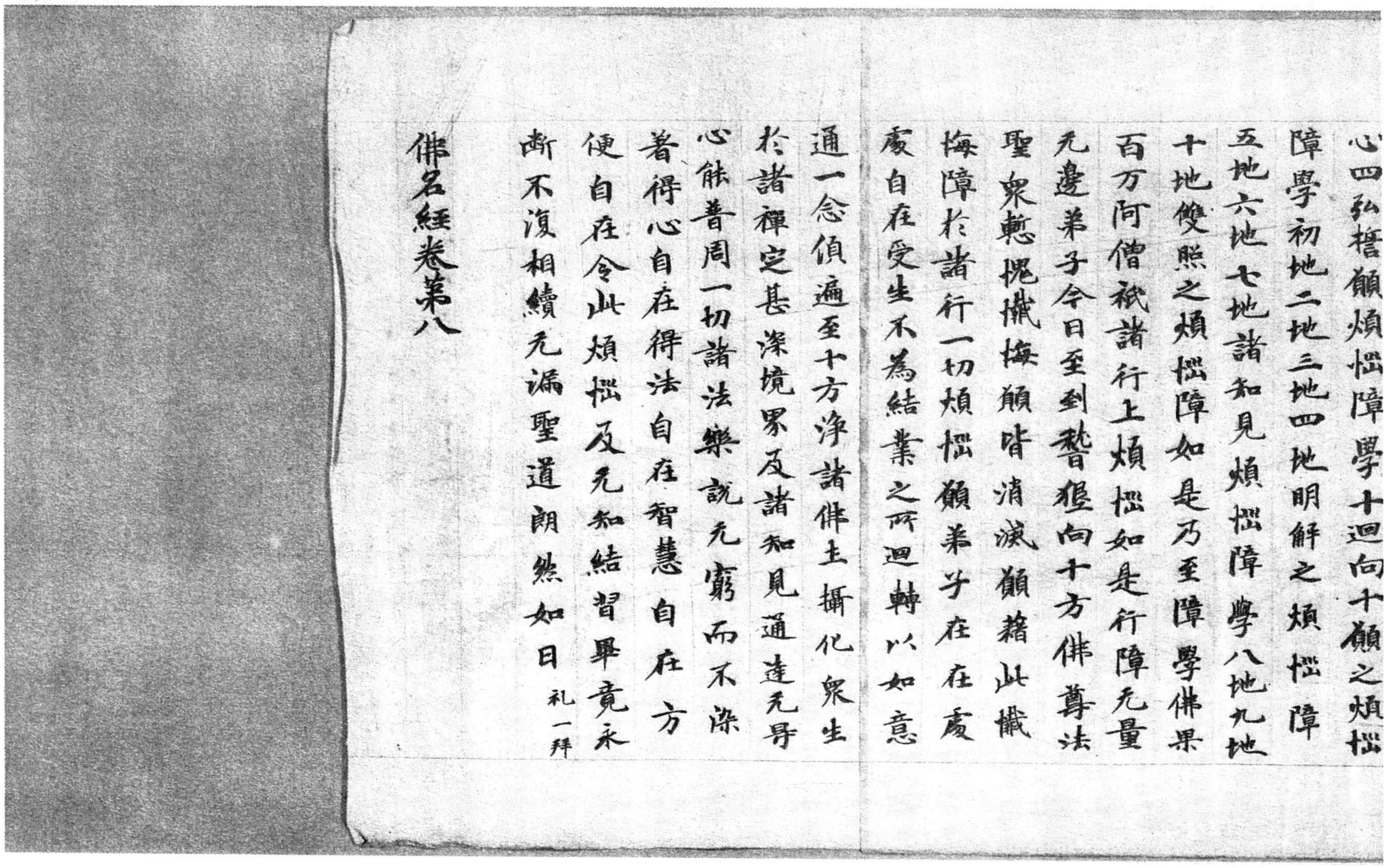

心四弘誓願煩惱障學十迴向十願之煩惱
障學初地二地三地四地明解之煩惱障
五地六地七地諸知見煩惱障學八地九地
十地雙照之煩惱障如是乃至障學佛果
百万阿僧祇諸行上煩惱如是行障无量
无邊弟子今日至到誓懇向十方佛尊法
聖衆慙愧懺悔願皆消滅願藉此懺
悔障於諸行一切煩惱願弟子在在處
處自在受生不為結業之所迴轉以如意
通一念傾遍至十方淨諸佛土攝化衆生
於諸禪定甚深境界及諸知見通達无导
心能普周一切諸法樂說无窮而不染
著得心自在得法自在智慧自在方
便自在令此煩惱及无知結習畢竟永
斷不復相續无漏聖道朗然如日　礼一拜
佛名經卷第八

BD06322 號　佛名經（十六卷本）卷八

（29–29）

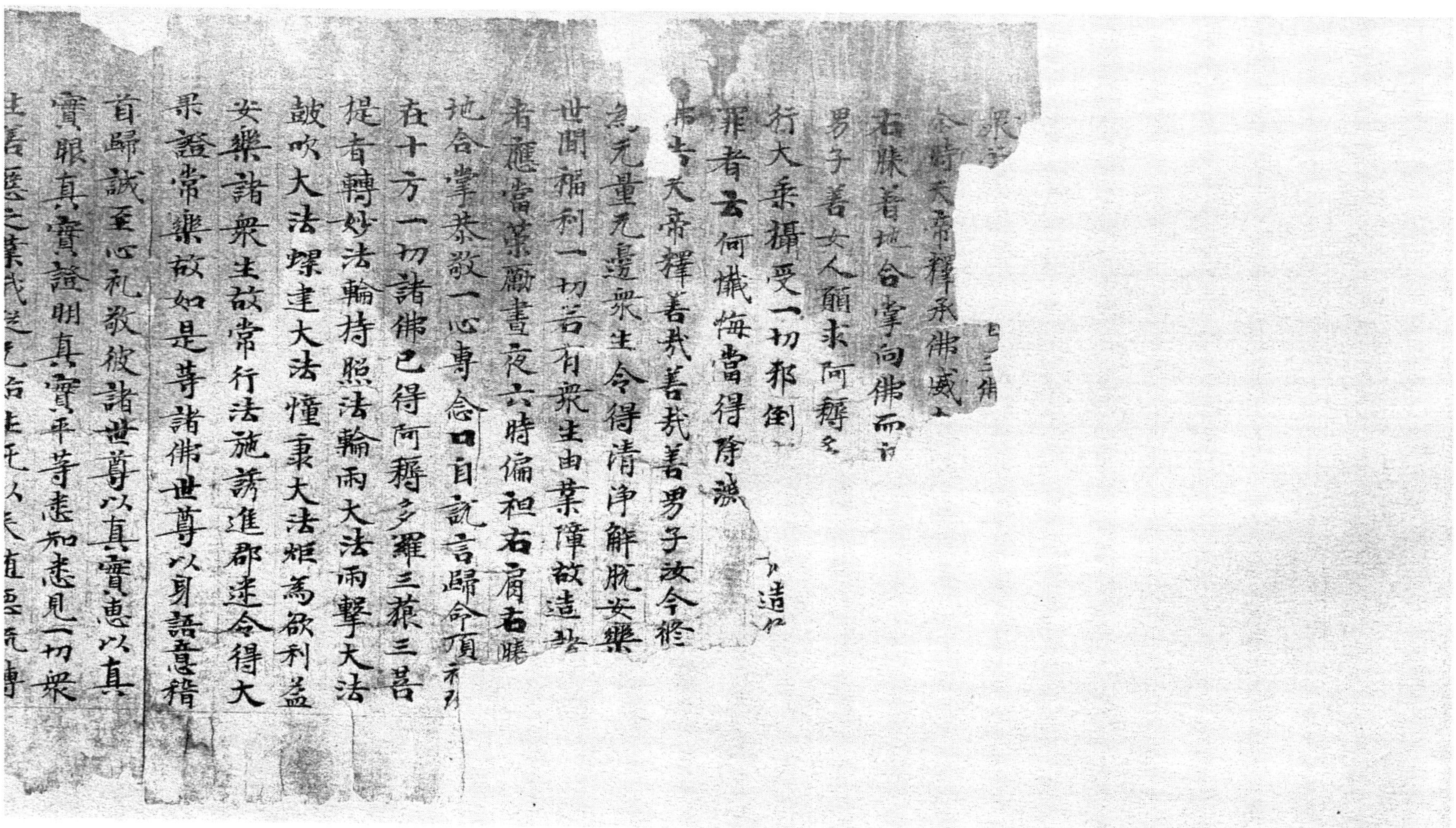

衆
尒時天帝釋承佛威
右膝着地合掌向佛而白
男子善女人願求阿耨多
行大乘攝受一切邪倒
罪者云何懺悔當得除滅
佛告天帝釋善哉善哉善男子汝今於
為无量无邊衆生令得清淨解脫安樂
世間福利一切若有衆生由業障故造諸
者應當策勵晝夜六時偏袒右肩右膝
地合掌恭敬一心專念口自說言歸命頂礼
在十方一切諸佛已得阿耨多羅三藐三菩
提者轉妙法輪持照法輪雨大法雨擊大法
鼓吹大法螺建大法幢秉大法炬為欲利益
安樂諸衆生故常行法施誘進郡迷令得大
果證常樂故如是等諸佛世尊以身語意稽
首歸誠至心礼敬彼諸世尊以真實慧以真
實眼真實證明真實平等悉知悉見一切衆
生善惡之業我從无始生死以來隨惡流轉

BD06323 號　金光明最勝王經卷三

（16–1）

鼓吹大法螺建大法幢秉大法炬為欲利益
安樂諸衆生故常行法施誘進邪迷令得大
果證常樂故如是等諸佛世尊以身語意稽
首歸誠至心礼敬彼諸世尊以真實慧以真
實眼真實證明真實平等悉知悉見一切衆
生善惡之業我從无始生死以来隨惡流轉
共諸衆生造業障罪為貪瞋癡之所纏縛未
識佛時未識法時未識僧時未識善惡由身
語意造无間罪惡心出佛身血誹謗正法破
和合僧殺阿羅漢殺害父母身三語四意三種
行造十惡業自作教他見作隨喜於諸善人橫
生毀謗斗秤欺誑以偽為真不淨飲食施與
一切於六道中所有父母更相惱害或盜窣
覩波物四方僧物現前僧物自在而用世尊
法律不樂奉行師長教示不相隨順見行聲
聞獨覺大乘行者憙生罵辱令諸行人心生
悔惱見有勝己便懷嫉妬法施財施常生慳
惜无明所覆邪見惑心不修善因令惡增長
於諸佛所而起誹謗法説非法非法説法如
是衆罪佛以真實慧真實眼真實證明真
實平等悉知悉見我今歸命對諸佛前皆悉
發露不敢覆藏未作之罪更不復作已作之
罪今皆懺悔所作業障應墮惡道地獄傍生
餓鬼之中阿蘇羅衆及八難處願我此生所
有業障皆得消滅所有惡報未來不受亦如
過去諸大菩薩修菩提行所有業障悉已懺
悔我之業障今亦懺悔皆悉發露不敢覆藏

BD06323 號　金光明最勝王經卷三　（16–2）

發露不敢覆藏未作之罪更不復作已作之
罪今皆懺悔所作業障應墮惡道地獄傍生
餓鬼之中阿蘇羅衆及八難處願我此生所
有業障皆得消滅所有惡報未來不受亦如
過去諸大菩薩修菩提行所有業障悉已懺
悔我之業障今亦懺悔皆悉發露不敢覆藏
已作之罪願得除滅未來之惡更不敢造亦
如未來諸大菩薩修菩提行所有業障悉已
懺悔我之業障今亦懺悔皆悉發露不敢覆
藏已作之罪願得除滅未來之惡更不敢造亦
如未來諸大菩薩修菩提行所有業障悉已懺
悔我之業障今亦懺悔皆悉發露不敢覆藏
已作之罪願得除滅未來之惡更不敢造亦如
現在十方世界諸大菩薩修菩提行所有
業障悉已懺悔我之業障今亦懺悔皆悉發
露不敢覆藏已作之罪願得除滅未來之惡
更不敢造
善男子以是因緣若有造罪一剎那中不得
覆藏何況一日一夜乃至多時若有犯罪欲
求清淨心懷慚愧信於未來必有惡報生大
恐怖應如是懺如人被火燒頭燒衣救令速
滅火若未滅心不得安若人犯罪亦復如是
即應懺悔令速除滅若有願生富樂之家多
饒財寶復欲發意修習大乘亦應懺悔滅除
業障欲生豪貴婆羅門種剎帝利家及轉
輪王七寶具足亦應懺悔滅除業障
善男子若有欲生四大王衆三十三天夜摩

BD06323 號　金光明最勝王經卷三　（16–3）

即應懺悔令速除滅若有願生富樂之家多
饒財寶復欲發意修習大乘亦應懺悔滅除
業障欲生豪貴婆羅門種剎帝利家及轉
輪王七寶具足亦應懺悔滅除業障
善男子若有欲生四大王衆三十三天夜摩
天覩史多天樂變化天他化自在天亦應懺
悔滅除業障若欲生梵衆梵輔大梵天
少光无量光極光淨天少淨无量淨遍淨天
无雲福生廣果无煩无熱善現天善見色究
竟天亦應懺悔滅除業障若欲求預流果一
來果不還果阿羅漢果亦應懺悔滅除業障
若欲願求三明六通聲聞獨覺自在菩提至
究竟地一切智淨智不思議智不動智三藐
三菩提正遍智者亦應懺悔滅除業障何以
故善男子一切諸法從因緣生如來所說異
相生異相滅因緣異故如是過去諸法皆已
滅盡所有業障无復遺餘是諸行法未得現
生而今得生未來業障更不復起何以故善
男子一切法空如來所說无有我人衆生壽
者亦无生滅亦无行法善男子一切諸法皆
依於本亦不可說何以故過一切相故若有
善男子善女人如是入於微妙真理生信敬
心是名无衆生而有於本以是義故說於懺
悔滅除業障
善男子若人成就四法能除業障永得清淨
云何為四一者不起邪心正念成就二者於甚
深理不生誹謗三者於初行菩薩起一切智心

BD06323號　金光明最勝王經卷三　（16–4）

依於本亦不可說何以故過一切相故若有
善男子善女人如是入於微妙真理生信敬
心是名无衆生而有於本以是義故說於懺
悔滅除業障
善男子若人成就四法能除業障永得清淨
云何為四一者不起邪心正念成就二者於甚
深理不生誹謗三者於初行菩薩起一切智心
四者於諸衆生起慈无量是謂為四尒時世
尊而說頌言
專心護三業　不誹謗深法　作一切智想　慈心淨業障
善男子有四業障難可滅除云何為四一者於
菩薩律儀犯極重惡二者於大乘經心生誹
謗三者於自善根不能增長四者貪著三有
无出離心復有四種對治業障云何為四一
者於十方世界一切如來至心親近說一切
罪二者為一切衆生勸請諸佛說深妙法三
者隨喜一切衆生所有功德四者所有一切功德
善根悉皆迴向阿耨多羅三藐三菩提尒時天
帝釋白佛言世尊世間所有男子女人於大
乘行有能行者有不行者云何能得隨喜
一切衆生功德善根佛言善男子若有衆生
雖於大乘未能修習然於晝夜六時偏
袒右肩右膝著地合掌恭敬一心專念作
隨喜時得福无量應作是言十方世界一切
衆生現在修行施戒心慧我今皆悉深生隨喜
由作如是隨喜福故必當獲得尊重殊勝无
上无等最妙之果如是過去未來一切衆生

BD06323號　金光明最勝王經卷三　（16–5）

袒右肩右膝著地合掌恭敬一心專念作
隨喜時得福无量應作是言十方世界一切
衆生現在修行施戒心慧我今皆悉深生隨喜
由作如是隨喜福故必當獲得尊重殊勝无
上无等㝡妙之果如是過去未來一切衆生
所有善根皆悉隨喜又於現在初行菩薩發
菩提心所有功德過百大劫行菩薩行有大
功德獲无上忍至不退轉一生補處如是一
切功德之蘊皆悉至心隨喜讚歎過去未來
一切菩薩所有功德隨喜讚歎亦復如是
復於現在十方世界一切諸佛應正遍知證
妙菩提為度无邊諸衆生故轉无上法輪
行无礙法施擊法鼓吹螺建法幢雨
法雨哀愍勸化一切衆生咸令信受皆蒙
法施悉得充足无盡安樂又復所有菩薩聲
聞獨覺功德積集善根若有衆生未具如是
諸功德者悉令具足我皆隨喜如是過去未
來諸佛菩薩聲聞獨覺所有功德亦皆至心
隨喜讚歎善男子如是隨喜當得无量功德之
聚如恒河沙三千大千世界所有衆生皆斷煩惱成
阿羅漢若有善男子善女人盡其形壽常以上
妙衣服飲食卧具醫藥而為供養如是功德
不及如前隨喜功德千分之一何以故供養功
德有數有量不攝一切諸功德故隨喜功德
无量无數能攝三世一切功德是故若人欲
求增長勝善根者應修如是隨喜功德若
有女人願轉女身為男子者亦應修習隨

BD06323號　金光明最勝王經卷三　（16–6）

不及如前隨喜功德千分之一何以故供養功
德有數有量不攝一切諸功德故隨喜功德
无量无數能攝三世一切功德是故若人欲
求增長勝善根者應修如是隨喜功德若
有女人願轉女身為男子者亦應修習隨
喜功德必得隨心現成男子尒時天帝釋白
佛言世尊已知隨喜功德勸請功德唯願為
說欲令未來一切菩薩當轉法輪現在菩薩
正修行故佛告帝釋若有善男子善女人願
求阿耨多羅三藐三菩提者應當修行聲聞
獨覺大乘之道是人當於晝夜六時如前威
儀一心專念作如是言我今歸依十方一切諸
佛世尊已得阿耨多羅三藐三菩提未轉无上
法輪欲捨報身入涅槃者我皆至誠頂禮勸
請轉大法輪雨大法雨然大法燈照明理趣
施无礙法莫般涅槃久住於世度脫安樂一
切衆生如前所說乃至无盡安樂我今以此
勸請功德迴向阿耨多羅三藐三菩提如過
去未來現在諸大菩薩勸請功德迴向菩提
我亦如是勸請功德迴向无上正等菩提善
男子假使有人以三千大千世界滿中七寶
供養如來若復有人勸請如來轉大法輪所
得功德其福勝彼何以故彼是財施此是法施
善男子且置三千大千世界七寶布施若人
以滿恒河沙數大千世界七寶供養一切諸
佛勸請功德亦勝於彼由其法施有五勝利

BD06323號　金光明最勝王經卷三　（16–7）

男子假使有人以三千大千世界滿中七寶
供養如來若復有人勸請如來轉大法輪所
得功德其福勝彼何以故彼是財施此是法施
善男子且置三千大千世界七寶布施若人
以滿恒河沙數大千世界七寶供養一切諸
佛勸請功德亦勝於彼由其法施有五勝利
云何為五一者法施兼利自他財施不尒二
者法施能令衆生出於三界財施之福不出
欲界三者法施能淨法身財施但唯長於
色四者法施无窮財施有盡五者法施能
斷无明財施唯伏貪愛是故善男子勸請
功德无量无邊難可譬喻如我昔行菩薩道
時勸請諸佛轉大法輪由彼善根是故今日一
切帝釋諸梵王等勸請於我轉大法輪善男
子請轉法輪為欲度脫安樂諸衆生故我於
往昔為菩提行勸請如來久住於世莫般涅
槃依此善根我得十力四无所畏四无礙辯
大慈大悲證得无數不共之法我當入於无
餘涅槃我之正法久住於世我法身者清淨
无比種種妙相无量智慧无量自在无量功
德難可思議一切衆生皆蒙利益百千萬劫
說不能盡法身攝藏一切諸法一切諸法不
攝法身法身常住不墮常見雖復斷滅亦非
斷見能破衆生種種異見能生衆生種種
真見能解一切衆生之縛无縛可解能植衆
生諸善根本未成熟者令成熟已成熟者令
解脫无作无動遠離闇鬧寂靜无為自在安

攝法身法身常住不墮常見雖復斷滅亦非
斷見能破衆生種種異見能生衆生種種
真見能解一切衆生之縛无縛可解能植衆
生諸善根本未成熟者令成熟已成熟者令
解脫无作无動遠離闇鬧寂靜无為自在安
樂過於三世能現三世出於聲聞獨覺之
境諸大菩薩之所修行一切如來體无有異
此等皆由勸請功德善根力故如是法身我
今已得是故若有欲得阿耨多羅三藐三菩
提者於諸經中一句一頌為人解說功德善
根尚无限量何況勸請如來轉大法輪久住
於世莫般涅槃
時天帝釋復白佛言世尊若善男子善女
人為求阿耨多羅三藐三菩提故修三乘道
所有善根云何迴向一切智智佛告天帝善
男子若有衆生欲求菩提修三乘道所有善
根願迴向者當於晝夜六時慇重至心作如
是說我從无始生死以來於三寶所修行成
就所有善根乃至施與傍生一摶之食或以
善言和解諍訟或受三歸及諸學處或復懺
悔勸請隨喜所有善根我今作意悉皆攝取
迴施一切衆生无悔悋心是解脫分善根所
攝如佛世尊之所知見不可稱量无礙清淨
如是所有功德善根悉以迴施一切衆生不
住相心不捨相心我亦如是功德善根悉以
迴施一切衆生願皆獲得如意之手擬空出
寶滿衆生願富樂无盡智慧无窮妙法辯才

迴施一切衆生无悋惱心是能勝小善根所
攝如佛世尊之所知見不可稱量无礙清淨
如是所有功德善根悉以迴施一切衆生不
住相心不捨相心我亦如是功德善根悉以
迴施一切衆生願皆獲得如意之手撝空出
寶滿衆生願冨樂无盡智惠无窮妙法辯才
悉皆无滞共諸衆生同證阿耨多羅三藐三
菩提得一切智因此善根更復出生无量善
法亦皆迴向无上菩提又如過去諸大菩薩
脩行之時功德善根悉皆迴向一切種智現在
未来亦復如是然我所有功德善根亦皆迴
向阿耨多羅三藐三菩提是諸善根願共一
切衆生俱成正覺如餘諸佛坐於道場菩提
樹下不可思議无礙清淨住於无盡法藏
陁羅尼首楞嚴定破魔波旬无量兵衆應
見覺知應可通達如是一切一刹那中悉皆照
了於後夜中獲甘露法證甘露義我及衆生
願皆同證如是妙覺猶如
无量壽佛　勝光佛　妙光佛　阿閦佛
功德善光佛　師子光明佛　百光明佛　網光明佛
寶相佛　寶燄佛　燄明佛　燄盛光明佛
吉祥上王佛　微妙聲佛　妙莊嚴佛　法幢佛
上勝身佛　可愛色身佛　光明遍照佛　梵淨王佛
上性佛
如是等如来應正遍知過去未来及以現在
示現應化得阿耨多羅三藐三菩提轉无上
法輪為度衆生我亦如是廣說如上

上勝身佛　可愛色身佛　光明遍照佛　梵淨王佛
上性佛
如是等如来應正遍知過去未来及以現在
示現應化得阿耨多羅三藐三菩提轉无上
法輪為度衆生我亦如是廣說如上
善男子若有淨信男子女人於此金光明最
勝經王滅業障品受持讀誦憶念不忘為
他廣說得无量无邊大功德聚譬如三千大
千世界所有衆生一時皆得成就人身得人
身已成獨覺道若有男子女人盡其形壽恭
敬尊重四事供養一一獨覺各施七寶如須
彌山此諸獨覺入涅槃後皆以珎寶起塔供
養其塔高廣十二踰繕那以諸花香寶幢幡
蓋常為供養善男子於意云何是人所獲功
德寧為多不天帝釋言甚多世尊善男子
若復有人於此金光明微妙經典衆經之王
滅業障品受持讀誦憶念不忘為他廣說所
獲功德於前所說供養功德百分不及一百
千萬億分乃至校量譬喻所不能及何以故是
善男子善女人住正行中勸請十方一切諸佛
轉无上法輪皆為諸佛歡喜讚歎善男子
如我所說一切施中法施為勝是故善男子
於三寶所設諸供養不可為比勸受三歸持
一切戒无有毀犯三業不空不可為比一切世
界一切衆生隨力隨能隨所願樂於三乘中
勸發菩提心不可為比於三世中一切世界
所有衆生皆得无礙速令成就无量功德不

於三寶所設諸供養不可爲比勸受三歸持
一切戒无有毀犯三業不變不可爲比一切世
界一切衆生隨力隨能隨所願樂於三乘中
勸發菩提心不可爲比於三世中一切世界
所有衆生皆得无礙速令成就无量功德不
可爲比三世剎土一切衆生令无障礙得三
菩提不可爲比三世剎土一切衆生勸令速
出四惡道苦不可爲比三世剎土一切衆生
勸令除滅極重惡業不可爲比一切苦惱勸
令解脫不可爲比一切怖畏苦惱逼切皆令
得解不可爲比三世佛前一切衆生所有功
德勸令隨喜發菩提願不可爲比勸除惡行
罵辱之業一切功德皆願成就所在生中勸
請供養尊重讚歎一切三寶勸請衆生淨修
福行成滿菩提不可爲比是故當知勸請一
切世界三世三寶勸請滿足六波羅蜜勸
請轉於无上法輪勸請住世經无量劫演說
无量甚深妙法功德甚深无能比者
尒時天帝釋及恒河女神无量梵王四大天
衆從座而起偏袒右肩右膝著地合掌頂礼
白佛言世尊我等皆得聞是金光明最勝王
經今悉受持讀誦通利爲他廣說依此法住
何以故世尊我等欲求阿耨多羅三藐三菩
提隨順此義種種勝相如法行故尒時梵王
及天帝釋等於說法處皆以種種曼陀羅
花而散佛上三千大千世界地皆大動一切
天鼓及諸音樂不鼓自鳴放金色光遍滿世

BD06323號　金光明最勝王經卷三　　（16–12）

經今悉受持讀誦通利爲他廣說依此法住
何以故世尊我等欲求阿耨多羅三藐三菩
提隨順此義種種勝相如法行故尒時梵王
及天帝釋等於說法處皆以種種曼陀羅
花而散佛上三千大千世界地皆大動一切
天鼓及諸音樂不鼓自鳴放金色光遍滿世
界出妙音聲時天帝釋白佛言世尊此等皆
是金光明經威神之力慈悲普救種種利益
種種增長菩薩善根滅諸業障佛言如是如
是如汝所說何以故善男子我念往昔過无
量百千阿僧祇劫有佛名寶王大光照如來
應正遍知出現於世住世六百八十億劫尒時
寶王大光照如來爲欲度脫人天釋梵沙門
婆羅門一切衆生令安樂故當出現時初會
說法度百千億億万衆皆得阿羅漢果諸漏
已盡三明六通自在无礙於第二會後度九
十千億億萬衆皆得阿羅漢果諸漏已盡三
明六通自在无礙於第三會復度九十八千
億億万衆皆得阿羅漢果圓滿如上
善男子我於尒時作女人身名福寶光明於
第三會親近世尊受持讀誦是金光明經爲
他廣說求阿耨多羅三藐三菩提故時彼世
尊爲我授記此福寶光明女於未來世當得
作佛号釋迦牟尼如來應正遍知明行足善
逝世間解无上士調御丈夫天人師佛世尊
捨女身後從是以來越四惡道生人天中受
上妙樂八十四百千生作轉輪王至于金日

BD06323號　金光明最勝王經卷三　　（16–13）

作廣說求阿耨多羅三藐三菩提故時彼世
尊為我授記此福寶光明女於未來世當得
作佛号釋迦牟尼如來應正遍知明行足善
逝世間解无上士調御丈夫天人師佛世尊
捨女身後從是以來越四惡道生人天中受
上妙樂八十四百千生作轉輪王至于今日
得成正覺名稱普聞遍滿世界時會大衆忽
然皆見寶王大光照如來轉无上法輪說微
妙法善男子去此索訶世界東方過百千恒
河沙數佛土有世界名寶莊嚴其寶王大
光照如來今現在彼未般涅槃說微妙法廣
化群生汝等見者即是彼佛
善男子若有善男子善女人聞是寶王大光
照如來名号者於菩薩地得不退轉至大涅槃
若有女人聞是佛名者臨命終時得見彼佛
來至其所既見佛已究竟不復更受女身善
男子是金光明微妙經典種種利益種種增
長菩薩善根滅諸業障善男子若有苾芻苾
芻尼鄔波索迦鄔波斯迦隨在何處為人
講說是金光明微妙經典於其國土皆獲四
種福利善根云何為四一者國王无病離諸灾
厄二者壽命長遠无有障礙三者无諸惡敵
兵衆勇健四者安隱豐樂正法流通何以故
如是人王常為釋梵四王藥叉之衆共守護
故尒時世尊告天衆曰善男子是事實不是時
无量釋梵四王及藥叉衆俱時同聲答世尊
言如是如是若有國土講宣讀誦此妙 經王

BD06323 號　金光明最勝王經卷三　　（16–14）

如是人王常為釋梵四王藥叉之衆共守護
故尒時世尊告天衆曰善男子是事實不是時
无量釋梵四王及藥叉衆俱時同聲答世尊
言如是如是若有國土講宣讀誦此妙 經王
是諸國主我等四王常來擁護行住共俱其
王若有一切灾障及諸惡敵我等四王皆使
消殄憂愁疾疫亦令除差增益壽命感應
禎祥所願遂心恒生歡喜我等亦能令其國
中所有軍兵悉皆勇健佛言善哉善哉善男
子如汝所說汝當修行何以故是諸國主如
法行時一切人民隨王修習如法行者汝等皆
蒙色力勝利宮殿光明眷屬强盛時釋梵等白
佛言如是世尊佛言若有講讀此妙經典流
通之處於其國中大臣輔相有四種益云何
為四一者更相親穆尊重愛念二者常為人
王心所愛重亦為沙門婆羅門大國小國之
所尊敬三者輕財重法不求世利嘉名普藍
衆所欽仰四者壽命延長安隱快樂是名四
益若有國土宣說是經沙門婆羅門得四種
勝利云何為四一者衣服飲食卧具醫藥无
所乏少二者皆得安心思惟讀誦三者依於
山林得安樂住四者隨心所願皆得滿足是
名四種勝利若有國土宣說是經一切人民
皆得豐樂无諸疾疫商估往還多獲寶貨具
足勝福是名種種功德利益
尒時梵釋四天王及諸大衆白佛言世尊如

BD06323 號　金光明最勝王經卷三　　（16–15）

山林得安樂住四者隨心所願皆得滿足是
名四種勝利若有國王宣說是經一切人民
皆得豐樂无諸疾疫商估往還多獲寶貨具
足勝福是名種種功德利益
尒時梵釋四天王及諸大衆白佛言世尊如
是經典甚深之義若現在者當知如來卅七
種助菩提法住世未滅若是經典滅盡之時
正法亦滅佛言如是如是善男子是故汝等
於此金光明經一句一頌一品一部皆當一
心正讀誦正聞持正思惟正修習為諸衆生
廣宣流布長夜安樂福利无邊時諸大衆
聞佛說已咸蒙勝益歡喜受持
金光明最勝王經卷第三
閻胡對莫穆六眠其錯

BD06323號　金光明最勝王經卷三　（16–16）

意
薩為
之反於聲聞辟
婆若於意云何是人為
尊善薩當知是為魔事須善
人得无賈寶珠得已而比水精於寸
是人為智不不也世尊須善提當來
有善薩得深般若波羅蜜而比聲聞辟支
佛經於中求薩婆若於意云何是人為智
不不也世尊善薩當知是為魔事復次須
善提書讀誦說般若波羅蜜時若乐說辯
事則妨廢般若波羅蜜善薩當知是為魔
事須善提白佛言世尊般若波羅蜜可得
書讀誦說乘不也須善提若善男子善女
人書寫文字而作是念我書般若波
蜜即是魔事須善提尒時應教是善
善女人善勿謂但以書寫文字便作
我書寫般若波羅蜜諸善男子以是文

BD06324號　小品般若波羅蜜經卷五　（22–1）

事須菩提白佛言世尊般若波羅蜜可得
書讀誦說耶不也須菩提若善男子善女
人書寫文字而作是念我書般若波
羅蜜是魔事須菩提尒時應教是善
善女人等勿謂但以書寫文字便作
我書寫般若波羅蜜諸善男子以是文字
不般若波羅蜜義是故汝等勿著文字若
著文字者菩薩當知是為魔事若不貪
著即捨魔事復次須菩提書讀誦說般
若波羅蜜時憶念諸方國土城邑聚落國
王怨賊戰鬪之事憶念父母兄弟姉妹惡
魔令生是等諸方妨廢般若波羅蜜菩
薩皆應覺之須菩提如是當知亦為魔事
復次須菩提書讀誦說般若波羅蜜時利
養事起衣服飲食臥具醫藥資生之物妨廢
般若波羅蜜菩薩皆應覺之須菩提如是
當知亦為魔事復次須菩提惡魔作因緣
令菩薩得諸深經有方便菩薩於此深經
不生貪著无方便菩薩捨般若波羅蜜
取是深經須菩提我於般若波羅蜜中廣
說方便應於中求而反於餘深經求索方
便於意云何是人為智不不也世尊須菩
提如是當知亦為魔事復次須菩提聽法
者欲聞般若波羅蜜說法者疲懈不樂欲
說須菩提如是不和合亦為魔事復次須

BD06324號　小品般若波羅蜜經卷五　（22–2）

說方便應於中求而反於餘深經求索方
便於意云何是人為智不不也世尊須菩
提如是當知亦為魔事復次須菩提聽法
者欲聞般若波羅蜜說法者疲懈不樂欲
說須菩提如是不和合亦為魔事復次須
菩提說法者身不疲極樂欲与說般若波
羅蜜聽法者欲至餘國不得書讀誦說如是
不和合亦為魔事復次須菩提聽法者樂
欲聽受讀誦般若波羅蜜有念力智力說
法者欲至餘國不得聽受讀誦如是不和
合亦為魔事復次須菩提說法者貴於財
物衣服臥具飲食等聽法者惜不欲与不
得書讀誦說般若波羅蜜如是不和合
亦為魔事復次須菩提聽法者有信樂心
欲供養說法者而說法者誦習不利聽法
不樂聽受不得書讀誦說般若波羅蜜
如是不和合亦為魔事須菩提說法者心欲
樂說般若波羅蜜聽法者不樂聽受不得
書讀誦說如是不和合亦為魔事復次須
菩提說法者身重疲極樂於睡眠不樂說
般若波羅蜜聽法者樂說聽讀誦說如是
不和合亦為魔事復次須菩提若書讀誦
說般若波羅蜜時或有人來說三惡道苦
地獄中有如是苦畜生中有如是苦餓鬼中
有如是苦不如於此身盡苦何用更生受（蓋）
[illegible]是須菩提菩薩當知亦為魔事

BD06324號　小品般若波羅蜜經卷五　（22–3）

不和合亦為魔事復次須菩提若書讀誦
說般若波羅蜜時或有人來說三惡道苦
地獄中有如是苦畜生中有如是苦餓鬼中
有如是苦不如於此衆盡苦何用更生受
諸苦如是須菩提菩薩當知亦為魔事
復次須菩提若書讀誦說般若波羅蜜時
若有人來讚嘆天上快樂之事欲界中有
受極妙五欲快樂色界中有受如是禪
定快樂无色界中有受如是寂滅微妙禪
定快樂是三界樂皆悉无常苦空敗壞之
相汝於是身可取須陁洹果斯陁含果阿
那含果阿羅漢果不須更受後身菩薩當
知亦為魔事復次須菩提說法者豪樂徒
衆作如是言若能隨順承事我者當与汝
般若波羅蜜若不隨我則不与汝以此因
緣名有隨從時說法者欲趣嶮難危命之
處聞所至處有此嶮難危命之事語諸人
言善男子汝等知不何用隨我趣彼剩
處善自籌量无得後悔而言何故至此飢
餓怨賊之中說法者以此細微因緣捨離
諸人聽法者不悅作是念是捨離相非与
般若波羅蜜相不得書讀誦說般若波羅
蜜如是前不和合菩薩當知亦為魔事復
次須菩提說法者欲趣惡獸虎狼師子毒
害怨賊无水難處說法者語諸人言汝等
知不我所至處經過惡獸怨害水難汝等

BD06324號　小品般若波羅蜜經卷五　（22–4）

般若波羅蜜相不得書讀誦說般若波羅
蜜如是前不和合菩薩當知亦為魔事復
次須菩提說法者欲趣惡獸虎狼師子毒
害怨賊无水難處說法者語諸人言汝等
知不我所至處經過惡獸怨害水難汝等
豈能受如是苦說法者以此細微因緣而
捨離之諸人不復隨從作是念是捨離相
非与般若波羅蜜相即便退還如是諸難
菩薩當知亦為魔事復次須菩提說法者
重於檀越以此因緣常數往返故
語聽法者言諸善男子我有檀越應往問
訊諸人聞言是為不与我般若波羅蜜相即
時捨離不得學習書讀誦說如是不和合
菩薩當知亦是魔事復次須菩提惡魔懃
作方便欲令无人讀誦習般若波羅蜜須
菩提白佛言世尊惡魔云何懃作方便令
人不得讀誦循習般若波羅蜜須菩提惡
魔詭詐諸人作是言此非真般若波羅蜜
我所有經是真般若波羅蜜須菩提惡魔
如是詭詐衆人未受記者當於般若波羅
蜜中生疑疑因緣故不得讀誦循習如是
須菩提菩薩當知亦為魔事復次須菩提
復有魔事若菩薩行深般若波羅蜜即證
實際取聲聞果如是須菩提菩薩當知亦
為魔事

BD06324號　小品般若波羅蜜經卷五　（22–5）

蜜中生疑疑因緣故不得讀誦循習如是
須菩提菩薩當知亦為魔事復次須菩提
復有魔事若菩薩行深般若波羅蜜時證
實際取聲聞果如是須菩提菩薩當知亦
為魔事

摩訶波若波羅蜜小如品第十二

佛告須菩提般若波羅蜜多有如是諸留
難事須菩提白佛言如是如是世尊譬如世
間大珍寶多有怨賊般若波羅蜜亦如是多
有留難若人不受持讀誦循習般若波羅
蜜當知是人為魔所攝新發道意少智
少信不樂大法如是須菩提若人不受
持讀誦循習般若波羅蜜當知是人為魔
所攝新發道意少智少信不樂大法須菩
提般若波羅蜜雖有如是魔事多諸留難
若善男子善女人有能受持書讀誦說當
知是等皆是佛神力何以故惡魔雖復懃
作方便欲滅般若波羅蜜諸佛亦復懃作
方便而守護之須菩提譬如母人多有諸
子若五若十若廿若卅若卌若五十若百
若千若万若十万其有得病諸子各懃求
救療皆作是念我等云何令母久壽身體安
隱无諸患苦風雨寒熱蚊虻蛇虫當以諸
藥因緣令母安隱何以故生育我等其恩
甚重賜我壽命示悟世間須菩提於今十

若千若万若十万其有得病諸子各懃求
救療皆作是念我等云何令母久壽身體安
隱无諸患苦風雨寒熱蚊虻蛇虫當以諸
藥因緣令母安隱何以故生育我等其恩
甚重賜我壽命示悟世間須菩提於今十
方現在諸佛常念般若波羅蜜皆作是
言般若波羅蜜能生諸佛能示薩婆若何
以故諸佛薩婆若皆從般若波羅蜜生故
須菩提諸佛若已得阿耨多羅三藐三菩
提若今得若當得皆因般若波羅蜜須菩
提知是般若波羅蜜示十方諸佛薩婆若
及示世間須菩提白佛言世尊如佛所說
般若波羅蜜示諸佛世間世尊云何為世間
須菩提佛說五陰是世尊云何般若波羅
蜜示五陰須菩提般若波羅蜜示五陰不
壞相何以故須菩提空是不壞相般若波
羅蜜如是示世間復次須菩提无量衆生
心亦无量如來隨其性故如實知須菩提
般若波羅蜜示諸佛世間復次須菩提是
諸衆生散心攝心如來如實知散心攝心
須菩提云何如來知諸衆生散心攝心以
諸法相故知散心攝心云何如來知散心須
善提以諸法相故知心知散如是知散心
云何如來知攝心須菩提諸心盡相如來
來如實知盡相如是知攝心復次須菩提

須善提云何如来知諸衆生散心攝心以
諸法相故知散心攝心云何如来知散心須
善提以諸法相故知心知散如是知散心
云何如来知攝心須善提諸心盡相如来
来如實知盡相如是知攝心復次須善提
衆生染心如来如實知染心恚心癡心如
来如實知恚心癡心云何如来如實知染
心如實知恚心如實知癡心須善提染心如
實相即非染心恚心癡心如實相即非恚
心癡心如是須善提諸佛從般若波羅蜜
生薩婆若智云何如来離染心如實知離
染心離恚心如實知離恚心離癡心實知
如離癡心須善提離染心中无離染心相
離恚中无離恚心相離癡心中无離癡
心相如是須善提般若波羅蜜示諸佛
世間復次須善提如来因般若波羅蜜衆生
廣心如實知廣心云何衆生廣心如實知
廣心須善提是衆生不增不廣不離離
相故如是須善提如来因般若波羅蜜衆
生廣心如實知廣心復次須善提如来因般
若波羅蜜衆生大心如實知大心云何如
来衆生大心如實知大心須善提如来
知是心无来无去无住故如是須善提如
来因般若波羅蜜衆生大心如實知大心
復次須善提如来因般若波羅蜜衆生无

BD06324 號　小品般若波羅蜜經卷五　（22–8）

若波羅蜜衆生大心如實知大心云何如
来衆生大心如實知大心須善提如来
知是心无来无去无住故如是須善提如
来因般若波羅蜜衆生大心如實知大心
復次須善提如来因般若波羅蜜衆生无
量心如實知无量心云何如来衆生无量
心如實知无量心須善提如来知是心不住
住於窮滅无所依止如虛空无量知心相
亦尒如是須善提如来因般若波羅蜜
衆生无量心如實知无量心復次須善提
如来因般若波羅蜜衆生不可見心如實
知不可見心云何如来衆生不可見心知
實知不可見心如来以无相義故如實知
不可見心如是須善提如来因般若波羅
蜜衆生不可見心如實知不可見心復次
須善提如来因般若波羅蜜衆生不可見
心如實知不可現心云何如来衆生不可
現心如實知不可現心是心五眼所不見
如是須善提如来因般若波羅蜜衆生不
可現心如實知不可現心復次須善提如
来因般若波羅蜜知衆生諸出没知如
来知衆生諸出没衆生所趣出没皆依色
生依受想行識生何等是諸出没所謂我
及世間常是見則依色依受想行識我
及世間无常常无常非常非无常是見則

BD06324 號　小品般若波羅蜜經卷五　（22–9）

可現以如實知不可現以得須菩提如
來因般若波羅蜜知衆生諸出沒云何如
來知衆生諸出沒衆生所趣出沒皆依色
生依受想行識生何等是諸出沒所謂我
及世間常是見則依色依受想行識我
及世間无常常无常非常非无常是見則
依色依受想行識世間有邊是見則依色
依受想行識世間无邊有邊无邊非有邊
非无邊是見則依色依受想行識死後如
去是見則依色依受想行識死後不如去
如去不如去非如去非不如去是見則
依色依受想行識身是則我是見則依色
依受想行識我異於身是則見依色依受
想行識如是須菩提如來因般若波羅蜜
知衆生諸出沒復次須菩提如來因般若
波羅蜜知色相云何知色相知如如須菩
提如來知受想行識相云何知識相知如
如須菩提五陰如即是如來所說出沒如
五陰如即是世間如五陰如即是一切法
如一切法如即是須陁洹果如斯陁含
果阿那含果阿羅漢果辟支佛道辟支
佛道如即是如來如是諸如皆是一如无
二无別无盡无量如是須菩提如來因般
若波羅蜜得是如相如是須菩提般若波
羅蜜示諸佛世間能生諸佛諸佛知世間
如如實得是如故名為如來須菩提白佛

BD06324號　小品般若波羅蜜經卷五　（22-10）

佛道如即是如來如是諸如皆是一如无
二无別无盡无量如是須菩提如來因般
若波羅蜜得是如相如是須菩提般若波
羅蜜示諸佛世間能生諸佛諸佛知世間
如如實得是如故名為如來須菩提白佛
言世尊是如甚深諸佛阿耨多羅三藐三
菩提從是如生世尊如來得是深法能為
衆生說是如相如是如相誰能信者唯有
阿鞞跋致菩薩及具足見者滿願阿羅漢
乃能信之須菩提是如无、盡佛如實說是无盡

摩訶般若波羅蜜相无相品第十三

尒時釋提桓因及欲色万天子梵世二万
天子俱詣佛所頭面作禮却住一面白佛
言世尊佛所說法甚深於此法中云何住
相佛告諸天子諸法以空為相以无相无
作无願无起无生无滅无依止為相諸天
子言如來說是諸相如空无所依止如是
諸相一切世間天人阿脩羅所不能壞何
以故一切世間天人阿脩羅亦是相故世
尊是諸相非手所作是諸相不在色數不
在受想行識數是諸相非人非、人所作佛
告欲色界諸天子若人問言虛空誰所作
者是人為正問不不也尊、世虛空无有作
者何以故虛空无為故諸天子此諸相亦
如是有佛无佛常住不異諸相常住故如

BD06324號　小品般若波羅蜜經卷五　（22-11）

在受想行識數是諸相非人非人所作佛
言欲色界諸天子若人問言虛空誰所作
者是人為正問不不也世尊虛空无有作
者何以故虛空无為故諸天子此諸相亦
如是有佛无佛常住不異諸相常住故如
來得之名為如來諸天子如來所説諸相
甚深諸佛智慧无閡故能示如是亦能説
般若波羅蜜行相世尊般若波羅蜜是諸
佛行處亦如是示諸佛世間復次須菩提
諸佛依止於法供養恭敬尊重讃嘆於法
所謂法者是般若波羅蜜諸佛供養恭敬
尊重讃嘆般若波羅蜜何以故般若波羅
蜜尊重讃嘆般若波羅蜜何以故般若波羅
蜜出生諸佛故須菩提如來知恩知報恩
者若人正問何等是知恩知報恩者當答
佛是知恩知報恩者須菩提云何佛是知
恩知報恩者如來所行道所行法得阿耨
多羅三藐三菩提即還護念是道是法以
是事故當知是佛知恩知報恩者復次須
菩提如來知一切法无作亦是如來知作
恩者須菩提如來因般若波羅蜜知一切
法无住相得如是智慧以是因緣故般若
波羅蜜亦如是示諸佛世間世尊若一切
法无智者无見者云何般若波羅蜜示諸
佛世間須菩提如是如是一切法无知者

BD06324號　小品般若波羅蜜經卷五　(22–12)

恩者須菩提如來因般若波羅蜜知一切
法无住相得如是智慧以是因緣故般若
波羅蜜亦如是示諸佛世間世尊若一切
法无智者无見者云何般若波羅蜜示諸
佛世間須菩提如是如是一切法无知者
无見者須菩提云何一切法无知者一切
法空故云何一切法无見者一切法无所
依故是故一切法无知者无者見須菩提
如來因般若波羅蜜得如是法須菩提般
若波羅蜜亦如是示諸世間不見色陰故
示世間不見受想行識故示世間般若波
羅蜜如是示諸佛世間世尊云何名為不
見色陰故示世間云何名為不見受想行識
故示世間須菩提若不緣色生識是名不
見色不緣受想行識生識是名不見識
若如是不見世間是名真見世間復次須菩
提世間空般若波羅蜜如實示世間空
世間離相般若波羅蜜如實示世間離相
世間淨般若波羅蜜如實示世間淨世間
寂滅般若波羅蜜如實示世間寂滅須菩
提白佛言世尊般若波羅蜜為大事興故
出般若波羅蜜為不可思議事不可稱事
不可量事无等等事故出佛言如是如是
須菩提般若波羅蜜為大事故出為不可
思議事不可稱事不可量事无等等事故

BD06324號　小品般若波羅蜜經卷五　(22–13)

提白佛言世尊般若波羅蜜為大事興故
出般若波羅蜜為不可思議事不可稱事
不可量事无等等事故出佛言如是如是
須菩提般若波羅蜜為大事故出為不可
思議事不可稱事不可量事无等等事故
出須菩提云何般若波羅蜜為大事故出
不可思議事不可稱事不可量事无等等
事故出須菩提如來法佛法自然法一切智
人法廣大不可思議不可籌量如是須
菩提般若波羅蜜為大事不可思議事故
出云何般若波羅蜜為不可稱事不可
量事故出須菩提如來法佛法自然法一
切智人法不可稱不可量是故須菩提般
若般羅蜜為不可稱事不可量事故出須
菩提云何般若波羅蜜為无等等事故出
須菩提一切无与如來等者何况有勝如
是須菩提般若波羅蜜為无等等事故出
世尊但如來法佛法自然法一切智人法不
可思議不可稱不可量色亦不可思議不
可稱不可量受想行識亦不可思議不可
稱不可量須菩提色亦不可思議不可稱
不可量受想行識亦不可思議不可稱不
可量一切諸法亦不可思議不可稱不可
量何以故須菩提諸法實相中无心心數
法須菩提色亦不可稱受想行識亦不可
稱一切法亦不可稱此中无有分別故須

不可量受想行識亦不可思議不可稱不
可量一切諸法亦不可思議不可稱不可
量何以故須菩提諸法實相中无心心數
法須菩提色亦不可稱受想行識亦不可
稱一切法亦不可稱此中无有分別故須
菩提色不可量受想行識亦不可量一切
法亦不可量何以故色量受想行識量
一切法量不可得何以故色量
不可得受想行識量可得一切法量不
可得須菩提色量无所有故不可得受想
行識量无所有故不可得須菩提於汝意
云何虛空有心心數法不不也世尊須菩
提以是因緣一切法不可量思議稱諸籌量
故名不可思議滅諸稱故名不可稱須菩
提稱者即是識業須菩提无量者過諸量
故須菩提如虛空不可思議不可稱不可
量諸如來法佛法自然法一切智人法亦
如是不可思議不可稱不可量說是不可
思議无等等法時五百比丘廿五比丘尼
不可受一切法故漏盡心得解脫六万優婆塞
三万優婆夷於諸法中得法眼淨廿菩薩
得无生忍於賢劫中皆當成佛爾時須菩
提白佛言世尊是深般若波羅蜜為大事
故出乃至為无等等事出佛言如是如是
須菩提深般若波羅蜜為大事故出乃至為

得无生忍於賢劫中當成佛尒時須菩
提白佛言世尊是深般若波羅蜜為大事
故出乃至為无等等事出佛言如是
須菩提深般若波羅蜜為大事故出乃至為
无等等事故出諸佛菩薩皆在般若
波羅蜜中一切聲聞辟支佛地皆在般若
波羅蜜中須菩提譬如灌頂王剎利王
若諸職事聚落事皆付大臣王无所憂如
是須菩提諸如来亦如是所有聲聞事辟
支佛皆在般若波羅蜜中般若波羅蜜能
辦其事是故須菩提當知般若波羅蜜
為大事故出乃至為无等等事故出須菩
提般若波羅蜜不受不著色故出不受不
著受想行識故出不受不著須陁洹果斯
陁含果阿那含果阿羅漢果辟支佛道故
出乃至薩婆若亦不受不著故出須菩提
白佛言世尊云何般若波羅蜜不受薩婆
若不著薩婆若須菩提於意云何汝見
是阿羅漢法可受可著不不也世尊我不
見是法可生著者佛言善哉善哉須菩提
我亦不見如来法以不見故不受不著是
故須菩提菩薩亦不受不可著尒時欲色
界諸天子白佛言世尊是深般若波羅蜜
難解難得若能信解是深般若波羅蜜者
當知是人已於先世供養諸佛世尊若三
千大千世界皆住信行於信行地中脩行

BD06324 號　小品般若波羅蜜經卷五

（22–16）

故須菩提菩薩亦不受不可著尒時欲色
界諸天子白佛言世尊是深般若波羅蜜
難解難得若能信解是深般若波羅蜜者
當知是人已於先世供養諸佛世尊若三
千大千世界皆住信行於信行地中脩行
若一劫若减一劫若人一日行深般若波
羅蜜籌量思惟觀忍通利是福為勝佛告
諸天子若善男子善女人聞是深般若波
羅蜜是人疾得涅槃信行地中脩行者若
一劫若减一劫所不能及尒時欲色界諸
天子頭面礼佛足遶佛而出去此不遠忽
然不現欲界諸天子還至欲色界諸天子
還至色界尒時須菩提白佛言世尊若菩
薩有能信解是深般若波羅蜜是人於何
處終来生此間須菩提若菩薩聞是深般
若波羅蜜即時信解不疑不難樂見樂聞
常行是念不離說般若波羅蜜者須菩提
譬如新生犢子不離於母菩薩亦如是聞
深般若波羅蜜不離說法者乃至得讀誦
得書寫般若波羅蜜須菩提當知是菩薩
人中命終来生人中世尊頗有菩薩有成
就如是功德於他方世界供養諸佛於彼命
終来生此不須菩提有菩薩成就如是功
德於他方世界供養諸佛於彼命終来生
此間復次須菩提若菩薩成就如是功德

BD06324 號　小品般若波羅蜜經卷五

（22–17）

哉如是功德於他方世界供養諸佛於彼命
終來生此不須菩提有菩薩成就如是功
德於他方世界供養諸佛於彼命終來生
此間復次須菩提若菩薩成就如是功德
於兜率天上聞彌勒菩薩說般若波羅
蜜問其中事於彼命終來生此間復次須
菩提若人先世聞是深般若波羅蜜不問
其義是人若生人中心續疑悔難悟須菩
提當知是人於前世不問所致何以故於
是深般若波羅蜜中心疑難悟故復次須
菩提若人先世若一日若二日三日四日五
日聞是深般若波羅蜜問其中事而不
能隨所說行是人轉身續得聞是深般若
波羅蜜問其義趣信心无閡若離法師不復
問難還為因緣所牽失是深般若波羅蜜
何以故須菩提法應尒若人能問難
是深般若波羅蜜不能隨所說行或時樂
聞深般若波羅蜜或時不樂其心輕躁如
少疊毛當知是善菩薩新發大乘是菩薩信
心清淨若不為般若波羅蜜所護於二地
中當墮一處若聲聞地若辟支佛地
摩訶般若波羅蜜船喻品第十四
尒時佛告須菩提譬如大海中船卒破其中
人若不取木若板若浮囊若死屍當知是

BD06324號　小品般若波羅蜜經卷五　（22–18）

中當墮一處若聲聞地若辟支佛地
摩訶般若波羅蜜船喻品第十四
尒時佛告須菩提譬如大海中船卒破其中
人若不取木若板若浮囊若死屍當知是
人不到彼岸沒水而死須菩提其中人若取
木板浮囊死屍當知是人不沒水死安隱
无惱得至彼岸須菩提菩薩亦如是於阿
耨多羅三藐三菩提有信有忍有樂有淨
心有深心有欲心有信有捨有精進不取
般若波羅蜜當知是人中道退沒墮聲
聞辟支佛地須菩提若菩薩於阿耨多羅三藐
三菩提有信有忍有樂有淨心有深心
有欲有解有捨有精進取般若波羅蜜為
是諸般若波羅蜜可守護故中道不退過
聲聞辟支佛地當住阿住阿耨多羅三
藐三菩提須菩提譬如有人持坏瓶於河
井池泉水取當知是瓶爛壞不久還歸於
地何以故瓶未熟故須菩提菩薩亦如是
於阿耨多羅三藐三菩提有信有忍有樂
有淨心有深心有欲有解有捨有進不為
般若波羅蜜方便所護故當知是人未得
薩婆若中道退轉須菩提云何為菩薩中
道退轉所謂若墮聲聞地若墮辟支佛地須
菩提譬如有人持熟瓶於河井池泉取水當
知是瓶堅固不壞持水而歸何以故是瓶已

BD06324號　小品般若波羅蜜經卷五　（22–19）

般若波羅蜜方便所護故當知是人未得
薩婆若中道退轉須菩提云何為菩薩中
道退轉所謂若聲聞地若辟支佛地須
菩提譬如有人持熟瓶於河井池泉取水當
知是瓶堅固不壞持水而歸何以故是瓶已
熟故須菩提菩薩亦如是於阿耨多羅三
藐三菩提有信有忍有樂有淨心有深心
有欲有解有捨有進為般若波羅蜜方便
所護故當知是菩薩不中道退轉安隱得
到薩婆若須菩提譬如大海邊船未被裝
治推著水中載諸寶物當知是船中道漏沒
敗失財物用是賈客無方便故名失財物
自致憂惱須菩提菩薩亦如是於阿耨
多羅三藐三菩提有信乃至有進不為般
若波羅蜜方便所護故未到薩婆若中道
而退失於大寶而自憂惱中道退者若隨
聲聞地若隨辟支佛地失大寶者失薩婆若
大寶須菩提譬如大海邊船裝治堅牢
推著水中載諸財物當知是船不中道破
隨所至處必能得到須菩提菩薩亦如是
於阿耨多羅三藐三菩提有信乃至有進
為般若波羅蜜方便所護故當知是菩薩
於阿耨多羅三藐三菩提不中道退轉何
以故須菩提法應合若菩薩於阿耨多羅
三藐三菩提有信乃至有進為般若波羅

BD06324 號　小品般若波羅蜜經卷五　（22–20）

為般若波羅蜜方便所護故當知是菩薩
於阿耨多羅三藐三菩提不中道退轉何
以故須菩提法應合若菩薩於阿耨多羅
三藐三菩提有信乃至有進為般若波羅
蜜方便所護故不隨聲聞辟支佛地但以
是諸功德向阿耨多羅三藐三菩提須菩
提譬如老公年百廿而有疾病風寒冷熱
須菩提於意云何是人能從牀起不不也
世尊須菩提是人或時能起世尊假令能
遠行若十里若廿里何以故是為老病
所侵雖復能起不能遠行須菩提菩薩亦
如是雖發阿耨多羅三藐三菩提心於阿
耨多羅三藐三菩提有信乃至有進不為
般若波羅蜜方便所護故未得薩婆若中
道退轉隨聲聞辟支佛地須菩提是百廿
歲老人雖有風寒冷熱之病若從牀起有
二健人各扶一掖安隱之言隨意所至我
等好相扶侍勿畏中道有所墮隨須菩提
菩薩亦如是於阿耨多羅三藐三菩提有信
乃至有進為般若波羅蜜方便所護故當
知是菩薩不中道退轉能得阿耨多羅三
藐三菩提

小品卷第五

BD06324 號　小品般若波羅蜜經卷五　（22–21）

二健人各扶一掖安隱之言隨意所至我
等好相扶侍勿畏中道有所墮臨須菩提
菩薩亦如是於阿耨多羅三藐三菩提有信
乃至有進為般若波羅蜜方便所護故當
知是菩薩不中道退轉能得阿耨多羅三
藐三菩提

小品卷第五

BD06324 號　小品般若波羅蜜經卷五　（22–22）

德本衆人愛敬无盡意觀世音菩薩有如
是力若有衆生恭敬礼拜觀世音菩薩福不唐
捐是故衆生皆應受持觀世音菩薩名号无
盡意若有人受持六十二億恒河沙菩薩名字
復盡形供養飲食衣服卧具醫藥於汝意
云何是善男子善女人功德多不无盡意言
甚多世尊佛言若復有人受持觀世音菩
薩名号乃至一時礼拜供養是二人福正等无
異於百千万億劫不可窮盡无盡意受持觀
世音菩薩名号得如是无量无邊福德之利
无盡意菩薩白佛言世尊觀世音菩薩云何
遊此娑婆世界云何而為衆生說法方便之力
其事云何佛告无盡意菩薩善男子若有國
土衆生應以佛身得度者觀世音菩薩即
現佛身而為說法應以辟支佛身得度者
即現辟支佛身而為說法應以聲聞身得度者

BD06325 號　觀世音經　（6–1）

无盡意菩薩白佛言世尊觀世音菩薩云何
遊此娑婆世界云何而為衆生說法方便之力
其事云何佛告无盡意菩薩善男子若有國
土衆生應以佛身得度者觀世音菩薩即
現佛身而為說法應以辟支佛身得度者
即現辟支佛身而為說法應以聲聞身得度
者即現聲聞身而為說法應以梵王身得度者
即現梵王身而為說法應以帝釋身得度者
即現帝釋身而為說法應以自在天身得度者
即現自在天身而為說法應以大自在天身得
度者即現大自在天身而為說法應以天大將
軍身得度者即現天大將軍身而為說法
應以毗沙門身得度者即現毗沙門身而為
說法應以小王身得度者即現小王身而為說
法應以長者身得度者即現長者身而為說
法應以居士身得度者即現居士身而為說
法應以宰官身得度者即現宰官身而為說
法應以婆羅門身得度者即現婆羅門身而為說
法應以比丘比丘尼優婆塞優婆夷身得度者
即現比丘比丘尼優婆塞優婆夷身而為說
法應以長者居士宰官婆羅門婦女身得度
者即現婦女身而為說法應以童男童女身得
度即現童男童女身而為說法應以天龍夜
叉乾闥婆阿脩羅迦樓羅緊那羅摩睺

BD06325號　觀世音經

（6–2）

法應以長者居士宰官婆羅門婦女身得度
者即現婦女身而為說法應以童男童女身得
度即現童男童女身而為說法應以天龍夜
叉乾闥婆阿脩羅迦樓羅緊那羅摩睺
羅伽人非人等身得度者即皆現之而為
說法應以執金剛神得度者即現執金剛神
而為說法无盡意是觀世音菩薩成就如是功
德以種種形遊諸國土度脫衆生是故汝等
應當一心供養觀世音菩薩是觀世音菩薩
摩訶薩於怖畏急難之中能施无畏是故
此娑婆世界皆号之為施无畏者无盡意菩
薩白佛言世尊我今當供養觀世音菩薩
即解頸衆寶珠瓔珞價直百千兩金而
以與之作是言仁者受此法施珎寶瓔珞
時觀世音菩薩不肯受之无盡意復白
觀世音菩薩言仁者愍我等故受此瓔珞
尒時佛告觀世音菩薩當愍此无盡意菩
薩及四衆天龍夜叉乾闥婆阿脩羅迦樓羅
緊那羅摩睺羅伽人非人等故受是瓔珞即
時觀世音菩薩愍諸四衆及於天龍人非人等
受其瓔珞分作二分一分奉釋迦牟尼佛一分
奉多寶佛塔无盡意觀世音菩薩有如是
自在神力遊於娑婆世界尒時无盡意菩薩
以偈問曰

BD06325號　觀世音經

（6–3）

時觀世音菩薩愍諸四衆及於天龍人非人等
受其瓔珞分作二分一分奉釋迦牟尼佛一分
奉多寶佛塔无盡意觀世音菩薩有如是
自在神力遊於娑婆世界尒時无盡意菩薩
以偈問曰
世尊妙相具　我今重問彼　佛子何因緣　名爲觀世音
具足妙相尊　偈答无盡意　汝聽觀音行　善應諸方所
弘誓深如海　歷劫不思議　侍多千億佛　發大清淨願
我爲汝略說　聞名及見身　心念不空過　能滅諸有苦
假使興害意　推落大火坑　念彼觀音力　火坑變成池
或漂流巨海　龍魚諸鬼難　念彼觀音力　波浪不能沒
或在須彌峯　爲人所推墮　念彼觀音力　如日虛空住
或被惡人逐　墮落金剛山　念彼觀音力　不能損一毛
或值怨賊繞　各執刀加害　念彼觀音力　咸即起慈心
或遭王難苦　臨刑欲壽終　念彼觀音力　刀尋段段壞
或囚禁枷鎖　手足被杻械　念彼觀音力　釋然得解脫
呪咀諸毒藥　所欲害身者　念彼觀音力　還著於本人
或遇惡羅刹　毒龍諸鬼等　念彼觀音力　時悉不敢害
若惡獸圍遶　利牙爪可怖　念彼觀音力　疾走无邊方
蚖蛇及蝮蠍　氣毒煙火然　念彼觀音力　尋聲自迴去
雲雷鼓掣電　降雹澍大雨　念彼觀音力　應時得消散
衆生被困厄　无量苦逼身　觀音妙智力　能救世間苦
具足神通力　廣修智方便　十方諸國土　无刹不現身

BD06325號　觀世音經　（6–4）

或遭王難苦　臨刑欲壽終　念彼觀音力　刀尋段段壞
或囚禁枷鎖　手足被杻械　念彼觀音力　釋然得解脫
呪咀諸毒藥　所欲害身者　念彼觀音力　還著於本人
或遇惡羅刹　毒龍諸鬼等　念彼觀音力　時悉不敢害
若惡獸圍遶　利牙爪可怖　念彼觀音力　疾走无邊方
蚖蛇及蝮蠍　氣毒煙火然　念彼觀音力　尋聲自迴去
雲雷鼓掣電　降雹澍大雨　念彼觀音力　應時得消散
衆生被困厄　无量苦逼身　觀音妙智力　能救世間苦
具足神通力　廣修智方便　十方諸國土　无刹不現身
種種諸惡趣　地獄鬼畜生　生老病死苦　以漸悉令滅
真觀清淨觀　廣大智慧觀　悲觀及慈觀　常願常瞻仰
无垢清淨光　慧日破諸闇　能伏災風火　普明照世間
悲體戒雷震　慈意妙大雲　澍甘露法雨　滅除煩惱焰
諍訟經官處　怖畏軍陣中　念彼觀音力　衆怨悉退散
妙音觀世音　梵音海潮音　勝彼世間音　是故須常念
念念勿生疑　觀世音淨聖　於苦惱死厄　能爲作依怙
具一切功德　慈眼視衆生　福聚海无量　是故應頂禮
尒時持地菩薩即從坐起前白佛言世尊若
有衆生聞是觀世音菩薩品自在之業普門
示現神通力者當知是人功德不少佛說是
普門品時衆中八万四千衆生皆發无等等
阿耨多羅三藐三菩提心

BD06325號　觀世音經　（6–5）

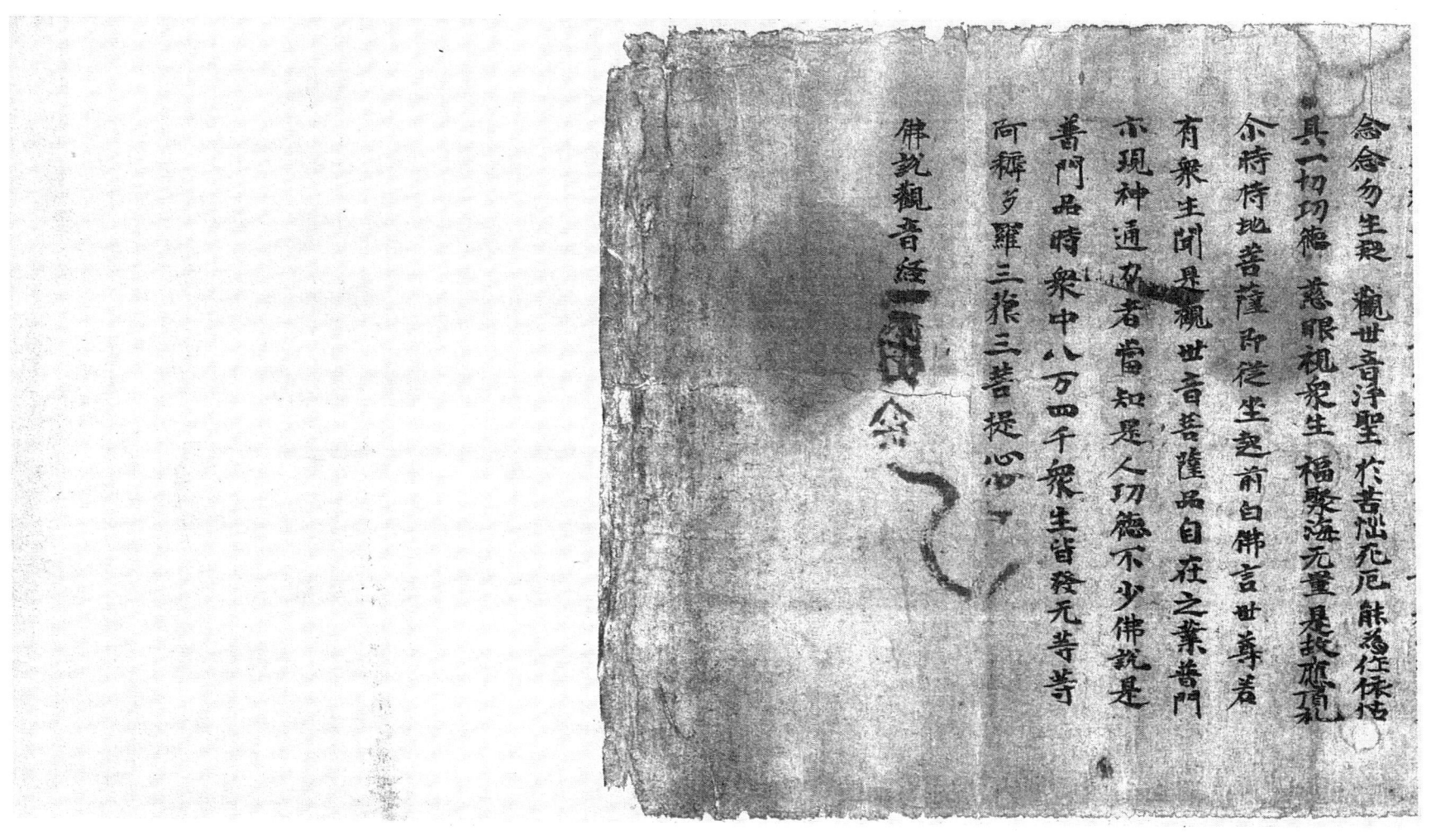

念念勿生疑　觀世音淨聖　於苦惱死厄　能為作依怙
具一切功德　慈眼視衆生　福聚海无量　是故應頂禮
尒時持地菩薩即從坐起前白佛言世尊若
有衆生聞是觀世音菩薩品自在之業普門
示現神通力者當知是人功德不少佛說是
普門品時衆中八万四千衆生皆發无等等
阿耨多羅三藐三菩提心
佛說觀音經一卷

BD06325號　觀世音經　（6–6）

是時虛空藏菩薩白佛言世尊以何方便令彼十惡一闡提眾生入一乘道佛告虛空
藏菩薩言善男子我一乘法即具三乘更無別說而住三乘汝當諦聽為汝宣說
善男子妙道玄甚一性無二以方便故而說三乘諸法三乘皆有一執一切眾生
雖有四種而於佛性亦無有二何以故一切諸佛一切眾生同一性相一體無異
眾生之心自起分別佛是眾生眾生是佛一切眾生皆有佛性佛性眾生性皆同
一性一性平等諸法故我有方便令入一乘善男子令彼眾生牢固心城
令賊入六識大門金剛守護觀心住處知心住處於心住處即不住心若不住心
心則不住不住諸患及以境界即無攀緣攀緣故心即無求心若無求心則無住著
無住處即名住心善男子眾生之心作諸煩惱皆為心神所起不住故其心若住即
無煩惱善無煩惱即是菩提虛空藏菩薩白佛言世尊一切眾生作諸煩惱
其心不住從何力起而住攀緣願佛慈悲為眾宣說佛言一切眾生作諸緣起有
二性力何等為二一者緣外境界起是緣性力二者不緣境界起自心自起
是自性力善男子令諸眾生不起二性則無煩惱則無菩提若無煩惱若無
菩提入真實處是真菩提汝等菩提薩若化眾生當令心住虛空藏
菩薩白佛言世尊若化眾生令其心住住在何處而得菩提佛讚虛空藏菩薩
薩言善哉善哉善男子汝能善問如是心義是大菩薩摩訶薩不可思
議汝當諦聽為汝宣說善男子若化眾生令其心住住不在內住不在
在中間諸佛乘法亦不在內亦不在外亦不在中間住一心神於無住
[illegible]若得菩提亦無菩提可得是名如如何以故煩惱妄生為妄空故
法不自生法亦空故此心但有空名心亦不可得心亦空故諸善男子若知心空
[illegible]空一空心中無見一切若見一切即名心垢心垢若無即名漏盡眼

BD06326號　法王經　　（11–1）

薩言善哉善男子汝能善問如是心義是大菩薩摩訶薩不可思
議汝當諦聽為汝宣說善男子若化衆生令其心住住不在內住不在
外中間諸佛乘法亦不在內亦不在外亦不在中間性一心神於无住
法不自生法亦空故此心但有空名心亦不可得心亦空故諸善男子若知心空
不應於一空心中妄見一切若見一切即名心垢心垢者无即名漏盡眼
妄除淨虛空藏菩薩白佛言世尊諸法若然一切衆生應於一身一心一世界
能入一佛世界一佛世界能入遍滿虛空一切佛世界佛告虛空藏菩薩言善
男子如是如是一切世界入一世界一一世界有一一蓮華座一一蓮華中各
有一如來座一一如來身充滿一切世界示現一切世界皆悉虛空諸佛
莊嚴一切世界有一一菩薩一一菩薩身充滿一切世界有大神力於一毛
孔中安置一切世界一切世界入一衆生身一一衆生身一一世界嚴
一一世界即是一佛世界一佛道場一菩提樹一菩提樹下各有一佛座
一一佛身亦充滿一切世界一一佛妙聲亦充滿一切世界一切世界皆隨
所應充示聞解皆為歡喜諸行者等知法在其身中不應而於他方一切世
界處處而求佛身應於一心一身一世界處而求佛身於一身中能生一切身於
一切身中能生一身何以故一身一佛身故一切衆生身衆身及諸佛身皆從一心生
一心若善諸法善盡一心若惡諸法惡盡若住惡業則生惡衆生之身若住
善業則生天人諸身若於一心離一心想於心想中空无所得復離空心界
於无取地能生佛身於佛身中一身無二一佛性故一佛性中即一心性於一心外更
无他求即為顛倒何以故一切心法无由外諸於外請處即名為他若求他處即為
虛妄虛空藏菩薩白佛言世尊於一心中而得佛者一切心中皆有佛性一切衆生
皆有佛性若各各能之身心即得成佛離此外更无求佛處佛告虛空藏菩薩
言善男子如是如是如汝所言一切衆生皆有佛性諸佛如來皆以一心法令諸一切
衆生一切之心於一心中而求佛法而得佛身虛空藏菩薩白佛言世尊若諸衆
生有佛性者於佛性中而求得佛一切衆生皆亦有心亦有佛性是為可得是為可見佛

虛妄虛空藏菩薩白佛言世尊於一心中而得佛者一切心中皆有佛性一切衆生
皆有佛性若各各能定身心即得成佛離此外更无求佛處佛告虛空藏菩薩
言善男子如是如是如汝所言一切衆生皆有佛性諸佛如來皆以一心法令諸一切
衆生一切之心於一心中而求佛法即得佛身虛空藏菩薩白佛言世尊若諸衆
生有佛性者於佛性中而求得佛一切衆生皆亦有心亦有佛性是為可得是為可見佛
告虛空藏菩薩言善男子入佛妙性實相之際亦不可得非不可得亦不可見非不可
見何以故菩薩若說佛性有即名謗佛說佛性无亦為謗佛說佛性亦有亦无亦為
謗佛說佛性非有非无亦為謗佛故以故菩薩衆生佛性非有 如虛空非无如兔角兔角
无故虛空常故非有質相非有空相離諸刑相无所著故不在生處是故不滅不住
滅處是故不斷衆生佛性妙相如是說佛性有即增益謗說佛性无損減謗說佛
性非有非无戲論謗說佛性似有似无相為謗虛空藏菩薩白佛言世尊衆生佛性
若妙如是離諸境界則无所染由如虛空體性常淨云何衆生住諸煩惱若住煩惱
心則是垢是心之垢從何而生唯願世尊為衆宣說令諸衆生皆悉聞知令諸衆
生破諸煩惱除蕩心垢永離蓋纏佛即嬉怡微笑以妙手掌摩菩薩頂放
大光明普照一切爾時大衆一切衆生皆大歡喜踊躍佛言菩薩為諸衆生問
如是問是（是惡問是度衆生若住他問是名邪問是）度衆生菩薩汝能正問是度衆生汝等衆生皆當一心專念諦聽除散
亂想无學物外坐性堅志為汝宣說若聞說者一切十惡衆生皆得解脫虛空藏
菩薩白佛言世尊我等大衆一切衆生皆以一心无餘亂想唯願世尊為衆宣說佛
告菩薩大衆等一切煩惱從顛倒生一切顛倒從忘想生一切忘想從有我生一切
有我從无本生一切无本生（即是）无住生无住无本即為不有有則為垢无則為淨於其
淨處是常波羅蜜是樂波羅蜜是我波羅蜜是淨波羅蜜若住是見名為正
見若作餘見名為耶見如是見者是人有慧作他見者是人无慧若有慧者則名
便解若无慧者則方便轉虛空藏菩薩白佛言世尊於其淨處若有衆生常
起常想起樂想常起我想常起淨想即是有慧即非顛倒也佛言善薩若
有衆生如是想者則名正想是人正見是人有慧何以故衆如法身常波羅蜜
樂波羅蜜我波羅蜜淨波羅蜜於清淨處是佛法身作是見者是人是稱
真一弟子從正法生從法化生從佛口生得佛四依雖曰凡夫是四依菩薩善

便解若無慧者則方便縛虛空藏菩薩白佛言世尊於其淨處若有衆生常
起常想起樂想常起我想常起淨想即是有慧即非顛倒也佛言菩薩若
有衆生如是想者則名正想是人正見是人有慧何以故如來法身常波羅蜜
樂波羅蜜我波羅蜜淨波羅蜜於清淨處是佛法身作是見者是人是佛
真一弟子從正法生從法化生從佛口生得佛四依雖是凡夫是四依菩薩善
男子於我滅後若五百歲若千歲若千五百歲後若復有人於能此經受持
讀誦如說脩行於常樂我淨處信心正見復以此法教一衆生即名菩薩雖
是凡夫得受供養是出家人虛空藏菩薩白佛言世尊夫是出家之人剃
除鬚髮而披法服受持具戒不染於俗是名出家得受供養如來今者說凡
夫人是為出家得受供養不了其義願佛慈悲為我宣說佛告虛空藏菩
薩言善男子剃除鬚髮者剃除名相伏身無我而披法服者直心無諂
離俗故持具戒者不毀禁故我說彼人是名出家雖是凡夫能伏身心不起我
慢不染塵垢久離於俗心如金剛不壞戒性雖是凡夫是真出家復於此
教大乘經中脩行如說信佛語故見常樂我淨為衆生宣說雖是凡夫是
四依人是行菩薩行得受供養名曰行者得惠方便說大乘法如是法性
不離心從心化生湛然常一一相無二於一相中亦無內外亦無中間離一切故善
離一切即無生滅若無生滅即是真如真如常住法僧不滅三界衆生自
生自滅善男子是故我說衆生無我諸佛如來是真實我能破生死根故
汝等衆生若求常住當離諸欲住無生行虛空藏菩薩白佛言世尊住何
行業名無生行佛言諸善男子我不生他則他不生我何以故斷性清淨空
非有非無境界常空清淨非無非不斷菩薩諸佛如來恒以一味一性之香
熏諸衆生一心性淨而諸智者得會空解而諸愚者入迷執縛何以故
智者衆生無有疑故於有覺性覺諸無明不起無覺不空不定入一清淨永離諸
惱愚者衆生為有疑故於有無覺性不覺無明起即無覺住諸塵惱若悟有覺
則無無覺若無無覺則病不生若病不生則無有覺若無有覺若無無覺即無疑心何
以故一疑心中有二意故若無疑心即不生病若有生處即入空舍一性真空有為無相違
覺處起即空內化菩薩今諸衆生當斷疑心而住疑心即不即疑心離諸可取無含故逆違

非有非无境界常空清淨非无非不斷菩薩諸佛所來恒以一味一性之香
燻諸衆生一心性淨而諸智者得會空解而諸愚者入迷執縛何以故
智者衆生无有癡故於有覺性覺諸无明不起无覺不空不定入一清淨承離諸
惱愚者衆生爲有疑故於有無覺性不覺无明起即无覺住諸塵惱若悟有覺
則无无覺若无无覺則病不生若病不生則无有覺若无有覺若无无覺即无疑心何
以故一疑心中有二意故若无疑心即不生病若有生處即入空舍一性真空有爲无相違
境緣起如空幻化菩薩令諸衆生當斷疑心而住疑心即不即於心離諸可欲无令發逆往生
念處即須當斷若无念心前後念不相違即得順理不起无明不定有覺本不動故若
起念時止念前起虛空藏菩薩白佛言世尊念前起作何法覺而能止之佛言菩薩令諸
行者每觀心住處知心住處即不住心是以覺故覺則止之念若不起即无止觀若有
起處安住虛空一性空中深淨俱滅自性清淨不取不捨念亦不生无生无行尋行處滅
言語道斷一佛性覺更无餘覺妙性常存猶如虛空不著一切菩薩若行此行
猶如執杖以打虛空不染而著是名淨行若有染處即入方外邪行淨地一心无二入定
正性觀一實諦而以懺悔爾時衆中有一一闡提名曰多欲從昔以來多作惡業專行十
惡爲諸增盡康始四蛇牽引爲諸妄相二鼠嚙斷心根猶有如人纏懸在樹四蛇在下
吐毒向之樹上二鼠齒纏欲斷若心滅即三業淨心若不滅眼色與六心俱爲妄想爲見所縛
將墮地獄爾時闡提因佛聞法於一念中心生慚愧欲聞如來懺悔之法心懷慚愧不
能發問於時如來以神通力即知其意欲令是人離諸苦惱出地獄故告語虛空藏菩
薩言善男子於我滅後若有一闡提之人多作惡業滅佛三寶謗正法作五逆重
罪如是人等命終之後必當墮落於諸地獄乃至十二大劫由不得出汝等菩薩當
發慈心令此衆生發露懺悔令其心垢清淨心垢既淨即得解脫虛空藏菩薩白佛言
世尊作何法悔而得罪除願佛慈悲爲分別說佛言菩薩若欲懺悔當觀實諦
若見實諦諸罪悉除佛說語已爾時衆中百千万億那衆生人及非人皆悉一心觀一實
諦觀見見已罪垢皆滅唯闡提人不見實諦其一闡提多欲即從座起五體投地而白
佛言世尊我心无明極重難復學觀不見諦從无始以來乃至今日純行十惡作何方
便令我得見實諦罪垢消除佛告多欲汝等一闡提皆悉一心爲汝分別解脫說多
欲汝等衆生當觀身心一佛性法身佛性即一无二若此二種能作一觀是名正觀亦
名一相正見若見有二即名爲邪若住邪見煩惱即生若无邪見煩惱不生煩惱若斷
即名清淨汝等衆生皆當一心觀一佛性之外更无所見若有所見皆爲塵妄作見

佛言世尊我心无明極重難復學觀不見諦從无始以來乃至今日純行十惡作何方
便令我得見實諦罪垢消除佛告多欲汝等一闡提皆悉一心為汝分別解脫說多
欲汝等衆生當觀身心一佛性法身佛性即一无二若此二種能作一觀是名正觀亦
名一相正見若見有二即名為邪若住邪見煩惱即生若无邪見煩惱不生煩惱若斷
即名清淨汝等衆生皆當一心觀一佛性之外更无可見若有所見皆為塵妄作是
塵妄則為顛倒多欲一心淨則多法淨一心垢則多法垢垢則為罪淨則為真心
若離垢罪即不生多欲白佛言世尊我從昔以來乃至今日作諸惡業无量无邊
歷千万劫今日發心觀一實諦无邊之罪皆悉除不願佛世尊為我解說令我无疑
佛言多欲若觀實諦諸罪悉除何以故多欲昔日垢心今日淨心一心无二更无別等
日心淨昔心亦淨是故當知從无數劫來所有諸罪皆悉除滅譬如千年塵鏡於以一拂
其鏡即明諸塵皆盡无有遺餘如又千年闇室然一炬燈諸闇皆盡汝等衆生
常應一心觀一實諦於諸法內作諸法行若離世間一切諸法何以故多欲世間動不
動法皆是敗壞其法若緣行亦无常行亦无常法則生滅離生滅法即名真諦
多欲譬如凡師作諸凡器隨心所欲其器无定其器相貌及以名字皆悉生滅
唯有凡性一性是常諸餘體段悉皆生滅是生滅體即不自生若不自生即是不
有多欲佛性如凡衆生性如器是生滅法若離諸業即是佛身觀一佛身即无他
業多欲白佛言世尊我觀實諦諸罪已滅復作何業而生法身佛告多欲若觀實
諦諸病不起罪垢俱息心如金剛必竟不壞善能持戒心如虛空內外清淨
善入禪聚心如風火諸行悲敬善依智惠佛名解脫故則能知見多欲汝能備
行是事即得五分法身多欲白佛言世尊五分法身有何因果佛言多欲佛性常
因法身常果何以故因心佛性緣法淨果離因離果則无因果亦若无因果是佛真身
多欲於心淨國當住寂靜當觀實念則此念中則生淨國可為衆生如如說法
入真心空離諸動說三識一性金剛不壞
尒時衆中復有菩薩名曰无行即從座起偏袒右肩右膝著地合掌向佛而
白佛言世尊若佛滅後一百五歲若千歲若千五百歲後若為衆生說法當何法說願佛
慈悲為衆宣說令我无疑佛告无行菩薩善男子若一千五百歲後為衆生說
法者說於不說相說義不說文如是說者是真說法若說文相動口動心皆是
誹謗善男子若於一切衆生處說法當如如相說平等相說何以故當時一切衆
生等同一心一佛性一性平等等諸法故於中若說高下即名耶說其人當破

尒時衆中復有菩薩名曰无行即從座起遍袒右肩右膝著地合掌白佛而
白佛言世尊若佛滅後後五百歲若千歲若千五百歲後若為衆生說法當何法說願佛
慈悲為衆宣說令我无疑佛告无行菩薩善男子若一千五百歲後為衆生說
法者說詳不說相說義不說文如是說者是真說法若說文相動口動心皆是
誹謗善男子若於一切衆生處說法當如如相說平等相說何以故當時一切衆
生皆同一病一心一佛性一性平等等諸法故於中若說高下即名邪說其口當破
其舌當裂何以故一切衆生心垢同一垢一切衆生心淨同一淨何以故一切衆生
一心淨則同一十善法淨一切衆生一心垢則同一十惡垢衆生若病應同一藥衆生
須藥應須一藥若說多法即名顛倒何以故為妄分別善惡法故破一切法故隨機說法
斷佛道故菩薩若當說法當如如法說无行菩薩白佛言世尊云何如如相說
佛告无行菩薩言善男子說一體真法是如如說真心具說是如如說无偏
執說是如如說无分別說是如如說住心一淨處說是如如說諸說不可說是如
如說尒時无行菩薩欲令大衆一切衆生悉皆明了重白佛言世尊云何說可不說
是如如說佛告无行菩薩言善男子說一切諸法自相空故即不可說一切
諸法无相說即不可說一切諸法无住說即不可說善男子若如是說即不可說
是如如說无行菩薩白佛言世尊法若如是云何真心具說佛告无行菩薩
言善男子真心者具以心言如來藏說不以自心說具者具十善義具四諦義具十二因
緣義具六波羅蜜義具三解脫門義具如是等法於一心中一佛性地等一淨說是
名具說是如如說何以故一切諸法攝為一故譬如菩薩等我此一淨法猶如一大海水水性一味
種種所寶所有求者隨心即得猶如一神丹種種諸雜藥和合而以成之療治一切病服者
一一除愈等一淨法一心淨一佛性淨法亦復如是等法諸故如是說者是名淨說若說
者是密藏說何以故一切衆生皆有佛性无无佛性人但覺有遠近无无法身人者有遠近根機
為小乘人說小乘法為一闡提人說一闡提法若如是說即名不識佛道法是斷佛性是誠佛身
是說法人當應百千万劫墮諸地獄縱佛出世由不得出縱令得出若生人中即生邊地下
賤無有三寶聲聞无名稱如是報何以故菩薩衆生之性則是法性法性常即身是一切諸佛相
好從本以來无得无失无出无沒性常真實亦无虛妄亦无煩惱亦无涅槃亦无增損
究竟清淨一性清淨即是菩提清淨性菩提性一性无二平等清淨言語道斷猶如虛空
內外清淨是一淨清亦无處內外亦不在中間无言无說云何於中分別病藥若无分別是
[illegible]

BD06326號　法王經

(11–7)

是說法人當應百千万[illegible]是一切諸賢聖相
戒與有三寶歟應而无厭如是報何以故菩薩衆生之性同是法性法性常淨即
始從本以來无得无失无出无沒性常真實亦无虛妄亦无煩惱亦无退盡亦无增損
究竟清淨一性清淨即是菩提清淨性菩提性一性无二平等清淨言語道斷猶如虛空
內外清淨是一淨清淨亦无處中外亦不處中間无言无說云何於中分別兩邊若无分別是
无亂亦智善男子離一心外一淨清外一佛性外即无佛可求即无法可說即无僧可得何
以故佛是法故法是僧故僧是无為故无為即是佛性故佛性則是法身故是故我說
此經唯說一衆生身一心一清淨一佛性一佛道場一菩提樹充滿一切世界入一切衆生身善
男子一切佛從此經生一切法從此經出一切僧從此經現受持是經者即名受持三寶
念此經者即名念三寶供養此經者即名供養三寶无行菩薩白佛言世尊云何念三寶
若念三寶得幾多福佛告无行菩薩言善男子若念三寶猶如虛空其福无量不
可思議若念三寶安住虛空心中乃至不見佛法僧是則不見諸法若不見諸法則
於法中不生疑惑於清淨處念一寶相一體三寶念是三寶无行菩薩白佛言世
尊於三寶中一心正念於煩惱處自心不起對緣不起於諸善法亦復如是住一淨
心法一佛性不動不住不違法體故諸衆生如救己身化諸衆生如化己身愛
諸衆生由如護眼是菩薩行非菩薩行願佛世尊為我宣說佛告无行菩薩
言是菩薩行者化衆生常念持心不倚語持行不持法若等法說說人不說字說
義不說文何以故佛性是義故何以故離文相故若取文相是為虛妄若
捨佛性是為失本善男子若失佛性而求佛者由如影中為人治病由如攢
冰而以求火由如无翼以為意欲高飛終無得法善男子於此經中調心取義
不得隨文當取真理若不取理即名虛妄亦復不得於其理上更取空相而作妄
即名空見一闡提但令衆生於一心中一佛性相觀知實有是實有相亦不在有亦
不在无觀知實有是實此妙有如如實相當即住心依此相處若住相處即名
清淨是清淨處住即无本住即是動是故諸佛如來從无本處建立一
切法爾時无行菩薩欲重宣此義而說偈言

大聖大佛尊　愍念群萌　為度衆生故　說實一乘教　我住慈悲地　憐愍衆生故
於諸了義處　問佛一乘心　如來所說法　皆離於世間　入實說佛性　諸法皆清淨
離文離相處　亦不中內外　說即不可說　故名說如如　是故平等法　住在於一性
一性清淨法　本來不垢穢　於空不空中　妙性常无縛　解脫非解脫　本淨不染故
諸法本不著　妄著如塵污　是還自為污　妙性常淨故　淨即无所淨　污亦无所污

BD06326號　法王經　（11–8）

大聖天中尊　愛習覆冥　為度眾生故　說真一乘經　我住慈悲地　憐愍眾生故
於諸了義處　開佛一乘心　如來所說法　皆離於世間　入實說佛性　諸法皆清淨
離文離相處　亦不中內外　諸佛不可說　故名說如如　是故平等法　住在於一性
一性清淨法　本來不生滅　於空不空中　妙性常無解　解脫非解脫　本淨無淨故
諸業本不著　妄者如染污　是還自為污　妙性常淨故　淨與無所淨　清淨無所污
淫性是為垢　諸性本相空　於性似狂花　善損迷惑　横性無生滅　狂花自來去
佛性本無生　離諸生滅處　無有動不動　性本常不故　二不二　不名不可說
亦須離諸見　不見處可見　常乘我淨故　見離是菩提　菩提妙覺性　不動無所覺
佛是無上尊　一心一佛性　一佛一道場　一大菩提樹　能滿虛空界　普入眾生身
於真三寶中　同一無有二　不住於真處　亦不住空邊　入於妄有所　必覺空寂舍
本來無本處　達立一切法　教化諸眾生　使入如來藏
爾時佛見無行菩薩說偈語訖，即以神力放大光明，遍照三千大千世界。其光
明中現十方淨土，其諸國土皆悉嚴淨。其有一切園林池水，其池水中皆有五色蓮華。
臺其一一蓮華上各有一大城，其一一大城內皆有一清淨大摩尼寶，其一一摩尼寶內
有一如來，亦及一千二百五十人俱。其諸佛等皆為大眾說一乘法，悉令眾生
於一身中一佛一性一清淨處住心不動，不緣諸境，不入諸智，心如虛空，不染一切，
心如金剛，不壞諸戒，心如海水，恒流智慧，皆悉解脫，解脫知見，淨五不法身。爾時
無行菩薩及諸大眾、一切眾生見是事已，心大歡喜，皆住一心，不緣一切，入清淨
處。佛即放光，語諸大眾言：諸三者等，我欲入涅槃，時至。若我滅後五濁惡世
於此經中如說修行，觀一身心，不住諸惡，不離菩提，必得解脫，淨一乘者，佛
言無行菩薩言：若我滅後五濁惡世得見此經，得聞此義，其人即如值佛。若
我滅後若有一人能於此經受持讀誦，如說修行，其心不動，諸塵不觸，
過無塵跡。復以此經令諸眾生受持讀誦，復說其義，而以教之，是人雖
是凡夫，即是菩薩，如師子吼。爾時眾中復有菩薩名曰法王，即從座起，
繞佛三匝，卻住一面，五體投地，而白佛言：世尊，我於如來滅後五濁惡
世閻浮提中教化眾生，說此良藥，療治眾病，悉令除愈。復以此經金剛
惠刀剪諸眾生無明之囊，復以此經清淨法杖驅除眾生三毒之賊，
復以此經大智力士解脫眾生十纏之縛，復以此經大智法船運度眾生
令至彼岸，復以此經一性清淨法，令諸眾生皆得一身一心一佛一性一淨諸
[illegible]

BD06326號　法王經

（11–9）

諸佛三迊却住一面五體投地而白佛言世尊我於如來滅後五濁惡
世閻浮提中教化衆生說此良藥療治衆病悉令除愈復以此經金剛
惠刀剪諸衆生无明之蒼復以此經清淨法杖擬除衆生三毒之結
復以此經大智力士解脫衆生十纏之縛復以此經大智法船運度衆生
令至彼岸復以此經一性清淨法令諸衆生皆得一身一心一佛一性一淨諸
决定入一乘法定出地獄世尊若我不能救度衆生令諸衆生入諸地獄
所爲是我滅後佛身惟願世尊大慈聽許法門囑於我當我更說廣度衆生令
諸衆生少聞多解少見多知不求多聞以取證義於此法中必定解脫无餘疑問
願佛慈悲爲我宣說佛告大衆是法王菩薩已曾供養百千万億劫諸佛善能方
便救度衆生是大菩薩能以一味甘露接濟衆生之命汝等衆生及未來者若當受
持是菩薩名者復令大善知識轉讀此經廣說其義若有疾病皆悉得除諸惡鬼神
无能近者菩薩諸者如是利益衆生我以此經付囑於汝亦爲汝說救度衆生之法少聞多解
少見多知不求多聞以取證義汝等菩薩皆悉一心諦聽爲汝宣說一切衆生皆一心一佛
一性一切煩惱皆一心生皆從境智二處緣起何以故以緣性自性二種性力起二種力性從一
念妄心生是妄心无本若一念動時煩惱即起當觀此念知念妄心妄心无本无本即
无住若知无住即覺心生由於本淨淨心无念若心无念心即不動心若不動亦无住心
是名清淨清淨空心體性清淨亦淨可證離諸清淨故說清淨菩薩於淨清心中
无住无起无相无淨无增減必竟不染不離一處離名數故常不不不由如金剛不壞
一性獨如虛空無受一切由如蓮花不着愛水若行此行必定解脫超生死流出地
獄世菩薩此一心法一名懺悔解脫見實諦故二名法行解脫住一處故三名无行
解脫无住着故此三解脫皆一心生一切衆生无二心故一切衆生皆一乘故佛告法王菩薩
言善男子能知一法即知一切法一法不知一切法亦不知何以故諸法无不一相故菩
薩聞是一者即是少聞无法不知是名多解何以故一切法性歸一淨故見是一者
即見一切佛身何以故一切佛身從一清淨處生一淨之地是一切佛身一切道場一切佛
菩提樹善男子於此法中斷諸煩惱由如伐樹雖斷一根不斷枝葉何以故譬如有人
身着毒箭爲毒箭故身受楚痛當即拔箭其箭痛即除若不拔此箭痛
永不除待問箭无羽是何事箕其復問其竹是何山出復問其箭是誰之射是人
苦痛其命已終然拔其箭終知无益善男子心若有諸當即淨心心若有淨即名清
淨離諸有取能入无取何以故无本无住處常樂我淨故无本无住真如真實
不離一切本離離故性不離道處住无住故名心等一无異不共故不得常處
本不斷故不動不住性常一故一亦不一離名數故善男子六風不動大樹恒安一性
金剛一現不起前无不在住常空无生惠劍剪諸煩惱空解无等淨以自心魔

共痛其命已終然拔其箭終知无益善男子心若有諸當得淨心心若在淨即名清
淨離諸有取能入无取何以故无本无住處常樂我淨故无本无住真如真實
不離一切本離離故性不離道處住无住故与心等一无異不共故不在常處
本不斷故不動不淫性常一故一亦不一離名數故善男子大風不動大樹恒安一性
金剛二見不起有无不在住妙常空无生惠劍剪諸煩惱空解无导淨決自心魔
王不生悉滅不起善男子於此經中求實諦者如衆一栽不種枝葉但養其
根若得生者花菓自出我此少法亦復如是由如一阿摩勒菓種此一菓
即得无窮之菓我說此法於諸法中最為第一於諸乘中最為大乘王是故
此經名為法王又以此經付囑法王菩薩故名法王汝等大衆持是經者即
得脫諸難若當持者如在在處處持何以故佛性常於心中豁累空寂內禪真
實清淨金剛无入滅門常如如界在不在處在中空處中汝等大衆皆悉力
說時欲得至欲入涅盤是經名涅盤莊嚴般若波羅蜜无导解脫佛說
語已尒時大衆皆得涅盤若波羅蜜空脫无导尒時法王菩薩從拔地
起即於本處入大涅槃會空解脫於无著地舉足下足皆遊清淨合掌
向佛作礼而去

法王經一卷

佛說佛名經卷第十□
南无智衆佛
南无明王佛
南无无邊智稱佛
南无无比智華佛
南无勝月光明佛
南无稱名佛
南无稱名親佛
南无離惱佛
南无散華雞兜佛
南无波那他眼佛
南无十方稱名佛
南无寶光明佛
南无三界境界勢佛
南无虛空家境界佛
南无妙寶聲佛
南无智稱佛
南无善住佛
□□□智功德佛

□□□□□□
南无善放吉光佛
南无放炎佛
南无光明弥留佛
南无然尸棄佛
南无光明輪佛
南无盡境界佛
南无普境界佛
南无光明輪境界勝王佛
南无成就佛寶功德佛
南无一切功德佛

BD06327 號　佛名經（十六卷本）卷一五　（30-1）

南无三界境界勢佛
南无虛空家境界佛
南无妙寶聲佛
南无智稱佛
南无善住佛
南无起智功德佛
南无佛境界清淨佛
南无起智光明威德積聚佛
南无成就波頭摩王佛
南无第一境界法佛
南无半月光明佛
南无成就波頭摩功德佛
南无栴檀功德佛
南无黠慧行佛
南无无邊功德勝佛
南无光明雞兜佛
南无成就一切勝功德佛
南无住持炬佛
南无勝王佛
南无无邊山佛
南无无邊聲佛
南无寶弥留佛
南无拘脩摩敎佛
南无无垢離垢發脩行光明佛
南无金色華佛
南无種種華成就佛
南无成就華佛

南无光明輪界佛
南无盡境界佛
南无普境界佛
南无光明輪境界勝王佛
南无成就佛寶功德佛
南无一切功德佛
南无香像佛
南无寶山佛
南无能作无畏佛
南无作无邊功德佛
南无勝敵對佛
南无星宿王佛
南无虛空輪清淨王佛
南无无邊光明佛
南无種種寶佛
南无上首佛
南无寶窟佛
南无放光明佛
南无華蓋佛

BD06327 號　佛名經（十六卷本）卷一五　（30-2）

南无拘循摩数佛
南无上首佛
南无无垢離垢發脩行光明佛
南无金色華佛
南无寶窟佛
南无種種華成就佛
南无放光明佛
南无成就華佛
南无華蓋佛
南无不空發脩行佛
南无勝力王佛
南无淨聲王佛
南无无邊上王佛
南无无障眼佛
南无破諸趣佛
南无離疑佛
南无无相聲佛
南无畢竟成就无邊切德佛
南无寶成就勝佛
南无波頭摩得勝切德佛
南无寶妙佛
南无三世无㝵發脩行佛
南无无邊照佛
南无寶弥留佛
南无然燈勝王佛
南无成就智德佛
南无炬然燈佛
南无无上光明佛
南无切德王光明佛
南无弗沙佛
南无梵聲佛
從此以上一万一千五百佛十二部經一切賢聖
南无切德輪佛
南无十方燈佛
南无佛華成就德佛
南无娑羅自在王佛
南无華鬚佛
南无寶積佛
南无見種種佛
南无藥王佛
南无最上佛
南无賢勝佛
南无香妙佛
南无香勝難兜佛
南无旃檀屋佛
南无香難兜佛
南无无邊精進佛
南无過十光佛
南无无邊境界佛

BD06327號　佛名經（十六卷本）卷一五　（30–3）

南无見種種佛
南无藥王佛
南无最上佛
南无賢勝佛
南无香妙佛
南无香勝難兜佛
南无旃檀屋佛
南无香難兜佛
南无无邊精進佛
南无過十光佛
南无佛波頭摩妙佛
南无无邊境界佛
南无鶩怖波頭摩成就勝王佛
南无寶羅網佛
南无善住王佛
南无最勝香王佛
南无能與一切樂佛
南无能現一切念佛
南无不空名稱佛
南无寶光明佛
南无安隱與一切衆生樂佛
南无无邊虛空莊嚴勝佛
南无善莊嚴佛
南无虛空難兜佛
南无普華成就勝佛
南无可樂勝佛
南　无多寶佛
南　无聲相佛
南无无邊境界來佛
南无淨眼佛
南无高佛
南无不可降伏幢佛
南无可諂佛
南无无邊无際諸佛
南无月輪莊嚴王佛
南无最勝弥留佛
南无樂成就德佛
南无清淨諸弥留佛
南无安樂德佛
南无梵德佛
南无无导目佛
南无作无邊切德佛
南无善思惟成就願佛
南无清淨輪王佛
南无智高佛
南无勇猛仙佛
[illegible]无[illegible]留積佛
南无作方佛

BD06327號　佛名經（十六卷本）卷一五　（30–4）

南无善思惟成就願佛
南无清淨輪王佛
南无智高佛
南无智積佛
南无能忍佛
南无智護佛
南无隨衆生心現境界佛
南无鏡佛
南无離一切受境界无畏佛
南无无导寶光明佛
南无念一切佛境界佛
南无能現一切佛像佛
南无无相體佛
南无化聲善聲佛
南无海弥留佛
南无智華成就佛
南无獅佛
南无斷一切諸道佛
南无成就不可量功德德佛
南无樂成就勝境界佛
南无求无畏香佛
南无无障导香光明佛
南无雲妙鼓聲佛
南无无邊光佛
南无須弥山堅佛
南无得无畏佛
南无大燈佛

南无勇猛仙佛
南无作方佛
南无離諸有佛
南无妙功德佛
南无无邊寶佛
南无无导照佛
南无化聲佛
南无寶成就勝功德佛
南无无垢意佛
南无高威德山佛
南无離恨佛
南无普見佛
南无勝香須弥佛
南无月燈佛
南无勢燈佛

BD06327號　佛名經（十六卷本）卷一五

（30–5）

南无无障导香光明佛
南无雲妙鼓聲佛
南无无邊光佛
南无須弥山堅佛
南无得无畏佛
南无大燈佛
南无高脩佛
南无智自在王佛
南无无畏上佛
南无波婆娑佛
南无妙莊嚴佛
從此以上一万一千六百佛十二部經一切賢聖
南无香烏佛
南无无邊境界不空稱佛
南无不可思議功德王光明佛
南无種種華佛
南无无畏王佛
南无妙藥樹王佛
南无无邊意行佛
南无无邊光佛
南无无邊虛空境界佛
南无聲色境界佛
南无虛空勝佛
南无現諸方佛
南无无障眼佛
南无庭燎佛
南无无垢月威德光佛

南无普見佛
南无勝香須弥佛
南无月燈佛
南无勢燈佛
南无金剛生佛
南无智力稱佛
南无功德王佛
南无善眼佛
南无寶蓋佛
南无常獻香佛
南无常求安樂佛
南无无邊境界佛
南无无邊目佛
南无香上勝佛
南无勝功德佛
南无妙弥留佛
南无沙伽羅佛
南无然雞兜佛
南无智山佛
南无功德王光明佛

BD06327號　佛名經（十六卷本）卷一五

（30–6）

南无虚空勝佛　南无勝功德佛
南无現諸方佛　南无妙弥留佛
南无无障眼佛　南无沙伽羅佛
南无庭燎佛　南无然雞兜佛
南无无垢月威德光佛　南无智山佛
南无稱力王佛　南无功德王光明佛
南无智見佛　南无波頭勝成就佛
南无寶火佛　南无寶蓮華勝佛
南无断諸疑佛　南无領勝衆佛
南无雞兜王佛　南无華勝佛
南无放光明佛　南无照波頭摩光明佛
南无方王法雞兜佛　南无无邊步佛
南无无障㝵吼聲佛
南无无邊功德稱光明佛
南无世間涅槃无卷別脩行佛
南无无邊照佛　南无善眼佛
南无一蓋藏佛　南无放光明佛
南无過去未来現在莪脩行佛
南无无邊華佛　南无无邊淨佛
南无无邊光佛　南无无邊照佛
南无无邊明佛　南无妙明佛
南无无邊境界佛　南无无邊步佛
南无等蓋行佛　南无寶蓋佛
南无星宿王佛　南无蓋星宿佛
南无光明輪佛　南无光明王佛
南无勝光明功德佛　南无可不量光佛
南无不可量境界步佛

南无无邊境界佛　南无无邊步佛
南无等蓋行佛　南无寶蓋佛
南无星宿王佛　南无蓋星宿佛
南无光明輪佛　南无光明王佛
南无勝光明功德佛　南无可不量光佛
南无勝佛　南无不可量境界步佛
南无无㝵聲吼佛　南无大雲光佛
南无无闍梨尼佛　南无佛華光明佛
南无波頭摩勝華山王佛
南无星宿上首佛　南无放光明佛
南无三周單耶堅佛
南无不空見佛　南无頂勝功德佛
南无波頭頂勝功德佛　南无无癡佛
南无舡度佛　南无无盂步佛
南无離愚境界佛　南无无闇光明佛
南无无邊精進佛　南无娑羅自在王佛
南无寶娑羅佛　南无一蓋佛
南无蓋莊嚴佛　南无寶衆佛
南无稱衆香佛　南无旃檀屋佛
南无无邊光明佛　南无光輪佛
南无山莊嚴佛　南无无障㝵明佛
南无娑伽羅山佛　南无阿荷見佛
南无善眼佛　南无寶成佛
從此以上二万一千七百佛十二部經一切賢聖
南无一切功德勝佛　南无成就佛華功德佛
南无善住意佛　南无无邊方便佛
南无不空功德佛　南无寶勢佛

南无善眼佛　南无寶成佛
從此以上一万一千七百佛十二部經一切賢聖
南无一切功德勝佛　南无成就佛華功德佛
南无善任意佛　南无无邊方便佛
南无不空功德佛　南无寶勢佛
南无无邊脩行佛　南无嚴无邊功德佛
南无虛空輪光佛　南无无相聲佛
南无藥王佛　南无不怯弱佛
南无離諸畏毛竪佛　南无功德王光明佛
南无觀智起華佛　南无虛空家佛
南无虛空聲佛　南无虛空莊嚴佛
南无大眼佛　南无勝功德佛
南无成佛　南无佛波頭摩德佛
南无成功德佛　南无師子勝佛
南无成就義佛　南无師子護佛
南无善任王佛　南无梵山佛
南无淨目佛　南无不空跡步佛
南无香象佛　南无香德佛
南无香弥留佛　南无无邊眼佛
南无財屋佛　南无香山佛
南无寶師子佛　南无堅固衆生佛
南无妙勝任王佛　南无无邊境界勝佛
南无勝精進王佛　南无无疑佛
南无善星宿王佛　南无然燈佛
南无能作光明佛　南无光明山佛
南无光明輪佛　南无妙蓋佛
南无香蓋佛　南无寶蓋佛

BD06327號　佛名經（十六卷本）卷一五　（30–9）

南无妙勝任王佛　南无无邊境界勝佛
南无勝精進王佛　南无无疑佛
南无善星宿王佛　南无然燈佛
南无能作光明佛　南无光明山佛
南无光明輪佛　南无妙蓋佛
南无香蓋佛　南无寶蓋佛
南无香去蓋佛　南无旃檀勝佛
南无須弥山積聚佛　南无種種寶光明佛
南无堅固自在王佛　南无淨勝佛
南无淨眼佛　南无不弱佛
南无寶勝佛　南无施羅王佛
南无發脩行轉女根佛　南无无邊脩行佛
南无寂妙光佛　南无闍梨尼光明山佛
南无回王佛　南无梵勝佛
南无稱身佛　南无華山佛
南无轉胎佛　南无轉難佛
南无斷諸念佛　南无發起諸念佛
南无常脩行佛　南无住善佛
南无一藏佛　南无一山佛
南无无邊身佛　南无无邊精進佛
南无无光明輪佛　南无无邊功德王光佛
南无降伏一切諸怨佛
南无過一切魔境界佛
南无不可量華佛　南无不可量香佛
南无不可量聲佛　南无光明頂佛
南无光明勝佛　南无不離二佛
九十二部尊經大藏法輪

BD06327號　佛名經（十六卷本）卷一五　（30–10）

南无過一切魔境界佛
南无不可量華佛　南无不可量香佛
南无不可量聲佛　南无光明頂佛
南无光明勝佛　南无不離二佛
次礼十二部尊經大藏法輪
南无梵聲經　南无須陁洹四功德經
南无持戒而人熱王經　南无蓮華女經
南无國王薩經　南无阿毗曇經
南无金剛蜜經　南无持世經
南无阿那律八念經　南无等集經
南无迦羅越經　南无阿難問因緣持戒經
從此以上一万二千八百佛十二部經一切賢聖
南无薩和達王經　南无阿難邠祁四時施經
南无阿闍世王經　南无阿閦佛經
南无德光太子經　南无小阿闍經
南无阿陁三昧經　南无胞藏經
南无阿鳩留經　南无[illegible]一切智經
次礼十方諸大菩薩
南无滅惡世界儀意菩薩
南无普樂世界華莊嚴菩薩
南无普樂世界大智菩薩
南无安樂世界賢日光明菩薩
南无安樂世界師子吼身菩薩
南无蓮華樹世界寶首菩薩
南无安樂世界大勢至菩薩
南无炎氣世界法首菩薩
南无炎氣世界法英菩薩

BD06327號　佛名經（十六卷本）卷一五　（30–11）

南无安樂世界師子吼身菩薩
南无蓮華樹世界寶首菩薩
南无安樂世界大勢至菩薩
南无炎氣世界法首菩薩
南无炎氣世界法英菩薩
南无妙樂世界香首菩薩
南无妙樂世界衆香首菩薩
南无照明世界師子意菩薩
南无照明世界師子菩薩
南无不眴世界道御菩薩
南无光曜世界寶場菩薩
南无樂御世界慧步菩薩
南无樂御世界慧見菩薩
南无光察世界雨王菩薩
南无光察世界法王菩薩
南无愛見世界退魔菩薩
南无愛見世界右魔王菩薩
南无照曜世界顯熱音王菩薩
南无寶燈須弥山幢世界无上普妙德王菩薩
南无一切香集世界虛空藏菩薩
次礼聲聞緣覺一切賢聖
南无優波羅辟支佛　南无波頭辟支佛
南无善賢辟支佛　南无賢德辟支佛
南无須摩辟支佛　南无輪那辟支佛
南无留闍辟支佛　南无優留闍辟支佛
南无弗沙辟支佛　南无牛盈辟支佛
南无属蓋辟支佛　南无㝡後身辟支佛

BD06327號　佛名經（十六卷本）卷一五　（30–12）

南无優波羅辟支佛　南无波頭辟支佛
南无善賢辟支佛　南无賢德辟支佛
南无須摩辟支佛　南无輸那辟支佛
南无留闍辟支佛　南无優留闍辟支佛
南无非沙辟支佛　南无牛蓋辟支佛
南无漏盡辟支佛　南无最後身辟支佛
歸命如是等无量无邊辟支佛
　禮三寶已次復懺悔
衆等相與即今身心寂靜无諂无障正是生
善滅惡之時復應各起四種觀行以爲滅罪
作前方便何等爲四一者觀於因緣二者觀
於果報三者觀我自身四者觀如來身
第一觀因緣者知我此罪藉以无明不善思
惟无正觀力不識其過遠離善友諸佛菩薩
隨逐魔道行邪嶮逕如魚吞鉤不知其患如
蠶作繭自縈自縛如蛾赴火自燒自爛以是
因緣不能自出
第二觀於果報者所有諸惡不善之業三世
流轉苦果无窮沉溺无邊巨夜不悔爲諸煩
惱羅刹所食未來生死冥然无崖設使報得
轉輪聖王王四天下飛行自在七寶具足命
終之後不免惡趣四空果報三界尊極福盡
還作牛領中虫況復其餘无福德者而復
懈怠不懃懺悔此亦譬如抱石沉淵求出良
難
第三觀我自身雖有正因靈覺之性而爲煩
惱黑闇叢林之所覆蔽无了因力不能得顯

還作牛領中虫況復其餘无福德者而復
懈怠不懃懺悔此亦譬如抱石沉淵求出良
難
第三觀我自身雖有正因靈覺之性而爲煩
惱黑闇叢林之所覆蔽无了因力不能得顯
我今應當發起勝心破裂无明顛倒重障斷
滅生死虛僞苦因顯發如來大明覺慧建
立无上涅槃妙果
第四觀如來身无爲寂照離四句絶百非衆
德具足湛然常住雖復方便入於滅度慈悲
救接未曾暫捨如是等心可謂滅罪之良津
除障之要行是故弟子今日至到稽首歸依
佛
南无東方勝藏珠光佛　南无南方寶積示現佛
南无西方法界智燈佛　南无北方最勝降伏佛
南无東南方龍自在佛
南无西南方轉一切生死佛
南无西北方无邊智自在佛
南无東北方无邊功德月佛
南无下方海智神通佛　南无上方一切勝王佛
如是十方盡虛空界一切三寶至心歸命常住
三寶
弟子等无始以來至於今日長養煩惱日深
日厚日滋日茂覆蓋慧眼令无所見斷障衆
善不得相續起障不得見佛不聞正法不值聖
僧煩惱起障不見過去未來一切世中善惡
業行之煩惱障受人天尊貴之煩惱障生色

三寶
弟子等无始以来至於今日長養煩惱日深
日厚日滋日茂覆蓋慧眼令无所見斷障衆
善不得相續起障不得見佛不聞正法不值聖
僧煩惱起障不見過去未来一切世中善惡
業行之煩惱障受人天尊貴之煩惱障生色
无色界禪定福樂之煩惱障不得自在神通飛
騰隱顯遍至十方諸佛淨土聽法之煩惱障
學安那般那數息不淨觀諸煩惱障學慈悲
喜捨因緣煩惱障學七方便三觀義煩惱
障學四念處煖頂忍煩惱障學聞思循弟
一法煩惱障學空平等中道解煩惱障學
八正道示相之煩惱障學七覺枝不示相煩
惱障學於道品因緣觀煩惱障學八解脫九
空之煩惱障學於十智三三昧煩惱障學三
明六通四无㝵煩惱障學六度四等煩惱
障學四攝法廣化之煩惱障學大乘心四弘
誓願煩惱障學十明十行之煩惱障學十迴
向十願之煩惱障初地二地三地四地明解
之煩惱障五地六地七地諸知見煩惱障學
八地九地十地雙照之煩惱障如是乃至障
學佛果百万阿僧祇諸行上煩惱如是行障
无量无邊弟子今日至到稽顙向十方佛尊
法聖衆慚愧懺悔願皆消滅至心歸命常住
三寶
願藉此懺悔障於諸行一切煩惱願弟子在
在處處自在受生不為結業之所迴轉以如

无量无邊弟子今日至到稽顙向十方佛尊
法聖衆慚愧懺悔願皆消滅至心歸命常住
三寶
願藉此懺悔障於諸行一切煩惱願弟子在
在處處自在受生不為結業之所迴轉以如
意通於一念頃遍至十方淨諸佛土攝化衆
生於諸禪定甚深境界及諸知見通達无㝵
心能善周一切諸法樂說无窮而不染著得
心自在得法自在智慧自在方便自在令此
煩惱及无智結習畢竟永斷不復相續无漏
聖道朗然如日至心歸命常住三寶
佛說罪業報應教化地獄經
復有衆生吃嗽瘖瘂口不能言若有所說不
能明了何罪所致佛言已前世時坐誹謗三
尊輕毀聖道論他好惡求人長短強誣良善
憎疾賢人故獲斯罪
復有衆生腹大頸細不能下食若有所食變
為膿血何罪所致佛言已前世時偷盜僧食
或為大會施設餚饍故取麻米屛處食之慳
惜己物但貪他有常行惡心與人毒藥氣
息不通故獲斯罪
復有衆生常為獄卒燒熱鐵丁貫之百節
釘之以訖自然火生樊燒其身悉皆燋爛何罪
所致佛言已前世時坐為針師傷人身體不
能差病誑他取物徒令辛苦故獲斯罪
南无輪佛　南无不可量佛華光明佛

復有衆生常為獄卒燒熱鐵丁貫之百節
針之以訖自然火生樊燒其身悉皆燋爛何罪
所致佛言已前世時坐為針師傷人身體不
能差病誑他取物徒今革告故獲斯罪
南无輪佛　南无不可量佛華光佛
南无不可量聲佛　南无无明山佛
南无娑羅自在王佛　南无日面佛
南无善目佛　南无虚空佛
南无寶華佛　南无寶成佛
南无月華佛　南无發諸行佛
南无斷諸世間佛　南无无邊樂説佛
南无離諸覺畏佛　南无樂説一切境界佛
南无普香光明佛　南无香光佛
南无香弥留佛　南无香勝佛
南无香烏佛　南无香林佛
南无香王佛　南无波頭摩勝王佛
南无佛境界佛　南无寂妙佛
南无妙勝佛　南无散華佛
南无華蓋讃佛　南无華尼佛
南无金色華佛　南无香華佛
南无弥留王佛　南无導師佛
南无勝諸衆生佛　南无斷阿叉耶佛
南无發善行佛　南无善華佛
南无无邊香佛　南无普散香光明佛
南无普散香佛　南无普散佛
從此以上一万一千九百佛十二部經一切賢聖
南无普散波頭摩勝佛　南无寶闍梨尼手佛

BD06327號　佛名經（十六卷本）卷一五　（30–17）

南无勝諸[illegible]
南无發善行佛　南无善華佛
南无无邊香佛　南无普散香光明佛
南无普散香佛　南无普散佛
從此以上一万一千九百佛十二部經一切賢聖
南无普散波頭摩勝佛　南无寶闍梨尼手佛
南无起王佛　南无普佛國土一蓋佛
南无善住王佛　南无妙香佛
南无无邊智境界佛　南无不空發佛
南无不空見佛　南无无障目佛
南无不動佛　南无發生菩提佛
南无无量眼佛　南无有燈佛
南无普照佛　南无光明佛
南无一切佛國土佛
南无不斷慈一切衆生樂説佛
南无无垢步佛　南无无跡步佛
南无離一切憂佛　南无能離一切衆生有佛
南无勝山佛　南无香面佛
南无俱隣佛　南无大力勝佛
南无寶像波頭摩勝佛　南无拘牟頭成佛
南无高聲眼佛　南无上首佛
南无華成佛　南无无邊光明佛
南无月出光佛　南无十方稱佛
南无多羅歌王增上佛　南无无邊光明佛
南无寂勝香山佛　南无无畏佛
南无成就无畏德佛　南无成就見邊頂羅提佛
南无一切功德莊嚴佛　南无華王佛
南无不可奈大幢佛　南无增上讃光佛

BD06327號　佛名經（十六卷本）卷一五　（30–18）

南无月出光佛　南无十方稱佛
南无多羅歌王增上佛　南无无邊光明佛
南无寂勝香山佛　南无无畏佛
南无成就无畏德佛　南无成就見邊顛佛（功德）
南无一切功德莊嚴佛　南无華王佛
南无不可降伏幢佛　南无增上讃光佛
南无驚怖波頭摩勝佛　南无不異心成就勝佛
南无一切上佛　南无虛空輪清淨王佛
南无无相聲吼佛　南无寶趣功德佛
南无梵勝佛　南无障㝵香手佛
南无弥留山光明佛　南无波頭摩勝光佛
南无能作稱名佛　南无稱親佛
南无堅固自在王佛
南无過去如是等无量无邊佛
南无現在積聚无畏佛　南无寶功德光明佛
南无善護佛　南无寶光明佛
南无月莊嚴寶光明智威德聲王佛
南无拘蘇摩樹提不誤王通佛
南无清淨月輪佛　南无寂静月聲佛
南无阿僧祇住功德精進勝佛
南无善稱名勝佛
南无曰陁羅雞兜幢星宿王佛
南无普光明莊嚴勝佛　南无降伏敵對步佛
南无无㝵藥王樹勝佛
南无普功德光明莊嚴勝佛　南无師子佛
南无波頭摩步佛
南无寶波頭摩善住娑羅王佛

南无曰陁羅雞兜幢星宿王佛
南无普光明莊嚴勝佛　南无降伏敵對步佛
南无无㝵藥王樹勝佛
南无普功德光明莊嚴勝佛　南无師子佛
南无波頭摩步佛
南无寶波頭摩善住娑羅王佛
南无日光佛　南无大光佛
南无无邊光佛　南无波頭摩王佛
南无阿偶多羅佛　南无波頭摩勝佛
南无善華佛　南无寶心佛
南无无㝵光佛　南无山幢佛
南无寶幢佛　南无寶炎佛
南无大炎聚佛　南无旃檀香佛
南无善利光佛　南无波頭摩敷身佛
南无依心无邊功德佛　南无寶體法決定聲佛
南无阿僧精進聚集勝佛　南无智通佛
南无弥留山積佛　南无然燈佛
南无大威德力佛　南无日月佛
從此以上一万二千佛十二部經一切賢聖
南无旃檀佛　南无須弥劫佛
南无月色佛　南无不染佛
南无降伏龍佛　南无龍天佛
南无金色鏡像佛　南无山聲自在王佛
南无山積佛　南无須弥藏佛
南无供養光佛　南无勝覺佛
南无地山佛　南无留離華佛
南无妙瑠璃金形像佛　南无降伏月佛
南无□聲佛　南无散華莊嚴佛

南无金色鏡像佛　南无山聲自在王佛
南无山積佛　南无須弥藏佛
南无供養光佛　南无勝覺佛
南无地山佛　南无留離華佛
南无妙瑠璃金形像佛　南无降伏月佛
南无日聲佛　南无散華莊嚴佛
南无海山智盡迅通佛
南无水光佛　南无大香鏡象佛
南无不動山佛　南无寶集佛
南无勝山佛　南无勇猛山佛
南无多功德法住持得通佛
南无日月瑠璃光佛　南无勝瑠璃光佛
南无心聞智多构稹摩勝佛
南无月光佛　南无日光佛
南无散華王拘稹通佛
南无旃檀月光佛　南无破无明闇佛
南无普盖波婆羅佛　南无星宿佛
南无弗沙佛　南无法慧增長佛
南无師子鵝王山乳佛　南无梵聲龍盡迅佛
南无世間日陁羅佛　南无世間自在王佛
南无可得部佛　南无甘露聲佛
南无樹提光佛　南无那延首龍佛
南无力天佛　南无師子佛
南无毗羅闍光佛　南无世間寂上佛
南无山岳佛　南无人自在王佛
南无寶勝威德王劫佛　南无不可嫌身佛
南无稱讃佛　南无稱威德佛

BD06327號　佛名經（十六卷本）卷一五

（30–21）

南无力天佛　南无師子佛
南无毗羅闍光佛　南无世間寂上佛
南无山岳佛　南无人自在王佛
南无寶勝威德王劫佛　南无不可嫌身佛
南无稱讃佛　南无稱威德佛
南无稱名聲佛　南无稱聲供養佛
南无勇猛稱佛　南无聲分清淨佛
南无智勝善黙慧佛　南无智勝成就佛
南无智炎佛　南无妙智佛
南无智炎聚佛　南无智勇猛佛
南无梵聲佛　南无梵勝佛
南无淨天佛　南无善辟佛
南无華勝佛　南无得四无畏佛
南无善淨天佛　南无梵聲佛
南无淨自在佛　南无淨善眼佛
南无淨聲自在王佛　南无善淨德佛
南无威德力增上佛　南无善勢自在佛
南无威德大勢力佛　南无勝威德佛
南无善毗摩勝佛　南无毗摩意佛
南无毗摩成就佛　南无毗摩面佛
南无善毗摩佛　南无毗摩妙佛
南无見寶佛　南无須尼多佛
南无善眼清淨佛　南无无邊眼佛
南无普眼佛　南无无等眼佛
南无勝眼佛　南无不可降伏眼佛
南无不動眼佛　南无寂勝佛
南无善寂諸根佛

BD06327號　佛名經（十六卷本）卷一五

（30–22）

南无見寶佛　南无須尼多佛
南无善眼清淨佛　南无无邊眼佛
南无普眼佛　南无无等眼佛
南无勝眼佛　南无不可降伏眼佛
南无不動眼佛　南无寂勝佛
南无善寂佛　南无善寂諸根佛
從此以上一万二千一百佛十二部經一切賢聖
南无寂勝佛　南无寂功德佛
南无寂彼岸佛　南无善住佛
南无寂心佛　南无寂意佛
南无寂靜然佛　南无自在王佛
南无衆勝佛　南无寂王佛
南无大衆自在勇猛佛　南无衆勝解脫佛
南无法幢佛　南无法難兜佛
南无法起佛　南无法體勝佛
南无法力自在勝佛　南无法勇猛佛
南无樂說山佛　南无寶火佛
南无樂說莊嚴雲吼佛　南无勝聲佛
南无妙眼佛　南无成就意佛
南无清淨面月勝藏威德佛
南无滿足心佛　南无无比慧佛
南无淨迦羅迦決定威德佛
南无无邊精進佛　南无甘露光佛
南无大威德佛　南无月光佛
南无旃檀香佛　南无須弥劫佛
南无山積佛　南无无垢色佛
南无无染佛　南无龍勝佛

BD06327號　佛名經（十六卷本）卷一五　（30–23）

南无无邊精進佛　南无甘露光佛
南无大威德佛　南无月光佛
南无旃檀香佛　南无須弥劫佛
南无山積佛　南无无垢色佛
南无无染佛　南无龍勝佛
南无金色佛　南无山吼自在王佛
南无金藏佛　南无大光佛
南无火自在佛　南无瑠璃華佛
南无月勝佛　南无月聲佛
南无散華莊嚴光佛　南无大香去照明佛
南无離一切染意佛　南无聚集寶佛
南无德山佛　南无勇猛山佛
南无梵聲龍奮迅佛　南无世間勝上佛
南无師子奮迅吼佛　南无華勝佛
南无山勝佛　南无成就娑羅自在王佛
南无吼聲佛　南无普光明佛
南无等蓋佛　南无无憂佛
南无智王佛　南无智山佛
南无月光佛　南无普光佛
南无聲德佛　南无无勿成就佛
南无火幢佛　南无智自在佛
南无大自在佛　南无梵聲佛
次礼十二部尊經大藏法輪
南无菩薩悔過經　南无阿門世女經
南无曉所諍不解者經　南无菩薩十遍和經
南无阿枝經　南无惡人經
南无菩薩等行分然國經

BD06327號　佛名經（十六卷本）卷一五　（30–24）

次礼十二部尊經大藏法輪
南无菩薩悔過經　南无阿門世女經
南无曉所諍不解者經　南无菩薩十遍和經
南无阿拔經　南无惡人經
南无菩薩等行分煞國經
南无阿毗曇九十八結經
南无趣度世道經　南无椎撻經
南无五十五法式經　南无受欲聲經
南无惟明經　南无五蓋離疑經
南无一切義要經　南无慧行經
南无五陰喻經　南无思道經
南无王舍城靈鷲山經　南无賢劫五百佛經
南无五百弟子本起經　南无權變經
次礼十方諸大菩薩
南无寶燈須弥山幢世界盡海天子菩薩
南无光明莊世界淨眼菩薩
南无光明世界淨藏菩薩
南无光莊嚴世界妙莊嚴王菩薩
從此以上一万二千二百佛十二部經一切賢聖
南无淨世界光頂菩薩　南无淨世界慧聚菩薩
南无淨世界具足四无閡智菩薩
南无金色世界文殊師利菩薩
南无樂色世界覺首菩薩
南无華色世界財首菩薩
南无青蓮華色世界德首菩薩
南无瞻蔔華色世界寶首菩薩
南无金色世界目首菩薩
南无寶色世界進首菩薩

BD06327號　佛名經（十六卷本）卷一五　（30–25）

南无華色世界財首菩薩
南无青蓮華色世界德首菩薩
南无瞻蔔華色世界寶首菩薩
南无金色世界目首菩薩
南无寶色世界進首菩薩
南无金剛色世界法首菩薩
南无頗梨色世界智首菩薩
南无如實色世界賢首菩薩
南无无量慧世界切德林菩薩
南无幢慧世界林慧菩薩
南无地慧世界勝林菩薩
南无勝慧世界无畏林菩薩
南无燈慧世界慚愧林菩薩
南无金剛慧世界精進林菩薩
南无安樂慧世界力成就林菩薩
次礼聲聞緣覺一切賢聖
南无阿利多辟支佛　南无婆梨多辟支佛
南无多伽樓辟支佛　南无稱辟支佛
南无見辟支佛　南无愛見辟支佛
南无覺辟支佛　南无乾陁羅辟支佛
南无无妻辟支佛　南无梨沙婆辟支佛
南无聞辟支佛　南无身辟支佛
南无毗耶梨辟支佛　南无俱薩羅辟支佛
南无波藪陁羅辟支佛　南无无毒淨心辟支佛
南无寶无垢辟支佛　南无福德辟支佛
南无黑辟支佛　南无雅黑辟支佛
南无直福德辟支佛　南无識辟支佛

BD06327號　佛名經（十六卷本）卷一五　（30–26）

[illegible]
南无波數陁羅辟支佛　南无无毒淨心辟支佛
南无寶无垢辟支佛　南无福德辟支佛
南无黑辟支佛　南无雅黑辟支佛
南无直福德辟支佛　南无識辟支佛
礼三寶已次復懺悔
弟子等略懺煩惱障竟今當次弟懺悔業障
夫業能莊餝世趣在在處處是以思惟求離
世解脫所以六道果報種種不同形類各異
當知皆各業力所作所以佛十力中業力甚
深凡夫之人多於此中好起疑惑何以故尒
現見世間行善之者觸向轗軻為惡之者是事
諧偶謂言天下善惡无分如此計者皆是不
能深達業理何以故尒經中說言有三種業
何等為三一者現報二者生報三者後報現
報業者現在作善作惡現身受報生報業者
此生作善作惡來生受報後報業者或是過
去无量生中作善作惡或於此生中受或
在未來无量生中方受其報向者行惡之人
現在見好此是過去生報後報善業熟故所
以現在有此樂果豈關現在作諸惡業而得
好報後報惡業熟故現在善根力弱不能排
遣是故得此業報豈關現在作善而招惡報
何以知然現見世間為善之者為人所讚嘆
人所尊重故知未來必招樂果過去既有如
此惡業所以諸佛菩薩教令親近善友共行
懺悔善知識者於得道中則為全利是故弟
子等今日至誠歸依佛

何以知然現見世間為善之者為人所讚
人所尊重故知未來必招樂果過去既有如
此惡業所以諸佛菩薩教令親近善友共行
懺悔善知識者於得道中則為全利是故弟
子等今日至誠歸依佛
南无東方无量離垢佛　南无南方樹根花王佛
南无西方蓮華自在佛　南无北方金剛能破佛
南无東南方悲檀義勝佛
南无西南方金海自在王佛
南无西北方无邊法自在王佛
南无東北方无导香烏王佛
南无下方无导慧幢佛　南无上方甘露上王佛
如是十方盡虛空界一切三寶至心歸命常
住三寶
弟子等无始以來至於今日積惡如恒河造
罪滿天地捨身與受身不覺亦不知或作五
逆深厚濁纏无間罪業或造一闡提斷善根
業輕誣佛語謗方等業破滅三寶毀正法業
不信罪福起十惡業迷真返正癡惑之業不
孝二親反度之業輕慢師長无礼敬業朋友
无信不義之業或作四重六重八重障聖道
業毀犯五戒破八齋業五篇七聚多缺犯業
優婆塞戒輕重垢業或菩薩戒不能清淨
如說行業前後方便汙梵行業月无六齋懈怠
之業年三長齋不常脩業三千威儀不如法
業八万律儀微細罪業不脩身戒心慧之
業春秋八王造衆罪業行十六種惡律儀業

[illegible]
如說行業前後方便汙梵行業月无六齋懈怠
之業年三長齋不常脩業三千威儀不如法
業八万律儀微細罪業不脩身戒心慧之
業春秋八王造衆罪業行十六種惡律儀業
於苦衆生无慈傷業不矜不念无怜愍業不
拔不濟无救護業心懷嫉忌无度彼業於怨
親境不平等業耽荒五欲不猒離業或因
衣食園林池沼生蕩逸業或以盛年放恣情
欲造衆罪業或善有漏迴向三有障出世業
如是等業无量无邊今日發露向十方佛尊
法聖衆皆悉懺悔至心歸命常住三寶
願弟子等承是懺悔无閒等諸業所生福善
願生生世世滅五逆罪除闡提惑如是輕重
諸罪從今以去乃至道場誓不更犯恒脩出
世清淨善法精持律行守護威儀如度海者
愛惜浮囊六度四等常樹行首戒定慧品轉
得增明速成如來卅二相八十種好十力无畏
大悲三念常樂妙智八自在我至心歸命常
住三寶
佛說罪業報應教化地獄經
復有衆生常在鑊中牛頭阿傍手捉鐵叉叉
者鑊中渚之令爛還即吹活而復渚之何罪
所致佛言以前世時屠煞衆生湯濩燖毛不
可限量故獲斯罪
復有衆生在大城中熇爙齋心四門雖開到
則閉之東西馳走不能自免為火燒盡何罪
所致佛言以前世時焚燒山澤決穴陂池使諸

住三寶
佛說罪業報應教化地獄經
復有衆生常在鑊中牛頭阿傍手捉鐵叉叉
者鑊中渚之令爛還即吹活而復渚之何罪
所致佛言以前世時屠煞衆生湯濩燖毛不
可限量故獲斯罪
復有衆生在大城中熇爙齋心四門雖開到
則閉之東西馳走不能自免為火燒盡何罪
所致佛言以前世時焚燒山澤決穴陂池使諸
衆生沒溺而死故獲斯罪
復有衆生常在雪山中寒風所吹皮肉剝裂
求死不得何罪所致佛言以前世時橫道住賊
剝脫人衣冬月降寒令他凍死肉剝牛羊
苦痛難堪故獲斯罪
復有衆生常在刀山劍樹之上若有所捉即
便傷割皮即斷壞何罪所致佛言以前世時
屠殺為業烹害衆生刀割剝刾骨肉分離頭
脚星散懸於高格稱量而賣或復生懸痛
不可堪故獲斯罪
佛名經卷第十五

淨即我清淨何以故是我清淨與佛十力清
淨無二無二分無別無斷故我清淨即四無
所畏四無礙解大慈大悲大喜大捨十八佛
不共法清淨四無所畏乃至十八佛不共法
清淨即我清淨何以故是我清淨與四無所
畏乃至十八佛不共法清淨無二無二分無
別無斷故有情清淨即佛十力清淨佛十力
清淨即有情清淨何以故是有情清淨與佛
十力清淨無二無二分無別無斷故有情清
淨即四無所畏四無礙解大慈大悲大喜大
捨十八佛不共法清淨四無所畏乃至十八
佛不共法清淨即有情清淨何以故是有情
清淨與四無所畏乃至十八佛不共法清淨
無二無二分無別無斷故命者清淨即佛十
力清淨佛十力清淨即命者清淨何以故是
命者清淨與佛十力清淨無二無二分無別無
斷故命者清淨即四無所畏四無礙解大慈
大悲大喜大捨十八佛不共法清淨四無所
畏乃至十八佛不共法清淨即命者清淨何
以故是命者清淨與四無所畏乃至十八佛
不共法清淨無二無二分無別無斷故生者

BD06328 號　大般若波羅蜜多經卷一八八　（9–1）

命者清淨與佛十力清淨無二無二分無別無
斷故命者清淨即四無所畏四無礙解大慈
大悲大喜大捨十八佛不共法清淨四無所
畏乃至十八佛不共法清淨即命者清淨何
以故是命者清淨與四無所畏乃至十八佛
不共法清淨無二無二分無別無斷故生者
清淨即佛十力清淨佛十力清淨即生者清
淨何以故是生者清淨與佛十力清淨無二
無二分無別無斷故生者清淨即四無所畏
四無礙解大慈大悲大喜大捨十八佛不共
法清淨四無所畏乃至十八佛不共法清淨
即生者清淨何以故是生者清淨與四無所
畏乃至十八佛不共法清淨無二無二分無
別無斷故養育者清淨即佛十力清淨佛十
力清淨即養育者清淨何以故是養育者清
淨與佛十力清淨無二無二分無別無斷故
養育者清淨即四無所畏四無礙解大慈大
悲大喜大捨十八佛不共法清淨四無所畏
乃至十八佛不共法清淨即養育者清淨何
以故是養育者清淨與四無所畏乃至十八
佛不共法清淨無二無二分無別無斷故士
夫清淨即佛十力清淨佛十力清淨即士夫
清淨何以故是士夫清淨與佛十力清淨無
二無二分無別無斷故士夫清淨即四無所
畏四無礙解大慈大悲大喜大捨十八佛不
共法清淨四無所畏乃至十八佛不共法清

BD06328 號　大般若波羅蜜多經卷一八八　（9–2）

夫清淨即佛十力清淨佛十力清淨即士夫
清淨何以故是士夫清淨與佛十力清淨無
二無二分無別無斷故士夫清淨即四無所
畏四無礙解大慈大悲大喜大捨十八佛不
共法清淨四無所畏乃至十八佛不共法清
淨即士夫清淨何以故是士夫清淨與四無所
畏乃至十八佛不共法清淨無二無二分無
別無斷故補特伽羅清淨即佛十力清淨佛
十力清淨即補特伽羅清淨何以故是補特
伽羅清淨與佛十力清淨無二無二分無別
無斷故補特伽羅清淨即四無所畏四無礙
解大慈大悲大喜大捨十八佛不共法清淨
四無所畏乃至十八佛不共法清淨即補特
伽羅清淨何以故是補特伽羅清淨與四無
所畏乃至十八佛不共法清淨無二無二分
無別無斷故意生清淨即佛十力清淨佛十
力清淨即意生清淨何以故是意生清淨與
佛十力清淨無二無二分無別無斷故意生
清淨即四無所畏四無礙解大慈大悲大喜
大捨十八佛不共法清淨四無所畏乃至十
八佛不共法清淨即意生清淨何以故是意
生清淨與四無所畏乃至十八佛不共法清
淨無二無二分無別無斷故儒童清淨即佛
十力清淨佛十力清淨即儒童清淨何以故
是儒童清淨與佛十力清淨無二無二分無
別無斷故儒童清淨即四無所畏四無礙解

BD06328號　大般若波羅蜜多經卷一八八　（9–3）

生清淨與四無所畏乃至十八佛不共法清
淨無二無二分無別無斷故儒童清淨即佛
十力清淨佛十力清淨即儒童清淨何以故
是儒童清淨與佛十力清淨無二無二分無
別無斷故儒童清淨即四無所畏四無礙解
大慈大悲大喜大捨十八佛不共法清淨四
無所畏乃至十八佛不共法清淨即儒童清
淨何以故是儒童清淨與四無所畏乃至十
八佛不共法清淨無二無二分無別無斷故
作者清淨即佛十力清淨佛十力清淨即作
者清淨何以故是作者清淨與佛十力清淨
無二無二分無別無斷故作者清淨即四無
所畏四無礙解大慈大悲大喜大捨十八佛
不共法清淨四無所畏乃至十八佛不共法
清淨即作者清淨何以故是作者清淨與四
無所畏乃至十八佛不共法清淨無二無二分
無別無斷故受者清淨即佛十力清淨佛十
力清淨即受者清淨何以故是受者清淨與
佛十力清淨無二無二分無別無斷故受者
清淨即四無所畏四無礙解大慈大悲大喜
大捨十八佛不共法清淨四無所畏乃至十
八佛不共法清淨即受者清淨何以故是受
者清淨與四無所畏乃至十八佛不共法清
淨無二無二分無別無斷故知者清淨即佛
十力清淨佛十力清淨即知者清淨何以故
是知者清淨與佛十力清淨無二無二分無

BD06328號　大般若波羅蜜多經卷一八八　（9–4）

清淨即四無所畏四無礙解大慈大悲大喜
大捨十八佛不共法清淨四無所畏乃至十
八佛不共法清淨即受者清淨何以故是受
者清淨與四無所畏乃至十八佛不共法清
淨無二無二分無別無斷故知者清淨即佛
十力清淨佛十力清淨即知者清淨何以故
是知者清淨與佛十力清淨無二無二分無
別無斷故知者清淨即四無所畏四無礙解
大慈大悲大喜大捨十八佛不共法清淨四
無所畏乃至十八佛不共法清淨即知者清
淨何以故是知者清淨與四無所畏乃至十
八佛不共法清淨無二無二分無別無斷故
見者清淨即佛十力清淨佛十力清淨即見
者清淨何以故是見者清淨與佛十力清淨
無二無二分無別無斷故見者清淨即四無
所畏四無礙解大慈大悲大喜大捨十八佛
不共法清淨四無所畏乃至十八佛不共法
清淨即見者清淨何以故是見者清淨與四
無所畏乃至十八佛不共法清淨無二無二
分無別無斷故
復次善現我清淨即無忘失法清淨無忘失
法清淨即我清淨何以故是我清淨與無忘
失法清淨無二無二分無別無斷故我清淨
即恒住捨性清淨恒住捨性清淨即我清淨
何以故是我清淨與恒住捨性清淨無二無
二分無別無斷故有情清淨即無忘失法清

BD06328號　大般若波羅蜜多經卷一八八　　（9–5）

法清淨即我清淨何以故是我清淨與無忘
失法清淨無二無二分無別無斷故我清淨
即恒住捨性清淨恒住捨性清淨即我清淨
何以故是我清淨與恒住捨性清淨無二無
二分無別無斷故有情清淨即無忘失法清
淨無忘失法清淨即有情清淨何以故是有
情清淨與無忘失法清淨無二無二分無別
無斷故有情清淨即恒住捨性清淨恒住捨
性清淨即有情清淨何以故是有情清淨與
恒住捨性清淨無二無二分無別無斷故命
者清淨即無忘失法清淨無忘失法清淨即
命者清淨何以故是命者清淨與無忘失法
清淨無二無二分無別無斷故命者清淨即
恒住捨性清淨恒住捨性清淨即命者清淨
何以故是命者清淨與恒住捨性清淨無二
無二分無別無斷故生者清淨即無忘失法
清淨無忘失法清淨即生者清淨何以故是
生者清淨與無忘失法清淨無二無二分無
別無斷故生者清淨即恒住捨性清淨恒住
捨性清淨即生者清淨何以故是生者清淨
與恒住捨性清淨無二無二分無別無斷故
養育者清淨即無忘失法清淨無忘失法清
淨即養育者清淨何以故是養育者清淨與
無忘失法清淨無二無二分無別無斷故養
育者清淨即恒住捨性清淨恒住捨性清淨
即養育者清淨何以故是養育者清淨與恒

BD06328號　大般若波羅蜜多經卷一八八　　（9–6）

養育者清淨即無忘失法清淨無忘失法清
淨即養育者清淨何以故是養育者清淨與
無忘失法清淨無二無二分無別無斷故養
育者清淨即恒住捨性清淨恒住捨性清淨
即養育者清淨何以故是養育者清淨與恒
住捨性清淨無二無二分無別無斷故士夫
清淨即無忘失法清淨無忘失法清淨即士
夫清淨何以故是士夫清淨與無忘失法清
淨無二無二分無別無斷故士夫清淨即恒
住捨性清淨恒住捨性清淨即士夫清淨何
以故是士夫清淨與恒住捨性清淨無二無
二分無別無斷故補特伽羅清淨即無忘失
法清淨無忘失法清淨即補特伽羅清淨何
以故是補特伽羅清淨與無忘失法清淨無
二無二分無別無斷故補特伽羅清淨即恒
住捨性清淨恒住捨性清淨即補特伽羅清
淨何以故是補特伽羅清淨與恒住捨性清
淨無二無二分無別無斷故意生清淨即無
忘失法清淨無忘失法清淨即意生清淨何
以故是意生清淨與無忘失法清淨無二無
二分無別無斷故意生清淨即恒住捨性清
淨恒住捨性清淨即意生清淨何以故是意
生清淨與恒住捨性清淨無二無二分無別
無斷故儒童清淨即無忘失法清淨無忘失
法清淨即儒童清淨何以故是儒童清淨與
無忘失法清淨無二無二分無別無斷故儒

BD06328號　大般若波羅蜜多經卷一八八　（9–7）

二分無別無斷故意生清淨即恒住捨性清
淨恒住捨性清淨即意生清淨何以故是意
生清淨與恒住捨性清淨無二無二分無別
無斷故儒童清淨即無忘失法清淨無忘失
法清淨即儒童清淨何以故是儒童清淨與
無忘失法清淨無二無二分無別無斷故儒
童清淨即恒住捨性清淨恒住捨性清淨即
儒童清淨何以故是儒童清淨與恒住捨性
清淨無二無二分無別無斷故作者清淨即
無忘失法清淨無忘失法清淨即作者清淨
何以故是作者清淨與無忘失法清淨無二
無二分無別無斷故作者清淨即恒住捨性
清淨恒住捨性清淨即作者清淨何以故是
作者清淨與恒住捨性清淨無二無二分無
別無斷故受者清淨即無忘失法清淨無忘
失法清淨即受者清淨何以故是受者清淨
與無忘失法清淨無二無二分無別無斷故
受者清淨即恒住捨性清淨恒住捨性清淨
即受者清淨何以故是受者清淨與恒住捨
性清淨無二無二分無別無斷故知者清淨
即無忘失法清淨無忘失法清淨即知者清
淨何以故是知者清淨與無忘失法清淨無
二無二分無別無斷故知者清淨即恒住捨
性清淨恒住捨性清淨即知者清淨何以故
是知者清淨與恒住捨性清淨無二無二
分無別無斷故見者清淨即無忘失法清
淨無忘失法清淨即見者清淨何以故是

BD06328號　大般若波羅蜜多經卷一八八　（9–8）

受者清淨即恒住捨性清淨恒住捨性清淨
即受者清淨何以故是受者清淨與恒住捨
性清淨無二無二分無別無斷故知者清淨
即無忘失法清淨無忘失法清淨即知者清
淨何以故是知者清淨與無忘失法清淨無
二無二分無別無斷故知者清淨即恒住捨
性清淨恒住捨性清淨即知者清淨何以故
是知者清淨與恒住捨性清淨無二無二
分無別無斷故見者清淨即無忘失法清
淨無忘失法清淨即見者清淨何以故是
見者清淨與無忘失法清淨無二無二分
無別無斷故見者清淨即恒住捨性清淨
恒住捨性清淨即見者清淨何以故是見
者清淨與恒住捨性清淨無二無二分無別
無斷故

大般若波羅蜜多經卷第一百八十八

BD06328號　大般若波羅蜜多經卷一八八　（9–9）

座而坐時長老須菩提在大衆中即從座起
偏袒右肩右膝著地合掌恭敬而白佛言希
有世尊如來善護念諸菩薩善付囑諸菩薩
世尊善男子善女人發阿耨多羅三藐三菩
提心應云何住云何降伏其心佛言善哉善
哉須菩提如汝所說如來善護念諸菩薩善
付囑諸菩薩汝今諦聽當為汝說善男子善
女人發阿耨多羅三藐三菩提心應如是住
如是降伏其心唯然世尊願樂欲聞
佛告須菩提諸菩薩摩訶薩應如是降伏其
心所有一切衆生之類若卵生若胎生若濕
生若化生若有色若无色若有想若无想若
非有想若非无想我皆令入无餘涅槃而滅
度之如是滅度无量无數无邊衆生實无衆
生得滅度者何以故須菩提若菩薩有我相
人相衆生相壽者相即非菩薩
復次須菩提菩薩於法應无所住行於布施
所謂不住色布施不住聲香味觸法布施須
菩提菩薩應如是布施不住於相何以故若

非有想若非无想我皆令入无餘涅槃而滅
度之如是滅度无量无數无邊衆生實无衆
生得滅度者何以故須菩提若菩薩有我相
人相衆生相壽者相即非菩薩
復次須菩提菩薩於法應无所住行於布施
所謂不住色布施不住聲香味觸法布施須
菩提菩薩應如是布施不住於相何以故若
菩薩不住相布施其福德不可思量須菩提
於意云何東方虛空可思量不不也世尊須
菩提南西北方四維上下虛空可思量不不
也世尊須菩提菩薩无住相布施福德亦復
如是不可思量須菩提菩薩但應如所教住
須菩提於意云何可以身相見如來不不也
世尊不可以身相得見如來何以故如來所
說身相即非身相佛告須菩提凡所有相皆
是虛妄若見諸相非相則見如來
須菩提白佛言世尊頗有衆生得聞如是言
說章句生實信不佛告須菩提莫作是說如
來滅後後五百歲有持戒脩福者於此章句
能生信心以此為實當知是人不於一佛二
佛三四五佛而種善根已於无量千万佛所
種諸善根聞是章句乃至一念生淨信者須
菩提如來悉知悉見是諸衆生得如是无量
福德何以故是諸衆生无復我相人相衆生
相壽者相无法相亦无非法相何以故是諸
衆生若心取相則為著我人衆生壽者若取
法相即著我人衆生壽者何以故若取非法

BD06329號　金剛般若波羅蜜經　（15–2）

種諸善根聞是章句乃至一念生淨信者須
菩提如來悉知悉見是諸衆生得如是无量
福德何以故是諸衆生无復我相人相衆生
相壽者相无法相亦无非法相何以故是諸
衆生若心取相則爲著我人衆生壽者若取
法相即著我人衆生壽者何以故若取非法
相即著我人衆生壽者是故不應取法不應
取非法以是義故如來常說汝等比丘知我
說法如筏喻者法尚應捨何況非法
須菩提於意云何如來得阿耨多羅三藐三
菩提耶如來有所說法耶須菩提言如我解
佛所說義无有定法名阿耨多羅三藐三菩
提亦无有定法如來可說何以故如來所說
法皆不可取不可說非法非非法所以者何
一切賢聖皆以无爲法而有差別
須菩提於意云何若人滿三千大千世界七
寶以用布施是人所得福德寧爲多不須菩
提言甚多世尊何以故是福德即非福德性
是故如來說福德多若復有人於此經中受
持乃至四句偈等爲他人說其福勝彼何以
故須菩提一切諸佛及諸佛阿耨多羅三藐
三菩提法皆從此經出須菩提所謂佛法者
即非佛法
須菩提於意云何須陁洹能作是念我得須
陁洹果不須菩提言不也世尊何以故須陁
洹名爲入流而无所入不色聲香味觸法是
名須陁洹須菩提於意云何斯陁含能作是
念我得斯陁含果不須菩提言不也世尊

即非佛法
須菩提於意云何須陁洹能作是念我得須
陁洹果不須菩提言不也世尊何以故須陁
洹名為入流而无所入不色聲香味觸法是
名須陁洹須菩提於意云何斯陁含能作是
念我得斯陁含果不須菩提言不也世尊
何以故斯陁含名一往來而實无往來是名
斯陁含須菩提於意云何阿那含能作是念
我得阿那含果不須菩提言不也世尊何以
故阿那含名為不來而實无來是故名阿那
含須菩提於意云何阿羅漢能作是念我得
阿羅漢道不須菩提言不也世尊何以故實
无有法名阿羅漢世尊若阿羅漢作是念我
得阿羅漢道即為著我人衆生壽者世尊佛
說我得无諍三昧人中最為第一是第一離
欲阿羅漢我不作是念我是離欲阿羅漢世
尊我若作是念我得阿羅漢道世尊則不說
須菩提是樂阿蘭那行者以須菩提實无所
行而名須菩提是樂阿蘭那行
佛告須菩提於意云何如來昔在燃燈佛所
於法有所得不世尊如來在燃燈佛所於法
實无所得須菩提於意云何菩薩莊嚴佛土
不不也世尊何以故莊嚴佛土者則非莊嚴
是名莊嚴是故須菩提諸菩薩摩訶薩應如
是生清淨心不應住色生心不應住聲香味
觸法生心應无所住而生其心須菩提譬如
有人身如須弥山王於意云何是身為大不

不不也世尊何以故莊嚴佛土者則非莊嚴
是名莊嚴是故須菩提諸菩薩摩訶薩應如
是生清淨心不應住色生心不應住聲香味
觸法生心應无所住而生其心須菩提譬如
有人身如須弥山王於意云何是身為大不
須菩提言甚大世尊何以故佛說非身是名
大身須菩提如恒河中所有沙數如是沙等
恒河於意云何是諸恒河沙寧為多不須菩
提言甚多世尊但諸恒河尚多无數何況其
沙須菩提我今實言告汝若有善男子善女
人以七寶滿尒所恒河沙數三千大千世界
以用布施得福多不須菩提言甚多世尊佛
告須菩提若善男子善女人於此經中乃至
受持四句偈等為他人說而此福德勝前福
德復次須菩提隨說是經乃至四句偈等當
知此處一切世間天人阿脩羅皆應供養如
佛塔廟何況有人盡能受持讀誦須菩提當
知是人成就最上第一希有之法若是經典
所在之處則為有佛若尊重弟子
尒時須菩提白佛言世尊當何名此經我等
云何奉持佛告須菩提是經名為金剛般若
波羅蜜以是名字汝當奉持所以者何須菩
提佛說般若波羅蜜則非般若波羅蜜須菩
提於意云何如來有所說法不須菩提白佛
言世尊如來无所說須菩提於意云何三千
大千世界所有微塵是為多不須菩提言甚
多世尊須菩提諸微塵如來說非微塵是名

BD06329號　金剛般若波羅蜜經　（15–5）

提佛說般若波羅蜜則非般若波羅蜜須菩
提於意云何如來有所說法不須菩提白佛
言世尊如來无所說須菩提於意云何三千
大千世界所有微塵是為多不須菩提言甚
多世尊須菩提諸微塵如來說非微塵是名
微塵如來說世界非世界是名世界須菩提
於意云何可以三十二相見如來不不也世
尊何以故如來說三十二相即是非相是名
三十二相須菩提若有善男子善女人以恒
河沙等身命布施若復有人於此經中乃至
受持四句偈等為他人說其福甚多
尒時須菩提聞說是經深解義趣涕淚悲泣
而白佛言希有世尊佛說如是甚深經典我
從昔來所得慧眼未曾得聞如是之經世尊
若復有人得聞是經信心清淨則生實相當
知是人成就第一希有功德世尊是實相者
則是非相是故如來說名實相世尊我今得
聞如是經典信解受持不足為難若當來世
後五百歲其有衆生得聞是經信解受持是
人則為第一希有何以故此人无我相人相
衆生相壽者相所以者何我相即是非相人
相衆生相壽者相即是非相何以故離一切
諸相則名諸佛佛告須菩提如是如是若復
有人得聞是經不驚不怖不畏當知是人甚
為希有何以故須菩提如來說第一波羅蜜
非第一波羅蜜是名第一波羅蜜
須菩提忍辱波羅蜜如來說非忍辱波羅蜜

相衆生相壽者相即是非相何以故離一切
諸相則名諸佛佛告須菩提如是如是若復
有人得聞是經不驚不怖不畏當知是人甚
為希有何以故須菩提如來說第一波羅蜜
非第一波羅蜜是名第一波羅蜜
須菩提忍辱波羅蜜如來說非忍辱波羅蜜
何以故須菩提如我昔為歌利王割截身體
我於尒時无我相无人相无衆生相无壽者
相何以故我於往昔節節支解時若有我相
人相衆生相壽者相應生瞋恨須菩提又念
過去於五百世作忍辱仙人於尒所世无我
相无人相无衆生相无壽者相是故須菩提
菩薩應離一切相發阿耨多羅三藐三菩提
心不應住色生心不應住聲香味觸法生心
應生无所住心若心有住則為非住是故佛
說菩薩心不應住色布施須菩提菩薩為利
益一切衆生應如是布施如來說一切諸相
即是非相又說一切衆生則非衆生須菩提
如來是真語者實語者如語者不誑語者不
異語者須菩提如來所得法此法无實无虛
須菩提若菩薩心住於法而行布施如人入
闇則无所見若菩薩心不住相而行布施如
人有目日光明照見種種色須菩提當來之
世若有善男子善女人能於此經受持讀誦
則為如來以佛智慧悉知是人悉見是人皆
得成就无量无邊功德
須菩提若有善男子善女人初日分以恒河

人有目日光明照見種種色須菩提當來之
世若有善男子善女人能於此經受持讀誦
則為如來以佛智慧悉知是人悉見是人皆
得成就无量无邊功德
須菩提若有善男子善女人初日分以恒河
沙等身布施中日分復以恒河沙等身布施
後日分亦以恒河沙等身布施如是无量百
千万億劫以身布施若復有人聞此經典信
心不逆其福勝彼何況書寫受持讀誦為人
解說須菩提以要言之是經有不可思議不
可稱量无邊功德如來為發大乘者說為發
最上乘者說若有人能受持讀誦廣為人說
如來悉知是人悉見是人皆得成就不可量
不可稱无有邊不可思議功德如是人等則
為荷擔如來阿耨多羅三藐三菩提何以故
須菩提若樂小法者著我見人見衆生見壽
者見則於此經不能聽受讀誦為人解說須
菩提在在處處若有此經一切世間天人阿
脩羅所應供養當知此處則為是塔皆應恭
作礼圍遶以諸華香而散其處
復次須菩提善男子善女人受持讀誦此經
若為人輕賤是人先世罪業應墮惡道以今
世人輕賤故先世罪業則為消滅當得阿耨
多羅三藐三菩提須菩提我念過去无量阿
僧祇劫於燃燈佛前得值八百四千万億那
由他諸佛悉皆供養承事无空過者若復有
人於後末世能受持讀誦此經所得功德於

世人輕賤故先世罪業則為消滅當得阿耨
多羅三藐三菩提須菩提我念過去无量阿
僧祇劫於燃燈佛前得值八百四千万億那
由他諸佛悉皆供養承事无空過者若復有
人於後末世能受持讀誦此經所得功德於
我所供養諸佛功德百分不及一千万億分
乃至筭數譬喻所不能及須菩提若善男子
善女人於後末世有受持讀誦此經所得功
德我若具說者或有人聞心則狂亂狐疑不
信須菩提當知是經義不可思議果報亦不
可思議
尒時須菩提白佛言世尊善男子善女人發
阿耨多羅三藐三菩提心云何應住云何降
伏其心佛告須菩提善男子善女人發阿耨
多羅三藐三菩提者當生如是心我應滅度
一切衆生滅度一切衆生已而无有一衆生
實滅度者何以故若菩薩有我相人相衆生
相壽者相則非菩薩所以者何須菩提實无
有法發阿耨多羅三藐三菩提者須菩提於
意云何如來於然燈佛所有法得阿耨多羅
三藐三菩提不不也世尊如我解佛所說義
佛於燃燈佛所无有法得阿耨多羅三藐三
菩提佛言如是如是須菩提實无有法如來
得阿耨多羅三藐三菩提須菩提若有法如
來得阿耨多羅三藐三菩提燃燈佛則不與
我受記汝於來世當得作佛号釋迦牟尼以
實无有法得阿耨多羅三藐三菩提是故燃

佛於燃燈佛所无有法得阿耨多羅三藐三
菩提佛言如是如是須菩提實无有法如來
得阿耨多羅三藐三菩提須菩提若有法如
來得阿耨多羅三藐三菩提燃燈佛則不與
我受記汝於來世當得作佛号釋迦牟尼以
實无有法得阿耨多羅三藐三菩提是故燃
燈佛與我受記作是言汝於來世當得作佛
号釋迦牟尼何以故如來者即諸法如義若
有人言如來得阿耨多羅三藐三菩提須菩
提實无有法佛得阿耨多羅三藐三菩提須
菩提如來所得阿耨多羅三藐三菩提於是
中无實无虛是故如來說一切法皆是佛法
須菩提所言一切法者即非一切法是故名
一切法須菩提譬如人身長大須菩提言世
尊如來說人身長大則為非大身是名大身
須菩提菩薩亦如是若作是言我當滅度无
量衆生則不名菩薩何以故須菩提實无有
法名為菩薩是故佛說一切法无我无人无
衆生无壽者須菩提若菩薩作是言我當莊
嚴佛土是不名菩薩何以故如來說莊嚴佛
土者即非莊嚴是名莊嚴須菩提若菩薩通
達无法者如來說名真是菩薩
須菩提於意云何如來有肉眼不如是世尊
如來有肉眼須菩提於意云何如來有天眼
不如是世尊如來有天眼須菩提於意云何
如來有慧眼不如是世尊如來有慧眼須菩
提於意云何如來有法眼不如是世尊如來

達无法者如來說名真是菩薩
須菩提於意云何如來有肉眼不如是世尊
如來有肉眼須菩提於意云何如來有天眼
不如是世尊如來有天眼須菩提於意云何
如來有慧眼不如是世尊如來有慧眼須菩
提於意云何如來有法眼不如是世尊如來
有法眼須菩提於意云何如來有佛眼不如
是世尊如來有佛眼須菩提於意云何恒河
中所有沙佛說是沙不如是世尊如來說是
沙須菩提於意云何如一恒河中所有沙有
如是等恒河是諸恒河所有沙數佛世界如
是寧為多不甚多世尊佛告須菩提尒所國
土中所有衆生若干種心如來悉知何以故
如來說諸心皆為非心是名為心所以者何
須菩提過去心不可得現在心不可得未來
心不可得須菩提於意云何若有人滿三千
大千世界七寶以用布施是人以是因緣得
福多不如是世尊此人以是因緣得福甚多
須菩提若福德有實如來不說得福德多以
福德无故如來說得福德多
須菩提於意云何佛可以具足色身見不不
也世尊如來不應以色身見何以故如來說
具足色身即非具足色身是名具足色身須
菩提於意云何如來可以具足諸相見不不
也世尊如來不應以具足諸相見何以故如
來說諸相具足即非具足是名諸相具足須
菩提汝勿謂如來作是念我當有所說法莫

具足色身即非具足色身是名具足色身須
菩提於意云何如來可以具足諸相見不不
也世尊如來不應以具足諸相見何以故如
來說諸相具足即非具足是名諸相具足須
菩提汝勿謂如來作是念我當有所說法莫
作是念何以故若人言如來有所說法即為
謗佛不能解我所說故須菩提說法者无法
可說是名說法須菩提白佛言世尊佛得阿
耨多羅三藐三菩提為无所得耶如是如是
須菩提我於阿耨多羅三藐三菩提乃至无
有少法可得是名阿耨多羅三藐三菩提復
次須菩提是法平等无有高下是名阿耨多
羅三藐三菩提以无我无人无衆生无壽者
脩一切善法則得阿耨多羅三藐三菩提須
菩提所言善法者如來說非善法是名善法
須菩提若三千大千世界中所有諸須弥山
王如是等七寶聚有人持用布施若人以此
般若波羅蜜經乃至四句偈等受持為他人
說於前福德百分不及一百千万億分乃至
筭數譬喻所不能及
須菩提於意云何汝等勿謂如來作是念我
當度衆生須菩提莫作是念何以故實无有
衆生如來度者若有衆生如來度者如來則
有我人衆生壽者須菩提如來說有我者則
非有我而凡夫之人以為有我須菩提凡夫
者如來說則非凡夫須菩提於意云何可以
三十二相觀如來不須菩提言如是如是以

衆生如来度者若有衆生如来度者如来則
有我人衆生壽者須菩提如来說有我者則
非有我而凡夫之人以為有我須菩提凡夫
者如来說則非凡夫須菩提於意云何可以
三十二相觀如来不須菩提言如是如是以
三十二相觀如来佛言須菩提若以三十二
相觀如来者轉輪聖王則是如来須菩提白
佛言世尊如我解佛所說義不應以三十二
相觀如来尒時世尊而說偈言
若以色見我　以音聲求我　是人行邪道　不能見如来
須菩提汝若作是念如来不以具足相故得
阿耨多羅三藐三菩提須菩提莫作是念如
来不以具足相故得阿耨多羅三藐三菩提
須菩提汝若作是念發阿耨多羅三藐三菩
提者說諸法斷滅莫作是念何以故發阿耨
多羅三藐三菩提者於法不說斷滅相須菩
提若菩薩以滿恒河沙等世界七寶布施若
復有人知一切法无我得成於忍此菩薩勝
前菩薩所得功德須菩提以諸菩薩不受福
德故須菩提白佛言世尊云何菩薩不受福
德須菩提菩薩所作福德不應貪着是故說
不受福德須菩提若有人言如来若来若去
若坐若卧是人不解我所說義何以故如来
者无所從来亦无所去故名如来須菩提若
善男子善女人以三千大千世界碎為微塵
於意云何是微塵衆寧為多不甚多世尊何
以故若是微塵衆實有者佛則不說是微塵

不受福德須菩提若有人言如來若來若去
若坐若卧是人不解我所說義何以故如來
者无所從來亦无所去故名如來須菩提若
善男子善女人以三千大千世界碎爲微塵
於意云何是微塵衆寧爲多不甚多世尊何
以故若是微塵衆實有者佛則不說是微塵
衆所以者何佛說微塵衆則非微塵衆是名
微塵衆世尊如來所說三千大千世界則非
世界是名世界何以故若世界實有則是一
合相如來說一合相則非一合相是名一合
相須菩提一合相者則是不可說但凡夫之
人貪著其事須菩提若人言佛說我見人見
衆生見壽者見須菩提於意云何是人解我
所說義不世尊是人不解如來所說義何以
故世尊說我見人見衆生見壽者見即非我
見人見衆生見壽者見是名我見人見衆生
見壽者見須菩提發阿耨多羅三藐三菩提
心者於一切法應如是知如是見如是信解
不生法相須菩提所言法相如來說即非法
相是名法相須菩提若有人以滿无量阿僧
祇世界七寶持用布施若有善男子善女人
發菩薩心者持於此經乃至四句偈等受持
讀誦爲人演說其福勝彼云何爲人演說不
取於相如如不動何以故
一切有爲法　如夢幻泡影　如露亦如電　應作如是觀
佛說是經已長老須菩提及諸比丘比丘尼
優婆塞優婆夷一切世間天人阿脩羅聞
佛所說皆大歡喜信受奉行

見壽者見須菩提發阿耨多羅三藐三菩提
心者於一切法應如是知如是見如是信解
不生法相須菩提所言法相如來說即非法
相是名法相須菩提若有人以滿无量阿僧
祇世界七寶持用布施若有善男子善女人
發菩薩心者持於此經乃至四句偈等受持
讀誦爲人演說其福勝彼云何爲人演說不
取於相如如不動何以故
一切有爲法　如夢幻泡影　如露亦如電　應作如是觀
佛說是經已長老須菩提及諸比丘比丘尼
優婆塞優婆夷一切世間天人阿脩羅聞
佛所說皆大歡喜信受奉行

金剛般若經

登大毗盧金剛界戒受付囑得正无菩提 天親
菩薩化緣將必臨般涅盤 付正法眼 已法付囑
苐廿八代付法藏仁聖者菩提達磨 觀音菩薩
聖者 菩提達磨 聖者在八地菩薩位時 從天
親菩薩戒受一代士教法 登大金剛界 戒受
付囑得正无上菩提 菩提達磨聖者 化緣將
必臨涅般盤付正法眼 已法付囑 苐廿九代法藏
仁聖者惠可禪師俗姓矩武平人也 惠可禪師
聖者在八地菩薩位時 從菩薩達磨聖者戒受
一代士教法登大毗盧金界戒受付囑得正无
上菩提 惠可禪師聖者化緣將必臨般涅盤 付正
法眼 已法付囑卅付法藏仁聖者璨禪聖者
不道名姓 璨禪師聖者在八地菩薩位時 從惠可
禪師戒受一代士教法 登大毗盧金剛界戒受付
囑得正无上菩提 璨禪師化緣將必臨般涅盤
付正法眼 已法付囑 苐卅一代付法藏仁 聖者
信行禪師聖者俗姓司馬河內人也 信行禪師聖
者在八地菩薩位時 從璨禪師聖者戒受一代士
教法并袈裟 登大毗盧金剛界戒受付囑得正无
上菩提 信行禪師聖者化緣將必臨般涅盤付正法
眼 已法付囑 苐三十二代付法藏仁聖者 弘忍

BD06329 號背　金剛峻經金剛頂一如如來深妙秘密金剛界大三昧耶修行四十二種壇法經作用威儀法則、大毗盧遮那佛金剛心地法門秘法戒壇法儀則　（14–1）

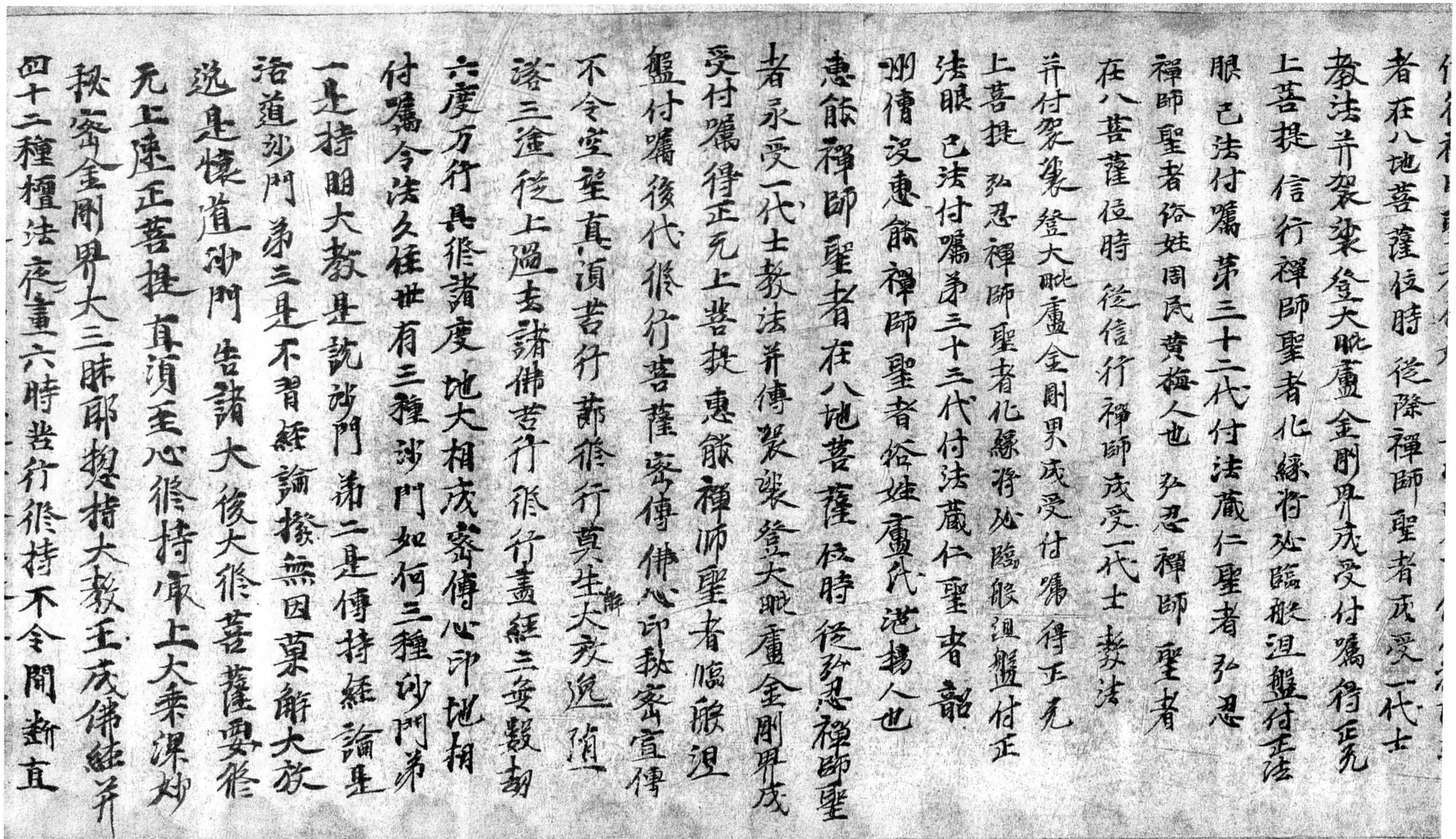

者在八地菩薩位時　從除禪師聖者茂受付囑得正无
教法并袈裟登大毗盧金剛界茂受付囑得正法
上菩提　信行禪師聖者化緣將訖臨般涅盤付正法
眼己法付囑第三十二代付法藏仁聖者　弘忍
禪師聖者俗姓周氏黃梅人也　弘忍禪師　聖者
在八菩薩位時　從信行禪師茂受一代士　教法
并付袈裟登大毗盧金剛界茂受付囑得正无
上菩提　弘忍禪師聖者化緣將訖臨般涅盤付正
法眼己法付囑第三十三代付法藏仁聖者　能
明傳沒惠能禪師聖者俗姓盧氏㳫揚人也
惠能禪師聖者在八地菩薩位時　從弘忍禪師聖
者永受一代士教法并傳袈裟登大毗盧金剛界茂
受付囑得正无上菩提惠能禪師聖者臨般涅
盤付囑後代修行菩薩密傳佛心印秘密宣傳
不令斷望真須苦行薄修行莫生辭大疲逸　隨
落三途從上過去諸佛苦行修行盡經三無數劫
六度万行具修諸度　地大相茂密傳心印地相
付囑今法久住世有三種沙門如何三種沙門第
一是持明大教是說沙門　第二是傳持經論是
法道沙門　第三是不習經論撥無因菓解大於
逃是懷道沙門　告諸大後大修菩薩要修
无上速正菩提　直須至心修持秉上大乘深妙
秘密金剛界大三昧耶契持大教王茂佛經并
四十二種壇法度畫六時皆行修持不令間斷直

BD06329號背　金剛峻經金剛頂一如如來深妙秘密金剛界大三昧耶修行四十二種壇法經作用威儀法則、大毗盧遮那佛金剛心地法門秘法戒壇法儀則　（14–2）

一是持明大教是說沙門弟二是信持經
沽道沙門弟三是不習經論撥無因菓解大放
逸是懷道沙門告諸大德大德菩薩要修
无上尊正菩提直須至心脩持最上大乘深妙
秘密金剛界大三昧耶摠持大教王戒佛經并
四十二種檀法莊嚴六時昔行脩持不令間斷直
取无上菩提時我大師釋迦如來臨般涅盤付
正法眼与大迦葉遞代相傳展轉付囑登登不
絶令法久住至乃如來涅盤時當此土周穆王
五十二年壬申歲二月十五日至今已來歲得一千
八百四十八年矣是時此方暴風忽起黑雲靉靆
白虹十二道南北通貫大地山川卑涌浸周穆王
問太史扈多日此何祥瑞奏曰此是西方大聖
入滅之相又問於國如何對曰即時无他一千年
後當有聖教被於中夏勅令鐫石記之癚于
南郊壇下後至一千年一十七年後漢帝弟二主孝明
皇帝永平十年乙丑歲帝夢金仁身長丈六紫
磨金色頂背圓光赫奕如日殿前飛行諦時驚
寤遍體汗流詔問群臣曰此是何祥時太史傅
毅等對曰臣聞天竺國有大聖仁無師自覺號
之為佛不言而民自信不理而民不亂不化而不
民自行巍巍乎獨出三界蕩蕩乎無人能名此聖
滅度已逾千祀當有正教化被此方背下所夢
必是其地帝聞大悅即遣羽林郎奏景博士王
遵之等一十八人西迎佛教至大月

BD06329號背　金剛峻經金剛頂一如如來深妙秘密金剛界大三昧耶修行四十二種壇法經作用威儀法則、大毗盧遮那佛金剛心地法門秘法戒壇法儀則　（14–3）

[illegible]
之為佛不言而民自信不理而民不亂不化而不
民自行巍巍乎獨出三界蕩蕩乎無人能名此聖
滅度已逾千祀當有正教化被此方階下所夢
必是其地帝聞大悅即遣羽林郎奏景博士王
遵太史令蔡愔等一千四人西迎佛教至大赵
大國果逢迦葉摩騰竺法蘭二三藏以白㲲
畫釋迦像貝多樹葉上書金剛頂一切如來深
妙秘密金剛界大三昧耶教持大教王咸佛經
并四十二種壇法威儀法則金剛峻經并四十二
章經載以白馬
届於洛陽鴻臚大興善寺安置時永平十年也 皇帝别
供養恭敬問訊三藏漸為帝王演說人天戒
施罪福報既開悟已然說教理行果聖賢
種智帝及妃主佐民庶咸生希有欲重[illegible]
深至永平十七年有五嶽九府名山大澤道士
都六百九十人褚善信費叔才等為首皆精通
玄藝囊括道儀為三十六洞風操作二十四治
名望觀京東之所轄情悱肝樹傑至雒陽請占
胡僧比識帝未便全許先問三藏曰此國道士故
與師定其優劣師意以何稱擬摩騰曰能吟雩
起非虹蜺之所能 宿龍風生豈蝦蟆之所及
雷門無鼓 布鼓雷耀豈懼螢光敵對即施何勞
預擬而待養 帝聞大喜即无道士等較試至正

BD06329 號背　金剛峻經金剛頂一如如來深妙秘密金剛界大三昧耶修行四十二種壇法經作用威儀法則、大毗盧遮那佛金剛心地法門秘法戒壇法儀則　（14–4）

胡僧比試帝未便全許先問三藏曰此國道士欲
与師定其優劣師意以何術擬摩騰曰能除要
起非虹蜺之所能 常喻風生豈敵驪之所及
雷門無鼓 布鼓雷燿豈懼螢光敵對 即施柯[illegible]
預擬而待讓 帝聞大喜 即元道士等較試至正
月十五日大集民庶百官皇帝妃主詹至洛陽
城外立一輪壇 建置三壇 安佛像及百家諸子
童雕科儀 玉檢金籙符印呪術法筆在壇當
中一壇 僧道無識神力 三藏令道士先射其入水
入火或溺或焚 呪山呪梁 霏霏然告太上
玄元大道元始天尊 今有外法胡人擾亂華夏
我之大道上德不得玄之又玄 今對皇帝百官
定其真偽 胡稱扣執蘭為替火先經像
檢籙科儀悉為煨燼 一無所遺 三藏卓立壇
場 並無作用 即以火焚佛經像猛 焰蔽空火藏
煙銷 經像儼若 煙雲五色祥瑞多端 摩騰[illegible]
法蘭遂作一十八種神變 演說苦空無常 座
五彩雲中而說是偈 狐非師子類 燈非日月明
池無巨海 丘無嵩嶽 榮法雲世界 善種
悉開萌 諦通希有法 霎了悟群迷 是時黃巾
月皮耶對天顏 自庶青牛 著屬法會 或自
感而死 或捨道出家 魔寵卷而佛日曦輝 後
之王而去門 關于時 百辟卿士 妃主貴之 姜女男

BD06329 號背　金剛峻經金剛頂一如如來深妙秘密金剛界大三昧耶修行四十二種壇法經作用威儀法則、大毗盧遮那佛金剛心地法門秘法戒壇法儀則　（14–5）

池無巨海值丘無嵩嶽榮法乘世界善種
悲用萌評通希有法要了悟群生是時黃巾
月皮耶對天顏白鹿青牛鬢屬法會或自
慈而死或捨道出家魔王卷而佛日曦暉後
心生而法門闢于時百辟卿士妃主遺了族女男
廣品鄧出家者三千餘人勅置十寺七所僧居
三所安尼今洛陽白馬寺即當時第一寺也自
此真乘啓轍要將適律名教大被於神州像塔
廣興於華夏神僧繼踵三乘控轡於康莊梵
字連夢於九土聲揚於鐘唄翻傳因睒講唱
繁王公卿聽於法音帝主親揮於神筆蓮龍
宮之海藏寶牧珠奩昌像孝之法輪人自登
何爲懽之蒙開奏何若海之畫不過耕航聲夫
不於太陽誰之過矣聖土不聆於韶讓熟之
舊俗六趣之寰環胎三陽之迷嘖幸歸務甚
鄭上植南素絲僅佩於一時利濟可觀於三際六
合君子止流水而鑒焉自永平十年教至此迄
今大唐光化二年己未歲凡八百三十八年矣今
時佛初興世時及付囑法藏傳略抄并注記我
大師釋迦牟尼如來以姬周照王廿三年癸丑之歲
七月十五日夜半子時降下閻浮提中天竺迦毗
羅國託摩耶夫人以周照王廿四年甲寅之
歲四月八日子時於林嶶園從母右脇而生以

BD06329 號背　金剛峻經金剛頂一如如來深妙秘密金剛界大三昧耶修行四十二種壇法經作用威儀法則、大毗盧遮那佛金剛心地法門秘法戒壇法儀則　（14–6）

今大唐光化二年己未歲凡八百三十八年矣今
時佛初興世時及付囑法藏傳略抄并注供記我
大師釋迦牟尼如來以姬周照王廿三年癸丑之歲
七月十五日夜半子時降下閻浮提中天竺迦毗
羅國託摩耶夫人以周照王廿四年甲寅之
歲四月八日子時於林嵐從母右脇而生以
周照王卌二年壬申之歲二月八日踰城出家時年
十九以周穆王二年癸未之歲正月八日明星出時
朝然大悟十號世雄三明獨朗無師自覺故号
為佛卌九年隨緣化物利樂群品无邊以周穆
王五十年壬申之歲化緣將畢於拘尸那城
國力士生地阿利羅跋提河邊二月十五日夜入无
餘依大圓寂涅槃從五天竺國代代相承書足任
如是記大師滅度已來至唐朝高宗皇帝世
永徽五年甲寅之歲計一千七百二年從
永徽五年至天寶十五載計一百三年矣其已
前都計一千八百廿五年降誕脩成道及滅度
時所有盡塵瑞相姬周書異記中當廣說依
如付法藏傳依如是說世尊臨滅度時以大法藏
付囑摩訶迦葉世尊滅後尊者迦葉集諸无
學足滿五百於王舍城耆闍崛山中葉巖中
結集三藏真淨妙法教尊阿難誦出修多羅
藏十万偈阿含經者是尊優波利誦出大毗
尼藏有十万偈名上座部尊者大迦葉誦出阿毗

BD06329號背　金剛峻經金剛頂一如如來深妙秘密金剛界大三昧耶修行四十二種壇法經作用威儀法則、大毗盧遮那佛金剛心地法門秘法戒壇法儀則　（14–7）

付囑摩訶迦葉世尊滅後尊者迦葉集諸无
學是滿五百於王舍城耆闍崛山中葉巖中
結集三藏真淨妙法教尊阿難誦出修多羅
藏十万偈阿含經者是尊優波利誦出大毗
尼藏有十万偈名上座部尊者大迦葉誦出阿毗
曇藏及摩訶論百十万偈對法藏論等不預
結集者別成一部律教名摩訶僧祇唐言大
衆以彼聖凡同時集會故名大衆也 是為小乘
三藏聖教大乘三藏文殊師利菩薩与尊者阿難
於大鐵圍山中結集教音無多不可知數 如智度論說也
摩訶迦葉臨般涅槃以大小二乘三藏法付囑阿難
尊者阿難臨滅度時以大法藏付二大士一名末田
底加二名商那和修 末田罰質行國化 臨滅度時以大法藏付
囑聖者優波毱多 聖者无量衆皆證羅漢時人號為無相好佛 大毗尼藏當
於是時分成五部 尊者優波毱多有五弟子各 執異見於中各有取捨
不同故成五部一名沙訶塞部 二曇無德部三薩婆多部四迦葉維部 五摩訶
僧祇其部時有鐵輪王名阿育伽王閻浮提造八万
四千塔廣興佛教從以五部於後時中分出異部
方兼根本二根共成廿部爲大乘教尊者滅度後
以百年矣佛滅度後分南宗住處別故南宗依大
般若經十八空宗三性教以為了義承文殊師利
菩薩承龍樹菩薩提婆菩薩等中觀論等及清辨
菩薩掌珎論等以爲了義遠承彌勒菩薩瑜伽等
[illegible]

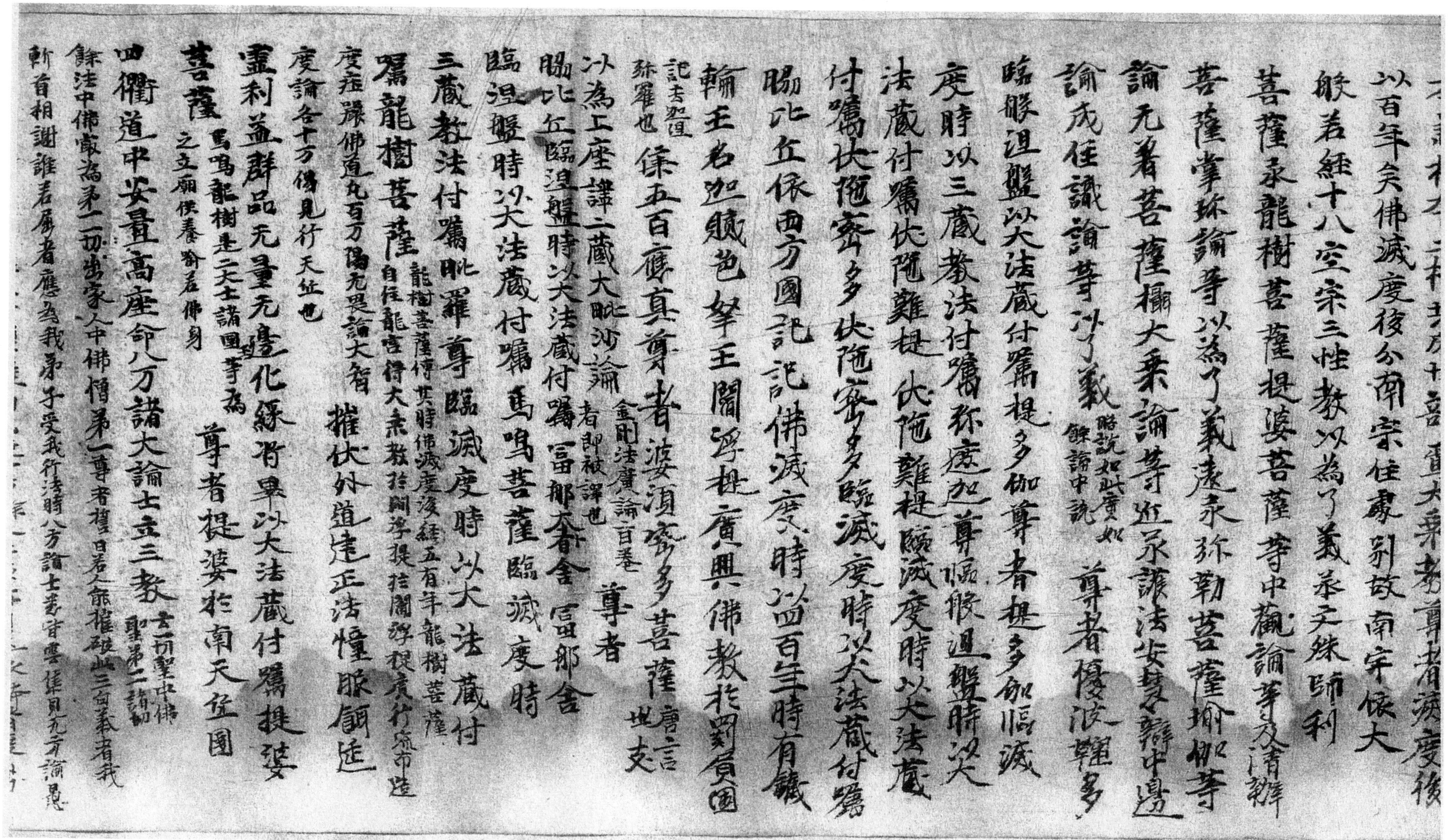

BD06329 號背　金剛峻經金剛頂一如如來深妙秘密金剛界大三昧耶修行四十二種壇法經作用威儀法則、大毗盧遮那佛金剛心地法門秘法戒壇法儀則　（14–9）

度論各十方得見行天竺也
盡利益群品无量无邊化緣皆畢以大法藏付囑提婆
菩薩 馬鳴龍樹是二大士諸國等為之立廟供養觀若佛身 尊者提婆於南天竺國
四衢道中安置高座命八万諸大論士立三教 云一切聖中佛聖第一諸切
餘法中佛法為第一一切出家人中佛僧第一尊者標曰若人能摧破此三句義者我
斬首相謝誰若勝者應為我弟子受我行法時八方論士並皆雲集日凡有論恩
愚者一言便勝智者標至言須一度四九度十方餘人王家每日送衣鉢皆度出
家從此已後論士皆盡出就閑林廣造論以破邪見
尊者迦耶提菩薩化緣將必以大法藏付囑羅睺羅
龍樹菩薩在世之時有一外道十二年中於地底下造一世論号鬼名書凡五百
偈至龍樹菩薩所作如是言我有一論欲摧伏汝汝能論不龍樹告言汝但誦
者當共汝論外道誦已龍樹告言如是論者我先通解汝於何處道我論端
外道驚怪異言汝誦者尊者誦已一字無遺龍樹命提婆菩薩令誦
亦一字無遺次命羅睺羅令誦亦一字無遺外道然使降伏求乞尊者出家
睺聽明慧利樂群品无邊化緣將畢
尊者羅睺羅臨滅度時以大法藏付囑僧伽難提 僧
伽難提臨滅度時以三藏教法付囑 僧伽難提臨滅度時以大法藏付囑 鳩摩羅馱
鳩摩羅馱臨滅度時以三藏教法付囑闍夜多 [illegible]親菩薩
闍夜多臨般涅槃時付囑婆修槃陀 依彼法藏廣說造論
說六百付頌諍戒廿卷以聰明故於後大乘非佛說因見先著 婆修槃陀剎
菩薩便往信廣造諸論以讚大乘時人号為千部論師
樂无量眾生化緣將畢臨滅度時以大法藏付囑摩奴羅尊者 摩奴羅尊者化
緣將畢臨滅度時以大法藏付囑鶴勒那 鶴勒那夜奢以大法藏
利益无量百千有情化緣將畢臨滅度時以大法藏付囑[illegible]尊者師子比
丘 時罽賓國王名彌羅崛即見殲滅心生敬信於罽賓國還復寺塔
然害眾僧即以利劍用斬師子比丘項中無血白乳流出相付法人於
是便絕展轉相付有廿四人於[illegible]託作如是說世尊以付 後便絕當滅後一千載去
囑十六大阿羅漢及以廣真令於大千護持世界
乃至法當更護持不入涅槃受佛遺付囑饒益群
品利樂有情是諸羅漢廣致盧等而為上首各

BD06329號背　金剛峻經金剛頂一如如來深妙秘密金剛界大三昧耶修行四十二種壇法經作用威儀法則、大毗盧遮那佛金剛心地法門秘法戒壇法儀則　（14–10）

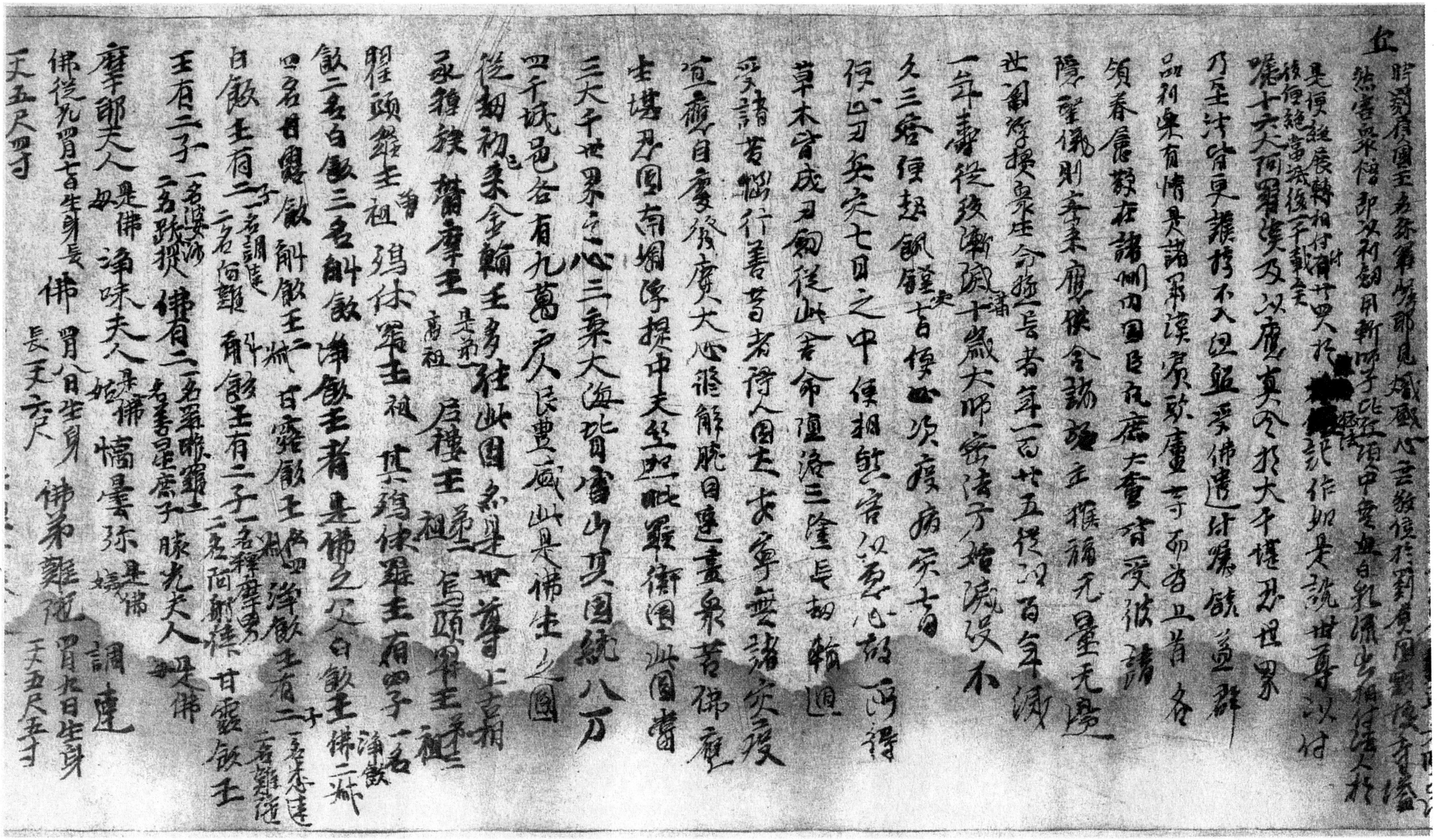

BD06329 號背　金剛峻經金剛頂一如如來深妙秘密金剛界大三昧耶修行四十二種壇法經作用威儀法則、大毗盧遮那佛金剛心地法門秘法戒壇法儀則　（14–11）

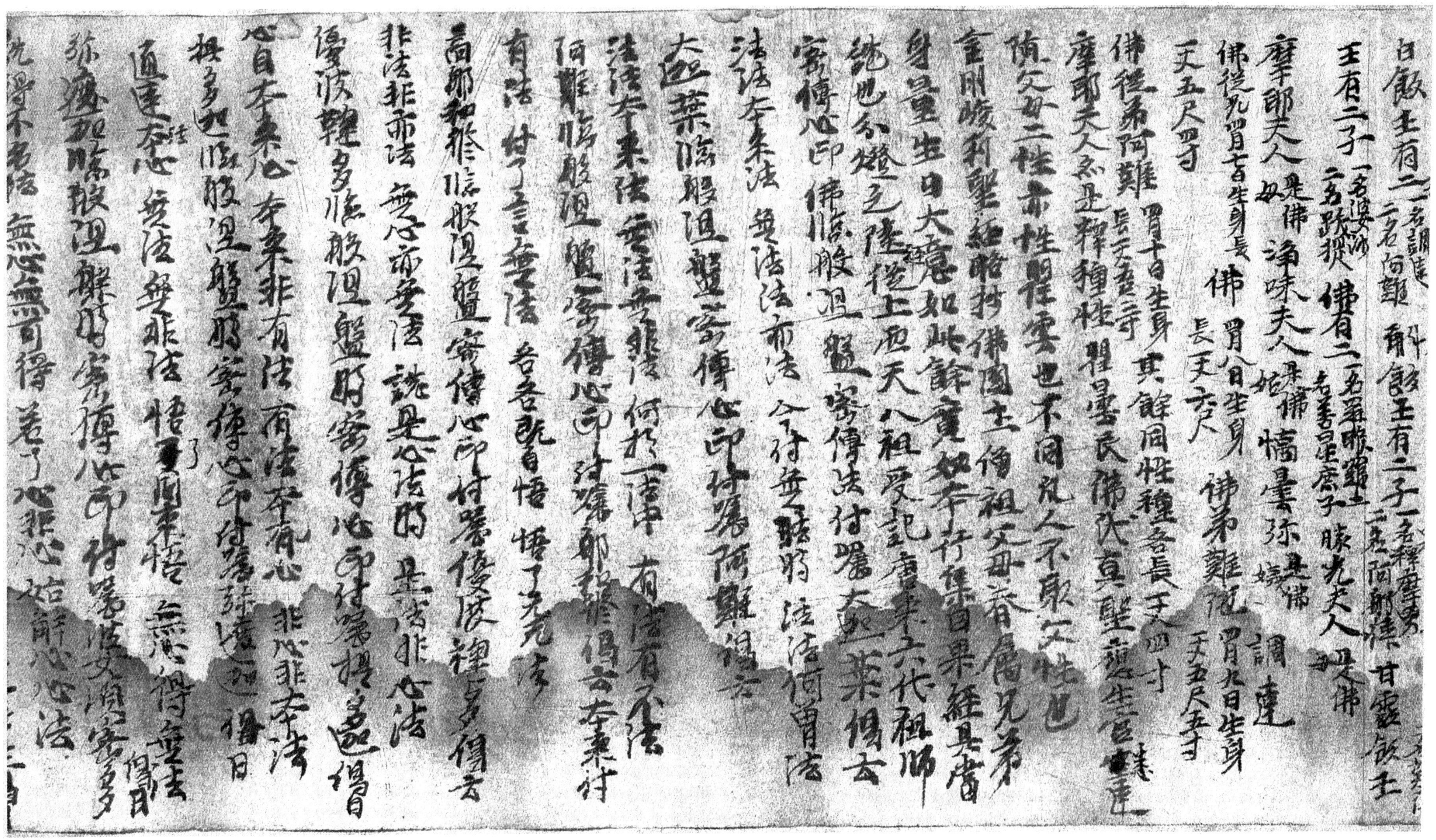

BD06329號背　金剛峻經金剛頂一如如來深妙秘密金剛界大三昧耶修行四十二種壇法經作用威儀法則、大毗盧遮那佛金剛心地法門秘法戒壇法儀則　（14–12）

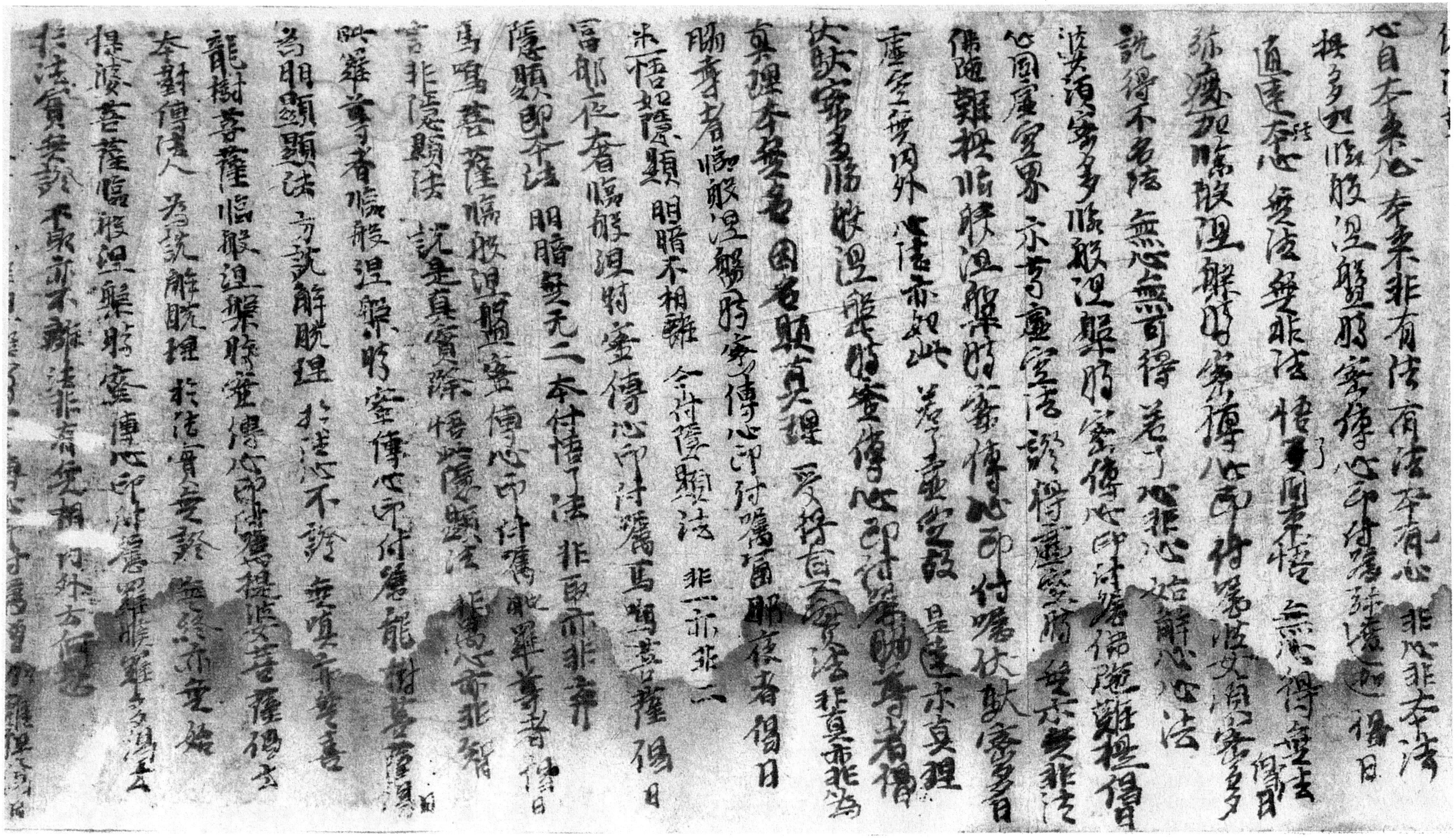

BD06329號背　金剛峻經金剛頂一切如來深妙秘密金剛界大三昧耶修行四十二種壇法經作用威儀法則、大毗盧遮那佛金剛心地法門秘法戒壇法儀則　（14–13）

BD06329號背　金剛峻經金剛頂一切如來深妙秘密金剛界大三昧耶修行四十二種壇法經作用威儀法則、大毗盧遮那佛金剛心地法門秘法戒壇法儀則　（14–14）

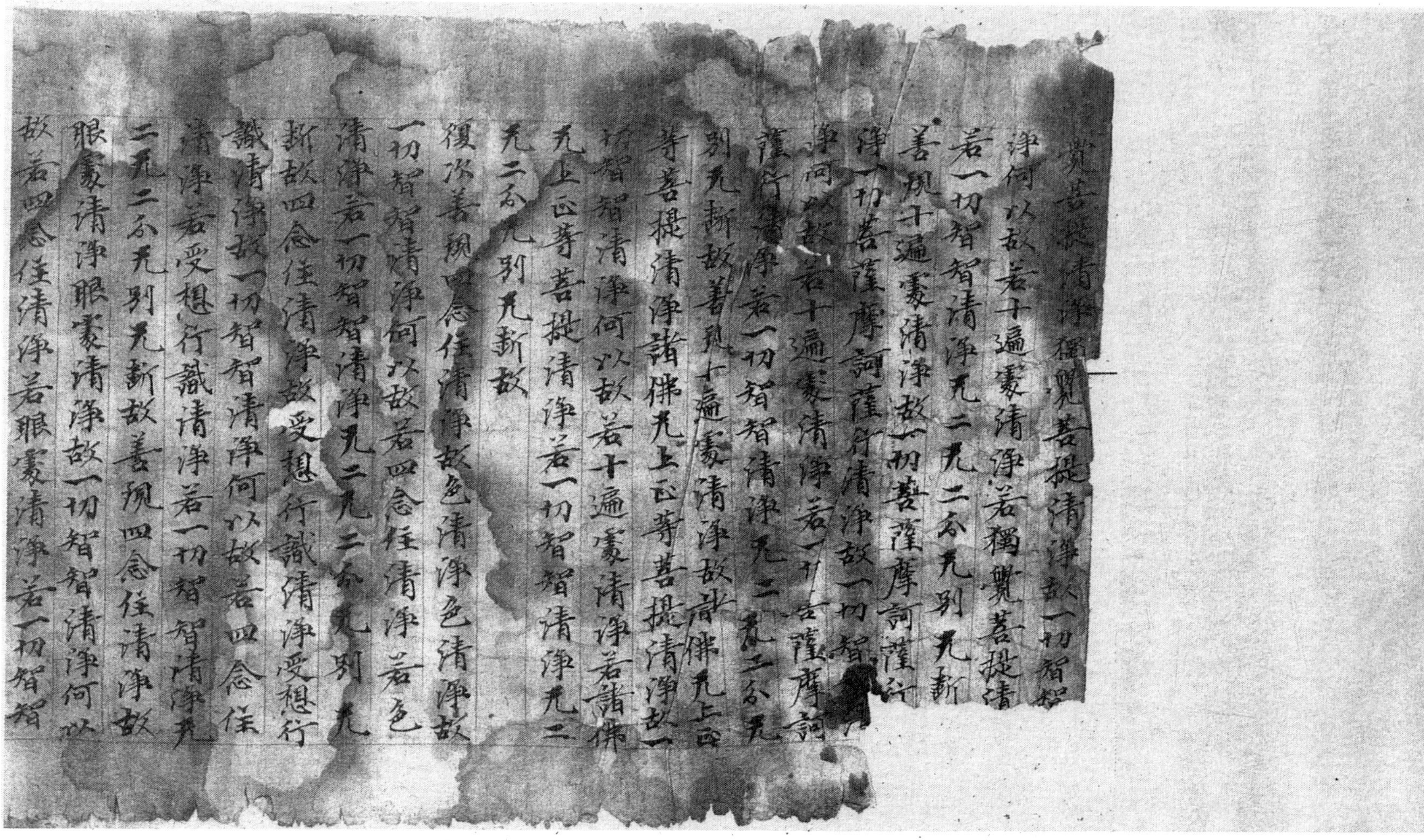
覺菩提清淨獨覺菩提清淨故一切智智
淨何以故若十遍處清淨若獨覺菩提清
若一切智智清淨无二无二分无別无斷
善現十遍處清淨故一切菩薩摩訶薩行
淨一切菩薩摩訶薩行清淨故一切智智
淨何以故若十遍處清淨若一切菩薩摩訶
薩行清淨若一切智智清淨无二无二分无
別无斷故善現十遍處清淨故諸佛无上正
等菩提清淨諸佛无上正等菩提清淨故一
切智智清淨何以故若十遍處清淨若諸佛
无上正等菩提清淨若一切智智清淨无二
无二分无別无斷故
復次善現四念住清淨故色清淨色清淨故
一切智智清淨何以故若四念住清淨若色
清淨若一切智智清淨无二无二分无別无
斷故四念住清淨故受想行識清淨受想行
識清淨故一切智智清淨何以故若四念住
清淨若受想行識清淨若一切智智清淨无
二无二分无別无斷故善現四念住清淨故
眼處清淨眼處清淨故一切智智清淨何以
故若四念住清淨若眼處清淨若一切智智

BD06330號　大般若波羅蜜多經卷二二八　（18–1）

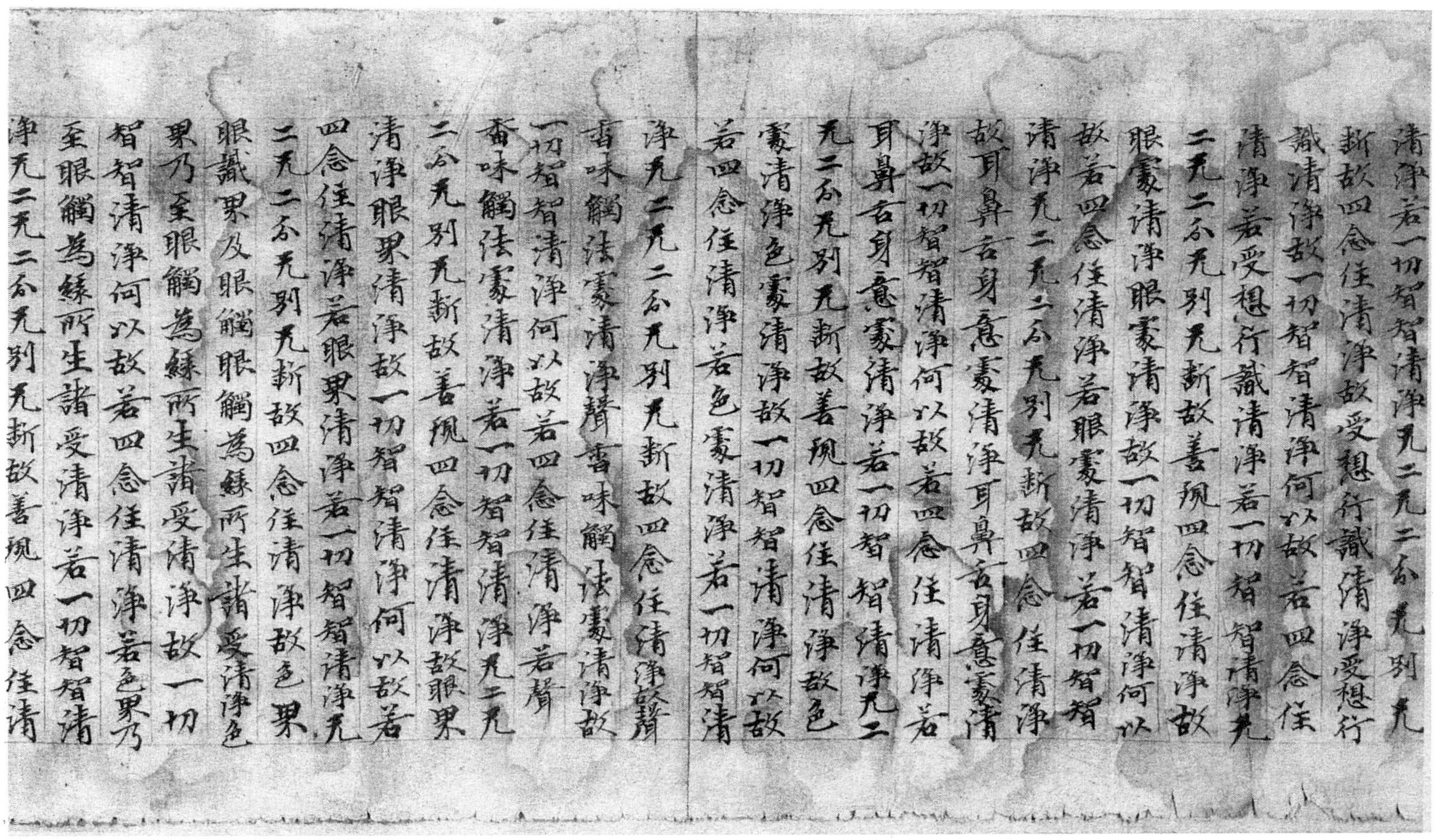
清淨若一切智智清淨无二无二分无別无
斷故四念住清淨故受想行識清淨受想行
識清淨故一切智智清淨何以故若四念住
清淨若受想行識清淨若一切智智清淨无
二无二分无別无斷故善現四念住清淨故
眼處清淨眼處清淨故一切智智清淨何以
故若四念住清淨若眼處清淨若一切智智
清淨无二无二分无別无斷故四念住清淨
故耳鼻舌身意處清淨耳鼻舌身意處清
淨故一切智智清淨何以故若四念住清淨若
耳鼻舌身意處清淨若一切智智清淨无二
无二分无別无斷故善現四念住清淨故色
處清淨色處清淨故一切智智清淨何以故
若四念住清淨若色處清淨若一切智智清
淨无二无二分无別无斷故四念住清淨故聲
香味觸法處清淨聲香味觸法處清淨故
一切智智清淨何以故若四念住清淨若聲
香味觸法處清淨若一切智智清淨无二无
二分无別无斷故善現四念住清淨故眼界
清淨眼界清淨故一切智智清淨何以故若
四念住清淨若眼界清淨若一切智智清淨无
二无二分无別无斷故四念住清淨故色界
眼識界及眼觸眼觸為緣所生諸受清淨色
界乃至眼觸為緣所生諸受清淨故一切
智智清淨何以故若四念住清淨若色界乃
至眼觸為緣所生諸受清淨若一切智智清
淨无二无二分无別无斷故善現四念住清

BD06330號　大般若波羅蜜多經卷二二八　（18–2）

二无二分无別无斷故四念住清淨故色界
眼識界及眼觸眼觸為緣所生諸受清淨色
界乃至眼觸為緣所生諸受清淨故一切
智智清淨何以故若四念住清淨若色界乃
至眼觸為緣所生諸受清淨若一切智智清
淨无二无二分无別无斷故善現四念住清
淨故耳界清淨耳界清淨故一切智智清淨
何以故若四念住清淨若耳界清淨若一切
智智清淨无二无二分无別无斷故四念住
清淨故聲界耳識界及耳觸耳觸為緣所生
諸受清淨聲界乃至耳觸為緣所生諸受清
淨故一切智智清淨何以故若四念住清淨
若聲界乃至耳觸為緣所生諸受清淨若一
切智智清淨无二无二分无別无斷故善現
四念住清淨故鼻界清淨鼻界清淨故一切
智智清淨何以故若四念住清淨若鼻界清
淨若一切智智清淨无二无二分无別无斷
故四念住清淨故香界鼻識界及鼻觸鼻觸
為緣所生諸受清淨香界乃至鼻觸為緣所
生諸受清淨故一切智智清淨何以故若四
念住清淨若香界乃至鼻觸為緣所生諸受
清淨若一切智智清淨无二无二分无別无
斷故善現四念住清淨故舌界清淨舌界清
淨故一切智智清淨何以故若四念住清淨
若舌界清淨若一切智智清淨无二无二分
无別无斷故四念住清淨故味界舌識界及
舌觸舌觸為緣所生諸受清淨味界乃至舌

BD06330號　大般若波羅蜜多經卷二二八　（18–3）

斷故善現四念住清淨故舌界清淨舌界清
淨故一切智智清淨何以故若四念住清淨
若舌界清淨若一切智智清淨无二无二分
无別无斷故四念住清淨故味界舌識界及
舌觸舌觸為緣所生諸受清淨味界乃至舌
觸為緣所生諸受清淨故一切智智清淨何
以故若四念住清淨若味界乃至舌觸為緣
所生諸受清淨若一切智智清淨无二无二
分无別无斷故善現四念住清淨故身界清
淨身界清淨故一切智智清淨何以故若四
念住清淨若身界清淨若一切智智清淨无
二无二分无別无斷故四念住清淨故觸界
身識界及身觸身觸為緣所生諸受清淨觸
界乃至身觸為緣所生諸受清淨故一切智
智清淨何以故若四念住清淨若觸界乃至
身觸為緣所生諸受清淨若一切智智清淨
无二无二分无別无斷故善現四念住清淨
故意界清淨意界清淨故一切智智清淨何
以故若四念住清淨若意界清淨若一切智
智清淨无二无二分无別无斷故四念住清
淨故法界意識界及意觸意觸為緣所生諸
受清淨法界乃至意觸為緣所生諸受清淨
故一切智智清淨何以故若四念住清淨若
法界乃至意觸為緣所生諸受清淨若一切
智智清淨无二无二分无別无斷故善現四
念住清淨故地界清淨地界清淨故一切智
智清淨何以故若四念住清淨若地界清淨

BD06330號　大般若波羅蜜多經卷二二八　（18–4）

受清淨法界乃至意觸爲緣所生諸受清淨
故一切智智清淨何以故若四念住清淨若
法界乃至意觸爲緣所生諸受清淨若一切
智智清淨无二无二分无別无斷故善現四
念住清淨故地界清淨地界清淨故一切智
智清淨何以故若四念住清淨若地界清淨
若一切智智清淨无二无二分无別无斷故
四念住清淨故水火風空識界清淨水火風
空識界清淨故一切智智清淨何以故若四
念住清淨若水火風空識界清淨何以故若四
智清淨无二无二分无別无斷故善現四念
住清淨故无明清淨无明清淨故一切智智
清淨何以故若四念住清淨若无明清淨若
一切智智清淨无二无二分无別无斷故四
念住清淨故行識名色六處觸受愛取有生
老死愁歎苦憂惱清淨行乃至老死愁歎苦
憂惱清淨故一切智智清淨何以故若四念
住清淨若行乃至老死愁歎苦憂惱清淨若
一切智智清淨无二无二分无別无斷故善
現四念住清淨故布施波羅蜜多清淨布施
波羅蜜多清淨故一切智智清淨何以故若
四念住清淨若布施波羅蜜多清淨若一切
智智清淨无二无二分无別无斷故四念住
清淨故淨戒安忍精進靜慮般若波羅蜜多
清淨淨戒乃至般若波羅蜜多清淨故一切
智智清淨何以故若四念住清淨若淨戒乃
至般若波羅蜜多清淨若一切智智清淨无

BD06330號　大般若波羅蜜多經卷二二八　（18–5）

四念住清淨若布施波羅蜜多清淨若一切
智智清淨无二无二分无別无斷故四念住
清淨故淨戒安忍精進靜慮般若波羅蜜多
清淨淨戒乃至般若波羅蜜多清淨故一切
智智清淨何以故若四念住清淨若淨戒乃
至般若波羅蜜多清淨若一切智智清淨无
二无二分无別无斷故善現四念住清淨故
內空清淨內空清淨故一切智智清淨何以
故若四念住清淨若內空清淨若一切智智
清淨无二无二分无別无斷故四念住清淨
故外空內外空空空大空勝義空有爲空无
爲空畢竟空无際空散空无變異空本性空
自相空共相空一切法空不可得空无性空
自性空无性自性空清淨外空乃至无性自
性空清淨故一切智智清淨何以故若四念
住清淨若外空乃至无性自性空清淨若一
切智智清淨无二无二分无別无斷故善現
四念住清淨故真如清淨真如清淨故一切
智智清淨何以故若四念住清淨若真如清
淨若一切智智清淨无二无二分无別无斷
故四念住清淨故法界法性不虛妄性不變
異性平等性離生性法定法住實際虛空界
不思議界清淨法界乃至不思議界清淨故
一切智智清淨何以故若四念住清淨若法
界乃至不思議界清淨若一切智智清淨无
二无二分无別无斷故善現四念住清淨故
苦聖諦清淨苦聖諦清淨故一切智智清淨

BD06330號　大般若波羅蜜多經卷二二八　（18–6）

故四念住清淨故法界法性不虛妄性不變
異性平等性離生性法定法住實際虛空界
不思議界清淨法界乃至不思議界清淨故
一切智智清淨何以故若四念住清淨若法
界乃至不思議界清淨若一切智智清淨无
二无二分无別无斷故善現四念住清淨故
苦聖諦清淨苦聖諦清淨故一切智智清淨
何以故若四念住清淨若苦聖諦清淨若一
切智智清淨无二无二分无別无斷故四念
住清淨故集滅道聖諦清淨集滅道聖諦清
淨故一切智智清淨何以故若四念住清淨
若集滅道聖諦清淨若一切智智清淨无二
无二分无別无斷故善現四念住清淨故四
靜慮清淨四靜慮清淨故一切智智清淨何
以故若四念住清淨若四靜慮清淨若一切
智智清淨无二无二分无別无斷故四念住
清淨故四无量四无色定清淨四无量四无
色定清淨故一切智智清淨何以故若四念
住清淨若四无量四无色定清淨若一切智
智清淨无二无二分无別无斷故善現四念
住清淨故八解脫清淨八解脫清淨故一切
智智清淨何以故若四念住清淨若八解脫
清淨若一切智智清淨无二无二分无別无
斷故四念住清淨故八勝處九次第定十遍
處清淨八勝處九次第定十遍處清淨故一
切智智清淨何以故若四念住清淨若八勝
處九次第定十遍處清淨若一切智智清淨

清淨若一切智智清淨无二无二分无別无
斷故四念住清淨故八勝處九次第定十遍
處清淨八勝處九次第定十遍處清淨故一
切智智清淨何以故若四念住清淨若八勝
處九次第定十遍處清淨若一切智智清淨
无二无二分无別无斷故善現四念住清淨
故四正斷清淨四正斷清淨故一切智智清
淨何以故若四念住清淨若四正斷清淨若
一切智智清淨无二无二分无別无斷故四
念住清淨故四神足五根五力七等覺支八
聖道支清淨四神足乃至八聖道支清淨故
一切智智清淨何以故若四念住清淨若四
神足乃至八聖道支清淨若一切智智清淨
无二无二分无別无斷故善現四念住清淨
故空解脫門清淨空解脫門清淨故一切智
智清淨何以故若四念住清淨若空解脫門
清淨若一切智智清淨无二无二分无別无
斷故四念住清淨故无相无願解脫門清淨
无相无願解脫門清淨故一切智智清淨何
以故若四念住清淨若无相无願解脫門清
淨若一切智智清淨无二无二分无別无斷
故善現四念住清淨故菩薩十地清淨菩薩
十地清淨故一切智智清淨何以故若四念住
清淨若菩薩十地清淨若一切智智清淨
无二无二分无別无斷故
善現四念住清淨故五眼清淨五眼清淨故

故善現四念住清淨故菩薩十地清淨菩薩
十地清淨故一切智智清淨何以故若四念住
清淨若菩薩十地清淨若一切智智清淨
无二无二分无別无斷故
善現四念住清淨故五眼清淨五眼清淨故
一切智智清淨何以故若四念住清淨若五
眼清淨若一切智智清淨无二无二分无別
无斷故四念住清淨故六神通清淨六神通
清淨故一切智智清淨何以故若四念住清
淨若六神通清淨若一切智智清淨无二无
二分无別无斷故善現四念住清淨故佛十
力清淨佛十力清淨故一切智智清淨何以
故若四念住清淨若佛十力清淨若一切智
智清淨无二无二分无別无斷故四念住清
淨故四无所畏四无礙解大慈大悲大喜大
捨十八佛不共法清淨四无所畏乃至十八
佛不共法清淨故一切智智清淨何以故若
四念住清淨若四无所畏乃至十八佛不共
法清淨若一切智智清淨无二无二分无別
无斷故善現四念住清淨故无忘失法清淨
无忘失法清淨故一切智智清淨何以故若
四念住清淨若无忘失法清淨若一切智智
清淨无二无二分无別无斷故四念住清淨
故恒住捨性清淨恒住捨性清淨故一切智
智清淨何以故若四念住清淨若恒住捨性
清淨若一切智智清淨无二无二分无別无

BD06330號　大般若波羅蜜多經卷二二八　（18–9）

清淨无二无二分无別无斷故四念住清淨
故恒住捨性清淨恒住捨性清淨故一切智
智清淨何以故若四念住清淨若恒住捨性
清淨若一切智智清淨无二无二分无別无
斷故善現四念住清淨故一切智清淨一切
智清淨故一切智智清淨何以故若四念住
清淨若一切智清淨若一切智智清淨无二
无二分无別无斷故四念住清淨故道相智
一切相智清淨道相智一切相智清淨故一
切智智清淨何以故若四念住清淨若道相
智一切相智清淨若一切智智清淨无二无
二分无別无斷故善現四念住清淨故一切
陁羅尼門清淨一切陁羅尼門清淨故一切
智智清淨何以故若四念住清淨若一切陁
羅尼門清淨若一切智智清淨无二无二分
无別无斷故四念住清淨故一切三摩地門
清淨一切三摩地門清淨故一切智智清淨
何以故若四念住清淨若一切三摩地門清
淨若一切智智清淨无二无二分无別无斷
故善現四念住清淨故預流果清淨預流果
清淨故一切智智清淨何以故若四念住清淨
淨若預流果清淨若一切智智清淨无二无
二分无別无斷故四念住清淨故一來不還
阿羅漢果清淨一來不還阿羅漢果清淨故
一切智智清淨何以故若四念住清淨若一
來不還阿羅漢果清淨若一切智智清淨无

BD06330號　大般若波羅蜜多經卷二二八　（18–10）

清淨故一切智智清淨何以故若四念住清淨
淨若預流果清淨若一切智智清淨无二无
二分无別无斷故四念住清淨故一來不還
阿羅漢果清淨一來不還阿羅漢果清淨故
一切智智清淨何以故若四念住清淨若一
來不還阿羅漢果清淨若一切智智清淨无
二无二分无別无斷故善現四念住清淨故
獨覺菩提清淨獨覺菩提清淨故一切智智
清淨何以故若四念住清淨若獨覺菩提清
淨若一切智智清淨无二无二分无別无斷
故善現四念住清淨故一切菩薩摩訶薩行
清淨一切菩薩摩訶薩行清淨故一切智智
清淨何以故若四念住清淨若一切菩薩摩
訶薩行清淨若一切智智清淨无二无二分
无別无斷故善現四念住清淨故諸佛无上
正等菩提清淨諸佛无上正等菩提清淨故
一切智智清淨何以故若四念住清淨若諸佛
无上正等菩提清淨若一切智智清淨无二
无二分无別无斷故
復次善現四正斷清淨故色清淨色清淨故
一切智智清淨何以故若四正斷清淨若色清
淨若一切智智清淨无二无二分无別无斷
故四正斷清淨故受想行識清淨受想行
識清淨故一切智智清淨何以故若四正斷
清淨若受想行識清淨若一切智智清淨无
二无二分无別无斷故善現四正斷清淨故
眼處清淨眼處清淨故一切智智清淨何以

BD06330號　大般若波羅蜜多經卷二二八　（18–11）

故四正斷清淨故受想行識清淨受想行
識清淨故一切智智清淨何以故若四正斷
清淨若受想行識清淨若一切智智清淨无
二无二分无別无斷故善現四正斷清淨故
眼處清淨眼處清淨故一切智智清淨何以
故若四正斷清淨若眼處清淨若一切智智
清淨无二无二分无別无斷故四正斷清淨
故耳鼻舌身意處清淨耳鼻舌身意處清
淨故一切智智清淨何以故若四正斷清淨若
耳鼻舌身意處清淨若一切智智清淨无二
无二分无別无斷故善現四正斷清淨故色
處清淨色處清淨故一切智智清淨何以故
若四正斷清淨若色處清淨若一切智智清
淨无二无二分无別无斷故四正斷清淨故
聲香味觸法處清淨聲香味觸法處清淨故
一切智智清淨何以故若四正斷清淨若聲
香味觸法處清淨若一切智智清淨无二无
二分无別无斷故善現四正斷清淨故眼界
清淨眼界清淨故一切智智清淨何以故若
四正斷清淨若眼界清淨若一切智智清淨
无二无二分无別无斷故四正斷清淨故色
界眼識界及眼觸眼觸為緣所生諸受清淨
色界乃至眼觸為緣所生諸受清淨故一切
智智清淨何以故若四正斷清淨若色界乃
至眼觸為緣所生諸受清淨若一切智智清
淨无二无二分无別无斷故善現四正斷清

BD06330號　大般若波羅蜜多經卷二二八　（18–12）

界眼識界及眼觸眼觸為緣所生諸受清淨
色界乃至眼觸為緣所生諸受清淨故一切
智智清淨何以故若四正斷清淨若色界乃
至眼觸為緣所生諸受清淨若一切智智清
淨无二无二分无別无斷故善現四正斷清
淨故耳界清淨耳界清淨故一切智智清淨
何以故若四正斷清淨若耳界清淨若一切
智智清淨无二无二分无別无斷故四正斷
清淨故聲界耳識界及耳觸耳觸為緣所生
諸受清淨聲界乃至耳觸為緣所生諸受清
淨故一切智智清淨何以故若四正斷清淨
若聲界乃至耳觸為緣所生諸受清淨若一
切智智清淨无二无二分无別无斷故善現
四正斷清淨故鼻界清淨鼻界清淨故一切
智智清淨何以故若四正斷清淨若鼻界清
淨若一切智智清淨无二无二分无別无斷
故四正斷清淨故香界鼻識界及鼻觸鼻觸
為緣所生諸受清淨香界乃至鼻觸為緣所
生諸受清淨故一切智智清淨何以故若四
正斷清淨若香界乃至鼻觸為緣所生諸受
清淨若一切智智清淨无二无二分无別无
斷故善現四正斷清淨故舌界清淨舌界清
淨故一切智智清淨何以故若四正斷清淨
若舌界清淨若一切智智清淨无二无二分
无別无斷故四正斷清淨故味界舌識界及
舌觸舌觸為緣所生諸受清淨味界乃至舌
觸為緣所生諸受清淨故一切智智清淨何

BD06330號　大般若波羅蜜多經卷二二八　（18–13）

淨故一切智智清淨何以故若四正斷清淨
若舌界清淨若一切智智清淨无二无二分
无別无斷故四正斷清淨故味界舌識界及
舌觸舌觸為緣所生諸受清淨味界乃至舌
觸為緣所生諸受清淨故一切智智清淨何
以故若四正斷清淨若味界乃至舌觸為緣
所生諸受清淨若一切智智清淨无二无二
分无別无斷故善現四正斷清淨故身界清
淨身界清淨故一切智智清淨何以故若四
正斷清淨若身界清淨若一切智智清淨无
二无二分无別无斷故四正斷清淨故觸界
身識界及身觸身觸為緣所生諸受清淨觸
界乃至身觸為緣所生諸受清淨故一切智
智清淨何以故若四正斷清淨若觸界乃至
身觸為緣所生諸受清淨若一切智智清淨
无二无二分无別无斷故善現四正斷清淨
故意界清淨意界清淨故一切智智清淨何
以故若四正斷清淨若意界清淨若一切智
智清淨无二无二分无別无斷故四正斷清
淨故法界意識界及意觸意觸為緣所生諸
受清淨法界乃至意觸為緣所生諸受清淨
故一切智智清淨何以故若四正斷清淨若法
界乃至意觸為緣所生諸受清淨若一
切智智清淨无二无二分无別无斷故善現四
正斷清淨故地界清淨地界清淨故一切智
智清淨何以故若四正斷清淨若地界清淨
若一切智智清淨无二无二分无別无斷故

BD06330號　大般若波羅蜜多經卷二二八　（18–14）

界乃至意觸為緣所生諸受清淨若一
切智智清淨无二无二分无別无斷故善現四
正斷清淨故地界清淨地界清淨故一切智
智清淨何以故若四正斷清淨若地界清淨
若一切智智清淨无二无二分无別无斷故
四正斷清淨故水火風空識界清淨水火風
空識界清淨故一切智智清淨何以故若四
正斷清淨若水火風空識界清淨若一切智
智清淨无二无二分无別无斷故善現四正
斷清淨故无明清淨无明清淨故一切智智
清淨何以故若四正斷清淨若无明清淨若
一切智智清淨无二无二分无別无斷故四
正斷清淨故行識名色六處觸受愛取有生
老死愁歎苦憂惱清淨行乃至老死愁歎苦
憂惱清淨故一切智智清淨何以故若四正
斷清淨若行乃至老死愁歎苦憂惱清淨若
一切智智清淨无二无二分无別无斷故
善現四正斷清淨故布施波羅蜜多清淨布
施波羅蜜多清淨故一切智智清淨何以故
若四正斷清淨若布施波羅蜜多清淨若一
切智智清淨无二无二分无別无斷故四正
斷清淨故淨戒安忍精進靜慮般若波羅蜜
多清淨淨戒乃至般若波羅蜜多清淨故一
切智智清淨何以故若四正斷清淨若淨戒
乃至般若波羅蜜多清淨若一切智智清淨
无二无二分无別无斷故善現四正斷清淨
故內空清淨內空清淨故一切智智清淨何

BD06330 號　大般若波羅蜜多經卷二二八　（18–15）

斷清淨故淨戒安忍精進靜慮般若波羅蜜
多清淨淨戒乃至般若波羅蜜多清淨故一
切智智清淨何以故若四正斷清淨若淨戒
乃至般若波羅蜜多清淨若一切智智清淨
无二无二分无別无斷故善現四正斷清淨
故內空清淨內空清淨故一切智智清淨何
以故若四正斷清淨若內空清淨若一切智
智清淨无二无二分无別无斷故四正斷清
淨故外空內外空空空大空勝義空有為空
无為空畢竟空无際空散空无變異空本性
空自相空共相空一切法空不可得空无性
空自性空无性自性空清淨外空乃至无性
自性空清淨故一切智智清淨何以故若四
正斷清淨若外空乃至无性自性空清淨若
一切智智清淨无二无二分无別无斷故善
現四正斷清淨故真如清淨真如清淨故一
切智智清淨何以故若四正斷清淨若真如
清淨若一切智智清淨无二无二分无別无
斷故四正斷清淨故法界法性不虛妄性不
變異性平等性離生性法定法住實際虛空
界不思議界清淨法界乃至不思議界清淨
故一切智智清淨何以故若四正斷清淨若法
界乃至不思議界清淨若一切智智清淨
无二无二分无別无斷故善現四正斷清淨
故苦聖諦清淨苦聖諦清淨故一切智智清
淨何以故若四正斷清淨若苦聖諦清淨若

BD06330 號　大般若波羅蜜多經卷二二八　（18–16）

界不思議界清淨法界乃至不思議界清淨
故一切智智清淨何以故若四正斷清淨若法
界乃至不思議界清淨若一切智智清淨
无二无二分无別无斷故善現四正斷清淨
故苦聖諦清淨苦聖諦清淨故一切智智清
淨何以故若四正斷清淨若苦聖諦清淨若
一切智智清淨无二无二分无別无斷故四
正斷清淨故集滅道聖諦清淨集滅道聖
諦清淨故一切智智清淨何以故若四正斷清
淨若集滅道聖諦清淨若一切智智清淨无
二无二分无別无斷故善現四正斷清淨故
四靜慮清淨四靜慮清淨故一切智智清淨
何以故若四正斷清淨若四靜慮清淨若一
切智智清淨无二无二分无別无斷故四正
斷清淨故四无量四无色定清淨四无量四
无色定清淨故一切智智清淨何以故若四
正斷清淨若四无量四无色定清淨若一切
智智清淨无二无二分无別无斷故善現四
正斷清淨故八解脫清淨八解脫清淨故一
切智智清淨何以故若四正斷清淨若八解
脫清淨若一切智智清淨无二无二分无別
无斷故四正斷清淨故八勝處九次第定十
遍處清淨八勝處九次第定十遍處清淨故
一切智智清淨何以故若四正斷清淨若八
勝處九次第定十遍處清淨若一切智智清
淨无二无二分无別无斷故善現四正斷清
淨故四念住清淨四念住清淨故一切智智清

BD06330號　大般若波羅蜜多經卷二二八　（18–17）

遍處清淨八勝處九次第定十遍處清淨故
一切智智清淨何以故若四正斷清淨若八
勝處九次第定十遍處清淨若一切智智清
淨无二无二分无別无斷故善現四正斷清
淨故四念住清淨四念住清淨故一切智智清
淨何以故若四正斷清淨若四念住清淨
若一切智智清淨无二无二分无別无斷故
四正斷清淨故四神足五根五力七等覺支
八聖道支清淨四神足乃至八聖道支清淨
故一切智智清淨何以故若四正斷清淨若四
神足乃至八聖道支清淨若一切智智清
淨无二无二分无別无斷故

大般若波羅蜜多經卷第二百廿八

BD06330號　大般若波羅蜜多經卷二二八　（18–18）

失於

若坐若行每作是念我等同入法性云何
如来以小乘法而見濟度是我等咎非世尊
也所以者何若我等待說所因成就阿耨多羅
三藐三菩提者必以大乘而得度脫然我等不
解方便隨宜所說初聞佛法遇便信受思惟
取證世尊我從昔来終日竟夜每自剋責
而今從佛聞所未聞未曾有法斷諸疑悔身
意泰然快得安隱今日乃知真是佛子從佛
口生從法化生得佛法分尒時舍利弗欲重
宣此義而說偈言

我聞是法音　得所未曾有　心懷大歡喜　疑網皆已除
昔来蒙佛教　不失於大乘　佛音甚希有　能除眾生惱
我已得漏盡　聞亦除憂惱　我處於山谷　或在林樹下
若坐若經行　常思惟是事　嗚呼深自責　云何而自欺
我等亦佛子　同入无漏法　不能於未来　演說无上道
金色三十二　十力諸解脫　同共一法中　而不得此事
八十種妙好　十八不共法　如是等功德　而我皆已失
我獨經行時　見佛在大眾　名聞滿十方　廣饒益眾生
自惟失此利　我為自欺誑　我常於日夜　每思惟是事
欲以問世尊　為失為不失　我常見世尊　稱讚諸菩薩
以是於日夜　籌量如此事　今聞佛音聲　隨宜而說法

BD06331 號　妙法蓮華經卷二

（26–1）

我等亦佛子　同入无漏法　不能於未来　演說无上道
金色三十二　十力諸解脫　同共一法中　而不得此事
八十種妙好　十八不共法　如是等功德　而我皆已失
我獨經行時　見佛在大眾　名聞滿十方　廣饒益眾生
自惟失此利　我為自欺誑　我常於日夜　每思惟是事
欲以問世尊　為失為不失　我常見世尊　稱讚諸菩薩
以是於日夜　籌量如此事　今聞佛音聲　隨宜而說法
无漏難思議　令眾至道場　我本著邪見　為諸梵志師
世尊知我心　拔邪說涅槃　我悉除邪見　於空法得證
尒時心自謂　得至於滅度　而今乃自覺　非是實滅度
若得作佛時　具三十二相　天人夜叉眾　龍神等恭敬
是時乃可謂　永盡滅无餘　佛於大眾中　說我當作佛
聞如是法音　疑悔悉已除　初聞佛所說　心中大驚疑
將非魔作佛　惱亂我心耶　佛以種種緣　譬喻巧言說
其心安如海　我聞疑網斷　佛說過去世　无量滅度佛
安住方便中　亦皆說是法　現在未来佛　其數无有量
亦以諸方便　演說如是法　如今者世尊　從生及出家
得道轉法輪　亦以方便說　世尊說實道　波旬无此事
以是我定知　非是魔作佛　我墮疑網故　謂是魔所為
聞佛柔軟音　深遠甚微妙　演暢清淨法　我心大歡喜
疑悔永已盡　安住實智中　我定當作佛　為天人所敬
轉无上法輪　教化諸菩薩

尒時佛告舍利弗吾今於天人沙門婆羅門
等大眾中說我昔曾於二萬億佛所為无上
道故常教化汝汝亦長夜隨我受學我以方便
引導汝故生我法中舍利弗我昔教汝志願佛
道汝今悉忘而便自謂已得滅度我今還欲
令汝憶念本願所行道故為諸聲聞說是大
乘經名妙法蓮華教菩薩法佛所護念舍利

BD06331 號　妙法蓮華經卷二

（26–2）

等大衆中說我昔曾於二萬億佛所爲无上
道故常教化汝汝亦長夜隨我受學我以方便
引導汝故生我法中舍利弗我昔教汝志願佛
道汝今悉忘而便自謂已得滅度我今還欲
令汝憶念本願所行道故爲諸聲聞說是大
乘經名妙法蓮華教菩薩法佛所護念舍利
弗汝於未來世過无量无邊不可思議劫供
養若干千萬億佛奉持正法具足菩薩所
行之道當得作佛號曰華光如來應供正遍
知明行足善逝世間解无上士調御丈夫天
人師佛世尊國名離垢其土平正清淨嚴飾
安隱豐樂天人熾盛琉璃爲地有八交道黃
金爲繩以界其側其傍各有七寶行樹常有
華菓華光如來亦以三乘教化衆生舍利弗
彼佛出時雖非惡世以本願故說三乘法其
劫名大寶莊嚴何故名曰大寶莊嚴其國中
以菩薩爲大寶故彼諸菩薩无量无邊不可
思議筭數譬喻所不能及非佛智力无能知
者若欲行時寶華承足此諸菩薩非初發意
皆久殖德本於无量百千万億佛所淨脩梵
行恒爲諸佛之所稱歎常脩佛慧具大神通
善知一切諸法之門質直无僞志念堅固如
是菩薩充滿其國舍利弗華光佛壽十二小
劫除爲王子未作佛時其國人民壽八小劫
華光如來過十二小劫授堅滿菩薩阿耨多
羅三藐三菩提記告諸比丘是堅滿菩薩當
作佛號曰華足安行多陀阿伽度阿羅訶三藐
三佛陁其佛國土亦復如是舍利弗是華光

BD06331號　妙法蓮華經卷二　(26–3)

是菩薩充滿其國舍利弗華光佛壽十二小
劫除爲王子未作佛時其國人民壽八小劫
華光如來過十二小劫授堅滿菩薩阿耨多
羅三藐三菩提記告諸比丘是堅滿菩薩當
作佛號曰華足安行多陀阿伽度阿羅訶三藐
三佛陁其佛國土亦復如是舍利弗是華光
佛滅度之後正法住世三十二小劫像法住
世亦三十二小劫尒時世尊欲重宣此義而
說偈言
舍利弗來世　成佛普智尊　號名曰華光　當度无量衆
供養无數佛　具足菩薩行　十力等功德　證於无上道
過无量劫已　劫名大寶嚴　世界名離垢　清淨无瑕穢
以琉璃爲地　金繩界其道　七寶雜色樹　常有華菓實
彼國諸菩薩　志念常堅固　神通波羅蜜　皆已悉具足
於无數佛所　善學菩薩道　如是等大士　華光佛所化
佛爲王子時　棄國捨世榮　於冣末後身　出家成佛道
華光佛住世　壽十二小劫　其國人民衆　壽命八小劫
佛滅度之後　正法住於世　三十二小劫　廣度諸衆生
正法滅盡已　像法三十二　舍利廣流布　天人普供養
華光佛所爲　其事皆如是　其兩足聖尊　冣勝无倫匹
彼即是汝身　宜應自欣慶
尒時四部衆比丘比丘尼優婆塞優婆夷天龍
夜叉乾闥婆阿脩羅迦樓羅緊那羅摩睺羅
伽等大衆見舍利弗於佛前受阿耨多羅三
藐三菩提記心大歡喜踊躍无量各各脫所
著上衣以供養佛釋提桓因梵天王等與无
數天子亦以天妙衣天曼陁羅華摩訶曼陁
羅華等供養於佛所散天衣住虛空中而自
迴轉諸天伎樂百千萬種於虛空中一時俱

BD06331號　妙法蓮華經卷二　(26–4)

伽等大衆見舍利弗於佛前受阿耨多羅三
藐三菩提記心大歡喜踊躍无量各各脫所
著上衣以供養佛釋提桓因梵天王等與无
數天子亦以天妙衣天曼陁羅華摩訶曼陁
羅華等供養於佛所散天衣住虛空中而自
迴轉諸天伎樂百千萬種於虛空中一時俱
作雨衆天華而作是言佛昔於波羅柰初轉
法輪今乃復轉无上最大法輪尒時諸天子
欲重宣此義而說偈言
昔於波羅柰　轉四諦法輪　分別說諸法　五衆之生滅
今復轉最妙　无上大法輪　是法甚深奧　少有能信者
我等從昔來　數聞世尊說　未曾聞如是　深妙之上法
世尊說是法　我等皆隨喜　大智舍利弗　今得受尊記
我等亦如是　必當得作佛　於一切世間　最尊无有上
佛道叵思議　方便隨宜說　我所有福業　今世若過世
及見佛功德　盡迴向佛道
尒時舍利弗白佛言世尊我今无復疑悔親
於佛前得受阿耨多羅三藐三菩提記是諸
千二百心自在者昔住學地佛常教化言我
法能離生老病死究竟涅槃是學无學人亦
各自以離我見及有无見等謂得涅槃而今
於世尊前聞所未聞皆墮疑惑善哉世尊願
為四衆說其因緣令離疑悔尒時佛告舍利
弗我先不言諸佛世尊以種種因緣譬喻言
辭方便說法皆為阿耨多羅三藐三菩提耶
是諸所說皆為化菩薩故然舍利弗今當復
以譬喻更明此義諸有智者以譬喻得解舍
利弗若國邑聚落有大長者其年衰邁財富

BD06331 號　妙法蓮華經卷二　（26–5）

為四衆說其因緣令離疑悔尒時佛告舍利
弗我先不言諸佛世尊以種種因緣譬喻言
辭方便說法皆為阿耨多羅三藐三菩提耶
是諸所說皆為化菩薩故然舍利弗今當復
以譬喻更明此義諸有智者以譬喻得解舍
利弗若國邑聚落有大長者其年衰邁財富
无量多有田宅及諸僮僕其家廣大唯有一
門多諸人衆一百二百乃至五百人止住其
中堂閣朽故牆壁頹落柱根腐敗梁棟傾危
周匝俱時歘然火起焚燒舍宅長者諸子若
十二十或至三十在此宅中長者見是大火
從四面起即大驚怖而作是念我雖能於此
所燒之門安隱得出而諸子等於火宅內樂
著嬉戲不覺不知不驚不怖火來逼身苦痛
切己心不猒患无求出意舍利弗是長者作
是思惟我身手有力當以衣裓若以几案從
舍出之復更思惟是舍唯有一門而復狹小
諸子幼稚未有所識戀著戲處或當墮落
為火所燒我當為說怖畏之事此舍已燒宜
時疾出无令為火之所燒害作是念已如所思
惟具告諸子汝等速出父雖憐愍善言誘喻
而諸子等樂著嬉戲不肯信受不驚不畏了
无出心亦復不知何者是火何者為舍云何
為失但東西走戲視父而已尒時長者即作
是念此舍已為大火所燒我及諸子若不時
出必為所焚我今當設方便令諸子等得免
斯害父知諸子先心各有所好種種珍玩奇
異之物情必樂著而告之言汝等所可玩好
希有難得汝若不取後必憂悔如此種種羊

BD06331 號　妙法蓮華經卷二　（26–6）

无出心亦復不知何者是火何者爲舍云何
爲失但東西走戲視父而已尒時長者即作
是念此舍已爲大火所燒我及諸子若不時
出必爲所焚我今當設方便令諸子等得免
斯害父知諸子先心各有所好種種珎玩奇
異之物情必樂着而告之言汝等所可玩好
希有難得汝若不取後必憂悔如此種種羊
車鹿車牛車今在門外可以遊戲汝等於此
火宅宜速出來隨汝所欲皆當與汝尒時諸
子聞父所說珎玩之物適其願故心各勇鋭
互相推排競共馳走争出火宅是時長者
見諸子等安隱得出皆於四衢道中露地而
坐无復障礙其心泰然歡喜踊躍時諸子等
各白父言父先所許玩好之具羊車鹿車牛車
願時賜與舍利弗尒時長者各賜諸子等一大
車其車高廣衆寶莊校周帀欄楯四面懸鈴
又於其上張設幰蓋亦以珎奇雜寶而嚴
飾之寶繩交絡垂諸華瓔重敷綩綖安置丹
枕駕以白牛膚色充潔形體姝好有大筋力
行步平正其疾如風又多僕從而侍衛之所
以者何是大長者財富无量種種諸藏悉皆
充溢而作是念我財物无極不應以下劣小
車與諸子等今此幼童皆是吾子愛无偏黨
我有如是七寶大車其數无量應當等心各
各與之不宜差別所以者何以我此物周給
一國猶尚不匱何况諸子是時諸子各乘大
車得未曾有非本所望舍利弗於汝意云何
是長者等與諸子珎寶大車寧有虛妄不
舍利弗言不也世尊是長者但令諸子得免

各與之不宜差別所以者何以我此物周給
一國猶尚不匱何况諸子是時諸子各乘大
車得未曾有非本所望舍利弗於汝意云何
是長者等與諸子珎寶大車寧有虛妄不
舍利弗言不也世尊是長者但令諸子得免
火難全其軀命非爲虛妄何以故若全身命
便爲已得玩好之具况復方便於彼火宅而
拔濟之世尊若是長者乃至不與最小一乘
猶不虛妄何以故是長者先作是意我以方
便令子得出以是因緣无虛妄也何况長者
自知財富无量欲饒益諸子等與大車佛告
舍利弗善哉善哉如汝所言舍利弗如來亦
復如是則爲一切世間之父於諸怖畏衰惱
憂患无明闇蔽永盡无餘而悉成就无量知
見力无所畏有大神力及智慧力具足方便智
慧波羅蜜大慈大悲常无懈惓恒求善事利
益一切而生三界朽故火宅爲度衆生生老
病死憂悲苦惱愚癡闇蔽三毒之火教化令
得阿耨多羅三藐三菩提見諸衆生爲生老
病死憂悲苦惱之所燒煮亦以五欲財利故
受種種苦又以貪著追求故現受衆苦後受
地獄畜生餓鬼之苦若生天上及在人間貧
窮困苦愛別離苦怨憎會苦如是等種種諸
苦衆生沒在其中歡喜遊戲不覺不知不驚
不怖亦不生猒不求解脫於此三界火宅東
西馳走雖遭大苦不以爲患舍利弗佛見此
已便作是念我爲衆生之父應拔其苦難與
无量无邊諸佛智慧樂令其遊戲舍利弗如
來復作是念若我但以神力及智慧力捨於方

離苦愛別離苦怨憎會苦如是等種種諸
苦衆生沒在其中歡喜遊戲不覺不知不驚
不怖亦不生猒不求解脫於此三界火宅東
西馳走雖遭大苦不以為患舍利弗佛見此
已便作是念我為衆生之父應拔其苦難與
无量无邊諸佛智慧樂令其遊戲舍利弗如
來復作是念若我但以神力及智慧力捨於方
便為諸衆生讚如來知見力无所畏者衆生
不能以是得度所以者何是諸衆生未免生
老病死憂悲苦惱而為三界火宅所燒何由
能解佛之智慧舍利弗如彼長者雖復身手
有力而不用之但以慇懃方便免濟諸子火
宅之難然後各與珍寶大車如來亦復如是
雖有力无所畏而不用之但以智慧方便於三
界火宅拔濟衆生為說三乘聲聞辟支佛
佛乘而作是言汝等莫樂住三界火宅勿貪
麁弊色聲香味觸也若貪著生愛則為所燒
汝等速出三界當得三乘聲聞辟支佛佛乘
我今為汝保任此事終不虛也汝等但當勤
脩精進如來以是方便誘進衆生復作是言
汝等當知此三乘法皆是聖所稱歎自在
无繫无所依求乘是三乘以无漏根力覺道
禪定解脫三昧等而自娛樂便得无量隱快
樂舍利弗若有衆生內有智性從佛世尊聞
法信受慇懃精進欲速出三界自求涅槃是
名聲聞乘如彼諸子為求羊車出於火宅
若有衆生從佛世尊聞法信受慇懃精進
求自然慧樂獨善寂深知諸法因緣是名
辟支佛乘如彼諸子為求鹿車出於火宅若

BD06331號　妙法蓮華經卷二

（26–9）

法信受慇懃精進欲速出三界自求涅槃是
名聲聞乘如彼諸子為求羊車出於火宅
若有衆生從佛世尊聞法信受慇懃精進
求自然慧樂獨善寂深知諸法因緣是名
辟支佛乘如彼諸子為求鹿車出於火宅若
有衆生從佛世尊聞法信受勤脩精進求一切
智佛智自然智无師智如來知見力无所畏愍
念安樂无量衆生利益天人度脫一切是名
大乘菩薩求此乘故名為摩訶薩如彼諸子
為求牛車出於火宅舍利弗如彼長者見諸
子等安隱得出火宅到无畏處自惟財富无
量等以大車而賜諸子如來亦復如是為一切
衆生之父若見无量億千衆生以佛教門出
三界苦怖畏險道得涅槃樂如來尒時便作
是念我有无量无邊智慧力无畏等諸佛
法藏是諸衆生皆是我子等與大乘不令
有人獨得滅度皆以如來滅度而滅度之是
諸衆生脫三界者悉與諸佛禪定解脫等娛
樂之具皆是一相一種聖所稱歎能生淨妙第
一之樂舍利弗如彼長者初以三車誘引諸
子然後但與大車寶物莊嚴安隱第一然彼
長者无虛妄之咎如來亦復如是无有虛妄
初說三乘引導衆生然後但以大乘而度脫
之何以故如來有无量智慧力无所畏諸法
之藏能與一切衆生大乘之法但不盡能受舍
利弗以是因緣當知諸佛方便力故於一佛乘
分別說三佛欲重宣此義而說偈言
譬如長者有一大宅其宅久故而復頓弊

BD06331號　妙法蓮華經卷二

（26–10）

初說三乘引導衆生然後但以大乘而度脫
之何以故如来有无量智慧力无所畏諸法
之藏能與一切衆生大乘之法但不盡能受舍
利弗以是因緣當知諸佛方便力故於一佛乘
分別說三佛欲重宣此義而說偈言
譬如長者有一大宅其宅久故而復頓弊
堂舍高危柱根摧朽梁棟傾斜基陛頹毀
墻壁圮坼泥塗褫落覆苫亂墜椽梠差脫
周障屈曲雜穢充遍有五百人止住其中
鵄梟鵰鷲烏鵲鳩鴿蚖蛇蝮蠍蜈蚣蚰蜒
守宮百足狖狸鼷鼠諸惡蟲輩交橫馳走
屎尿臭處不淨流溢蜣蜋諸蟲而集其上
狐狼野干咀嚼踐蹋齩齧死屍骨肉狼藉
由是群狗競来搏撮飢羸慞惶處處求食
鬪諍摣掣啀喍嘷吠其舍恐怖變狀如是
處處皆有魑魅魍魎夜叉惡鬼食噉人肉
毒蟲之屬諸惡禽獸孚乳產生各自藏護
夜叉競来爭取食之食之既飽惡心轉熾
鬪諍之聲甚可怖畏鳩槃荼鬼蹲踞土埵
或時離地一尺二尺往返遊行縱逸嬉戲
捉狗兩足撲令失聲以腳加頸怖狗自樂
復有諸鬼其身長大裸形黑瘦常住其中
發大惡聲叫呼求食復有諸鬼其咽如針
復有諸鬼首如牛頭或食人肉或復噉狗
頭髮髼亂殘害兇險飢渴所逼叫喚馳走
夜叉餓鬼諸惡鳥獸飢急四向窺看窓牖
如是諸難恐畏无量是朽故宅屬于一人
其人近出未久之間於後舍宅欻然火起
四面一時其焰俱熾棟梁椽柱爆聲震裂

BD06331號　妙法蓮華經卷二　（26–11）

頭髮髼亂殘害兇險飢渴所逼叫喚馳走
夜叉餓鬼諸惡鳥獸飢急四向窺看窓牖
如是諸難恐畏无量是朽故宅屬于一人
其人近出未久之間於後舍宅欻然火起
四面一時其焰俱熾棟梁椽柱爆聲震裂
摧折墮落墻壁崩倒諸鬼神等揚聲大叫
鵰鷲諸鳥鳩槃荼等周慞惶怖不能自出
惡獸毒蟲藏竄孔穴毗舍闍鬼亦住其中
薄福德故為火所逼共相殘害飲血噉肉
野干之屬並已前死諸大惡獸競来食噉
臭烟熢㶿四面充塞蜈蚣蚰蜒毒蛇之類
為火所燒爭走出穴鳩槃荼鬼隨取而食
又諸餓鬼頭上火然飢渴熱惱周慞悶走
其宅如是甚可怖畏毒害火災衆難非一
是時宅主在門外立聞有人言汝諸子等
先因遊戲来入此宅稚小无知歡娛樂著
長者聞已驚入火宅方宜救濟令无燒害
告喻諸子說衆患難惡鬼毒蟲災火蔓莚
衆苦次第相續不絕毒蛇蚖蝮及諸夜叉
鳩槃荼鬼野干狐狗鵰鷲鵄梟百足之屬
飢渴惱急甚可怖畏此苦難處況復大火
諸子无知雖聞父誨猶故樂著嬉戲不已
是時長者而作是念諸子如此益我愁惱
今此舍宅无一可樂而諸子等耽湎嬉戲
不受我教將為火害即便思惟設諸方便
告諸子等我有種種珍玩之具妙寶好車
羊車鹿車大牛之車今在門外汝等出来
吾為汝等造作此車隨意所樂可以遊戲
諸子聞說如此諸車即時奔競馳走而出

BD06331號　妙法蓮華經卷二　（26–12）

今此舍宅　无一可樂　而諸子等　耽湎嬉戲
不受我教　將為火害　即便思惟　設諸方便
告諸子等　我有種種　珍玩之具　妙寶好車
羊車鹿車　大牛之車　今在門外　汝等出來
吾為汝等　造作此車　隨意所樂　可以遊戲
諸子聞說　如此諸車　即時奔競　馳走而出
到於空地　離諸苦難　長者見子　得出火宅
住於四衢　坐師子座　而自慶言　我今快樂
此諸子等　生育甚難　愚小无知　而入險宅
多諸毒虫　魑魅可畏　大火猛焰　四面俱起
而此諸子　貪樂嬉戲　我已救之　令得脫難
是故諸人　我今快樂　尒時諸子　知父安坐
皆詣父所　而白父言　願賜我等　三種寶車
如前所許　諸子出來　當以三車　隨汝所求
今正是時　唯垂給與　長者大富　庫藏衆多
金銀琉璃　車𤦲馬腦　以衆寶物　造諸大車
莊校嚴飾　周帀欄楯　四面懸鈴　金繩交絡
真珠羅網　張施其上　金華諸瓔　處處垂下
衆綵雜飾　周帀圍繞　柔軟繒纊　以為茵蓐
上妙細氎　價直千億　鮮白淨潔　以覆其上
有大白牛　肥壯多力　形體姝好　以駕寶車
多諸儐從　而侍衛之　以是妙車　等賜諸子
諸子是時　歡喜踊躍　乘是寶車　遊於四方
嬉戲快樂　自在无礙　告舍利弗　我亦如是
衆聖中尊　世間之父　一切衆生　皆是吾子
深著世樂　无有慧心　三界无安　猶如火宅
衆苦充滿　甚可怖畏　常有生老　病死憂患
如是等火　熾然不息　如來已離　三界火宅

BD06331號　妙法蓮華經卷二　（26–13）

嬉戲快樂　自在无礙　告舍利弗　我亦如是
衆聖中尊　世間之父　一切衆生　皆是吾子
深著世樂　无有慧心　三界无安　猶如火宅
衆苦充滿　甚可怖畏　常有生老　病死憂患
如是等火　熾然不息　如來已離　三界火宅
寂然閑居　安處林野　今此三界　皆是我有
其中衆生　悉是吾子　而今此處　多諸患難
唯我一人　能為救護　雖復教詔　而不信受
於諸欲染　貪著深故　是以方便　為說三乘
令諸衆生　知三界苦　開示演說　出世間道
是諸子等　若心決定　具足三明　及六神通
有得緣覺　不退菩薩　汝舍利弗　我為衆生
以此譬喻　說一佛乘　汝等若能　信受是語
一切皆當　得成佛道　是乘微妙　清淨第一
於諸世間　為无有上　佛所悅可　一切衆生
所應稱讚　供養禮拜　无量億千　諸力解脫
禪定智慧　及佛餘法　得如是乘　令諸子等
日夜劫數　常得遊戲　與諸菩薩　及聲聞衆
乘此寶乘　直至道場　以是因緣　十方諦求
更无餘乘　除佛方便　告舍利弗　汝諸人等
皆是吾子　我則是父　汝等累劫　衆苦所燒
我皆濟拔　令出三界　我雖先說　汝等滅度
但盡生死　而實不滅　今所應作　唯佛智慧
若有菩薩　於是衆中　能一心聽　諸佛實法
諸佛世尊　雖以方便　所化衆生　皆是菩薩
若人小智　深著愛欲　為此等故　說於苦諦
衆生心喜　得未曾有　佛說苦諦　真實无異
若有衆生　不知苦本　深著苦因　不能暫捨
為是等故　方便說道　諸苦所因　貪欲為本

BD06331號　妙法蓮華經卷二　（26–14）

諸佛世尊　雖以方便　所化衆生　皆是菩薩
若人小智　深著愛欲　為此等故　說於苦諦
衆生心喜　得未曾有　佛說苦諦　真實无異
若有衆生　不知苦本　深著苦因　不能暫捨
為是等故　方便說道　諸苦所因　貪欲為本
若滅貪欲　无所依止　滅盡諸苦　名第三諦
為滅諦故　脩行於道　離諸苦縛　名得解脫
是人於何　而得解脫　但離虛妄　名為解脫
其實未得　一切解脫　佛說是人　未實滅度
斯人未得　无上道故　我意不欲　令至滅度
我為法王　於法自在　安隱衆生　故現於世
汝舍利弗　我此法印　為欲利益　世間故說
在所遊方　勿妄宣傳　若有聞者　隨喜頂受
當知是人　阿鞞跋致　若有信受　此經法者
是人已曾　見過去佛　恭敬供養　亦聞是法
若人有能　信汝所說　則為見我　亦見於汝
及比丘僧　并諸菩薩　斯法華經　為深智說
淺識聞之　迷惑不解　一切聲聞　及辟支佛
於此經中　力所不及　汝舍利弗　尚於此經
以信得入　況餘聲聞　其餘聲聞　信佛語故
隨順此經　非己智分　又舍利弗　憍慢懈怠
計我見者　莫說此經　凡夫淺識　深著五欲
聞不能解　亦勿為說　若人不信　毀謗此經
則斷一切　世間佛種　或復顰蹙　而懷疑惑
汝當聽說　此人罪報　若佛在世　若滅度後
其有誹謗　如斯經典　見有讀誦　書持經者
輕賤憎嫉　而懷結恨　此人罪報　汝今復聽
其人命終　入阿鼻獄　具足一劫　劫盡更生
如是展轉　至无數劫　從地獄出　當墮畜生

汝當聽說　此人罪報　若佛在世　若滅度後
其有誹謗　如斯經典　見有讀誦　書持經者
輕賤憎嫉　而懷結恨　此人罪報　汝今復聽
其人命終　入阿鼻獄　具足一劫　劫盡更生
如是展轉　至无數劫　從地獄出　當墮畜生
若狗野干　其形頊瘦　黧黮疥癩　人所觸嬈
又復為人　之所惡賤　常困飢渴　骨肉枯竭
生受楚毒　死被瓦石　斷佛種故　受斯罪報
若作駱駝　或生驢中　身常負重　加諸杖捶
但念水草　餘无所知　謗斯經故　獲罪如是
若作野干　來入聚落　身體疥癩　又无一目
為諸童子　之所打擲　受諸苦痛　或時致死
於此死已　更受蟒身　其形長大　五百由旬
聾騃无足　宛轉腹行　為諸小虫　之所唼食
晝夜受苦　无有休息　謗斯經故　獲罪如是
若得為人　諸根闇鈍　短陋攣躄　盲聾背傴
有所言說　人不信受　口氣常臭　鬼魅所著
貧窮下賤　為人所使　多病痟瘦　无所依怙
雖親附人　人不在意　若有所得　尋復忘失
若脩醫道　順方治病　更增他疾　或復致死
若自有病　无人救療　設服良藥　而復增劇
若他反逆　抄劫竊盜　如是等罪　橫羅其殃
如斯罪人　永不見佛　衆聖之王　說法教化
如斯罪人　常生難處　狂聾心亂　永不聞法
於无數劫　如恒河沙　生輒聾瘂　諸根不具
常處地獄　如遊園觀　在餘惡道　如己舍宅
駝驢猪狗　是其行處　謗斯經故　獲罪如是
若得為人　聾盲瘖瘂　貧窮諸衰　以自莊嚴
水腫乾痟　疥癩癰疽　如是等病　以為衣服

於无數劫　如恒河沙　生輒聾瘂　諸根不具
常處地獄　如遊園觀　在餘惡道　如己舍宅
駝驢猪狗　是其行處　謗斯經故　獲罪如是
若得為人　聾盲瘖瘂　貧窮諸衰　以自莊嚴
水腫乾痟　疥癩癰疽　如是等病　以為衣服
身常臭處　垢穢不淨　深著我見　增益瞋恚
婬欲熾盛　不擇禽獸　謗斯經故　獲罪如是
告舍利弗　謗斯經者　若說其罪　窮劫不盡
以是因緣　我故語汝　无智人中　莫說此經
若有利根　智慧明了　多聞強識　求佛道者
如是之人　乃可為說　若人曾見　億百千佛
殖諸善本　深心堅固　如是之人　乃可為說
若人精進　常脩慈心　不惜身命　乃可為說
若人恭敬　无有異心　離諸凡愚　獨處山澤
如是之人　乃可為說　又舍利弗　若見有人
捨惡知識　親近善友　如是之人　乃可為說
若見佛子　持戒清潔　如淨明珠　求大乘經
如是之人　乃可為說　若人无瞋　質直柔耎
常愍一切　恭敬諸佛　如是之人　乃可為說
復有佛子　於大衆中　以清淨心　種種因緣
譬喻言辭　說法无礙　如是之人　乃可為說
若有比丘　為一切智　四方求法　合掌頂受
但樂受持　大乘經典　乃至不受　餘經一偈
如是之人　乃可為說　如人至心　求佛舍利
如是求經　得已頂受　其人不復　志求餘經
亦未曾念　外道典籍　如是之人　乃可為說
告舍利弗　我說是相　求佛道者　窮劫不盡
如是等人　則能信解　汝當為說　妙法華經

妙法蓮華經信解品第四

BD06331號　妙法蓮華經卷二

（26–17）

如是之人　乃可為說　如人至心　求佛舍利
如是求經　得已頂受　其人不復　志求餘經
亦未曾念　外道典籍　如是之人　乃可為說
告舍利弗　我說是相　求佛道者　窮劫不盡
如是等人　則能信解　汝當為說　妙法華經

妙法蓮華經信解品第四

尒時慧命須菩提摩訶迦旃延摩訶迦葉摩
訶目揵連從佛所聞未曾有法世尊授舍利
弗阿耨多羅三藐三菩提記希有心歡踊
躍即從座起整理衣服偏袒右肩右膝著地
一心合掌曲躬恭敬瞻仰尊顏而白佛言我
等居僧之首年並朽邁自謂已得涅槃无所堪
任不復進求阿耨多羅三藐三菩提世尊往
昔說法既久我時在座身體疲懈但念空
无相无作於菩薩法遊戲神通淨佛國土成
就衆生心不喜樂所以者何世尊令我等出
於三界得涅槃證又今我等年已朽邁於佛
教化菩薩阿耨多羅三藐三菩提不生一念
好樂之心我等今於佛前聞授聲聞阿耨多
羅三藐三菩提記心甚歡喜得未曾有不謂
於今忽然得聞希有之法深自慶幸獲大善
利无量珎寶不求自得世尊我等今者樂說
譬喻以明斯義譬若有人年既幼稚捨父逃
逝久住他國或十二十至五十歲年既長大家
復窮困馳騁四方以求衣食漸漸遊行遇向
本國其父先來求子不得中止一城其家大
富財寶无量金銀琉璃珊瑚虎珀頗梨珠等
其諸倉庫悉皆盈溢多有僮僕臣佐吏民
象馬車乘牛羊无數出入息利乃遍他國

BD06331號　妙法蓮華經卷二

（26–18）

迯久住他國或十二十至五十歲年既長大加
復窮困馳騁四方以求衣食漸漸遊行遇向
本國其父先來求子不得中止一城其家大
冨財寶无量金銀瑠璃珊瑚虎珀頗梨珠等
其諸倉庫悉皆盈溢多有僮僕臣佐吏民
象馬車乘牛羊无數出入息利乃遍他國
歷國邑遂到其父所止之城父每念子與子
離別五十餘年而未曾向人說如此事但自思
惟心懷悔恨自念老朽多有財物金銀珎寶倉
庫盈溢无有子息一旦終沒財物散失无所
委付是以慇懃每憶其子復作是念我若得
子委付財物坦然快樂无復憂慮世尊尒時
窮子傭賃展轉遇到其父舍住立門側遥
見其父踞師子床寶几承足諸婆羅門剎利
居士皆恭敬圍繞以真珠瓔珞價直千万莊
嚴其身吏民僮僕手執白拂侍立左右覆以
寶帳垂諸華幡香水灑地散眾名華羅列寶
物出內取與有如是等種種嚴飾威德特尊
窮子見父有大力勢即懷恐怖悔來至此竊
作是念此或是王或是王等非我傭力得物
之處不如往至貧里肆力有地衣食易得若
久住此或見逼迫強使我作作是念已疾走
而去時冨長者於師子座見子便識心大歡
喜即作是念我財物庫藏今有所付我常思
念此子无由見之而忽自來甚適我願我雖年
朽猶故貪惜即遣傍人急追將還尒時使者
疾走往捉窮子驚愕稱怨大喚我不相犯何
為見捉使者執之愈急強牽將還于時窮子
自念无罪而被囚執此必定死轉更惶怖悶

喜即作是念我財物庫藏今有所付我常思
念此子无由見之而忽自來甚適我願我雖年
朽猶故貪惜即遣傍人急追將還尒時使者
疾走往捉窮子驚愕稱怨大喚我不相犯何
為見捉使者執之愈急強牽將還于時窮子
自念无罪而被囚執此必定死轉更惶怖悶
絕躃地父遥見之而語使言不須此人勿強
將來以冷水灑面令得醒悟莫復與語所以
者何父知其子志意下劣自知豪貴為子
所難審知是子而以方便不語他人云是我
子使者語之我今放汝隨意所趣窮子歡喜
得未曾有從地而起往至貧里以求衣食尒
時長者將欲誘引其子而設方便密遣二人
形色憔悴无威德者汝可詣彼徐語窮子此
有作處倍與汝直窮子若許將來使作若言
欲何所作便可語之雇汝除糞我等二人亦
共汝作時二使人即求窮子既已得之具陳
上事尒時窮子先取其價尋與除糞其父
見子愍而怪之又以他日於窓牖中遥見子
身羸瘦憔悴糞土塵坌污穢不淨即脫瓔珞
細軟上服嚴飾之具更著麤弊垢膩之衣塵
土坌身右手執持除糞之器狀有所畏語諸作
人汝等勤作勿得懈息以方便故得近其子
後復告言咄男子汝常此作勿復餘去當加
汝價諸有所須瓮器米麵鹽酢之屬莫自疑
難亦有老弊使人須者相給好自安意我如
汝父勿復憂慮所以者何我年老大而汝少
壯汝常作時无有欺怠瞋恨怨言都不見汝
有此諸惡如餘作人自今已後如所生子即時

汝價諸有所須瓫器米麪塩酢之屬莫自疑
難亦有老弊使人須者相給好自安意我如
汝父勿復憂慮所以者何我年老大而汝少
壯汝常作時无有欺怠瞋恨怨言都不見汝
有此諸惡如餘作人自今已後如所生子即時
長者更與作字名之為兒尒時窮子雖欣此
遇猶故自謂客作賤人由是之故於二十年
中常令除糞過是已後心相體信入出无難
然其所止猶在本處世尊尒時長者有疾自
知將死不久語窮子言我今多有金銀珎寶
倉庫盈溢其中多少所應取與汝悉知之我
心如是當體此意所以者何今我與汝便為
不異宜加用心无令漏失尒時窮子即受教
勅領知衆物金銀珎寶及諸庫藏而无悕取
一飡之意然其所止故在本處下劣之心亦
未能捨復經少時父知子意漸已通泰成就
大志自鄙先心臨欲終時而命其子并會親族
國王大臣剎利居士皆悉已集即自宣言諸
君當知此是我子我之所生於某城中捨吾
逃走跉跰辛苦五十餘年其本字某我名
某甲昔在本城懷憂推覓忽於此間遇會
得之此實我子我實其父今我所有一切財物
皆是子有先所出內是子所知世尊是時窮
子聞父此言即大歡喜得未曾有而作是念
我本无心有所悕求今此寶藏自然而至世
尊大富長者則是如來我等皆似佛子如來
常說我等為子世尊我等以三苦故於生死
中受諸熱惱迷惑无知樂著小法今日世尊令
我等思惟蠲除諸法戲論之糞我等於中勤

BD06331號　妙法蓮華經卷二　（26–21）

子聞父此言即大歡喜得未曾有而作是念
我本无心有所悕求今此寶藏自然而至世
尊大富長者則是如來我等皆似佛子如來
常說我等為子世尊我等以三苦故於生死
中受諸熱惱迷惑无知樂著小法今日世尊令
我等思惟蠲除諸法戲論之糞我等於中勤
加精進得至涅槃一日之價既得此已心大
歡喜自以為足而便自謂於佛法中勤精進
故所得弘多然世尊先知我等心著弊欲樂
於小法便見縱捨不為分別汝等當有如來
知見寶藏之分世尊以方便力說如來智慧
我等從佛得涅槃一日之價以為大得於此
大乘无有志求我等又因如來智慧為諸菩
薩開示演說而自於此无有志願所以者何
佛知我等心樂小法以方便力隨我等說而
我等不知真是佛子今我等方知世尊於佛
智慧无所悋惜所以者何我等昔來真是佛
子而但樂小法若我等有樂大之心佛則為
我說大乘法於此經中唯說一乘而昔於菩
薩前毀呰聲聞樂小法者然佛實以大乘
教化是故我等說本无心有所悕求今法王
大寶自然而至如佛子所應得者皆已得
之尒時摩訶迦葉欲重宣此義而說偈言
我等今日　聞佛音教　歡喜踊躍　得未曾有
佛說聲聞　當得作佛　无上寶聚　不求自得
譬如童子　幼稚无識　捨父逃逝　遠到他土
周流諸國　五十餘年　其父憂念　四方推求
求之既疲　頓止一城　造立舍宅　五欲自娛
其家巨富　多諸金銀　車𤦲馬瑙　真珠瑠璃

BD06331號　妙法蓮華經卷二　（26–22）

我等今日聞佛音教歡喜踊躍得未曾有
佛說聲聞當得作佛无上寶聚不求自得
譬如童子幼稚无識捨父逃逝遠到他土
周流諸國五十餘年其父憂念四方推求
求之既疲頓止一城造立舍宅五欲自娛
其家巨富多諸金銀車𤦲馬瑙真珠瑠璃
象馬牛羊輦輿車乘田業僮僕人民衆多
出入息利乃遍他國商估賈人无處不有
千萬億衆圍繞恭敬常為王者之所愛念
群臣豪族皆共宗重以諸緣故往來者衆
豪富如是有大力勢而年朽邁益憂念子
夙夜惟念死時將至癡子捨我五十餘年
庫藏諸物當如之何尒時窮子求索衣食
從邑至邑從國至國或有所得或无所得
飢餓羸瘦體生瘡癬漸次經歷到父住城
傭賃展轉遂至父舍尒時長者於其門內
施大寶帳處師子座眷屬圍繞諸人侍衛
或有計算金銀寶物出內財產注記券疏
窮子見父豪貴尊嚴謂是國王若是王等
驚怖自怪何故至此覆自念言我若久住
或見逼迫強驅使作思惟是已馳走而去
借問貧里欲往傭作長者是時在師子座
遙見其子默而識之即勑使者追捉將來
窮子驚喚迷悶躃地是人執我必當見殺
何用衣食使我至此長者知子愚癡狹劣
不信我言不信是父即以方便更遣餘人
眇目矬陋无威德者汝可語之云當相雇
除諸糞穢倍與汝價窮子聞之歡喜隨來
為除糞穢淨諸房舍長者於牖當見其子

何用衣食使我至此長者知子愚癡狹劣
不信我言不信是父即以方便更遣餘人
眇目矬陋无威德者汝可語之云當相雇
除諸糞穢倍與汝價窮子聞之歡喜隨來
為除糞穢淨諸房舍長者於牖當見其子
念子愚劣樂為鄙事於是長者著弊垢衣
執除糞器往到子所方便附近語令勤作
既益汝價并塗足油飲食充足薦席厚暖
如是苦言汝當勤作又以軟語若如我子
長者有智漸令入出經二十年執作家事
示其金銀真珠頗梨諸物出入皆使令知
猶處門外止宿草菴自念貧事我无此物
父知子心漸已曠大欲與財物即聚親族
國王大臣刹利居士於此大衆說是我子
捨我他行經五十歲自見子來已二十年
昔於某城而失是子周行求索遂來至此
凡我所有舍宅人民悉以付之恣其所用
子念昔貧志意下劣今於父所大獲珍寶
并及舍宅一切財物甚大歡喜得未曾有
佛亦如是知我樂小未曾說言汝等作佛
而說我等得諸无漏成就小乘聲聞弟子
佛勑我等說最上道修習此者當得成佛
我承佛教為大菩薩以諸因緣種種譬喻
若干言辭說无上道諸佛子等從我聞法
日夜思惟精勤修習是時諸佛即授其記
汝於來世當得作佛一切諸佛祕要之法
但為菩薩演其實事而不為我說斯真要
如彼窮子得近其父雖知諸物心不希取
我等雖說佛法寶藏自无志願亦復如是

若干言辭　說无上道　諸佛子等　從我聞法
日夜思惟　精勤脩習　是時諸佛　即授其記
汝扵來世　當得作佛　一切諸佛　秘要之法
但為菩薩　演其實事　而不為我　說斯真要
如彼窮子　得近其父　雖知諸物　心不希取
我等雖說　佛法寶藏　自无志願　亦復如是
我等內滅　自謂為足　唯了此事　更无餘事
我等若聞　淨佛國土　教化衆生　都无欣樂
所以者何　一切諸法　皆悉空寂　无生无滅
无大无小　无漏无為　如是思惟　不生喜樂
我等長夜　扵佛智慧　无貪无著　无復志願
而自扵法　謂是究竟　我等長夜　脩習空法
得脫三界　苦惱之患　住最後身　有餘涅槃
佛所教化　得道不虛　則為已得　報佛之恩
我等雖為　諸佛子等　說菩薩法　以求佛道
而扵是法　永无願樂　導師見捨　觀我心故
初不勸進　說有實利　如富長者　知子志劣
以方便力　柔伏其心　然後乃付　一切財物
佛亦如是　現希有事　知樂小者　以方便力
調伏其心　乃教大智　我等今日　得未曾有
非先所望　而今自得　如彼窮子　得无量寶
世尊我今　得道得果　扵无漏法　得清淨眼
我等長夜　持佛淨戒　始扵今日　得其果報
法王法中　久脩梵行　今得无漏　无上大果
我等今者　真是聲聞　以佛道聲　令一切聞
我等今者　真阿羅漢　扵諸世間　天人魔梵
普扵其中　應受供養　世尊大恩　以希有事
憐愍教化　利益我等　无量億劫　誰能報者
手足供給　頭頂禮敬　一切供養　皆不能報

BD06331號　妙法蓮華經卷二　（26–25）

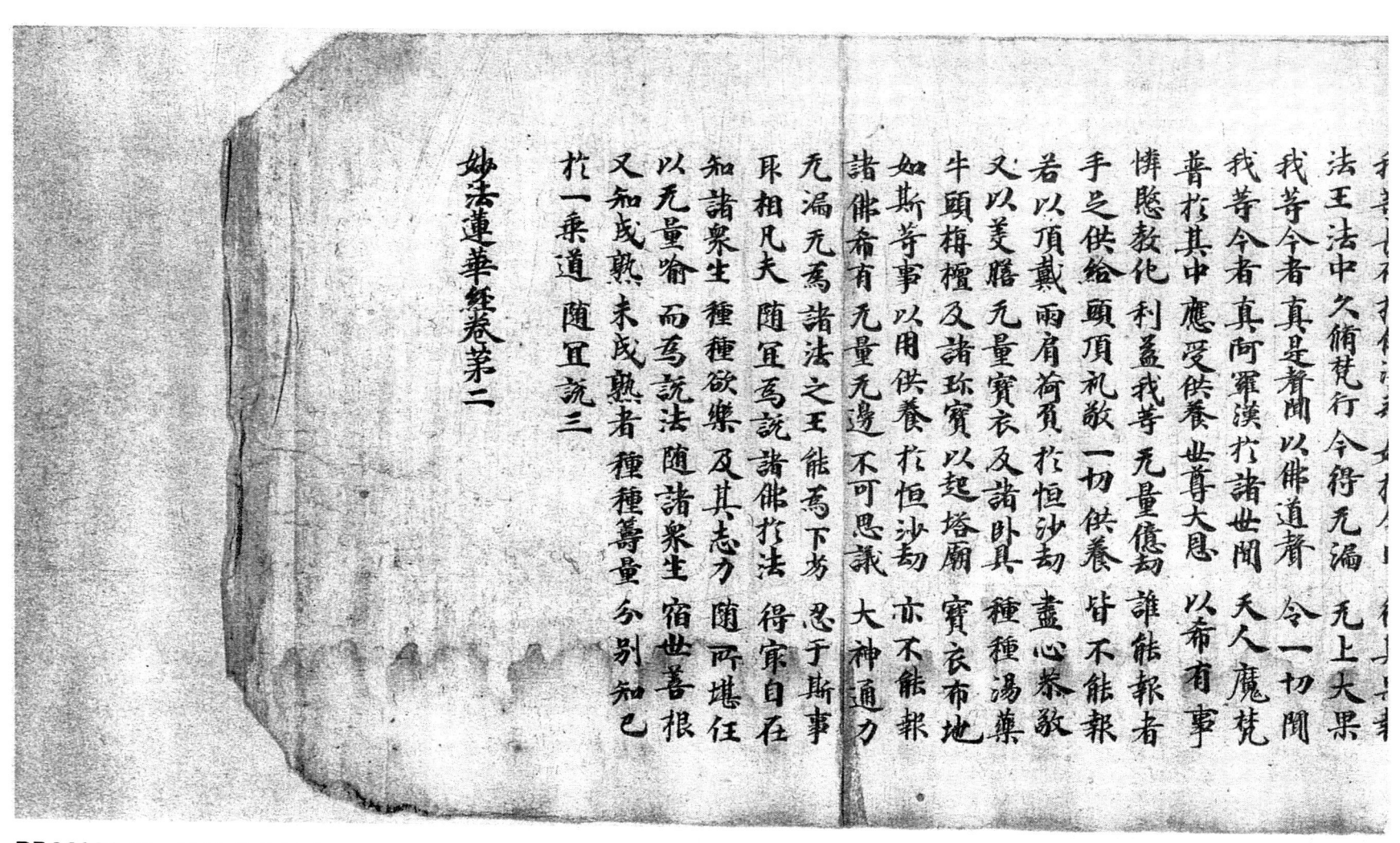

法王法中　久脩梵行　今得无漏　无上大果
我等今者　真是聲聞　以佛道聲　令一切聞
我等今者　真阿羅漢　扵諸世間　天人魔梵
普扵其中　應受供養　世尊大恩　以希有事
憐愍教化　利益我等　无量億劫　誰能報者
手足供給　頭頂禮敬　一切供養　皆不能報
若以頂戴　兩肩荷負　扵恒沙劫　盡心恭敬
又以美膳　无量寶衣　及諸臥具　種種湯藥
牛頭栴檀　及諸珍寶　以起塔廟　寶衣布地
如斯等事　以用供養　扵恒沙劫　亦不能報
諸佛希有　无量无邊　不可思議　大神通力
无漏无為　諸法之王　能為下劣　忍于斯事
取相凡夫　隨宜為說　諸佛扵法　得最自在
知諸衆生　種種欲樂　及其志力　隨所堪任
以无量喻　而為說法　隨諸衆生　宿世善根
又知成熟　未成熟者　種種籌量　分別知已
扵一乘道　隨宜說三

妙法蓮華經卷第二

BD06331號　妙法蓮華經卷二　（26–26）

說法如筏喻者法尚應
須菩提於意云何如來
菩提耶如來有所說
佛所說義无有定法
提亦无有定法如來可
法不可取不可說非法非
切賢聖皆以无為法而有
須菩提於意云何若人滿三千大千
寶以用布施是人所得福德寧為多
提言甚多世尊何以故是福德即非
故如來說得福德多須菩提於若
有人於此經中受持乃至四句偈
說其福勝彼何以故須菩提一切
佛阿耨多羅三藐三菩提法皆
須菩提所謂佛法者即非佛法
須菩提於意云何須陀洹能作是念我得須
陀洹果不須菩提言不也世尊何以故須陀

BD06332 號　金剛般若波羅蜜經　（13–1）

說其福勝彼何以故須菩提一切
佛阿耨多羅三藐三菩提法皆
須菩提所謂佛法者即非佛法
須菩提於意云何須陀洹能作是念我得須
陀洹果不須菩提言不也世尊何以故須陀
洹名為入流而无所入不入色聲香味觸法
是名須陀洹須菩提於意云何斯陀含能作
是念我得斯陀含果不須菩提言不也世尊
何以故斯陀含名一往來而實无往來是名
斯陀含須菩提於意云何阿那含能作是念
我得阿那含果不須菩提言不也世尊何以
故阿那含名為不來而實无來是故名阿那
含須菩提於意云何阿羅漢能作是念我得
阿羅漢道不須菩提言不也世尊何以故實
无有法名阿羅漢世尊若阿羅漢作是念
我得阿羅漢道即為著我人衆生壽者世尊
佛說我得无諍三昧人中最為第一是第一
離欲阿羅漢我不作是念我是離欲阿羅漢
世尊我若作是念我得阿羅漢道世尊則不
說須菩提是樂阿蘭那行者以須菩提實无
所行而名須菩提是樂阿蘭那行
佛告須菩提於意云何如來昔在然燈佛所
於法有所得不世尊如來在然燈佛所於法
實无所得須菩提於意云何菩薩莊嚴佛土
不不也世尊何以故莊嚴佛土者則非莊嚴
是名莊嚴是故須菩提諸菩薩摩訶薩應如

BD06332 號　金剛般若波羅蜜經　（13–2）

於法有所得不世尊如來在然燈佛所於法
實无所得須菩提於意云何菩薩莊嚴佛土
不不也世尊何以故莊嚴佛土者則非莊嚴
是名莊嚴是故須菩提諸菩薩摩訶薩應如
是生清淨心不應住色生心不應住聲香味觸
法生心應无所住而生其心須菩提譬如有人
身如須彌山王於意云何是身為大不須
菩提言甚大世尊何以故佛說非身是名
大身須菩提如恒河中所有沙數如是沙等
恒河於意云何是諸恒河沙寧為多不須菩
提言甚多世尊但諸恒河尚多无數何況其
沙須菩提我今實言告汝若有善男子善女
人以七寶滿尒所恒河沙數三千大千世界
以用布施得福多不須菩提言甚多世尊佛
告須菩提若善男子善女人於此經中乃至
受持四句偈等為他人說而此福德勝前福
德復次須菩提隨說是經乃至四句偈等當
知此處一切世間天人阿脩羅皆應供養如
佛塔廟何況有人盡能受持讀誦須菩提當
知是人成就最上第一希有之法若是經典
所在之處則為有佛若尊重弟子
尒時須菩提白佛言世尊當何名此經我等
云何奉持佛告須菩提是經名為金剛般若
波羅蜜以是名字汝當奉持所以者何須菩
提佛說般若波羅蜜則非般若波羅蜜須菩

BD06332號　金剛般若波羅蜜經

（13–3）

所在之處則為有佛若尊重弟子
尒時須菩提白佛言世尊當何名此經我等
云何奉持佛告須菩提是經名為金剛般若
波羅蜜以是名字汝當奉持所以者何須菩
提佛說般若波羅蜜則非般若波羅蜜須菩
提於意云何如來有所說法不須菩提白佛
言世尊如來无所說須菩提於意云何三千
大千世界所有微塵是為多不須菩提言甚
多世尊須菩提諸微塵如來說非微塵是名
微塵如來說世界非世界是名世界須菩提
於意云何可以三十二相見如來不不也世
尊不可以三十二相得見如來何以故如來
說三十二相即是非相是名三十二相須菩提
若有善男子善女人以恒河沙等身命布施
若復有人於此經中乃至受持四句偈等為
他人說其福甚多
尒時須菩提聞說是經深解義趣涕淚悲泣
而白佛言希有世尊佛說如是甚深經典我
從昔來所得慧眼未曾得聞如是之經世尊
若復有人得聞是經信心清淨則生實相當知
是人成就第一希有功德世尊是實相者則
是非相是故如來說名實相世尊我今得
聞如是經典信解受持不足為難若當來世
後五百歲其有眾生得聞是經信解受持是
人則為第一希有何以故此人无我相人相
眾生相壽者相所以者何我相即是非相人

BD06332號　金剛般若波羅蜜經

（13–4）

是非相是故如來說名實相世尊我今得
聞如是經典信解受持不足為難若當來世
後五百歲其有眾生得聞是經信解受持是
人則為第一希有何以故此人无我相人相
眾生相壽者相所以者何我相即是非相人相
相眾生相壽者相即是非相何以故離一切
諸相則名諸佛佛告須菩提如是如是若復有
人得聞是經不驚不怖不畏當知是人甚
為希有何以故須菩提如來說第一波羅蜜
非第一波羅蜜是名第一波羅蜜
須菩提忍辱波羅蜜如來說非忍辱波羅蜜
何以故須菩提如我昔為歌利王割截身體
我於尒時无我相无人相无眾生相无壽者
相何以故我於往昔節節支解時若有我相
人相眾生相壽者相應生瞋恨須菩提又念
過去於五百世作忍辱仙人於尒所世无我
相无人相无眾生相无壽者相是故須菩提
菩薩應離一切相發阿耨多羅三藐三菩提
心不應住色生心不應住聲香味觸法生心
應生无所住心若心有住則為非住是故佛說
菩薩心不應住色布施須菩提菩薩為利
益一切眾生應如是布施如來說一切諸相
即是非相又說一切眾生則非眾生須菩提
如來是真語者實語者如語者不誑語者不
異語者須菩提如來所得法此法无實无虛
須菩提若菩薩心住於法而行布施如人入

BD06332號　金剛般若波羅蜜經　（13–5）

益一切眾生應如是布施如來說一切諸相
即是非相又說一切眾生則非眾生須菩提
如來是真語者實語者如語者不誑語者不
異語者須菩提如來所得法此法无實无虛
須菩提若菩薩心住於法而行布施如人入
闇則无所見若菩薩心不住法而行布施如
人有目日光明照見種種色須菩提當來之
世若有善男子善女人能於此經受持讀誦
則為如來以佛智慧悉知是人悉見是人皆
得成就无量无邊功德
須菩提若有善男子善女人初日分以恒河
沙等身布施中日分復以恒河沙等身布施
後日分亦以恒河沙等身布施如是无量百
千万億劫以身布施若復有人聞此經典信
心不逆其福勝彼何況書寫受持讀誦為人
解說須菩提以要言之是經有不可思議不
可稱量无邊功德如來為發大乘者說為發
最上乘者說若有人能受持讀誦廣為人說
如來悉知是人悉見是人皆得成就不可量
不可稱无有邊不可思議功德如是人等則
為荷擔如來阿耨多羅三藐三菩提何以故
須菩提若樂小法者著我見人見眾生見壽
者見則於此經不能聽受讀誦為人解說須
菩提在在處處若有此經一切世間天人阿
脩羅所應供養當知此處則為是塔皆應恭
敬作禮圍繞以諸華香而散其處

BD06332號　金剛般若波羅蜜經　（13–6）

者見則於此經不能聽受讀誦為人解說須
菩提在在處處若有此經一切世間天人阿
脩羅所應供養當知此處則為是塔皆應恭
敬作礼圍繞以諸華香而散其處
復次須菩提若善男子善女人受持讀誦此經
若為人輕賤是人先世罪業應墮惡道以今
世人輕賤故先世罪業則為消滅當得阿
耨多羅三藐三菩提須菩提我念過去无量
阿僧祇劫於然燈佛前得值八百四千万億
那由他諸佛悉皆供養承事无空過者若復
有人於後末世能受持讀誦此經所得功德
於我所供養諸佛功德百分不及一千万億
分乃至筭數譬喻所不能及須菩提若善男
子善女人於後末世有受持讀誦此經所得
功德我若具說者或有人聞心則狂亂狐疑
不信須菩提當知是經義不可思議果報亦
不可思議
尒時須菩提白佛言世尊善男子善女人發
阿耨多羅三藐三菩提心云何應住云何降
伏其心佛告須菩提善男子善女人發阿耨
多羅三藐三菩提者當生如是心我應滅度
一切衆生滅度一切衆生已而无有一衆生
實滅度者何以故若菩薩有我相人相衆生
相壽者相則非菩薩所以者何須菩提實无
有法發阿耨多羅三藐三菩提者須菩提於
意云何如來於然燈佛所有法得阿耨多羅

一切衆生滅度一切衆生已而无有一衆生
實滅度者何以故若菩薩有我相人相衆生
相壽者相則非菩薩所以者何須菩提實无
有法發阿耨多羅三藐三菩提者須菩提於
意云何如來於然燈佛所有法得阿耨多羅
三藐三菩提不不也世尊如我解佛所說義
佛於然燈佛所无有法得阿耨多羅三藐三
菩提佛言如是如是須菩提實无有法如來
得阿耨多羅三藐三菩提
須菩提若有法如來得阿耨多羅三藐三菩
提者然燈佛則不與我受記汝於來世當得作
佛号釋迦牟尼以實无有法得阿耨多羅
三藐三菩提是故然燈佛與我受記作是
言汝於來世當得作佛号釋迦牟尼何以故如
來者即諸法如義若有人言如來得阿耨多
羅三藐三菩提須菩提實无有法佛得阿
耨多羅三藐三菩提須菩提如來所得阿耨
多羅三藐三菩提於是中无實无虛是故如
來說一切法皆是佛法須菩提所言一切法
者即非一切法是故名一切法須菩提譬如
人身長大須菩提言世尊如來說人身長大
則為非大身是名大身須菩提菩薩亦如是若
作是言我當滅度无量衆生則不名菩薩何
以故須菩提實无有法名為菩薩是故佛說
一切法无我无人无衆生无壽者須菩提若
菩薩作是言我當莊嚴佛土是不名菩薩何

則非大身是名大身須菩提菩薩亦如是若
作是言我當滅度无量衆生則不名菩薩何
以故須菩提實无有法名為菩薩是故佛說
一切法无我无人无衆生无壽者須菩提若
菩薩作是言我當莊嚴佛土是不名菩薩何
以故如來說莊嚴佛土者即非莊嚴是名莊
嚴須菩提若菩薩通達无我法者如來說名
真是菩薩
須菩提於意云何如來有肉眼不如是世尊
如來有肉眼須菩提於意云何如來有天眼
不如是世尊如來有天眼須菩提於意云何
如來有慧眼不如是世尊如來有慧眼須菩
提於意云何如來有法眼不如是世尊如來
有法眼須菩提於意云何如來有佛眼不如
是世尊如來有佛眼須菩提於意云何恒河
中所有沙佛說是沙不如是世尊如來說是
沙須菩提於意云何如一恒河中所有沙有
如是等恒河是諸恒河所有沙數佛世界如
是寧為多不甚多世尊佛告須菩提尒所國
土中所有衆生若干種心如來悉知何以故
如來說諸心皆為非心是名為心所以者何
須菩提過去心不可得現在心不可得未來
心不可得須菩提於意云何若有人滿三千
大千世界七寶以用布施是人以是因緣得
福多不如是世尊此人以是因緣得福甚多
須菩提若福德有實如來不說得福德多以

如來說諸心皆為非心是名為心所以者何
須菩提過去心不可得現在心不可得未來
心不可得須菩提於意云何若有人滿三千
大千世界七寶以用布施是人以是因緣得
福多不如是世尊此人以是因緣得福甚多
須菩提若福德有實如來不說得福德多以
福德无故如來說得福德多
須菩提於意云何佛可以具足色身見不不也
世尊如來不應以具足色身見何以故如來說
具足色身即非具足色身是名具足色身須
菩提於意云何如來可以具足諸相見不不
也世尊如來不應以具足諸相見何以故如
來說諸相具足即非具足是名諸相具足須
菩提汝等勿謂如來作是念我當有所說法
莫作是念何以故若人言如來有所說法即
為謗佛不能解我所說故須菩提說法者无
法可說是名說法須菩提白佛言世尊佛得
阿耨多羅三藐三菩提為无所得耶如是如
是須菩提我於阿耨多羅三藐三菩提乃至
无有少法可得是名阿耨多羅三藐三菩提
復次須菩提是法平等无有高下是名阿耨
多羅三藐三菩提以无我无人无衆生无壽
者修一切善法則得阿耨多羅三藐三菩提
須菩提所言善法者如來說非善法是名
善法須菩提若三千大千世界中所有諸須
彌山王如是等七寶聚有人持用布施若人以

多羅三藐三菩提以无我无人无衆生无壽
者脩一切善法則得阿耨多羅三藐三菩提
須菩提所言善法者如來說非善法是名
善法須菩提若三千大千世界中所有諸須
弥山王如是等七寶聚有人持用布施若人以
此般若波羅蜜經乃至四句偈等受持讀誦
為他人說於前福德百分不及一百千万億
分乃至筭數譬喻所不能及
須菩提於意云何汝等勿謂如來作是念我
當度衆生須菩提莫作是念何以故實无有
衆生如來度者若有衆生如來度者如來則
有我人衆生壽者須菩提如來說有我者則
非有我而凡夫之人以為有我須菩提凡夫
者如來說則非凡夫須菩提於意云何可以
三十二相觀如來不須菩提言如是如是以
三十二相觀如來佛言須菩提若以三十二
相觀如來者轉輪聖王則是如來須菩提白
佛言世尊如我解佛所說義不應以三十二
相觀如來尒時世尊而說偈言
若以色見我 以音聲求我 是人行邪道 不能見如來
須菩提汝若作是念如來不以具足相故得阿
耨多羅三藐三菩提須菩提莫作是念如來不
以具足相故得阿耨多羅三藐三菩提須
菩提汝若作是念發阿耨多羅三藐三菩提
者說諸法斷滅相莫作是念何以故發阿
耨多羅三藐三菩提者於法不說斷滅相須

BD06332號　金剛般若波羅蜜經　（13–11）

以具足相故得阿耨多羅三藐三菩提須
菩提汝若作是念發阿耨多羅三藐三菩提
者說諸法斷滅相莫作是念何以故發阿
耨多羅三藐三菩提者於法不說斷滅相須
菩提若菩薩以滿恒河沙等世界七寶布施
若復有人知一切法无我得成於忍此菩薩
勝前菩薩所得功德須菩提以諸菩薩不
受福德故須菩提白佛言世尊云何菩薩不
受福德須菩提菩薩所作福德不應貪著
是故說不受福德須菩提若有人言如來若
來若去若坐若卧是人不解我所說義何以
故如來者无所從來亦无所去故名如來
須菩提若善男子善女人以三千大千世界碎
為微塵於意云何是微塵衆寧為多不甚多
世尊何以故若是微塵衆實有者佛則不說
是微塵衆所以者何佛說微塵衆則非微塵
衆是名微塵衆世尊如來所說三千大千世界
則非世界是名世界何以故若世界實有者
則是一合相如來說一合相則非一合相是
名一合相須菩提一合相者則是不可說但
凡夫之人貪著其事
須菩提若人言佛說我見人見衆生見壽者見
須菩提於意云何是人解我所說義不不也世
尊是人不解如來所說義何以故世尊說我見
人見衆生見壽者見即非我見人見衆生見

BD06332號　金剛般若波羅蜜經　（13–12）

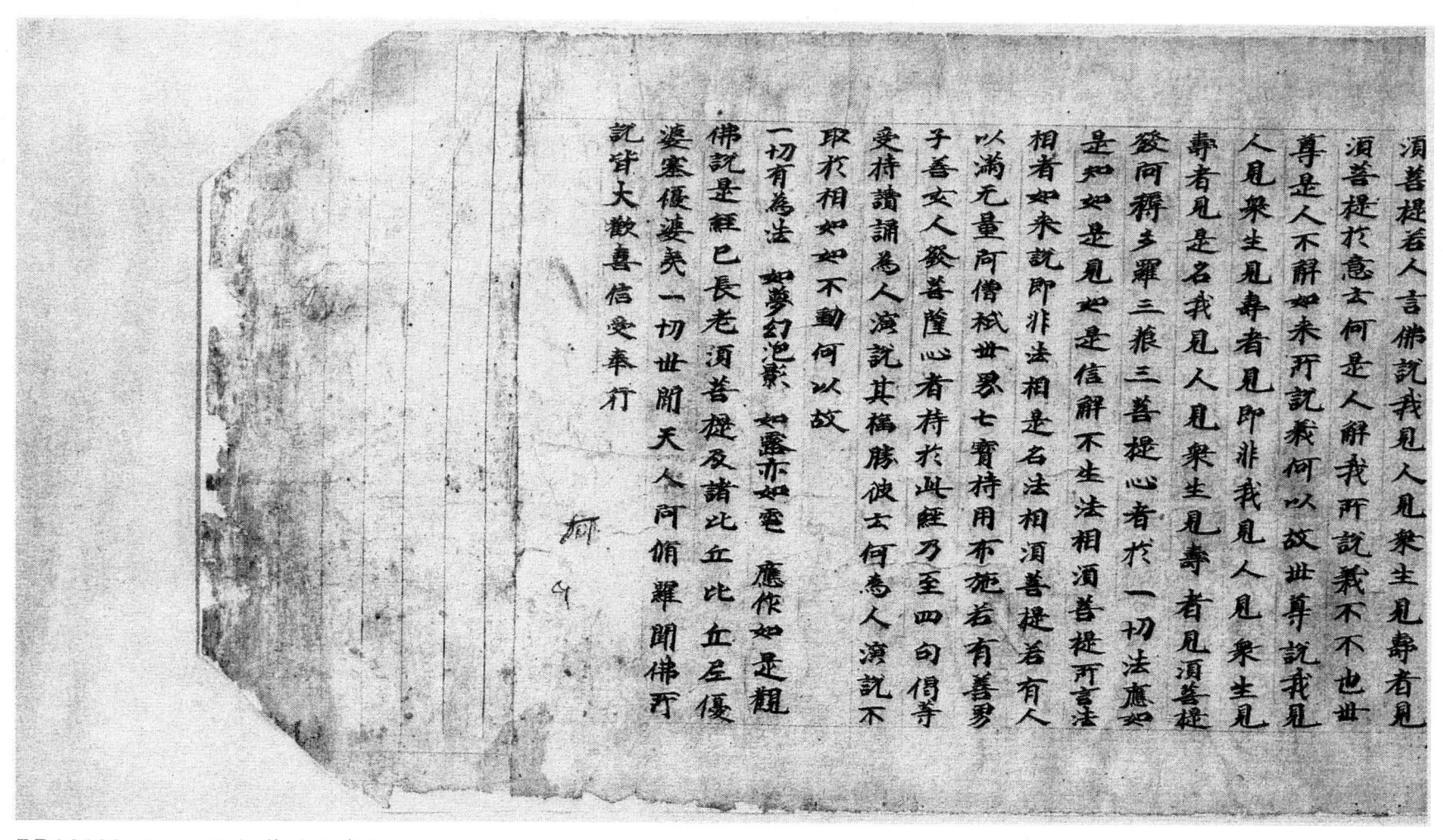

須菩提若人言佛說我見人見衆生見壽者見
須菩提於意云何是人解我所說義不不也世
尊是人不解如來所說義何以故世尊說我見
人見衆生見壽者見即非我見人見衆生見
壽者見是名我見人見衆生見壽者見須菩提
發阿耨多羅三藐三菩提心者於一切法應如
是知如是見如是信解不生法相須菩提所言法
相者如來說即非法相是名法相須菩提若有人
以滿无量阿僧祇世界七寶持用布施若有善男
子善女人發菩薩心者持於此經乃至四句偈等
受持讀誦為人演說其福勝彼云何為人演說不
取於相如如不動何以故
一切有為法　如夢幻泡影　如露亦如電　應作如是觀
佛說是經已長老須菩提及諸比丘比丘尼優
婆塞優婆夷一切世間天人阿脩羅聞佛所
說皆大歡喜信受奉行

柳

BD06332號　金剛般若波羅蜜經　（13–13）

名安處亦名寂靜亦名无相
一行亦名清涼亦名无闇亦名无
諍亦名无濁亦名廣大亦名甘露亦名吉祥
是名一名作无量名云何一義說无量名猶
如帝釋亦名帝釋亦名憍尸迦亦名婆蹉婆
亦名富蘭陁羅亦名摩佉婆亦名因陁羅亦
名千眼亦名舍脂夫亦名金剛亦名寶頂亦
名寶幢是名一義說无量名云何於无量義
說无量名如佛如來亦名如來義異名異亦
名阿羅呵義異名異亦名三藐三佛陁義異

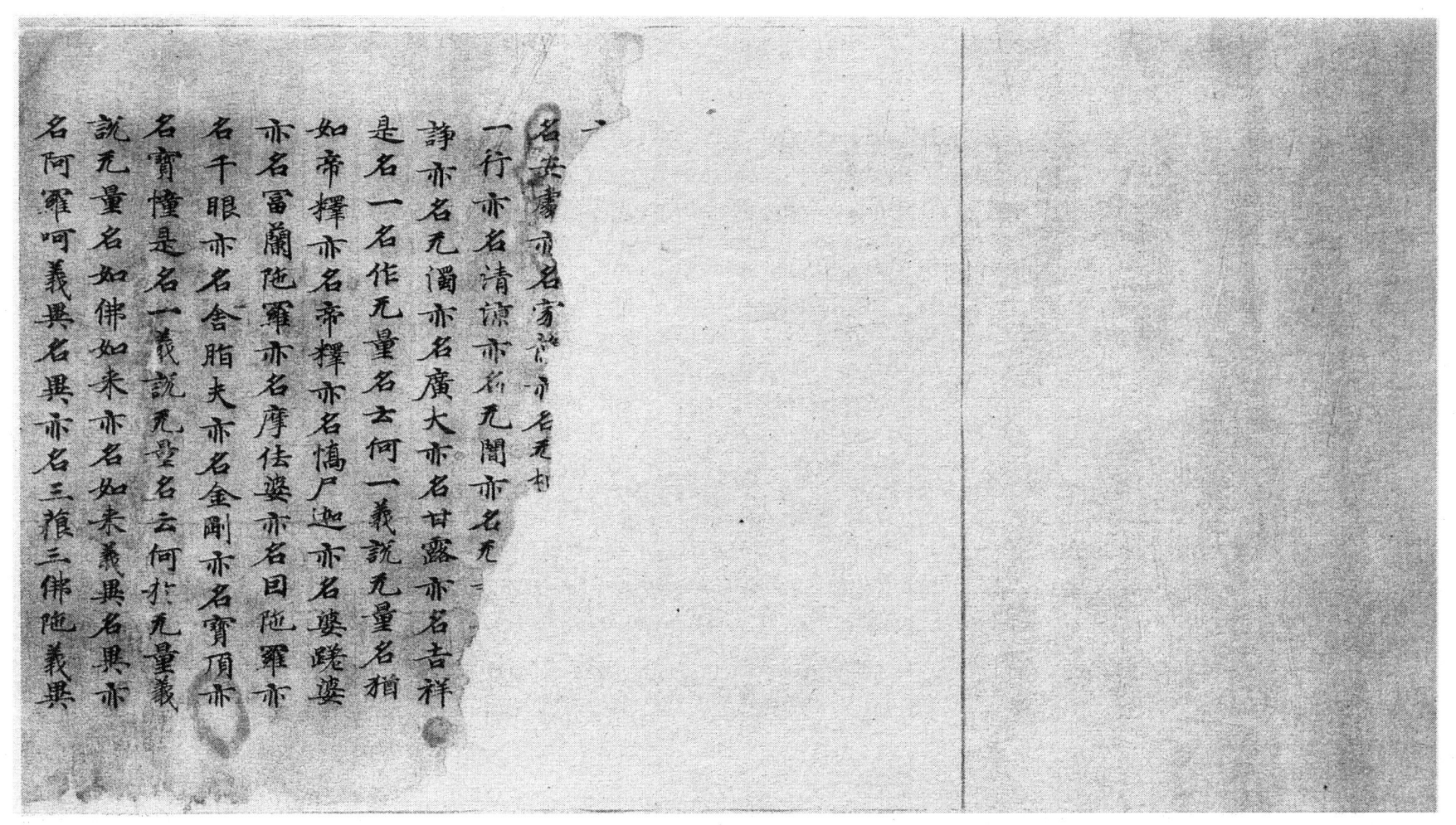

BD06333號　大般涅槃經（北本　異卷）卷三四　（23–1）

名千眼亦名舍脂夫亦名金剛亦名寶頂亦
名寶幢是名一義說无量名云何於无量義
說无量名如佛如来亦名如来義異名異亦
名阿羅呵義異名異亦名三藐三佛陁義異
名異亦名船師亦名導師亦名正覺亦名明
行足亦名大師子王亦名沙門亦名婆羅門
亦名寂静亦名施主亦名到彼岸亦名大醫
王亦名大象王亦名大龍王亦名施眼亦名
大力士亦名大无畏亦名寶聚亦名商主亦
名得解脫亦名大丈夫亦名天人師亦名大
分陁利亦名獨无等侣亦名大福田亦名大
智慧海亦名无相亦名具足八智如是一切
義異名異善男子是无量義中說无量名復
有一義說无量名所謂如陰亦名為陰亦名
顛倒亦名為諦亦名四念處亦名四食亦名
四識住處亦名為有亦名為道亦名為時亦
名衆生亦名為世亦名第一義亦名三脩謂
身戒心亦名因果亦名煩惱亦名解脫亦名
十二因緣亦名聲聞辟支佛佛亦名地獄餓
鬼畜生人天亦名過去現在未来是名一義
說无量名善男子如来世尊為衆生故廣中
說略略中說廣第一義諦說為世諦說世諦
法為第一義諦云何名為廣中說略如告比
丘我今宣說十二因緣云何名為十二因緣
所謂因果云何名為略中說廣如告比丘我

說略略中說廣第一義諦說為世諦說世諦
法為第一義諦云何名為廣中說略如告比
丘我今宣說十二因緣云何名為十二因緣
所謂因果云何名為略中說廣如告比丘我
今宣說苦集滅道苦者所謂无量諸苦集者
所謂无量煩惱滅者所謂无量解脫道者所
謂无量方便云何名為第一義諦說為世諦
如告比丘吾今此身有老病死云何名為
說世諦為第一義諦如告憍陳如汝得法故
名阿若憍陳如是故隨人隨意隨時故名如
来知諸根力善男子我若當於如是等義作
定說者則不得稱我為如来具知根力善男
子有智之人當知香象所負非驢所勝一切
衆生所行无量是故如来種種為說无量之
法何以故衆生多有諸煩惱故若使如来說
於一行不名如来具足成就知諸根力是故
我於餘經中說五種衆生不應還為說五種
法為不信者不讚正信為毀禁者不讚持戒
為慳貪者不讚布施為懈怠者不讚多聞為
愚癡者不讚智慧何以故智者若為是五種
人說是五事當知說者不得具足知諸根力
亦不得名憐愍衆生何以故是五種人聞是
事已生不信心惡心瞋心以是因緣於无量
世受苦果報是故不名憐愍衆生具知根力
是故我先於餘經中告舍利弗汝慎勿為利

亦不得名憐愍衆生何以故是五種人聞是
事已生不信心惡心瞋心以是因緣於无量
世受苦果報是故不名憐愍衆生具知根力
是故我先於餘經中告舍利弗汝慎勿為利
根之人廣說法語鈍根之人略說法也舍利
弗言世尊我但為憐愍故說非是具足根力
故說善男子廣略說法是佛境界非諸聲聞
緣覺所知善男子如汝所言佛涅槃後諸弟
子等各異說者是人皆以顛倒因緣不得正
見是故不能自利利他善男子是諸衆生非
唯一性一行一根一種國土一善知識是故
如來為彼種種宣說法要以是因緣十方三
世諸佛如來為衆生故開示演說十二部經
善男子如來說是十二部經非為自利但為
利他是故如來第五力者名為解力是二力
故如來深知是人現在能斷善根是人後世
能斷善根是人現在能得解脫是人後世能
得解脫是故如來名无上力士善男子若言
如來畢竟涅槃不畢竟涅槃是人不解如來
意故作如是說善男子是香山中有諸仙人
五万三千皆於過去迦葉佛所脩諸功德未
得正道親近諸佛聽受正法如來欲為如是
人故告阿難言過三月已吾當涅槃諸天聞
已其聲展轉乃至香山諸仙聞已即生悔心作
如是言云何我等得生人中不親近佛諸佛

BD06333號　大般涅槃經（北本　異卷）卷三四　（23–4）

得正道親近諸佛聽受正法如來欲為如是
人故告阿難言過三月已吾當涅槃諸天聞
已其聲展轉乃至香山諸仙聞已即生悔心作
如是言云何我等得生人中不親近佛諸佛
如來出世甚難如優曇華我今當往至世尊所
聽受正法善男子尒時五万三千諸仙即來
我所我時即為如應說法諸大士色是无常
何以故色之因緣是无常故无常因生色云
何常乃至識亦如是尒時諸仙聞是法已即
時獲得阿羅漢果善男子拘尸那竭有諸力
士卅万人无所繫屬自恃憍恣色力命財狂
醉亂心善男子我為調伏諸力士故告目連
言汝當調伏如是力士時目揵連敬順我教
於五年中種種教化乃至不能令一力士受
法調伏是故我復為彼力士告阿難言過三
月已吾當涅槃善男子時諸力士聞是語已
相與集聚平治道路過三月已我時便從毗
舍離國至拘尸那城中路遥見諸力士輩即
自化身為沙門像往力士所作如是言諸童
子作何事耶力士聞已皆生瞋恨作如是言
沙門汝今云何謂我等輩為童子耶我時語
言汝等大衆卅万人盡其身力不能移此
微末小石云何不名為童子乎諸力士言汝
若謂我為童子者當知汝即是大人也善男
子我於尒時以足二指掘出此石是諸力士

BD06333號　大般涅槃經（北本　異卷）卷三四　（23–5）

沙門汝今云何謂我等輩為童子耶我時語
言汝等大衆卅万人盡其身力不能移此
微末小石云何不名為童子于諸力士言汝
若謂我為童子者當知汝即是大人也善男
子我於尒時以足二指𢬵出此石是諸力士
見是事已即於己身生輕劣想復作是言沙
門汝今復能移從此石令出道不我言童子
何因緣故嚴治此道諸力士言沙門汝不知
耶釋迦如來當由此路至娑羅林入於涅槃
以是因緣我等平治我時讚言善哉童子汝
等已發如是善心吾當為汝除去此石我時
以手舉擲高至阿迦尼吒時諸力士見石在空
皆生驚怖尋欲四散我復告言諸力士等汝
今不應生恐怖心各欲散去諸力士言沙門
若能救護我者我當安住尒時我復以手接
石置之右掌力士見已心生歡喜復作是言
沙門是石常耶是无常乎我於尒時以口吹之
石即散壞猶如微塵力士見已唱言沙門是
石无常即生愧心而自考責云何我等恃怙
自在色力命財而生憍慢我知其心即捨化
身還復本形而為說法力士見已一切皆發
菩提之心善男子拘尸那竭有一工巧名曰
純陁是人先於迦葉佛所發大誓願釋迦如
來入涅槃時我當最後奉施飲食是故我於
毗舍離國顧命比丘憂波摩那善男子過三
月已吾當於彼拘尸那竭娑羅雙樹入般涅

菩提之心善男子拘尸那竭有一工巧名曰
純陁是人先於迦葉佛所發大誓願釋迦如
來入涅槃時我當最後奉施飲食是故我於
毗舍離國顧命比丘憂波摩那善男子過三
月已吾當於彼拘尸那竭娑羅雙樹入般涅
槃汝可往告純陁令知善男子王舍城中有
五通仙名須跋陁年百廿常自稱是一切智
人生大憍慢已於過去无量佛所種諸善根
我亦為欲調伏彼故告阿難言過三月已吾
當涅槃須跋聞已當來我所生信敬心我當
為彼說種種法其人聞已當得盡漏善男子
羅閱耆王頻婆娑羅其王太子名曰善見業
因緣故生惡逆心欲害其父而不得便尒時
惡人提婆達多亦因過去業因緣故復於我
所生不善心欲害於我即脩五通不久獲得
與善見太子共為親厚為太子故現作種種
神通之事從非門出從門而入從門而出非
門而入或時示現象馬牛羊男女之身善見
太子見已即生愛心喜心敬信之心為是事
故嚴設種種供養之具而供養之又復白言
大師聖人我今欲見曼陁羅華時調婆達多
即便往至三十三天從彼天人而求索之其
福盡故都无與者既不得華作是思惟曼陁
羅樹无我我所我若自取當有何罪即前欲
取便失神通還見己身在王舍城心生慚愧
不能復見善見太子復作是念我今當往至

即便往至三十三天從彼天人而求索之其
福盡故都无興者既不得華作是思惟曼陁
羅樹无我我所我若自取當有何罪即前欲
取便失神通還見己身在王舍城心生慚愧
不能復見善見太子復作是念我今當往至
如來所求索大衆佛若聽者我當隨意教
詔勑使舍利弗等尒時提婆達多便來我
所作如是言唯願如來以此大衆付屬於我
我當種種說法教化令其調伏我言癡人舍
利弗等聰明大智世所信伏我猶不以大衆
付屬況汝癡人食唾者乎時提婆達復於
我所倍生惡心作如是言瞿曇汝今雖復調
伏大衆勢亦不久當見摩滅作是語已大地
即時六反振動提婆達多尋時躃地於其身
邊出大暴風吹諸塵土而汙坌之提婆達多見
惡相已復作是言若我此身現世必入阿鼻
地獄我要當報如是大怨時提婆達尋起往
至善見太子所善見見已即問聖人何故顔
容憔悴有憂色耶提婆達言我常如是汝不
知乎善見荅言願說其意何因緣尒提婆達
言我今與汝極成親愛外人罵汝以為非理我
聞是事豈得不憂善見太子復作是言國人
云何罵辱於我提婆達言國人罵汝為未生
怨善見復言何故名我為未生怨誰作此名

提婆達言汝未生時一切相師皆作是言是
兒生已當煞其父是故外人皆悉号汝為未

云何罵辱於我提婆達言國人罵汝為未生
怨善見復言何故名我為未生怨誰作此名

提婆達言汝未生時一切相師皆作是言是
兒生已當煞其父是故外人皆悉号汝為未
生怨一切內人護汝心故謂為善見毗提夫人
聞是語已既生汝身於高樓上棄之於地壞
汝一指以是因緣人復号汝為婆羅留枝我聞
是已心生愁憒而復不能向汝說之提婆達
多以如是等種種怨事教令煞父若汝父死
我亦能煞瞿曇沙門善見太子問一大臣名
曰雨行大臣大王何故為我立字作未生怨
大臣即為說其本末如提婆達所說无異善
見聞已即與大臣收其父王閉之城外以四
種兵而守衛之毗提夫人聞是事已即至王
所所守王人遮不聽入尒時夫人生瞋恚心
便呵罵之時諸守人即告太子大王夫人欲
得往見父王不審聽不善見聞已復生瞋嫌
即往母所前牽母髮拔刀欲斫尒時耆婆白
言大王有國已來罪雖極重不及女人況所
生母善見太子聞是語已為耆婆故即便放
捨遮斷父王衣服臥具飲食湯藥過七日已
王命便終善見太子見父喪已方生悔心雨
行大臣復以種種惡耶之法而為說之大王
一切業行都无有罪何故今者而生悔心耆
婆復言大王當知如是業者罪兼二重一者
煞害父王二者煞須陁洹如是罪者除佛更

遮斷父王衣服臥具飲食湯藥過七日已
王命便終善見太子見父喪已方生悔心雨
行大臣復以種種惡耶之法而為說之大王
一切業行都无有罪何故今者而生悔心耆
婆復言大王當知如是業者罪兼二重一者
煞害父王二者煞須陁洹如是罪者除佛更
无能除滅者善見王言如來清淨无有穢濁
我等罪人云何得見善男子我知是事故告
阿難過三月已吾當涅槃善見聞已即來我
所我為說法重罪得薄獲无根信善男子我
諸弟子聞是說已不解我意故作是言如來
定說畢竟涅槃善男子菩薩二種一者實義
二者假名假名菩薩聞我三月當入涅槃皆
生退心而作是言如其如來无常不住我等
何為為是事故无量世中受大苦惱如來世
尊成就具是无量功德尚不能壞如是死魔
況我等輩當能壞耶善男子是故我為如是
菩薩而作是言如來常住无有變易善男子
我諸弟子聞是說已不解我意定言如來終
不畢竟入於涅槃善男子有諸衆生生於斷
見作如是言一切衆生身滅之後善惡之業
无有受者我為是人作如是言善惡果報實
有受者云何知有善男子過去之世拘尸那
竭有王名曰善見作童子時逕八万四千歲
作太子時八万四千歲及登王位亦八万四
千歲於獨處坐作是思惟衆生薄福壽命

有受者云何知有善男子過去之世拘尸那
竭有王名曰善見作童子時逕八万四千歲
作太子時八万四千歲及登王位亦八万四
千歲於獨處坐作是思惟衆生薄福壽命
短促常有四怨而隨逐之不自覺知猶故放
逸是故我當出家脩道斷絕四怨生老病死
即勑有司於其城外作七寶堂作已便告羣
臣百官宮內妃后諸子眷屬汝等當知我欲
出家能見聽不尒時大臣及其眷屬各作是
言善哉大王今正是時善見王將一使人
獨住堂上復逕八万四千年中脩集慈心以
是因緣於後八万四千世中次第得作轉輪
聖王世世中作釋提桓因无量世中作諸小
王善男子尒時善見豈異人乎莫作斯觀即
我身是善男子我諸弟子聞是說已不解我
意唱言如來定說有我及有我所又我一時
為諸衆生說言我者即是性世所謂內外因
緣十二因緣衆生五陰心界世間功德業行
自在天世即名為我我諸弟子聞是說已不
解我意唱言如來定說有我善男子復於異
時有一比丘來至我所作如是言世尊云何
名我誰是我耶何緣故我我時即為比丘說
言比丘无我我所眼者即是本无今有已有
還无其生之時无所從來及其滅時亦无所
至雖有業果无有作者无有捨陰及受陰者
如汝所問云何我者我即斯也誰是我者即

名我誰是我耶何緣故我我時即為比丘說
言比丘无我我所眼者即是本无今有已有
還无其生之時无所從來及其滅時亦无所
至雖有業果无有作者无有捨陰及受陰者
如汝所問云何我者我即斯也誰是我者即
是業世何緣我者即是愛世比丘譬如二手
相柏聲出其中我亦如是衆生業愛三因緣
故名之為我比丘一切衆生色不是我我中
无色色中无我乃至識亦如是比丘諸外道
輩雖說有我終不離陰若說離陰別有我者
无有是處一切衆生行如幻化熱時之炎比
丘五陰皆是无常无樂无我无淨善男子尒
時多有无量比丘觀此五陰无我我所得阿
羅漢果善男子我諸弟子聞是說已不解我
意唱言如來定說无我善男子我於經中復
作是言三事和合得受是身一父二母三者
中陰是三和合得受是身我時復說阿那含
人現般涅槃或於中陰入般涅槃或復說言
中陰身根具足明了皆因往業如淨提湖善
男子我或時說弊惡衆生所受中陰如世間
中麁氀褐純善衆生所受中陰如波羅捺
所出白疊我諸弟子聞是說已不解我意唱
言如來說有中陰善男子我復為彼逆罪衆
生而作是言造五逆者捨身直入阿鼻地獄
我復說言曇摩留枝比丘捨身直入阿鼻地

所出白疊我諸弟子聞是說已不解我意唱
言如來說有中陰善男子我復為彼逆罪衆
生而作是言造五逆者捨身直入阿鼻地獄
我復說言曇摩留枝比丘捨身直入阿鼻地
獄於其中間无止宿處我復為彼犢子梵志
說言梵志若有中陰則有六有我復說言无
色衆生无有中陰善男子我諸弟子聞是說
已不解我意唱言佛說定无中陰善男子我
於經中復說有退何以故因於无量懈怠懶
惰諸比丘等不脩道故說退五種一者樂於
多事二者樂說世事三者樂於睡眠四者樂
近在家五者樂多遊行以是因緣令比丘退
說退因緣復有二種一內二外阿羅漢人雖
離內因不離外因以外因緣故生煩惱生煩
惱故則便退失復有比丘名曰瞿坻六返退
失退已慚愧復更進脩第七即得得已恐失
以刀自害我復或說有時解脫或說六種阿
羅漢等我諸弟子聞是說已不解我意唱言
如來定說有退善男子經中復說譬如燋炭
不還為木亦如瓶壞更无瓶用煩惱亦尒阿
羅漢斷終不還生亦說衆生生煩惱因凡有
三種一者未斷煩惱二者不斷因緣三者不
善思惟而阿羅漢无二因緣謂斷煩惱无不
善思善男子我諸弟子聞是說已不解我
意唱言如來定說无退善男子我於經中

羅漢斷結不還生亦說衆生生煩惱因凡有
三種一者未斷煩惱二者不斷因緣三者不
善思惟而阿羅漢无二因緣謂斷煩惱无不
善思善男子我諸弟子聞是說已不解我
意唱言如来定說无退善男子我於經中
說如来身凡有二種一者生身二者法身言
生身者即是方便應化之身如是身者可得
言是生老病死長短黑白是此是彼是學无
學我諸弟子聞是說已不解我意唱言如来
定說佛身是有為法法身即是常樂我淨永
離一切生老病死非白非黑非長非短非此
非彼非學无學若佛出世及不出世常住不
動无有變易善男子我諸弟子聞是說已不
解我意唱言如来定說佛身是无為法善男
子我經中說云何名為十二因緣從无明生
行從行生識從識生名色從名色生六入從六
入生觸從觸生受從受生愛從愛生取從取
生有從有生生從生則有老死憂悲善男子
我諸弟子聞是說已不解我意唱言如来說
十二緣定是有為我又一時告諸比丘而作
是言十二因緣有佛无佛性相常住善男
子有十二緣不從緣生有從緣生非十二緣
有從緣生亦十二緣有非緣生非十二緣有
十二緣非緣生者謂未来世十二枝也有從緣
生非十二緣者謂阿羅漢所有五陰有從緣
生亦十二緣者謂凡夫人所有五陰十二因緣

子有十二緣不從緣生有從緣生非十二緣
有從緣生亦十二緣有非緣生非十二緣有
十二緣非緣生者謂未来世十二枝也有從緣
生非十二緣者謂阿羅漢所有五陰有從緣
生亦十二緣者謂凡夫人所有五陰十二因緣
有非緣生非十二緣者謂虛空涅槃善男子我
諸弟子聞是說已不解我意唱言如来說十
二緣定是无為善男子我經中說一切衆生
作善惡業捨身之時四大於此即時散壞純
善業者心即上行純惡業者心即下行善男
子我諸弟子聞是說已不解我意唱言如来
說心定常善男子我於一時為頻婆娑羅
王而作是言大王當知色是无常何以故從
无常因而得生故是色若從无常因生智者
云何說言是常若色是常不應壞滅生諸苦
惱今見是色散滅破壞是故當知色是无常
乃至識亦如是善男子我諸弟子聞是說已
不解我意唱言如来說心定斷善男子我經
中說我諸弟子受諸香華金銀寶物妻子
奴婢八不淨物獲得正道得正道已亦不捨
離我諸弟子聞是說已不解我意定言如
来說受五欲不妨聖道又我一時復作是說
在家之人得正道者无有是處善男子我諸
弟子聞是說已不解我意唱言如来說受五
欲定遮正道善男子我經中說遠離煩惱未
得解脫猶如欲界脩集世間第一法也善男

來說受五欲不妨聖道又我一時復作是說
在家之人得正道者无有是處善男子我諸
弟子聞是說已不解我意唱言如來說受五
欲定遮正道善男子我經中說遠離煩惱未
得解脫猶如欲界修集世間第一法世善男
子我諸弟子聞作是說不解我意唱言如來
說第一法唯是欲界又復我說暖法頂法忍
法世第一法在於初禪至第四禪我諸弟子
聞是說已不解我意故言如來說如是法在
於色界又復我說諸外道等先已得斷四禪
煩惱修集暖法頂法忍法世第一法觀四真
諦得阿那含果我諸弟子聞是說已不解我
意唱言如來說第一法在无色界善男子我
經中說四種施中有三種淨一者施主信因
信果信施受者不信因果與施二者受者信因
果施施主不信因果及施三者施主受者二
俱有信四者施主受者俱不信是四種施
初三種淨我諸弟子聞是說已不解我意唱
言如來說施唯意善男子我於一時復作是
說施者施時以五事施何等為五一者施色
二者施力三者施安四者施命五者施辯以
是因緣施主還得五事果報我諸弟子聞是
說已不解我意唱言佛說施即五陰善男子
我於一時宣說涅槃即是遠離煩惱永盡无
遺餘猶如燈滅更无法生涅槃亦介言虛空
者即无所有譬如世間无所有故名為虛空

說已不解我意唱言佛說施即五陰善男子
我於一時宣說涅槃即是遠離煩惱永盡无
遺餘猶如燈滅更无法生涅槃亦介言虛空
者即无所有譬如世間无所有故名為虛空
非智緣滅即无所有如其有者應有因緣有
因緣故應有盡滅以其无故无有盡滅我
諸弟子聞是說已不解我意唱言佛說无三
无為善男子我於一時為目揵連而作是言
目連夫涅槃者即是章句即是足跡是畢竟
處是无所畏即是大師即是大果是畢竟智
即是大忍无㝵三昧是大法界是甘露味即
是難見目連若說无涅槃者云何有人生誹
謗者隨於地獄善男子我諸弟子聞是說已
不解我意唱言如來說有涅槃復於一時我
為目連而作是說目連眼不牢固至身亦介
皆不牢固不牢固故名為虛空食下迴轉消
化之處一切音聲皆名虛空我諸弟子聞是
說已不解我意唱言如來決定說有虛空无
為復於一時為目連說目連有人未得須陁
洹果住忍法時斷於无量三惡道報當知不
從智緣而滅我諸弟子聞是說已不解我意
唱言如來決定說有非智緣滅善男子我又
一時為跋波比丘說跋波若比丘觀色若過去
若未來若現在若近若遠若麁若細如是等
色非我我所若有比丘如是觀已能斷色愛
跋波又言[illegible]

唱言如來決定說有非智緣滅善男子我又
一時爲跋波比丘說跋波若比丘觀色若過去
若未來若現在若近若遠若麁若細如是等
色非我我所若有比丘如是觀已能斷色愛
跋波又言云何名色四大名色四陰名名我
諸弟子聞是說已不解我意唱言如來決定
說言色是四大善男子我復說言譬如因鏡
則有像現色亦如是因四大造所謂麁細澁
滑青黃赤白長短方圓耶角輕重寒熱飢渴
烟雲塵霧是名造色猶如響像我諸弟子聞
是說已不解我意唱言如來說有四大則有
造色或有四大无有造色善男子往昔一時
菩提王子作如是言若有比丘護持禁戒若
發惡心當知是時失比丘戒我時語言菩提
王子戒有七種從於身口有无作色以是
无作色因緣故其心雖在惡无記中不名失
戒猶名持戒以何因緣名无作色非異色因
不作異色因果善男子我諸弟子聞是說
已不解我意唱言佛說有无作色善男子我
於餘經作如是言戒者即是遮制惡法若不
作惡是名持戒我諸弟子聞是說已不解我
意唱言如來決定宣說无无作色善男子我
於經中作如是說聖人色陰乃至識陰皆是
无明因緣所出一切凡夫亦復如是從无明
生愛當知是愛即是无明從愛生取當知是
取即无明愛從取生有是有即是无明愛取

BD06333號　大般涅槃經（北本　異卷）卷三四　（23-18）

意唱言如來決定宣說无无作色善男子我
於經中作如是說聖人色陰乃至識陰皆是
无明因緣所出一切凡夫亦復如是從无明
生愛當知是愛即是无明從愛生取當知是
取即无明愛從取生有是有即是无明愛取
從有生受當知是受即是行有從受因緣
生於名色无明愛取有行受觸識六入等是
故受者即十二枝善男子我諸弟子聞是說
已不解我意唱言如來說无心數善男子我
於經中作如是說從眼色明惡欲等四則生
眼識言惡欲者即是无明欲性求時即名爲
愛愛因緣取取名爲業業因緣識識緣名色
名色緣六入六入緣觸觸緣想受愛信精進
定慧如是等法因觸而生然非是觸善男子
我諸弟子聞是說已不解我意唱言如來說
有心數善男子我或時說唯有一有或說二
三四五六七八九至廿五有我諸弟子聞是
說已不解我意唱言如來說有五有或言六有
善男子我往一時住迦毗羅衛尼拘陀林時
釋摩男來至我所作如是言云何名爲優婆
塞也我即爲說若有善男子善女人諸根完
具受三歸依是則名爲優婆塞也釋摩男言世
尊云何名爲一分優婆塞我言釋摩男若受
三歸及受一戒是名一分優婆塞也我諸弟
子聞是說已不解我意唱言如來說優婆塞戒
不具受得善男子我於一時住恒河邊尒時

BD06333號　大般涅槃經（北本　異卷）卷三四　（23-19）

具受三歸依是則名為優婆塞世釋摩男言世
尊云何名為一分優婆塞我言釋摩男若受
三歸及受一戒是名一分優婆塞世我諸弟
子聞是說已不解我意唱言如來說優婆塞戒
不具受得善男子我於一時住恒河邊尒時
迦旃延來至我所作如是言世尊我教衆生
令受齋法或一日或一夜或一時或一念如是
之人成齋不耶我言比丘是人得善不名得
齋我諸弟子聞是說已不解我意唱言如來
說八戒齋具受乃得
善男子我於經中作如是說若有比丘犯四
重已不名比丘名破戒比丘亡失比丘不復能生
善牙種子辟如燋種不生果實如多羅樹頭
若斷截則不生菓犯重比丘亦復如是我諸
弟子聞是說已不解我意唱言如來說諸比
丘犯重禁已失比丘戒善男子我於經中為
純陁說四種比丘一者畢竟到道二者示道
三者受道四者汙道犯四重者即是汙道我
諸弟子聞是說已不解我意唱言如來說諸
比丘犯四重已不失本戒善男子我於經中
告諸比丘一乘一道一行一緣如是一乘乃
至一緣能為衆生作大寂靜永斷一切繫縛
愁苦苦及苦因令一切衆到於一有我諸弟
子聞是說已不解我意唱言如來說須陁洹
乃至阿羅漢人皆得佛道善男子我於經中

至一緣能為衆生作大寂靜永斷一切繫縛
愁苦苦及苦因令一切衆到於一有我諸弟
子聞是說已不解我意唱言如來說須陁洹
乃至阿羅漢人皆得佛道善男子我於經中
說須陁洹人聞天上七反往來便般涅槃斯
陁含人一受人天便般涅槃阿那含人凡有
五種或有中間般涅槃者乃至上流般涅槃
者阿羅漢人凡有二種一者現在二者未來
現在亦斷煩惱五陰未來亦斷煩惱五陰我
諸弟子聞是說已不解我意唱言如來說須
陁洹至阿羅漢不得佛道善男子我於此經
說言佛性具有六事一常二實三真四善五
淨六可見我諸弟子聞是說已不解我意唱
言佛說衆生佛性離衆生有善男子我
有說言衆生佛性猶如虛空虛空者非過去
非未來非現在非內非外非是色聲香味單
觸佛性亦尒我諸弟子聞是語已不解我意
唱言佛說衆生佛性離衆生有善男子我又
復說衆生佛性猶如貧女宅中寶藏力士額
上金剛寶珠轉輪聖王甘露之泉我諸弟子
聞是說已不解我意唱言佛說衆生佛性離
衆生有善男子我又復說犯四重禁一闡提
人謗方等經作五逆罪皆有佛性如是衆生
都无善法佛性是善我諸弟子聞是說已不
解我意唱言佛說衆生佛性離衆生有善男
子我又復說衆生者即是佛性何以故若離

唱言佛說衆生佛性離衆生有善男子我又
復說衆生佛性猶如貧女宅中寶藏力士額
上金剛寶珠轉輪聖王甘露之泉我諸弟子
聞是說已不解我意唱言佛說衆生佛性離
衆生有善男子我又復說犯四重禁一闡提
人謗方等經作五逆罪皆有佛性如是衆生
都无善法佛性是善我諸弟子聞是說已不
解我意唱言佛說衆生佛性離衆生有善男
子我又復說衆生者即是佛性何以故若離
衆生不得阿耨多羅三藐三菩提是故我與
波斯匿王說於象喻如盲說象雖不得象然
不離象衆生說色乃至說識是佛性者亦復
如是雖非佛性非不佛性如我為王說箜篌
喻佛性亦尒善男子我諸弟子聞是說已不
解我意作種種說如盲問乳佛性亦尒以是
因緣或有說言犯四重禁謗方等經作五逆
罪一闡提等悉有佛性或說言无善男子我
於處處經中說言一人出世多人利益一國
土中二轉輪王一世界中二佛出世无有是
處一四天下八四天王乃至二他化自在天亦
无是處然我乃說從閻浮提阿鼻地獄上至
阿迦膩吒天我諸弟子聞是說已不解我意
唱言佛說无十方佛我亦於諸大乘經中說
有十方佛善男子如是諍訟是佛境界非諸
聲聞緣覺所知若人於是生疑心者猶能摧
壞无量煩惱如須弥山若於是中生決定者

BD06333號　大般涅槃經（北本　異卷）卷三四

（23–22）

如是雖非佛性非不佛性如我為王說箜篌
喻佛性亦尒善男子我諸弟子聞是說已不
解我意作種種說如盲問乳佛性亦尒以是
因緣或有說言犯四重禁謗方等經作五逆
罪一闡提等悉有佛性或說言无善男子我
於處處經中說言一人出世多人利益一國
土中二轉輪王一世界中二佛出世无有是
處一四天下八四天王乃至二他化自在天亦
无是處然我乃說從閻浮提阿鼻地獄上至
阿迦膩吒天我諸弟子聞是說已不解我意
唱言佛說无十方佛我亦於諸大乘經中說
有十方佛善男子如是諍訟是佛境界非諸
聲聞緣覺所知若人於是生疑心者猶能摧
壞无量煩惱如須弥山若於是中生決定者
是名執著

大般涅槃經卷第卅四

BD06333號　大般涅槃經（北本　異卷）卷三四

（23–23）

BD06334號 1　勝天王般若波羅蜜經卷二　（27–1）

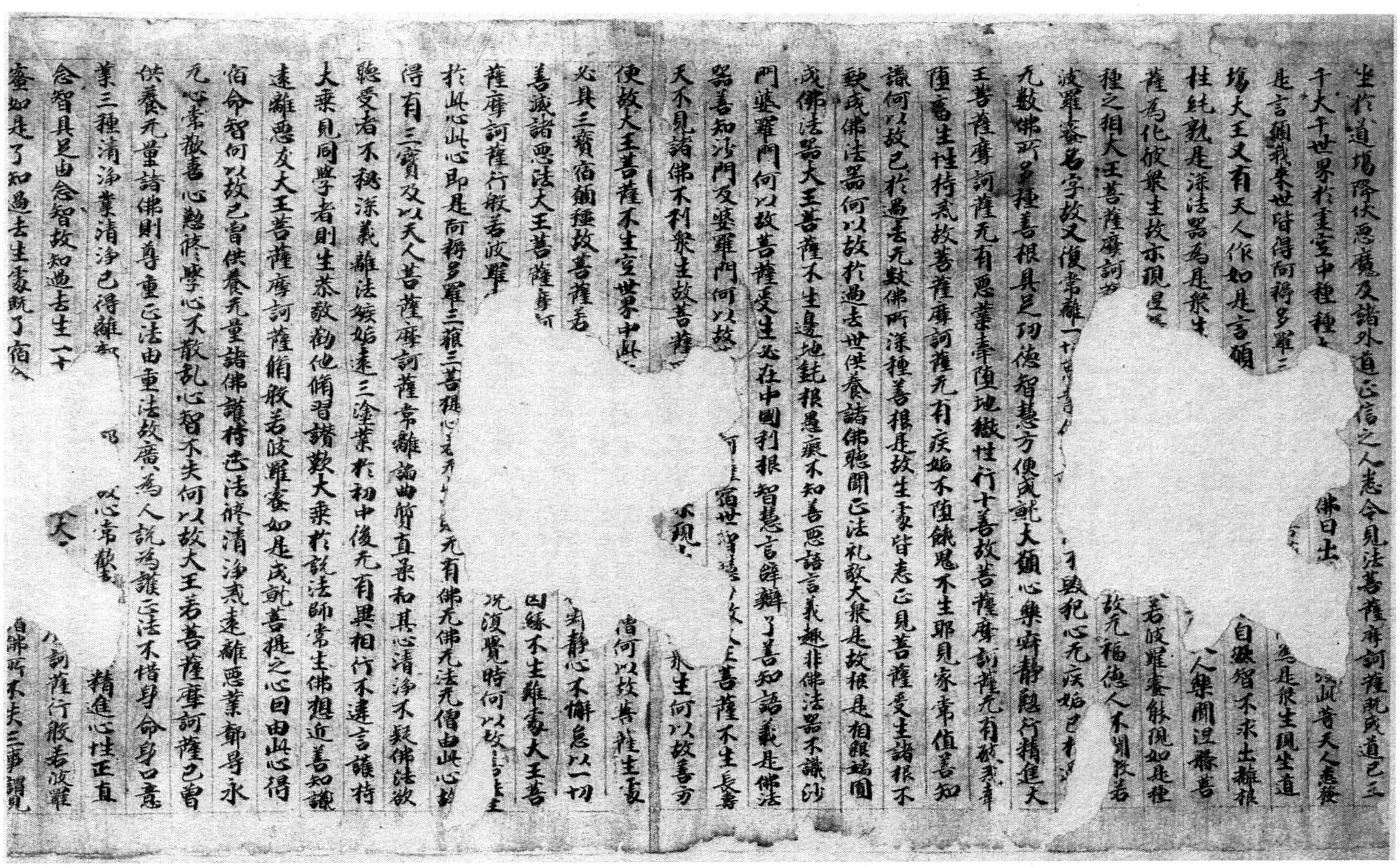

BD06334號 1　勝天王般若波羅蜜經卷二　（27–2）

宿命智何以故已曾供養无量諸佛護持正法修清淨戒遠離惡業節身永
无心常發善心憩於學心不散亂心智不失何以故大王若菩薩摩訶薩已曾
供養无量諸佛則尊重正法由重法故廣為人說為護正法不惜身命身口意
業三種清淨業清淨已得離 心常發 精進心性正直
念智具足由念智故知過去生一 大 訶薩行般若波羅
蜜如是了知過去生處既了宿 自佛所不失三事謂見
聞念常聽正法供養僧寶 禮拜尊重行住坐卧不
離多聞大王持淨戒者耳根 明智助道之法曾不遠離
三解脫門循四无量常聞 行般若波羅蜜以是因緣
近善知識大王菩薩摩訶薩行般若波 生夢中不近惡友何況覺時何
以故菩薩摩訶薩不與破戒人共住耶見人无威儀人耶命人无義語人嬾惰人樂住
生死人背菩提人樂俗務人不與共住大王菩薩摩訶薩行如是法離惡知識大王
菩薩摩訶薩行般若波羅蜜能得如來清淨之身所謂平等身清淨身无盡身
善循得身法身不可覺知身不思議身寂靜身虛空等身智身勝天王白佛
言世尊菩薩摩訶薩在何位中能得如來十種之身佛告勝天王言菩薩初地
得平等身何以故離諸耶曲通達法性見平等故於第二地得清淨身何以故
清淨戒故住第三地得无盡身何以故離瞋恚故第四地中得善循身何以故常
懃精進循佛法故住第五地 故見諸佛 第六地得離覺
觀身何以故觀因緣理非覺觀 地得 身何以故具足方便
故於第八地得寂靜身何以故離一 得等虛空身何以
故身相不可盡遍一切處故住 竟一切種智故勝天王
白佛言如來之身與菩薩身 身无差別但功德異勝天
王言身无差別但功德異 菩薩身无有差別何
以故一切諸法同一性相功德差 而差別佛言大王今當為
王譬喻顯了譬如寶珠若有裝錺或不裝錺其珠何異佛與菩薩功德有差
法身无別何以故如來功德一切圓滿盡于十方遍衆界清淨離垢節破永无善
薩之身功德未滿有餘節故譬如初月十五日月戲盈有異月性无差此等諸
身皆悉堅固猶如金剛不可破壞何以故三毒不破世法不染惡趣人間苦不能
逼恚已遠離生老病死能伏外道過魔境界不向聲聞辟支佛乘以是因緣不
可破壞大王菩薩摩訶薩行般若波羅蜜善能將道一切世間天人同循
羅辟如有人善為將道若國王王等長者居士意咸用之菩薩亦介聲聞
覺菩薩諸佛咸同用為將 者世間 門長者居士咸

BD06334 號 1　勝天王般若波羅蜜經卷二　（27–3）

薩之身功德未滿有餘節故譬如初月十五日月戲盈有異月性无差此等諸
身皆悉堅固猶如金剛不可破壞何以故三毒不破世法不染惡趣人間苦不能
逼恚已遠離生老病死能伏外道過魔境界不向聲聞辟支佛乘以是因緣不
可破壞大王菩薩摩訶薩行般若波羅蜜善能將道一切世間天人同循
羅辟如有人善為將道若國王王等長者居士意咸用之菩薩亦介聲聞
覺菩薩諸佛咸同用為將 者世間 門長者居士咸
共尊重菩薩亦介天龍夜叉有 供養 生險難怖畏行人夜
擕過善將導能令安隱菩薩亦 賊難將道衆生安
隱得出又如貧人依富長者 道於生死中依行
般若波羅蜜菩薩介乃出 財為一切人之所受用行
般若波羅蜜菩薩亦復 受用又如大富長者
過險難必要多伴飲食資根 過菩薩亦介欲出世間以切
德智慧攝一切衆生度生死難至薩婆若又如人遠行多齎寶物為得利故菩
薩亦介從生死海至薩婆若廣循功德智慧為得一切智故又如世人求財无厭
菩薩樂法亦无厭心又如將導四事勝他所謂財富最勝位高語用菩薩亦介
富功德位最勝法自在无畏言又如人善導至於大城菩薩亦介善能將道
至薩婆若城大王菩薩摩訶薩行般若波羅蜜善知行路不可行路耶正
安善有水无水相親曲直出離之道皆悉通達大王菩薩摩訶薩知不倒路
凡所示道不違衆生根為大乘人示无上道不說聲聞辟支佛路為小乘人
示聲聞道不說大乘辟支佛根下緣覺 各不說薩 道為著我見說
无我道著法衆生為說空道 說中 者說餘摩他毗
婆舍那不說散亂戲論衆生 者示涅槃道不說
世間為迷塗者而說正道大王
勝天王般若波羅蜜經念 即從坐起偏袒右肩
右膝著地合掌向佛頭面作 摩訶薩行般若波羅蜜
能如是知路非路者心緣何住 菩薩摩訶薩行般若波羅
蜜心正不亂何以故善念身念受念心念法菩薩摩訶薩凡所遊行城邑
聚落關利養名如佛戒說煩惱繫縛善自憶念大王云何菩薩摩訶薩
行般若波羅蜜念身與身相應惡不善法以如實智悉遠離之觀身過
失始自足底乃至頭頂此身无我无常敗壞但以筋脉共相連持腥臊臭
穢色惡可惡所不喜見如是觀己身中貪欲悉不復生不起身我以是因
緣相應善法皆悉隨順云何菩薩摩訶薩行般若波羅蜜念受作是思惟諸

BD06334 號 1　勝天王般若波羅蜜經卷二　（27–4）

蜜心正不乱何以故善念身念受念心念法菩薩摩訶薩凡所遊行城邑
聚落聞利養名如佛武説煩惱繫縛善自憶念大王云何菩薩摩訶薩
行般若波羅蜜念身與身相應悪不善法以如實智悉遠離之觀身過
失始自足底乃至頭頂此身无我无常敗壊但以筋脉共相連持腥臊見
穢色悪可悪所不喜見如是觀已身中貪欲悉不復生不起身我以是因
縁相應善法皆悉随順云何菩薩摩訶薩行般若波羅蜜念受作是思惟諸
受皆苦顛倒衆生妄起樂相凡夫愚癡以苦為樂聖人但説一切皆苦勤脩
精進為断滅故亦教餘人脩□……□□涅□……不随受行脩行
断受又亦令他學云何菩薩摩訶□……□波羅□……作是思惟此心无
常而謂常住於苦謂樂无我□……□主速疾轉易結使
根本諸悪趣門煩惱因縁□……□癡王一切法中心為上
首若善知心悉解衆法種……見若善若悪皆心所
起心性迴轉如旋火輪易轉□……□水作如是觀於念不動
不随心行令心随已若能伏心則伏衆□□□菩薩摩訶薩行般若波羅蜜
念法悪不善法能如實知所謂貪欲瞋恚愚癡及餘煩惱而脩對治貪欲對治
瞋恚對治愚癡對治如是知已即迴起念不行彼法亦令他離云何菩薩摩
訶薩行般若波羅蜜於境起念若見色聲香味觸作是思惟云何於彼不
真實法而生貪愛此乃凡夫愚癡所著即是不善如世尊説愛即生著著
即速感逮故不知善法悪法以是因縁生於悪趣菩薩摩訶薩自不漏失不
着境界令他亦尒大王菩薩摩訶薩行般若波羅蜜阿蘭若念作是思惟阿蘭
若者是无諍人之所住處寂静住處於此處中天龍夜叉他心智人悉能知我心心
數法不應於此起針思惟即□……□憶惣皆……王菩薩摩訶薩
行般若波羅蜜作是思惟城邑聚……□則不應往所謂酤
酒婬女王城博弈歌儛之處悉□……□住行般若波羅蜜聞
利養名起正憶念作是思惟……貪愛受不出内生長
子息不言我財一切貪□……讃歎終不計我又以我
所復作是念人皆稱我慧施□……虛誑云何智人无常无實不恒
无主随彼而行起我我所大王菩薩摩訶薩行般若波羅蜜於佛世尊所説念戒
作是思惟過去諸佛皆學此戒戒无上道得至涅槃當来諸佛現在亦尒如是
知已精進惣脩大王菩薩摩訶薩行般若波羅蜜為化衆生及以自身少欲知
足著粪掃衣心常清潔信力堅固寧失身命於戒不犯心離高慢遊行城邑不
恥弊衣遠離懈怠常脩精進所作未辨終不中息於粪掃衣不見過患朽故

所復作是念人皆稱我慧施□……虛誑云何智人无常无實不恒
无主随彼而行起我我所大王菩薩摩訶薩行般若波羅蜜於佛世尊所説念戒
作是思惟過去諸佛皆學此戒戒无上道得至涅槃當来諸佛現在亦尒如是
知已精進惣脩大王菩薩摩訶薩行般若波羅蜜為化衆生及以自身少欲知
足著粪掃衣心常清潔信力堅固寧失身命於戒不犯心離高慢遊行城邑不
恥弊衣遠離懈怠常脩精進所作未辨終不中息於粪掃衣不見過患朽故
弊壊終无軽鄙但取其徳大離欲者乃服此衣如来所讃息懰貪着亦不自
讃我能服此於他不服終无毀言如此行人諸天礼敬佛所讃歎菩薩護持婆羅
門刹利皆悉礼敬大王菩薩摩訶薩行般若波羅蜜如是脩清浄行尒時勝
天王白佛言世尊高行菩薩能□……般若波羅蜜□……□掃衣佛告勝天
王言諸大菩薩將護世人何以故世□……□意云何菩薩高行
何如世尊勝天王言百千万億□……□一何以故如来世尊是
大法王一切種智无有一法而不□……□如来於四天下天龍夜
叉人非人中示現苦行及以□……王言世尊為欲教化可
度衆生及初發意諸菩薩等□……□治佛言如是如是大王高行菩
薩著粪掃衣亦復如是是故菩薩摩訶薩行般若波羅蜜多有方便利益衆
生大王菩薩摩訶薩行般若波羅蜜示現世間但畜三衣何以故心知足故
更不多求即是少欲不求索故无有積聚既不積聚則无喪失无喪失故則不
生苦苦不生故即離諸煩惱離諸惱故則无所著无所著故是為滿盡大王菩薩摩
訶薩行般若波羅蜜利益衆生故入城邑聚落持鉢乞食何以故菩薩摩訶
薩大悲薫心如實觀察貧苦衆生令得富樂受彼供養若入邑聚威儀庠
整心正不乱善攝諸根前視六尺雙目下視地如法乞食次第而往不越貧家
以量受食終不長取於所得中□□一分擬施供養何以□……難消為生福故大
王菩薩摩訶薩行般若波羅蜜□……□坐食而不□……□坐道場魔来擾乱
亦不移動出世禪定般若闍那□……□如如一切種智於此諸
法悉不移動何以故薩婆若□……長大王菩薩摩訶薩行
般若波羅蜜以方便力如是□……訶薩行般若波羅蜜學阿
蘭若行所謂常脩梵行於諸□……□力堪脩行離我怖畏不計
著身常行寂静菩薩摩訶薩正法中出家持三輪浄戒善知法相如来所説為步
壮者三種人戒悉能了達不縁外縁自心思量呵毀世法讃歎出世調伏諸不縁
悪境於阿蘭若居无難處聚落乞食不遠不近有清泉水盥洗便易林
木華菓无悪禽獸蔵无汙濁空閑寂静□為居止所習聞法日夜三時温加讀

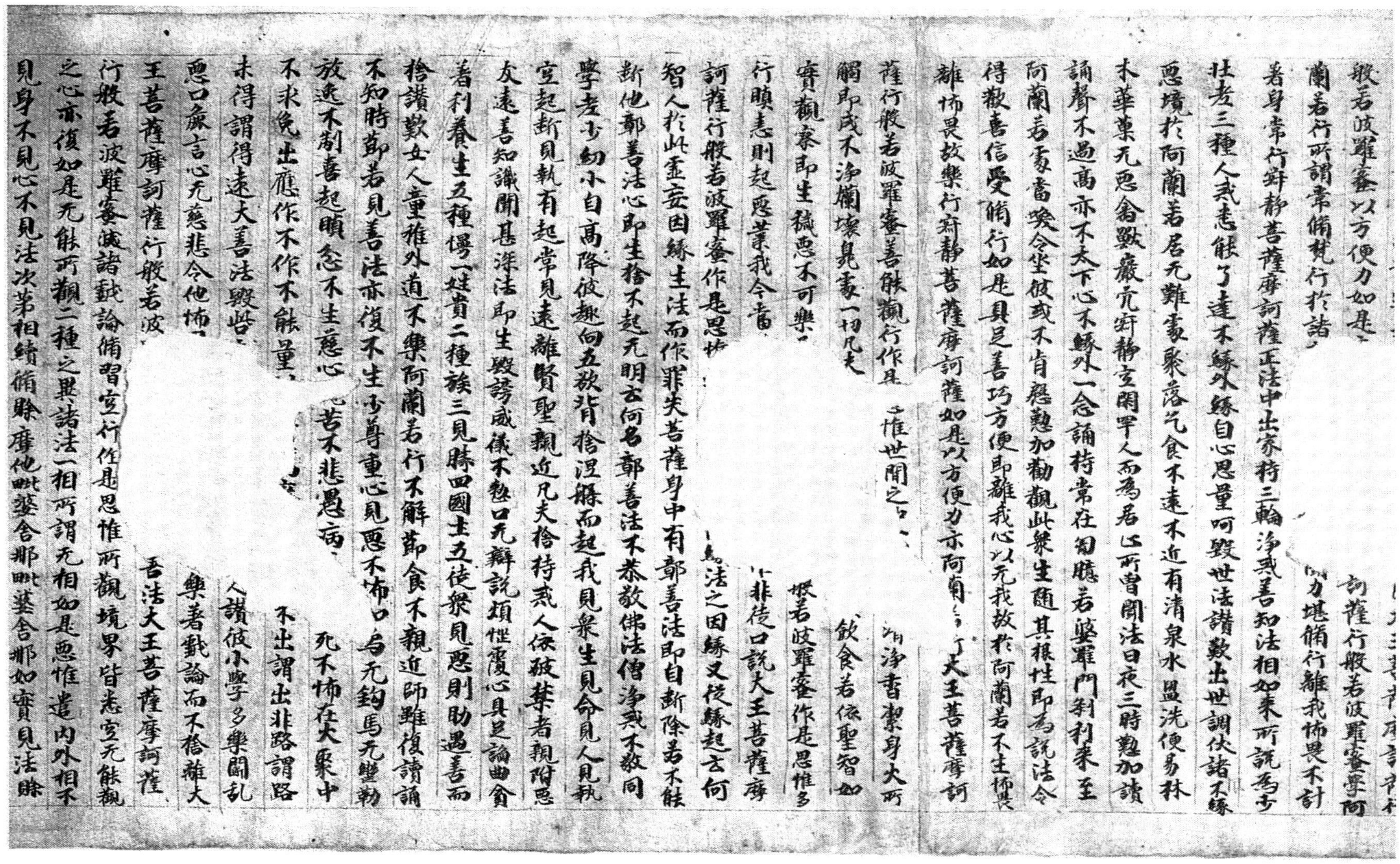

大王菩
般若波羅蜜以方便力如是…訶薩行般若波羅蜜學阿
蘭若行所謂常脩梵行於諸…力堪脩行離我怖畏不計
若身常行寂靜菩薩摩訶薩正法中出家持三輪淨戒善知法相如來所說爲方
壯者三種人戒恚能了達不緣外緣自心思量呵毀世法讚歎出世調伏諸不緣
惡境於阿蘭若居无難處聚落乞食不遠不近有清泉水盥洗便易林
木華菓无惡禽獸巖穴寂靜室閑罕人而爲居止所曾聞法日夜三時勤加讀
誦聲不過高亦不太下心不緣外一念誦持常在旬聽若婆羅門剎利來至
阿蘭若處當授令坐彼或不肯慇懃加勸觀此衆生隨其根性即爲說法令
得敬重信受脩行如是具足善巧方便即離我心以无我故於阿蘭若不生怖畏
離怖畏故樂行寂靜菩薩摩訶薩如是以方便力亦阿蘭…大王菩薩摩訶
薩行般若波羅蜜善能觀行作是…惟世間之…淨香潔身大所
觸即成不淨爛壞臭處一切凡夫…飲食若依聖智如
實觀察即生猒惡不可樂…般若波羅蜜作是思惟多
行瞋恚則起惡業我今當…非從口說大王菩薩摩
訶薩行般若波羅蜜作是思惟…爲法之因緣又從緣起云何
一智人於此虛妄因緣生法而作罪失菩薩身中有鄣善法即自斷除若不能
斷他鄣善法心即生捨不起无明云何名鄣善法不恭敬佛法僧淨戒不敬同
學者少幼小自高降彼趣向五欲背捨涅槃而起我見衆生見命見人見執
空起斷見執有起常見遠離賢聖親近凡夫捨持戒人依破戒者親附惡
友遠善知識聞甚深法即生毀謗威儀不整口无辯說頻惵覆心具足論曲貪
著利養生五種慢一姓貴二種族三見勝四國土五徒衆見惡則助遇善而
捨讚歎女人童稚外道不樂阿蘭若行不解節食不親近師難復讀誦
不知時節若見善法亦復不生少尊重心見惡不怖口与无鈎馬无轡勒
放逸不制善起瞋忿不生慈心…苦不悲愍病…死不怖在大衆中
不求免出應作不作不能量…不出謂出非路謂路
未得謂得遠大善法毀呰…人讚彼小學多樂鬧亂
惡口麁言心无慈悲令他怖…樂著戲論而不捨離大
王菩薩摩訶薩行般若波…善法大王菩薩摩訶薩
行般若波羅蜜滅諸戲論脩習空行作是思惟所觀境界皆悉空无能觀
之心亦復如是无能所觀二種之異諸法一相所謂无相如是思惟遣內外相不
見身不見心不見法次第相續脩毗摩他毗婆舍那毗婆舍那如實見法時

BD06334 號 1　勝天王般若波羅蜜經卷二

（27–7）

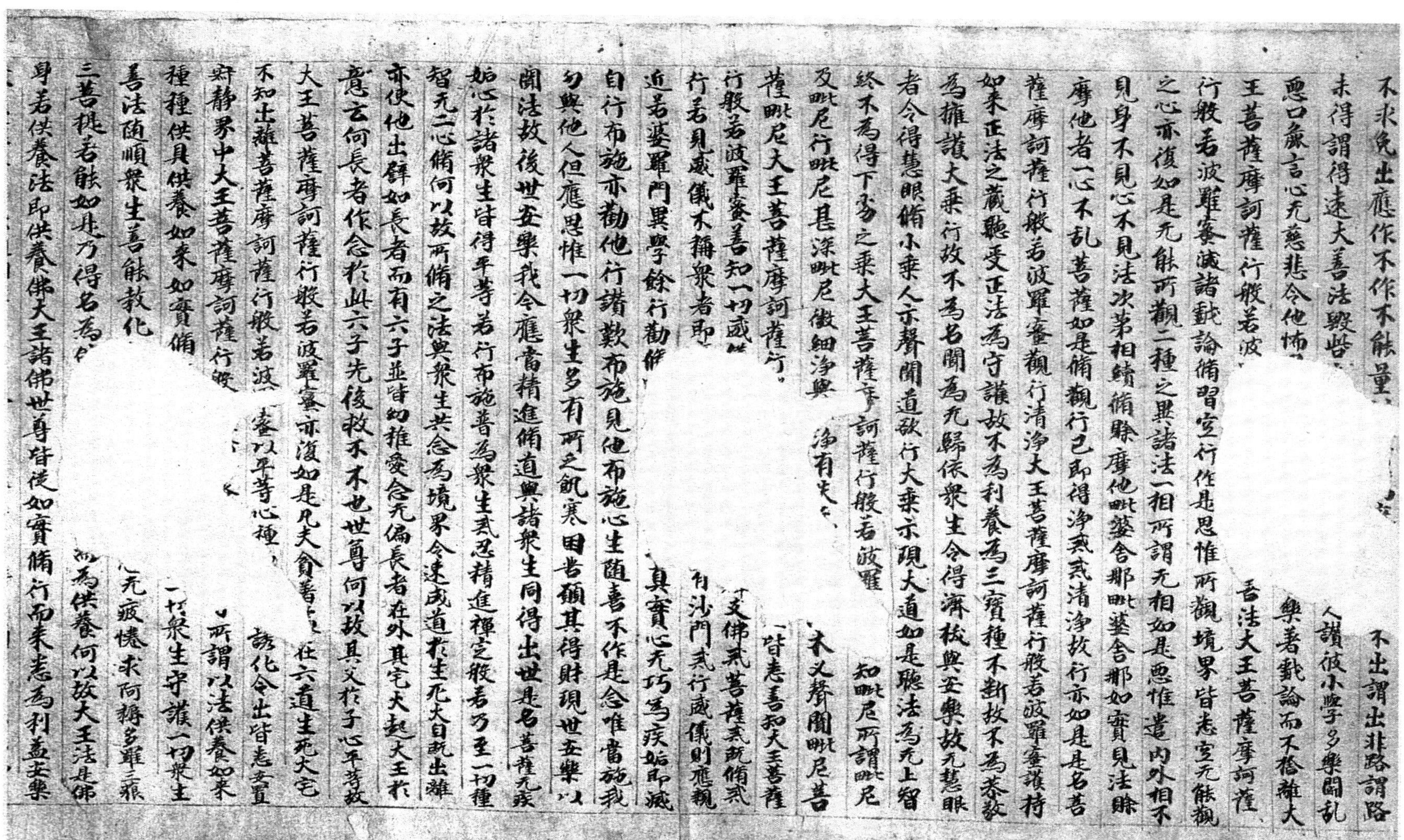

不求免出應作不作不能量…不出謂出非路謂路
未得謂得遠大善法毀呰…人讚彼小學多樂鬧亂
惡口麁言心无慈悲令他怖…樂著戲論而不捨離大
王菩薩摩訶薩行般若波…善法大王菩薩摩訶薩
行般若波羅蜜滅諸戲論脩習空行作是思惟所觀境界皆悉空无能觀
之心亦復如是无能所觀二種之異諸法一相所謂无相如是思惟遣內外相不
見身不見心不見法次第相續脩毗摩他毗婆舍那毗婆舍那如實見法時
摩他者一心不亂菩薩如是脩觀行已即得淨戒戒清淨故行亦如是是名菩
薩摩訶薩行般若波羅蜜觀行清淨大王菩薩摩訶薩行般若波羅蜜護持
如來正法之藏聽受正法爲守護故不爲利養爲三寶種不斷故不爲恭敬
爲擁護大乘行故不爲名聞爲无歸依衆生令得濟拔與安樂故无慧眼
者令得慧眼脩小乘人亦聲聞道欲行大乘亦現大道如是聽法爲无上智
終不爲得下劣之乘大王菩薩摩…訶薩行般若波羅…知毗尼所謂毗尼
及毗尼行毗尼甚深毗尼微細淨與…淨有失…不又聲聞毗尼菩
薩毗尼大王菩薩摩訶薩行…皆悉善知大王菩薩
行般若波羅蜜善知一切威…文佛戒菩薩戒既脩戒
行若見威儀不稱衆者即…有沙門戒行威儀則應觀
道若婆羅門異學餘行勸脩…真實心无巧爲疾始即滅
自行布施亦勸他行讚歎布施見他布施心生隨喜不作是念唯當施我
勿與他人但應思惟一切衆生多有所乏飢寒困苦願其得財現世安樂以
聞法故後世安樂我今應當精進脩道與諸衆生同得出世是名菩薩无疾
妒心於諸衆生皆得平等若行布施普爲衆生戒忍精進禪定般若乃至一切種
智无二心脩何以故所脩之法與衆生共念爲境界令速成道於生死大自然出離
亦使他出譬如長者而有六子並皆幼稚愛念无偏長者在外其宅大起大王於
意云何長者作念於此六子先後救不不也世尊何以故其父於子心平等故
大王菩薩摩訶薩行般若波羅蜜亦復如是凡夫貪著…在六道生死大宅
不知出離菩薩摩訶薩行般若波…蜜以平等心種…誘化令出皆悉安置
寂靜界中大王菩薩摩訶薩行般…所謂以法供養如來
種種供具供養如來如實脩…一切衆生守護一切衆生
善法隨順衆生善能教化…无疲惓求阿耨多羅三藐
三菩提若能如是乃得名爲供…爲供養何以故大王法是佛
尊若供養法即供養佛大王諸佛世尊皆從如實脩行而來悉爲利益安樂

BD06334 號 1　勝天王般若波羅蜜經卷二

（27–8）

寂靜界中大王菩薩摩訶薩行般 所謂以法供養如來
種種供具供養如來如實脩 一切衆生守護一切衆生
善法隨順衆生善能教化 无疲惓求阿耨多羅三藐
三菩提若能如是乃得名爲 爲供養何以故大王法是佛
身若供養法即供養佛大王諸佛世尊皆從如實脩行而來悉爲利益安樂
衆生雖有善法隨順衆生若不尒者違本誓願懈怠嬾惰不能成就菩
提之心何以故菩薩摩訶薩阿耨多羅三藐三菩提與衆生共若无衆生菩
薩云何能得菩提大王菩薩摩訶薩行般若波羅蜜以法供養如來名真供
養如是供養拔除我慢遠離俗務剃落鬚髮於其父母兄弟親戚不復相顧猶
如己无形狀衣服相貌異常執持鉢器遊入城郭至其親里若旃陁羅家下意
乞食作是思念我命爲他由彼食活以是因緣能除我慢復作念言我今應求
師僧尊長及同學意令彼歡喜昔未聞法爲得聞故若見惡人瞋恚鬪諍即應
忍辱下意避之大王菩薩摩訶薩如是行般若波羅蜜 慢大王菩薩摩訶薩
行般若波羅蜜生堅正信何以故多 力種具足善因已見成
就不信外緣內心清淨不依餘 諸根聰利具足般若離
諸蓋鄣其心清淨遠惡知識 不生懈怠所聞說法知佛
功德勝天王白佛言世尊唯願 德大威神力佛告勝天王言
大王諦聽諦聽善思念之我當爲王宣說如來神德少分善哉世尊唯然願聞
佛言大王如來具足无邊大慈遍照衆生衆生所稱乃至十方盡虛空界亦
皆遍照不可測量如來大悲聲聞緣覺菩薩所无何以故不共法故十方世界无
衆生大悲不照復次如來說法无盡普爲十方一切衆生一劫百劫千劫若无量
劫種種因緣說法无盡若衆生界種種言辭一切句義諸聞如來一
彈指頃一一衆生各爲分別无能壞者復次如來即是无尋禪定境界假使一
切世界衆生皆住十地入諸三昧百千億劫觀如來定不能測量復次如來身
无邊量何以故隨所樂見能於一念示現種種如來又有清淨天眼一切世界
无量衆生一一衆生一一世界如是一切世界中事如是 如觀掌中阿摩
勒菓諸天人眼所不能見如來復有清淨天耳 王隨其種類音聲
不同如來悉聞解了其義如來 有諸衆生作業思
想若所得報如來世尊行 知何以故如來常定无散
亂故大王諸佛如來无有失 緣何以故離煩惱習氣爲
清淨寂靜无垢有煩惱者其心背 來世尊无漏離垢得一切
法自在平等常在三昧三摩跋提故大王如來以一威儀三昧遊行乃至涅槃

BD06334 號 1　勝天王般若波羅蜜經卷二　（27–9）

勒菓諸天人眼所不能見如來復有清淨天耳 王隨其種類音聲
不同如來悉聞解了其義如來 有諸衆生作業思
想若所得報如來世尊行 知何以故如來常定无散
亂故大王諸佛如來无有失 緣何以故離煩惱習氣爲
清淨寂靜无垢有煩惱者其心背 來世尊无漏離垢得一切
法自在平等常在三昧三摩跋提故大王如來以一威儀三昧遊行乃至涅槃
无有天人能得知者況復如來於无量劫脩習无量无邊万億三昧何以故如
來不可量不可思不可觀故尒時勝天王白佛言世尊我聞如來三阿僧祇劫脩行
成佛云何而說无量劫脩佛言不也大王何以故菩薩摩訶薩脩阿耨多羅三
藐三菩提无量功力之所能辦非尒許劫時始得入法平等理稱爲成佛勝天
王白佛言世尊善哉善哉一切衆生常行菩諸遠離鄣業善集佛果脩菩薩
行世尊若有衆生得聞如來大神通力心生歡喜信受讚歎當知是人不久得
成此神通器況復有人受持讀誦書寫宣說如是人等 可思量佛言如是
大王此等衆生如來稱讚已種善根過去供養 佛乃能得聞如來
世尊大神通力是善男女心不疑 著新淨衣香華供
養一心正憶尒時如來即爲相 其或有闕少但一心念於
命將盡見佛在前勝天王白 聞說如來神通功德不起
信心而誹謗不佛言有是衆生 門即起瞋毒不善之心於
說法師惡知識想此人捨壽生泥犁中若聞如來大神通力能生信受於說法
師善知識想即得人天乃至成佛尒時世尊出廣長舌相自覆面門次至
頭頂次覆遍身次覆師子座次覆菩薩衆次覆聲聞衆然後乃覆釋
梵護世一切大衆還收舌相告大衆言如來世尊有是舌相豈當妄語
汝等大衆皆應信受長夜安樂說是法時衆中八万四千菩薩得无生法
忍无量百千衆生得遠塵離垢法眼淨无量无邊衆生發阿耨多羅三藐三菩
提心

勝天王般若波羅蜜經卷第二

三

勝天王般若波羅蜜經法性品第五

尒時勝天王即從座起偏袒右肩右膝著地合 頭作礼而白佛言
希有世尊如來應供正遍知出 佛如來因何得此唯
願世尊分別解說佛告勝 來所行甚深不可思議
得果亦尒勝天王白佛言世 法名爲甚深不可思議
佛告勝天王言大王諸佛如來 議功德及法利益衆生亦
復如是勝天王白佛言世尊云何法性不可思議佛言大王在諸衆生陰界入中

BD06334 號 1　勝天王般若波羅蜜經卷二　（27–10）
BD06334 號 2　勝天王般若波羅蜜經卷三

希有世尊如來應供正遍知[illegible]佛如來因何得此唯
願世尊分別解說佛告勝[illegible]來所行甚深不可思議
得果亦尒勝天王白佛言世[illegible]法名為甚深不可思議
佛告勝天王言大王諸佛如[illegible]議功德及法利益衆生亦
復如是勝天王白佛言世尊云何法性不可思議佛言大王在諸衆生陰界入中
無始相續所不能染法性體淨一切心識不能緣起諸餘覺觀不能分別耶
念思惟亦不能緣法離耶念無明不起是故不從十二緣生名為無相則非作
法無生無滅無邊無盡自相常住大王菩薩摩訶薩行般若波羅蜜能知
法性清淨如是無染無著遠離垢穢從諸煩惱起得解脫此性即是諸佛法
本功德智慧因之而生體性明淨不可思量大王我今爲汝說汝善諦聽王
言世尊唯然願聞佛告勝天王言譬如無價如意寶珠嚴飾瑩治皎潔可
愛體圓極淨無有垢濁墮在淤泥已經多時有捨得[illegible]守護不令墮落法
性亦尒雖在煩惱不為所染後復顯現大王諸[illegible]知衆生自性清淨客
塵煩惱之所覆蔽不入自性是故[illegible]波羅蜜應作是念我當
勇猛懃脩精進為諸衆生[illegible]除其煩惱一切衆生皆有性
淨是故於彼勿生下劣應[illegible]恭敬菩薩摩訶薩作如是
心即生般若闍那大悲大王菩薩[illegible]般若波羅蜜能入阿鞞跋致
地大王菩薩摩訶薩般若波羅蜜復作是念此諸煩惱無力無能自體虛妄
淨相違何以故背薩云若故清淨法性為諸法本自性無本虛妄煩惱皆
從耶念顛倒而生大王譬如四大依虛空立空更無依煩惱亦尒依此法性
法性無依大王菩薩摩訶薩行般若波羅蜜如實觀知不起違逆以隨
順故煩惱不生大王菩薩摩訶薩觀察煩惱不生染著若自染著云何說
法令他出離是故菩薩斷滅著心如實說教解衆生縛菩薩摩訶薩行般若
波羅蜜復作是念若生死中有一煩惱利益衆生我則稱受菩薩摩訶薩行
般若波羅蜜復作是念如昔諸佛行般若波羅蜜[illegible]是行何以故諸佛如
來昔在因地亦如是學成菩提故以此二縛是[illegible]種種方便知此法性
大王如是法性無量無邊為諸[illegible]久流沉沒六道長夜輪
轉隨衆生故名衆生性菩薩[illegible]起厭離心除五塵欲脩無
上道是時此性名為出離過一[illegible]此法一切世間之所樂求一切種
智常住微妙因此法性能得自在[illegible]菩薩摩訶薩行般若波羅蜜
初中上位觀察法性一切平等本來寂靜無異無礙猶如衆色不能滿空菩薩
摩訶薩行般若波羅蜜如實而知諸佛所說一切衆行如量脩行法性功德不可具

BD06334 號 2　勝天王般若波羅蜜經卷三

（27–11）

大王如是法性無量無邊為諸[illegible]久流沉沒六道長夜輪
轉隨衆生故名衆生性菩薩[illegible]起厭離心除五塵欲脩無
上道是時此性名為出離過一[illegible]此法一切世間之所樂求一切種
智常住微妙因此法性能得自在[illegible]菩薩摩訶薩行般若波羅蜜
初中上位觀察法性一切平等本來寂靜無異無礙猶如衆色不能滿空菩薩
摩訶薩行般若波羅蜜如實而知諸佛所說一切衆行如量脩行法性功德不可具
說無有二相過一異境平等一相覺觀不行菩薩摩訶薩如是行般若波羅蜜能
除二相人相法相一切凡夫為執所縛不識不見不得法性菩薩摩訶薩行般若波
羅蜜則能通達如此法性若在衆生無二無別何以故如如不異故大王菩薩摩訶薩
行般若波羅蜜依此法性脩諸善根來入三有利益衆生雖現無常而非真實何以
故菩薩摩訶薩行般若波羅蜜如實見法性故具足方便大悲願力不捨衆生二乘凡
夫無有如此大悲本願是故不見圓淨法性大王菩薩[illegible]訶薩行般若波羅蜜
如是觀法性一切聖人無能脩者無所脩法無能[illegible]行法無心無心法無業
無果報無苦無樂如是觀者名得[illegible]大無我我所無高無下
真實無盡常住明淨何以故一[illegible]性故顯現聖人大王諸佛如
來無邊功德不共之法從此性[illegible]聖人戒定慧品從此性生
諸佛菩薩般若波羅蜜從此性出[illegible]遍諸名相性是真實則離顛
倒性不變異故稱為如聖智境界名第一義非有非無非常非斷非生死非
涅槃非染非淨離一離異無名無相大王菩薩摩訶薩行般若波羅蜜復作
是念法性離相一切法離相無二無別何以故一切法離相即法性離相一切衆
生離相同法界離相法界離相一切法離相如是離相求不可得法性如如衆生
如如同一無二衆生如如法性如如同一無二法性如如一切法如如無二無別一切法如如
諸佛如如無二無別法性如如過去未來現在如如不相違過去如如未來如
如亦不相違過去未來現在如如即是陰界入如如陰界入如如即是染淨如如染淨
如如即是生死涅槃如如生死涅槃如如即是一切法如[illegible]所言如如者名為不異
無變不生無諍真實以無諍故說[illegible]不生諸法雖生如如不
動如如雖生一切諸法如如不生[illegible]猶如虛空無等等一切三
界無有一法所能及者遍衆[illegible]離垢本來不染自性明淨
自性不生自性不起在心意[illegible]虛空無相無願過虛空界諸
衆生處一切平等無邊無量不異不別非色不離色非受想行識不離受想
行識非地大水火風大不離地大水火風大無生離生雖逆生死不順涅槃眼不
能見耳不能聞鼻不能嗅舌不能嘗身不能覺意不能知不在心意識

BD06334 號 2　勝天王般若波羅蜜經卷三

（27–12）

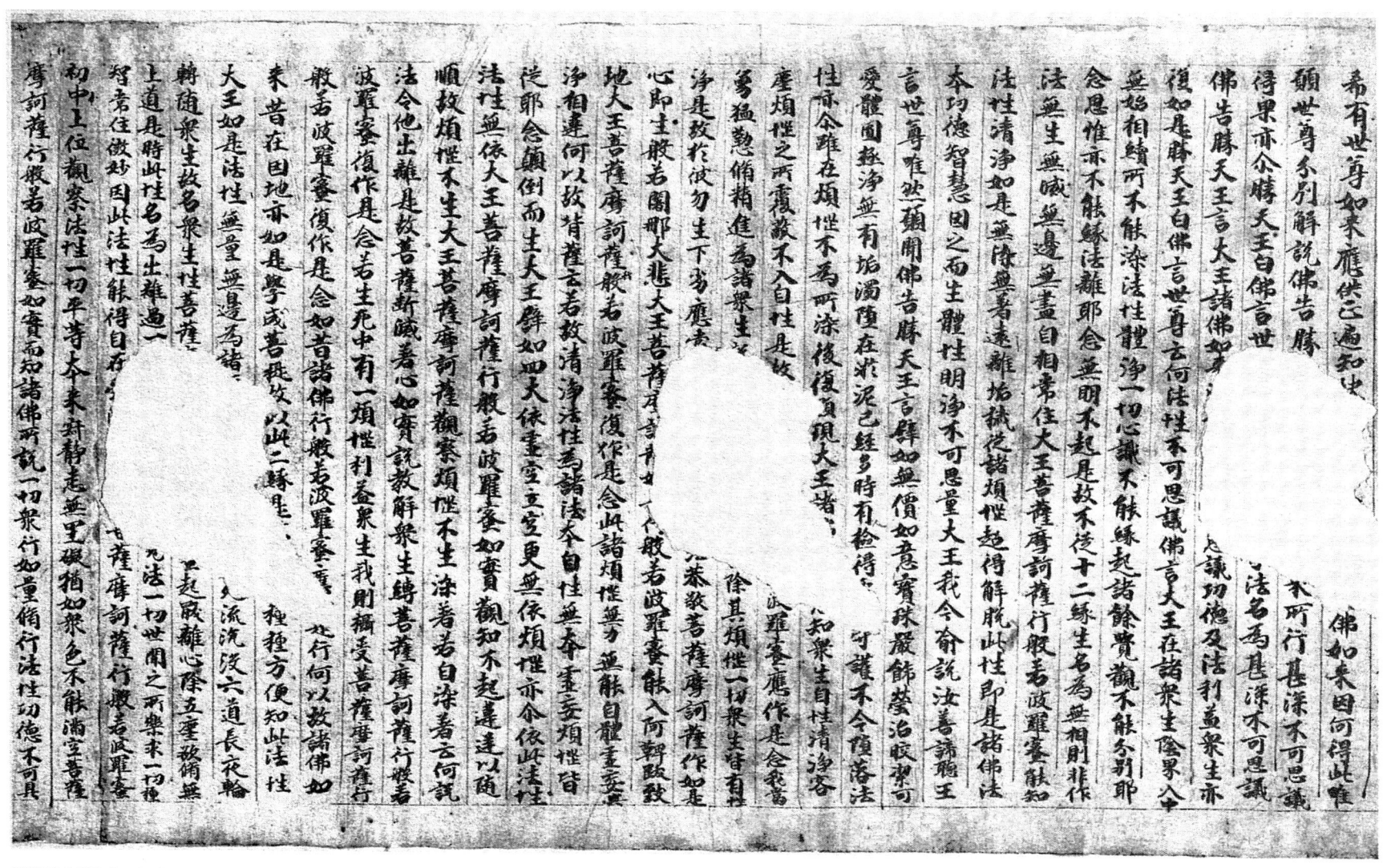

界無有一法所能及者遍衆……
自性不生自性不起在心意……
……猶如虛空無等等一切三
……離垢本來不染自性明淨
……空無相無願遍虛空界諸
衆生處一切平等無邊無量不異不別非色不離色非受想行識不離受想
行識非地大水火風大不離地大水火風大無生離生雖逢生死不順涅槃眼不
能見耳不能聞鼻不能嗅舌不能嘗身不能覺意不能知不在心意識
不離心意識大王是名法性菩薩摩訶薩行般若波羅蜜通達此法脩行
清淨三千大千世界若閻浮提城邑聚落菩薩悉能示現色身所現身者
非色非相而現色相非六根境而化衆生常無休息為說此身無常無我苦
不淨法了知衆生有寂靜性能為示現無量種身善巧方便令彼受化知一
切身無有作者亦無受者猶如木石而為衆生說清……王菩薩摩訶薩如
是行般若波羅蜜通達法性即得……有……之智慧遊戲神通種
種示現安住自在而能示現……切種智皆悉通達一切諸
法大王般若波羅蜜如是自在……無色現色自在遍觀諸
衆生心見如實心性自在憶念……自在變化住解脫相自在盡
漏為衆生故不證漏盡自在出世是聖智境自在甚深聲聞緣覺所不能
測自在堅牢魔不能壞能至道場成就佛法稟為第一自在隨順轉大法輪
自在調化一切衆生自在受位得法自在大王菩薩摩訶薩行般若波羅蜜如
實通達甚深法性得是自在菩薩摩訶薩脩是自在即得諸禪解脫三昧三
摩跋提不繫欲界色無色界何以故遠離一切虛妄分別煩惱繫縛顛倒執相
若其受生於生自在無有繫縛若欲現滅亦復自在隨其生處恒稱大
乘成就佛法而於十方推求佛法竟不可得一切諸法同一佛法非常非斷何
以故推求此法不可得故以如實理求不可得是法不可……有說無亦無名相
過此境界若離名相即是平等若法平等即無……無可著者是法真實
若著真實即是虛妄以不著故……心即無礙無礙即無
鄣無鄣即無諍無諍即同虛空……繫色界不繫無色界若一
切處無所繫屬是法無色……色無相無形是法應如是
知隨彼境界而離能知亦離所知何以故身中無有少法可覺少法能覺
是名菩薩摩訶薩行般若波羅蜜通達平等大王菩薩摩訶薩行般
若波羅蜜觀大慈大悲大喜大捨不見我不見衆生不見命不見人雖
行布施而調伏心離戒相心而淨持戒以無盡心脩行忍辱離心精進以
寂靜心脩習禪定心無所緣脩行般若心念四處以平等心脩習正慧離

BD06334 號 2　勝天王般若波羅蜜經卷三　　（27–13）

……繫無色界若一
切處無所繫屬是法無色……色無相無形是法應如是
知隨彼境界而離能知亦離所知何以故身中無有少法可覺少法能覺
是名菩薩摩訶薩行般若波羅蜜通達平等大王菩薩摩訶薩行般
若波羅蜜觀大慈大悲大喜大捨不見我不見衆生不見命不見人雖
行布施而調伏心離戒相心而淨持戒以無盡心脩行忍辱離心精進以
寂靜心脩習禪定心無所緣脩行般若心念四處以平等心脩習正慧離
戲論心脩諸神足分別衆生觀察諸根離憶失心脩諸根力以分別心觀察
覺分無功用心脩習正道心無所著而有淨信自然智慧憶念諸法平
等智心脩諸三昧不分別心觀般若波羅蜜以正息心脩奢摩他無所見
心脩毗婆舍那無所念心而脩念佛通達法……之心而脩念法無所
住心而脩念僧本心清淨教化衆……心稱一切法如虛空心
淨佛國土無所得心得無生……鞞跋致遠離相心不見
有相三界平等心莊嚴道……法轉於法輪不見聽說亦
現涅槃而知生死本性平等大王菩薩摩訶薩行般若波羅蜜如是觀法
諸不見能觀不見所觀即時能得遊戲自在何以故自心清淨能見一切衆
生淨故大王譬如虛空遍滿一切菩薩摩訶薩行般若波羅蜜心亦如是
說此法時衆中八万四千人天發阿耨多羅三藐三菩提心三万二千菩薩得
無生法忍八万四千衆生得遠塵離垢法眼淨一万二千比丘皆得漏盡佛告勝
天王言大王菩薩摩訶薩行般若波羅蜜心得清淨深大如海功德智慧
不可測量菩薩摩訶薩能現出世諸功德寶衆生用之乃至菩提無有
盡竭菩薩功德亦復不減猶如大海多出衆寶菩薩智慧甚深難入聲
聞緣覺無能涉者亦如大海小獸不入菩薩智……大無邊何以故無
著無住無色無相菩薩智慧……深初菩提心後薩婆
若菩薩法介不與煩惱及……智慧若入菩薩智慧
之中一相一味所謂無相薩……薩摩訶薩觀一切法不見
法增不見法減何以故通達平等法……故菩薩摩訶薩大慈悲力不
違本願一切聖人之所依處為諸衆生永劫說法無有窮盡大王菩薩
摩訶薩行般若波羅蜜通達如是甚深法性大王菩薩摩訶薩善能通
達世諦衆法雖說諸色而非實有推求此色終不取著受想行識亦復如
是雖說地大而非真實推求地大終不取著水火風空識亦復如是雖說
根入而非真實推求根入終不取著……

BD06334 號 2　勝天王般若波羅蜜經卷三　　（27–14）

法增不見法減何以故通達平等法性故菩薩摩訶薩大慈悲力不
違本願一切聖人之所依處為諸眾生永劫說法無有窮盡大王菩薩
摩訶薩行般若波羅蜜通達如是甚深法性大王菩薩摩訶薩善能通
達世諦眾法雖說諸色而非實有推求此色終不取著受想行識亦復如
是雖說地大而非真實推求地大終不取著水火風空識亦復如是雖說
眼入而非真實推求眼入終不取著耳鼻舌身意亦復如是雖復說我而
非真實推求覓我終不取著眾生命養育人作者壽者知者亦復如是雖
說世間而非真實推求世間終不取著說雖世法而非真實推求世法終
不取著雖說佛法而非真實推求佛法終不取□說菩提而非真實
推求菩提終不取著大王凡有□非真實若無世諦第
一義諦則不可說菩薩摩訶薩□通達世諦不違第一義諦
即通達之知法無生無滅無□離語言文字戲論大王第一
義者離言寂靜聖智境界無變□法若佛出世若不出世性相常住
是名菩薩通達第一義諦尒時勝天王白佛言世尊若一切諸法不生不滅
自性空離云何有佛出世及轉法輪云何菩薩於無生法而見有生佛告
勝天王言大王法不滅故不生何以故性不變異故但以世諦因緣見有生滅
皆是虛妄非真實有菩薩摩訶薩行般若波羅蜜善巧方便見因緣法即
知世諦悉空無有不見堅實似有如影如焰嚮幻不安搖動從因緣生菩薩
摩訶薩以般若波羅蜜觀諸法空乃至從因緣生作是思惟此等諸法今
見有生有住有滅何因緣生何因緣滅即作是知無明因緣故生諸行依行生
識識生名色名色生六入六入生觸觸生受受□愛渴愛生取以因取故
則相續有由有故生生則有老□是故脩行為斷無明無
明若斷餘十一分則亦復滅辟□雖用大王耶見外道為求解
脫但欲斷死不知斷生若法不□如有人塊擲師子逐人而塊自
息菩薩亦尒但斷其生而死自滅大唯逐塊不知逐人塊終不息外道亦尒不
知斷生終不離死大王菩薩摩訶薩如是行般若波羅蜜善知因緣諸
法生滅大王菩薩摩訶薩行般若波羅蜜知緣生法空無實有不
起我慢若生婆羅門剎利居士長者之家不起二慢尊貴豪富
若生貧賤自知宿業不甚清淨得報下劣心起厭離即求出家
作是思惟如我此身雜業所得更脩淨業令自清淨使他亦尒自
既求度亦復度他自求脫離亦解他縛以是因緣即生精進不隨懈

BD06334 號 2　勝天王般若波羅蜜經卷三　（27–15）

息菩薩亦尒但斷其生而死自滅大唯逐塊不知逐人塊終不息外道亦尒不
知斷生終不離死大王菩薩摩訶薩如是行般若波羅蜜善知因緣諸
法生滅大王菩薩摩訶薩行般若波羅蜜知緣生法空無實有不
起我慢若生婆羅門剎利居士長者之家不起二慢尊貴豪富
若生貧賤自知宿業不甚清淨得報下劣心起厭離即求出家
作是思惟如我此身雜業所得更脩淨業令自清淨使他亦尒自
既求度亦復度他自求脫離亦解他縛以是因緣即生精進不隨懈
怠鄣道惡法皆為斷除助道善法悉應增長□脩精進作是思惟
我負擔重應當自滅一切煩惱度脫眾生□息菩薩摩訶薩行
般若波羅蜜親近師僧多聞□戒破戒但生佛想恭
敬同學思惟我今依師學□令滿足煩惱未盡斷之令
盡稱讚善法捨離不善□明大悲福田寂靜天人師是
我大師善得吉利一切天人皆事法王以為大師菩薩摩訶薩行般若波
羅蜜作是思惟佛說淨戒設為身命亦不毀犯如世尊說隨順佛教即供
養佛若婆羅門剎利居士長者種種飲食信心清淨施與如法受用
不令施人空失果報食者施者俱得利益婆羅門剎利居士長者以沙
門名而名菩薩作福田想菩薩應當如理如量脩行正法即令顯現沙門
功德福田功德菩薩如是自行化他不曾休廢菩薩摩訶薩行般若波羅
蜜如是脩行則能隨順一切世間見瞋恚者生下劣心見高慢人起無我
想見耶曲人起正直想見妄語人起如實言於惡口人常說愛語見剛強者示
現柔和見殘毒人則行慈忍見耶法人則生大□眾生則起大悲見
慳嫉人則行布施大王菩薩摩訶□如是隨順世智生淨佛
國何以故持戒無缺離諸雜□生所具大善根不著名利清
淨之信無所望報懃行精進□空離散亂法以微妙慧而
習多聞諸根不缺具足利智常脩大慈遠離瞋恚以是因緣生淨佛國尒
時勝天王白佛言世尊如佛所說脩戒等法生佛國土為俗脩行一行亦
生佛告勝天王言大王若有菩薩摩訶薩於前所說種種法中淨脩一行
即俗眾法如是一行得生淨土何以故一一行中具眾行故大王菩薩摩訶薩
行般若波羅蜜如是得生淨土不為貽汙何以故菩薩摩訶薩造作佛像
脩葺伽藍如來塔前香泥塗地燒香供養或以香湯洗浴佛像於伽
藍內掃灑泥塗菩薩摩訶薩供養贍省父母之身師僧同學及諸沙門
以平等心皆悉供養迴此善根為一切眾生迴向阿耨多羅三藐三菩提

BD06334 號 2　勝天王般若波羅蜜經卷三　（27–16）

[illegible]如佛所說[illegible]生佛國土[illegible]俗脩行一行亦
生佛吉勝天王言大王若有菩薩摩訶薩於前所說種種法中淨脩一行
即偹衆法如是一行得生淨土何以故一一行中具衆行故大王菩薩摩訶
行般若波羅蜜如是得生淨土不爲胎汙何以故菩薩摩訶薩造作佛像
脩葺伽藍如來塔前香泥塗地燒香供養或以香湯洗浴佛像於伽
藍內掃灑泥塗菩薩摩訶薩供養聽者父母之身師僧同學及諸沙門
以平等心皆悉供養迴此善根爲一切衆生迴向阿耨多羅三藐三菩提
令得清淨菩薩摩訶薩如是行般若波羅[illegible]離俗何以故心無取著
不染朋黨背諸境界遠離愛[illegible]也說或如實脩行少欲知
足隨宜四事趣足過時心常[illegible]大王如是菩薩摩訶薩行般
若波羅蜜不著俗法即得淨[illegible]意欺詐於施主前終不詐
僞現身威儀安詳徐步視前六尺若背檀越即便縱誕於施主前不爲利
養下聲細語軟美之言順彼意語若背檀越則便自縱見他行施口言不用心
實欲須如是名爲內心熱惱口現少欲心貪利養大王菩薩摩訶薩行般若
波羅蜜志無此僞雖求利相若見檀越不得藪言三衣弊壞鉢器闕無或
須湯藥於施主前不得藪言某甲檀越施我此物彼人謂我持戒多聞大悲
心淨雖介讚歎我無此德唯當脩行報施主恩菩薩摩訶薩不應如是自
讚毀他隨順白衣而求利養若施餘人勿生瞋惱不作諂曲而以取財不詐親
善害他取物不爲他人戲弄財物擬越擬施或讚歎[illegible]右說法者或擬大衆或
復未擬或施未決菩薩不得入中取分若乞[illegible]應執著此是我有此
是我物即當迴施沙門婆羅門[illegible]之平等受用若財物盡不
以生憂少自不得心無苦惱[illegible]受施迴與二俱清淨行清淨
故心不疲勞何以故菩薩摩訶[illegible]蜜爲利衆生久處生死而
不厭患若有魔事衆苦逼切心無退轉若人欲行二乘之道即爲說法不懈癈
勞菩薩自脩助菩提法無有厭勸大王菩薩摩訶薩行般若波羅蜜如是精
進則能隨順佛正教行何以故菩薩摩訶薩行般若波羅蜜離諸放逸心
常謹慎善攝自身不作諸惡不善之法口意亦介菩薩摩訶薩行般若波
羅蜜雖處現在恒懼未來一切諸惡不善之法斷之不生言必附理常說法
教非法不言悉棄雜業純脩淨行不毀佛教遠離煩惱不淨之法是名離誑
如來正教一切諸惡不善之法悉斷離之大王菩薩摩訶薩行般若波羅蜜
如是隨順佛清淨視諸衆生面門先咲曾無嚬蹙所以然者心離穢濁諸根清
淨不染離垢心不瞋恚內無恨結菩薩摩訶[illegible]行般若波羅蜜即得
多聞觀察生死能如實知欲大[illegible]惑癡之大常所迷亂亦如

BD06334 號 2　勝天王般若波羅蜜經卷三

（27–17）

羅蜜雖處現在恒懼未來一切諸惡不善之法斷之不生言必附理常說法
教非法不言悉棄雜業純脩淨行不毀佛教遠離煩惱不淨之法是名離誑
如來正教一切諸惡不善之法悉斷離之大王菩薩摩訶薩行般若波羅蜜
如是隨順佛清淨視諸衆生面門先咲曾無嚬蹙所以然者心離穢濁諸根清
淨不染離垢心不瞋恚內無恨結菩薩摩訶[illegible]行般若波羅蜜即得
多聞觀察生死能如實知欲大[illegible]惑癡之大常所迷亂亦如
實知有爲無常一切行苦諸[illegible]就著戲論一切法中唯有涅
槃乃爲寂靜若聞他說即思[illegible]大慈悲起堅固意若不聞
法則無思脩是故聞慧猶如字本一切智慧因之而生既得多聞則護正
法大王未來末世正法滅時其有衆生樂懃脩行不值法炬無人爲說甚
深之法介時菩薩即爲演暢甚深妙法所謂般若波羅蜜令諸衆生得
聞之慧又讚之言善男子如是未世正法滅時汝等能發菩提之心求
向耨多羅三藐三菩提利益衆生此般若波羅蜜三世諸佛之所行者汝
若懃脩則去阿耨多羅三藐三菩提不遠何以故般若波羅蜜不離菩提
譬如有人種穀已秀當知収穫必在不久菩薩亦介求阿耨多羅三藐三
菩提得聞般若波羅蜜當知是去佛不遠大王[illegible]善男子善女人捨離
般若波羅蜜更依餘法求阿耨多羅三藐[illegible]無有是處猶如王子
捨其父王更就餘人求爲太子[illegible]亦介求薩婆若要因般若
波羅蜜得辟如犢子若欲須[illegible]餘牛則不可得大王菩薩摩
訶薩觀道般若波羅蜜常爲[illegible]身以好爲華嚴飾身相諸
根不缺如來行處常所遊行所行之道隨佛如來所覺而覺救護世間苦惱
衆生善能通達佛所說教常脩梵行守護如來薩婆若城大王菩薩摩
訶薩行般若波羅蜜爲法王子釋梵護世之所尊重何以故行菩薩道向
辯致一切諸魔所不能動安住佛法通達一切空平等理不信外緣如是
安住佛法慧智不與聲聞辟支佛共超過世間住無生法忍大王菩薩摩
訶薩行般若波羅蜜能如實知一切衆生貪欲瞋癡上中下品亦如實知善
心堅固心如實知已各各爲說諸對治法如是則能善化衆生菩薩摩訶薩
行般若波羅蜜若有衆生應見佛身受化度者菩[illegible]摩訶薩即現佛身而
爲說法應以菩薩身化度者現菩薩身應以[illegible]而受化者即現辟支
佛身應以聲聞身受教化者[illegible]帝釋梵王婆羅門剎利長
者居士身受教化者皆爲示現[illegible]菩薩摩訶薩如是行般若波
羅蜜教化衆生菩薩摩訶薩[illegible]心性慈和正直軟善無諸諂曲
嫉妬[illegible]常清淨言語不麁遠離惡口多行忍辱[illegible]衆生大王菩薩

BD06334 號 2　勝天王般若波羅蜜經卷三

（27–18）

[illegible]法如是財能善化衆生菩薩摩訶薩
行般若波羅蜜若有衆生應見佛身受化度者菩薩摩訶薩即現佛身而
為説法應以菩薩身化度者現菩薩身應以……而受化者即現辟支
佛身應以聲聞身受教化者……帝釋梵王婆羅門剎利長
者居士身受教化者皆為示現……菩薩摩訶薩如是行般若波
羅蜜教化衆生菩薩摩訶薩行……心性慈和正直軟善無諸諂曲
嫉妬垢穢心常清淨言語不麁遠離惡口多行忍辱親狎衆生大王菩薩
摩訶薩如是行般若波羅蜜則處在處安樂所以然者具足正見及清淨見清
淨之行所行境界與心相應若心相違惡不善法如是境界及染穢處斯則
不行菩薩摩訶薩行般若波羅蜜見同學人心生歡喜善財善法與他共
用唯行一道所謂佛道唯佛為師不尊餘人大王菩薩摩訶薩行般
若波羅蜜如是在處安樂具諸攝法而攝衆生以利益施安樂施無
盡施攝取衆生利益語有如法語不異語攝取衆生以財利益平
等身利益平等命利益平等資具利益平……取衆生大王利益施
者即是法施安樂施者即資生施……亦現道利益語者令
彼生善有義語者令彼見理……佛教不異語者説如實法財
利益平等者可食可噉可飲……服等身利益平等者如以攝
衛利益己身令他亦尒命利益平等者真珠琉璃珊瑚馬瑙名為外
命資具利益平等者象馬車乘一切淨財菩薩摩訶薩行般若波羅
蜜自行與他皆悉共同大王菩薩摩訶薩行般若波羅蜜受生端正常
能脩習寂靜威儀不為威儀清淨威儀人所樂見內外溫善觀者
無猒能抗人意一切衆生之所愛重其有見者皆發善心瞋恚者
見心即得解大王菩薩摩訶薩行般若波羅蜜如是端正則堪
依止守護衆生令煩惱滅能將衆生出離生死無邊曠野能度衆生
世間險難為無眷屬而作親友為煩惱疾而作良醫無救護者為之
救護無歸依者為作歸依無明衆生為作……薩摩訶薩行般若波
羅蜜為諸衆生而作依止治諸……莖枝葉華菓色香味
觸悉為衆生療治衆病大……薩行般若波羅蜜亦復如是
從初發心為諸衆生治種種……菩薩摩訶薩功德智慧有
疾病者見聞皆差菩薩摩訶薩行般若波羅蜜常與功德相應隨力
所堪供養三寶若有疾病即施湯藥若見飢渴即施食飲若見
寒凍即施衣服師僧和上盡心承事同學法人合掌恭敬造立伽藍
布施田園時時[illegible]

BD06334號2　勝天王般若波羅蜜經卷三

（27–19）

羅蜜為諸衆生而作依止治諸……莖枝葉華菓色香味
觸悉為衆生療治衆病大……薩行般若波羅蜜亦復如是
從初發心為諸衆生治種種……菩薩摩訶薩功德智慧有
疾病者見聞皆差菩薩摩訶薩行般若波羅蜜常與功德相應隨力
所堪供養三寶若有疾病即施湯藥若見飢渴即施食飲若見
寒凍即施衣服師僧和上盡心承事同學法人合掌恭敬造立伽藍
布施田園時時隨有捨與衆僧下使駈伇如法料理聞有名德沙門婆
羅門脩道行者時時往詣大王菩薩摩訶薩行般若波羅蜜能生諸
善有巧方便教化衆生於此佛國身不移動而遊無量諸佛世界諮問正
法於此佛國身不移動而遊無量諸佛世界聽受正法於此佛土身
不移動亦現無量諸佛國土供養如來於此佛土身不移動而遊無
量諸佛世界成就無上菩提資糧於此……不動移而遊無量諸
佛世界若有菩薩成佛道……於此佛土身不移動無
量世界亦現成道於此佛土……佛國現轉法輪於此佛土
身不移動無量佛國亦現涅槃於此……身不移動無量佛國應得
度者為示化身皆悉令見亦無分別有所作意爾時勝天王白佛言世
尊云何菩薩摩訶薩作種種化無分別心佛告勝天王言大王譬如日月
照四天下而無分別我照天下為作光明衆生業報自感日月光照天下
菩薩摩訶薩行般若波羅蜜亦復如是雖現化身而無分別何以故衆
生各有宿世善業菩薩摩訶薩昔從因地脩行發願為度衆生以此願
力隨其所念皆悉應現無分別心大王菩薩摩訶薩行般若波羅蜜
如是方便善巧教化速向阿耨多羅三藐三菩提何以故菩薩摩訶薩
行檀具足持戒清淨無穿缺雜惡衆清……聲聞辟支佛境界具足
忍辱精進禪定般若方便願……共不功德一切具足已過聲
聞辟支佛地大王菩薩初地……若波羅蜜脩如是行得阿
耨多羅三藐三菩提説是法門……子得遠塵離垢法眼淨三万
菩薩摩訶薩得無生法忍八万四千天人發阿耨多羅三藐三菩提心無量百
千億乾闥婆緊那羅皆悉合掌讚歎如來繞耆闍崛山無量百千億
夜叉衆雨諸蓮華繞耆闍崛山十方無量恒河沙世界菩薩來集讚
歎如來世尊快説甚深般若波羅蜜為諸菩薩世尊因此般若波羅蜜
得有人天須陁洹向須陁洹果乃至阿羅漢向阿羅漢果辟支佛道菩薩十
地十波羅蜜如來十力四无所畏十八不共法一切種智皆從般若波羅蜜中

BD06334號2　勝天王般若波羅蜜經卷三

（27–20）

千億乾闥婆緊那羅皆悉合掌讚歎如來繞耆闍崛山無量百千億
夜叉眾雨諸蓮華繞耆闍崛山十方無量恒河沙世界菩薩來集讚
歎如來世尊快說甚深般若波羅蜜為諸菩薩世尊因此般若波羅蜜
得有人天須陁洹向須陁洹果乃至阿羅漢向阿羅漢果辟支佛道菩薩十
地十波羅蜜如來十力四无所畏十八不共法一切種智皆從般若波羅蜜中
出世尊譬如世間一切眾法悉依虛空而虛空無依般若波羅蜜亦復如是一
切法本而自無依願令我等於未來世為諸菩[illegible]摩訶薩說般若波
羅蜜如今佛說又以種種香華[illegible]時耆闍崛山中天神及
餘集者空中讚言我等憶念[illegible]諸佛於此耆闍崛山中說是
般若波羅蜜法亦如今日尒時[illegible]言世尊空中諸天云何得知
如來境界久遠世佛說是般若波羅蜜事佛言大王此諸天等皆集
可思議解脫是故能知過去遠事大王我昔為菩薩時亦經生彼天
神之道見無量佛成道說法乃至涅槃我常讚歎合掌礼拜何以故彼
天神道壽命長故尒時眾中有一天子名曰光德即從座起偏袒右肩
右膝著地合掌向佛頭面作礼白佛言世尊諸佛菩薩應遊淨土娑
婆世界是不清淨云何世尊出現此土尒時佛告光德天子諸佛如來
所居之處無有穢土於是世尊即以神力現此三千大千世界地平如
掌琉璃所成無諸山陵埠阜荊棘處處[illegible]香華軟草流泉浴
池八功德水七寶階砌樹木華[illegible]不退法輪無有凡夫唯
見十方諸大菩薩不聞餘音[illegible]羅蜜聲處處蓮華大如
車輪青紅赤白一一華中皆[illegible]加趺坐即見如來於大眾中為
諸菩薩說甚深法無量百千釋梵護世前後圍繞供養恭敬尊重讚
歎希有世尊希有世尊所說無虛直實不二如世尊說諸佛住處
實無穢土眾生薄福而見不淨世尊若有善男子善女人得聞般
若波羅蜜名字甚為希有況復書寫受持讀誦為他演說佛言若善
男子善女人無量百千劫以無礙心施他財物若復有人以淨信心書
寫此經傳授與人功德多彼何以故財施有竭法施無盡何以故施財但能
得世間果若人若天昔已曾得得已墮落令還復得若以法施昔未
未得令始能得所謂涅槃若三千大千世界一切[illegible]生有人教化悉令安
住十善道中若善男子善女人[illegible]讀誦般若波羅蜜為

BD06334 號 2　勝天王般若波羅蜜經卷三　　（27–21）

男子善女人無量百千劫以無礙心施他財物若復有人以淨信心書
寫此經傳授與人功德多彼何以故財施有竭法施無盡何以故施財但能
得世間果若人若天昔已曾得得已墮落令還復得若以法施昔未
未得令始能得所謂涅槃若三千大千世界一切[illegible]生有人教化悉令安
住十善道中若善男子善女人[illegible]讀誦般若波羅蜜為
他人說功德勝彼何以故一切[illegible]波羅蜜生故若三千大千世
界一切眾生有人教化皆得須[illegible]含阿那含阿羅漢果辟支
佛道若復有人信心受持讀誦書寫般若波羅蜜功德勝彼何以
故聲聞辟支佛法皆從般若波羅蜜中生一切菩薩摩訶薩法皆
從般若波羅蜜中生因此般若波羅蜜故有佛出世般若波羅蜜所
在之處當知即是菩提道場轉法輪處應念此處即我大師如來
應供正遍知處在此中何以故一切諸佛皆從般若波羅蜜生故若人
供養如來形像不如供養般若波羅蜜何以故三世諸佛皆因般若波羅蜜生故
勝天王般若經卷第三
勝天王般若波羅蜜經平等品第六　四
尒時勝天王即從坐起偏袒右肩[illegible]佛合掌頭面作礼而白佛
言世尊如佛所說法性平等[illegible]等何法故名為平等佛告
勝天王言大王菩薩觀諸法不生[illegible]名為平等一切煩惱虛妄分
別不生不滅自性寂靜名為平等名相妄想不生不滅自性寂靜名為
平等滅諸顛倒不起攀緣名為平等能緣心滅无明有愛即皆寂靜
愛滅故不起我我所名為平等我我所滅名色寂靜名為平等名色
滅故邊見不生名為平等滅斷常故身見寂靜名為平等大王能取所
取一切煩惱鄣善法者依身見生菩薩摩訶薩能滅身見一切諸使皆悉
寂靜作願亦息譬如大樹拔除根株枝條枯死如人无首命根即絕一切
煩惱亦復如是若斷身見餘使自滅大王若人能觀諸法无我則取可取
皆悉寂靜勝天王白佛言世尊云何生我見[illegible]真實理佛告勝天王
言大王於五陰身妄執有我[illegible]實之法自性平等无能所
執我見相違是故為鄣大王[illegible]在內不在外不在內外若无所
住名為寂靜即是平等遠離[illegible]平等名真實空觀空无相
无願自性寂靜不生不滅不取不著遠離我見名為平等大王所言
我者无來无去无有真實虛妄分別法從妄有亦是虛妄菩薩摩

BD06334 號 2　勝天王般若波羅蜜經卷三　　（27–22）
BD06334 號 3　勝天王般若波羅蜜經卷四

言大王於五陰身妄執有我和貪之法自性平等无能所
執我見相違是故爲鄣大王於內不在外不在內外若无所
住名爲寂靜即是平等遠離平等名真實空觀空无相
无願自性寂靜不生不滅不取不著遠離我見名爲平等大王所言
我者无來无去无有真實虛妄分別法從妄有亦是虛妄菩薩摩
訶薩行般若波羅蜜觀如是法遠離虛妄是故名爲寂靜平等大
王能取可取則名爲燃離名寂靜或鄣爲無離爲寂靜菩薩摩訶薩
善巧方便行般若波羅蜜能如實知諸煩惱滅爲增善法斷煩惱不見
可生不見可滅名爲平等修般若波羅蜜遠離魔鄣不見可猒不見
可離名爲平等菩薩常緣助菩提法不起聲聞辟支佛心於助菩提
聲聞緣覺不見異相名爲平等緣薩婆若休息常脩空行以大
悲力不捨衆生名爲平等大王薩具足方便行般若波
羅蜜即得心緣自在心緣无不見无相及菩提異名爲
平等心緣无願不捨三界不三界異名爲平等觀身不淨
心住清淨觀行无常心住生死而不厭離觀衆生若住涅槃樂觀法无
我於諸衆生起大悲心常爲衆生說不淨藥不見貪病常說大慈
不見瞋恚常說因緣不見愚癡等集病者說无常藥不見等病及无
常異如是菩薩摩訶薩以方便力行般若波羅蜜於一切法心緣自在
緣離欲法爲化聲聞緣離瞋法化辟支佛緣離癡法爲化菩薩緣一切
色願得佛色无所得故心緣衆聲願得如來微妙音聲心緣衆香願
得如來清淨戒香心緣諸味願得如來味中第一大丈夫相心緣諸觸願
得如來柔軟手掌心緣諸法願得如來寂靜心緣布施爲得成就相
好之身心緣尸羅爲得清淨佛脩願得如來大梵音聲淨
光明身心緣精進爲度衆生得成就諸大神通心緣般若
爲斷一切諸見煩惱心緣大慈平等无𢪛令諸衆生皆得安樂心緣大悲
爲護正法心緣大喜爲得說法悅樂衆生心緣大捨不見衆生煩惱結使
大王菩薩摩訶薩以方便力行般若波羅蜜不見二事名平等行心緣
四攝爲救化衆生緣嫉妬過爲捨資財緣破戒失爲住淨戒緣瞋恚失爲
得忍辱緣懈怠失爲成佛力緣散亂失爲得如來寂靜禪定緣癡智
失爲成如來无𢪛智慧心緣聲聞及辟支佛爲欲成就无上大乘心緣惡趣
爲欲濟拔一切衆生心緣諸天知一切法悉有敗壞緣諸衆生知无堅實心

BD06334號3　勝天王般若波羅蜜經卷四

(27-23)

爲護正法心緣大喜爲得說法悅樂衆生心緣大捨不見衆生煩惱結使
大王菩薩摩訶薩以方便力行般若波羅蜜不見二事名平等行心緣
四攝爲救化衆生緣嫉妬過爲捨資財緣破戒失爲住淨戒緣瞋恚失爲
得忍辱緣懈怠失爲成佛力緣散亂失爲得如來寂靜禪定緣癡智
失爲成如來无𢪛智慧心緣聲聞及辟支佛爲欲成就无上大乘心緣惡趣
爲欲濟拔一切衆生心緣諸天知一切法悉有敗壞緣諸衆生知无堅實心
緣念佛爲得成就禪定助道心緣念法爲遍達諸秘密藏心緣念
僧爲得不退心緣念捨爲无愛爲得淨戒心緣念天爲成佛
道諸天讚歎心緣自身爲得爲得佛口心緣自意爲得如
來平等之心心緣有爲爲成佛爲爲得寂靜大王菩薩摩訶
薩行般若波羅蜜无有一心一行空過不向薩婆若者菩薩摩訶薩行般
若波羅蜜遍緣諸法而能不著名憂波憍舍羅觀見諸法无不趣向菩
提之者大王譬如三千大千世界大地出生諸物人无不用菩薩摩訶行般
若波羅蜜所緣境界无不利益趣向菩提譬如衆色无有不因四大成者
如是菩薩所緣境界无有一法不向菩提何以故菩薩摩訶薩脩習諸行
皆因外緣而得成立如因慳嫉人成就菩薩檀波羅蜜因不知恩人成就菩薩
尸波羅蜜如因惡性瞋恚衆生成就菩薩忍波羅蜜因嬾惰者成就菩薩
毗梨耶波羅蜜因散亂人成就菩薩禪波羅因諸癡鈍成就菩薩般
若波羅蜜若有衆生損惱菩薩起瞋心菩薩若見脩行善
法句菩提者生己身想猶我子若人讚歎不生歡喜毀不瞋恚
見若衆生則起大悲若見受若因難化佷悷衆生菩薩則
發奢摩他心因信行者菩薩即得知恩智慧若見衆生外惡緣強善因弱者
菩薩則起擁護之心菩薩若見因力強者種種方便令其受教菩薩若見
智慧開悟解義衆生則爲此人說甚深法若有智人菩薩則爲次第說法
著文字者爲說句義若已先學奢摩他者菩薩爲說毗婆舍那若有
先學毗婆舍那則應爲彼說諸三昧若著持戒爲說地獄持戒不著則不
說之若著聞者爲說思脩著三昧者說入般若樂阿蘭若即應爲說心遠離
法若有樂聞佛功德者爲說聖智爲貪欲者說不淨法爲瞋恚人說慈悲法
爲愚癡者說緣生法爲等集者說種種法或說淨或說慈悲或說因緣
調化衆生爲說淨戒禪定智慧受化者爲次第說諸波羅蜜
應以柳枝而受化者先祈其鋒種語言而受化者即應爲說因
緣譬喻令其得解應以深法而受爲說般若波羅蜜及方便力无

BD06334號3　勝天王般若波羅蜜經卷四

(27-24)

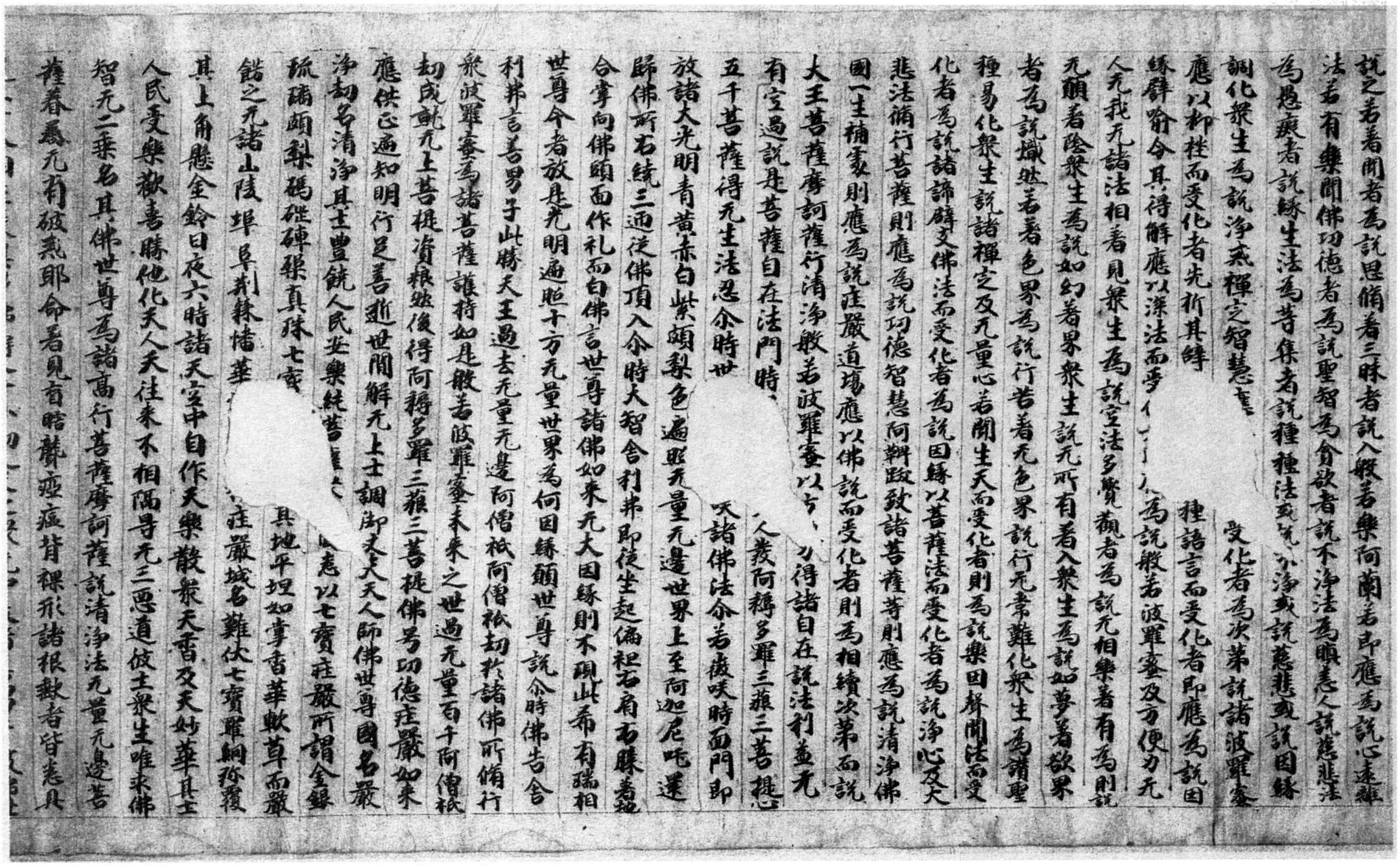

說之著著聞者為說思惟著三昧者說入般若樂阿蘭若即應為說心遠離
法若有樂聞佛功德者為說聖智為貪欲者說不淨法為瞋恚人說慈悲法
為愚癡者說緣生法為著集者說種種法或說[illegible]不淨或說慈悲或說因緣
調化衆生為說淨戒禪定之智慧[illegible]受化者為次第說諸波羅蜜
應以神柱而受化者先折其肆[illegible]種語言而受化者即應為說因
緣辟喻令其得解應以深法而受[illegible]為說般若波羅蜜及方便力无
人无我无諸法相著見衆生為說空法多覺觀者為說无相樂著有為則說
无願著陰衆生為說如幻著界衆生說无所有著入衆生為說如夢著欲界
者為說識處著著色界為說行苦著无色界說行无常難化衆生為請聖
種易化衆生說諸禪定及无量心若聞生天而受化者則為說樂因聲聞法而受
化者為說諸諦辟支佛法而受化者為說因緣以菩薩法而受化者為說淨心及大
悲法循行菩薩則應為說功德智慧阿鞞跋致諸菩薩等則應為說清淨佛
國一生補處則應為說莊嚴道場應以佛說而受化者則為相續次第而說
大王菩薩摩訶薩行清淨般若波羅蜜以方[illegible]得諸自在說法利益无
有空過說是菩薩自在法門時[illegible]人發阿耨多羅三藐三菩提心
五千菩薩得无生法忍尒時世[illegible]咲諸佛法尒若微咲時面門即
放諸大光明青黃赤白紫頗梨色遍照无量无邊世界上至阿迦尼吒還
歸佛所右繞三匝從佛頂入尒時大智舍利弗即從坐起偏袒右肩右膝著地
合掌向佛頭面作礼而白佛言世尊諸佛如來无大因緣則不現此希有瑞相
世尊今者放是光明遍照十方无量世界為何因緣願世尊說尒時佛告舍
利弗言善男子此勝天王過去无量无邊阿僧祇阿僧祇劫於諸佛所脩行
衆波羅蜜為諸菩薩護持如是般若波羅蜜未來之世過无量百千阿僧祇
劫成就无上菩提資粮然後得阿耨多羅三藐三菩提佛号功德莊嚴如來
應供正遍知明行足善逝世間解无上士調御丈夫天人師佛世尊國名嚴
淨劫名清淨其土豐饒人民安樂純菩薩[illegible]意以七寶莊嚴所謂金銀
琉璃頗梨碼碯硨磲真珠七寶[illegible]其地平坦如掌香華軟草而嚴
飾之无諸山陵堆阜荊棘諸華[illegible]莊嚴城名難伏七寶羅網彌覆
其上角懸金鈴日夜六時諸天空中自作天樂散衆天香及天妙華其土
人民受樂歡喜勝他化天人天往來不相隔㝵无三惡道彼土衆生唯求佛
智无二乘名其佛世尊為諸高行菩薩摩訶薩說清淨法无量无邊菩
薩眷屬无有破戒邪命著見盲瞎聾瘂癃背裸形諸根缺者皆悉具

BD06334 號 3　勝天王般若波羅蜜經卷四　（27–25）

飾之无諸山陵堆阜荊棘諸華[illegible]莊嚴城名難伏七寶羅網彌覆
其上角懸金鈴日夜六時諸天空中自作天樂散衆天香及天妙華其土
人民受樂歡喜勝他化天人天往來不相隔㝵无三惡道彼土衆生唯求佛
智无二乘名其佛世尊為諸高行菩薩摩訶薩說清淨法无量无邊菩
薩眷屬无有破戒邪命著見盲瞎聾瘂癃背裸形諸根缺者皆悉具
足二十八相莊嚴其身佛壽八十小劫人天之衆无中夭者善男子彼佛世
尊有如是等无量功德若欲說法先放光明照曜國土其諸菩薩遇斯光
者即知世尊將欲說法我等今者宜應往聽尒時諸天為彼世尊敷師子
座高百由旬種種嚴飾无量世[illegible]座上為衆說法彼諸菩薩聽
明利根一聞悟解无我我所飲食[illegible]即得說是勝天王受記法門時
衆中五万天人發阿耨多羅三藐三菩提心皆願未來生彼國土尒時勝
天王聞佛世尊為其受記心大歡喜得未曾有踊在虛空高七多羅樹
尒時三千大千世界六種震動諸天伎樂不鼓自鳴散衆天華以供養佛及
勝天王時勝天王從空中下頭面礼佛退坐一面
勝天王般若波羅蜜經現相品第七　尒時大智舍利弗白勝天王言
菩薩摩訶薩行般若波羅蜜通達法性即應坐道場轉法輪何因
緣故先脩苦行降伏惡魔尒時勝天王答舍利弗言善男子菩薩摩
訶薩行般若波羅蜜實无苦行為伏外道故示現之而彼天魔實不能
壞是欲界主故示降伏化諸衆生舍利弗[illegible]自謂苦行第一是故菩薩
示現苦行能超過彼舍利弗或有[illegible]菩薩屈一膝立或見菩薩舉
兩手立或見菩薩視日而或見[illegible]支身或見菩薩倒身而或見
菩薩卧棘刺林或卧牛糞或坐方石或復卧地或見卧板或卧杵上或卧
塵土或著板衣或著苫衣或著草衣或樹皮衣或復裸形或著茅衣或面向
日隨日而轉或食稗子或見食麦或食草根雜諸樹葉食果食華或食
署預或見食草或見食藕或六日一食或見食豆或見食大豆或食炒穀
或見食麻或見食米或見飲水而以度日或見菩薩食一滴蘊而以度日或
一滴蜜或一滴乳或无所食或見眠熟舍利弗菩薩摩訶薩示現如是種
種苦行六年之中一事不闕菩薩實无如是苦行衆生見有以諸衆生應
以苦得而得度脫為是等故菩薩示之有六十那由他人安住三乘舍利弗
復有天人宿世善根深樂大乘別[illegible]七寶臺身心不動面門善咲
入三昧定如是六年方從定起念[illegible]衆生深樂大乘欲聽聞者則

BD06334 號 3　勝天王般若波羅蜜經卷四　（27–26）

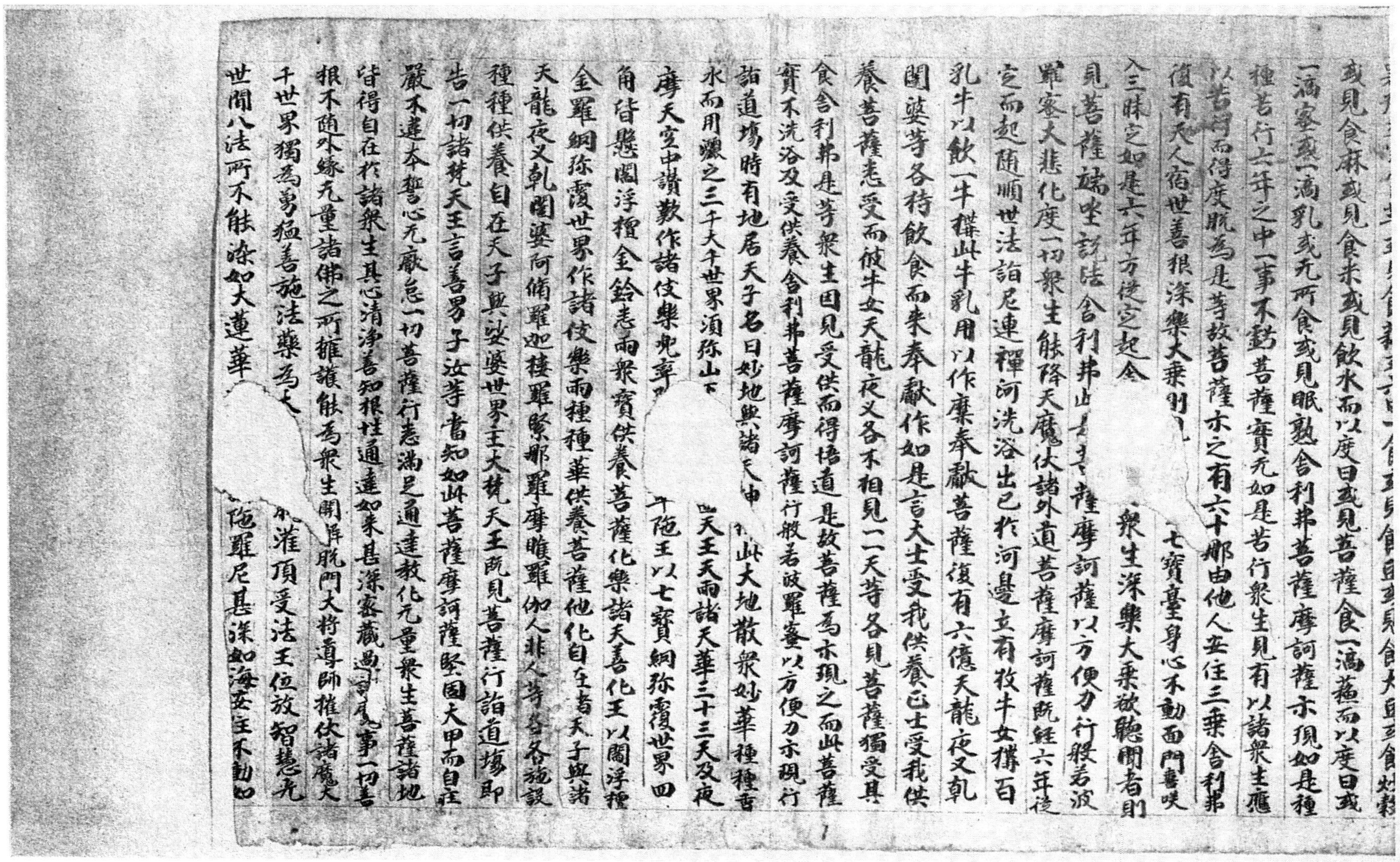

或見食麻或見食米或見飲水而以度日或
一滴蜜或一滴乳或无所食或見眠勲舍利弗菩薩摩訶薩亦現如是種
種苦行六年之中一事不𨷂菩薩實无如是苦行衆生見有以諸衆生應
以苦行而得度脫爲是等故菩薩亦之有六十那由他人安住三乘舍利弗
復有天人宿世善根深樂大乘則[illegible]七寶臺身心不動面門喜咲
入三昧定如是六年方從定起舍[illegible]衆生深樂大乘欲聽聞者則
見菩薩端坐說法舍利弗此[illegible]薩摩訶薩以方便力行般若波
羅蜜大悲化度一切衆生能降天魔伏諸外道菩薩摩訶薩既經六年從
定而起隨順世法詣尼連禪河洗浴出已於河邊立有牧牛女攊百
乳牛以飲一牛攊此牛乳用以作糜奉獻菩薩復有六億天龍夜叉乾
闥婆等各持飲食而來奉獻作如是言大士受我供養已亦受我供
養菩薩悉受而彼牛女天龍夜叉各不相見一一天等各見菩薩獨受其
食舍利弗是等衆生因見受供而得悟道是故菩薩爲亦現之而此菩薩
實不洗浴及受供養舍利弗菩薩摩訶薩行般若波羅蜜以方便力亦現行
詣道場時有地居天子名曰妙地與諸天神[illegible]此大地散衆妙華種種香
水而用灑之三千大千世界須弥山下[illegible]天王天而諸天華三十三天及夜
摩天空中讚歎作諸伎樂兜率[illegible]陁王以七寶網弥覆世界四
角皆懸閻浮檀金鈴悉雨衆寶供養菩薩化樂諸天善化王以閻浮檀
金羅網弥覆世界作諸伎樂而種種華供養菩薩他化自在諸天子與諸
天龍夜叉乾闥婆阿脩羅迦樓羅緊那羅摩睺羅伽人非人等各各施設
種種供養自在天子與娑婆世界主大梵天王既見菩薩行詣道場即
告一切諸梵天王言善男子汝等當知如此菩薩摩訶薩堅固大甲而自莊
嚴不違本誓心无厭怠一切菩薩行悉滿足通達教化无量衆生菩薩諸地
皆得自在於諸衆生其心清淨善知根性通達如來甚深密藏過[illegible]事一切善
根不随外緣无量諸佛之所擁護能爲衆生開解脫門大將導師摧伏諸魔大
千世界獨爲勇猛善施法藥爲大[illegible]灌頂受法王位放智慧光
世間八法所不能染如大蓮華[illegible]陁羅尼甚深如海安住不動如

BD06334 號 3　勝天王般若波羅蜜經卷四

（27–27）

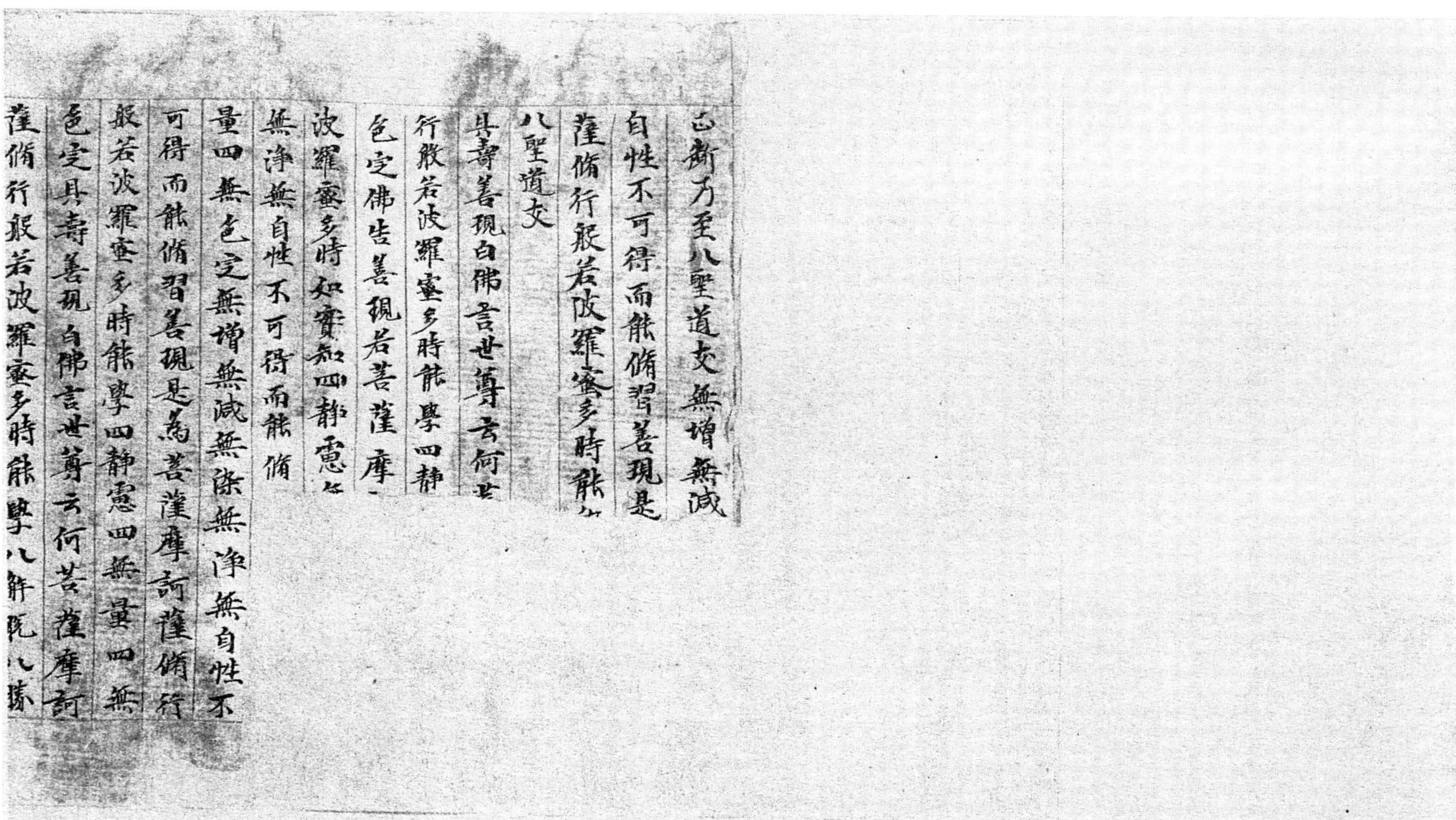

色斷乃至八聖道支無增無減
自性不可得而能脩習善現是
薩脩行般若波羅蜜多時能[illegible]
八聖道支
具壽善現白佛言世尊云何[illegible]
行般若波羅蜜多時能學四靜
色定佛告善現若菩薩摩[illegible]
波羅蜜多時如實知四靜慮[illegible]
無淨無自性不可得而能脩
量四無色定無增無減無染無淨無自性不
可得而能脩習善現是爲菩薩摩訶薩脩行
般若波羅蜜多時能學四靜慮四無量四無
色定具壽善現白佛言世尊云何菩薩摩訶
薩脩行般若波羅蜜多時能學八解脫八勝

BD06335 號　大般若波羅蜜多經卷三八五

（21–1）

波羅蜜多時如實知四靜慮
無淨無自性不可得而能脩
量四無色定無增無減無染無淨無自性不
可得而能脩習善現是為菩薩摩訶薩脩行
般若波羅蜜多時能學四靜慮四無量四無
色定具壽善現白佛言世尊云何菩薩摩訶
薩脩行般若波羅蜜多時能學八解脫八勝
處九次第定十遍處佛告善現若菩薩摩訶
薩脩行般若波羅蜜多時如實知八解脫無
增無減無染無淨無自性不可得而能脩習
如實知八勝處九次第定十遍處無增無減
無染無淨無自性不可得而能脩習善現是
為菩薩摩訶薩脩行般若波羅蜜多時能學
八解脫八勝處九次第定十遍處具壽善現
白佛言世尊云何菩薩摩訶薩脩行般若波
羅蜜多時能學一切陁羅尼門一切三摩地
門佛告善現若菩薩摩訶薩脩行般若波羅
蜜多時如實知一切陁羅尼門無增無減無
染無淨無自性不可得而能脩習如實知一
切三摩地門無增無減無染無淨無自性不
可得而能脩習善現是為菩薩摩訶薩脩行
般若波羅蜜多時能學一切陁羅尼門一切
三摩地門具壽善現白佛言世尊云何菩薩
摩訶薩脩行般若波羅蜜多時能學五眼六
神通佛告善現若菩薩摩訶薩脩行般若波
羅蜜多時如實知五眼無增無減無染無淨
無自性不可得而能脩習如實知六神通無
增無減無染無淨無自性不可得而能脩習

BD06335 號　大般若波羅蜜多經卷三八五　（21–2）

三摩地門具壽善現白佛言世尊云何菩薩
摩訶薩脩行般若波羅蜜多時能學五眼六
神通佛告善現若菩薩摩訶薩脩行般若波
羅蜜多時如實知五眼無增無減無染無淨
無自性不可得而能脩習如實知六神通無
增無減無染無淨無自性不可得而能脩習
善現是為菩薩摩訶薩脩行般若波羅蜜多
時能學五眼六神通
具壽善現白佛言世尊云何菩薩摩訶薩脩
行般若波羅蜜多時能學如來十力四無所畏
四無礙解十八佛不共法佛告善現若菩
薩摩訶薩脩行般若波羅蜜多時如實知如
來十力无增无減无染无淨无自性不可得
而能脩習如實知四无所畏四无礙解十八
佛不共法无增无減无染无淨无自性不可
得而能脩習善現是為菩薩摩訶薩脩行般
若波羅蜜多時能學如來十力四無所畏四
无礙解十八佛不共法具壽善現白佛言世
尊云何菩薩摩訶薩脩行般若波羅蜜多時
能學大慈大悲大喜大捨佛告善現若菩薩
摩訶薩脩行般若波羅蜜多時如實知大慈
无增无減无染无淨无自性不可得而能脩
習如實知大悲大喜大捨无增无減无染无
淨无自性不可得而能脩習善現是為菩薩
摩訶薩脩行般若波羅蜜多時能學大慈大
悲大喜大捨具壽善現白佛言世尊云何菩
薩摩訶薩脩行般若波羅蜜多時能學无忘
失法恒住捨性佛告善現若菩薩摩訶薩脩

BD06335 號　大般若波羅蜜多經卷三八五　（21–3）

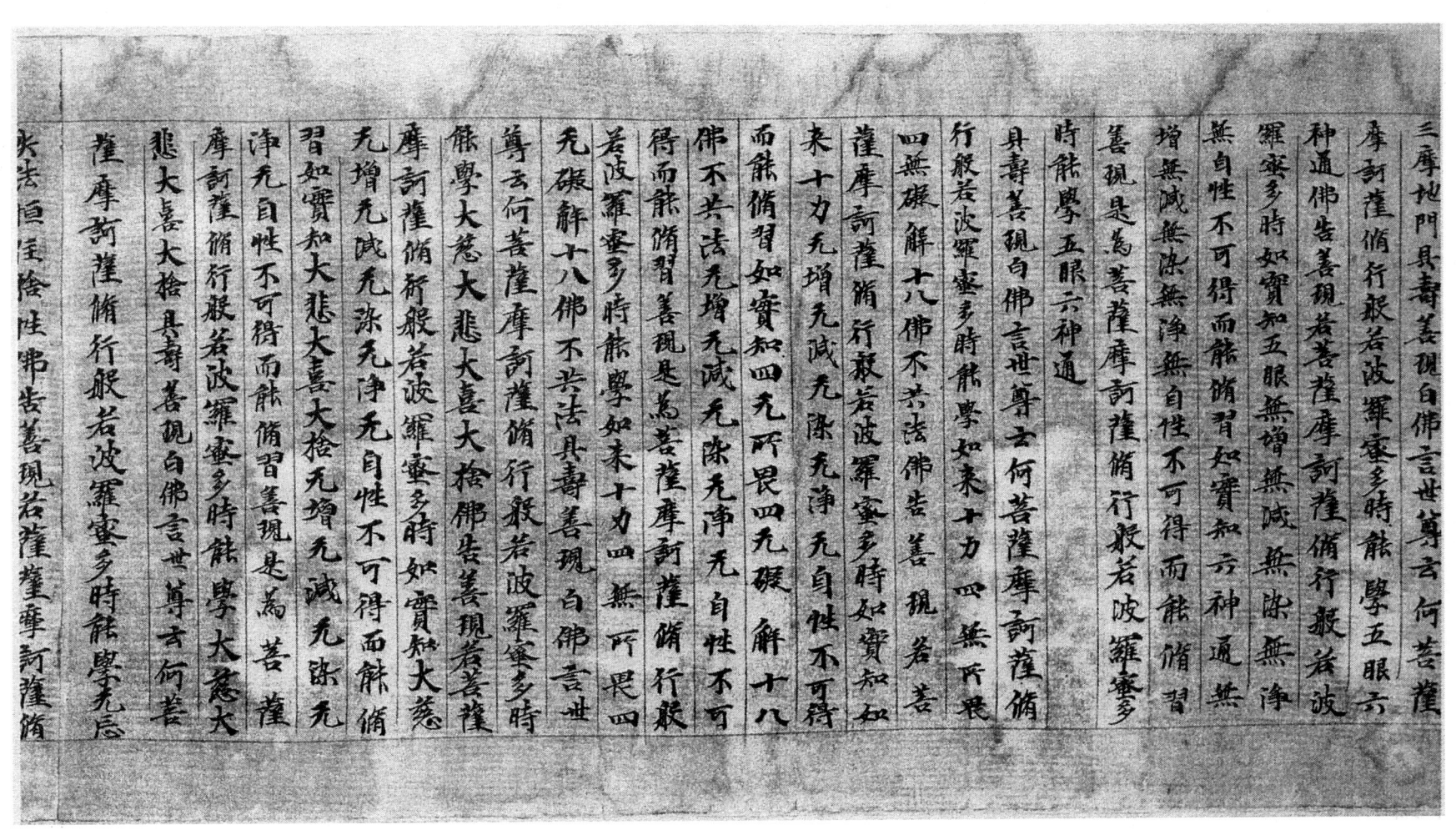

淨无自性不可得而能脩習善現是為菩薩
摩訶薩脩行般若波羅蜜多時能學大慈大
悲大喜大捨具壽善現白佛言世尊云何菩
薩摩訶薩脩行般若波羅蜜多時能學无忘
失法恒住捨性佛告善現若菩薩摩訶薩脩
行般若波羅蜜多時如實知无忘失法无增
无減无染无淨无自性不可得而能脩習如
實知恒住捨性无增无減无染无淨无自性
不可得而能脩習善現是為菩薩摩訶薩脩
行般若波羅蜜多時能學无忘失法恒住捨性
具壽善現白佛言世尊云何菩薩摩訶薩
脩行般若波羅蜜多時能學一切智道相智
一切相智佛告善現若菩薩摩訶薩脩行般
若波羅蜜多時如實知一切智無增无減无染
无淨无自性不可得而能脩習如實知道
相智一切相智无增无減无染无淨无自性
不可得而能脩習善現是為菩薩摩訶薩脩
行般若波羅蜜多時能學一切智道相智一
切相智具壽善現白佛言世尊云何菩薩摩
訶薩脩行般若波羅蜜多時能學嚴淨佛土
成熟有情佛告善現若菩薩摩訶薩脩行般
若波羅蜜多時如實知嚴淨佛土无增无減
无染无淨无自性不可得而能脩習如實知
成熟有情无增无減无染无淨无自性不可
得而能脩習善現是為菩薩摩訶薩脩行般
若波羅蜜多時能學嚴淨佛土成熟有情具
壽善現白佛言世尊云何菩薩摩訶薩脩行般

BD06335號　大般若波羅蜜多經卷三八五　（21–4）

若波羅蜜多時如實知嚴淨佛土无增无減
无染无淨无自性不可得而能脩習如實知
成熟有情无增无減无染无淨无自性不可
得而能脩習善現是為菩薩摩訶薩脩行般
若波羅蜜多時能學嚴淨佛土成熟有情具
壽善現白佛言世尊云何菩薩摩訶薩脩行般
若波羅蜜多時能學諸餘无量无邊佛法
佛告善現若菩薩摩訶薩脩行般若波羅蜜
多時如實知諸餘无量无邊佛法无增无減
无染无淨无自性不可得而能脩習善現是
為菩薩摩訶薩脩行般若波羅蜜多時能學
諸餘无量无邊佛法
尒時具壽善現白佛言世尊若菩薩摩訶薩
脩行般若波羅蜜多時如實知五蘊等法
展轉差別豈不以色蘊壞法界亦以受想行
識蘊壞法界邪何以故法界无二无差別故
豈不以眼處壞法界亦以耳鼻舌身意處壞
法界邪何以故法界无二无差別故豈不以
色處壞法界亦以聲香味觸法處壞法界邪
何以故法界无二无差別故豈不以眼界壞
法界亦以色界眼識界及眼觸眼觸為緣所生
諸受壞法界邪何以故法界无二无差別故
豈不以耳界壞法界亦以聲界耳識界及耳
觸耳觸為緣所生諸受壞法界邪何以故法
界无二无差別故豈不以鼻界壞法界亦以
香界鼻識界及鼻觸鼻觸為緣所生諸受壞
法界邪何以故法界无二无差別故豈不以

BD06335號　大般若波羅蜜多經卷三八五　（21–5）

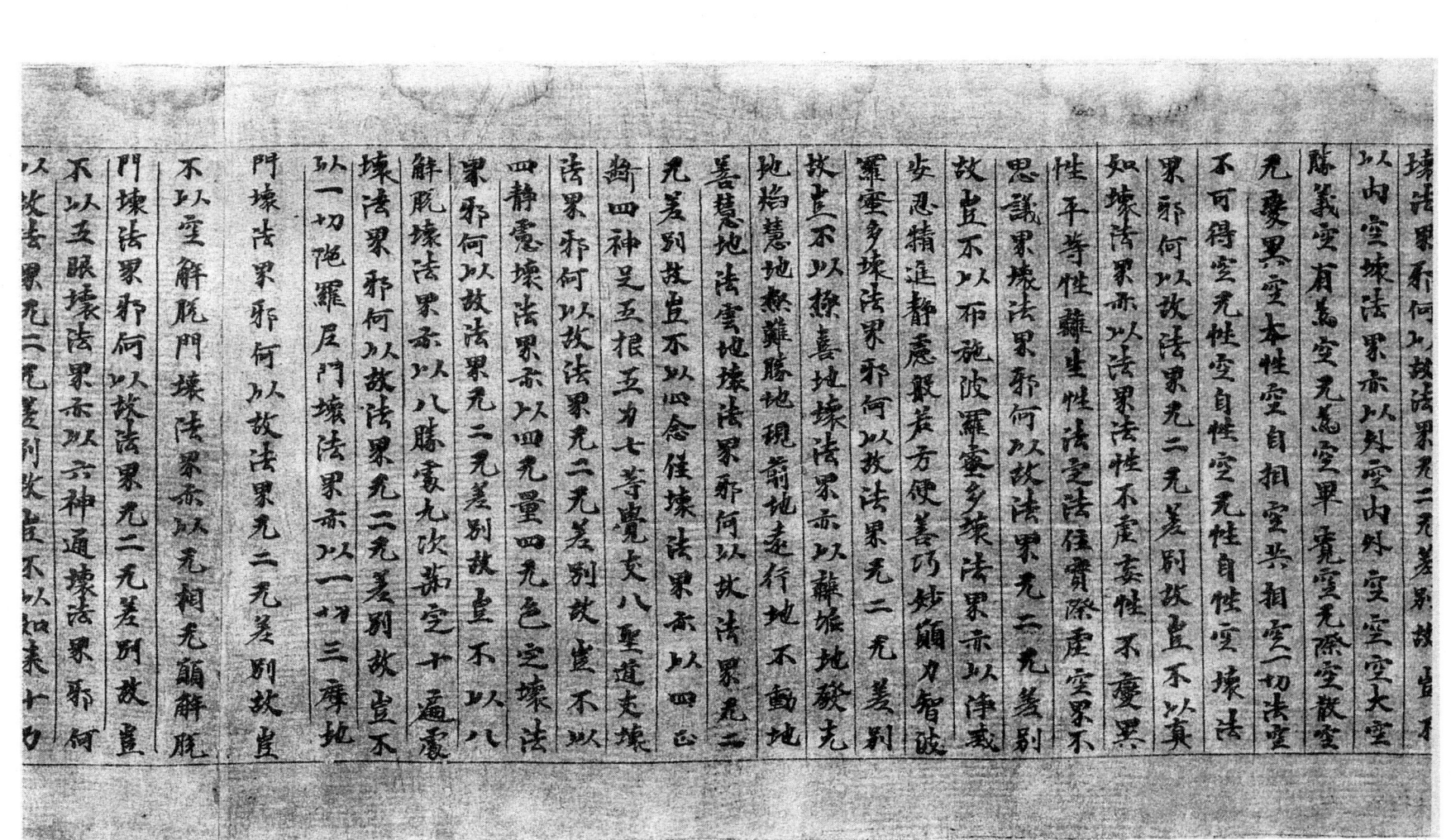

豈不以耳界壞法界亦以聲界耳識界及耳
觸耳觸為緣所生諸受壞法界耶何以故法
界无二无差別故豈不以鼻界壞法界亦以
香界鼻識界及鼻觸鼻觸為緣所生諸受壞
法界耶何以故法界无二无差別故豈不以
舌界壞法界亦以味界舌識界及舌觸舌觸
為緣所生諸受壞法界耶何以故法界无二
无差別故豈不以身界壞法界亦以觸界身
識界及身觸身觸為緣所生諸受壞法界耶
何以故法界无二无差別故豈不以意界壞
法界亦以法界意識界及意觸意觸為緣所
生諸受壞法界耶何以故法界无二无差別
故豈不以地界壞法界亦以水火風空識界
壞法界耶何以故法界无二无差別故豈不
以苦聖諦壞法界亦以集滅道聖諦壞法界
耶何以故法界无二无差別故豈不以因緣壞
法界亦以等无間緣所緣緣增上緣壞法
界耶何以故法界无二无差別故豈不以從
諸緣所生種種法壞法界耶何以故法界无
二无差別故豈不以无明壞法界亦以行識
名色六處觸受愛取有生老死愁歎苦憂惱
壞法界耶何以故法界无二无差別故豈不
以內空壞法界亦以外空內外空空空大空
勝義空有為空无為空畢竟空无際空散空
无變異空本性空自相空共相空一切法空
不可得空无性空自性空无性自性空壞法
界耶何以故法界无二无差別故豈不以真

BD06335號　大般若波羅蜜多經卷三八五　（21–6）

壞法界耶何以故法界无二无差別故豈不
以內空壞法界亦以外空內外空空空大空
勝義空有為空无為空畢竟空无際空散空
无變異空本性空自相空共相空一切法空
不可得空无性空自性空无性自性空壞法
界耶何以故法界无二无差別故豈不以真
如壞法界亦以法界法性不虛妄性不變異
性平等性離生性法定法住實際虛空界不
思議界壞法界耶何以故法界无二无差別
故豈不以布施波羅蜜多壞法界亦以淨戒
安忍精進靜慮般若方便善巧妙願力智波
羅蜜多壞法界耶何以故法界无二无差別
故豈不以極喜地壞法界亦以離垢地發光
地焰慧地極難勝地現前地遠行地不動地
善慧地法雲地壞法界耶何以故法界无二
无差別故豈不以四念住壞法界亦以四正
斷四神足五根五力七等覺支八聖道支壞
法界耶何以故法界无二无差別故豈不以
四靜慮壞法界亦以四无量四无色定壞法
界耶何以故法界无二无差別故豈不以八
解脫壞法界亦以八勝處九次第定十遍處
壞法界耶何以故法界无二无差別故豈不
以一切陁羅尼門壞法界亦以一切三摩地
門壞法界耶何以故法界无二无差別故豈
不以空解脫門壞法界亦以无相无願解脫
門壞法界耶何以故法界无二无差別故豈
不以五眼壞法界亦以六神通壞法界耶何
以故法界无二无差別故豈不以如來十力

BD06335號　大般若波羅蜜多經卷三八五　（21–7）

門壞法界邪何以故法界无二无差別故豈
不以空解脫門壞法界亦以无相无願解脫
門壞法界邪何以故法界无二无差別故豈
不以五眼壞法界亦以六神通壞法界邪何
以故法界无二无差別故豈不以如來十力
壞法界亦以四无所畏四无礙解十八佛不共
法壞法界邪何以故法界无二无差別故豈
不以大慈壞法界亦以大悲大喜大捨壞法
界邪何以故法界无二无差別故豈不以无
忘失法壞法界亦以恒住捨性壞法界邪何
以故法界无二无差別故豈不以一切智壞
法界亦以道相智一切相智壞法界邪何以
故法界无二无差別故豈不以嚴淨佛土壞
法界亦以成熟有情壞法界邪何以故法界
无二无差別故豈不以諸餘无量无邊佛法
壞法界邪何以故法界无二无差別故
佛告善現若離法界餘法可得可言彼法能
壞法界然離法界无法可得故无餘法能壞
法界何以故善現一切如來應正等覺及諸
菩薩獨覺聲聞知離法界无法可得既知无
法離法界故亦不為他施設宣說是故法界
无能壞者如是善現菩薩摩訶薩修行般若
波羅蜜多時應學法界无二无差別不可壞相
時具壽善現白佛言世尊若菩薩摩訶薩欲
學法界當於何學佛告善現若菩薩摩訶薩
欲學法界當於一切法學何以故善現以一
切法皆入法界故具壽善現復白佛言世尊
何因緣故說一切法皆入法界佛言善現如

波羅蜜多時應學法界无二无差別不可壞相
時具壽善現白佛言世尊若菩薩摩訶薩欲
學法界當於何學佛告善現若菩薩摩訶薩
欲學法界當於一切法學何以故善現以一
切法皆入法界故具壽善現復白佛言世尊
何因緣故說一切法皆入法界佛言善現如
來出世若不出世諸法法尒皆入法界无差
別相不由佛說所以者何善現一切善法若
非善法若有記法若无記法若有漏法若无
漏法若世間法若出世法若有為法若无為
法无不皆入无相无為性空法界是故善現
菩薩摩訶薩脩行般若波羅蜜多時欲學法
界當學一切法若學一切法即學法界
尒時具壽善現白佛言世尊若一切法皆入
法界无二无別云何菩薩摩訶薩當學般若
波羅蜜多亦學靜慮精進安忍淨戒布施波
羅蜜多云何菩薩摩訶薩當學初靜慮亦學
第二第三第四靜慮云何菩薩摩訶薩當學
慈无量亦學悲喜捨无量云何菩薩摩訶薩
當學空无邊處定亦學識无邊處无所有處
非想非非想處定云何菩薩摩訶薩當學四
念住亦學四正斷四神足五根五力七等覺
支八聖道支云何菩薩摩訶薩當學空解脫
門亦學无相无願解脫門云何菩薩摩訶薩
當學八解脫亦學八勝處九次第定十遍處
云何菩薩摩訶薩當學一切陀羅尼門亦學
一切三摩地門云何菩薩摩訶薩當學內空

念住亦學四正斷四神足五根五力七等覺
支八聖道支云何菩薩摩訶薩當學空解脫
門亦學无相无願解脫門云何菩薩摩訶薩
當學八解脫亦學八勝處九次第定十遍處
云何菩薩摩訶薩當學一切陀羅尼門亦學
一切三摩地門云何菩薩摩訶薩當學內空
亦學外空內外空空空大空勝義空有為空
无為空畢竟空无際空散空无變異空本性
空自相空共相空一切法空不可得空无性
空自性空无性自性空云何菩薩摩訶薩當
學真如亦學法界法性不虛妄性不變異性
平等性離生性法定法住實際虛空界不思
議界云何菩薩摩訶薩當學苦聖諦亦學集
滅道聖諦云何菩薩摩訶薩當學五眼亦學
六神通云何菩薩摩訶薩當學佛十力亦學
四无所畏四无礙解十八佛不共法云何菩
薩摩訶薩當學大慈亦學大悲大喜大捨云
何菩薩摩訶薩當學无忘失法亦學恒住捨
性云何菩薩摩訶薩當學一切智亦學道相
智一切相智云何菩薩摩訶薩當學圓滿三
十二大士相亦學圓滿八十隨好云何菩薩
摩訶薩當學生剎帝利大族婆羅門大族
長者大族居士大族云何菩薩摩訶薩當學生
四大王眾天三十三天夜摩天覩史多天樂
變化天他化自在天云何菩薩摩訶薩當學
生梵眾天梵輔天梵會天大梵天云何菩薩
摩訶薩當學生光天少光天无量光天極光

BD06335號　大般若波羅蜜多經卷三八五　（21–10）

四大王眾天三十三天夜摩天覩史多天樂
變化天他化自在天云何菩薩摩訶薩當學
生梵眾天梵輔天梵會天大梵天云何菩薩
摩訶薩當學生光天少光天无量光天極光
淨天云何菩薩摩訶薩當學生淨天少淨天
无量淨天遍淨天云何菩薩摩訶薩當學生
廣天少廣天无量廣天廣果天云何菩薩摩
訶薩當學生无想有情天法而不樂生彼云
何菩薩摩訶薩當學生无繁天无熱天善現
天善見天色究竟天法而不樂生彼云何菩
薩摩訶薩當學生空无邊處天識无邊處
天无所有處天非想非非想處天法而不樂生
彼云何菩薩摩訶薩當學初發菩提心亦當
學第二第三第四第五第六第七第八第九
第十發菩提心云何菩薩摩訶薩當學初菩
薩地亦學第二第三第四第五第六第七第
八第九第十菩薩地云何菩薩摩訶薩當學
聲聞地而不作證亦當學獨覺地而不作證
云何菩薩摩訶薩當學菩薩正性離生亦當
學成熟有情嚴淨佛土云何菩薩摩訶薩當
學陀羅尼无礙辯亦學菩薩摩訶薩道諸佛
无上正等菩提如是學已得一切智智知一
切法一切種相世尊非法界中有如是等種
種分別世尊將无菩薩由此分別行於顛倒
无戲論中起諸戲論何以故世尊真法界中
都无分別戲論事故
世尊法界非色亦不離色法界非受想行識

BD06335號　大般若波羅蜜多經卷三八五　（21–11）

切法一切種相世尊非法界中有如是等種
種分別世尊時无菩薩由此分別行於顛倒
无戲論中起諸戲論何以故世尊真法界中
都无分別戲論事故
世尊法界非色亦不離色法界非受想行識
亦不離受想行識法界即色色即法界法界
即受想行識受想行識即法界世尊法界非
眼處亦不離眼處法界非耳鼻舌身意處亦
不離耳鼻舌身意處法界即眼處眼處即法
界法界即耳鼻舌身意處耳鼻舌身意處即
法界世尊法界非色處亦不離色處法界非
聲香味觸法處亦不離聲香味觸法處法界
即色處色處即法界法界即聲香味觸法處
聲香味觸法處即法界世尊法界非眼界亦
不離眼界法界非耳鼻舌身意界亦不離耳
鼻舌身意界法界即眼界眼界即法界法界
即耳鼻舌身意界耳鼻舌身意界即法界
世尊法界非色界亦不離色界法界非聲香味
觸法界亦不離聲香味觸法界法界即色界
色界即法界法界即聲香味觸法界聲香味
觸法界即法界世尊法界非眼識界亦不離
眼識界法界非耳鼻舌身意識界亦不離耳
鼻舌身意識界法界即眼識界眼識界即法
界法界即耳鼻舌身意識界耳鼻舌身意識
界即法界世尊法界非眼觸亦不離眼觸法
界非耳鼻舌身意觸亦不離耳鼻舌身意觸
法界即眼觸眼觸即法界法界即耳鼻舌身

BD06335號　大般若波羅蜜多經卷三八五　（21–12）

界法界即耳鼻舌身意識界耳鼻舌身意識
界即法界世尊法界非眼觸亦不離眼觸法
界非耳鼻舌身意觸亦不離耳鼻舌身意觸
法界即眼觸眼觸即法界法界即耳鼻舌身
意觸耳鼻舌身意觸即法界
世尊法界非眼觸為緣所生諸受亦不離眼
觸為緣所生諸受法界非耳鼻舌身意觸為
緣所生諸受亦不離耳鼻舌身意觸為緣所
生諸受法界即眼觸為緣所生諸受眼觸為
緣所生諸受即法界法界即耳鼻舌身意觸
為緣所生諸受耳鼻舌身意觸為緣所生諸
受即法界世尊法界非地界亦不離地界法
界非水火風空識界亦不離水火風空識界
法界即地界地界即法界法界即水火風空
識界水火風空識界即法界世尊法界非因
緣亦不離因緣法界非等无間緣所緣緣增
上緣亦不離等无間緣所緣緣增上緣法界
即因緣因緣即法界法界即等无間緣所緣
緣增上緣等无間緣所緣緣增上緣即法界
世尊法界非從緣所生諸法亦不離從緣所
生諸法法界即從緣所生諸法從緣所生諸
法即法界世尊法界非无明亦不離无明法
界非行識名色六處觸受愛取有生老死愁
歎苦憂惱亦不離行乃至老死愁歎苦憂惱
法界即无明无明即法界法界即行乃至老
死愁歎苦憂惱行乃至老死愁歎苦憂惱即
法界
世尊法界非布施波羅蜜多亦不離布施波

BD06335號　大般若波羅蜜多經卷三八五　（21–13）

聚非行識名色六處觸受愛取有生老死愁
歎苦憂惱亦不離行乃至老死愁歎苦憂惱
法界即无明无明即法界法界即行乃至老
死愁歎苦憂惱行乃至老死愁歎苦憂惱即
法界
世尊法界非布施波羅蜜多亦不離布施波
羅蜜多法界非淨戒安忍精進靜慮般若波
羅蜜多亦不離淨戒安忍精進靜慮般若波
羅蜜多法界即布施波羅蜜多布施波羅蜜
多即法界法界即淨戒安忍精進靜慮般若
波羅蜜多淨戒安忍精進靜慮般若波羅蜜多
即法界世尊法界非四靜慮亦不離四靜
慮法界非四无量四无色定亦不離四无量
四无色定法界即四靜慮四靜慮即法界法
界即四无量四无色定四无量四无色定即
法界世尊法界非四念住亦不離四念住法
界非四正斷四神足五根五力七等覺支八
聖道支亦不離四正斷乃至八聖道支法界
即四念住四念住即法界法界即四正斷乃
至八聖道支四正斷乃至八聖道支即法界
世尊法界非空解脫門亦不離空解脫門法
界非无相无願解脫門亦不離无相无願解
脫門法界即空解脫門空解脫門即法界法
界即无相无願解脫門无相无願解脫門即
法界世尊法界非內空亦不離內空法界非
外空內外空空空大空勝義空有為空无為
空畢竟空无際空散空无變異空本性空自
相空共相空一切法空不可得空无性空自

BD06335號　大般若波羅蜜多經卷三八五　（21–14）

界即无相无願解脫門无相无願解脫門即
法界世尊法界非內空亦不離內空法界非
外空內外空空空大空勝義空有為空无為
空畢竟空无際空散空无變異空本性空自
相空共相空一切法空不可得空无性空自
性空无性自性空亦不離外空乃至无性自
性空法界即內空內空即法界法界即外空
乃至无性自性空外空乃至无性自性空即
法界世尊法界非苦聖諦亦不離苦聖諦法
界非集滅道聖諦亦不離集滅道聖諦法界
即苦聖諦苦聖諦即法界法界即集滅道聖
諦集滅道聖諦即法界世尊法界非八解脫
亦不離八解脫法界非八勝處九次第定十
遍處亦不離八勝處九次第定十遍處法界
即八解脫八解脫即法界法界即八勝處九
次第定十遍處八勝處九次第定十遍處即
法界世尊法界非一切陀羅尼門亦不離一切
陀羅尼門法界非一切三摩地門亦不離一
切三摩地門法界即一切陀羅尼門一切陀羅
尼門即法界法界即一切三摩地門一切
三摩地門即法界世尊法界非極喜地亦不
離極喜地法界非離垢地發光地焰慧地極
難勝地現前地遠行地不動地善慧地法雲
地亦不離離垢地乃至法雲地法界即極喜
地極喜地即法界法界即離垢地乃至法雲
地離垢地乃至法雲地即法界
世尊法界非五眼亦不離五眼法界非六神

BD06335號　大般若波羅蜜多經卷三八五　（21–15）

難勝地現前地遠行地不動地善慧地法雲
地亦不離離垢地乃至法雲地法界即極喜
地極喜地即法界法即離垢地乃至法雲
地離垢地乃至法雲地即法界
世尊法界非五眼亦不離五眼法界非六神
通亦不離六神通法界即五眼五眼即法界
法界即六神通六神通即法界世尊法界非
佛十力亦不離佛十力法界非四无所畏四
无礙解十八佛不共法亦不離四无所畏四
无礙解十八佛不共法法界即佛十力佛十
力即法界法界即四无所畏四无礙解十八
佛不共法四无所畏四无礙解十八佛不共
法即法界世尊法界非大慈亦不離大慈法
界非大悲大喜大捨亦不離大悲大喜大捨
法界即大慈大慈即法界法界即大悲大
喜大捨大悲大喜大捨即法界世尊法界
非无忘失法亦不離无忘失法法界非恒
住捨性亦不離恒住捨性法界即无忘失法
无忘失法即法界法界即恒住捨性恒住捨
性即法界世尊法界非一切智亦非離一切
智法界非道相智一切相智亦不離道相智
一切相智法界即一切智一切智即法界法
界即道相智一切相智道相智一切相智即
法界世尊法界非三十二大士相亦不離三
十二大士相法界非八十隨好亦不離八十
隨好法界即三十二大士相三十二大士相
即法界法界即八十隨好八十隨好即法界

BD06335 號　大般若波羅蜜多經卷三八五　（21–16）

界即道相智一切相智道相智一切相智即
法界世尊法界非三十二大士相亦不離三
十二大士相法界非八十隨好亦不離八十
隨好法界即三十二大士相三十二大士相
即法界法界即八十隨好八十隨好即法界
世尊法界非預流果亦不離預流果法界非
一來不還阿羅漢果獨覺菩提亦不離一來
不還阿羅漢果獨覺菩提法界即預流果預
流果即法界法界即一來不還阿羅漢果獨
覺菩提一來不還阿羅漢果獨覺菩提即法
界世尊法界非一切菩薩摩訶薩行亦不離
一切菩薩摩訶薩行法界非諸佛无上正等
菩提亦不離諸佛无上正等菩提法界即一
切菩薩摩訶薩行一切菩薩摩訶薩行即法
界法界即諸佛无上正等菩提諸佛无上正
等菩提即法界世尊法界非世間法亦不離
世間法法界非出世法亦不離出世法法界
即世間法世間法即法界法界即出世法出
世法即法界世尊法界非有漏法亦不離有
漏法法界非无漏法亦不離无漏法法界即
有漏法有漏法即法界法界即无漏法无漏
法即法界世尊法界非有為法亦不離有為
法法界非无為法亦不離无為法法界即有
為法有為法即法界法界即无為法无為法
即法界。
佛告善現如是如是如汝所說真法界中无
一切種分別戲論善現色非法界亦不離色

BD06335 號　大般若波羅蜜多經卷三八五　（21–17）

為法有為法即法界法界即无為法无為法
即法界。
佛告善現如是如是如汝所說真法界中无
一切種分別戲論善現色非法界亦不離色
別有法界受想行識非法界亦不離受想行
識別有法界色即法界法界即色受想行識
即法界法界即受想行識善現眼處非法界
亦不離眼處別有法界耳鼻舌身意處非法
界亦不離耳鼻舌身意處別有法界眼處即
法界法界即眼處耳鼻舌身意處即法界法
界即耳鼻舌身意處善現色處非法界亦不
離色處別有法界聲香味觸法處非法界亦
不離聲香味觸法處別有法界色處即法界
法界即色處聲香味觸法處即法界法界即
聲香味觸法處善現眼界非法界亦不離眼
界別有法界耳鼻舌身意界非法界亦不離
耳鼻舌身意界別有法界眼界即法界法界
即眼界耳鼻舌身意界即法界法界即耳鼻
舌身意界善現色界非法界亦不離色界別
有法界聲香味觸法界非法界亦不離聲香
味觸法界別有法界色界即法界法界即色
界聲香味觸法界即法界法界即聲香味觸
法界善現眼識界非法界亦不離眼識界別
有法界耳鼻舌身意識界非法界亦不離耳
鼻舌身意識界別有法界眼識界即法界法
界即眼識界耳鼻舌身意識界即法界法界
即耳鼻舌身意識界善現眼觸非法界亦不
離眼觸別有法界耳鼻舌身意觸非法界亦

法界善現眼識界非法界亦不離眼識界別
有法界耳鼻舌身意識界非法界亦不離耳
鼻舌身意識界別有法界眼識界即法界法
界即眼識界耳鼻舌身意識界即法界法界
即耳鼻舌身意識界善現眼觸非法界亦不
離眼觸別有法界耳鼻舌身意觸非法界亦
不離耳鼻舌身意觸別有法界眼觸即法界
法界即眼觸耳鼻舌身意觸即法界法界耳
鼻舌身意觸善現眼觸為緣所生諸受非法
界亦不離眼觸為緣所生諸受別有法界耳
鼻舌身意觸為緣所生諸受非法界亦不離
耳鼻舌身意觸為緣所生諸受別有法界眼
觸為緣所生諸受即法界法界即眼觸為緣
所生諸受耳鼻舌身意觸為緣所生諸受即
法界法界即耳鼻舌身意觸為緣所生諸受
善現地界非法界亦不離地界別有法界水
火風空識界非法界亦不離水火風空識界
別有法界地界即法界法界即地界水火風
空識界即法界法界即水火風空識界善現
因緣非法界亦不離因緣別有法界等无間
緣所緣緣增上緣非法界亦不離等无間緣
所緣緣增上緣別有法界因緣即法界法界
即因緣等无間緣所緣緣增上緣即法界法
界即等无間緣所緣緣增上緣善現從緣所
生諸法非法界亦不離從緣所生諸法別有
法界從緣所生諸法即法界法界即從緣所
生諸法善現无明非法界亦不離无明別有

緣所緣緣增上緣非法界亦不離等无間緣
所緣緣增上緣別有法界因緣即法界法界
即因緣等无間緣所緣緣增上緣即法界法
界即等无間緣所緣緣增上緣善現從緣所
生諸法非法界亦不離從緣所生諸法別有
法界從緣所生諸法即法界法界即從緣所
生諸法善現无明非法界亦不離无明別有
法界行識名色六處觸受愛取有生老死愁
歎苦憂惱非法界亦不離行乃至老死愁歎苦
憂惱別有法界无明即法界法界即无明行
乃至老死愁歎苦憂惱即法界法界即行乃
至老死愁歎苦憂惱善現布施波羅蜜多非
法界亦不離布施波羅蜜多別有法界淨戒
安忍精進靜慮般若波羅蜜多非法界亦不
離淨戒安忍精進靜慮般若波羅蜜多別有
法界布施波羅蜜多即法界法界即布施波
羅蜜多淨戒安忍精進靜慮般若波羅蜜多
即法界法界即淨戒安忍精進靜慮般若波
羅蜜多善現四靜慮非法界亦不離四靜慮
別有法界四无量四无色定非法界亦不離四
无量四无色定別有法界四靜慮即法界法
界即四靜慮四无量四无色定即法界法界
即四无量四无色定

大般若波羅蜜多經卷第三百八十五

BD06335號　大般若波羅蜜多經卷三八五

（21–20）

安忍精進靜慮般若波羅蜜多非法界亦不
離淨戒安忍精進靜慮般若波羅蜜多別有
法界布施波羅蜜多即法界法界即布施波
羅蜜多淨戒安忍精進靜慮般若波羅蜜多
即法界法界即淨戒安忍精進靜慮般若波
羅蜜多善現四靜慮非法界亦不離四靜慮
別有法界四无量四无色定非法界亦不離四
无量四无色定別有法界四靜慮即法界法
界即四靜慮四无量四无色定即法界法界
即四无量四无色定

大般若波羅蜜多經卷第三百八十五

BD06335號　大般若波羅蜜多經卷三八五

（21–21）

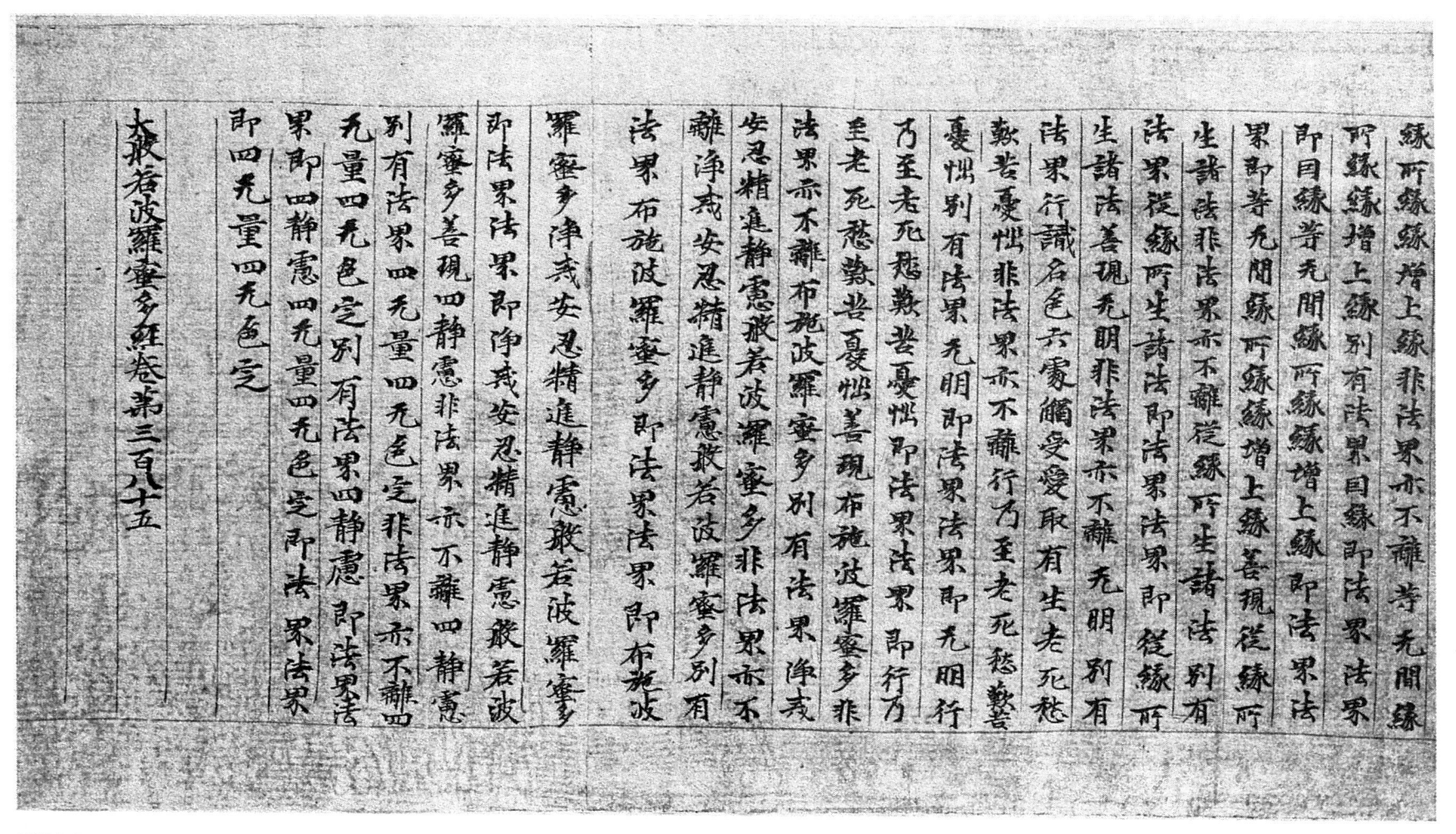

BD06335 號背　勘記　　　　（1–1）

人後
重宣此義而說偈言
諦聽　佛子所行道　善學方便故　不可得思議
知衆樂小法　而畏於大智　是故諸菩薩　作聲聞緣覺
以无數方便　化諸衆生類　自說是聲聞　去佛道甚遠
度脫无量衆　皆悉得成就　雖小欲懈怠　漸當令作佛
内祕菩薩行　外現是聲聞　少欲猒生死　實自淨佛土
示衆有三毒　又現邪見相　我弟子如是　方便度衆生
若我具足說　種種現化事　衆生聞是者　心則懷疑惑
今此富樓那　於昔千億佛　勤修所行道　宣護諸佛法
為求无上慧　而於諸佛所　現居弟子上　多聞有智慧
所說无所畏　能令衆歡喜　未曾有疲惓　而以助佛事
已度大神通　具四无礙智　知衆根利鈍　常說清淨法
演暢如是義　教諸千億衆　令住大乘法　而自淨佛土
未來亦供養　无量无數佛　護助宣正法　亦自淨佛土

BD06336 號　妙法蓮華經卷四　　　　（9–1）

今此富樓那 於昔千億佛 勤修所行道 宣護諸佛法
為求无上慧 而於諸佛所 現居弟子上 多聞有智慧
所說无所畏 能令衆歡喜 未曾有疲惓 而以助佛事
已度大神通 具四无礙智 智衆根利鈍 常說清淨法
演暢如是義 教諸千億衆 令住大乘法 而自淨佛土
未來亦供養 无量无數佛 護助宣正法 亦自淨佛土
常以諸方便 說法无所畏 度不可計衆 成就一切智
供養諸如來 護持法寶藏 其後當作佛 号名曰法明
其國名善淨 七寶所合成 … 菩薩衆甚多
其數无量億 皆度大神通 威德力具足 充滿其國土
聲聞亦无數 三明八解脫 得四无礙智 以是等爲僧
其國諸衆生 婬欲皆已斷 純一變化生 具相莊嚴身
法喜禪悅食 更无餘食相 无有諸女人 亦无諸惡道
富樓那比丘 功德悉成滿 當得斯淨土 賢聖衆甚多
如是无量事 我今但略說
尒時千二百阿羅漢心自在者作是念我等
歡喜得未曾有若世尊各見授記如餘大弟
子者不亦快乎佛知此等心之所念告摩訶
迦葉是千二百阿羅漢…来與
受阿耨多羅三藐三菩提記於此衆中我大
弟子憍陳如比丘當供養六万二千億佛然
後得成爲佛号曰普明如來應供正遍知明
行足善逝世間解无上士調御丈夫天人師
佛世尊其五百阿羅漢優樓頻螺迦葉伽耶
迦葉那提迦葉迦留陀夷優陀夷阿㝹樓馱
離波多劫賓那薄拘羅周陁莎伽陁等皆當
得阿耨多羅三藐三菩提盡同一号名曰普

BD06336號　妙法蓮華經卷四

（9–2）

後得成爲佛号曰普明如來應供正遍知明
行足善逝世間解无上士調御丈夫天人師
佛世尊其五百阿羅漢優樓頻螺迦葉伽耶
迦葉那提迦葉迦留陀夷優陀夷阿㝹樓馱
離波多劫賓那薄拘羅周陁莎伽陁等皆當
得阿耨多羅三藐三菩提盡同一号名曰普
明尒時世尊欲重宣此義而說偈言
憍陳如比丘 當見无量佛 過阿僧祇劫 乃成等正覺
常放大光明 具足諸神通 名聞遍十方 一切之所敬
常說无上道 故号爲普明 其國土淨清 菩薩皆勇猛
咸昇妙樓閣 遊諸十方國 以无上供養 奉獻於諸佛
作是供養已 心懷大歡喜 須臾還本國 有如是神力
佛壽六万劫 正法住倍壽 像法復倍是 法滅天人憂
其五百比丘 次第當作佛 同号曰普明 轉次而授記
我滅度之後 某甲當作佛 其所化世間 亦如我今日
國土之嚴淨 及諸神通力 菩薩聲聞衆 正法及像法
壽命劫多少 皆如上所說 … 自在者
餘諸聲聞衆 亦當復如是 其不在此會 汝當爲宣說
尒時五百阿羅漢於佛前得受記已歡喜踊
躍即從座起到於佛前頭面禮足悔過自責
世尊我等常作是念自謂已得究竟滅度今
乃知之如无智者所以者何我等應得如來
智慧而便自以小智爲足世尊譬如有人至
親友家醉酒而卧是時親友官事當行以无
價寶珠繫其衣裏與之而去其人醉卧都不
覺知起已遊行到於他…勤力求
索甚大艱難若少有所得便以爲足於後親

BD06336號　妙法蓮華經卷四

（9–3）

乃知之如无智者所以者何我等應得如来
智慧而便自以小智為足世尊譬如有人至
親友家醉酒而卧是時親友官事當行以无
價寶珠繫其衣裏與之而去其人醉卧都不
覺知起已遊行到於他[illegible]勤力求
索甚大艱難若少有所得便以為足於後親
友會遇見之而作是言咄哉丈夫何為衣食
乃至如是我昔欲令汝得安樂五欲自恣於
某年日月以无價寶珠繫汝衣裏今故現在
而汝不知勤苦憂惱以求自活甚為癡也汝
今可以此寶貿易所須常可如意无所乏短
佛亦如是為菩薩時教化我等令發一切智
心而尋廢忘不知不覺既得阿羅漢道自謂
滅度資生艱難得少為足一切智願猶在不
失今者世尊覺悟我等作如是言諸比丘汝
等所得非究竟滅我久令汝等種佛善根以
方便故示涅槃相而汝謂為實得滅度世
尊我今乃知實是菩薩受阿耨多羅三藐
三菩薩記以是因緣其大歡喜未曾有尒時
阿若憍陳如等欲重宣此義而說偈言
我等聞无上　安隱授記聲　歡喜未曾有　礼无量智佛
今於世尊前　自悔諸過咎　於无量佛寶　得少涅槃分
如无智愚人　便自以為足　譬如貧窮人　往至親友家
其家甚大富　具設諸餚饍　以无價寶珠　繫著內衣裏
嘿與而捨去　時卧不覺知　是人既已起　遊行詣他國
求衣食自濟　資生甚艱難　得少便為足　更不願好者
不覺內衣裏　有无價寶珠　與珠之親友　後見此貧人

BD06336 號　妙法蓮華經卷四　（9–4）

如无智愚人　便自以為足　譬如貧窮人　往至親友家
其家甚大富　具設諸餚饍　以无價寶珠　繫著內衣裏
嘿與而捨去　時卧不覺知　是人既已起　遊行詣他國
求衣食自濟　資生甚艱難　得少便為足　更不願好者
不覺內衣裏　有无價寶珠　與珠之親友　後見此貧人
苦切責之已　示以所繫珠　貧人見此珠　其心大歡喜
富有諸財物　五欲而自恣　我等亦如是　世尊於長夜
常愍見教化　令種无上願　我等无智故　不覺亦不知
得少涅槃分　自足不求餘　今佛覺悟我　言非實滅度
得佛无上慧　尒乃為真滅　我今從佛聞　受記莊嚴事
及轉次受決　身心遍歡喜
妙法蓮華經授學无學人記品第九
尒時阿難羅睺羅而作是念我等每自思惟
設得受記不亦快乎即從座起到於佛前頭
面礼足俱白佛言世尊我等於此亦應有分
唯有如来我等所歸又我等為一切世間天
人阿脩羅所見知識阿難常為侍者護持法
藏羅睺羅是佛之子若佛見授阿耨多羅三
藐三菩提記者我願既滿衆望亦足尒時學
无學聲聞弟子二千人皆從座起偏袒右肩
到於佛前一心合掌瞻仰世尊如阿難羅睺
羅所願住立一面尒時佛告阿難汝於来世
當得作佛号山海慧自在通王如來應供正
遍知明行足善逝世間解无上士調御丈夫
天人師佛世尊當供養六十二億諸佛護持
法藏然後得阿耨多羅三藐三菩提教化二

BD06336 號　妙法蓮華經卷四　（9–5）

羅所願住立一面尒時佛告阿難汝於来世
當得作佛号山海慧自在通王如来應供正
遍知明行足善逝世間解无上士調御丈夫
天人師佛世尊當供養六十二億諸佛護持
法藏然後得阿耨多羅三藐三菩提教化二
十千万億恒河沙諸菩薩等令成阿耨多羅
三藐三菩提國名常立勝幡其土清淨瑠璃
為地劫名妙音遍滿其佛壽命无量千万
億阿僧祇劫若人於千万億无量阿僧祇劫
中筭數挍計不能得知正法住世倍於壽命
像法住世復倍正法阿難是山海慧自在通王
佛為十方无量千万億恒河沙等諸佛如来
所共讚歎稱其功德尒時世尊欲重宣此義
而說偈言
我今僧中說　阿難持法者　當供養諸佛　然後成正覺
号曰山海慧　自在通王佛　其國[illegible]淨　名當立勝幡
教化諸菩薩　其數如恒沙　佛有大威德　名聞滿十方
壽命无有量　以愍衆生故　正法倍壽命　像法復倍是
如恒河沙等　无數諸衆生　於此佛法中　種佛道因緣
尒時會中新發意菩薩八千人咸作是念我
等尚不聞諸大菩薩得如是記有何因緣而
諸聲聞得如是決尒時世尊知諸菩薩心之
所念而告之曰諸善男子我與阿難等於空
王佛所同時發阿耨多羅三藐三菩提心阿
難常樂多聞我常勤精進是故我已得成
阿耨多羅三藐三菩提而阿難護持我法亦

所念而告之曰諸善男子我與阿難等於空
王佛所同時發阿耨多羅三藐三菩提心阿
難常樂多聞我常勤精進是故我已得成
阿耨多羅三藐三菩提而阿難護持我法亦
護將来諸佛法藏教化成就諸菩薩衆其本
願如是故獲斯記阿難面於佛前自聞受記及
國土莊嚴所願具足心大歡喜得未曾有即
時憶念過去无量千万億諸佛法藏通達
无礙如今所聞亦識本願尒時阿難而說偈言
世尊甚希有　令我念過去　无量諸佛法　如今日所聞
我今无復疑　安住於佛道　方便為侍者　護持諸佛法
尒時佛告羅睺羅汝於来世當得作佛号蹈
七寶華如来應供正遍知明行足善逝世間
解无上士調御丈夫天人師佛世尊當供養
十世界微塵等數諸佛如来常為諸佛而作
長子猶如今也是蹈七寶華佛國土莊嚴壽
命劫數所化弟子正法像法亦如山海慧自
在通王如来无異亦為此佛而作長子過是
已後當得阿耨多羅三藐三菩提尒時世
尊欲重宣此義而說偈言
我為太子時　羅睺為長子　我今成佛道　受法為法子
於未来世中　見无量億佛　皆為其長子　一心求佛道
羅睺羅密行　唯我能知之　現為我長子　以示諸衆生
无量億千万　功德不可數　安住於佛法　以求无上道
尒時世尊見學无學二千人其意柔軟寂
然清淨一心觀佛佛告阿難汝見是學无學

於未來世中 見无量億佛 皆為其長子 一心求佛道
羅睺羅密行 唯我能知之 現為我長子 以示諸衆生
无量億千万 功德不可數 安住於佛法 以求无上道
尒時世尊見學无學二千人其意柔軟寂
然清淨一心觀佛佛告阿難汝見是學无學
二千人不唯然已見阿難是諸人等當供養
五十世界微塵數諸佛如來恭敬尊重護持
法藏末後同時於十方國各得成佛皆同一
号名曰寶相如來應供正遍知明行足善逝
世間解无上士調御丈夫天人師佛世尊壽
命一劫國土莊嚴聲聞菩薩正法像法皆悉
同等尒時世尊欲重宣此義而說偈言
是二千聲聞 今於我前住 悉皆與授記 未來當成佛
所供養諸佛 如上說塵數 護持其法藏 後當成正覺
各於十方國 悉同一名号 俱時坐道場 以證无上慧
皆名為寶相 國土及弟子 正法與像法 悉等无有異
咸以諸神通 度十方衆生 名聞普周遍 漸入於涅槃
尒時學无學二千人聞佛授記歡喜踊躍而
說偈言
世尊慧燈明 我聞授記音 心歡喜充滿 如甘露見灌
妙法蓮華經法師品第十
尒時世尊因藥王菩薩告八万大士藥王汝
見是大衆中无量諸天龍王夜叉乾闥婆阿
脩羅迦樓羅緊那羅摩睺羅伽人與非人及
比丘比丘尼優婆塞優婆夷求聲聞者求辟
支佛者求佛道者如是等類咸於佛前聞
妙法華經一偈一句乃至一念隨喜者我皆與

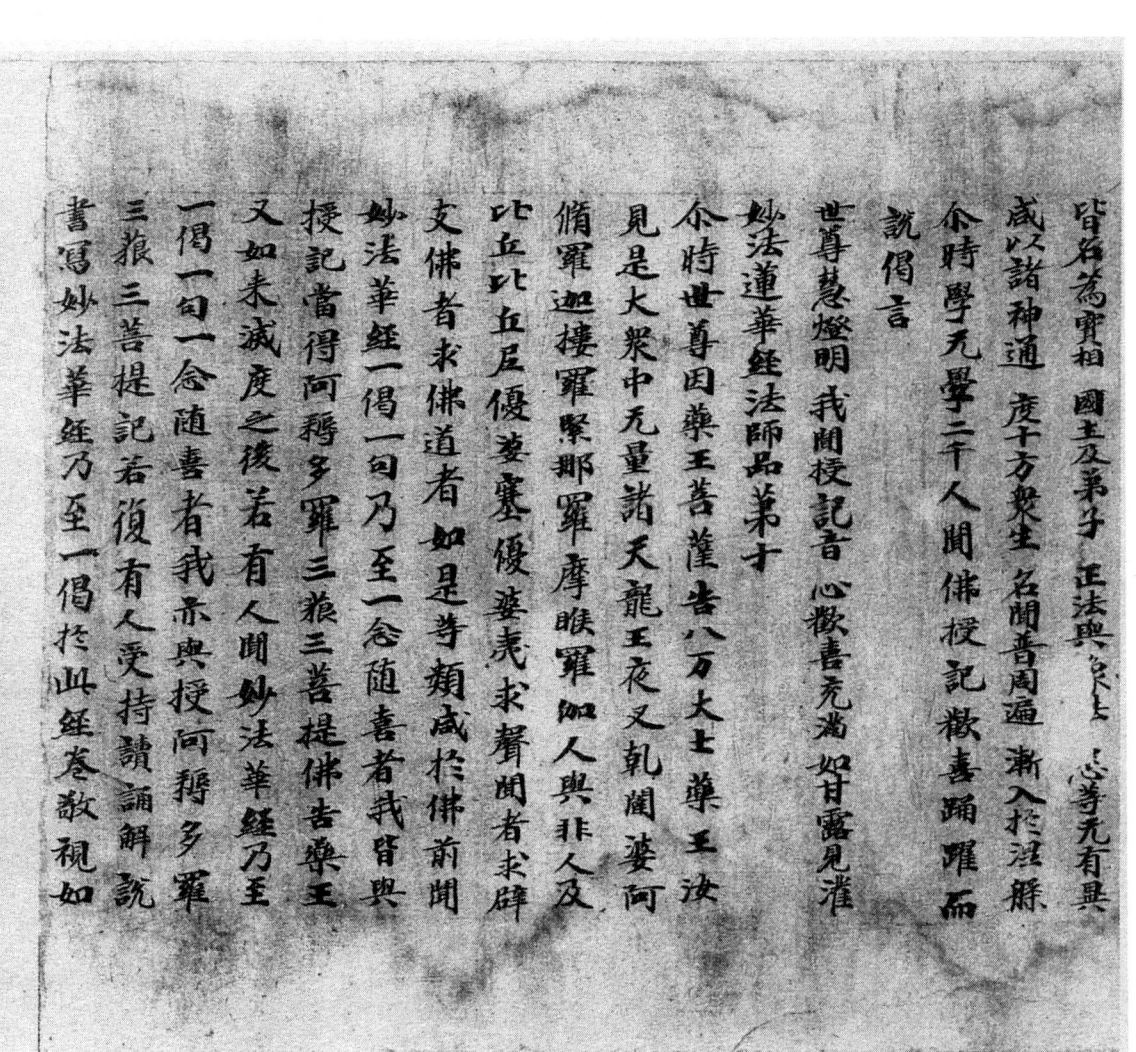

BD06336號　妙法蓮華經卷四　（9–8）

皆名為寶相 國土及弟子 正法與像法 悉等无有異
咸以諸神通 度十方衆生 名聞普周遍 漸入於涅槃
尒時學无學二千人聞佛授記歡喜踊躍而
說偈言
世尊慧燈明 我聞授記音 心歡喜充滿 如甘露見灌
妙法蓮華經法師品第十
尒時世尊因藥王菩薩告八万大士藥王汝
見是大衆中无量諸天龍王夜叉乾闥婆阿
脩羅迦樓羅緊那羅摩睺羅伽人與非人及
比丘比丘尼優婆塞優婆夷求聲聞者求辟
支佛者求佛道者如是等類咸於佛前聞
妙法華經一偈一句乃至一念隨喜者我皆與
授記當得阿耨多羅三藐三菩提佛告藥王
又如來滅度之後若有人聞妙法華經乃至
一偈一句一念隨喜者我亦與授記阿耨多羅
三藐三菩提若復有人受持讀誦解說
書寫妙法華經乃至一偈於此經卷敬視如

BD06336號　妙法蓮華經卷四　（9–9）

散亂當生恭
最勝經王欲聽之時步
王所處重顯敞之處香水灑地散
師子殊勝法座以諸珎寶而為校飾
種寶蓋幢幡燒無價香奏諸音
當淨澡浴以香塗身著新淨
昇座不生高舉捨自在位離[illegible]
聽是經王於法師所起大師想復於宮内后
妃王子婇女眷屬生慈愍心喜悅相視和顏
愛語於自身心大喜充遍作如是念我今獲
得難思殊勝廣大利益於此經王咸興供養
既敷設已見法師至當起虔敬渴仰之心
尒時佛告四天王不應如是不迎法師時彼
人王應著純淨鮮潔之衣種種瓔珞以為嚴
飾自持白蓋及以香花備整軍儀盛陳音樂
步出城闕迎彼法師運想虔恭為吉祥事四

BD06337 號　金光明最勝王經卷六　（17–1）

愛語於自身心大喜充遍作如是念我今獲
得難思殊勝廣大利益於此經王咸興供養
既敷設已見法師至當起虔敬渴仰之心
尒時佛告四天王不應如是不迎法師時彼
人王應著純淨鮮潔之衣種種瓔珞以為嚴
飾自持白蓋及以香花備整軍儀盛陳音樂
步出城闕迎彼法師運想虔恭為吉祥事四
王以何因緣令彼人王親作如是恭敬供養
由彼人王舉足下足之步即是恭敬供養承
事尊重百千万億那庾多諸佛世尊復得超
越如是劫數生死之苦復於來世如是數劫當
受輪王殊勝尊位隨其步亦於現世
增長自在為王感應難思衆所欽重當於無
量百千億劫人天受用七寶宮殿所在生處
常得為王增益壽命言詞辯了人天信受無
所畏懼有大名稱咸共瞻仰天上人中受勝
妙樂獲大力勢有大威德身相奇妙端嚴
無比值天人師遇善知識成就具足無量福
聚四王當知彼諸人王見如是等種種無量
功德利益故應自往奉迎法師若一踰繕那
乃至百千踰繕那於說法師應生佛想還至
城已作如是念今日釋迦牟尼如來應正等
覺入我宮中受我供養為我說法我聞法已
即於阿耨多羅三藐三菩提不復退轉即是
值遇百千万億那庾多諸佛世尊我於今日
即是種種廣大殊勝上妙樂具供養過去未
來現在諸佛我於今日即是永拔琰摩王界地
獄餓鬼傍生之苦便為已種無量百千万

BD06337 號　金光明最勝王經卷六　（17–2）

即於阿耨多羅三藐三菩提不復退轉即是
值遇百千万億那庾多諸佛世尊我於今日
即是種種廣大殊勝上妙樂具供養過去未
来現在諸佛我於今日即是永拔琰摩王界地
獄餓鬼傍生之苦便為已種無量百千万
億轉輪聖王釋梵天主善根種子當令無量
百千万億衆生出生死苦得涅槃樂積集無
量無邊不可思議福德之聚後宮眷屬及諸
人民皆蒙安隱國土清泰無諸灾厄毒害惡
人他方怨敵不来侵擾遠離憂患四王當知
時彼人王應作如是尊重正法亦於受持是
妙經典苾芻苾芻尼鄔波索迦鄔波斯迦供
養恭敬尊重讃歎所獲善根先以勝福施與
汝等及諸眷屬彼之人王有大福德善業因
緣於現世中得大自在增益威光吉祥妙相
皆悉莊嚴一切怨敵能以正法而摧伏之
尒時四天王白佛言世尊若有人王能作如
是恭敬正法聽此經王并於四衆持經之人恭
敬供養尊重讃歎時彼人王欲為我等生
歡喜故當在一邊近於法座香水灑地散衆
名花安置處所設四王座我与彼王共聽正
法其王所有自利善根亦以福分施及我等
世尊時彼人王請說法者昇座之時便為我
等燒衆名香供養是經世尊時彼香烟於一
念頃上昇虚空即至我等諸天宮殿於虚空
中變成香蓋我等天衆聞彼妙香香有金光
照曜我等所居宮殿乃至梵宮及以帝釋大
辯才天大吉祥天堅牢地神正了知大將二十

BD06337號　金光明最勝王經卷六　（17–3）

等燒衆名香供養是經世尊時彼香烟於一
念頃上昇虚空即至我等諸天宮殿於虚空
中變成香蓋我等天衆聞彼妙香香有金光
照曜我等所居宮殿乃至梵宮及以帝釋大
辯才天大吉祥天堅牢地神正了知大將二十
八部諸藥叉神大自在天金剛密主寶賢大
將訶利底母五百眷屬無熱惱池龍王大海
龍王所居之處世尊如是等衆於自宮殿見
彼香烟一剎那頃變成香蓋聞香芬馥覩色
光明遍至一切諸天神宮佛告四天王是香光
明非但至此宮殿變成香蓋放大光明由
彼人王手執香爐燒衆名香供養經時其香
烟氣於一念頃遍至三千大千世界百億日
月百億妙高山王百億四洲於此三千大千
世界一切天龍藥叉揵闥婆阿蘇羅揭路荼
緊那羅莫呼洛伽宮殿之所於虚空中充滿
而住種種香烟變成雲蓋其蓋金色普照
天宮如是三千大千世界所有種種香雲香蓋
皆是金光明最勝王經威神之力是諸人王
手持香爐供養經時種種香氣非但遍此三
千大千世界於一念頃亦遍十方無量無邊
恒河沙等百千万億諸佛國土於諸佛上虚
空之中變成香蓋金色普照亦復如是時彼
諸佛聞此妙香覩斯雲蓋及以金色於十方
界恒河沙等諸佛世尊現斯神變已彼諸世
尊悉共觀察異口同音讃師曰善哉善哉
汝大丈夫能廣流布如是甚深微妙經典則
為成就無量無邊不可思議福德之聚若有
聽聞如是經者所獲功德其量甚多何况書

BD06337號　金光明最勝王經卷六　（17–4）

諸佛聞此妙香都斯雲蓋及以金色於十方
界恒河沙等諸佛世尊現變神已彼諸世
尊悉共觀察異口同音讚師曰善哉善哉
汝大丈夫能廣流布如是甚深微妙經典則
為成就無量無邊不可思議福德之聚若有
聽聞如是經者所獲功德其量甚多何況書
寫受持讀誦為他敷演如說修行何以故善
男子若有衆生聞此金光明最勝王經者即
於阿耨多羅三藐三菩提不復退轉
尒時十方有百千俱胝那庾多無量無數恒
河沙等諸佛剎土彼諸剎土一切如來異口同
音於法座上讚彼法師言善哉善哉善男子
汝於來世以精勤力當修無量百千苦行具
足資糧超諸聖衆出過三界為最勝尊當坐
菩提樹王之下殊勝莊嚴能救三千大千
世界有緣衆生善能摧伏可畏形儀諸魔軍
衆覺了諸法最勝清淨甚深無上正等菩提
善男子汝當坐於金剛之座轉於無上諸佛
所讚十二妙行甚深法輪能擊無上最大法
鼓能吹無上極妙法螺能建無上殊勝法幢
能然無上極明法炬能降無上甘露法雨能
斷無量煩惱怨結能令無量百千万億那庾
多有情度於無涯可畏大海解脫生死無際
輪迴值遇無量百千万億那庾多佛
尒時四天王復白佛言世尊是金光明最勝王
經能於未來現在成就如是無量功德是
故人王若得聞是微妙經典即是已於百千
万億無量佛所種諸善根於彼人王我當擁

BD06337 號　金光明最勝王經卷六

（17–5）

多有情度於無涯可畏大海解脫生死無際
輪迴值遇無量百千万億那庾多佛
尒時四天王復白佛言世尊是金光明最勝王
經能於未來現在成就如是無量功德是
故人王若得聞是微妙經典即是已於百千
万億無量佛所種諸善根於彼人王我當擁
念復見無量福德利故我等四王及餘眷屬
無量百千万億諸神於自宮殿見是種種香
烟雲蓋神變之時我當隱蔽不現其身為聽
法故當至是王清淨嚴飾所止宮殿講法之
處如是乃至梵宮帝釋大辯才天大吉祥天堅
牢地神正了知神大將二十八部諸藥叉神
大自在天金剛密主寶賢大將訶利衣母
五百眷屬無熱惱池龍王大海龍王無量百千
万億那庾多諸天藥叉如是等衆為聽法故
皆不現身至彼人王殊勝宮殿莊嚴高座說
法之所世尊我等四王及餘眷屬藥叉諸神
皆當一心共彼人王為善知識因是無上大
法施主以甘露味充足於我是故我等當擁
是王除其衰患令得安隱及其宮殿城邑國
土諸惡災變悉令消滅尒時四天王俱共合
掌白佛言世尊若有人王於其國土雖有此
經未嘗流布心生捨離不樂聽聞亦不供養
尊重讚歎見四部衆持經之人亦復不能尊
重供養遂令我等及餘眷屬無量諸天不
得聞此甚深妙法背甘露味失正法流無有
威光及以勢力增長惡趣損減人天墜生死
河乖涅槃路世尊我等四王并諸眷屬及藥
叉等見如斯事捨其國土無擁護心非但我等

BD06337 號　金光明最勝王經卷六

（17–6）

重供養遂令我等及餘眷屬無量諸天不
得聞此甚深妙法背甘露味失正法流無有
威光及以勢力增長惡趣損減人天墜生死
河乖涅槃路世尊我等四王并諸眷屬及藥
叉等見如斯事捨其國土無擁護心非但我等
捨棄是王亦有無量守護國土諸大善神悉
皆捨去既捨離已其國當有種種災禍喪失
國位一切人衆皆無善心惟有繫縛殺害瞋
諍互相讒諂枉及無辜疾疫流行彗星數出
兩日並現薄蝕無恒黑白二虹表不祥相星
流地動井內發聲暴雨惡風不依時節常遭
飢饉苗實不成多有他方怨賊侵掠國內人
民受諸苦惱土地無有可樂之處世尊我等
四王及與無量百千天神并護國土諸舊善
神遠離去時生如是等無量百千災恠惡事
世尊若有人王欲護國土常受快樂欲令衆
生咸蒙安隱欲得摧伏一切外敵於自國境
永得昌盛欲令正教流布世間苦惱惡法皆
除滅者世尊是諸國主必當聽受是妙經王
亦應恭敬供養讀誦受持經者我等及餘無
量天衆以是聽法善根威力得服無上甘露
法味增益我等所有眷屬并餘天神皆得勝
利何以故以是人王至心聽受是經典故世
尊如大梵天於諸有情常為宣說世出世
論帝釋復說種種諸論五通神仙亦說諸論
世尊梵天帝釋五通仙人雖有百千俱胝那
庾多無量諸論然佛世尊慈悲哀愍為人天
衆說金光明微妙經典比前所說勝彼百千

BD06337號　金光明最勝王經卷六　（17–7）

尊如大梵天於諸有情常為宣說世出世
論帝釋復說種種諸論五通神仙亦說諸論
世尊梵天帝釋五通仙人雖有百千俱胝那
庾多無量諸論然佛世尊慈悲哀愍為人天
衆說金光明微妙經典比前所說勝彼百千
俱胝那庾多倍不可為喻何以故由此能令
諸贍部洲所有王等以正法化世能與衆生安
樂之事為護自身及諸眷屬令無苦惱又無
他方怨賊侵害所有諸惡悉皆遠去亦令國土
災厄屏除化以正法無有諍訟是故人王各
於國土當然法炬明照無邊增益天衆并諸
眷屬世尊我等四王無量天神藥叉之衆贍
部洲內所有天神以是因緣得服無上甘露
法味獲大威德勢力光明無不具足一切衆生
皆得安隱復於來世無量百千不可思議那
庾多劫常受快樂復得值遇無量諸佛種
諸善根然後證得阿耨多羅三藐三菩提如
是無量無邊勝利皆是如來應正等覺以大
慈悲過梵衆以大智慧俞帝釋修諸苦行勝
五通仙百千萬億那庾多倍不可稱計為諸
衆生演說如是微妙經典令贍部洲一切國
主及諸人衆明了世間所有法式治國化人勸
導之事由此經王流通力故普得安樂此等
福利皆是釋迦大師於此經典廣為流通慈
悲力故世尊以是因緣諸人王等皆應受持供
養恭敬尊重讚歎此妙經王何以故以如
是等不可思議殊勝功德利益一切是故名
曰最勝經王

BD06337號　金光明最勝王經卷六　（17–8）

等之事由此經王流通力故普得安樂此等
福利皆是釋迦大師於此經典廣為流通慈
悲力故世尊以是因緣諸人王等皆應受持供
養恭敬尊重讚歎此妙經王何以故以如
是等不可思議殊勝功德利益一切是故名
曰最勝經王
尒時世尊復告四天王汝等四王及餘眷屬無
量百千俱胝那庾多諸天大衆見彼人王若
能至心聽是經典供養恭敬尊重讚歎者
應當擁護除其衰患能令汝等亦受安樂若
四部衆能廣流布是經王者於人天中廣作
佛事普能利益無量衆生如是之人汝等四王
常當擁護如是四衆勿使他緣共相侵擾令
彼身心寂靜安樂於此經王廣宣流布令不
斷絶利益有情盡未來際
尒時多聞天王從座而起白佛言世尊我有如
意寶珠陀羅尼法若有衆生樂受持者功德
無量我常擁護令彼衆生離苦得樂能成
福智二種資糧欲受持者先當誦此護身之
呪即說呪曰
南謨薜室囉末拏也莫訶囉闍也 但是也上字皆須引聲
怛姪他 囉囉囉 矩怒矩怒
區怒區怒 窶怒窶 諷縛諷縛
揭囉揭囉 莫訶毗揭喇麼 莫訶毗羯喇麼
莫訶呂囉社 呂路叉呂路叉 都湯 自稱己名
薩婆薩埵難者 莎訶 此之二字皆長引聲
世尊誦此呪者當以白線呪之七遍一遍一結
繫之肘後其事成已應取諸香所謂安樂
旃檀龍腦蘇合多揭羅薰陸皆須等分和

區怒區怒 窶怒窶 諷縛諷縛
揭囉揭囉 莫訶毗揭喇麼 莫訶毗羯喇麼
莫訶呂囉社 呂路叉呂路叉 都湯 自稱己名
薩婆薩埵難者 莎訶 此之二字皆長引聲
世尊誦此呪者當以白線呪之七遍一遍一結
繫之肘後其事成已應取諸香所謂安樂
旃檀龍腦蘇合多揭羅薰陸皆須等分和
合一處手執香爐燒香供養清淨澡浴著鮮
潔衣於一靜室可誦神呪
請我薜室囉末拏天王即說呪曰
南謨薜室囉 末拏引也 南謨檀那馱也
檀泥說囉引也 阿揭撦 阿鉢喇弭多
檀泥說囉鉢囉麼 迦留尼迦
薩婆薩埵呬多振多 麼麼 自稱己名 檀那
末拏鉢喇拽撦 薜闍麼揭撦 莎訶
此呪誦滿一七遍已次誦本呪欲誦呪時先當
稱名敬礼三寶及薜室羅末拏大王能施財
物令諸衆生所求願滿悉能成就與其安
樂如是礼已次誦薜室羅末拏王如意末尼
寶心神呪能施衆生隨意安樂尒時多聞天
王即於佛前說如意末尼寶心呪曰
南謨曷喇怛娜 怛喇夜引也
南謨薜室囉末拏引也 莫訶囉闍引也
怛姪他 四弭四弭 蘇母蘇母
旃茶旃茶 折囉折囉 薩囉薩囉
羯囉羯囉 枳哩枳哩 矩嚕矩嚕
母嚕母嚕 主嚕主嚕 娑大也頞貪
我名某甲 昄店頞他 達達覩莎訶
南謨薜室羅末拏也莎訶 檀那馱也莎訶

旃荼旃荼　折囉折囉　薩囉薩囉
羯囉羯囉　枳哩枳哩　矩嚕矩嚕
毋嚕毋嚕　主嚕主嚕　沙大也頞貪
我名某甲　䟦底頞他　達達覩莎訶
南謨薜室囉末拏也莎訶檀那馱也莎訶
曼奴剌他鉢剌脯喇迦引也莎訶
受持呪時先誦千遍然後於淨室中瞿摩塗
地作小壇場隨時飲食一心供養常然妙香
令烟不絕誦前心呪晝夜繫心唯自耳聞勿
令他解時有薜室囉末拏王子名禪膩師現
童子形來至其所問言何故須喚我父即可
報言我為供養三寶事須財物願當施与時
禪膩師聞是語已即還父所白其父言今有
善人發至誠心供養三寶少乏財物為斯請
名其父報日汝可速去日日与彼一百迦利沙
波拏 此是根本梵音唯目貝齒而隨方不定或是貝齒或是金銀銅鐵等錢然摩揭陁現今通用一
迦利沙波拏有一千六百貝齒總數可以准知若准物
直隨處不定若人持呪得成就者獲物之時自知其數有
本云每日与一百陳那羅即金錢也乃至盡
形日日常得西方求者多有神驗除不至心
其持呪者見是相已知事得成常須獨處淨
室燒香而臥可於牀邊置一香篋每至天曉
觀其篋中獲所求物每得物時當日即須供
養三寶香花飲食兼施貧乏皆令罄盡不得
停留於諸有情起慈悲念勿生瞋誑諂害
之心若起瞋者即失神驗常可護心勿令瞋恚
又持此呪者於每日中憶我多聞天王及男
女眷屬稱揚讚歎恒以十善共相資助令彼天
等福力增明衆善普臻證菩提處彼諸天
衆見是事已皆大歡喜共來擁衛持呪之人

停留於諸有情起慈悲念勿生瞋誑諂害
之心若起瞋者即失神驗常可護心勿令瞋恚
又持此呪者於每日中憶我多聞天王及男
女眷屬稱揚讚歎恒以十善共相資助令彼天
等福力增明衆善普臻證菩提處彼諸天
衆見是事已皆大歡喜共來擁衛持呪之人
又持呪者壽命長遠經無量歲永離三塗常
無災厄亦令獲得如意寶珠及以伏藏神通
自在所願皆成若求官榮無不稱意亦解一
切禽獸之語
世尊若持呪時欲得見我自身現者可於月
八日或十五日於白疊上畫佛形像當用木
膠雜彩莊飾其畫像人為受八戒於佛左邊
作吉祥天女像於佛右邊作我多聞天像并
畫男女眷屬之類安置坐處咸令如法布列
花彩燒衆名香然燈續明晝夜無歇上妙飲
食種種珍奇發慇重心隨時供養受持神呪
不得輕心請召我時應誦此呪
南謨室唎健那也　勃陁引也
南謨薜室囉末拏也　蘖叉囉闍引也
莫訶囉闍　阿地囉闍也
南麼室唎耶囊　莫訶提鼙引囊
怛姪他　怛囉怛囉咄嚕咄嚕
末囉末囉　窣寧吐窣寧吐
漢娜漢娜　末尼羯諾迦
跋折囉薜瑠璃也　目底迦楞訖㗚哆
設唎囉囊　薄引薩婆薩埵
呬哆迦引摩　薜室囉末拏
室唎夜提鼻　跋𪛖婆引也

末囉末囉 宰寧吐宰寧吐
漢娜漢娜 末尼羯諾迦
跋折羅薜瑠璃也 目底迦楞訖㗚哆
設剌羅囊 蒲引薩婆薩埵
呬哆迦引摩 薜室羅末拏
室剌夜提鼻 跋臘婆引也
醫呬醫呬磨毗藍婆 瞿㗚拏瞿㗚拏
袜麻八反剌婆袜剌婆 達䭾呬麼麼
阿目迦耶末寫自稱己名 達哩設耶迦末寫
達哩設 南麼麼末耶
鉢剌昌羅大也 莎訶
世尊我若見此誦呪之人復見如是盛興供
養即生慈愛歡喜之心我即變身作小兒形
或作老人苾芻之像手持如意末尼寶珠并持
金囊入道場內身現恭敬口稱佛名語持呪者
日隨汝所求皆令如願或隱林藪或造寶珠或
欲衆人愛寵或求金銀等物欲持諸呪皆令
有驗或欲神通壽命長遠及勝妙樂無不稱心我
今且說如是之事若更求餘皆隨所願悉得成
就寶藏無盡功德無窮假使日月墜墮於地或
可大地有時移轉我此實語終不虛然常得安
隱隨心快樂世尊若有人能受持讀誦是經王
者誦此呪時不假疲勞法速成就世尊我今為
彼貧窮困厄苦惱衆生說此神呪令獲大利皆
得富樂自在無患乃至盡形我當擁護隨逐是
人為除災厄亦復令此持金光明最勝王經流
通之者及持呪人於百步內光明照燭我之所
有千藥叉神亦常侍衛隨欲驅使無不遂心我

彼貧窮困厄苦惱衆生說此神呪令獲大利皆
得富樂自在無患乃至盡形我當擁護隨逐是
人為除災厄亦復令此持金光明最勝王經流
通之者及持呪人於百步內光明照燭我之所
有千藥叉神亦常侍衛隨欲驅使無不遂心我
說實語無有虛誑唯佛證知時多聞天王說此
呪已佛言善哉大王汝能破裂一切衆生貧窮
苦網令得富樂說是神呪復令此經廣行於
世時四天王俱從座起偏袒一肩頂礼雙足右
膝著地合掌恭敬以妙伽他讚佛功德
佛面猶如淨滿月　亦如千日放光明
目淨脩廣若青蓮　齒白齊密猶珂雪
佛德無邊如大海　無限妙寶積其中
智慧德水鎮恒盈　百千勝定咸充滿
足下輪相皆嚴飾　轂輞千輻悉齊平
手足鞔網遍莊嚴　猶如鵝王相具足
佛身光曜等金山　清淨殊特無倫匹
亦如妙高功德滿　故我稽首佛山王
相好如空不可測　逾於千月放光明
皆如焰幻不思議　故我稽首心無著
尒時四天王讚歎佛已世尊亦以伽他而答
之曰
此金光明最勝經　無上十力之所說
汝等四王當擁衛　應生勇猛不退心
此妙經寶極甚深　能與一切有情樂
由彼有情安樂故　常得流通贍部洲
於此大千世界中　所有一切有情類
餓鬼傍生及地獄　如是苦趣悉皆除

此金光明最勝經　無上十力之所說
汝等四王當擁衛　應生勇猛不退心
由彼有情安樂故　能与一切有情樂
此妙經寶極甚深　常得流通贍部洲
於此大千世界中　所有一切有情類
餓鬼傍生及地獄　如是苦趣悉皆除
住此南洲諸國王　及餘一切有情類
由經威力常歡喜　皆蒙擁護得安寧
亦使此中諸有情　除衆病苦無賊盜
賴此國土弘經故　安隱豐樂無違惱
若人聽受此經王　欲求尊貴及財利
國土豐樂無違諍　隨心所願悉皆從
能令他方賊退散　於自國界常安隱
由此最勝經王力　離諸苦惱無憂怖
如寶樹王在宅內　能生一切諸樂具
最勝經王亦復然　能与人王勝功德
譬如澄潔清冷水　能除飢渴諸熱惱
最勝經王亦復然　令樂福者心滿足
如人室有妙寶篋　隨所受用悉從心
最勝經王亦復然　福德隨心無所乏
汝等天主及天衆　應當供養此經王
若能依教奉持經　智慧威神皆具足
現在十方一切佛　咸共護念此經王
見有讀誦及受持　稱歎善哉甚希有
若有人能聽此經　身心踊躍生歡喜
常有百千藥叉衆　隨所住處護斯人
於此世界諸天衆　其數無量不思議
悉共聽受此經王　歡喜護持無退轉
若人聽受此經王　威德勇猛常自在

汝等天主及天衆　應當供養此經王
若能依教奉持經　智慧威神皆具足
現在十方一切佛　咸共護念此經王
見有讀誦及受持　稱歎善哉甚希有
若有人能聽此經　身心踊躍生歡喜
常有百千藥叉衆　隨所住處護斯人
於此世界諸天衆　其數無量不思議
悉共聽受此經王　歡喜護持無退轉
若人聽受此經王　威德勇猛常自在
增益一切人天衆　令離衰惱益光明

尒時四天王聞是頌已歡喜踊躍白佛言世尊我從昔來未曾得聞如是甚深微妙之法心生悲喜涕淚交流舉身戰動證不思議希有之事以天曼陁羅花摩訶曼陁羅花而散佛上作是殊勝供養佛已白佛言世尊我等四王各有五百藥叉眷屬常當處處擁護是經及說法師以智光明而為助衛若於此經所有句義忘失之處我皆令彼憶念不忘并与陁羅尼殊勝法門令得具足復欲令此最勝經王所在之處為諸衆生廣宣流布不速隱沒尒時世尊於大衆中說是法時無量衆生皆得大智聰叡辯才攝受無量福德之聚離諸憂惱發喜樂心善明衆論登出離道不復退轉速證菩提

金光明最勝王經卷第六

胑陟尸　敲呂雨　敵亭歷從文　整征郢　鼓田見　鉅柔力　椋良灼　護土咸
宴劬維　麼摩可　颯蘇合　薜薄閉　椿車者　拏奴加　霹孫昔　囉盧遠
四盧致　鞔末般　叡以芮

佛上作是殊勝供養佛已白佛言世尊我等
四王各有五百藥叉眷屬常當處處擁護是
經及說法師以智光明而為助衛若於此經
所有句義忘失之處我皆令彼憶念不忘并
与陁羅尼殊勝法門令得具足復欲令此最
勝經王所在之處為諸衆生廣宣流布不速
隱沒尒時世尊於大衆中說是法時無量衆
生皆得大智聡叡辯才攝受無量福德之聚
離諸憂惱發喜樂心善明衆論登出離道不復
退轉速證菩提

金光明最勝王經卷第六

肱尸陵　敞昌兩　敵亭歷　整征郢　覷田見　蝕乘力　椋良灼　讒王咸
寠劬羈　黶摩可　颯蘇合　薜薄閉　擔車者　拏奴加　窣蘇骨　髖盧章
呬虚致　鞔末般　叡以芮

BD06337號　金光明最勝王經卷六

（17–17）

諸境界起貪瞋癡者此是无明緣行而於諸
事能了別者名之為識與識俱生四取蘊
者此是名色依名色諸根名為六入三法和合
名之為觸覺受觸者名之為受於受貪著
名之為愛增長愛者名之為取從取而生能
生業者名之為有而從彼因所生之蘊名之
為生生已蘊成熟者名之為老老已蘊滅壞
者名之為死臨終之時內具貪著及熱惱者
名之為愁從愁而生諸言辭者名之為嘆五
識身受苦者名之為苦作意意識受諸苦
者名之為憂具如是等及隨煩惱者名之為
惱大黑闇故故名无明造作故名諸行了別故名
識相依故名名色為生門故名六入觸故名觸
受故名受渴故名愛取故名取生後有故名有生
蘊故名生蘊熟故名老蘊壞故名死愁故名愁
嘆故名嘆惱身故名苦惱心故名憂煩惱故名
惱復次不了真性顛倒无知名為无明如是有无
明故能成三行所謂福行罪行不動行從於福

BD06338號　大乘稻芉經

（7–1）

惱大黑闇故故名无明造作故名諸行了別故名
識相依故名名色為生門故名六入觸故名觸
受故名受渴故名愛取故名取生後有故名有生
蘊故名生蘊熟故名老蘊壞故名死愁故名愁
嘆故名嘆惱身故名苦惱心故名憂煩惱故名
惱復次不了真性顛倒无知名為无明如是有无
明故能成三行所謂福行罪行不動行從於福
行而生福行識者此是无明緣行從於罪行而生
罪行識者此則名為行緣識從於不動行而生
不動行識者此則名為識緣名色名色增長故
從六入門中能成事者此是名色緣六入從於
六入而生六聚觸者此是六入緣觸從於所觸而
生彼受者此則名為觸緣受了別受已而生樂
著染者此則名為受緣愛知已而生樂著染故
不欲遠離好色及於安樂而生願樂者此是愛
緣取生願樂已從身口意造後有業者此是
取緣有從於彼業所生蘊者此是有緣生生已
諸蘊成熟及滅壞者此則名為生緣老死是故
彼因緣十二支法互相為因互相為緣非常非无
常非有為非无為非无因非无緣非有受非盡法
非壞法非滅法從无始已來如暴流水而无斷絶
雖然此因緣十二支法互相為因互相為緣非常
非无常非有為非无為非无因非无緣非有受非
盡法非壞法非滅法從无始已來如暴流水而
无斷絶有其四支能攝十二因緣之法云何為四
所謂无明愛業識識者以種子性為因業者以
田性為因无明及愛以煩惱性為因此中業及煩

BD06338號　大乘稻芉經　（7–2）

非无常非有為非无為非无因非无緣非有受非
盡法非壞法非滅法從无始已來如暴流水而
无斷絶有其四支能攝十二因緣之法云何為四
所謂无明愛業識識者以種子性為因業者以
田性為因无明及愛以煩惱性為因此中業及煩
惱能生種子之識業則能作種子識田愛則能
潤種子之識无明能殖種子之識若无此眾
緣種子之識而不能成
彼業亦不作念我今能作種子識田愛亦不作
念我能潤於種子之識无明亦不作念我今能
殖種子之識彼種子識亦不作念我今從此眾
緣而生雖然種子之識依彼業田及愛所潤无
明糞壤所生之處入於母胎能生名色之芽
彼名色芽亦非自作亦非他作非自他俱作非
自在化亦非時變非自性生非假作者亦非无
因而生雖然父母和合時及餘緣和合之明无我
之法无我我所猶如虛空彼諸幻法因及眾緣
无不具足故依彼生處入於母胎則能成就執
受種子之識名色之芽
復次眼識生時若具五緣而則得生云何為五
所謂依眼色明空依作意故眼識得生此中眼
則能作眼識所依色則能作眼識之境明
則能為顯現之事空則能為不鄣之事作意
能為思想之事若无此眾緣眼識不生若內入
眼无不具足如是乃至色明空作意無不具
是一切和合之時眼識得生

BD06338號　大乘稻芉經　（7–3）

所謂依眼色明空依作意故眼[illegible]
則能作眼識所依色則能作眼識之境明
則能為顯現之事空則能為不鄣之事作意
能為思想之事若无此衆緣眼識不生若內入
眼无不具足如是乃至色明空作意無不具
足一切和合之時眼識得生
彼眼亦不作是念我今能為眼識所依色亦
不作念我今能作眼識之境明亦不作念我今能
作眼識顯現之事空亦不作念我今能為眼
識不障之事作意亦不作念我今能為眼識所
思彼眼識亦不作念我是從此衆緣而有雖然有此
衆緣眼識得生乃至諸餘根等隨類應知之
如是无有少法而有此世移至他世雖然因及衆
緣无不具足故業果亦現辟如鏡中現其面
像雖彼面像不移鏡因及衆緣无不具足
故面像亦現如是无有少許從於此滅生其
餘處因及衆緣無不具足故業果亦現辟
如月輪從此四万二千由旬而行彼月輪移像
現其有水小器中者彼月輪亦不從彼移至於
有水之器雖然彼及衆緣无不具足故月輪亦現
如是无有少許從於此滅而生餘處因及衆緣无
不具足故業果亦現辟如其火因及衆緣若
不具足而不能然因及衆緣具足之時乃可得
然如是无我之法无我我所猶如虛空依彼幻
法因及衆緣无不具足故於所生之處入於母
胎則能成就種子之識業及煩惱所生名色之
芽是故應如是觀內因緣法緣相應事

BD06338號　大乘稻芉經

（7–4）

不具足故業果亦現辟如其火因及衆緣若
不具足而不能然因及衆緣具足之時乃可得
然如是无我之法无我我所猶如虛空依彼幻
法因及衆緣无不具足故於所生之處入於母
胎則能成就種子之識業及煩惱所生名色之
芽是故應如是觀內因緣法緣相應事
應以五種觀內因緣法云何為五不常不斷
不移從於小因而生大果與彼相似云何不常
所謂彼後滅蘊與彼相似各異為後滅蘊非
生分故彼後滅蘊亦滅生分亦得現故是故
不常云何不斷非依後滅蘊滅壞之時生分
得有亦非不滅彼後滅蘊亦滅當尒之時生
分之蘊如秤高下而得生故是故不斷云何
不移為諸有情從非衆同分處能生衆同分
處故是故不移云何從於小因而生大果作於小
業感大異熟是故從於小因而生大果如所作因
感彼果故與彼何似是故應以五種觀因緣法
尊者舍利弗若復有人能以正智常觀如來
所說因緣之法无壽離壽如實性无錯謬
性无生无起无作无為无障无礙无境界寂
靜无畏无侵奪无盡不寂靜相不有虛誑无
堅實如病如癰如箭過失无常苦空无我
者我於過去而有生耶而無生耶而不分別過
去之際於未來世生於何處亦不分別未來之
際此是何耶此復云何而作何物此諸有情從何
而來從於此滅而生何處亦不分別現在之有
復能滅於世間沙門婆羅門不同諸見所謂我

BD06338號　大乘稻芉經

（7–5）

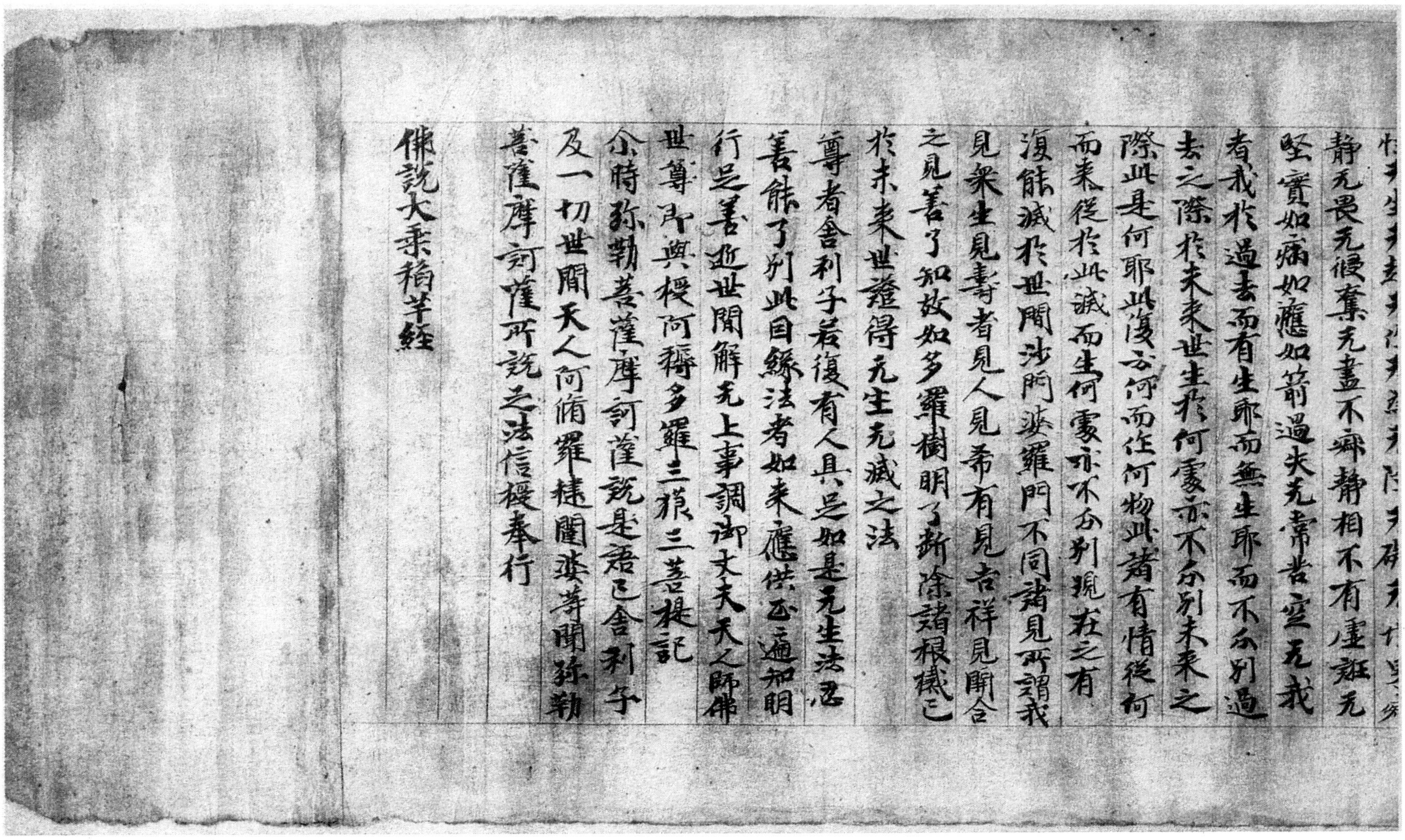

静无畏无侵奪无盡不寂静相不有虚偽无
堅實如痛如癰如箭過失无常苦空无我
者我於過去而有生耶而無生耶而不分別過
去之際於未来世生於何處亦不分別未来之
際此是何耶此復云何而作何物此諸有情從何
而来從於此滅而生何處亦不分別現在之有
復能滅於世間沙門婆羅門不同諸見所謂我
見衆生見壽者見人見希有見吉祥見開合
之見善了知故如多羅樹明了斷除諸根栽已
於未来世證得无生无滅之法
尊者舍利子若復有人具足如是无生法忍
善能了別此因緣法者如来應供正遍知明
行足善逝世間解无上事調御丈夫天人之師佛
世尊即與授阿耨多羅三藐三菩提記
尒時弥勒菩薩摩訶薩說是語已舍利子
及一切世間天人阿脩羅揵闥婆等聞弥勒
菩薩摩訶薩所說之法信受奉行
佛說大乘稻芉經

BD06338號　大乘稻芉經　（7–6）

善能了別此因緣法者如来應供正遍知明
行足善逝世間解无上事調御丈夫天人之師佛
世尊即與授阿耨多羅三藐三菩提記
尒時弥勒菩薩摩訶薩說是語已舍利子
及一切世間天人阿脩羅揵闥婆等聞弥勒
菩薩摩訶薩所說之法信受奉行
佛說大乘稻芉經

BD06338號　大乘稻芉經　（7–7）

是脩集四禪主者即是須陁洹果斯陁含果
道者即是阿那含果勝者即是阿羅漢果實
者即是辟支佛果畢竟者即是阿耨多羅三
六入攝名為受增名無明主名色導名為
受勝名為取實名為有畢竟者名生老病死
迦葉菩薩言世尊根本因增如是三法云何
有異善男子所言根者即是初發因者即是
相似不斷增者即是滅相似已能生相似復
次善男子根即是作因即是果增即可用善
男子未來之世雖有果報以未受故名之為
因及其受時是名為增復次善男子根即是
求得即是因用即是增善男子是經中根即
是見道因即脩道增者即是無學道也復次
善男子根即正因因即方便因從是正因獲
得果報名為增長迦葉菩薩言世尊如佛所
說畢竟者即是涅槃如是涅槃云何可得善
男子若菩薩摩訶薩若比丘比丘尼優婆塞
優婆夷能脩十想當知是人能得涅槃云何
為十一者無常想二者苦想三者無我想四
者猒離食想五者一切世間不可樂想六者

BD06339號　大般涅槃經（北本　兑廢稿）卷三八　　（2–1）

次善男子根即是作因即是果增即可用善
男子未來之世雖有果報以未受故名之為
因及其受時是名為增復次善男子根即是
求得即是因用即是增善男子是經中根即
是見道因即脩道增者即是無學道也復次
善男子根即正因因即方便因從是正因獲
得果報名為增長迦葉菩薩言世尊如佛所
說畢竟者即是涅槃如是涅槃云何可得善
男子若菩薩摩訶薩若比丘比丘尼優婆塞
優婆夷能脩十想當知是人能得涅槃云何
為十一者無常想二者苦想三者無我想四
者猒離食想五者一切世間不可樂想六者
死想七者多過罪想八者離想九者滅想十
者無愛想善男子菩薩摩訶薩比丘比丘尼
優婆塞優婆夷脩集如是十種想者是人
畢竟定得涅槃不隨他心自能分別善不善等
是名真實稱比丘義乃至得稱優婆夷義迦

BD06339號　大般涅槃經（北本　兑廢稿）卷三八　　（2–2）

著　錄　凡　例

本目錄採用條目式著錄法。諸條目意義如下：

1.1　著錄編號。用漢語拼音首字“BD”表示，意為“北京圖書館藏敦煌遺書”，簡稱“北敦號”。文獻寫在背面者，標註為“背”。一件遺書上抄有多個文獻者，用數字 1、2、3 等標示小號。一號中包括幾件遺書，且遺書形態各自獨立者，用字母 A、B、C 等區別。

1.2　著錄分類號。本條記目錄暫不分類，該項空缺。

1.3　著錄文獻的名稱、卷本、卷次。

1.4　著錄千字文編號。

1.5　著錄縮微膠卷號。

2.1　著錄遺書的總體數據。包括長度、寬度、紙數、正面抄寫總行數與每行字數、背面抄寫總行數與每行字數。如該遺書首尾有殘破，則對殘破部分單獨度量，用加號加在總長度上。凡屬這種情況，長度用括弧標註。

2.2　著錄每紙數據。包括每紙長度及抄寫行數或界欄數。

2.3　著錄遺書的外觀。包括：(1) 裝幀形式。(2) 首尾存況。(3) 護首、軸、軸頭、天竿、縹帶，經名是書寫還是貼簽，有無經名號，扉頁、扉畫。(4) 卷面殘破情況及其位置。(5) 尾部情況。(6) 有無附加物（蟲繭、油污、線繩及其他）。(7) 有無裱補及其年代。(8) 界欄。(9) 修整。(10) 其他需要交待的問題。

2.4　著錄一件遺書抄寫多個文獻的情況。

3.1　著錄文獻首部文字與對照本核對的結果。

3.2　著錄文獻尾部文字與對照本核對的結果。

3.3　著錄錄文。

3.4　著錄對文獻的說明。

4.1　著錄文獻首題。

4.2　著錄文獻尾題。

5　　著錄本文獻與對照本的不同之處。

6.1　著錄本遺書首部可與另一遺書綴接的編號。

6.2　著錄本遺書尾部可與另一遺書綴接的編號。

7.1　著錄題記、題名、勘記等。

7.2　著錄印章。

7.3　著錄雜寫。

7.4　著錄護首及扉頁的內容。

8　　著錄年代。

9.1　著錄字體。如有武周新字、合體字、避諱字等，予以說明。

9.2　著錄卷面二次加工的情況。包括句讀、點標、科分、間隔號、行間加行、行間加字、硃筆、墨塗、倒乙、刪除、兌廢等。

10　 著錄敦煌遺書發現後，近現代人所加內容，裝裱、題記、印章等。

11　 備註。著錄揭裱互見、圖版本出處及其他需要說明的問題。

上述諸條，有則著錄，無則空缺。

為避文繁，上述著錄中出現的各種參考、對照文獻，暫且不列版本說明。全目結束時，將統一編制本條記目錄出現的各種參考書目。

本條記目錄為農曆年份標註其公曆紀年時，未進行歲頭年末之換算，請讀者使用時注意自行換算。

條　記　目　錄

BD06299—BD06339

1.1　BD06299 號
1.3　大般若波羅蜜多經卷一六五
1.4　海 099
1.5　084∶2423
2.1　(6.5+636.1)×25.9 厘米；14 紙；373 行，行 17 字。
2.2　01：6.5+35.9，24；　02：48.0，28；　03：48.0，28；
04：48.0，28；　05：48.0，28；　06：47.9，28；
07：48.0，28；　08：48.0，28；　09：48.0，28；
10：48.0，28；　11：48.0，28；　12：48.0，28；
13：48.0，28；　14：24.3，13。
2.3　卷軸裝。首殘尾全。首紙有破裂，接縫處有開裂，卷面多油污。有烏絲欄。
3.1　首 3 行下殘→大正 0220，05/0887B05～07。
3.2　尾全→05/0891C01。
4.2　大般若波羅蜜多經卷第一百六十五（尾）。
8　9～10 世紀。歸義軍時期寫本。
9.1　楷書。
9.2　有校改及刮改。
11　圖版：《敦煌寶藏》，73/260A～268A。

1.1　BD06300 號
1.3　維摩詰所說經卷中
1.4　海 100
1.5　070∶1174
2.1　(3.5+589)×25.5 厘米；14 紙；341 行，行 17 字。
2.2　01：3.5+2，02；　02：47.5，28；　03：47.5，28；
04：47.5，28；　05：48.0，28；　06：48.0，28；
07：47.5，28；　08：47.5，28；　09：47.5，28；
10：47.5，28；　11：47.5，28；　12：47.5，28；
13：47.5，28；　14：16.0，03。
2.3　卷軸裝。首殘尾全。經黄紙。卷上部多水漬及黴爛，下部殘破。脱落 1 塊殘片，可綴接。有烏絲欄。
3.1　首行下殘→大正 0475，14/0547B01～02。
3.2　尾全→14/0551C27。
4.2　維摩詰經卷中（尾）。
8　7～8 世紀。唐寫本。
9.1　楷書。
11　圖版：《敦煌寶藏》，65/597A～605A。

1.1　BD06301 號
1.3　七階佛名經
1.4　鹹 001
1.5　305∶8324
2.1　(16+89+3.7)×26.4 厘米；4 紙；70 行，行 17 字。
2.2　01：16.0，10；　02：44.5，29；　03：44.5，29；
04：03.7，02。
2.3　卷軸裝。首尾均殘。卷首右下殘缺，卷面油污，有破裂。有烏絲欄。已修整。
3.4　説明：
本文獻首 10 行下殘，尾 2 行下殘。為敦煌地區較爲流行的禮懺文。形態複雜，有待進一步研究與整理。
7.1　第 3 紙背有題記“己巳年正月日柱字記”。
7.3　背有雜寫 10 字，不錄文。
8　8～9 世紀。吐蕃統治時期寫本。
9.1　楷書。
11　圖版：《敦煌寶藏》，109/653A～654B。

1.1　BD06302 號
1.3　無量壽宗要經
1.4　鹹 002
1.5　275∶8061
2.1　(4+42.5)×31 厘米；2 紙；27 行，行 30 餘字。
2.2　01：04.0，02；　02：42.5，25。
2.3　卷軸裝。首殘尾全。有烏絲欄。
3.1　首 2 行中上殘→大正 0936，19/0084B11～13。
3.2　尾全→19/0084C29。

4.2　佛說無量壽宗要經（尾）。
7.1　尾紙有題記“翟文英寫”。
8　8～9 世紀。吐蕃統治時期寫本。
9.1　楷書。
11　圖版：《敦煌寶藏》，108/636A～B。

1.1　BD06303 號
1.3　大方廣佛華嚴經（晉譯五十卷本）卷四九
1.4　鹹 003
1.5　001:0034
2.1　(2+876.2)×26 厘米；20 紙；465 行，行 17 字。
2.2　01：02.0，01；　02：46.0，25；　03：46.0，25；
04：46.0，25；　05：46.0，25；　06：46.3，25；
07：46.0，25；　08：46.5，25；　09：46.5，25；
10：46.0，25；　11：46.5，25；　12：46.0，25；
13：46.0，25；　14：46.7，25；　15：46.0，25；
16：46.0，25；　17：46.0，25；　18：46.0，25；
19：46.0，25；　20：45.7，14。
2.3　卷軸裝。首殘尾全。卷面多水漬，有等距離黴爛。有燕尾。尾有原軸，兩端塗黑漆，頂端點硃漆。通卷現代拓裱。有烏絲欄。
3.1　首 2 行上中殘→大正 0278，09/0774A12～14。
3.2　尾全→09/0780B09。
4.2　大方廣佛華嚴經卷第卌九（尾）。
5　相當於《大正藏》本卷五十八入法界品第三十四之十五的後部分及卷五十九同品第三十四之十六的前部分。與《大正藏》本相比，卷的開合不同，且本號的“入法界品”不分細目。與日本宮內寮本分卷相同，為五十卷本。
8　6 世紀。南北朝寫本。
9.1　楷書。
11　圖版：《敦煌寶藏》，56/184B～196B。

1.1　BD06304 號
1.3　妙法蓮華經卷三
1.4　鹹 004
1.5　105:4996
2.1　(2+478)×25.8 厘米；10 紙；262 行，行 17 字。
2.2　01：2+16.5，10；　02：51.3，28；　03：51.3，28；
04：51.4，28；　05：51.2，28；　06：51.3，28；
07：51.2，28；　08：51.2，28；　09：51.3，28；
10：51.3，28。
2.3　卷軸裝。首殘尾脫。經黃打紙，砑光上蠟。背有古代裱補。有烏絲欄。
3.1　首行下殘→大正 0262，09/0019B05～06。
3.2　尾殘→09/0023A09。
8　7～8 世紀。唐寫本。
9.1　楷書。
11　圖版：《敦煌寶藏》，87/584B～591A。

1.1　BD06305 號
1.3　妙法蓮華經卷三
1.4　鹹 005
1.5　105:4990
2.1　(6.8+688.4)×25.8 厘米；14 紙；383 行，行 16～19 字。
2.2　01：6.8+27.3，19；　02：50.8，28；　03：50.7，28；
04：50.8，28；　05：50.7，28；　06：50.8，28；
07：50.9，28；　08：50.9，28；　09：51.2，28；
10：50.9，28；　11：50.9，28；　12：50.8，28；
13：50.7，28；　14：51.0，28。
2.3　卷軸裝。首殘尾脫。經黃紙。卷面多水漬，有破裂，接縫處有開裂，第 8、9 紙接縫處脫開。有烏絲欄。
3.1　首 4 行上下殘→大正 0262，09/0019A27～B01。
3.2　尾殘→09/0024C19。
8　7～8 世紀。唐寫本。
9.1　楷書。
11　圖版：《敦煌寶藏》，87/521B～530B。

1.1　BD06306 號
1.3　無量壽宗要經
1.4　鹹 006
1.5　275:8062
2.1　(12+148.5)×31 厘米；4 紙；100 行，行 30 餘字。
2.2　01：12+18，20；　02：38.0，26；　03：47.0，31；
04：45.5，23。
2.3　卷軸裝。首殘尾全。卷首殘破嚴重，卷面多水漬，第 2 紙上部殘缺。有烏絲欄。第 2 紙與首紙粘接處壓蓋首紙尾行經文。
3.1　首 8 行中下殘→大正 0936，19/0082A24B～13。
3.2　尾全→19/0084C29。
4.2　佛說無量壽宗要經（尾）。
8　8～9 世紀。吐蕃統治時期寫本。
9.1　行楷。
11　圖版：《敦煌寶藏》，108/637A～639A。

1.1　BD06307 號
1.3　妙法蓮華經卷五
1.4　鹹 007
1.5　105:6171
2.1　378.5×25.5 厘米；9 紙；228 行，行 17 字。
2.2　01：46.5，28；　02：46.0，28；　03：46.0，28；
04：46.0，28；　05：46.5，28；　06：46.5，28；
07：46.5，28；　08：46.5，28；　09：08.0，04。
2.3　卷軸裝。首脫尾殘。通卷上部有等距離殘缺，首紙下部及尾 2 紙上部有殘缺。有烏絲欄。已修整。
3.1　首殘→大正 0262，09/0038B29。

3.2　尾43行上殘→09/0041B03～C27。
8　9～10世紀。歸義軍時期寫本。
9.1　楷書。
11　圖版：《敦煌寶藏》，97/182A～187A。

1.1　BD06308號
1.3　佛名經（十六卷本）卷一
1.4　鹹008
1.5　061:0518
2.1　(17+409)×30.7厘米；11紙；189行，行19字。
2.2　01：17.0，08；　02：44.0，20；　03：45.0，20；
04：46.0，20；　05：46.0，20；　06：46.0，20；
07：46.0，20；　08：45.0，21；　09：41.0，18；
10：45.5，20；　11：04.5，02。
2.3　卷軸裝。首尾均殘。卷面有破裂，第3、4紙接縫處脱開，第4、8紙上部有彩畫禪定佛像各一個。背有古代裱補。有烏絲欄。已修整。
3.1　首7行上下殘→《七寺古逸經典研究叢書》，3/006頁第12行～007頁第018行。
3.2　尾殘→《七寺古逸經典研究叢書》，3/019頁第171行。
5　與《七寺古逸經典研究叢書》本相比，本文獻有彩畫佛像。
7.3　卷背有雜寫，不錄文。
8　9～10世紀。歸義軍時期寫本。
9.1　楷書。
11　圖版：《敦煌寶藏》，59/514A～519A。

1.1　BD06309號
1.3　維摩詰所說經卷上
1.4　鹹009
1.5　070:0900
2.1　(4+572)×25.5厘米；12紙；324行，行15～20字。
2.2　01：4+44.5，28；　02：28.0，16；　03：50.0，28；
04：50.0，28；　05：50.0，28；　06：50.0，28；
07：50.0，28；　08：50.0，28；　09：50.0，28；
10：50.0，28；　11：50.0，28；　12：49.5，28。
2.3　卷軸裝。首殘尾脫。上下邊有破損，前2紙有破裂，接縫處有開裂。背有古代裱補。首紙爲後補。有烏絲欄。已修整。
3.1　首2行下殘→大正0475，14/0537A15～17。
3.2　尾殘→14/0541A13。
6.2　尾→BD06357號。
7.3　卷背有雜寫"儀"、"無"、"佛"等及雜字痕，不具錄。
8　9～10世紀。歸義軍時期寫本。
9.1　楷書。
9.2　有倒乙。有行間校加字。
11　圖版：《敦煌寶藏》，63/628B～636B。

1.1　BD06310號1
1.3　大寶積經卷一〇一
1.4　鹹010
1.5　006:0095
2.1　(1.8+1070.8)×27.5厘米；22紙；815行，行25～35字。
2.2　01：1.8+47，38；　02：48.6，37；　03：48.8，37；
04：48.6，38；　05：48.5，37；　06：48.5，36；
07：49.0，38；　08：48.7，38；　09：48.9，38；
10：48.8，38；　11：48.6，38；　12：48.5，37；
13：48.7，36；　14：48.5，38；　15：48.7，38；
16：48.0，37；　17：49.2，37；　18：49.2，38；
19：49.0，38；　20：49.0，34；　21：49.0，38；
22：49.0，31。
2.3　卷軸裝。首尾均脫。卷面有等距離水漬。尾有餘空。有烏絲欄。已修整。
2.4　本遺書包括4個文獻：(一)《大寶積經》卷一〇一，209行，今編為BD06310號1。(二)《大寶積經》一〇二，259行，今編為BD06310號2。(三)《大寶積經》卷一〇三，270行，今編為BD06310號3。(四)《大寶積經》卷一〇四，77行，今編為BD06310號4。
3.1　首1行上殘→大正0310，11/0567C04。
3.2　尾全→11/0571B01。
4.2　大寶積經卷第一百一(尾)。
8　8～9世紀。吐蕃統治時期寫本。
9.1　楷書。
11　圖版：《敦煌寶藏》，56/413B～427A。

1.1　BD06310號2
1.3　大寶積經卷一〇二
1.4　鹹010
1.5　006:0095
2.4　本遺書由4個文獻組成，本號為第2個，259行。餘參見BD06310號1之第2項、第11項。
3.1　首全→大正0310，11/0571B04。
3.2　尾全→11/0576B23。
4.1　大寶積經善住意天子會第卅六之一，三藏笈多譯，卷第一百二/(首)。
4.2　大寶積經卷第一百二(尾)。
8　8～9世紀。吐蕃統治時期寫本。
9.1　楷書。
9.2　有刮改。

1.1　BD06310號3
1.3　大寶積經卷一〇三
1.4　鹹010
1.5　006:0095
2.4　本遺書由4個文獻組成，本號為第3個，270行。餘參見BD06310號1之第2項、第11項。

3.1　首全→大正 0310，11/0576B26。
3.2　尾全→11/0582A6。
4.1　大寶積經善住意天子會第三十六之，隨（隋）三藏笈多譯，卷一百三/（首）。
4.2　大寶積經卷第一百三（尾）。
8　8～9 世紀。吐蕃統治時期寫本。
9.1　楷書。

1.1　BD06310 號 4
1.3　大寶積經卷一〇四
1.4　鹹 010
1.5　006:0095
2.4　本遺書由 4 個文獻組成，本號為第 4 個，77 行，尾有餘空，沒有繼續抄寫。餘參見 BD06310 號 1 之第 2 項、第 11 項。
3.1　首全→大正 0310，11/0582A09。
3.2　尾缺→11/0583C06。
4.1　大寶積經善住意天子會第三十六之三，隨（隋）三藏笈多譯，卷一百四/（首）。
8　8～9 世紀。吐蕃統治時期寫本。
9.1　楷書。

1.1　BD06311 號
1.3　四分律比丘戒本
1.4　鹹 011
1.5　156:6847
2.1　(11＋159.5)×26 厘米；4 紙；94 行，行 17 字。
2.2　01：11＋29，22；　02：43.5，24；　03：43.5，24；
04：43.5，24。
2.3　卷軸裝。首殘尾脫。卷面多水漬，有破裂。有烏絲欄。
3.1　首 6 行上下殘→大正 1429，22/1016A28～B04。
3.2　尾殘→22/1017B09。
8　7～8 世紀。唐寫本。
9.1　楷書。
9.2　有刪除、重文符號。有刮改。有行間校加字。
11　圖版：《敦煌寶藏》，102/217A～219A。

1.1　BD06312 號
1.3　妙法蓮華經卷六
1.4　鹹 012
1.5　105:5684
2.1　(16＋629.5)×27 厘米；13 紙；362 行，行 17 字。
2.2　01：16＋33.3，27；　02：47.8，27；　03：49.8，28；
04：49.2，28；　05：50.1，28；　06：50.1，28；
07：49.8，28；　08：50.0，28；　09：50.1，28；
10：50.0，28；　11：49.6，28；　12：49.7，28；
13：50.0，28。
2.3　卷軸裝。首殘尾脫。卷首右下殘缺，卷面多水漬及油污。背有古代裱補。有烏絲欄。
3.1　首 8 行下殘→大正 0262，09/0046B17～29。
3.2　尾殘→09/0052A05。
4.1　妙法蓮華經隨喜功德品第十八，六（首）。
8　8～9 世紀。吐蕃統治時期寫本。
9.1　楷書。
11　圖版：《敦煌寶藏》，94/268A～277A。

1.1　BD06313 號
1.3　妙法蓮華經卷四
1.4　鹹 013
1.5　105:5212
2.1　(3＋1094.5)×25.5 厘米；24 紙；共 659 行，行 17 字。
2.2　01：3＋36.5，24；　02：46.5，28；　03：46.5，28；
04：46.7，28；　05：46.5，28；　06：46.2，28；
07：46.0，28；　08：46.0，28；　09：46.5，28；
10：46.5，28；　11：46.5，28；　12：46.7，28；
13：46.7，28；　14：46.7，28；　15：46.7，28；
16：46.6，28；　17：46.7，28；　18：46.7，28；
19：46.7，28；　20：46.7，28；　21：46.5，28；
22：46.7，28；　23：46.7，28；　24：34.0，19。
2.3　卷軸裝。首殘尾全。經黄紙。卷面多水漬。背有古代裱補。有烏絲欄。
3.1　首二行上殘→大正 0262，09/0027B19～20。
3.2　尾全→09/0037A02。
4.2　妙法蓮華經卷第四（尾）。
8　7～8 世紀。唐寫本。
9.1　楷書。
11　圖版：《敦煌寶藏》，89/472B～489B。

1.1　BD06314 號
1.3　大乘稻芉經隨聽疏
1.4　鹹 014
1.5　059:0494
2.1　236.8×27 厘米；6 紙；172 行，行 33～35 字不等。
2.2　01：39.8，28；　02：39.8，29；　03：39.1，29；
04：39.2，29；　05：39.1，29；　06：39.8，28。
2.3　卷軸裝。首脫尾斷。尾有餘空。有折疊欄。
3.1　首殘→大正 2782，85/0550A06。
3.2　尾缺→85/0554C18。
8　9～10 世紀。歸義軍時期寫本。
9.1　行楷。
9.2　有硃筆點標、有重文號、有行間校加字。
11　圖版：《敦煌寶藏》，59/350B～353B。

1.1　BD06315 號
1.3　維摩詰所說經卷中

1.4　鹹 015
1.5　070:1090
2.1　(3+925.5)×28 厘米；19 紙；521 行，行 18～19 字。
2.2　01：3+44，27；　02：50.0，28；　03：50.0，28；
04：50.0，28；　05：50.0，28；　06：50.0，28；
07：50.0，28；　08：50.0，28；　09：50.0，28；
10：50.0，28；　11：50.0，28；　12：50.0，28；
13：50.0，28；　14：50.0，28；　15：50.0，28；
16：50.0，28；　17：50.0，28；　18：50.0，28；
19：31.5，18。
2.3　卷軸裝。首殘尾脫。首紙有破裂，卷面多水漬，接縫處有開裂。有烏絲欄。
3.1　首 2 行上殘→大正 0475，14/0544A25～26。
3.2　尾殘→14/0551A18。
4.1　□…□第五（首）。
8　9～10 世紀。歸義軍時期寫本。
9.1　楷書。
9.2　有行間校加字。
11　圖版：《敦煌寶藏》，65/261A～272B。

1.1　BD06316 號
1.3　金剛般若波羅蜜經（菩提留支本）
1.4　鹹 016
1.5　095:4434
2.1　476.1×25.5 厘米；10 紙；255 行，行 17 字。
2.2　01：29.2，16；　02：50.6，28；　03：50.4，28；
04：50.8，28；　05：51.0，28；　06：50.8，28；
07：50.0，27；　08：49.5，27；　09：49.3，27；
10：44.5，18。
2.3　卷軸裝。首殘尾全。經黃打紙，研光上蠟。尾有原軸，兩端塗黑漆，頂端點硃漆，下軸頭已壞。有烏絲欄。已修整。
3.1　首殘→大正 0236，08/0754A19。
3.2　尾全→08/0757A13。
4.2　金剛般若波羅蜜經一卷（尾）。
8　6 世紀。隋寫本。
9.1　楷書。
11　圖版：《敦煌寶藏》，83/215B～222A。
修整時從背面揭下碎片 11 袋，今編為 BD16476 號。

1.1　BD06317 號 1
1.3　佛頂尊勝陀羅尼經（佛陀波利本）序
1.4　鹹 017
1.5　229:7326
2.1　(14+383.9)×25.1 厘米；9 紙；230 行，行 17 字。
2.2　01：14+31.3，26；　02：47.0，28；　03：47.3，28；
04：47.2，28；　05：48.0，29；　06：48.0，29；
07：47.5，29；　08：47.5，29；　09：20.1，04。
2.3　卷軸裝。首殘尾全。卷首右上殘缺，卷面多黴斑，有破裂。有燕尾。
2.4　本遺書包括 2 個文獻：（一）《佛頂尊勝陀羅尼經序》，43 行，今編為 BD06317 號 1。（二）《佛頂尊勝陀羅尼經》（佛陀波利本），187 行，今編為 BD06317 號 2。
3.1　首 7 行下殘→大正 0967，19/0349B04～10。
3.2　尾全→19/0349C19。
8　7～8 世紀。唐寫本。
9.1　楷書。
11　圖版：《敦煌寶藏》，105/483B～489A。

1.1　BD06317 號 2
1.3　佛頂尊勝陀羅尼經（佛陀波利本）
1.4　鹹 017
1.5　229:7326
2.4　本遺書由 2 個文獻組成，本號為第 2 個，187 行。餘參見 BD06317 號 1 之第 2 項、第 11 項。
3.1　首全→大正 0967，19/0349C23。
3.2　尾全→19/0352A26。
4.1　佛頂尊勝陀羅尼經，罽賓沙門佛陀波利奉詔譯（首）。
4.2　佛頂尊勝陀羅尼經（尾）。
5　咒語與《大正藏》本不同，略相當於所附的宋本，參見 19/0352A27～B23。
8　7～8 世紀。唐寫本。
9.1　楷書。

1.1　BD06318 號 1
1.3　七階佛名經
1.4　鹹 018
1.5　305:8325
2.1　(2+461.5)×26.5 厘米；10 紙；262 行，行 19 字。
2.2　01：2+36.5，23；　02：47.0，28；　03：47.3，28；
04：47.0，28；　05：47.0，28；　06：47.2，28；
07：47.5，27；　08：47.5，28；　09：47.5，27；
10：47.0，17。
2.3　卷軸裝。首殘尾全。第 9 紙下部有殘損。背有古代裱補。有烏絲欄。
2.4　本遺書包括 5 個文獻：（一）《七階佛名經》，190 行，今編為 BD06318 號 1。（二）《五臺山讚文》，32 行，今編為 BD06318 號 2。（三）《辭娘讚文》，15 行，今編為 BD06318 號 3。（四）《辭道場讚》，11 行，今編為 BD06318 號 4。（五）《南宗定邪正五更轉》，15 行，今編為 BD06318 號 5。
3.4　說明：
本文獻首 1 行上下殘，尾全。為敦煌地區較爲流行的禮懺文，形態複雜，有待進一步整理。
4.2　柒皆（階）佛名一卷一切普誦（尾）。
7.3　首紙卷背有雜寫 5 行：

麥，生絹壹疋，開元，奉，/
付王文遺生絹，壹，社司，孟道信，/
麥壹碩貳斗叁勝（升），奉敕修法，惠貞信咸，/
張王李文德生絹說說之，/
蓋聞如來大覺，上掩今（金）棺/。
8　9～10 世紀。歸義軍時期寫本。
9.1　楷書。
9.2　有行間校加字。
11　圖版：《敦煌寶藏》，109/655A～661A。

1.1　BD06318 號 2
1.3　五臺山讚文
1.4　鹹 018
1.5　305:8325
2.4　本遺書由 5 個文獻組成，本號為第 2 個，32 行。餘參見 BD06318 號 1 之第 2 項、第 11 項。
3.1　首全→《敦煌雜錄》，第 213 頁第 1 行。
3.2　尾全→《敦煌雜錄》，第 214 頁第 5 行。
4.1　五臺山讚文（首）。
8　9～10 世紀。歸義軍時期寫本。
9.1　楷書。
9.2　有重文號。有行間校加字。

1.1　BD06318 號 3
1.3　辭娘讚文
1.4　鹹 018
1.5　305:8325
2.4　本遺書由 5 個文獻組成，本號為第 3 個，15 行。餘參見 BD06318 號 1 之第 2 項、第 11 項。
3.1　首全→《敦煌雜錄》，第 209 頁第 1 行。
3.2　尾全→《敦煌雜錄》，第 210 頁第 3 行。
4.1　辭孃讚文（首）。
4.2　好住孃辭（尾）。
5　與《敦煌雜錄》本相比，文辭略有參差。
8　9～10 世紀。歸義軍時期寫本。
9.1　楷書。
9.2　有重文號。

1.1　BD06318 號 4
1.3　辭道場讚
1.4　鹹 018
1.5　305:8325
2.4　本遺書由 5 個文獻組成，本號為第 4 個，11 行。餘參見 BD06318 號 1 之第 2 項、第 11 項。
3.1　首全→《敦煌雜錄》，第 229 頁第 1 行。
3.2　尾全→《敦煌雜錄》，第 229 頁第 8 行。
4.1　道場讚文（首）。
5　與《敦煌雜錄》本相比，文辭略有參差。
8　9～10 世紀。歸義軍時期寫本。
9.1　楷書。
9.2　有倒乙。

1.1　BD06318 號 5
1.3　南宗定邪正五更轉
1.4　鹹 018
1.5　305:8325
2.4　本遺書由 5 個文獻組成，本號為第 5 個，15 行。餘參見 BD06318 號 1 之第 2 項、第 11 項。
3.1　首全→《敦煌雜錄》，第 249 頁第 1 行。
3.2　尾全→《敦煌雜錄》，第 249 頁第 9 行。
4.1　南宗定邪正五更轉（首）。
8　9～10 世紀。歸義軍時期寫本。
9.1　楷書。

1.1　BD06319 號
1.3　維摩詰所說經卷上
1.4　鹹 019
1.5　070:0893
2.1　(4+991.5)×26 厘米；21 紙；543 行，行 17 字。
2.2　01：4+28，19；　02：48.5，27；　03：49.0，27；
04：48.5，27；　05：48.5，27；　06：49.0，27；
07：49.0，27；　08：49.0，27；　09：49.0，27；
10：49.5，27；　11：48.5，27；　12：49.0，27；
13：49.0，27；　14：49.0，27；　15：49.0，27；
16：49.0，27；　17：49.0，27；　18：49.0，27；
19：49.0，27；　20：49.0，27；　21：34.0，11。
2.3　卷軸裝。首殘尾全。卷面多水漬，前 6 紙上下邊殘損，卷後部下邊有破裂。有燕尾。背有古代裱補。已修整。
3.1　首 2 行上下殘→大正 475，14/537B13～14。
3.2　尾全→14/544A19。
4.2　維摩詰經卷上（尾）。
8　9～10 世紀。歸義軍時期寫本。
9.1　楷書。
9.2　有刮改。有行間校加字。
11　圖版：《敦煌寶藏》，63/573A～586B。

1.1　BD06320 號
1.3　妙法蓮華經（異卷）卷三
1.4　鹹 020
1.5　105:4977
2.1　(3+1153.4)×25.5 厘米；26 紙；685 行，行 17 字。
2.2　01：3+12，08；　02：47.3，28；　03：46.8，28；
04：46.9，28；　05：47.0，28；　06：46.9，28；
07：46.8，28；　08：47.0，28；　09：47.5，28；

10：47.3，28；　11：47.1，28；　12：47.0，28；
13：47.0，28；　14：47.2，28；　15：47.1，28；
16：47.1，28；　17：47.1，28；　18：47.3，28；
19：47.0，28；　20：47.3，28；　21：47.0，28；
22：47.2，28；　23：47.2，28；　24：47.3，28；
25：47.3，28；　26：10.7，05。
2.3　卷軸裝。首殘尾全。卷面多水漬，有殘損，接縫處有開裂。有烏絲欄。
3.1　首行下殘→大正 0262，09/0019B08～09。
3.2　尾全→09/0029B21。
4.2　妙法蓮華經卷第三（尾）。
5　與《大正藏》本對照，分卷不同。此卷經文相當於《妙法蓮華經》卷第三"藥草喻品第五"至卷第四之"五百弟子受記品第八"。與現知七卷本、八卷本、十卷本均不同，為異卷。
8　7～8 世紀。唐寫本。
9.1　楷書。
11　圖版：《敦煌寶藏》，87/361B～377A。

1.1　BD06321 號
1.3　妙法蓮華經卷七
1.4　鹹 021
1.5　105:5865
2.1　(19+954.5)×26 厘米；20 紙；536 行，行 17 字。
2.2　01：19+28.5，26；　02：50.0，28；　03：50.0，28；
04：50.0，28；　05：50.0，28；　06：50.0，28；
07：50.0，28；　08：50.0，28；　09：50.0，28；
10：50.0，28；　11：50.0，28；　12：50.0，28；
13：50.0，28；　14：50.0，28；　15：50.0，28；
16：50.0，28；　17：50.0，28；　18：48.8，28；
19：48.8，28；　20：26.0，06。
2.3　卷軸裝。首尾均全。卷首上下殘破、油污，第 2 紙下端殘缺，第 15 紙有小殘洞，接縫處有開裂。有燕尾。有烏絲欄。已修整。
3.1　首 4 行上殘→大正 0262，09/0055A16～19。
3.2　尾全→09/0062B01。
4.1　□…□菩薩品第廿四，七（首）。
4.2　妙法蓮華經卷第七（尾）。
8　8 世紀。唐寫本。
9.1　楷書。
11　圖版：《敦煌寶藏》，95/400B～413B。

1.1　BD06322 號
1.3　佛名經（十六卷本）卷八
1.4　鹹 022
1.5　063:0685
2.1　1029×28.6 厘米；25 紙；537 行，行 17 字。
2.2　01：46.0，24；　02：42.0，22；　03：42.0，22；
04：42.0，22；　05：42.0，22；　06：42.0，22；
07：42.0，22；　08：42.0，22；　09：42.0，22；
10：42.0，22；　11：42.0，22；　12：42.0，22；
13：42.0，22；　14：42.0，22；　15：42.2，22；
16：42.0，22；　17：42.0，22；　18：42.0，22；
19：42.0，22；　20：42.0，22；　21：42.0，22；
22：42.0，22；　23：42.0，22；　24：42.0，22；
25：17.0，07。
2.3　卷軸裝。首殘尾全。背有近代裱補。有烏絲欄。
3.1　首殘→《七寺古逸經典研究叢書》，3/389 頁第 124 行。
3.2　尾全→《七寺古逸經典研究叢書》，3/427 頁第 614 行。
4.2　佛名經卷第八（尾）。
8　9～10 世紀。歸義軍時期寫本。
9.1　楷書。
11　圖版：《敦煌寶藏》，61/253B～266B。

1.1　BD06323 號
1.3　金光明最勝王經卷三
1.4　鹹 023
1.5　083:1595
2.1　(17.8+589.1)×25 厘米；14 紙；354 行，行 17 字。
2.2　01：17.8+8.8，15；　02：47.0，28；　03：46.8，28；
04：46.9，28；　05：47.1，28；　06：47.0，28；
07：46.9，28；　08：46.8，28；　09：47.0，28；
10：46.9，28；　11：47.0，28；　12：46.7，28；
13：46.0，28；　14：18.2，03。
2.3　卷軸裝。首殘尾全。首紙殘破嚴重，卷面油污。有燕尾。有烏絲欄。已修整。
3.1　首 11 行下殘→大正 0665，16/0413C22～0414A5。
3.2　尾全→16/0417C16。
4.2　金光明最勝王經卷第三（尾）。
5　尾附音義。
8　8 世紀。唐寫本。
9.1　楷書。
11　圖版：《敦煌寶藏》，68/514A～521A。
從該件背面揭下古代裱補紙 1 塊，今編爲 BD16069 號。

1.1　BD06324 號
1.3　小品般若波羅蜜經卷五
1.4　鹹 024
1.5　089:3477
2.1　(11.6+763.8)×27.9 厘米；18 紙；422 行，行 16 字。
2.2　01：11.6+7.6，11；　02：46.1，26；　03：46.3，26；
04：46.3，26；　05：46.3，26；　06：46.4，26；
07：46.3，26；　08：46.2，26；　09：46.3，26；
10：46.1，26；　11：46.1，26；　12：46.0，26；
13：46.4，26；　14：46.4，26；　15：46.6，26；

16：46.6，26；　17：46.6，21；　18：15.2，拖尾。
2.3　卷軸裝。首殘尾全。卷首、尾有破裂殘損。尾有原軸，兩端塗黑漆，軸頭已斷。有烏絲欄。已修整。
3.1　首7行上下殘→大正0227，08/0556B12～18。
3.2　尾全→08/0561A01。
4.2　小品卷第五（尾）。
8　5世紀。東晉寫本。
9.1　隸書。有古字。
9.2　有行間校加字。有倒乙及删除號。
11　圖版：《敦煌寶藏》，78/185A～194B。

1.1　BD06325號
1.3　觀世音經
1.4　鹹025
1.5　111:6235
2.1　170×25.9厘米；4紙；86行，行16～18字。
2.2　01：24.5，14；　02：49.0，27；　03：48.5，25；
04：48.0，20。
2.3　卷軸裝。首殘尾全。尾題下有勾畫墨迹。已修整。
3.1　首斷→大正0262，09/0057A09。
3.2　尾全→09/0058B07。
4.2　佛說觀音經（尾）。
8　7～8世紀。唐寫本。
9.1　楷書。
9.2　有倒乙及校改。
11　圖版：《敦煌寶藏》，97/433A～435A。

1.1　BD06326號
1.3　法王經
1.4　鹹026
1.5　294:8279
2.1　392.8×29.5厘米；9紙；240行，行29字。
2.2　01：42.3，26；　02：45.0，27；　03：44.0，27；
04：44.0，28；　05：44.0，28；　06：43.5，28；
07：44.0，29；　08：43.5，31；　09：42.5，16。
2.3　卷軸裝。首脱尾全。卷中、卷尾有蟲繭。有折疊欄。
3.1　首殘→大正2883，85/1385A18。
3.2　尾全→85/1390A18。
4.2　法王經一卷（尾）。
8　7～8世紀。唐寫本。
9.1　楷書。
9.2　有行間加行。
11　圖版：《敦煌寶藏》，109/504B～509A。

1.1　BD06327號
1.3　佛名經（十六卷本）卷一五
1.4　鹹027
1.5　063:0807
2.1　（16+1047）×26厘米；23紙；639行，行17字。
2.2　01：16+28，26；　02：46.5，28；　03：46.5，28；
04：46.5，28；　05：46.5，28；　06：46.5，28；
07：46.5，28；　08：46.5，28；　09：46.5，28；
10：46.5，28；　11：46.5，28；　12：46.5，28；
13：46.5，28；　14：46.5，28；　15：46.5，28；
16：46.5，28；　17：46.5，28；　18：46.5，28；
19：46.5，28；　20：46.5，28；　21：46.5，28；
22：46.5，28；　23：42.5，25。
2.3　卷軸裝。首尾均全。打紙，研光上蠟。首紙中下部殘缺，卷面有水漬，接縫處有開裂，尾紙多破裂。有燕尾。背有古代裱補。有烏絲欄。
3.1　首9行下殘→《七寺古逸經典研究叢書》，3/746頁第001～009行。
3.2　尾全→《七寺古逸經典研究叢書》，3/791頁第594行。
4.1　佛說佛名經卷第十□（首）。
4.2　佛名經卷第十五（尾）。
5　與《七寺古逸經典研究叢書》本對照，卷中及卷尾各多一段《罪業報應教化地獄經》，前者14行，後者18行。
8　7～8世紀。唐寫本。
9.1　楷書。
9.2　有行間校加字及行間加行。
11　圖版：《敦煌寶藏》，62/383A～397B。

1.1　BD06328號
1.3　大般若波羅蜜多經卷一八八
1.4　鹹028
1.5　084:2469
2.1　310.6×26厘米；8紙；172行，行17字。
2.2　01：06.0，03；　02：48.0，28；　03：48.5，28；
04：48.5，28；　05：48.2，28；　06：48.0，28；
07：48.0，28；　08：15.4，01。
2.3　卷軸裝。首殘尾全。紙張研光上蠟。前2紙上下邊有殘缺，第2紙有殘洞，接縫處多有開裂。有烏絲欄。
3.1　首殘→大正0220，05/1012A26。
3.2　尾全→05/1014A21。
4.2　大般若波羅蜜多經卷第一百八十八（尾）。
8　8～9世紀。吐蕃統治時期寫本。
9.1　楷書。
11　圖版：《敦煌寶藏》，73/398B～402A。

1.1　BD06329號
1.3　金剛般若波羅蜜經
1.4　鹹029
1.5　094:3554
2.1　512.1×25厘米；12紙；正面302行，行17字；背面252

行，行字不等。
2.2 01：36.2，22； 02：46.2，28； 03：46.2，28；
04：46.4，28； 05：46.4，28； 06：46.3，28；
07：46.2，28； 08：46.3，28； 09：46.2，28；
10：46.3，28； 11：46.3，28； 12：13.1，拖尾。
2.3 卷軸裝。首斷尾全。經黄紙。卷下部有水漬。有燕尾。有烏絲欄。已修整。
2.4 本遺書包括2個文獻：（一）《金剛般若波羅蜜經》，302行，今編為BD06329號。（二）《金剛峻經金剛頂一如如來深妙秘密金剛界大三昧耶修行四十二種壇法經作用威儀法則、大毗盧遮那佛金剛心地法門秘法戒壇法儀則》，抄寫在背面，252行，今編為BD06329號背。
3.1 首殘→大正0235，08/0748C24。
3.2 尾全→08/0752C03。
4.2 金剛般若經（尾）。
5 與《大正藏》本相比，本卷經文無冥司偈，參見《大正藏》，8/751C16～19。
8 7～8世紀。唐寫本。
9.1 楷書。
11 圖版：《敦煌寶藏》，78/503B～516B。

1.1 BD06329號背
1.3 金剛峻經金剛頂一如如來深妙秘密金剛界大三昧耶修行四十二種壇法經作用威儀法則、大毗盧遮那佛金剛心地法門秘法戒壇法儀則
1.4 鹹029
1.5 094:3554
2.4 本遺書由2個文獻組成，本號為第2個，252行。餘參見BD06329號之第2項、第11項。
3.1 首殘→《敦煌雜錄》，第341頁第1行。
3.2 尾殘→《敦煌雜錄》，第352頁第5行。
8 9～10世紀。歸義軍時期寫本。
9.1 行楷。

1.1 BD06330號
1.3 大般若波羅蜜多經卷二二八
1.4 鹹030
1.5 084:2587
2.1 （8.5+619.2）×26.1厘米；14紙；368行，行17字。
2.2 01：8.5+38，28； 02：47.0，28； 03：47.1，28；
04：47.2，28； 05：47.2，28； 06：47.1，28；
07：47.1，28； 08：47.1，28； 09：47.1，28；
10：47.2，28； 11：47.0，28； 12：47.1，28；
13：47.0，28； 14：16.0，04。
2.3 卷軸裝。首脱尾全。首紙有破裂，卷面多水漬，第11紙下邊殘破。尾有原軸，兩端塗硃漆。有烏絲欄。
3.1 首5行下殘→大正0220，06/0145C06～11。
3.2 尾全→06/0150A09。
4.2 大般若波羅蜜多經卷第二百廿八（尾）。
7.1 尾題後有題名“唐再再”。
8 8～9世紀。吐蕃統治時期寫本。
9.1 楷書。
11 圖版：《敦煌寶藏》，74/145A～152B。

1.1 BD06331號
1.3 妙法蓮華經卷二
1.4 鹹031
1.5 105:4711
2.1 （2.5+924.2）×26.2厘米；22紙；588行，行17～18字。
2.2 01：2.5+21.6，22； 02：44.2，28； 03：44.6，28；
04：44.3，28； 05：44.1，28； 06：44.0，28；
07：44.0，28； 08：44.0，28； 09：42.8，27；
10：44.3，28； 11：44.2，28； 12：44.3，28；
13：44.4，28； 14：44.1，28； 15：44.2，28；
16：44.1，28； 17：44.3，28； 18：44.1，28；
19：44.1，28； 20：44.0，28； 21：43.9，28；
22：20.6，07。
2.3 卷軸裝。首殘尾全。首紙上下邊有殘損，第2、3紙接縫處下部開裂。有燕尾。有烏絲欄。
3.1 首2行下殘→大正0262，09/0010C04～06。
3.2 尾全→09/0019A12。
4.2 妙法蓮華經卷第二（尾）。
8 8世紀。唐寫本。
9.1 楷書。
11 圖版：《敦煌寶藏》，85/421B～434A。

1.1 BD06332號
1.3 金剛般若波羅蜜經
1.4 鹹032
1.5 094:3855
2.1 （27+433.5）×25.5厘米；11紙；260行，行17字。
2.2 01：16.0，09； 02：11+37.5，28； 03：48.5，28；
04：48.5，28； 05：48.5，28； 06：48.5，28；
07：48.5，28； 08：48.0，28； 09：48.5，28；
10：48.0，27； 11：09.0，拖尾。
2.3 卷軸裝。首殘尾全。卷首右下殘缺，卷面有破裂。卷尾有雜寫筆痕。拖尾紙色與前10紙不同。有烏絲欄。已修整。
3.1 首15行下殘→大正0235，08/0749B10～24。
3.2 尾全→08/0752C02。
5 與《大正藏》本相比，本卷經文無冥司偈，參見《大正藏》，8/751C16～19。
8 9～10世紀。歸義軍時期寫本。
9.1 楷書。
9.2 有刮改。

11　圖版：《敦煌寶藏》，80/606B～613A。

1.1　BD06333 號
1.3　大般涅槃經（北本　異卷）卷三四
1.4　鹹 033
1.5　115:6494
2.1　(4.5＋778.8)×25.6 厘米；17 紙；448 行，行 17 字。
2.2　01：4.5＋22，13；　02：48.5，28；　03：48.4，28；
04：48.5，28；　05：48.4，28；　06：48.4，28；
07：48.6，28；　08：48.5，28；　09：48.6，28；
10：48.6，28；　11：48.7，28；　12：48.5，28；
13：48.5，28；　14：48.5，28；　15：48.6，28；
16：48.7，28；　17：28.8，15。
2.3　卷軸裝。首殘尾全。卷首有破裂，卷面多水漬，接縫處有開裂。有烏絲欄。已修整。
3.1　首 2 行下殘→大正 0374，12/0563C20～22。
3.2　尾全→12/0569A26。
4.2　大般涅槃經卷第卅四（尾）。
5　與《大正藏》本對照，分卷不同。經文相當於《大正藏》卷三十三"迦葉菩薩品第十二"之一至卷三十五"迦葉菩薩品第十二之三"的前部。與歷代大藏經分卷均不同，屬於異卷。
8　7～8 世紀。唐寫本。
9.1　楷書。
11　圖版：《敦煌寶藏》，99/538B～549A。

1.1　BD06334 號 1
1.3　勝天王般若波羅蜜經卷二
1.4　鹹 034
1.5　091:3487
2.1　(9.7＋954.4＋2.9)×28.3 厘米；23 紙；694 行，行 29～32 字。
2.2　01：9.7＋32.9，30；　02：43.4，31；　03：43.1，31；
04：43.1，31；　05：43.0，31；　06：43.2，31；
07：43.2，31；　08：42.9，31；　09：43.1，31；
10：43.0，31；　11：42.9，31；　12：43.4，31；
13：43.3，31；　14：43.0，31；　15：43.5，31；
16：43.1，31；　17：43.2，31；　18：43.3，31；
19：43.1，31；　20：43.2，31；　21：43.2，31；
22：43.2，31；　23：15.1＋2.9，13。
2.3　卷軸裝。首尾均殘。首紙殘破，通卷有等距離殘洞，個別紙有破裂。有烏絲欄。已修整。
2.4　本遺書包括 3 個文獻：（一）《勝天王般若波羅蜜經》卷二，246 行，今編為 BD06334 號 1。（二）《勝天王般若波羅蜜經》卷三，305 行，今編為 BD06334 號 2。（三）《勝天王般若波羅蜜經》卷四，143 行，今編為 BD06334 號 3。
3.1　首 7 行上下殘→大正 0231，08/0695C03～14。
3.2　尾全→08/0700B27。
4.2　勝天王般若波羅蜜經卷第二（尾）。
8　8～9 世紀。吐蕃統治時期寫本。
9.1　楷書。
9.2　有硃筆校改。
11　圖版：《敦煌寶藏》，78/239B～251A。

1.1　BD06334 號 2
1.3　勝天王般若波羅蜜經卷三
1.4　鹹 034
1.5　091:3487
2.4　本遺書由 3 個文獻組成，本號為第 2 個，305 行。餘參見 BD06334 號 1 之第 2 項、第 11 項。
3.1　首全→大正 0231，08/0700C02。
3.2　尾全→08/0706B05。
4.1　勝天王般若波羅蜜經法性品第五，三（首）。
4.2　勝天王般若經卷第三（尾）。
8　8～9 世紀。吐蕃統治時期寫本。
9.1　楷書。
9.2　有刮改。

1.1　BD06334 號 3
1.3　勝天王般若波羅蜜經卷四
1.4　鹹 034
1.5　091:3487
2.4　本遺書由 3 個文獻組成，本號為第 3 個，143 行。餘參見 BD06334 號 1 之第 2 項、第 11 項。
3.1　首全→大正 0231，08/0706B07。
3.2　尾 2 行中下殘→08/0709A05～09。
4.1　勝天王般若波羅蜜經平等品第六，四（首）。
8　8～9 世紀。吐蕃統治時期寫本。
9.1　楷書。

1.1　BD06335 號
1.3　大般若波羅蜜多經卷三八五
1.4　鹹 035
1.5　084:3046
2.1　(15＋690)×25.7 厘米；16 紙；428 行，行 17 字。
2.2　01：15＋31.2，28；　02：46.0，28；　03：46.0，28；
04：46.0，28；　05：46.0，28；　06：46.1，28；
07：46.0，28；　08：46.0，28；　09：46.1，28；
10：46.0，28；　11：46.0，28；　12：46.0，28；
13：46.0，28；　14：45.8，28；　15：45.8，28；
16：15.0，08。
2.3　卷軸裝。首脫尾全。紙張研光上蠟。卷首右下殘缺，卷面多水漬，上下邊有殘破。尾有原軸，兩端塗硃漆。有烏絲欄。已修整。
3.1　首 9 行下殘→大正 0220，06/0988C08～16。

3.2　尾全→06/0993B26。
4.2　大般若波羅蜜多經卷第三百八十五（尾）。
7.1　首紙背面有勘記“卅九”（本文獻所屬袟次）及硃書“五”（袟内卷次）。
8　7～8世紀。唐寫本。
9.1　楷書。
9.2　有校改。
11　圖版：《敦煌寶藏》，76/205A～214A。

1.1　BD06336號
1.3　妙法蓮華經卷四
1.4　鹹036
1.5　105:5257
2.1　(5+279.7)×27厘米；7紙；168行，行17字。
2.2　01：37.0，24；　02：40.5，24；　03：40.5，24；
04：40.5，24；　05：40.5，24；　06：40.5，24；
07：40.2，24。
2.3　卷軸裝。首殘尾脱。卷面有水漬，接縫處有開裂，各紙有等距離殘洞。有烏絲欄。
3.1　首2行上殘→大正0262，09/0028A07～09。
3.2　尾殘→09/0030C11。
8　9～10世紀。歸義軍時期寫本。
9.1　楷書。
11　圖版：《敦煌寶藏》，90/387B～391A。

1.1　BD06337號
1.3　金光明最勝王經卷六
1.4　鹹037
1.5　083:1778
2.1　(12.2+556.8)×27厘米；14紙；353行，行17字。
2.2　01：12.2，07；　02：44.1，28；　03：44.3，28；
04：44.3，28；　05：44.0，28；　06：43.7，28；
07：44.0，28；　08：44.1，28；　09：44.2，28；
10：44.0，28；　11：44.1，28；　12：44.0，28；
13：44.0，28；　14：28.0，10。
2.3　卷軸裝。首殘尾全。卷面多水漬。尾有原軸，兩端塗硃、黑兩色漆。有烏絲欄。已修整。
3.1　首7行上下殘→大正0665，16/0428B10～17。
3.2　尾全→16/0432C10。
4.2　金光明最勝王經卷第六（尾）。
5　尾附音義。
8　8～9世紀。吐蕃統治時期寫本。
9.1　楷書。
11　圖版：《敦煌寶藏》，70/49B～56B。

1.1　BD06338號
1.3　大乘稻芉經
1.4　鹹038
1.5　058:0478
2.1　(1.5+207.3)×27厘米；6紙；113行，行18字。
2.2　01：1.5+9，12；　02：47.5，28；　03：34.0，20；
04：44.8，27；　05：47.0，26；　06：25.0，拖尾。
2.3　卷軸裝。首殘尾全。有燕尾。有烏絲欄。
3.1　首行上中殘→大正0712，16/0824C28。
3.2　尾全→16/0826A27。
4.2　佛說大乘稻芉經（尾）。
8　8～9世紀。吐蕃統治時期寫本。
9.1　楷書。
9.2　有硃筆校改。
11　圖版：《敦煌寶藏》，59/310B～313A。

1.1　BD06339號
1.3　大般涅槃經（北本　兑廢稿）卷三八
1.4　鹹039
1.5　117:6595
2.1　46.2×27厘米；1紙；25行，行17字。
2.3　卷軸裝。首尾均脱。尾有餘空。有烏絲欄。
3.1　首殘→大正0374，12/0587C19。
3.2　尾殘→12/0588A17。
8　8～9世紀。吐蕃統治時期寫本。
9.1　楷書。
11　圖版：《敦煌寶藏》，100/431B～432A。

新舊編號對照表

一、千字文號與北敦號、縮微膠卷號對照表

千字文號	北敦號	縮微膠卷號
海 099	BD06299 號	084：2423
海 100	BD06300 號	070：1174
鹹 001	BD06301 號	305：8324
鹹 002	BD06302 號	275：8061
鹹 003	BD06303 號	001：0034
鹹 004	BD06304 號	105：4996
鹹 005	BD06305 號	105：4990
鹹 006	BD06306 號	275：8062
鹹 007	BD06307 號	105：6171
鹹 008	BD06308 號	061：0518
鹹 009	BD06309 號	070：0900
鹹 010	BD06310 號 1	006：0095
鹹 010	BD06310 號 2	006：0095
鹹 010	BD06310 號 3	006：0095
鹹 010	BD06310 號 4	006：0095
鹹 011	BD06311 號	156：6847
鹹 012	BD06312 號	105：5684
鹹 013	BD06313 號	105：5212
鹹 014	BD06314 號	059：0494
鹹 015	BD06315 號	070：1090
鹹 016	BD06316 號	095：4434
鹹 017	BD06317 號 1	229：7326
鹹 017	BD06317 號 2	229：7326
鹹 018	BD06318 號 1	305：8325
鹹 018	BD06318 號 2	305：8325
鹹 018	BD06318 號 3	305：8325
鹹 018	BD06318 號 4	305：8325
鹹 018	BD06318 號 5	305：8325
鹹 019	BD06319 號	070：0893
鹹 020	BD06320 號	105：4977
鹹 021	BD06321 號	105：5865
鹹 022	BD06322 號	063：0685
鹹 023	BD06323 號	083：1595
鹹 024	BD06324 號	089：3477
鹹 025	BD06325 號	111：6235
鹹 026	BD06326 號	294：8279
鹹 027	BD06327 號	063：0807
鹹 028	BD06328 號	084：2469
鹹 029	BD06329 號	094：3554
鹹 029	BD06329 號背	094：3554
鹹 030	BD06330 號	084：2587
鹹 031	BD06331 號	105：4711
鹹 032	BD06332 號	094：3855
鹹 033	BD06333 號	115：6494
鹹 034	BD06334 號 1	091：3487
鹹 034	BD06334 號 2	091：3487
鹹 034	BD06334 號 3	091：3487
鹹 035	BD06335 號	084：3046
鹹 036	BD06336 號	105：5257
鹹 037	BD06337 號	083：1778
鹹 038	BD06338 號	058：0478
鹹 039	BD06339 號	117：6595

二、縮微膠卷號與北敦號、千字文號對照表

縮微膠卷號	北敦號	千字文號
001：0034	BD06303 號	鹹 003
006：0095	BD06310 號 1	鹹 010
006：0095	BD06310 號 2	鹹 010
006：0095	BD06310 號 3	鹹 010

006：0095	BD06310 號 4	鹹 010	105：4711	BD06331 號	鹹 031
058：0478	BD06338 號	鹹 038	105：4977	BD06320 號	鹹 020
059：0494	BD06314 號	鹹 014	105：4990	BD06305 號	鹹 005
061：0518	BD06308 號	鹹 008	105：4996	BD06304 號	鹹 004
063：0685	BD06322 號	鹹 022	105：5212	BD06313 號	鹹 013
063：0807	BD06327 號	鹹 027	105：5257	BD06336 號	鹹 036
070：0893	BD06319 號	鹹 019	105：5684	BD06312 號	鹹 012
070：0900	BD06309 號	鹹 009	105：5865	BD06321 號	鹹 021
070：1090	BD06315 號	鹹 015	105：6171	BD06307 號	鹹 007
070：1174	BD06300 號	海 100	111：6235	BD06325 號	鹹 025
083：1595	BD06323 號	鹹 023	115：6494	BD06333 號	鹹 033
083：1778	BD06337 號	鹹 037	117：6595	BD06339 號	鹹 039
084：2423	BD06299 號	海 099	156：6847	BD06311 號	鹹 011
084：2469	BD06328 號	鹹 028	229：7326	BD06317 號 1	鹹 017
084：2587	BD06330 號	鹹 030	229：7326	BD06317 號 2	鹹 017
084：3046	BD06335 號	鹹 035	275：8061	BD06302 號	鹹 002
089：3477	BD06324 號	鹹 024	275：8062	BD06306 號	鹹 006
091：3487	BD06334 號 1	鹹 034	294：8279	BD06326 號	鹹 026
091：3487	BD06334 號 2	鹹 034	305：8324	BD06301 號	鹹 001
091：3487	BD06334 號 3	鹹 034	305：8325	BD06318 號 1	鹹 018
094：3554	BD06329 號	鹹 029	305：8325	BD06318 號 2	鹹 018
094：3554	BD06329 號背	鹹 029	305：8325	BD06318 號 3	鹹 018
094：3855	BD06332 號	鹹 032	305：8325	BD06318 號 4	鹹 018
095：4434	BD06316 號	鹹 016	305：8325	BD06318 號 5	鹹 018